FERNANDA **TARTUCE**
LUCIANO **SOUTO DIAS**
COORDENADORES

CORONAVÍRUS
DIREITOS DOS CIDADÃOS E ACESSO À JUSTIÇA

AUTORES

ADAMOR FERREIRA CRUZ JUNIOR • **ALEXSANDRINA** RAMOS DE CARVALHO SOUZA • **AMARILDO** LOURENÇO COSTA • **ANA CARLA** DIAS • **ANNA LYVIA** ROBERTO CUSTÓDIO RIBEIRO • **CAIO** SOUTO ARAÚJO • **CAMILA** FERNANDES BICALHO • **CORA CRISTINA** RAMOS BARROS COSTA • **EDILSON** SANTANA GONÇALVES FILHO • **ELIAS** DANTAS SOUTO • **FERNANDA** FURTADO ALTINO MACHADO D'OLIVEIRA COSTA • **FERNANDA** TARTUCE • **GABRIELA** AZEREDO GUSELLA • **GERALDO** LAFAIETE FERNANDES • **GILBERTO** FACHETTI SILVESTRE • **JAMILLA** MONTEIRO SARKIS • **JERSON** CARNEIRO GONÇALVES JUNIOR • **JÉSSICA** GALVÃO • **JOÃO MARCOS** CÂNDIDO VITÓRIO • **JORGE** BHERON ROCHA • **JULIA ANA** CERQUEIRA FATEL CRUZ • **JULIANA** MAGGI LIMA • **LÍLIAN CLÁUDIA** DE SOUZA • **LORENA** SILVA VITÓRIO • **LUCIANA** GUEDES VIEIRA • **LUCIANO** SOUTO DIAS • **LUIZA** NORONHA SIQUEIRA • **MARCELO** ABELHA RODRIGUES • **MARIA CARLA** MOUTINHO NERY • **MARIA CECÍLIA** DE ARAUJO ASPERTI • **MAURILIO** CASAS MAIA • **MICAELA** BARROS BARCELOS FERNANDES • **NATHIELLE** ZANELATO DOS REIS • **RAIMUNDO** CÂNDIDO JÚNIOR • **RAPHAEL** JACOB BROLIO • **RODRIGO** REIS MAZZEI • **RONALDO** GUIMARÃES GALLO • **SILVIA MARIA** DA SILVA • **SIMONE** HENRIQUE • **TAINÁ** DA SILVA MOREIRA • **TEODOLINA** BATISTA DA S. C. VITÓRIO • **THIARA** VIANA COELHO SOUTO • **TIANA** CAMARDELLI • **WESLEY** WADIM PASSOS FERREIRA DE SOUZA

2020 © Editora Foco

Coordenadores: Fernanda Tartuce e Luciano Souto Dias
Autores: Adamor Ferreira Cruz Junior, Alexsandrina Ramos de Carvalho Souza, Amarildo Lourenço Costa,
Ana Carla Dias, Anna Lyvia Roberto Custódio Ribeiro, Caio Souto Araújo, Camila Fernandes Bicalho,
Cora Cristina Ramos Barros Costa, Edilson Santana Gonçalves Filho, Elias Dantas Souto, Fernanda Furtado Altino Machado
D'Oliveira Costa, Fernanda Tartuce, Gabriela Azeredo Gusella, Geraldo Lafaiete Fernandes,
Gilberto Fachetti Silvestre, Jamilla Monteiro Sarkis, Jerson Carneiro Gonçalves Junior, Jéssica Galvão,
João Marcos Cândido Vitório, Jorge Bheron Rocha, Julia Ana Cerqueira Fatel Cruz, Juliana Maggi Lima,
Lílian Cláudia de Souza, Lorena Silva Vitório, Luciana Guedes Vieira, Luciano Souto Dias,
Luiza Noronha Siqueira, Marcelo Abelha Rodrigues, Maria Carla Moutinho Nery, Maria Cecília de Araujo Asperti, Maurilio Casas
Maia, Micaela Barros Barcelos Fernandes, Nathielle Zanelato dos Reis, Raimundo Cândido Júnior, Raphael Jacob Brolio, Rodrigo
Reis Mazzei, Ronaldo Guimarães Gallo, Silvia Maria da Silva, Simone Henrique, Tainá da Silva Moreira, Teodolina Batista da S. C.
Vitório, Thiara Viana Coelho Souto, Tiana Camardelli e Wesley Wadim Passos Ferreira de Souza
Diretor Acadêmico: Leonardo Pereira
Editor: Roberta Densa
Assistente Editorial: Paula Morishita
Revisora Sênior: Georgia Renata Dias
Capa Criação: Leonardo Hermano
Diagramação: Ladislau Lima e Aparecida Lima
Impressão miolo e capa: FORMA CERTA

Dados Internacionais de Catalogação na Publicação (CIP) (Câmara Brasileira do Livro, SP, Brasil)

C822　Coronavirus: direitos dos cidadãos e acesso à justiça / Adamor Ferreira Cruz Junior...[et al.] ; coordenado por
Fernanda Tartuce, Luciano Souto Dias. - Indaiatuba, SP : Editora Foco, 2020.
336 p. ; 17cm x 24cm.

Inclui índice e bibliografia.

ISBN 978-65-5515-131-2

1. Direito. 2. Direito civil. 3. Acesso à justiça. 4. Direito do cidadão. 5. Coronavirus. I. Cruz Junior, Adamor
Ferreira. II. Souza, Alexsandrina Ramos de Carvalho. III. Costa, Amarildo Lourenço. IV. Dias, Ana Carla. V. Ribeiro,
Anna Lyvia Roberto Custódio. VI. Araújo, Caio Souto. VII. Bicalho, Camila Fernandes. VIII. Costa, Cora Cristina
Ramos Barros. IX. Gonçalves Filho, Edilson Santana. X. Souto, Elias Dantas. XI. Machado, Fernanda Furtado Altino.
XII. Costa, D'Oliveira. XIII. Tartuce, Fernanda. XIV. Gusella, Gabriela Azeredo. XV. Fernandes, Geraldo Lafaiete. XVI.
Silvestre, Gilberto Fachetti. XVII. Sarkis, Jamilla Monteiro. XVIII. Gonçalves Junior, Jerson Carneiro. XIX. Galvão,
Jéssica. XX. Vitório, João Marcos Cândido. XXI. Rocha, Jorge Bheron. XXII. Cruz, Julia Ana Cerqueira Fatel. XXIII.
Lima, Juliana Maggi. XXIV. Souza, Lílian Cláudia de. XXV. Vitório, Lorena Silva. XXVI. Vieira, Luciana Guedes.
XXVII. Dias, Luciano Souto. XXIX. Siqueira, Luiza Noronha. XXX. Rodrigues, Marcelo Abelha. XXXI. Nery, Maria
Carla Moutinho. XXXII. Asperti, Maria Cecília de Araujo. XXXIII. Maia, Maurilio Casas. XXXIV. Fernandes, Micaela
Barros Barcelos. XXXV. Reis, Nathielle Zanelato dos. XXXVI. Cândido Júnior, Raimundo. XXXVII. Brolio, Raphael
Jacob. XXXVIII. Mazzei, Rodrigo Reis. XXXIX. Gallo, Ronaldo Guimarães. XL. Silva, Silvia Maria da. XLI. Henrique,
Simone. XLII. Moreira, Tainá da Silva. XLIII. Vitório, Teodolina Batista da S. C. XLIV. Souto, Thiara Viana Coelho. XLV.
Camardelli, Tiana. XLVI. Souza, Wesley Wadim Passos Ferreira de. XLVII. Título.

2020-1868　　　　　　　　　　　　　　　　　　　　　　　　　　　　　　CDD 342　　　CDU 347

Elaborado por Odilio Hilario Moreira Junior - CRB-8/9949

Índices para Catálogo Sistemático:

1. Direito civil 342　　　2. Direito civil 347

DIREITOS AUTORAIS: É proibida a reprodução parcial ou total desta publicação, por qualquer forma ou meio, sem a prévia autorização da
Editora FOCO, com exceção do teor das questões de concursos públicos que, por serem atos oficiais, não são protegidas como Direitos Autorais,
na forma do Artigo 8º, IV, da Lei 9.610/1998. Referida vedação se estende às características gráficas da obra e sua editoração. A punição para a
violação dos Direitos Autorais é crime previsto no Artigo 184 do Código Penal e as sanções civis às violações dos Direitos Autorais estão previstas
nos Artigos 101 a 110 da Lei 9.610/1998. Os comentários das questões são de responsabilidade dos autores.

NOTAS DA EDITORA:

Atualizações e erratas: A presente obra é vendida como está, atualizada até a data do seu fechamento, informação que consta na página II do livro.
Havendo a publicação de legislação de suma relevância, a editora, de forma discricionária, se empenhará em disponibilizar atualização futura.

Erratas: A Editora se compromete a disponibilizar no site www.editorafoco.com.br, na seção Atualizações, eventuais erratas por razões de erros
técnicos ou de conteúdo. Solicitamos, outrossim, que o leitor faça a gentileza de colaborar com a perfeição da obra, comunicando eventual
erro encontrado por meio de mensagem para contato@editorafoco.com.br. O acesso será disponibilizado durante a vigência da edição da obra.

Impresso no Brasil (08.2020) – Data de Fechamento (08.2020)

2020

Todos os direitos reservados à
Editora Foco Jurídico Ltda.

Rua Nove de Julho, 1779 – Vila Areal
CEP 13333-070 – Indaiatuba – SP

E-mail: contato@editorafoco.com.br
www.editorafoco.com.br

APRESENTAÇÃO

No contexto em que sentimentos de angústia, impotência e lamento invadem milhares de corações humanos, eminentes juristas e pesquisadores se uniram para a construção da presente obra coletiva intitulada *"Coronavírus: direitos dos cidadãos e acesso à justiça"*, que contempla a análise de aspectos dogmáticos e pragmáticos de notórias e relevantes implicações da pandemia covid-19 na seara jurídica, sobretudo com ênfase nos direitos dos cidadãos.

A trágica pandemia da covid-19, outrora inimaginável, impactou a vida das pessoas em todo o planeta causando medo e sofrimento; a súbita destruição de famílias, destinos e sonhos gerou registros negativamente inolvidáveis na história da humanidade.

Diante do cenário social imposto em razão das consequências da pandemia, implicações jurídicas de toda ordem foram inevitáveis e demandaram a intervenção e a contribuição de profissionais da área jurídica em busca da consolidação de posicionamentos capazes de permitir a adaptação do Direito à realidade. É essencial que a comunidade jurídica e a sociedade possam compreender a nova ordem à luz do permanente empenho para a preservação dos direitos fundamentais – especialmente os direitos à vida, à saúde, à integridade e à dignidade –, premissas inalienáveis que devem ser resguardadas em qualquer situação.

Primorosas reflexões com abordagens teóricas e empíricas consignadas neste livro contam com inegável relevância, uma vez que reúnem temáticas corriqueiramente questionadas no cotidiano social e jurídico. As sustentações revelam traços da leveza e da grandeza da alma de cada autor(a), que lança seu olhar técnico sobre o horizonte jurídico presentemente enternecido pelas cores turvas das impactantes implicações pandêmicas. A diversidade de prismas foi um dos objetivos almejados – ficamos felizes porque cada autora(a), convidada(o) por seus méritos e profundos conhecimentos em relação ao tema abordado, contribuiu com excelência para o alcance de tal desiderato.

Na presente obra coletiva o leitor será brindado com abordagens reunidas em cinco seções temáticas, com ênfase no acesso à justiça, nos direitos do consumidor, nos direitos do trabalhador e do contribuinte, nos direitos civis dos cidadãos e na situação do cidadão diante do Direito público, a partir de parâmetros normativos e do diálogo com o posicionamento doutrinário e jurisprudencial.

A conjuntura pandêmica e pós-pandêmica impõe a reconfiguração do agir cotidiano e o necessário enfrentamento de novos paradigmas. Nessa perspectiva, as valorosas contribuições dos distintos autores são pautadas no sincero sentimento de esperança na reconstrução do momento presente, com otimismo e confiança no advento de um futuro promissor a partir da consolidação de paradigmas que promovam dignidade e efetiva justiça.

Unidos pelo amor ao Direito, os coordenadores convidaram as(os) autoras(es) a oferecer a presente obra coletiva à comunidade, na expectativa de contribuir para a compreensão de notórias e significativas implicações da pandemia do novo coronavírus no âmbito do Direito. O fomento de porvindouras reflexões quanto às temáticas em apreço, sempre prezando pela efetivação dos valorosos ideais de justiça a partir da concretização dos direitos e garantias fundamentais dos cidadãos, também constituiu um dos desideratos almejados.

O prefácio lindamente escrito pela Professora Giselda Hironaka coroou afetivamente o projeto.

Rogamos que, brevemente, a covid-19 seja lembrada tão somente pelas páginas da história, mas que as lições da pandemia possam representar significativo aprendizado a partir da ampliação de investimentos em técnicas, em iniciativas científicas e em políticas públicas preventivas que possam contribuir para a garantia de um futuro melhor para a humanidade.

Agosto/2020

Os coordenadores

PREFÁCIO

Sinto-me honrada por prefaciar esta excelente obra, especialmente por ser coordenada por Fernanda Tartuce e Luciano Souto Dias, pessoas maravilhosas que escolheram esse momento tão especial da pandemia da Covid-19 para organizar uma obra coletiva. Reunir excelentes estudiosos de diferentes áreas jurídicas com a finalidade de esclarecer os cidadãos sobre direitos e possibilidades de acesso à justiça na árdua conjuntura gerada pelo coronavírus certamente foi um desafio e tanto! Mas não chega a causar tanta espécie porque desafio é algo o que esses dois mineiros estão acostumados a enfrentar com sensibilidade e coragem.

Fernanda, mineira de Passos-MG, veio da terra natal cursar Direito na USP (Largo São Francisco), onde se tornou Mestre e defendeu tese de Doutorado na seara do Direito Processual. Compassiva e empática, Fernanda sempre buscou lidar com os temas sob a perspectiva humanista, tendo dedicado seus estudos acadêmicos inicialmente às melhores práticas da mediação (desde a dissertação de mestrado, que gerou um livro atualmente na 5ª edição) e à situação das pessoas mais vulneráveis (de quem tratou em sua tese ao propor o conceito de vulnerabilidade processual).

Luciano, também mineiro, formou-se na Faculdade de Direito do Vale do Rio Doce – Fadivale, em Governador Valadares, onde se tornou especialista em Direito Civil e Processual Civil. Tornou-se depois Mestre em Direito Processual pela Universidade Federal do Espírito Santo (UFES) e é agora Doutorando pela Universidade do Vale do Rio dos Sinos (UNISINOS). Luciano é uma pessoa muito dedicada e inteligente, que mostra devotamento em suas atividades profissionais e grande afabilidade no trato pessoal.

Ambos revelam grande entusiasmo pelo ensino do Direito com excelência e, no contexto pandêmico, ousaram coordenar este livro visando facilitar a experiência dos cidadãos necessitados de orientação em diversos segmentos jurídicos. Para tanto, a obra é composta de 22 (vinte e dois artigos) divididos didaticamente em cinco seções temáticas.

A primeira seção é dedicada ao essencial tema "acesso à justiça". A coordenadora Fernanda, junto de Maria Cecilia de Araujo Asperti (Professora, Doutora e Mestre pela USP e advogada) apresentam reflexões práticas sobre a adoção de mecanismos consensuais no sugestivo artigo intitulado "Conversando a gente se entende: negociação, mediação e conciliação como meios eficientes após a pandemia".

O tema "Acesso à justiça e a recompreensão da gestão do sistema de justiça após a pandemia" foi muito bem trabalhado por Jéssica Galvão (Professora e Mestre em Direito Processual pela PUC-MG).

A evolução da advocacia e seu novo formato pós COVID-19 foi eficientemente desenvolvida por Raimundo Cândido Junior (experiente advogado, Professor e Doutor em Direito pela UFMG) e Elias Dantas Souto (atuante advogado com especialização em Direito Público e Direito Eleitoral).

Como o sistema de justiça brasileiro pode auxiliar após o fim da pandemia? Propôs-se a responder a esta relevante pergunta Ronaldo Guimarães Gallo, advogado público Federal, sócio da Câmara de Mediação e Arbitragem Especializada – CAMES, Mestre em direito pela PUC/SP e pós-graduado em Direito Constitucional (ESDC) e Administração Pública (FGV).

A Defensoria Pública e o acesso à justiça na pandemia foram muito bem trabalhados pelos experientes e atuantes Defensores Jorge Bheron Rocha (Professor, Doutorando em Direito Constitucional e Mestre em Ciências Jurídico-Criminais pela Faculdade de Direito da Universidade de Coimbra), Maurilio Casas Maia (Professor, Doutor em Direito Constitucional (UNIFOR) e Mestre em Ciências Jurídicas (UFPB) e Edilson Santana Gonçalves Filho (Professor, especialista em Direito Processual e mestrando em Direito na UFC).

À luz dos reflexos da pandemia no interrogatório judicial, a oitiva por videoconferência do réu preso deve ser regra ou exceção? Jamilla Monteiro Sarkis, advogada e Mestre em Direito pela UFMG, junto com Camila Fernandes Bicalho, graduanda em Direito pela mesma universidade, responderam à pergunta com excelência.

A segunda seção, que enfoca os direitos do consumidor, começa com a análise da regra constante na Lei nº 14.010/2020 sobre a imposição de limites ao direito de arrependimento do consumidor nas compras pela internet durante a pandemia: o percuciente exame foi realizado por Tiana Camardelli (Professora e advogada atuante na área).

O acesso ao crédito pelo consumidor e o agravamento do superendividamento diante da pandemia, temas sensíveis e importantes, foram desenvolvidos com primor por Micaela Barros Barcelos Fernandes (Professora, Doutoranda em Direito Civil pela UERJ, Mestre em Direito da Empresa e Atividades Econômicas pela UERJ e em Direito Internacional e da Integração Econômica pela UERJ, Pós-graduada em Direito da Economia e da Empresa pela FGV/RJ e advogada).

Os impactos da pandemia na manutenção da cadeia contratual nos contratos imobiliários foram analisados com detalhes por Anna Lyvia Roberto Custódio Ribeiro (advogada, Mestre em Direito Político e Econômico pela Universidade Presbiteriana Mackenzie e especialista em Direito Notarial e Registral Imobiliário pela Escola Paulista de Direito) e Luiza Noronha Siqueira (advogada Mestre em Direito Tributário pela Pontifícia Universidade Católica de São Paulo).

Tempo perdido: o cancelamento de festas contratadas antes da pandemia – foi o assunto muito bem tratado por Cora Cristina Ramos Barros Costa (Professora especialista, Mestre e Doutoranda em Direito pela Universidade Federal de Pernambuco UFPE, Assessora Jurídica no Procon/JG e advogada) e Maria Carla Moutinho Nery (Professora, Mestre em Direito pela UFPE e assessora Jurídica do TJPE).

Os direitos dos estudantes à luz da pandemia e da desigualdade sistêmica no Brasil foram explicados com primor por Juliana Maggi Lima (Mestre em Direito Civil pela USP, Especialista em Direito de Família e Sucessões pela EPD e advogada) e Silvia Maria da Silva (Professora)

A terceira seção enfoca direitos do trabalhador e do contribuinte.

O que o trabalhador precisa saber em termos de direitos trabalhistas pós-pandemia? Raphael Jacob Brolio (Juiz do Trabalho do TRT da 2ª Região, Professor pós-doutor em Direito pela Universidade de Salamanca, especialista, Mestre e Doutor em Direito pela Pontifícia Universidade Católica de São Paulo – PUC-SP e pós-graduando em processo civil pela UniDomBosco) respondeu, junto com Luciana Guedes Vieira (advogada), essa importante pergunta.

A perspectiva do outro ângulo da relação foi contemplada no texto "Relações de trabalho pós covid-19: o que o empregador precisa saber", em que Julia Ana Cerqueira Fatel Cruz (Pós-graduanda em Direito do Trabalho e Previdenciário pela Fadivale e em Direito Processual Civil pelo Ebradi) e Adamor Ferreira Cruz Junior (Pós-graduando em Direito do Trabalho e Previdenciário pela Fadivale) trabalharam o tema.

O inadimplemento de débitos tributários em razão da pandemia foi bem analisado por Geraldo Lafaiete Fernandes (Professor, Doutor em Ciências Jurídicas e Sociais pela Universidad del Museo Social Argentino e juiz arbitral da Câmara de Comércio Brasil--Estados Unidos), Fernanda Altino Machado D'Oliveira Costa (Professora e Mestre em Ciências das Religiões pela Faculdade Unida de Vitória – ES) e Lílian Cláudia De Souza (Professora e advogada).

"Previdência rural: efeitos da pandemia da covid-19 na produção de prova para aposentadoria rural" é o título do artigo bem escrito por Alexsandrina Ramos de Carvalho Souza (Professora, Doutoranda em Ciências da Comunicação pela UNISINOS, Mestre em Direito Público pela Universidade Fumec, Pós-Graduada em Direito Penal e Processual Penal pela Fadivale e advogada), Wesley Wadim Passos Ferreira de Souza (Doutorando em Ciências da Comunicação pela UNISINOS, Mestre em Direito e Instituições Políticas pela Universidade FUMEC, pós-Graduado em Direito Penal e Processual Penal pela Fadivale e Juiz Federal no TRF-1ª Região).

A quarta seção, que aborda direitos civis dos cidadãos, inicia com o texto "Seguro de vida e pandemia", elaborado com esmero por Rodrigo Reis Mazzei (Professor, pós--doutor pela UFES, Doutor pela FADISP, Mestre pela PUC-SP e advogado) e Caio Souto Araújo (Juiz Federal, Mestrando em Direito Processual na UFES e Pós-graduado em Direito Administrativo pela UGF).

A plausibilidade das pretensões revisionais de alimentos por força das implicações da pandemia foi cuidadosamente abordada pelo coordenador Luciano Souto Dias e Thiara Viana Coelho Souto (Pós-graduada em Direito Processual Civil pela Fadivale, mediadora e advogada).

O pungente tema "Direito (e necessidade) de renegociação dos contratos de consumo em razão das consequências socioeconômicas da COVID-19: aspectos materiais e processuais" foi bem desenvolvido por Gilberto Fachetti Silvestre (Professor, Doutor em Direito Civil pela PUC/SP, Mestre em Direito Processual Civil pela UFES e advogado) e Gabriela Azeredo Gusella (Professora, Mestra em Direito Processual pela UFES, Especialista em Direito Penal pela Faculdade Damásio e assessora do Ministério Público de Contas do Estado do Espírito Santo).

Reflexões úteis sobre o direito do credor e as ferramentas para alcançar a satisfação de créditos no contexto pós-pandemia foram apresentadas por Marcelo Abelha Rodrigues (Professor, Pós-Doutorando em Direito Processual Universidade de Lisboa, Mestre e doutor em Direito pela PUC-SP e advogado), Nathielle Zanelato dos Reis (Mestranda em Direito Processual pela UFES e pós-Graduada em Direito Civil pela Universidade Anhanguera-Uniderp) e Tainá da Silva Moreira (Mestranda em Direito Processual Civil pela UFES, pós-Graduada em Direito Ambiental pela Fundação Oswaldo Aranha – Centro Universitário de Volta Redonda e em Direito Processual Civil pela Uniderp.

A quinta e última seção trata do cidadão diante do Direito público.

A abordagem sobre "Direito de acesso à saúde pública no Brasil pós-pandemia" foi muito bem delineada por João Marcos Cândido Vitório (Mestre em Direito pela UPAP – Universidade Politécnica y Artística del Paraguay, especialista em Direito Civil e Processual Civil pela FADIVALE, pós-graduado em Mediação e Gestão de Conflitos pelo CNJ em parceria com a Fundação Nacional de Mediação de Conflitos e Fadivale, Mediador e advogado), Lorena Silva Vitório (Mestra em Gestão Integrada de Território pela UNIVALE, pós-graduanda em Direito das Famílias e Sucessões pela Faculdade Única, especialista em Direito Internacional pelo CEDIN e em Direito Público pela FADIVALE e advogada) e Teodolina Batista da Silva Cândido Vitório (Pós-Doutora em Direito da Saúde pela Università degli Studi di Messina, Doutora em Direito pela PUC/MG, Mestre em Direito pela Universidade Gama Filho/RJ, especialista em Mediação e Gestão de Conflitos pelo CNJ em parceria com FNMC e Fadivale, especialista em Direito Público, Civil e Processual Civil e pela Fadivale, mediadora, teóloga e advogada).

As contribuições do Direito Administrativo aos cidadãos para minimizar efeitos na retomada da "normalidade" pós-pandemia foram bem esclarecidas por Amarildo Lourenço Costa (Professor, Mestre em Direito e Doutorando pela UNISINOS e Procurador Municipal) e Ana Carla Dias (Especialista em Direito Civil e Processual Civil e Direito Administrativo e Gestão Pública e Procuradora Municipal).

Os casos de corrupção na contratação direta emergencial na saúde nas administrações públicas estaduais e municipais da República Federativa do Brasil foram muito bem tratados por Jerson Carneiro Gonçalves Junior (Professor, Pós-doutor pela UERJ, Doutor e Mestre em Direito do Estado pela PUC-SP. Pós-graduado pela UCLM – Universidad de Castilla-La Mancha – Espanha, em Tributação Internacional e advogado).

Por fim, Simone Henrique (Doutoranda e Mestra em Direitos Humanos pela USP e especialista em Compliance pelo IBCCRIM e pela Universidade de Coimbra), em contribuição atualizadíssima, analisou a lei nacional da quarentena (Lei n. n.13.979/20), as alterações da Lei de Introdução às normas do Direito Brasileiro (LINDB) e as boas práticas em matéria de direitos fundamentais e administração pública.

É com enorme prazer, portanto, que prefacio obra de tal destaque, recomendando-a efusiva e afetivamente para toda a sociedade brasileira.

Giselda Maria Fernandes Novaes Hironaka

Professora Titular de Direito Civil da Faculdade de Direito da USP

SUMÁRIO

APRESENTAÇÃO III

PREFÁCIO
    Giselda Maria Fernandes Novaes Hironaka VIII

SEÇÃO I
ACESSO À JUSTIÇA

"CONVERSANDO A GENTE SE ENTENDE": NEGOCIAÇÃO, MEDIAÇÃO E CONCILIAÇÃO COMO MEIOS EFICIENTES APÓS A PANDEMIA
    Fernanda Tartuce e Maria Cecília de Araujo Asperti 3

ACESSO À JUSTIÇA E A RECOMPREENSÃO DA GESTÃO DO SISTEMA DE JUSTIÇA APÓS PANDEMIA
    Jéssica Galvão 15

EVOLUÇÃO DA ADVOCACIA E SEU NOVO FORMATO PÓS-COVID-19
    Raimundo Cândido Júnior e Elias Dantas Souto.................................. 25

COMO O SISTEMA DE JUSTIÇA BRASILEIRO PODE AUXILIAR APÓS O FIM DA PANDEMIA?
    Ronaldo Guimarães Gallo 35

DEFENSORIA PÚBLICA E ACESSO À JUSTIÇA NA PANDEMIA DO CORONAVÍRUS
    Edilson Santana Gonçalves Filho, Jorge Bheron Rocha e Maurilio Casas Maia... 47

REFLEXOS DA PANDEMIA NO INTERROGATÓRIO JUDICIAL: A OITIVA POR VIDEOCONFERÊNCIA DO RÉU PRESO DEVE SER REGRA OU EXCEÇÃO?
    Camila Fernandes Bicalho e Jamilla Monteiro Sarkis 61

SEÇÃO II
DIREITOS DO CONSUMIDOR

A LEI 14.010/2020 E A IMPOSIÇÃO DE LIMITES AO DIREITO DE ARREPENDIMENTO DO CONSUMIDOR NAS COMPRAS PELA INTERNET DURANTE A PANDEMIA DA COVID-19
    Tiana Camardelli 77

ACESSO AO CRÉDITO PELO CONSUMIDOR E O AGRAVAMENTO DO SUPE-RENDIVIDAMENTO DIANTE DA PANDEMIA DA COVID-19

Micaela Barros Barcelos Fernandes 87

IMPACTOS DA PANDEMIA NA MANUTENÇÃO DA CADEIA CONTRATUAL NOS CONTRATOS IMOBILIÁRIOS

Anna Lyvia Roberto Custódio Ribeiro e Luiza Noronha Siqueira........................ 105

TEMPO PERDIDO: O CANCELAMENTO DE FESTAS CONTRATADAS ANTES DA PANDEMIA

Cora Cristina Ramos Barros Costa e Maria Carla Moutinho Nery...................... 119

DIREITOS DOS ESTUDANTES À LUZ DA PANDEMIA E DA DESIGUALDADE SIS-TÊMICA NO BRASIL

Silvia Maria da Silva e Juliana Maggi Lima 131

SEÇÃO III
DIREITOS DO TRABALHADOR E DO CONTRIBUINTE

DIREITOS TRABALHISTAS PÓS-PANDEMIA: O QUE O TRABALHADOR PRECISA SABER

Raphael Jacob Brolio e Luciana Guedes Vieira 149

RELAÇÕES DE TRABALHO PÓS-COVID-19: O QUE O EMPREGADOR PRECISA SABER

Adamor Ferreira Cruz Junior e Julia Ana Cerqueira Fatel Cruz........................... 165

O INADIMPLEMENTO DE DÉBITOS TRIBUTÁRIOS EM RAZÃO DA PANDEMIA COVID-19

Fernanda Furtado Altino Machado D'Oliveira Costa, Geraldo Lafaiete Fernan-des e Lílian Cláudia de Souza.. 179

PREVIDÊNCIA RURAL: EFEITOS DA PANDEMIA DA COVID-19 NA PRODUÇÃO DE PROVA PARA APOSENTADORIA RURAL

Alexsandrina Ramos de Carvalho Souza e Wesley Wadim Passos Ferreira de Souza 195

SEÇÃO IV
DIREITOS CIVIS DOS CIDADÃOS

SEGURO DE VIDA E PANDEMIA

Rodrigo Reis Mazzei e Caio Souto Araújo 211

PLAUSIBILIDADE DAS PRETENSÕES REVISIONAIS DE ALIMENTOS EM RAZÃO DAS IMPLICAÇÕES DA PANDEMIA DO NOVO CORONAVÍRUS

Luciano Souto Dias e Thiara Viana Coelho Souto 231

DIREITO (E NECESSIDADE) DE RENEGOCIAÇÃO DOS CONTRATOS DE CONSUMO EM RAZÃO DAS CONSEQUÊNCIAS SOCIOECONÔMICAS DA COVID-19: ASPECTOS MATERIAIS E PROCESSUAIS

Gilberto Fachetti Silvestre e Gabriela Azeredo Gusella 245

REFLEXÕES SOBRE O DIREITO DO CREDOR E AS FERRAMENTAS PARA ALCANÇAR A SATISFAÇÃO DE CRÉDITOS NO CONTEXTO PÓS-PANDEMIA

Marcelo Abelha Rodrigues, Nathielle Zanelato dos Reis e Tainá da Silva Moreira 257

SEÇÃO V
O CIDADÃO DIANTE DO DIREITO PÚBLICO

O DIREITO DE ACESSO À SAÚDE PÚBLICA NO BRASIL PÓS-PANDEMIA

João Marcos Cândido Vitório, Lorena Silva Vitório e Teodolina Batista da S. C. Vitório... 271

CONTRIBUIÇÕES DO DIREITO ADMINISTRATIVO AOS CIDADÃOS PARA A MINIMIZAÇÃO DE EFEITOS NA RETOMADA DA "NORMALIDADE" PÓS-PANDEMIA

Amarildo Lourenço Costa e Ana Carla Dias... 285

PANDEMIA DA COVID-19 E CASOS DE CORRUPÇÃO NA CONTRATAÇÃO DIRETA EMERGENCIAL NA SAÚDE NAS ADMINISTRAÇÕES PÚBLICAS ESTADUAIS E MUNICIPAIS DA REPÚBLICA FEDERATIVA DO BRASIL

Jerson Carneiro Gonçalves Junior 295

A LEI NACIONAL DA QUARENTENA, AS ALTERAÇÕES DA LINDB E BOAS PRÁTICAS EM MATÉRIA DE DIREITOS FUNDAMENTAIS E ADMINISTRAÇÃO PÚBLICA

Simone Henrique 319

Seção I
ACESSO À JUSTIÇA

"CONVERSANDO A GENTE SE ENTENDE": NEGOCIAÇÃO, MEDIAÇÃO E CONCILIAÇÃO COMO MEIOS EFICIENTES APÓS A PANDEMIA

Fernanda Tartuce

Mestre e Doutora em Direito Processual pela USP. Professora do programa de Mestrado e Doutorado da FADISP. Coordenadora e Professora em cursos de especialização na Escola Paulista de Direito (EPD). Presidente da Comissão de Processo Civil do Instituto Brasileiro de Direito de Família (IBDFAM). Vice-Presidente da Comissão de Mediação do Instituto Brasileiro de Direito Processual (IBDP). Diretora do Centro de Estudos Avançados de Processo (CEAPRO). Membro do Instituto dos Advogados de São Paulo (IASP). Mediadora. Advogada Orientadora do Departamento Jurídico XI de Agosto.

Maria Cecília de Araujo Asperti

Mestre e Doutora em Direito Processual Civil pela Faculdade de Direito da Universidade de São Paulo. Foi *visting scholar* na Universidade de Yale pelo Programa *Fox International Fellowships*. Professora da Escola de Direito da Fundação Getulio Vargas – FGV Direito SP. Mediadora. Advogada Orientadora do Departamento Jurídico XI de Agosto.

Sumário: 1. Contextualização do tema. 2. Negociação: possibilidade potencialmente proveitosa. 3. Portas de acesso à conciliação e mediação durante e após a pandemia. 4. Considerações finais. 5. Referências.

1. CONTEXTUALIZAÇÃO DO TEMA

A pandemia do novo Coronavírus exigiu de todas as instituições medidas rápidas e drásticas de adaptação, mais na perspectiva de mitigação de perdas do que de efetivamente prever uma transformação para um cenário melhor.

O Poder Judiciário e a advocacia tiveram de se adaptar quase que da noite para o dia à nova realidade de teletrabalho, audiências e julgamentos virtuais. Ao mesmo tempo, vivenciamos um aumento significativo das situações conflituosas decorrentes da crise econômica e social instaurada, cujos efeitos ainda estão longe de serem completamente compreendidos. Demissões, falências, endividamento, violência doméstica, conflitos familiares, conflitos consumeristas, precarização do trabalho, inadimplência de contratos dos mais diversos, empobrecimento... são tantas as mazelas que os profissionais do direito ainda não foram capazes de construir soluções adequadas para a nova realidade.

Sem soluções jurídicas adequadas, não restam alternativas àqueles envolvidos em conflitos decorrentes da crise senão tentar negociar alguma saída que seja menos gravosa e, quiçá, a mais construtiva, por meio do diálogo. Nesse contexto, a persistente resistência de parcela da advocacia à conciliação e à mediação tende a dar lugar à busca por outras saídas que não o litígio. Vimos, então, um crescente interesse pelos meios consensuais em áreas variadas, desde conflitos empresariais complexos até renegociações de relações locatícias, passando por conflitos familiares sobre convivência familiar e pensão alimentícia. Tudo isso, evidentemente, em formato *online*, levando uma tendência ainda tímida de uso de meios consensuais digitais a um novo patamar.

Quais são os aprendizados desse período que poderão nos ajudar no período pós-pandemia? O que se perde e o que se ganha com os meios consensuais *online*? Quais são os cuidados que podem ser tomados para mitigar essas perdas e quais são os limites que devem ser estabelecidos? Essas são algumas das perguntas que esse artigo busca endereçar, embasado nas percepções e reflexões acerca do momento vivido, que certamente será um divisor de águas para a forma como lidamos com conflitos dentro e fora da justiça estatal.

2. NEGOCIAÇÃO: POSSIBILIDADE POTENCIALMENTE PROVEITOSA

Em cenários de crise, isolamento social e incertezas, conflitos não faltam nas mais variadas áreas e com as mais diversas características. Se em tempos normais muitas dificuldades são vivenciadas, o que dizer quando a estrutura anteriormente estabelecida não mais funciona (ou nem faz sentido) e há complicações por força de diversas limitações[1]?

No âmbito do direito do consumidor, por exemplo, muitas pessoas vêm se revelando cada vez mais atentas e empenhadas em exercer seus direitos de forma eficiente, agindo e reagindo prontamente como forma de se negarem a adotar posição passiva: tudo querem saber e exigem tratamento digno na busca do atendimento de seus interesses[2]. Da mesma forma, diversos prestadores de serviços e muitas empresas têm se esmerado em atender adequadamente seus clientes no intuito de coibir contratempos na relação de consumo, evitar e desgastes e, sobretudo, superar a concorrência[3].

No contexto das relações contratuais – comerciais, locatícias, imobiliárias etc. – muito tem sido discutido sobre a possibilidade de revisar cláusulas e disposições diante das evidentes mudanças nas circunstâncias vivenciadas: muitas delas acarretam desequilíbrios contratuais que conduzem, de um lado, ao inadimplemento contratual e, de outro, a uma série de desgastes relacionais que podem gerar o surgimento de litígios complexos e duradouros.

Quando, porém, uma crise aguda como a que vivenciamos no contexto pandêmico se instala, falta clareza quanto às opções existentes. Vivemos a era da informação, mas muitos dados estão disponíveis em espaços diferentes... além disso, a crise pode acabar obscurecendo a visão e complicar a percepção daqueles envolvidos em uma situação conflituosa[4].

---

1. TARTUCE, Fernanda. Conflitos de consumo e negociação extrajudicial em tempos de pandemia. Disponível em: [http://genjuridico.com.br/2020/04/17/conflitos-de-consumo-pandemia/]. Acesso em: 07.07.2020.
2. TARTUCE, Fernanda. *Mediação nos conflitos civis.* 5. ed. São Paulo: Método, 2019. p. 383.
3. SIX, Jean-François. *Dinâmica da mediação* Trad. Giselle Groeninga, Águida Arruda Barbosa e Eliana Riberti Nazareth. Belo Horizonte: Del Rey, 2001. p. 39.
4. TARTUCE, Fernanda. Conflitos de consumo e negociação extrajudicial em tempos de pandemia. Disponível em: [http://genjuridico.com.br/2020/04/17/conflitos-de-consumo-pandemia/]. Acesso em: 07.07.2020.

Assim, diante de um potencial impasse, cabe identificar: há mesmo um conflito? Há recusa clara e/ou controvérsias quanto a um elemento central da prestação ou da entrega?

Pensando em um conflito decorrente de uma relação contratual, é possível que haja proposta de novação – por ex., em relação ao tempo; ela faz sentido?

Havendo proposta de troca em certo tempo, ou algum tipo de proposta pela outra parte, pode ser viável cogitá-la com proveito.

Em quaisquer casos de negociação direta entre as partes, mas principalmente entre tomadores de serviços ou consumidores e empresas prestadoras, alguns passos podem ser interessantes para orientar[5] uma negociação eficiente, tanto no contexto da pandemia, quanto nos tempos que a ela se seguirão:

1. Em sendo apresentada uma proposta, são claros os seus termos? Há imposição de limites estritos? As condições colocadas são razoáveis?

2. Há um canal de comunicação eficiente para sanar dúvidas?

3. Quais são as opções? Há novas leis ou outros tipos de normas sobre o tema? Podem existir, por exemplo, notas técnicas de órgãos governamentais, medida provisória ou outras normativas que devam ser observadas ou que tragam parâmetros que possam subsidiar a análise da proposta ou a formulação de uma contraproposta.

Em relação à tentativa de contato, saber aguardar com paciência é relevante: em tempos de volume maciço de reclamações, a comunicação pode ser difícil. O contato telefônico não funciona? E o acesso ao SAC (Serviço de atendimento ao consumidor) apresenta alternativas como *chats* ou envio de mensagens? Quem sabe é melhor buscar contato por redes sociais? Ou formular reclamação em sites especializados? Há plataformas que se disponibilizam a expor a insatisfação e pedir a resposta sobre ela, favorecendo a negociação? O PROCON/SP, por exemplo, permite o envio de reclamações por via postal e por meio eletrônico[6].

Constatada a resistência em ver interesses atendidos sem justificativa consistente, haverá mesmo um conflito; para bem se preparar para lidar com a controvérsia, são iniciativas importantes da pessoa interessada antes de iniciar uma tratativa negocial:

1. Preparar a documentação completa sobre o caso, juntando por exemplo[7]:

   a. Termos da contratação;

   b. Recusa à prestação;

   c. Listagem de datas e/ou demonstração das tentativas de contato para resolver (com números de protocolo dados pela empresa, se existentes);

   d. Matérias na imprensa/ mensagens de outros consumidores na mesma situação.

---

5. TARTUCE, Fernanda. Conflitos de consumo e negociação extrajudicial em tempos de pandemia, cit.
6. TARTUCE, Fernanda. Conflitos de consumo e negociação extrajudicial em tempos de pandemia, cit.
7. TARTUCE, Fernanda. Conflitos de consumo e negociação extrajudicial em tempos de pandemia, cit.

2. Ampliar o nível de informações sobre o que o fornecedor tem afirmado publicamente em sites, redes sociais, resposta a mensagens (suas ou de outros consumidores);

3. Preparar um relato consistente com detalhes do caso – incluindo tentativas frustradas de contato;

4. Analisar opções[8]:

   a. Adicional tentativa de negociação individual? Por exemplo, buscando plataformas distintas (como o consumidor.gov);

   b. Aderir a uma negociação coletiva? Ex.: no início da crise da pandemia pela COVID-19 o PROCON afirmou que negociaria coletivamente a situação ligada às companhias aéreas.

5. Após decidir por um ou ambos os caminhos, aguardar a resposta oficial: qual é a opção oferecida? Ela é clara, atende aos interesses? Responder positivamente ou não no prazo indicado (se houver) é também relevante[9].

Essas etapas preparatórias são válidas também em tratativas comerciais entre partes de um contrato de locação ou de compra e venda que se vejam na necessidade de renegociar cláusulas ou postergar pagamentos diante de dificuldades financeiras e mesmo outros cenários, como aquele em que há problemas para finalizar obras em um apartamento recém adquirido ou para a devolução de um imóvel locado, atrasando o período combinado para tanto.

Assim, a preparação prévia é de suma importância para qualquer negociação, cabendo ponderar de início quais são as conjunturas possíveis para as tratativas.

Qual será o melhor cenário possível caso não seja possível chegar a um acordo? Será plausível que uma demanda judicial seja exitosa? Quais seriam as possíveis leituras do Poder Judiciário sobre o desequilíbrio contratual e o inadimplemento, no caso? De outro lado, qual seria o pior cenário possível? O que acontecerá se uma das partes desistir das tratativas e resolver levar o contrato à justiça?[10]

Essa análise de risco definirá os limites da negociação e permitirá à parte identificar quando tal via consensual não será suficiente[11].

Seja em razão de respostas insatisfatórias, seja diante da impossibilidade de se chegar a um acordo mutuamente aceitável, o trânsito negocial direto finalizou-se, mas ainda pode ser viável trilhar outro caminho consensual. Há opção de participar em mediações ou conciliações? Essas tratativas, agora intermediadas por um facilitador, serão realizadas presencialmente ou de modo *online*?

---

8. TARTUCE, Fernanda. Conflitos de consumo e negociação extrajudicial em tempos de pandemia, cit.

9. TARTUCE, Fernanda. Conflitos de consumo e negociação extrajudicial em tempos de pandemia, cit.

10. Para um aprofundamento sobre como se preparar para uma negociação, vide TAKAHASHI, Bruno; ALMEIDA, Daldice Maria Santana; GABBAY, Daniela Monteiro; ASPERTI, Maria Cecília de Araujo. *Manual de Mediação e Conciliação da Justiça Federal. Conselho da Justiça Federal*. Centro de Estudos Judiciários. Brasília, 2019.

11. GABBAY, Daniela M.; FALECK, Diego; TARTUCE, Fernanda. *Meios alternativos de solução de conflitos*. Rio de Janeiro: FGV, 2014, p. 26.

3. PORTAS DE ACESSO À CONCILIAÇÃO E MEDIAÇÃO DURANTE E APÓS A PANDEMIA

Diante de uma negociação que não foi bem sucedida, a pergunta que fica é: como buscar uma conciliação ou uma mediação durante a pandemia, sem que seja necessário sair de casa? E após esse período passar, será que as vias da conciliação e da mediação *online* continuarão a ser utilizadas?

Vale lembrar que a conciliação e a mediação são meios aos quais as partes podem recorrer quando sentem que a facilitação do diálogo por uma terceira pessoa, independente e imparcial, poderá auxiliá-los na construção de uma solução mutuamente satisfatória. Enquanto na conciliação esse facilitador atuará, primordialmente, em conflitos mais objetivos, nos quais as partes não possuem uma relação continuada, na mediação o objetivo será o de auxiliar as partes a identificarem as questões em conflito para que, restabelecida ou aprimorada a comunicação, elas consigam construir por si próprias uma solução consensual[12].

Nos exemplos anteriores, de conflitos decorrentes de relação de consumo, é possível que a conciliação seja de fato a melhor via, sendo papel do conciliador ajudar as partes a levantarem opções variadas e a avaliarem as alternativas para tentar chegar em um acordo. Do mesmo modo, as renegociações de dívidas bancárias ou de qualquer natureza, quando inviáveis pela via negocial, podem encontrar na conciliação um espaço mais propício para se alcançar um acordo mutuamente interessante.

Em casos de relações locatícias, por vezes a conciliação pode ser suficiente, culminando em acordos para parcelamento de valores, descontos temporários ou, até mesmo, a saída do imóvel em um prazo tido como razoável. No entanto, caso o conflito tenha decorrido de um desgaste na relação ou de falhas de comunicação, ou, ainda, que locador e locatário estejam discutindo não só em razão do pagamento dos aluguéis, mas também sobre outras situações relacionadas ao relacionamento contratual e até mesmo pessoal (trocas rispidas de mensagem, falta de confiança quanto ao uso ou às condições do imóvel etc.), pode ser que a mediação se mostre a via mais adequada.

Da mesma forma, conflitos relacionados a problemas familiares – intensificados pelo isolamento social e convívio intensificado das famílias ou, ainda, pelas dificuldades econômicas decorrentes da crise econômica instaurada – podem demandar uma intervenção mais elaborada e delongada, intermediada por um profissional que irá incentivar a escuta mútua, organizando a conversa e auxiliando as partes a identificarem saídas possíveis.

Esses conflitos, mesmo fora do contexto da pandemia, já evidenciam com clareza a insuficiência das soluções impostas judicialmente; são exemplos os casos familiares de "regulamentação de visitas[13]" em que dificilmente a imposição de multas ou mesmo o uso de força policial são eficazes na manutenção dos parâmetros fixados quando a comunicação entre as partes está deteriorada. Acrescendo-se a essa realidade o fator do isolamento social e da mudança nas dinâmicas familiares decorrentes, a busca por vias que

---

12. Vide artigo 165, §§ 2º e 3º do Código de Processo Civil.
13. O termo "visita" é usado por ser de fácil identificação, sendo colocado entre aspas porque nas mais atuais abordagens do Direito de Família tem-se por adequada a expressão "convivência familiar".

priorizem o aprimoramento da comunicação, ainda que de modo *online*, é fundamental para evitar consequências ainda mais perniciosas para os relacionamentos familiares.

Exemplo comum são os casos onde o genitor resiste à realização de "visitas" com receio de que a criança seja exposta ao vírus ou, ainda, conflitos decorrentes do não pagamento de pensão alimentícia em razão da crise econômica e dos crescentes índices de desemprego.

Em casos como este, uma conversa realizada pela via da mediação poderá culminar na construção de soluções criativas, como a realização de encontros *online* ou o estabelecimento de um regime gradual, com limitações de saídas, porém que assegure a convivência entre pais e filhos. Nos casos de pensão alimentícia, sessões de mediação poderão viabilizar uma revisitação de gastos e despesas da criança ou, ainda, a renegociação de dívidas a partir de perspectivas mais claras de retomada econômica por parte do devedor de alimentos.

Esses conflitos, que tendem a se intensificar com o tempo, poderão desaguar no Poder Judiciário, naquilo que já vem sendo chamado de um "tsunami" de litígios, a ser particularmente intenso no contexto pós-pandemia[14]. Daí por que é de se esperar um incremento nos estímulos para buscar mediações e conciliações, seja pelo receio do conteúdo de uma solução judicial imposta, que pode não levar em consideração todos os impactos decorrentes da pandemia, seja pelo atrativo consistente na possibilidade de construir soluções mais flexíveis e customizadas em casos de renegociações de dívidas e contratos, mudanças nas dinâmicas familiares, interações entre vizinhos ou sócios etc.

Vale dizer que a mediação e a conciliação *online* já eram vislumbradas como possibilidades na legislação vigente mesmo antes da pandemia. O Código de Processo Civil de 2015 passou a prever, no artigo 334, § 7º, a possibilidade de audiências de conciliação ou mediação por meio eletrônico, ao passo que a Lei de Mediação (Lei 13.140/2015), de modo mais específico, dispôs sobre a possibilidade de a mediação ser feita por internet ou por outro meio de comunicação que permitisse transação à distância, desde que as partes estivessem de acordo (art. 46).

Esses dispositivos já haviam, de alguma forma, incorporado a influência da tendência denominada de *Online Dispute Resolution* (ODR), que consiste na utilização da tecnologia da informação e da comunicação para a composição de conflitos, seja na totalidade do procedimento ou somente em parte deste[15]. Na prática anterior à pandemia o uso dessas vias acabava sendo muito restrito a iniciativas pontuais ou a plataformas de comunicação assíncrona (ou seja, nas quais as interações independem da presença simultânea da outra parte)[16] utilizadas para troca de propostas por meio de chats ou mensagens, em uma dinâmica muito mais próxima da negociação do que da conciliação e da mediação.

---

14. SOURDIN, Tania; ZELEZNIKOW, John. "Courts, Mediation and COVID-19". *Australian Business Law Review*, May 8, 2020. Disponível em: [https://papers.ssrn.com/sol3/papers.cfm?abstract_id=3595910]. Acesso em: 20.07.2020.

15. LIMA, Gabriela Vasconcelos; FEITOSA, Gustavo Raposo Pereira. "Online Dispute Resolution (Odr): A Solução de Conflitos e as Novas Tecnologias". *Revista do Direito*. Santa Cruz do Sul, v. 3, n. 50, p. 53-70, set./dez. 2016.

16. ECKSCHMIDHT, Thomas; MAGALHÃES, Mario E.S.; MUHR, Diana. *Do conflito ao acordo na era digital (meios eletrônicos para solução de conflitos – MESC)*. 2. ed. Curitiba: Doyen, 2016, p. 125.

Com a impossibilidade de encontros presenciais e a acelerada "virtualização" das relações, vimos um aumento exponencial do uso de plataformas de comunicação síncrona (nas quais as interações são realizadas simultaneamente, geralmente por meio de vídeo e/ou áudio)[17] para reuniões, aulas e encontros sociais. A familiarização com essas vias facilitou o uso para audiências judiciais, inclusive de mediação e de conciliação. É de se esperar que esse movimento se consolide mesmo após a pandemia, dada a redução de custos e de deslocamentos.

Voltamos ao ponto sobre as contradições da era da informação: tanto se diz sobre mediação e conciliação, inclusive atualmente sobre a realização de modo *online*, mas como é possível efetivamente acessar esses meios de solução de conflitos?

Uma primeira "porta" mais óbvia é o próprio Poder Judiciário, onde há conciliações e mediações realizadas no curso de um processo judicial ("processuais") e aquelas realizadas antes da instauração de um processo judicial ("pré-processuais"), ainda que sejam conduzidas no âmbito dos Centros Judiciais de Solução de Conflitos e Cidadania (CEJUSCs). Em ambos os casos, os acordos firmados são homologados judicialmente, adquirindo força de título executivo judicial (art. 515, inciso II, do CPC).

No que diz respeito às conciliações e mediações processuais, após um breve período de suspensão de prazos e audiências, a movimentação processual foi aos poucos retomada, em sua maioria por meio de plataformas de comunicação por áudio e vídeo (como Microsoft Teams, Google Hangouts, Zoom e correlatas). Após a designação da audiência de conciliação ou mediação pelo juízo, nos termos do artigo 334 do CPC, as partes e seus advogados recebem orientações sobre como acessar a plataforma e a audiência é conduzida integralmente por vídeo[18]. A experiência demonstra algumas facilidades, como a desnecessidade de deslocamento e de espera, porém há também óbices comunicacionais e de acesso à tecnologia que podem prejudicar sobremaneira a participação de hipossuficientes e vulneráveis nessas audiências.

Esse processo de virtualização atingiu também as audiências de conciliação e mediação pré-processuais, outrora realizadas pelos CEJUSCs presencialmente, com algumas poucas, porém importantes experiências no modo *online*. Para acessar uma conciliação ou mediação pré-processual, é necessário contatar um CEJUSC, o que era feito presencialmente, em tempos de normalidade de atendimento, e passou a ser feito via e-mail, contendo um breve resumo do caso. Após o recebimento deste pedido, o CEJUSC deverá contatar a parte contrária e convidá-la para a sessão, que a partir desse ponto se desenvolve de modo similar ao de uma audiência de conciliação/mediação processual.

Ainda em termos de acessibilidade a conciliações e mediações no Poder Judiciário, cada tribunal tem regulamentado as formas de cobrança, por parte de conciliadores/mediadores, a partir do valor envolvido e do número de horas dedicados

---

17. ECKSCHMIDHT; MAGALHÃES; MUHR, *Do conflito ao acordo na era digital (meios eletrônicos para solução de conflitos – MESC)*, cit., 2016, p. 125.

18. Vale destacar a elaboração de documentos de orientações às partes e advogados, como o Manual de Audiências divulgado pelo Tribunal de Justiça de São Paulo: TRIBUNAL DE JUSTIÇA DE SÃO PAULO: Audiências Virtuais: Sistema Remoto de Trabalho. SGP 6 – Diretoria de Capacitação, Desenvolvimento de Talentos, Estenotipia e Novos Projetos. 26 jun. 2020. Acesso em [http://www.tjsp.jus.br/Download/CapacitacaoSistemas/AudienciaVirtualSistemaRemotoTrabalho.pdf]. Acesso em: 20.07.2020.

à audiência ou à sessão de conciliação. No Tribunal de Justiça de São Paulo, por exemplo, a Resolução 809/2019 estabeleceu uma tabela de remuneração estratificada em patamares definidos pelo próprio mediador (voluntário, básico, intermediário, avançado e extraordinário) e pelo valor da causa; no caso das conciliações, a remuneração se dará sempre de acordo com o patamar básico. Os valores deverão, em regra, ser custeados em frações iguais pelas partes, assegurada a gratuidade aos beneficiários da Justiça Gratuita.

Embora a via judicial seja a mais comum e mais conhecida "porta" de acesso à conciliação e à mediação no Brasil, mediadores privados e comunitários também vêm se adaptando, ainda que de forma mais tímida, ao novo formato. Se antes uma mediação fora do Poder Judiciário parecia uma alternativa pouco conhecida e atraente, hoje a busca por essas vias tem aumentado, seja pela falta de opções, seja pela necessidade premente de se buscar soluções negociadas para conflitos cuja solução jurídica está longe de endereçar as problemáticas experienciadas durante a pandemia.

Para conflitos mais complexos ou envolvendo valores mais expressivos, há importantes câmaras, independentes ou ligadas a associações comerciais, que muitas vezes oferecem serviços tanto de arbitragem quanto de mediação, contando com um regulamento próprio e com uma lista de mediadores divulgada em seu site.

De outra parte, entidades de assistência jurídica e escritórios-modelo universitários frequentemente contam com parcerias com centros ou escolas de formação de mediadores e oferecem às pessoas assistidas (vulneráveis ou hipossuficientes) serviços gratuitos de mediação. Alguns dos mediadores realizam as sessões supervisionados por seus professores como forma de completar o estágio formativo, tornando essa via de acesso à mediação muito importante para quem não tem como arcar com as despesas de contratação de um mediador.

Há, ainda, a possibilidade da contratação de um mediador *ad hoc*, ou seja, desvinculado de qualquer instituição, porém que conte com a confiança das partes. Assim como ocorre com a contratação de um advogado, o encontro de um mediador pode ser fruto da indicação do advogado ou de algum conhecido que tenha utilizado os serviços desse profissional com sucesso.

É importante lembrar que, enquanto no âmbito do Poder Judiciário apenas conciliadores e mediadores comprovadamente capacitados podem atuar, na mediação privada as partes são livres para escolher seus mediadores, que precisam contar com a confiança das partes e algum tipo de capacitação nas técnicas de mediação. Ainda assim, ao escolher um mediador fora do Judiciário, é importante conhecer seu currículo e formação, bem como sua experiência com mediação (geralmente expressa no volume de horas vivenciadas em sessões consensuais). Escolhido o mediador, é necessário tratar expressamente da forma de cobrança e valores a serem praticados, firmando os termos principais do contrato de mediação.

O quadro abaixo sistematiza algumas características da mediação e da conciliação judiciais (pré-processual e processual) e da mediação extrajudicial que podem auxiliar na busca por uma dessas "portas" de acesso, durante ou após a pandemia:

Perguntas frequentes	Conciliação e Mediação Judiciais processuais	Conciliação e Mediação Judiciais pré-processuais	Mediação Extrajudicial
É necessário ter um processo judicial em curso?	Sim	Não	Não, mas caso haja, é possível pedir a suspensão do processo, desde que as partes estejam de comum acordo.
Como acessar?	Sessão será designada pelo juízo durante o processo judicial.	Poderá ser realizada após o envio de um pedido, via e-mail, a um CEJUSC.	Por meio de câmaras de mediação ou mediadores particulares.
O não comparecimento à sessão acarreta alguma penalidade?	Sim, multa, conforme art. 334, §8º do CPC, de até 2% da vantagem econômica pretendida no caso. No caso dos Juizados Especiais, o não comparecimento do autor poderá acarretar a extinção do processo e o do réu a sua revelia (art. 51, inciso I, e art. 20, da Lei 9.099/1995)	Não	Não, a menos que haja uma cláusula contratual de mediação.
Quais são os custos envolvidos?	Honorários do mediador/conciliador, a serem fixados de acordo com as regras de cada tribunal.	Honorários do mediador/conciliador, a serem fixados de acordo com as regras de cada tribunal.	Honorários do mediador, a serem pactuados antes do início das sessões.
É possível a sua realização de modo online?	Sim, mediante o uso de plataforma de vídeo utilizada pelo respectivo tribunal.	Sim, mediante o uso de plataforma de vídeo utilizada pelo respectivo tribunal.	Sim, mediante uso de plataforma de vídeo a ser convencionada entre as partes e o mediador.

Fonte: Elaboração da coautora Cecilia Asperti

Pensando em um passo a passo para acessar uma conciliação ou mediação *online*, as seguintes etapas são necessárias, resguardadas as particularidades de cada um dos contextos acima descritos:

1. Antes da sessão, é importante que os participantes:

   a. Identifiquem com clareza o histórico de comunicação prévio estabelecido, lembrando quais são as questões conflituosas e os pontos de discordância;

   b. Avaliem, assim, como proposto no item 1, quais são as chances de êxito caso tenham de promover uma ação judicial;

   c. Pensem em informações sobre as quais gostariam que a outra parte tivesse conhecimento e ponderasse acerca do conflito;

   d. Formulem, de modo claro e não violento, observações objetivas sobre o conflito, sentimentos, necessidades e o pedido, ou seja, aquilo que efetivamente buscam como solução para o conflito[19];

   e. Verifiquem a sistemática de cobrança de honorários aplicada pelo mediador ou conciliador.

2. Caso a sessão seja realizada por uma plataforma *online*, é importante que a parte acesse a plataforma com antecedência e verifique se a internet e a conexão serão adequadas;

---

19. Sobre Comunicação não Violenta, confira-se ROSENBERG, Marshall B. *Comunicação não violenta*: técnicas para aprimorar relacionamentos pessoais e profissionais. São Paulo: Ágora, 2006.

3. É importante questionar o mediador/conciliador quanto as possibilidades de usar salas virtuais privadas durante a sessão ou, caso isso não seja viável, é necessário ter em mãos o celular ou outra via de comunicação que permita a conversa entre parte e advogado durante a sessão;

4. Durante a sessão, é necessário respeitar o tempo de fala de cada um, até porque as plataformas *online* tornam inviável escutar quem está falando se pessoas falam ao mesmo tempo; e

5. Caso as partes cheguem a um acordo, este poderá redigido por escrito (pelos servidores do Judiciário ou pelos advogados), porém o consentimento poderá ser dado de forma oral, dada a impossibilidade de assinatura física durante a sessão. É fundamental que todos escutem e compreendam com clareza os termos do acordo antes de manifestar sua concordância, que será gravada para fins de registro.

4. CONSIDERAÇÕES FINAIS

Ainda que o prognóstico de um "tsunami" de conflitos no contexto pós-pandemia pareça um tanto exagerado, é certo que já estamos vivenciando um aumento nas situações conflituosas decorrentes da crise econômica e social, que se traduzem em possíveis oportunidades para o uso de meios consensuais como a negociação, a conciliação e a mediação.

As tratativas negociais são fundamentais para a construção de soluções viáveis nos mais diversos âmbitos, em especial em relações contratuais e de consumo. Uma boa negociação depende da adequada preparação prévia, que compreende a coleta de informações e de cenários para embasar a elaboração e a análise de propostas, posturas decisivas para a eficiência do processo negocial.

Esgotadas as tentativas de negociação, as partes poderão recorrer à conciliação ou à mediação, dentro ou fora da Justiça estatal e, ainda, antes ou durante um processo judicial. Será preciso considerar, com respeito e paciência, as desigualdades tecnológicas, bem como as diferenças nas interações que ocorrem de modo *online*, adequando o procedimento da conciliação e da mediação para manter acessibilidade e qualidade.

Por fim, vale lembrar que, caso inviável a adoção de meios consensuais, a via contenciosa pode ser considerada a próxima etapa. Mas a ida ao Poder Judiciário tenderá a gerar melhores resultados? Em caso positivo, qual será o melhor momento para fazê-lo? A análise deve considerar, dentre vários fatores, um aspecto relevante, o *timing*, ou seja, a sensibilidade sobre o tempo oportuno para tomar uma iniciativa[20].

Como se nota, é preciso dedicar tempo e empenho aos meios consensuais. Tomara que possamos identificar e trilhar os melhores caminhos; como bem destacou Sêneca, "raros são aqueles que decidem após madura reflexão; os outros andam ao sabor das ondas e, longe de se conduzirem, deixam-se levar pelos primeiros".

---

20. TARTUCE, Fernanda. Conflitos de consumo e negociação extrajudicial em tempos de pandemia. Disponível em: [http://genjuridico.com.br/2020/04/17/conflitos-de-consumo-pandemia/]. Acesso em: 07.07.2020.

5. REFERÊNCIAS

ALMEIDA, Daldice Maria Santana; TAKAHASHI, Bruno. "O remédio certo na dose certa: como conciliar em tempos de pandemia". *Jota*. 8 jun. 2020. Disponível em: [https://www.jota.info/opiniao-e-analise/artigos/o-remedio-certo-na-dose-certa-como-conciliar-em-tempos-de-pandemia-08062020]. Acesso em: 20.07.2020.

ASPERTI, Maria Cecília de Araujo. *A mediação e a conciliação de demandas repetitivas*. Belo Horizonte: Forum, 2020.

ECKSCHMIDHT, Thomas; MAGALHÃES, Mario E.S.; MUHR, Diana. *Do conflito ao acordo na era digital (meios eletrônicos para solução de conflitos – MESC)*. 2. ed. Curitiba: Doyen, 2016.

GABBAY, Daniela M.; FALECK, Diego; TARTUCE, Fernanda. *Meios alternativos de solução de conflitos*. Rio de Janeiro: FGV, 2014.

LIMA, Gabriela Vasconcelos; FEITOSA, Gustavo Raposo Pereira. "Online Dispute Resolution (Odr): A Solução de Conflitos e as Novas Tecnologias". *Revista do Direito*. Santa Cruz do Sul, v. 3, n. 50, p. 53-70, set./dez. 2016.

TAKAHASHI, Bruno; ALMEIDA, Daldice Maria Santana; GABBAY, Daniela Monteiro; ASPERTI, Maria Cecília de Araujo. *Manual de Mediação e Conciliação da Justiça Federal. Conselho da Justiça Federal*. Centro de Estudos Judiciários. Brasília, 2019.

TARTUCE, Fernanda. "Conciliação em juízo: o que (não) é conciliar. In SALLES, Carlos Alberto de. LORENCINI, Marco Antônio Garcia Lopes; SILVA, Paulo Eduardo Alves da. *Negociação, Mediação, Conciliação e Arbitragem*. São Paulo: Método, 2020.

TARTUCE, Fernanda. *Mediação nos conflitos civis*. 5. ed. São Paulo: Método, 2019.

TARTUCE, Fernanda. Conflitos de consumo e negociação extrajudicial em tempos de pandemia. Disponível em: [http://genjuridico.com.br/2020/04/17/conflitos-de-consumo-pandemia/]. Acesso em: 07.07.2020.

ROSENBERG, Marshall B. *Comunicação não violenta*: técnicas para aprimorar relacionamentos pessoais e profissionais. São Paulo: Ágora, 2006.

SIX, Jean-François. *Dinâmica da mediação*. Trad. Giselle Groeninga, Águida Arruda Barbosa e Eliana Riberti Nazareth. Belo Horizonte: Del Rey, 2001.

SOURDIN, Tania; ZELEZNIKOW, John. "Courts, Mediation and COVID-19". *Australian Business Law Review*, May 8, 202. [https://papers.ssrn.com/sol3/papers.cfm?abstract_id=3595910].

ACESSO À JUSTIÇA E A RECOMPREENSÃO DA GESTÃO DO SISTEMA DE JUSTIÇA APÓS PANDEMIA

Jéssica Galvão

Professora assistente da UFJF/GV. Advogada. Mestre em Direito Processual/PUC-Minas. Membro do Instituto Brasileiro de Direito Processual (IBDP), da Associação Brasileira de Direito Processual (ABDpro), do Instituto de Direito Processual (IDPro) e da Comissão de Processo da Ordem dos Advogados do Brasil seção Minas Gerais. E-mail: jessica.galvao@ufjf.edu.br. Currículo Lattes http://lattes.cnpq.br/8268962176697140.

Sumário: 1. Introdução. 2. Acesso à justiça e efetividade na resolução do conflito. 3. Gestão coordenada do sistema de justiça. 4. Considerações finais. 5. Referências.

1. INTRODUÇÃO

A declaração da pandemia pela Organização Mundial de Saúde, em 11 de março de 2020, e as medidas demandadas pelo novo cenário global, como o distanciamento social recomendado, tem gerado impactos significativos nas relações interpessoais e mesmo interinstitucionais, com repercussões diversas no âmbito jurídico, que vão de simples questões de consumo à complexa gestão da saúde pública no Brasil. Por sua vez, a judicialização das medidas tomadas no combate à pandemia redimensionou a discussão sobre antigas questões nacionais, cujo enfrentamento jurídico vinha sendo, em grande medida, negligenciado ou protelado, como a operacionalização do federalismo brasileiro.

Por certo, a análise aqui pretendida não objetiva realizar antecipações futurológicas, ainda mais diante de contexto tão instável, entretanto, já é possível identificar que a realidade imposta pela grave crise sanitária evidenciou problemas que seguirão desafiando os operadores do Direito por muito tempo, inclusive, no "pós-pandemia".

Insere-se, nesse contexto, o acesso à justiça do cidadão e a efetividade na resolução do conflito, que compreende desde a adoção de meios extrajudiciais de resolução do conflito (mediação, conciliação, arbitragem, dentre outros), a uma decisão de mérito proferida em tempo razoável.

A tensão existente na promoção do acesso à justiça e a completa incapacidade do Poder Judiciário de atender a alta demanda de maneira efetiva é uma constante no sistema de justiça brasileiro. Aliando ao cenário de promoção de amplo acesso à justiça e a impossibilidade do Judiciário de solucionar todos os conflitos que lhe são impostos, chega-se a conclusão no sentido de que as normas processuais por si só são insuficientes para a gestão dos conflitos no Brasil[1].

---

1. SILVA, Paulo Eduardo Alves da. *Gerenciamento de processos judiciais*. São Paulo: Saraiva, 2010, p. 25.

Com a pandemia, a necessidade de recompreensão da gestão do sistema de justiça brasileiro para uma gestão coordenada entre as formas de gestão restou latente. A gestão do litígio, gestão judiciária e a gestão do processual (micro e macro) devem ser observadas de maneira coordenada estabelecendo um equilíbrio entre complexidade do conflito, tempo e custo para a respectiva resolução de maneira efetiva em tempo razoável e sem o desprezo das garantias processuais.

Pretende-se a partir do presente texto contribuir no avanço da compreensão reflexiva e crítica do acesso à justiça e da gestão do sistema de justiça brasileiro. Trata-se de ideia seminal, mas cuja relevância já é visualizada com nitidez, dados os desafios levantados pela pandemia.

A presente pesquisa qualitativa baseou-se na análise bibliográfica, utilizando-se de fontes legais, doutrinárias e do relatório do *painel de ações COVID-19* disponibilizado pelo Supremo Tribunal Federal.

Primeiramente, aborda-se o acesso à justiça e a sua compreensão na busca pela resolução do conflito de forma efetiva. Em seguida, analisam-se as formas de gestão do sistema de justiça e os números disponibilizados pelo Supremo Tribunal Federal no *painel ações COVID-19*, com o objeto de demonstrar que a gestão do sistema de justiça brasileiro deve-se dar de forma coordenada como mecanismo de enquadramento da alta litigiosidade brasileira e na efetividade da resolução do conflito.

2. ACESSO À JUSTIÇA E EFETIVIDADE NA RESOLUÇÃO DO CONFLITO

O Projeto de Florença de Acesso à Justiça depositou as esperanças no cotejo de uma *justiça* material, na busca de efetivar direitos, atacando o modelo liberal, que acreditava na suficiência da declaração formal dos direitos. Todavia, a defrontação dos obstáculos pela primeira, segunda e terceira onda é efetivada sob a ótica de um segundo paradigma, o de Estado Social[2].

Com efeito, se primeiramente a característica marcante do modelo liberal é a acumulação de riquezas e o domínio da propriedade na mão de poucos gerando enormes grupos de indivíduos sem acesso às condições básicas de uma vida digna. Com a ruptura deste para o paradigma social, surgem demandas por novos direitos sociais, tais como saúde, trabalho, lazer, direito de greve, entre outros que passaram a fundamentar as reivindicações de massa[3]. Tais questões passam a ser incluídas nas pautas das políticas públicas, mas também na pauta de julgamento do Poder Judiciário.

O projeto de florença buscou enfrentar a pobreza como obstáculo do indivíduo de propor uma demanda no judiciário, tornando obrigação do Estado arcar com os valores necessários para a propositura de demanda, adotando-se uma presença estatal ativa. A

---

2. GALVÃO, Jéssica; TEODORO, Warlen Soares. Proteção ao acesso à Justiça nos órgãos interamericanos de direitos humanos. In: MAILLART, Adriana Silva; TAVARES NETO, José Querino; BARBOSA, Cláudia Maria. *Acesso à justiça II* [Recurso eletrônico on-line]. Florianópolis: CONPEDI, 2014.

3. BARROS, Flaviane de Magalhães. A fundamentação das decisões a partir do modelo constitucional do processo. *Revista do Instituto de Hermenêutica Jurídica*, v. 6, 2008, p. 131-148.

socialização que pautou a elaboração do projeto de florença de acesso à justiça é sintetizada por Dierle Nunes et al[4]:

> O movimento tenta equacionar as relações entre o processo civil e uma justiça social, entre igualdade jurídico-formal e desigualdade social-econômica, partindo da concepção de Estado Protetivo e de Bem-Estar Social. O relatório geral do Projeto, escrito em coautoria por Cappelletti e Garth, e traduzido para o português em 1988, trouxe enorme ressonância para o recém-instituído modelo constitucional de processo brasileiro de 1988 e conduziu a adoção de inúmeras tendências técnicas típicas da socialização.

No Brasil, a Lei de assistência judiciária (Lei 1.060/50), os serviços prestados pela Defensoria Pública da União e dos Estados (art. 133 a 135, da CF/88) e, por fim, os Juizados Especiais (Leis 9.099/95 e 10.259/01).

Por sua vez a segunda onda do Projeto de Florença procurou superar os problemas relativos aos direitos coletivos e difusos, que passam a incorporar as querelas sociais de massa, sendo produzidas diversas legislações nesse sentido.

Se na perspectiva do Estado liberal deve haver o mínimo de intervenção possível na esfera particular, em garantia das liberdades individuais, o Estado Social assume postura mais ativa, destacadamente, por meio de implementação de políticas públicas que viabilizem a concretização de direitos formalmente previstos, além da incorporação de novos direitos.

A partir do paradigma do Estado Social, busca-se promover maior igualdade de fato, especialmente quanto às condições socioeconômicas, algo que as disposições legais restritas à isonomia formal mostraram-se incapazes de alcançar.

Contudo, o paradigma do Estado Social é criticado por promover a passividade do destinatário de políticas governamentais. O exercício ativo, fiscalizador e crítico, da cidadania seria progressivamente substituído pela adesão estratégica aos benefícios dos programas públicos, conforme o desenvolvimento dos mais diversos aspectos da vida do indivíduo passa a ser conformado pelas prestações estatais. Segundo essa crítica, o cidadão vai transformando-se em *cliente* da Administração, conformando-se às políticas públicas, ou à espera de novas promessas do *Estado-Providência*[5].

Nesse mesmo sentido, insere a preocupação da quarta onda, que não supera o Estado social, pelo contrário, encontra-se fincado nele. Observa-se também nesta linha, a crença no Estado em suprir as demandas sociais, mas desta vez, com a proposta de enfrentamento dos obstáculos que impedem a representatividade nos cargos que prestam o serviço judiciário, deslocando o eixo de investigação para o lado dos prestadores do serviço[6].

---

4. NUNES, Dierle; BAHIA, Alexandre; PEDRON, Flávio Quinaud. *Teoria Geral do Processo*. Salvador: JusPodivm, 2020, p. 365.
5. HABERMAS, Jürgen. *Direito e Democracia:* entre faticidade e validade. v. II. Rio de Janeiro: Tempo Brasileiro, 2003.
6. ECONOMIDES, Kim. Lendo as ondas do "movimento de acesso à justiça": Epistemologia versus metodologia? In: PANDOLFI, Dulce, [et al]. (Org.). *Cidadania, justiça e violência*. Rio de Janeiro: Fundação Getúlio Vargas, 1999, p. 61-76.

Contudo, tal análise é insuficiente para um acesso à justiça que se pretenda de um paradigma de Estado Democrático de Direito, não podendo ser de longe a última onda de acesso à justiça.

Nesse sentido, o acesso à justiça não pode mais fincar-se nas diferenças entre o liberalismo processual e o socialismo processual, com a replicação do debate entre Liberalismo e Republicanismo. O grande desafio de uma nova ordem democrática que se pauta pelo reconhecimento de uma autonomia pública e privada dos sujeitos de direitos exige o reconhecimento de sua participação e atuação nas diversas esferas de debate da temática. Seja, portanto garantindo sua participação interna nos processos judiciais, reconhecendo o *espaço comparticipativo e policêntrico do processo*, seja na superação de estruturas elitizadas das carreiras jurídicas que não permitem acesso a minorias reconhecidamente excluídas[7].

Assim é que devem ser institucionalizados procedimentos discursivos propiciadores do exercício da autonomia privada e pública dos cidadãos como mecanismo legitimador dos atos emanados pelo Estado, mediante a participação dos destinatários que serão afetados. O indivíduo não é mero cliente à espera das promessas do Estado, mas protagonista da ordem jurídica e social.

Dentro deste cenário o processo só pode ser entendido como porta de acesso do cidadão ao espaço discursivo de formação do provimento final de uma demanda judicial, influindo e contribuindo na construção de uma decisão final participada que lhe afetará. Por tal razão deve ser afastados desse modo atos emanados de forma isolada, sem a participação daqueles que sofrerão os efeitos[8].

Exige-se diante do acesso à justiça no paradigma democrático, de cunho participativo, uma reconstrução de institutos jurídicos, revisão de bases teóricas e reforma nas legislações que foram erguidas sobre o *"mito da autoridade"* cujo arcabouço teórico encontrou guarida no Estado Social.[9]

O desafio do acesso à justiça na perspectiva democrática é enfrentar os obstáculos ao acesso do cidadão na participação da formação legítima dos atos do Estado, especificamente neste caso, na produção de provimentos participados.

Logo, o debate sobre acesso à justiça não se enquadra tão somente na ausência de meios que determinadas camadas da população ou determinados temas não chegam a ser discutidos e debatidos em processos judiciais. Assim, não se trata de ampliar o ingresso ao sistema de justiça em si, mas de qualificar e garantir inclusive com políticas contramajoritárias à efetiva solução das questões postas ao debate no processo judicial.

---

7. NUNES, Dierle José Coelho. *Processo Jurisdicional Democrático*: uma análise crítica das reformas processuais. Curitiba: Juruá, 2008.
8. NUNES, Dierle José Coelho. *Processo Jurisdicional Democrático*: uma análise crítica das reformas processuais. Curitiba: Juruá, 2008.
9. GALVÃO, Jéssica; TEODORO, Warlen Soares. Proteção ao acesso à Justiça nos órgãos interamericanos de direitos humanos. In: MAILLART, Adriana Silva; TAVARES NETO, José Querino; BARBOSA, Cláudia Maria. *Acesso à justiça II* [Recurso eletrônico on-line]. Florianópolis: CONPEDI, 2014.

A representação dos interesses dos grupos minoritários perante o Poder Judiciário deve ser assegurada o acesso à justiça qualitativo consubstanciado na observância dos princípios do devido processo constitucional e na construção do provimento meritório pelas partes através racionalidade comunicativa, dentro do processo[10].

É perceptível que os mecanismos criados pelas alterações legislativas em razão do Projeto de Florença possibilitaram o amplo acesso ao Judiciário, todavia resultaram no aumento extraordinário das demandas[11].

Assim, há duas buscas constantes para a promoção do acesso à justiça: a primeira *a desburocratização do processo, para reduzir sua duração temporal, e a valorização de métodos alternativos de solução de conflitos, dentre os quais se destaca a conciliação (seja judicial ou extrajudicial)*[12].

Nessa linha, o direito de acesso à justiça estabelecido no art. 5º, XXXV, CR/88 restou reestruturado pelo Código de Processo Civil, nos termos do 3º, do CPC, dispondo que: *a conciliação, a mediação e outros métodos de solução consensual de conflitos deverão ser estimulados por juízes, advogados, defensores públicos e membros do Ministério Público, inclusive no curso do processo judicial.*

Ao lado da jurisdição estatal e arbitral existe a mediação e a conciliação inaugurando um sistema multiportas para a solução de conflitos, tendo em vista a alta litigância brasileira que pode ser aferida pela quantidade de ações que são distribuídas anualmente perante o judiciário brasileiro[13].

Fala-se em "*meios adequados*" e não "*meios alternativos*" de solução dos conflitos, vez que para cada conflito há um meio adequado para a respectiva resolução, considerando-se a complexidade do caso[14].

A partir desta concepção que há para um determinado litígio uma solução mais adequada (uma via procedimental/processual mais adequada), que não seja necessariamente a jurisdição, permite-se a possibilidade de triagem dos casos, sob uma ótica de gerenciamento de litígios (*case management*), a partir do *quadro de soluções integradas*[15].

Por ser métodos integrados de solução dos conflitos no bojo do processo na fase inicial do procedimento as partes podem valer da conciliação e mediação e não sendo estas adequadas da jurisdição estatal.

---

10. FERNANDES, Bernardo Gonçalves; PEDRON, Flávio Barbosa Quinaud. *O poder judiciário e(m) crise*. Reflexões de teoria da constituição e teoria geral do processo sobre o acesso à Justiça e as recentes reformas do poder judiciário à luz de: Ronald Dworkin, Klaus Günther e Jürgen Habermas. Rio de Janeiro: Lumen Juris, 2008.
11. NUNES, Dierle; BAHIA, Alexandre; PEDRON, Flávio Quinaud. *Teoria Geral do Processo.* Salvador: JusPodivm, 2020, p. 3667.
12. THEODORO JÚNIOR, Humberto; NUNES, Dierle; BAHIA, Alexandre Melo Franco; PEDRON, Flávio Quinaud. *Novo CPC* – Fundamentos e sistematização. 3. ed. Rio de Janeiro: Forense, 2016, p. 265.
13. Remete-se o leitor para o relatório *Justiça em Números,* disponibilizado anualmente pelo Conselho Nacional de Justiça.
14. NUNES, Dierle; BAHIA, Alexandre; PEDRON, Flávio Quinaud. *Teoria Geral do Processo.* Salvador: Editora JusPodivm, 2020, p. 366.
15. THEODORO JÚNIOR, Humberto; NUNES, Dierle; BAHIA, Alexandre Melo Franco; PEDRON, Flávio Quinaud. *Novo CPC* – Fundamentos e sistematização. 3. ed. Rio de Janeiro: Forense, 2016, p. 274.

A audiência de conciliação e mediação inaugural do procedimento comum, prevista no art. 334, CPC evidencia-se a mudança de horizonte perpetrada pelo sistema processual inaugurado pelo CPC/15. Nesse sentido, a audiência somente não ocorrerá quando ambas as partes manifestarem seu desinteresse em sua realização ou quando não se admitir a autocomposição, nos termos do § 4º, do art. 334, CPC.

Restando frustrada a conciliação ou mediação em sede da audiência inaugural as partes também poderão entabular calendarização estabelecendo datas e prazos para os atos processuais por meio de uma gestão compartilhada do procedimento[16].

Conforme já dito, as buscas por outros meios de solução das controvérsias remetem-se a década de 70 com a *alternative dispute resolution* (técnicas alternativas de resolução de conflitos), em virtude da incapacidade do Judiciário de processar e julgar a quantidade de demandas que lhe são propostas todos os anos[17].

No Brasil as reformas processuais com a finalidade de se garantir um efetivo acesso à justiça começaram a ser empreendida a partir da década de 90, com a realização de alterações e criação legislativas de novos órgãos integrante do Poder Judiciário. Contudo, a efetivação na resolução do conflito pela jurisdição estatal é pensada como última alternativa para a solução da controvérsia.

Assim, o acesso à justiça compreende a gestão do sistema de justiça para a efetividade da resolução do conflito em tempo razoável não se resumindo a criação e alteração de legislações processuais[18].

Identificadas essas particularidades que forjam a concepção contemporânea de acesso à justiça, resta-nos avaliar a gestão do sistema de justiça, para melhor podermos compreender a efetividade da resolução do conflito no sistema justiça brasileiro.

3. GESTÃO COORDENADA DO SISTEMA DE JUSTIÇA

A necessidade de recompreensão da gestão do sistema de justiça brasileiro para uma gestão coordenada entre as formas de gestão restou latente a partir da pandemia da COVID-19, especialmente em virtude da acentuação da litigiosidade decorrente da crise sanitária.

Segundo o Supremo Tribunal Federal até 17 de julho de 2020 foram ajuizadas 3.877 na corte constitucional em razão da COVID-19[19]:

---

16. ANDRADE, Érico. Gestão flexível, colaborativa e proporcional: cenários para implementação das novas tendências no CPC/15. *Revista da Faculdade de Direito da UFMG*, n. 76, jan./jun. 2020, p. 201.
17. THEODORO JÚNIOR, Humberto; NUNES, Dierle; BAHIA, Alexandre Melo Franco; PEDRON, Flávio Quinaud. *Novo CPC* – Fundamentos e sistematização. 3. Rio de Janeiro: Forense, 2016, p. 265.
18. NUNES, Dierle; BAHIA, Alexandre; PEDRON, Flávio Quinaud. *Teoria Geral do Processo*. Salvador: JusPodivm, 2020, p. 367.
19. BRASIL. Supremo Tribunal Federal. *Painel de ações COVID-19*. Disponível em: [https://transparencia.stf.jus.br/extensions/app_processo_covid19/index.html].

GRÁFICO 1 – AÇÕES CATEGORIZADAS POR CLASSE

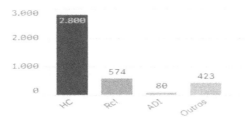

Fonte: Supremo Tribunal Federal[20].

GRÁFICO 2 – AÇÕES CATEGORIZADAS POR ASSUNTO

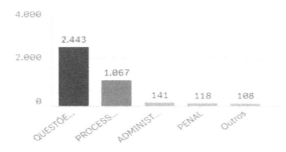

Fonte: Supremo Tribunal Federal[21].

GRÁFICO 3 – AÇÕES CATEGORIZADAS TIPOS DE DECISÃO

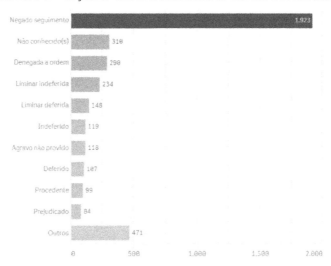

Fonte: Supremo Tribunal Federal[22].

---

20. BRASIL. Supremo Tribunal Federal. *Painel de ações COVID-19*. Disponível em: [https://transparencia.stf.jus.br/extensions/app_processo_covid19/index.html].
21. BRASIL. Supremo Tribunal Federal. *Painel de ações COVID-19*. Disponível em: [https://transparencia.stf.jus.br/extensions/app_processo_covid19/index.html].
22. BRASIL. Supremo Tribunal Federal. *Painel de ações COVID-19*. Disponível em: [https://transparencia.stf.jus.br/extensions/app_processo_covid19/index.html].

A gestão do litígio, gestão judiciária e a gestão do processual (micro e macro) devem ser observadas de maneira coordenada estabelecendo um equilíbrio entre complexidade do conflito, tempo e custo para a sua resolução de forma eficiente sem o desprezo as garantias processuais e do devido processo legal.

Por gestão de litígio entende-se que a partir da identificação do perfil da litigância e de sua complexidade deve-se direcioná-lo para uma técnica de resolução mais adequada para a sua solução (mediação, conciliação, arbitragem etc), que não é necessariamente é a via judicial.

Pode-se definir gestão judiciária como a fixação de metas a serem alcançadas com o menor custo financeiro e de tempo e que maximize o resultado de atividades correlacionadas à jurisdição, tais como *organização e funcionamento dos cartórios/secretarias, rotinas e o fluxo processual* [23][24].

Por sua vez, a gestão do procedimento busca a sua conformação com as peculiaridades do direito material e com a utilização de institutos processuais que possibilitam a gestão *"desde o início do procedimento e se prolonga por todas as fases"*[25].

Nesse particular, além da possibilidade de conciliação e mediação *como técnicas de dimensionamento do conflito*[26], o CPC/15 estabeleceu a promoção da autocomposição, a qualquer tempo (art. 139, V, CPC/15), a permissibilidade de dilação de prazo processuais e alteração da ordem de produção dos meios de prova (art. 139, VI, CPC/15), disciplinou cláusula geral de negociação processual (art. 190), acolheu a flexibilização procedimental (art. 327, § 2º e art. 1049), calendarização do processo (art. 191), saneamento compartilhado (art. 3257, § § 2º e 3º), ajuste para a indicação de perito (art. 471), a escolha pelas partes em comum acordo de mediador e conciliador (art. 168), redução de prazos (art. 222, § 1º), distribuição do ônus da prova (art. 373, § § 3º e 4º)[27].

A partir da concepção do modelo constitucional do processo a gestão do procedimento realiza-se de forma compartilhada entre todos os sujeitos processuais, na busca pela efetividade da resolução do conflito pela via jurisdicional e em respeito ao contraditório como garantia de influência e não surpresa (art. 5º, inc. LV, CR/88 e arts. 6º, 9º e 10, CPC/15), ampla defesa (art. 5º, inc. LV, CR/88), duração razoável do processo (art. 5º, inc. LXXVIII, CR/88), publicidade (art. 5, inc. LX, e art. 93, inc. IX, CR/88 e art. 189, CPC/15), direito constitucional à prova (art. 5º, inc. LV e LVI, CR/88), fundamentação analítica das decisões (art. 93, inc. IX, CR/88 e art. 489, CPC/15)[28].

---

23. SILVA, Paulo Alves da; ARENA FILHO, Paulo Ricardo. Ser Juiz ou Ser Gestor – Percepções e Práticas de Gestão Judiciária na Magistratura Estadual, Federal e do Trabalho no Estado de São Paulo. *Revista de Direito Público*, v. 17, n. 91, jan./fev. 2020, p. 119.
24. Embora façam parte da gestão judiciária as questões relativas à estrutura do Poder Judiciário e aspectos orçamentários (macro administração judiciária) não são objeto de análise.
25. SILVA, Paulo Eduardo Alves da. *Gerenciamento de processos judiciais*. São Paulo: Saraiva, 2010, p. 35.
26. NUNES, Dierle; BAHIA, Alexandre; PEDRON, Flávio Quinaud. *Teoria Geral do Processo*. Salvador: JusPodivm, 2020, p. 176.
27. ANDRADE, Érico. Gestão flexível, colaborativa e proporcional: cenários para implementação das novas tendências no CPC/15. *Revista da Faculdade de Direito da UFMG*, n. 76, jan./jun. 2020, p. 199.
28. NUNES, Dierle; BAHIA, Alexandre; PEDRON, Flávio Quinaud. *Teoria Geral do Processo*. Salvador: JusPodivm, 2020, p. 177.

Partindo do visto até aqui, denota-se que o modelo do sistema de justiça brasileiro não é capaz de absorver todas as demandas que lhe são propostas e que a compreensão da gestão do sistema de justiça passe a ser coordenada entre a gestão do litígio, gestão judiciária e gestão procedimental.

Em apertada síntese, podemos identificar, ainda de forma propositiva e modesta, que o sistema de justiça prescinde de: 1) Gestão do litígio, (2) Interligação da gestão judiciária e gestão processual por intermédio de protocolos institucionais (macrogestão) e (3) gestão procedimental.

Nesse panorama, ultrapassada a gestão do litígio e sendo o caso do conflito ser submetido ao Judiciário devem-se empregar as técnicas inerentes de gestão judiciária e gestão processual.

4. CONSIDERAÇÕES FINAIS

A pandemia da COVID-19 impôs a emergência de saúde pública, criando novos desafios e evidenciando os problemas já existentes em nosso sistema processual. A adoção de um regime de plantão extraordinário pelo Poder Judiciário, o potencial aumento dos conflitos e a necessidade de garantir o acesso à justiça nesse período emergencial levam a recompreensão do sistema de justiça brasileiro.

O acesso à justiça do cidadão e a efetividade na resolução do conflito, desde adoção de meios extrajudiciais de resolução do conflito ou por intermédio do judiciário prescinde da compreensão coordenada da gestão do litígio, gestão judiciária e gestão procedimental.

A gestão do litígio, gestão judiciária e a gestão do processual (micro e macro) devem ser observadas de maneira coordenada estabelecendo um equilíbrio entre complexidade do conflito, tempo e custo para a sua resolução de forma efetiva e sem o desprezo as garantias processuais.

Em suma, a gestão do sistema de justiça brasileiro deve-se dar de forma coordenada como mecanismo de enquadramento da alta litigiosidade brasileira e na efetividade da resolução do conflito.

5. REFERÊNCIAS

ANDRADE, Érico. Gestão flexível, colaborativa e proporcional: cenários para implementação das novas tendências no CPC/15. *Revista da Faculdade de Direito da UFMG*, n. 76, p. 183-212, jan./jun. 2020.

BARROS, Flaviane de Magalhães. A fundamentação das decisões a partir do modelo constitucional do processo. *Revista do Instituto de Hermenêutica Jurídica*, v. 6, 2008, p. 131-148.

BRASIL. Presidência da República. *Constituição da República Federativa do Brasil*, de 05 de outubro de 1988. Disponível em: [http://www.planalto.gov.br/ccivil_03/constituicao/constituicao.htm]. Acesso em: 15.06.2020.

BRASIL. Presidência da República. *Lei 13.105*, de 16 de março de 2015. Código de Processo Civil. Disponível em: [http://www.planalto.gov.br/ccivil_03/_ato2015-2018/2015/lei/l13105.htm]. Acesso em: 15.06.2020.

BRASIL. Supremo Tribunal Federal. *Painel de ações COVID-19.* Disponível em: [https://transparencia. stf.jus.br/extensions/app_processo_covid19/index.html]. Acesso em: 15.06.2020.

ECONOMIDES, Kim. Lendo as ondas do "movimento de acesso à justiça": Epistemologia versus metodologia? In: PANDOLFI, Dulce, [et al]. (Org.). *Cidadania, justiça e violência.* Rio de Janeiro: Fundação Getúlio Vargas, 1999, p. 61-76. Disponível em: [http://cpdoc.fgv.br/producao_intelectual/arq/39. pdf]. Acesso em: 27.06.2020.

FERNANDES, Bernardo Gonçalves; PEDRON, Flávio Barbosa Quinaud. *O poder judiciário e(m) crise.* Reflexões de teoria da constituição e teoria geral do processo sobre o acesso à Justiça e as recentes reformas do poder judiciário à luz de: Ronald Dworkin, Klaus Günther e Jürgen Habermas. Rio de Janeiro: Lumen Juris, 2008.

GALVÃO, Jéssica; TEODORO, Warlen Soares. Proteção ao acesso à Justiça nos órgãos interamericanos de direitos humanos. In: MAILLART, Adriana Silva; TAVARES NETO, José Querino; BARBOSA, Cláudia Maria. *Acesso à justiça II* [Recurso eletrônico on-line]. Florianópolis: CONPEDI, 2014. Disponível em: [http://www.publicadireito.com.br/artigos/?cod=8eb9becbba23d2cc]. Acesso em: 15.06.2020.

GOOGLE e IAT. Coronavírus: o mundo nunca mais será o mesmo. Disponível em: [https://www.sincovaga.com.br/wp-content/uploads/2020/05/1_5017503098675921079.pd]. Acesso em: 15.06.2020.

HARARI, Yuval Noah. *O mundo após o coronavírus: essa tempestade vai passar.* Mas as escolhas que fizermos agora podem mudar nossas vidas nos próximos anos. Disponível em: [https://www.cartamaior. com.br/?/Editoria/Politica/Yuval-Noah-Harari-o-mundo-apos-o-coronavirus/4/46887]. Acesso em: 15.06.2020.

HARARI, Yuval Noah. *21 lições para o século 21.* São Paulo: Companhia das Letras, 2018.

NUNES, Dierle José Coelho. *Processo Jurisdicional Democrático:* uma análise crítica das reformas processuais. Curitiba: Juruá, 2008.

NUNES, Dierle; BAHIA, Alexandre; PEDRON, Flávio Quinaud. *Teoria Geral do Processo.* Salvador: JusPodivm, 2020.

SANTOS. Boaventura de Sousa. Vírus: tudo o que é sólido desmancha no ar. In: TOSTES, Anjuli; MELO FILHO, Hugo. *Quarentena:* reflexões sobre a pandemia e depois. Bauru: Canal 6, 2020.

SILVA, Paulo Eduardo Alves da. *Gerenciamento de processos judiciais.* São Paulo: Saraiva, 2010.

SILVA, Paulo Alves da; ARENA FILHO, Paulo Ricardo. Ser Juiz ou Ser Gestor – Percepções e Práticas de Gestão Judiciária na Magistratura Estadual, Federal e do Trabalho no Estado de São Paulo. *Revista de Direito Público,* v. 17, n. 91, p. 117-142, jan./fev. 2020.

THEODORO JÚNIOR, Humberto; NUNES, Dierle; BAHIA, Alexandre Melo Franco; PEDRON, Flávio Quinaud. *Novo CPC* – Fundamentos e sistematização. 3. ed. Rio de Janeiro: Forense, 2016.

EVOLUÇÃO DA ADVOCACIA E SEU NOVO FORMATO PÓS-COVID-19

Raimundo Cândido Júnior

Advogado militante desde 1975, Presidente da Seccional Mineira da OAB, exercendo o 5º mandato; Professor da Universidade Fumec desde 1998; Doutor em Direito pela UFMG; Procurador Regional da República aposentado; Especialização em docência do Ensino Superior; Cidadão Honorário em 38 municípios de Minas Gerais e de João Pessoa na Paraíba.

e-mail: raimundinho@advocaciarcj.com.br.
Currículo Lattes: http://lattes.cnpq.br/1971790930450858.

Elias Dantas Souto

Advogado militante desde 2003, Presidente da OAB de Governador Valadares/MG por dois mandatos; Diretor 2º Secretário da Caixa de Assistência dos Advogados da OAB/MG; Ex-Procurador Geral do Município de Governador Valadares, Especialização em Direito Público e Direito Eleitoral; Recebeu da Câmara de Vereadores de Belo Horizonte a Comenda "Direito e Cidadania".

e-mail:eliassouto@gmail.com.
Currículo Lattes: http://lattes.cnpq.br/3380566886431726.

Sumário: 1. Introdução. 2. Evolução de temporal dos formatos de trabalho. 3. Revolução tecnológica aplicada à atividade forense. 4. Novas oportunidades. 5. Conclusão.

1. INTRODUÇÃO

A dinâmica social no decorrer do tempo é responsável pela evolução, surgimento e desaparição de algumas profissões.

Advogar é uma atividade que remonta à antiguidade, mantendo sua essência de propiciar a defesa técnica de envolvidos em situações em que a harmonia social se vê fragilizada ante a uma pretensão resistida.

Com o passar do tempo, a capacidade postulatória ganhou contornos modernos, resultando em regras procedimentais importantes que buscam estabelecer certa padronização e regras pre definidas destinadas ao desenvolvimento válido processual.

Busca-se neste, tratar da evolução da forma de atuar da advocacia, suas novas ferramentas tecnológicas, os impactos de novos instrumentos e que formato deve assumir a profissão após a pandemia da COVID-19 .

É bem verdade que a pandemia é uma dos momentos mais críticos por que a advocacia atual está passando, mas é possível um olhar de esperança, já que, como se costuma dizer: "é em tempos de crise que as oportunidades aparecem."

2. EVOLUÇÃO DE TEMPORAL DOS FORMATOS DE TRABALHO

As profissões, até então existentes, tem passado por profundas modificações, sendo a maior parte dessas mudanças impulsionadas pelo avanço tecnológico e por alterações comportamentais da sociedade.

A cada dia surgem novas profissões, a exemplo dos gestores de tráfego digital, que viraram uma febre no mundo das vendas pela internet e de impulsionamento de conteúdo.

E a advocacia? Será que percebemos a profundas modificações por que passam as atividades forenses de um modo geral?

Nas décadas de 70 e 80, a advocacia possuía um destaque e um brilho dentre as demais profissões que revelava uma valorização muito peculiar de um tipo de profissional e formato de trabalho, qual seja, o advogado da família ou de uma empresa. Nesse período, a advocacia exigia de seus profissionais uma atuação generalista, de forma a atender a toda e qualquer demanda proveniente dos núcleos familiares ou sociedades empresariais que o elegiam como o profissional de confiança de todos os seus integrantes. Não obstante, já existiam grandes bancas de advocacia, mas não era este um formato tão difundido e utilizado pelos profissionais da época.

Nesse contexto, o advogado generalista atendia a demandas criminais, trabalhistas, tributárias, cíveis, enfim, a todos os problemas a que era chamado buscar equacionar.

Quem não viveu esse momento da advocacia talvez consiga imaginar, fazendo uma viagem no tempo, como era o dia a dia de um advogado nas décadas de 70 e 80. Petições datilografadas com o papel carbono para reproduzir a peça na folha de trás. Apenas telefones fixos para comunicar, mas mesmo assim, não eram todos os advogados que podiam se dar ao luxo de tê-los. Enfim, apesar da escassez de instrumentos de trabalho, a advocacia seguia valorizada pela sociedade e órgãos públicos.

A década de 90 chega como inovações tecnológicas, alguns computadores já surgem de forma mais popular e acessíveis, embora já existissem há algum tempo.

A informação passa a circular com maior velocidade e a advocacia começa a se amoldar a um cenário novo em que os advogados buscam a especialização em áreas de conhecimento, deixando de lado a advocacia generalista.

Trata-se de um movimento perceptível e que trouxe significativas reformulações na maneira de atuar da maioria dos advogados. Aquele advogado da família, ao se especializar, passou a indicar colegas para as áreas que antes atendia a seus clientes. De igual forma, era indicado pelos colegas que não atendiam nas áreas em que se especializou.

Com efeito, as famílias passaram a ter como referência, mais de um advogado. Verifica-se, pois, no mercado os advogados trabalhistas, criminalistas, empresariais, tributários, dentre vários outros seguimentos de especialização da atividade advocatícia.

Mas tal reformulação trouxe efeitos colaterais que mereceram grande reflexão por parte dos advogados que visualizaram a necessidade de consolidar suas parcerias que antes eram feitas mediante indicações, transformando-as em sociedades, com a finalidade de fidelizar o cliente a seu escritório.

Com essa consolidação e trabalhando num mesmo escritório com colegas especialistas em outras áreas, diminuíam o risco de perderem, em definitivo, o cliente para o colega indicado.

Assim, nos anos 2000, se intensificam as criações de sociedades de advogados, buscando oferecer aos clientes opções de diversos profissionais de áreas distintas num mesmo escritório. Reafirmando a intenção de fidelizar os clientes a um escritório que passaria a ser o escritório que atendia à família ou à empresa, tal qual ocorrera entre 1970 e 1990.

Num cenário efervescente, já com inovações tecnológicas aplicadas às atividades forenses, a exemplo da utilização da internet e redes internas dos escritórios, aparelhos de fax e e-mail, dentre outras aplicações, a advocacia dá um salto de agilidade. A facilidade de elaborar petições em curto espaço de tempo, aliado ao acúmulo de conhecimentos cada vez mais especializados, o número de demandas passa a crescer em escalas inimagináveis.

Escritórios constituem grandes bancas de advogados e estagiários para dar conta do volume de serviço que passam a receber e, com isso, surgem as bancas referenciais capazes de atender a quase todo tipo de demandas, as chamadas bancas *"full service"*.

Em relação aos escritórios que encamparam o *modus operandi "full service"*, vale recorrer aos apontamentos de José Paulo Graciotti:

> Esse escritórios foram criados no Brasil à imagem e semelhança do modelo americano dos lá chamados *big law,* que tem uma forma de comportamento praticamente padrão, ou seja, mantinham e atualizavam anualmente suas tabelas de taxas horárias por tipo de advogado (basicamente tempo de formado); faziam suas propostas baseadas em estimativas de horas e repassavam a seus clientes todas as despesas incorridas para execução dos trabalhos e pouco se preocupavam com produtividade, eficiência ou eficácia... até 2008, quando a crise chegou por lá![1]

Naturalmente que esse novo formato propiciou inúmeros benefícios à expansão dos negócios das grandes bancas que se transformaram, em grande parte, nas chamadas bancas de "advocacias de massa", especializadas não só nas matérias afetas aos temas jurídicos, mas também em gestão de grande número de processos. O gerenciamento de processos e informações também exigiu especialização por parte desses escritórios.

Como todo grande movimento de reformulação de parâmetro, é possível destacar efeitos ou consequências negativas no novo formato da "advocacia de massa". O gerenciamento de muitos processos ocasionou uma diminuição na disponibilidade dos advogados sócios dos escritórios para o relacionamento direto com os clientes. Os clientes que outrora tinham contato pessoal com os seus advogados, transformaram-se em números a serem geridos em um cenário acelerado em que o tempo se tornou por demais escasso.

Ao mesmo tempo, verifica-se o crescimento do número de faculdades de direito e a disponibilização de muitos profissionais no mercado de trabalho que passaram a ser absorvidos pelas grandes bancas, como uma opção de ingressos dos jovens advogados nas carreiras jurídicas.

---

1. GRACIOTTI, José Paulo. *Governança e estratégia para escritórios de advocacia.* 2 ed. São Paulo: Thomson Reuters Brasil, 2019. p. 18.

É de se registrar, ainda, que a oferta demasiada de jovens profissionais à procura de emprego, deu ensejo a uma alta rotatividade nas contratações das grandes bancas. E a consequência disso foi perceptível aos olhos dos clientes, posto que a cada atendimento, não raro, eram atendidos por advogados recém contratados e que não acompanharam seu processo desde o início, o que tornava o atendimento, cada vez menos satisfatórios, quando se verificava tal fato.

Esse relacionamento cliente/advogado restou fragilizado e determinou um fenômeno interessante na advocacia, por volta de 2010. A busca do cliente por quem tivesse tempo de lhe atender de forma mais pessoal, faz com se verifique uma migração de clientela de grandes escritórios para escritórios de pequeno e médio porte.

Paralelamente a esse movimento, é possível perceber que o volume de jovens advogados no mercado cresceu e, apesar da pouca experiência profissional, natural de todo novo profissional de qualquer área do conhecimento, inegável era outra característica que possuíam os jovens advogados e que coincidiam com os anseios dos clientes insatisfeitos com os grandes escritórios: a disponibilidade de tempo para atendimento personalizado.

Surge, pois, um novo movimento na formatação da advocacia, jovens advogados, bem preparados, com disponibilidade de tempo, que, em que pese a inexperiência em razão de se encontrarem no início da profissão, foram reconhecidos pelos clientes como boas opções de contratação.

Pode-se dizer que a inexperiência profissional que antes era um fator dificultador da sua inserção no mercado de trabalho, teve diminuída a relevância, com o advento do Novo Código de Processo Civil, em 2015. Posto que colocou jovens advogados e experientes advogados em patamares significativamente próximos, em se tratando de conhecimento processual.

Uma nova legislação, com a importância que se deve reconhecer ao Novo Código de Processo Civil, acaba por determinar que todos voltemos a estudar e vivenciar novas experiências, capaz de sujeitar até os mais experientes colegas a níveis de experiência processual bem próximos aos dos novos colegas, evidentemente, ressalvadas algumas proporções.

Como se não bastasse, a evolução tecnológica tornou a nivelar a todos, com a implantação do Processo Judicial Eletrônico – PJE. Mais um fator que colocou os jovens advogados em condições bastante competitivas em relação aos mais experientes, não só pelo conteúdo de extrema modificação da forma da atividade profissional, mas também, pelo fato de os jovens advogados estarem mais habituados às tecnologias exigidas para operar o PJE, possuindo maior facilidade de adaptação ao novo cenário, em razão da maior familiaridade com os recursos de informática utilizados na nova plataforma.

E é assim que chegamos a 2020, momento em que surge um dos maiores "marcos de virada" no mundo da advocacia.

3. REVOLUÇÃO TECNOLÓGICA APLICADA À ATIVIDADE FORENSE

É neste cenário cheio de incertezas que surge uma das maiores certezas: a advocacia não será, a partir de 2020, como antes!

Já suportando os reflexos da modernização implementada pelos processos judiciais eletrônicos, a advocacia despede-se das impressoras, de papéis timbrados feitos em gráficas e gigantes arquivos físicos das pastas de clientes e passa a investir em scanners, compra de espaços de armazenamento de arquivos digitais em "nuvens", materiais de realização de videoconferências, dentre outros investimentos da vida moderna profissional.

Trata-se de uma advocacia que passa a exigir dos escritórios a aquisição de equipamentos de tecnologia, sem deixar muita opção para aqueles que tentam resistir à era da informatização, não só ambiente de trabalho, mas da própria atividade do profissional.

Com a pandemia da COVID-19 a assombrar a população mundial no exato momento da elaboração deste texto, a advocacia experimenta uma modalidade de atividade um pouco diferente de nossa cultura latino-americana. O *"home-office"* é, atualmente, a única forma permitida pelas autoridades sanitárias, reconhecida e adotada pelo Poder Judiciário para dar andamento aos processos judiciais eletrônicos. Já os processos físicos estão com suas tramitações momentaneamente suspensas.

É forçoso reconhecer a necessidade de suspensão das atividades forenses presenciais, num primeiro momento, mas, de igual forma, não se pode negar que já passados mais de 4 meses de suspensão, já poderíamos ter avançado na retomada das atividades de forma gradual, adotando medidas de segurança sanitárias para tanto, ou ao menos, o Poder Judiciário já deveria ter investido na transformação dos processos físicos em processos digitalizados/eletrônicos.

As audiências, ao menos as de conciliação, inevitavelmente passarão a ser virtuais, mediante videoconferência. Grandes desafios surgirão para adequar alguns atos processuais ao novo formato virtual com que passarão a ser realizados.

Por certo, as sustentações orais nos recursos, serão realizadas prioritariamente, senão exclusivamente, mediante sessões virtuais, enfim... inúmeras modificações deverão advir e, não importa quão impactantes serão, a nova realidade será estabelecida.

Com efeito, as relações do profissional da advocacia e seus clientes também deverão ser alcançadas pelas inovações. Os contratos de honorários passarão a ser digitais, muito embora os contratos virtuais não sejam nenhuma novidade para a sociedade atual, posto que as mais variadas relações jurídicas hoje já são realizadas no espaço virtual, compras eletrônicas, assinaturas de serviços, consultas médicas on-line, dentre várias outras.

O cliente poderá pagar uma consulta eletronicamente e reunir-se virtualmente com seu advogado sem nenhuma dificuldade. De forma que é possível inferir que inúmeras atividades profissionais já podem ser realizadas de forma virtual, sem infringência de normas previstas no estatuto da OAB.

Nos Tribunais já são utilizadas ferramentas que permitem sustentações orais remotas ou virtuais. Todavia, o atual sistema merece reformulação, haja vista que após a sustentação oral do advogado ou advogada, seu microfone permanece mudo até final do julgamento de seu processo, não permitindo, assim, as interferências previstas no estatuto da OAB, como o uso da palavra pela ordem, conforme lhe é facultado pelo art. 7°, inc. X, da Lei 8.906/94 (Estatuto da OAB):

> Art. 7° São direitos do advogado:
>
> (...)
>
> X – usar da palavra, pela ordem, em qualquer juízo ou tribunal, mediante intervenção sumária, para esclarecer equívoco ou dúvida surgida em relação a fatos, documentos ou afirmações que influam no julgamento, bem como para replicar acusação ou censura que lhe forem feitas.

Até a advocacia pública poderá e deverá ser modernizada e, com isso, poupar tempo e tranquilidade de profissionais em relação a procedimentos licitatórios, por exemplo.

Um algoritmo pode ser desenvolvido com a finalidade de analisar a proposta mais vantajosa ao Poder Público na contratação de obras e serviços, eliminando, assim, problemas crônicos de interferências indesejadas nos certames licitatórios.

Parece evidente que para a adoção de tais procedimentos tecnológicos e suas aplicações, seja na advocacia privada seja na advocacia pública, será imprescindível a utilização de ferramentas com níveis de segurança significativos que impeçam pontenciais ataques externos no intuito de promover interferências fraudulentas.

Com efeito, poder-se-ia aplicar a tecnologia "blockchain" que permite aferir segurança suficiente aos procedimentos de abertura e fechamento de contas de depósitos por meio eletrônico, já que garantem a integridade, autenticidade, confidencialidade, proteção contra alteração, produção de cópia de segurança, rastreamento e auditoria das atividades realizadas em ambiente virtual. Nesse sentido, vale a reflexão proposta por Amanda Gabrielle Lima da Silva quanto aos processos licitatórios para contratação de obras, serviços, compras e alienações, com vistas a evitar fraudes:

> Imagine nesse contexto, que algum algoritmo para leitura das propostas dos processos de licitação (não estamos especificando na aplicação a um tipo de modalidade de licitação, mas sob um foco genérico). Esse algoritmo, portanto, seria capaz de selecionar a proposta mais vantajosa para a Administração Pública e garantir igualdade de condições a todos que queiram contratar com o Poder Público, executando, ao final da leitura, a ordem de escolha das análises.
>
> Porém, como garantir a integridade desse algoritmo com a certeza de que no processo não houve nenhuma fraude digital? A tecnologia "*Blockchain*" é, então, uma alternativa para que procedimentos realizados no meio digital, de forma autônoma, possam ter eficiência estendida tendo em vista a aplicação de tecnologia que dificulte a adulteração de informações e tecnologia.[2]

As atividades sendo realizadas com esse nível de segurança permitirão avanços consideráveis e capazes de modificar todo o formato das atividades profissionais acima referidas.

É de se observar que essas modificações possuem potencial de reestruturar não só formatos de atos processuais, mas, também, conceitos e princípios sedimentados na

---

2. LIMA DA SILVA, Amanda Gabrielle. *Blockclain e smart contracts: maior segurança, menor risco*. In: MALDONADO, Viviane Nóbrega; FEIGELSON, Bruno (Coord.) *Advocacia 4.0*. São Paulo: Thomson Reuters Brasil, 2019. p. 109.

legislação e que, com o advento dessas inúmeras situações fáticas novas, deverão ser revistos ou resignificados.

As regras de comportamento ético e conceitos inerentes ao efetivo exercício da advocacia estabelecem, exemplificativamente, que nenhum profissional pode assinar como sua, peça processual que não tenha escrito ou não tenha colaborado para a elaboração, sendo tal conduta uma infração disciplinar.

Com o advento da utilização da inteligência artificial, já existem computadores capazes de realizar análises de decisões judiciais e apresentar, em fração de segundos, uma infinidade de peças prontas com inúmeras alternativas de recursos ou manifestações, com teses afetas ao conteúdo específico da decisão.

É verdade que a utilização dessa máquina não implica em dizer que será desnecessário, pois, a supervisão e triagem por um ser humano, dessas peças propostas como manifestações em processos.

Por outro lado, pode-se inferir, também, que apesar de não eliminar o profissional do direito, posto que a máquina não é capaz ainda de tomar decisões avaliando as melhores estratégias processuais e materiais a serem adotadas num caso concreto, deve-se reconhecer, que diminui a necessidade de inúmeros profissionais para estudo e pesquisa de teses oponíveis, exemplificativamente, em relação às decisões acima referenciadas.

Se um escritório de advocacia de massa possui, hoje, uma equipe de 20 estagiários ou advogados contratados para minutar peças e dar sequência a uma quantidade significativa de processos, com a utilização da inteligência artificial, esse número fatalmente poderá ser reduzido, considerando a agilidade do computador para apresentar propostas de manifestações referentes às decisões judiciais que lhe são apresentadas ou mesmo pesquisas de assuntos que lhe são atribuídas.

Atualmente, estão limitados às atividades de pesquisas. O primeiro robô que desenvolve essas atividades de pesquisa, valendo-se da inteligência artificial, foi criado pela IBM, e recebeu o nome de Watson que, a bem da verdade, tal nome foi conferido à tecnologia empregada na máquina, e não à máquina.

Não obstante tamanhas inovações tecnológicas, é preciso refletir, principalmente, como serão afetados pequenos escritórios, já que a demanda por equipamentos tecnológicos é premente, seus custos são elevados e se apresentam em um momento de evidente fragilidade econômica dos profissionais da advocacia, ante à suspensão dos processos físicos que, atualmente, são a maioria dos processos em tramitação no país.

O Poder Judiciário é um dos responsáveis por viabilizar alternativas ao restabelecimento da tramitação processual, mas deve ser auxiliado pelos demais e também pelas entidades de classe. Essas cumprem um papel fundamental de orientação e até mesmo estrutural de oportunizar espaços equipados aos profissionais que não dispuserem de ferramentas tecnológicas e nem recursos para adquiri-las.

A jovem advocacia certamente é uma categoria altamente impactada pelo novo cenário. Positivamente, como dito anteriormente, em razão de sua facilidade de manejo de aplicativos, programas e plataformas tecnológicas, mas, também, sente a amargura de sua inserção no mercado de trabalho em um momento com demanda de investimentos, antes opcionais.

Não é exagero afirmar que o mundo e, consequentemente, a advocacia passa por algo semelhante ao que ocorreu na Revolução Industrial ocorrida na Europa, nos séc. XVIII e XIX, obviamente, ressalvadas as devidas proporções e características peculiares. Por certo, as máquinas de pesquisa, baseadas em algoritmos não substituirão em larga escala os seres humanos num primeiro momento, mas possibilitará a redução de quadros em alguns escritórios que mantém grandes equipes.

O que não se pode negar neste caminho sem volta é a quantidade de oportunidades que desse cenário pandêmico surgem para os profissionais da advocacia, quando da retomada das atividades após superados os riscos sanitários.

Muitas relações sociais se viram afetadas nesse contexto. São visíveis os impactos do momento de exceção nas relações empregatícias, consumeristas, imobiliárias, dentre inúmeras áreas que surgiram ou se intensificaram nesse período em que o isolamento social foi imposto a todos como forma de proteção sanitária.

Verifica-se uma intensa movimentação de negócios e atos jurídicos virtuais, que deslocam o olhar do direito para as relações virtuais e normatizadas pelo direito digital.

Com efeito, muita expectativa se cria em relação ao início da vigência da Lei Geral de Proteção de Dados, Lei 13.709/18, considerando que sua observância abre inúmeras oportunidades para a advocacia, seja mediante consultorias, seja mediante a busca pelo reparo de danos causados em razão do descuido no uso, proteção, armazenamento e transferência de dados pessoais, tal qual alerta a Dra. Nathália Medeiros:

> Na prática, a LGPD regulamenta o uso, a proteção, o armazenamento a transferência de dados pessoais como: nome, endereço, e-mail, idade, estado civil e situação financeira/patrimonial. A referida legislação também dá uma atenção específica aos dados pessoais sensíveis, que são aqueles relativos à "origem racial ou étnica, convicção religiosa, opinião política, filiação a sindicato ou a organização de caráter religioso, filosófico, político, dado referente à saúde ou à vida sexual, dado genético ou biométrico.
>
> Assim, qualquer tipo de tratamento de tais dados (dentre as quais se incluem a coleta, armazenamento e tratamento) deve ser realizado somente com o consentimento de seu titular, devendo, também ser comprovadas as finalidades específicas de seu uso.[3]

A previsão de vigência da LGPD seria para agosto de 2020, mas já se encontra em tramitação no Congresso Nacional uma pauta que versa sobre seu adiamento para 2021. O que não afasta a necessidade de buscar implementar, de imediato, medidas capazes de adequar a realidade das empresas e órgãos públicos às regras de proteção de dados, visando evitar problemas futuros impostos pela adequação repentina e que se destinará a situações, até então, não previstas, decorrentes do momento de caos sanitário.

---

3. MEDEIROS, Nathália Roberta Fett Viana. *Covid-19 e a Inteligência Artificial: Repercussões no Direito e potenciais implicações*. In: DIAS, Luciano Souto (Org.) *Repercussões da pandemia Covid-19 no Direito Brasileiro*. Leme: JH-Mizuno, 2020. p. 350

LIMA DA SILVA, Amanda Gabrielle. *Blockclain e smart contracts: maior segurança, menor risco*. In: MALDONADO, Viviane Nóbrega; FEIGELSON, Bruno (Coord.) *Advocacia 4.0*. São Paulo: Thomson Reuters Brasil, 2019. p. 109.

4. NOVAS OPORTUNIDADES

A advocacia acaba por ganhar destaque muito importante, no cenário pós-pandêmico. Dada a quantidade de regras novas, umas temporárias e outras definitivas, decorrentes de leis, decretos e demais normativas que tornarão essencial a advocacia na retomada das atividades de empresas e nas vidas dos cidadãos de um modo geral.

Vez por outra, nos noticiários, já circulam informações de demandas judiciais em face de autoridades públicas, médicos, profissionais de saúde, empresas, enfim, inúmeros atores de nossa sociedade, tendo como debate exatamente situações ocorridas durante o período da pandemia.

Discussões interessantes sobre as relações contratuais, buscando o reequilíbrio financeiro de contratos de locação comerciais e residenciais, já fundamentadas em normas editadas para equacionar problemas decorrentes do período pandêmico.

No mesmo sentido caminham as relações de consumidores com instituições financeiras, o que reafirma que a advocacia, não obstante as dificuldades momentâneas, promete um campo fértil para a atuação dos advogados e advogadas na composição de litígios que podem e devem ser solucionados de forma extrajudicial, mediante uma sensata análise dos paradigmas normativos editados excepcionalmente para o contexto extraordinário causado pelo isolamento social.

Não se trata de se estimular o demandismo ou mesmo a advocacia predatória, mas sim de valorizar a atuação advocatícia, precipuamente a voltada para as composições extrajudiciais que, não raro, se resolvem em uma consulta feita ao advogado, daí a razão da conscientização da comunidade e da classe dos advogados acerca da real importância da cobrança de consulta durante os atendimentos.

Uma grande preocupação de ordem social e que repercute também em um dos ramos da advocacia é o nível crescente de criminalidade que tende a se intensificar nos momentos de crise como o que se enfrenta neste momento, posto que a crise sanitária tem como efeito direto uma interferência extremamente negativa na economia do país. E é, infelizmente, nesse cenário que se intensificam problemas de ordem social com contornos criminosos, envolvendo não só pessoas das classes menos abastadas, mas também, crimes, por exemplo, de natureza tributária que acabam por envolver indivíduos de outras classes sociais.

Não resta dúvida de que uma infinidade de oportunidades exsurgem das crises, o que não seria diferente na advocacia. É importante que estejamos preparados para identificá-las e tratá-las com muita sensatez, sem perder de vista a função social da advocacia.

5. CONCLUSÃO

Num ambiente de incertezas o que não se pode perder é a esperança. A verdadeira advocacia, vocacionada para a solução e composição de litígios ganha força neste momento desolador e exige do profissional mais sensibilidade.

É necessário sensibilidade para saber seguir por caminhos que resguardem, sim, a lei. Mas, antes dela, a justiça, identificando as circunstâncias que nos apresentem situações que exigem muito mais compreensão e solidariedade do que o vigor e combatividade insensível.

O mundo clama por caridade, no sentido bíblico do termo. Não se trata de uma colocação filosófica ou religiosa, mas real. O operador do direito não deve trilhar pelos caminhos da vantagem fácil sem considerar o que é razoável até mesmo para a parte contrária.

Representar os interesses do cliente não importa em defender direitos que sejam facilmente reconhecidos pela lei, mas que por trás deles estejam vantagens desleais e descomprometidas com princípios que devem ser os mais caros aos seres humanos.

O momento exige reconstrução de nossa sociedade e, por isso, a advocacia terá um oceano azul para navegar, promovendo da melhor forma as composições para equacionar os problemas a que for chamada a resolver.

Assim, deve-se preparar, não só tecnologicamente para o futuro que já chegou, mas emocionalmente.

COMO O SISTEMA DE JUSTIÇA BRASILEIRO PODE AUXILIAR APÓS O FIM DA PANDEMIA?

Ronaldo Guimarães Gallo

Advogado Público Federal, Conselheiro do Conselho de Recursos do Sistema Nacional de Seguros Privados, de Previdência Privada Aberta e de Capitalização – CRSNSP, Sócio da Câmara de Mediação e Arbitragem Especializada – CAMES, Membro da Comissão Especial de Estudo da Previdência Complementar do Conselho Federal da Ordem dos Advogados do Brasil – OAB, Vice-Presidente da Comissão Especial de Previdência Complementar da OAB-SP, Membro Consultor da Comissão Especial de Direito Securitário da OAB-SP, Membro da Comissão Especial de Arbitragem da OAB-SP, Conselheiro do Movimento de Defesa da Advocacia – MDA, mestre em direito pela PUC/SP, pós-graduado em direito constitucional (ESDC) e administração pública (FGV). Autor do livro *Previdência privada e arbitragem*. Endereço para acessar este CV: http://lattes.cnpq.br/7742425834510163.

Sumário: 1. Introdução ao impensável... 2. Sistema de justiça brasileiro. 3. Sistema multiportas. 4. Perspectiva analógica para um mundo virtual. 5. Como o sistema de justiça brasileiro pode auxiliar após o fim da pandemia?

1. INTRODUÇÃO AO IMPENSÁVEL...

Não são poucas as obras de ficção científica que poderiam ser citadas aqui e que, com base na criatividade dos respectivos autores, tinham como objetivo o desenvolvimento de enredo que viesse a *paralisar* o mundo. Mas a *espetaculosa* estória que propusesse mal aterrorizador a ponto de *trancafiar* a humanidade em suas próprias casas, certamente intrigaria pelo absurdo ficcional, ou então sequer *ganharia* qualquer atenção, face o mesmo ponto.

O conteúdo *aterrorizante* da *nossa* tragédia veio na forma de um *vírus*, pouco criativo tendo em vista a quantidade de obras com o mesmo enredo, mas suficientemente *eficaz* para paralisar a todos, a ponto de encontrarmos como única solução viável para o enfrentamento a reclusão; nos trancafiarmos em nossas casas para, por meio do chamado isolamento social, tentarmos coibir a transmissão e minimizarmos a evolução da *doença*. O mundo tecnológico do século XXI sucumbiu a solução que remontaria ao período do medievo.

A causa da atual aflição da humanidade foi alcunhada de Covid-19 (Doença do Coronavírus – descoberta em 2019) e foi disseminada a ponto de ser classificada como uma pandemia. O pouco conhecimento científico a respeito da doença, especialmente para a almejada *cura*, também é acompanhado pela incerteza no ocaso, o final da luta de cada ser humano, quando contagiado, no enfrentamento do vírus.

De forma célere pode se observar o rápido ganho de *conhecimento* relacionado à doença, dissipando incertezas; muito ainda o que se conquistar na perspectiva científica, porém, e como dito, a eficiência no desenvolvimento deste árduo trabalho científico é inconteste. Para além do terreno circunscrito à ciência, o que se tem é o agigantamento das incertezas, ambiente propício para que emerjam em profusão as relações conflituosas, o *conflito*.

Na valiosa lição do professor Antonio Freitas,[1] conflitos são "(...) situações envolvendo dois ou mais sujeitos, em que estejam presentes, simultaneamente: 1) no plano objetivo, um problema alocativo incidente sobre bens tidos por escassos ou encargos tidos por inevitáveis, sejam tais bens e encargos de natureza material ou imaterial; 2) no plano comportamental, a contraposição no vetor conduta; 3) no plano moral, sejam tais sujeitos portadores de percepções não convergentes, sobre como tratar o problema alocativo, sob o ângulo moral."

Uma rápida análise da conceituação do professor Freitas *vis-à-vis* do momento atual de pandemia deixa transparecer o que *nos aguarda*. A crise sanitária é o prefácio da crise econômica, sendo desnecessária grande (ou qualquer) expertise para concatenar que o isolamento social é gerador de grande impacto econômico *negativo*, fato que irá acirrar o problema alocativo por conta especialmente do aumento da escassez.

Por outro lado, o elemento comportamental se transveste de incógnita ou, e novamente, mero acirramento, na medida em que a origem da situação de conflito advém de fato que não foi gerado por quaisquer das partes, mas que causou lesão a ambas.

O plano moral também pode ser traduzido como *conflito intersubjetivo de justiça*, especificamente a contraposição quanto às possibilidades da escolha da decisão pacificadora justa. O que normalmente é um grande empecilho para a resolução de conflitos, pelo fato de que tal cerne fica camuflado debaixo de um *posicionamento* das partes que não convergem com o real interesse subjetivo. Na condição extremada que vivenciamos pode ser um facilitador, na medida em que o senso de justiça pode se sobrepor a eventuais "direitos"[2] que resguardariam esta ou aquela tese.

Fato é que uma enormidade de *conflitos* emergirá em face da situação excepcional que estamos vivenciando, que afeta de forma indiscriminada desde as condições sanitárias da humanidade, até as relações jurídicas mais básicas. Essas relações *conflituosas* serão remetidas para o sistema de justiça brasileiro, ávidas por solução rápida e da forma menos onerosa possível. Como isso se dará, ou quais as possibilidades é o que passamos a escrutinar.

---

1. Sobre a relevância de uma noção precisa de conflito. *Revista do Advogado*, ano XXXIV, n. 123, ago. 2014.
2. "O termo 'direitos' tem muitos referentes e nuances de significado. De maneira geral, há duas maneiras de abordar o tema: a moral e a descritiva. A primeira associa os direitos a princípios ou ideais morais. Não os identifica pela consulta às leis e à jurisprudência dos tribunais, mas pela indagação acerca de quais são aquelas coisas a que o ser humano tem direito como sujeito moral. Embora não exista uma única teoria desses direitos morais com que todos concordem, algumas das obras filosóficas mais interessantes sobre a questão dos direitos envolvem esse tipo de investigação ética de natureza avaliativa. A filosofia moral concebe os direitos não jurídicos como exigências morais as mais fortes possíveis, de que gozamos, talvez, em razão de nossa condição ou capacidade de sermos agentes morais, e não por participarmos de uma determinada sociedade política ou mantermos com ela uma relação jurídica. A teoria moral dos direitos procura identificar aqueles interesses humanos que, perante o tribunal da consciência, não podem jamais ser negligenciados ou violados sem uma justificativa especial". HOLMES, Stephen; SUNSTEIN, Cass R. O custo dos direitos: por que a liberdade depende dos impostos. Tradução de Marcelo Brandão Cipolla. São Paulo: WMF Martins Fontes, 2019. p. 5-6.

2. SISTEMA DE JUSTIÇA BRASILEIRO

Premissa indispensável para o prosseguimento do raciocínio é o "alinhamento" com relação ao entendimento do que é ou comporta o sistema de justiça brasileiro, e a primeira constatação importante é que ele não *é* ou se restringe ao Poder Judiciário. Este entendimento *base* não é observado na *práxis* que espelha mais de 70 milhões de processos estancados no Poder Judiciário.[3] As razões para isso vão desde o simples desconhecimento quanto ao sistema de justiça, passando pela descrença quanto à eficácia dos instrumentos privados de justiça (o que conta com forte conexão com o fator anterior: desconhecimento da técnica) e chega na falta de *cultura* do povo brasileiro com outras formas de resolução de conflito que não a estatal.

Após um longo período de liberdades básicas suprimidas pela ditadura militar brasileira, adveio a Constituição Cidadã com plexo considerável de direitos fundamentais, tantos quantos permitiu a engenhosidade para não reviver os tempos de escassez de gozo de direitos e a ânsia por construir uma base jurídica apta suficiente a gerar estabilidade com liberdade.

Inserta nessas preocupações foi desenhado um *longo* artigo 5º que enuncia os direitos e garantias fundamentais do brasileiro. O inciso XXXV do referido art. 5º, por sua vez, traz o chamado princípio da inafastabilidade do controle jurisdicional, grafado nos seguintes termos: "a lei não excluirá da apreciação do Poder Judiciário lesão ou ameaça a direito".

A importância do dispositivo é inconteste e verga direito fundamental de extrema relevância, todavia, a forma como resolvemos adotá-lo (entendimento da singularidade do Poder Judiciário como resolvedor de conflitos) é equação que não fecha e provê um serviço que não atende os anseios daqueles que os utilizam, na medida em que é caro[4] e demorado.[5]

Por sua vez, remonta à década de 1970, nos Estados Unidos da América, na chamada *Conferência Pound*,[6] por meio da palestra inovadora proferida pelo professor da

---

3. Dados do Conselho Nacional de Justiça – CNJ, extraído do relatório *Justiça em número 2019*. Disponível em: [https://www.cnj.jus.br/wp-content/uploads/conteudo/arquivo/2019/08/justica_em_numeros20190919.pdf]. Acesso em: 07.07.2020.

4. Dados abstraídos do *Justiça em números* informam que o gasto com a estrutura do Poder Judiciário em 2018 foi no valor de R$ 93,7 bilhões de reais. Disponível em: [https://www.cnj.jus.br/wp-content/uploads/conteudo/arquivo/2019/08/justica_em_numeros20190919.pdf]. Acesso em: 07.07.2020.

5. "A Constituição da República, que tem como uma de duas características mais marcantes a proteção dos direitos fundamentais, acarretou alguns efeitos colaterais, sobretudo, no que diz respeito à ideia de inafastabilidade do Poder Judiciário (art. 5º, XXXV). O dispositivo, nos mais de 30 anos de promulgação da Constituição, serviu para franquear, indiscriminada e incondicionalmente, as portas da justiça estatal, em detrimento de outros métodos mais eficazes. Este forte magnetismo, com o perdão da repetição, é hoje uma conta que não conseguimos fechar. (...)". BECKER, Daniel; FEIGELSON, Bruno. Acesso à justiça para além de Cappelletti e Garth: a resolução de disputas na era digital e o papel dos métodos online de resolução de conflitos (ODR) na mitigação da crise de justiça no Brasil. In: WOLKART, Erik Navarro (Coord.). *et al*. Direito, processo e tecnologia. São Paulo: Thomson Reuters Brasil, 2020. p. 213.

6. "A Conferência Pound detinha como um dos objetivos contrabalancear a palestra proferida em 1906 pelo reitor da Faculdade de Harvard, Roscoe Pound, sobre a insatisfação da população norte-americana com a administração da justiça. Segundo o professor Sander, a palestra de Roscoe não havia sido muito bem recebida.

   A partir da já longínqua insatisfação de Pound com o sistema de administração da justiça, passando pela palestra do professor Sander, se inicia a ideia de que o Poder Judiciário não é a única porta possível a resolver conflitos de interesses. Ao contrário, por vezes, a porta do Judiciário é a menos hábil para o encontro da pacificação social".

Faculdade de Harvard Frank E. Sander, intitulada *Variedade de processos de disputas*, a ideia embrionária do que se passou a chamar de Tribunal Multiportas,[7] quando então se inicia a descortinar o arranjo de que o Poder Judiciário não é o único instrumento de resolução de conflitos. Novamente, sem perder de vista a importância do órgão estatal, são criadas articulações no sentido de que a *estruturação* do órgão estatal, por vezes, não é a melhor para a resolução de determinados conflitos, logo, a variedade e quantidade de relações conflituosas a serem sanadas demandam outras alternativas para além da jurisdição estatal.

Naquele momento, cujo desenvolvimento histórico não evoluiremos neste texto, inicia-se uma ideia simples, porém profunda de tal modo que alterou a percepção dos sistemas de justiça mundo afora. Numa interpretação *livre* a respeito dessa transformação, pode-se dizer que o Tribunal Multiportas implementa a cultura de que para a plêiade de *conflitos* existentes há também inúmeras ferramentas (*portas*) para solucioná-los, sendo o Poder Judiciário tão somente "uma" dessas ferramentas. A multiplicidade de *soluções* também é um método de ampliação considerável do acesso à justiça, sob a perspectiva *quantitativa* e *qualitativa*, é dizer, tanto no que diz respeito ao *acesso* em si, como também à "qualidade" da decisão que põe fim ao conflito.

O aumento exponencial do número de conflitos que são *espremidos* na solução única do Poder Judiciário proporcionou antever que tais relações poderiam redundar na ausência de solução, múltiplas são as razões.

A primeira delas é econômica, para o atendimento minimamente *oportuno* das demandas geradas haveria necessidade do correspectivo aumento da estrutura judicial, o que também geraria um aumento de custo para o erário público, a ser adimplido pelo orçamento público (*em prejuízo* de outras políticas públicas), ou por meio de *custas judiciais* criadas ou aumentadas para fazer frente a este mesmo aumento de estrutura (nesta última hipótese, em potencial e considerável prejuízo ao acesso à justiça).

A segunda razão é que mesmo com o aumento da estrutura (e dos gastos orçamentários) do Poder Judiciário há uma forte probabilidade de esta arquitetura persistir sendo insuficiente para dar *vazão* à quantidade de conflitos que lhe são submetidos, o que implicará apresentação da solução do relacionamento conflituoso a destempo, em momento não *oportuno* para qualquer das partes (este já é um retrato da realidade brasileira). Tal fator, o tempo desmesurado, não deixa de ser um fator limitador do acesso à justiça.

Ainda sob a perspectiva econômica, calha ressaltar ainda que as facetas *suso* salientadas, relacionadas à restrição do acesso à justiça, também implicam um viés de acréscimo considerável dos custos de transação, é dizer, a imprevidência com relação ao tempo hábil para a resolução de conflito gera insegurança que replica economicamente nos *custos* das relações jurídicas entabuladas ordinariamente na sociedade. A equação é

GALLO, Ronaldo Guimarães. Mediação não é conciliação: a importância da técnica no desenvolvimento dos processos autocompositivos. *Revista de Arbitragem e Mediação*, São Paulo: Revista dos Tribunais, ano 14, n. 54, jul.-set. 2017. p. 342-343.

7. Sobre o tema vide: GALLO, Ronaldo Guimarães. Mediação não é conciliação: a importância da técnica no desenvolvimento dos processos autocompositivos. *Revista de Arbitragem e Mediação*, São Paulo: Revista dos Tribunais, ano 14, n. 54, jul.-set. 2017.

simples: aumento de gastos (erário público), serviço ineficiente e aumento dos custos de transação (prejuízo econômico).

A ideia de *multiportas*, de *instrumentos* outros que não tão somente o Poder Judiciário para a resolução de conflitos, destrava todo o sistema de justiça, deixando as relações mais fluidas, sem o peso da insegurança na definição de eventuais conflitos, reduzindo os custos de transação e o ônus estatal com estruturas que podem consumir percentual considerável do erário público, sem a efetividade esperada.

E vale observar que não se faz uma ponderação, sob a perspectiva qualitativa, de qual *instrumento* é o melhor ou pior, mas sim a necessária análise e compreensão da relação conflituosa para, após, verificar qual o *processo* que propicia melhor resolução para o atendimento das necessidades dos envolvidos.

O *foco* passa a ser a análise do conflito, a solução é *multiportas*.

3. SISTEMA MULTIPORTAS

Ainda que tardiamente, mas antevendo o *colapso* do Poder Judiciário,[8] iniciativas que tiveram como objetivo a efetivação de um sistema multiportas, de forma a incorporar equilíbrio no sistema de justiça, passaram a advir ao mundo jurídico, podendo-se destacar a Resolução CNJ n. 125/2010, a chamada Lei de Mediação (Lei n. 13.140/2015) e o novo Código de Processo Civil (Lei n. 13.105/2015).

Observa-se um esforço no sentido de ampliar as *portas* que podem conduzir a uma resolução eficiente do conflito. Contudo, quais seriam esses instrumentos que vieram a se incorporar, juntamente com o Poder Judiciário, ao Sistema Multiportas? A composição com esses novos *instrumentos* é suficiente para controlar a crise que abate o sistema de justiça e, mais ainda, é teia de justiça apta a auxiliar no cenário pós Covid-19?

Os principais instrumentos de resolução de conflitos *fora* do Poder Judiciário são a negociação, conciliação, mediação e a arbitragem. Vale tecer breves considerações a respeito.

A mediação é um ótimo procedimento para enfrentamento dos conflitos após finda a crise, quando da retomada das relações empresariais, e mesmo durante a *crise*. É um procedimento de resolução de conflitos em que as partes, auxiliadas por um mediador capacitado, buscarão alternativas para mitigar ou eliminar as divergências que configuram o problema. Diferentemente do processo judicial, em que um terceiro (o juiz) irá

---

8. "Esse cenário de tragédia da Justiça configura o problema que enfrentaremos. A expressão, pouco conhecida no meio jurídico, é uma adaptação da tragédia dos comuns, locução econômica clássica utilizada pioneiramente por Garrett Hardin para tratar dos incentivos envolvidos com o uso descontrolado e o consequente esgotamento dos chamados bens comuns. Em economia, bens comuns são aqueles a que todos têm acesso, mas cujos recursos diminuem conforme o uso, de forma que a fruição excessiva os leva a um cenário de esgotamento pela falta de tempo para sua renovação.

Acreditamos que o esgotamento do aparato estatal envolvido na prestação jurisdicional civil é, de há muito, evidente e notório. Recentemente, relatórios empíricos do CNJ deram números à tragédia da Justiça, que se despedaça em profundas ineficiências que corroem o bem-estar social e afligem cidadãos e empresas na espera surda por uma tutela de direitos que possa ser concedida e efetivada em prazo razoável". WOLKART, Erik Navarro. *Análise econômica do processo civil* (Locais do Kindle 682-685). Edição do Kindle.

pôr fim à controvérsia (solução adjudicatória), na mediação as próprias partes buscarão resolvê-la (solução autocompositiva).[9]

No processo de mediação, as partes poderão ter conhecimento dos problemas que também estão sendo enfrentados pela outra parte, isso significando dizer não apenas a respeito dos fatores econômicos, mas muitas vezes a respeito das mortes que ocorreram, p.ex., na família do parceiro comercial por conta da Covid-19. Os chamados interesses subjetivos poderão emergir com facilidade nesse procedimento, propiciando, para as partes envolvidas, uma visão ampla do conflito, diminuindo a assimetria de informação, facilitando a aproximação dos interesses.

Soluções criativas que atendam o interesse das partes também podem emergir desse processo, diminuindo a espiral do conflito e gerando novas oportunidades.

As partes não são obrigadas a permanecer no processo de mediação, elas prosseguem enquanto lhes parecer adequado e interessante. O acordo também não é o principal objetivo desse método, mas sim a recomposição da lesão proporcionada pelo conflito no relacionamento empresarial, familiar etc. Retomar o relacionamento sadio é o que importa e isso é fator consideravelmente relevante para a retomada da atividade empresarial no país, pós-pandemia.

A mediação é um processo confidencial e o que é dito pelas partes no procedimento não pode sequer ser utilizado em futuros processos (arbitrais, judiciais etc.), essa liberdade também é um facilitador do processo e base para bons resultados.

A arbitragem, por sua vez, é método heterocompositivo, é dizer, diferentemente da mediação e, nesse aspecto, mais assemelhado ao processo judicial, o conflito também será resolvido por um terceiro, o árbitro. A diferença é que o julgador na arbitragem é escolhido pelas próprias partes envolvidas no conflito, que podem optar por um profissional que tenha conhecimento prático e teórico quanto ao tema, o que importará na agilidade em resolver a questão e aumentará a possibilidade de *acerto* da decisão final.

O processo arbitral pode ser confidencial, caso queiram as partes, exceção feita quando um órgão do Poder Público esteja envolvido no conflito. Em um ambiente pós-crise, a exposição pode não ser o ideal, o que torna interessante esta característica do processo arbitral.

A rapidez também é uma qualidade do processo arbitral. Como já mencionado, o conhecimento técnico e prático dos árbitros, a possibilidade de construir o procedimento moldado para a resolução do conflito específico (diferentemente da justiça estatal em que o processo é engessado pelas regras do Código de Processo Civil) e a ausência de recurso em face da sentença arbitral são características que conferem considerável agilidade e rapidez ao processo arbitral. A resolução de conflitos a tempo e modo adequados será indispensável no cenário pós-pandemia.

---

9. "Também compõem o sistema multiportas a mediação e a conciliação, dentre inúmeros outros mecanismos, diferenciando-se da arbitragem por esta perfazer método heterocompositivo de resolução de disputas, enquanto aquelas são métodos autocompositivos". GALLO, Ronaldo Guimarães. *Previdência privada e arbitragem* cit., p. 185.

Vale observar que os procedimentos até o momento apresentados partem da premissa da imparcialidade, os terceiros que auxiliam na resolução do conflito necessariamente são imparciais. A negociação não parte dessa premissa, o negociador é parcial e desenvolve seu trabalho tentando resolver os conflitos com base na estratégia desenvolvida por uma das partes.

O negociador também é um técnico e, não obstante a parcialidade, tem melhores condições de analisar as circunstâncias que também envolvem a outra parte, o que propicia melhores elementos e possibilidades de se alcançar a um acordo e resolver o conflito, especialmente porque, além da técnica mencionada, ele não está *envolvido* na relação conflituosa.

O negociador também pode detectar eventuais equívocos que estão sendo praticados no processo de resolução dos conflitos e sugerir alternativas para que não sejam multiplicados em cadeia.

Sem dúvida que tais métodos de resolução de conflitos devem perpassar pela análise *adequação/resultado*, ou seja, a checagem quanto ao método ser o mais adequado em face das características do conflito apresentado, o que viabiliza evoluir para o melhor dos resultados, a pacificação com justiça, a tempo e modo oportunos.

A utilização ampla desses instrumentos no sistema de justiça brasileiro pode redundar em uma quantidade *infinitamente* menor de processos no Poder Judiciário, que, por sua vez, conseguiria atuar consoante constitucionalmente projetado. E vale notar que a ampliação dos caminhos que suportam o sistema de justiça não visa a desobstrução da estrutura Judiciária, mas sim, e como dito, o atendimento mais *eficaz* da resolução de conflito, na medida em que se passa a utilizar os instrumentos *mais adequados* para tanto.

Todos os *instrumentos* de resolução de conflitos contidos no sistema de justiça são *garantidores* de acesso à justiça, estatal ou não, com objetivo claro de pacificar com justiça, caracterizando assim o que, modernamente, pode ser entendido como *jurisdição*.[10]

Logo, a rede de resolução de conflitos no Brasil, o sistema de justiça brasileiro, conta com instrumentos eficazes o suficiente para abarcar a demanda de conflitos que pode vir a lhe ser imposta.

Vale perquirir, nessa linha, se o sistema de justiça brasileiro, contendo os instrumentos supra-assinalados, é o suficiente para equalizar e sustentar a pacificação social com justiça na sociedade brasileira, especialmente durante e pós-pandemia? A resposta é negativa.

---

10. "Se, conforme nosso pensamento, a jurisdição compreende a justiça estatal, a justiça arbitral e a justiça consensual, é evidente que fica superado o conceito clássico de *jurisdição*. (...) Jurisdição, na atualidade, não é mais poder, mas apenas *função, atividade e garantia. E, sobretudo, seu principal indicador é o de garantia do acesso à Justiça, estatal ou não, e seu objetivo, o de pacificar com justiça*" (grifos no original). GRINOVER, Ada Pellegrini. *Ensaio sobre a processualidade:* fundamentos para uma nova teoria geral do processo. 1. reimpr. Brasília, DF: Gazeta Jurídica, 2018. p. 18.

4. PERSPECTIVA ANALÓGICA PARA UM MUNDO VIRTUAL

As soluções de conflitos até o momento apresentadas neste artigo importam em uma solução *artesanal*, em que há a análise cuidadosa de cada caso, com intervenção humana, desde o momento da *escolha* do melhor instrumento para a pretendida pacificação.[11]

Todavia, a magnitude das relações jurídicas hoje é gerada em um ambiente virtual, que espelham números *assombrosos* quanto ao quantitativo, podendo-se concluir na total inviabilidade de dar *vazão* a todos os conflitos gerados nesse ambiente por meio de quaisquer das técnicas (*isoladas*) supra-anunciadas, dito de outra forma, a resolução de conflitos *artesanal* não consegue amparar e pacificar a profusão de relações geradas de modo *nada artesanal*.[12]

Antevendo esse problema, surgiu a ideia de resolver conflitos gerados no ambiente virtual por meio de ferramentas que trabalham a resolução do conflito nesse mesmo ambiente. A inteligência gerada para a multiplicação de relações jurídicas é "a mesma" que será utilizada para a *resolução* dos conflitos *daí* advindos.

São as chamadas ferramentas de resolução de conflitos *online* (ODR – *online dispute resolution*), voltadas para a resolução das chamadas demandas de massa. Plataforma virtual que funciona sem intervenção humana, tem como base demandas repetitivas que são solucionadas por meio de caminhos pré-desenhados e que contam com alto grau de resolutividade.

As ferramentas ODR foram criadas para suportar uma demanda que nitidamente não seria possível *enfrentar* apenas com a aplicação de métodos tradicionais de resolução de conflitos, todos demandando a intervenção humana.

É justamente o que está acontecendo no presente momento. A pandemia provocada pela Covid-19 coloca a humanidade em uma situação nunca antes vivida, com impactos que também nunca foram sentidos. Esse grau de incerteza repercute em grande parte na vida social, com especial atenção para a saúde, mas sem perder de vista o ambiente econômico, que conta com indiscutível relevância para a resolução da crise.

Com as medidas sanitárias determinadas pelos governos é crescente o número de cancelamento de *compromissos*, com forte impacto nos mais diversos nichos econômicos. Quem deve pagar essa conta é a pergunta que pode gerar uma infinidade de novos

---

11. "It is understandable that attention to disputes was not a pressing issue for the first half of the internet's existence. From 1969 to about 1992, it was entirely reasonable to be concerned exclusively with whether or not the network worked or did not work. Its users during this period were primarily in academia and the military, and, when there were disputes in the relatively small user population, they were settled informally. During most of this era, few citizens were aware of the internet, and only at the end of this period might they have found an internet service provider. As late as 1995, it was not very easy for ordinary citizens to obtain internet access". KATSH, Ethan. *Digital Justice* (p. 8-9). Oxford University Press. Edição do Kindle.

12. The history of law's experience with the internet reveals a focus on statutory changes and court decisions but a neglect of remedies or dispute resolution processes. eBay's sixty million disputes and Alibaba's hundreds of millions of disputes are impressive, but also an indication that government and courts were not viable options. It also illustrates that innovative use of the new technologies can respond effectively to disputes. Fortunately, eBay and Alibaba are not the only ones. As we discuss later, public initiatives involving online small claims courts in the United Kingdom, British Columbia, the Netherlands and U.S. state courts, and private initiatives in the United States and elsewhere, are recognizing that new institutions and processes are necessary. KATSH, Ethan. *Digital Justice* cit., p. 15.

conflitos, que não serão superados com o auxílio dos meios tradicionais de resolução de demandas.

As ferramentas ODR serão fundamentais para gerir essa grande quantidade de informações e as técnicas inseridas nos respectivos softwares poderão automatizar um percentual considerável de acordos, minimizando despesas desnecessárias, propiciando planejamento adequado para os envolvidos e satisfação quanto aos resultados obtidos.

Essas ferramentas também podem gerar informações que dirão os porquês de os conflitos estarem sendo gerados, propiciando a retificação do procedimento e o estancamento, *na fonte*, do problema. Referida característica é de fundamental importância num momento (pandemia) em que não se consegue prever resultados com relação a inúmeras demandas (em face do ineditismo), ou seja, a ferramenta ODR pode detectar o fluxo de reclamações, propiciando traçar estratégias que possam findar com o crescente número de demandas.

As ferramentas *ODR* também podem *convolar* de um procedimento inicialmente sem intervenção humana em uma mediação *on-line*, com a intervenção de um "mediador humano", ou mesmo uma arbitragem virtual, tudo dentro da mesma plataforma, performando como um *desenho* de sistema específico para a resolução de disputas.

A criação de um sistema especificamente desenhado para a resolução de uma ou inúmeras disputas é chamado de *Design de Sistema de Disputas*, ou seja, a possibilidade de *criar* um sistema de resolução de disputas configurado para os conflitos que se vêm enfrentando. Tal customização costuma ser altamente eficiente. São utilizadas qualidades de diversos procedimentos de resolução de conflitos, criando-se um sistema próprio para a resolução da controvérsia.[13]

Essas ferramentas também estão inseridas no sistema de justiça brasileiro, porém, como as demais (exceto o Poder Judiciário), são muito pouco utilizadas.

5. COMO O SISTEMA DE JUSTIÇA BRASILEIRO PODE AUXILIAR APÓS O FIM DA PANDEMIA?

Como observado, o sistema de justiça brasileiro é consideravelmente *rico* em *alternativas* para a pacificação dos conflitos que emergem da sociedade brasileira. O problema é que o *sistema* é basicamente identificado como Poder Judiciário, o que finda por transformar uma perspectiva que é *multiportas* em *porta única* que não consegue dar *vazão* à quantidade de demandas a que é submetido, gerando frustração por parte daqueles que pleiteiam a prestação do serviço, além de um gasto desarrazoado ao erário público.

---

13. "O importante aqui é destacar que dos diferentes mecanismos processuais, com suas características e funcionalidades distintas, podem ser combinados, organizados, sequenciados, e até fundidos em figuras híbridas, que deem vida a novos mecanismos processuais ou arranjos procedimentais complexos. Essas formas não brotam espontaneamente. São frutos do trabalho de processualistas inovadores, designers de processos ou sistemas, em linha com a proposição da instrumentalidade metodológica do processo e da figura do processualista como o construtor de arranjos consensuais adequados". FALECK, Diego. *Manual de design de sistemas de disputas:* criação de estratégias e processos eficazes para tratar conflitos. Rio de Janeiro: Lumen Juris, 2018. p. 19.

O modo *artesanal* de resolução de disputas, ainda que incluída a forma privada de pacificação (*e.g.*: mediação e arbitragem), pode conferir efetividade à ideia de sistema multiportas, mas fica aquém do desejado, especialmente em período pós-pandemia, em que a quantidade de conflitos tende a se agigantar.

A criatividade no uso da multiplicidade de ferramentas à disposição é o caminho para a superação da crise decorrente da Covid-19, valendo lembrar que a eficiente solução para as relações conflituosas geradas pela pandemia também implica rapidez na recuperação econômica, o contrário podendo se dizer caso haja insistência no uso dos meios *tradicionais* de resolução de disputas, com nítido aumento nos custos de transação, prejuízo econômico, descontentamento para todos.

A utilização de ferramentas ODR, que têm como objetivo a solução de um número de disputas que seria impossível lidar se as perspectivas fossem os métodos tradicionais de resolução de disputas (todos demandando a intervenção humana), é um caminho para superar esse desafio. Essas ferramentas conseguem traduzir técnicas de mediação em um formato de software, traçando um fluxo informacional que é gerenciado pela plataforma, deixando para a intervenção humana apenas os casos que fogem aos filtros predeterminados. Implementada a técnica com sucesso, tem-se a perspectiva de resolução rápida, econômica (em inúmeras perspectivas) e com pacificação social (em um momento de extrema fragilidade).[14]

Os sistemas de *design* de disputas também são instrumentos válidos e altamente eficazes. Observa-se que a administração pública, que deve zelar pelo bem-estar social, encabeça o topo da lista dos maiores litigantes brasileiros. Muitas vezes a resolução de conflitos, que não raro são direcionadas para o Poder Judiciário, tem como *fonte* a assimetria de informações entre administrado e administração, mesmo o ente estatal tendo o dever de transparência quanto aos seus atos, quer por determinação constitucional, quer por mandamento legal (e.g.: lei de acesso à informação).

Tal retrato demonstra, de forma clara, que a administração pública não desenvolve qualquer forma de resolução de conflitos que não acionar o Poder Judiciário. É um cenário que não deve ser minorado com a pandemia, ao contrário, deve se acentuar, o que implica dizer que também será aumentado o fluxo de reclamações junto ao Poder Judiciário, redundando em um *gargalo* ainda maior quanto ao tempo/qualidade das decisões decorrentes, bem como a necessidade de acréscimo de estrutura (aumento das verbas destinadas ao Judiciário), em prejuízo de outras políticas públicas, em período pós-pandemia, quando tudo o que a sociedade brasileira necessitará serão de políticas públicas para acelerar a retomada do *crescimento econômico*, gerando *bem-estar social*.

---

14. "Inicialmente desenhados para mimetizar métodos de resolução de conflitos no mundo *offline*, hoje, utilizam tecnologia da informação para melhorá-los, prevenindo, gerindo e concluindo controvérsias oriundas do ambiente digital ou não. Com efeito, os métodos ODR objetivam facilitar o acesso à justiça em sua amplitude, promovendo a desburocratização e diminuição de custos e resolvendo disputas de forma mais célere e eficientes que as vias tradicionais. É precisamente derrubar os obstáculos presentes nas modalidades *offline* de resolução de disputas. ODR decorre, portanto, da necessidade de prevenção ou resolução de um conflito, quando a escassez de recursos financeiros, distância geográfica e a agilidade é da essência do negócio". BECKER, Daniel; FEIGELSON, Bruno. Acesso à justiça para além de Cappelletti e Garth: a resolução de disputas na era digital e o papel dos métodos online de resolução de conflitos (ODR) na mitigação da crise de justiça no Brasil. I1)n: WOLKART, Erik Navarro (Coord.)... et al. *Direito, processo e tecnologia*. São Paulo: Thomson Reuters Brasil, 2020. p. 209-210.

Em resumo, a aritmética é: assimetria de informação; maior número de ações; maior o custo das transações decorrente do conflito em si e das incertezas geradas (prejuízo econômico); demora na pacificação social (prejuízo econômico); necessidade de aumento da estrutura estatal (Judiciário) para dar vazão à quantidade de casos novos (prejuízo econômico).

Todo esse *prejuízo econômico* com reflexo direto na economia do país e, por óbvio, no erário público, quer em decorrência da diminuição da arrecadação pela *trava* imposta na economia, quer pela necessidade de repasse de verbas públicas para atividades do aparelhamento estatal que não conseguirão responder a contento às demandas impingidas (o que é previamente sabido).

Uma ferramenta ODR, customizada para determinados órgãos estatais, pela simples possibilidade de conferir simetria informacional já seria suficiente para eliminar grande quantidade de conflitos. Quando não, as eventuais controvérsias podem ser pacificadas de forma célere e com custo consideravelmente menor (com *saldo* positivo para o cidadão e a própria administração pública), dentro do mesmo *design de sistema*, por meio de instrumentos como a mediação e a arbitragem. Além do mais, referidos conflitos gerarão uma base de dados na própria ferramenta que propiciará a atuação da administração pública de forma preventiva, mitigando a possibilidade de ocorrência de novos conflitos.

O interessante é que o setor público disponibiliza uma ferramenta de resolução de disputas para o setor privado (o consumidor.gov),[15] que o utiliza com considerável eficiência, mas não consegue introjetar uma ferramenta ODR eficiente o suficiente para a resolução dos seus próprios conflitos.

De mais a mais, para além dos bons números alcançados pelo consumidor.gov, a ferramenta é *limitada*, o que significa dizer que sistemas mais *completos*, abarcando a plêiade de instrumentos aptos a compor conflitos, são os instrumentos necessários para auxiliar na superação da grave crise imposta pela Covid-19.

Essas ferramentas, pelos mesmos motivos, também serão de grande utilidade para a pacificação de conflitos no âmbito privado, especialmente nos setores mais atingidos pela crise e que clamam por uma rápida retomada na geração de negócios.

Tais ferramentas compõem o sistema de justiça brasileiro, cabe a todos o interesse em sua efetivação.

---

15. Mais informações sobre a ferramenta consumidor.gov. podem ser encontradas no artigo Acess to justice and Consumidor.gov case, de Fernanda Mattar Furtado Suriani. In: WOLKART, Erik Navarro (Coord.)... et al. *Direito, processo e tecnologia*. São Paulo: Thomson Reuters Brasil, 2020.

DEFENSORIA PÚBLICA E ACESSO À JUSTIÇA NA PANDEMIA DO CORONAVÍRUS

Edilson Santana Gonçalves Filho

Especialista em Direito Processual (UNI7) e mestrando em Direito (UFC). Professor, escritor e defensor público federal. Foi defensor público do estado do Maranhão. Publicou, dentre outros, os livros "Defensoria Pública e a Tutela Coletiva de Direitos: teoria e prática", "A Eficácia Horizontal dos Direitos Fundamentais: sua vinculação às relações entre particulares" e "*Custos Vulnerabilis*: a Defensoria Pública e o equilíbrio nas relações político-jurídicas dos vulneráveis", o último em coautoria. E-mail: <edilsonsgf@yahoo.com.br>. Currículo Lattes: [http://lattes.cnpq.br/4016361248699623].

Jorge Bheron Rocha

Doutorando em Direito Constitucional e Mestre em Ciências Jurídico-Criminais pela Faculdade de Direito da Universidade de Coimbra. Defensor Público do Ceará (DPE-CE) e professor de Direito e Processo Penal. Membro Consultor da Comissão Nacional de Acesso à Justiça do CFOAB. E-mail: <bheronrocha@gmail.com>. Currículo Lattes: [http://lattes.cnpq.br/5464447160393013].

Maurilio Casas Maia

Doutor em Direito Constitucional (UNIFOR) e Mestre em Ciências Jurídicas (UFPB). Professor na Universidade Federal do Amazonas (UFAM) e Defensor Público (DPE-AM). E-mail: <mauriliomaia@gmail.com>. Currículo Lattes: [http://lattes.cnpq.br/2943453195405530].

Sumário: 1. Introdução. 2. Atuação da Defensoria Pública na seara criminal em tempos de pandemia. 3. Acesso à justiça coletiva aos grupos vulneráveis na pandemia. 4. O acesso à justiça extrajudicial e a Defensoria Pública durante a pandemia. 5. Conclusões. 6. Referências.

1. INTRODUÇÃO

A pandemia COVID-19, acarretada pelo coronavírus, é um problema global causado por um vírus. Suas consequências, contudo, vão além das questões de saúde. Uma delas está relacionada ao *acesso à justiça* (incluindo-se, aqui, a expressão em seu sentido mais largo, é dizer, ao acesso aos direitos e a um tratamento justo, com igualdade fática; tais problemas impactam ainda no sistema de Justiça, envolvendo o Poder Judiciário e outras instituições, como a própria Defensoria Pública.

A questão não é nova, mas ganha novos contornos. Desde o "enfoque do acesso à Justiça", destacado por Cappelletti e Garth a partir dos estudos do Projeto de Florença, ainda na década de setenta do século XX, releva-se a questão atinente à capacidade dos sistemas jurídicos modernos para atender às necessidades daqueles afetados por obstáculos para reivindicar seus direitos. A assistência jurídica, que significa mais do que a simples representação em juízo e já era apontada como aspecto fundamental (ou *onda de acesso*, utilizando a expressão dos autores) para a superação daqueles impedimentos[1], merece especial atenção no contexto atual.

Sendo a pandemia, em sua própria concepção, a disseminação mundial de uma doença, as consequências decorrentes (inclusive relacionadas ao acesso à justiça, como visto) apresenta um problema de ordem global. Neste sentido, a Comissão Europeia para a Eficiência da Justiça (*"The European Commission for the Efficiency of Justice"* – CEPEJ), do Conselho da Europa, adotou *sete princípios* por meio dos quais os Estados membros devem se guiar para se adaptarem às novas circunstâncias, visando à eficiência da Justiça no período.

Nos denominados países periféricos, os impactos sentidos são mais elevados. É o caso do Brasil, local no qual as vulnerabilidades já existentes em grande escala antes da crise – inclusive as *vulnerabilidades processuais*[2] – são potencializadas. Ganha relevo, por consequência, o papel da assistência jurídica pública que, no Brasil, é desenvolvida em forma de serviço gratuito prestado pela Defensoria Pública, instituição autônoma mantida com recursos exclusivamente públicos, como corolário do direito fundamental ao acesso à justiça aos necessitados (Constituição, art. 5º, XXXV e LXXIV; e art. 134, *caput*).

As vulnerabilidades potencializadas pela disseminação do vírus representam sérios obstáculos ao acesso à justiça, quando, então, estará configurada a condição de necessitado para fins de assistência jurídica gratuita. É nesse cenário que o presente estudo pretende expor uma amostragem dos trabalhos desenvolvidos pela Defensoria Pública brasileira no contexto pandêmico, com especial ênfase ao acesso à justiça na área criminal, extrajudicial e coletiva. Obviamente, o presente estudo não se dará de forma exaustiva, mas, em verdade, buscará sinalizar os esforços do Estado Defensor brasileiro diante das seríssimas dificuldades sociais ocasionados pela pandemia do coronavírus.

2. ATUAÇÃO DA DEFENSORIA PÚBLICA NA SEARA CRIMINAL EM TEMPOS DE PANDEMIA

A Defensoria Pública tem como uma das principais características a atuação em prol da promoção dos direitos humanos, o que, no processo penal, pode se dar em razão de vulnerabilidades a que está submetido a pessoa perseguida pelos aparatos repressores do Estado, ou em razão de necessidades a que está exposta a vítima da infração penal. No processo penal, como de resto em quase qualquer atividade desenvolvida em uma *sociedade de risco*[3] e massificada, a Instituição precisa entender (i) os interesses puramente individuais, (ii) os individuais que homogeneamente são compartilhados por várias pessoas, (iii) aqueles que atingem coletividades determináveis ou indetermináveis, e atuar de acordo com – e estrategicamente – as características intrínsecas a cada uma dessas formas de aparição do conflito.

---

1. CAPPELLETI, Mauro; GARTH, Brian. *Acesso à justiça*. Traduzido por Ellen Grace. Porto Alegre: Sérgio Fabbri, 1988.
2. TARTUCE, Fernanda. *Igualdade e Vulnerabilidade no Processo Civil*. Rio de Janeiro: Forense, 2012.
3. BECK, Ulrich. Risikogesellschaft. Auf dem Weg in eine andere Moderne. Frankfurt am Main: Suhrkamp, 1986.

Na seara individual, a atuação do defensor público pode se dar como *representante judicial* na defesa da parte acusada ou de assistente de defesa[4], mas também como representante judicial do ofendido ou seus sucessores para o patrocínio da ação penal privada ou da assistência à acusação[5].

Excepcionalmente, diante de questão urgente e necessária que envolva a liberdade/dignidade da pessoa presa ou diante de processo que, embora individual, carregue em seu bojo discussão de questão de direito que tenha a potencialidade de se irradiar para inúmeros outros processos, especialmente por ser discutida em Tribunal local ou Superior, pode a Defensoria Pública atuar *em nome próprio na missão de guardião dos vulneráveis – Custos Vulnerabilis*[6-7], equilibrando as desigualdades jurídico-políticas do acusado ou ampliando a participação democrática na fixação de precedentes penais[8].

Se as questões massivas da sociedade, envolvendo saúde, consumo, trabalho, negócios, viagens, estudos, locomoção etc., foram bruscamente alteradas em razão do surto pandêmico do Sars-CoV-2, causador da atual pandemia de COVID-19, imagine-se a dramaticidade com que o quadro do sistema carcerário – falido – foi atingido. Reconhecido pelo Supremo Tribunal Federal como em "Estado de Coisas Inconstitucional"[9], o sistema prisional é caracterizado pelas constantes violações impostas aos presos, em condições indignas, desumanas e efetivamente cruéis, em seus direitos fundamentais perpetradas pelo próprio Poder Público.

Os números apresentados pelo *Levantamento Nacional de Informações Penitenciárias* são aterradores: a quantidade de presos no Brasil, que no ano de 2000 era de 232.755, passou atualmente a ser de mais de 726.712 pessoas encarceradas, segundo dados obtidos em junho de 2016 e publicados em dezembro de 2017[10], o que resulta em uma taxa de ocupação média de 197,4% do sistema prisional, em que faltam 358.663 vagas em todo o país. É certo que cerca da metade destas pessoas submetidas às violações constantes no cárcere não tem qualquer condenação, estando presas a título cautelar e provisório, sem prazo legalmente estipulado – como seria se fosse uma prisão-pena – o que redunda em tempo excessivo de enclausuramento.

---

4. NICOLITT, André Luiz. *Manual de Processo Penal*. 7ª ed. Belo Horizonte: D'Placido, 2018. p. 508.
5. ROCHA, Jorge Bheron. Experiências de Intervenção da Defensoria Pública do Ceará como *Custos Vulnerabilis* na tutela de direitos no processo penal. In: SIMÕES, Lucas Diz. MORAIS, Flávia Marcelle Torres Ferreira de. FRANCISQUINI, Diego Escobar. (Org.). *Defensoria Pública e a tutela dos coletivamente vulnerabilizados*. Belo Horizonte: Editora D'Plácido, 2019.
6. Primeira referência ao termo: MAIA, Maurilio Casas. *Custos Vulnerabilis* constitucional: o Estado Defensor entre o REsp 1.192.577-RS e a PEC 4/14. *Revista Jurídica Consulex*, Brasília, ano XVIII, n. 417, jun. 2014, p. 55-57.
7. Sobre o tema, por todos, vide: GONÇALVES FILHO, Edilson Santana; MAIA, Maurílio Casas; ROCHA, Jorge Bheron. *Custos vulnerabilis*: a Defensoria Pública e o equilíbrio nas relações político-jurídicas dos vulneráveis. Belo Horizonte: CEI, 2020.
8. É também possível a atuação em nome próprio nas ações penais públicas subsidiárias da pública. SILVA, Franklyn R. A. Legitimação Não Tradicional da Ação Penal – A Tutela de Bens Jurídicos por Outras Instituições Públicas. Revista Brasileira de Direito Processual Penal, Porto Alegre, v. 3, n. 1, p. 367-404, jan./abr. 2017. Em aprofundamento aos debates, vide ainda: MAIA, Maurilio Casas. Novas intervenções da Defensoria Pública: *custos vulnerabilis* e o excepcional *amicus communitatis* no direito processual penal. In: SILVA, Franklyn Roger Alves (Org.). *O CPP e a perspectiva da Defensoria Pública*. Belo Horizonte: CEI, 2020, p. 125-159.
9. STF, Medida Cautelar na Arguição de Descumprimento de Preceito Fundamental (ADPF) 347.
10. DEPARTAMENTO PENITENCIÁRIO NACIONAL. *Levantamento Nacional de Informações Penitenciárias*. Atualização – Junho de 2016. Brasília, 2017. Disponível em: [http://depen.gov.br/DEPEN/noticias-1/noticias/infopen-levantamento-nacional-de-informacoes-penitenciarias-2016/relatorio_2016_22111.pdf]. Acesso em: 10.03.2018.

As pessoas encarceradas concentram diversas vulnerabilidades[11], a saber: (i) advinda do próprio cerceamento da liberdade; (ii) social; (ii) comunicacional; (iii) processual, (iv) econômica, e, dentre outras, (v) em razão da saúde[12], que interessa mais de perto.

Os dramas a que normalmente estão submetidos os encarcerados são múltiplos: (i) embora formalmente tenham advogados constituídos no processo, com eles não costumam manter contato frequente, senão por intermédio de familiares, (ii) inexistência de contato com advogado constituído; (ii) inexistência de Defensoria Pública na localidade; (v) inexistência de contato com o advogado dativo; (vi) inexistência de contato com familiares ou amigos; (vii) transferência forçada para outras localidades, principalmente para a capital ou região metropolitana, e consequente rompimento de contato com advogado local, familiares e amigos[13].

Os mesmos problemas enfrentados com a crise de saúde fora do cárcere, dentro dos muros ganha exponencialidade letal: (i) ausência de informações; (ii) ininteligibilidade das informações (iii) suspensão de visitas; (iv) suspensão de atendimentos dos advogados e defensores públicos. (v) suspensão de inspeções da Defensoria Pública; (vii) inexistência ou escassez de equipamentos de proteção individual; (viii) impossibilidade de isolamento social em celas superlotadas; (ix) inexistência ou precariedade das instalações de saúde.

Esses problemas e muitos outros impulsionaram a atuação da Defensoria Púbica no plano da salvaguarda individual das pessoas encarceradas, tomando ações como: pedidos de relaxamento/revogação/substituição por domiciliar das prisões preventivas de cada uma das pessoas que se enquadravam nos requisitos colocados pelo Conselho Nacional de Justiça (CNJ) como inclusa no grupo de risco ou que deveria ser beneficiada pela liberação antecipada. Esses pedidos foram feitos, na maioria das vezes, como representantes processuais das pessoas, mas também como *custos vulnerabilis*, nos casos em que se estava diante de informações e documentos que demonstravam a vulnerabilidade extrema da pessoa encarcerada e era necessário agir com urgência, em cumprimento da missão constitucional de promoção dos direitos humanos.

Entretanto, as ações que mais ganharam repercussão no Poder Judiciário – e na imprensa – foram aquelas manejadas visando atingir um número elevado de pessoas, como, por exemplo, nos Habeas Corpus impetrados para relaxamento/revogação/substituição por domiciliar das prisões preventivas de todas as pessoas enquadradas nos requisitos das comorbidades (STJ, HC 567.779/CE); ou pedido de substituição por prisão domiciliar para todas as pessoas que estavam encarceradas coercitivamente para pagamento de pensão alimentícia (STJ, HC 568.021/CE) e para todas as pessoas que estivessem

---

11. Ainda sobre vulnerabilidade no cárcere, vide: SANTIAGO, Nestor Eduardo Araruna. MAIA, Maurilio Casas. O Garantismo penal, o encarcerado vulnerável e a intervenção da Defensoria Pública na Execução Penal: *Custos vulnerabilis*? *Revista Brasileira de Ciências Criminais*, São Paulo, v. 152, p. 173-209, Fev.-2019.

12. As pessoas privadas de liberdade têm, em média, uma chance 28 vezes maior do que a população em geral de contrair tuberculose, segundo os dados publicados pelo Ministério da Saúde. Disponível em: [http://portalsaude.saude.gov.br/index.php/o-ministerio/principal/leia-mais-o-ministerio/743-secretaria-svs/vigilancia-de-a-a-z/tuberculose/l2-tuberculose/11941-viajantes-tuberculose]. Acesso em: 02.09.2018.

13. ROCHA, Jorge Bheron. Experiências de Intervenção da Defensoria Pública do Ceará como Custos Vulnerabilis Na Tutela De Direitos No Processo Penal. In: SIMÕES, Lucas Diz. MORAIS, Flávia Marcelle Torres Ferreira de. FRANCISQUINI, Diego Escobar. (Org.) *Defensoria Pública e a tutela dos coletivamente vulnerabilizados*. Belo Horizonte: Editora D'Plácido, 2019. p. 688.

presas com fiança arbitrada, mas sem pagamento destas (STJ, HC 568.693/ES; Habeas Corpus Coletivo com pedido de transferência para prisão domiciliar em favor de presos do regime semiaberto que tiveram o trabalho externo suspenso por causa da pandemia de COVID-19 (STJ, HC 575.495/MG).

Também na *esfera administrativa* foram movidos procedimentos coletivos, como, por exemplo, *Pedido de Providências* 0003065-32.2020.2.00.0000, protocolado junto ao Conselho Nacional de Justiça para que os magistrados, no caso de suspensão da realização da audiência de custódia – instituída pela Medida Cautelar na ADPF 347, Resolução/CNJ 213/2015 e mais recentemente pela Lei 13.964/2019 –, observassem as regras estabelecidas na Recomendação 62/2020 do CNJ para a análise dos autos de prisão em flagrante (APF), especialmente a manifestação prévia do Ministério Público e da defesa técnica, entrevista reservada, a realização de exame de corpo de delito e a disponibilidade do laudo dentro do APF, existência de fotos e filmagens de corpo e rosto, como forma de asseguram contraditório, ampla defesa e prevenção à tortura e mais tratos, tudo no prazo de 24 horas.

Posteriormente, o Colégio Nacional de Corregedores Gerais das Defensorias Públicas dos Estados, Distrito Federal e da União protocolou no CNJ o pedido de ampliação desta decisão para todo o território nacional, o que restou aprovado pelo Conselho por meio do Ato Normativo 0004488-27.2020.2.00.0000, que acrescentou o art. 8-A à Recomendação 62/2020 do CNJ, a fim de garantir o controle judicial da prisão em flagrante e a participação do Ministério Público e da Defensoria Pública ou do advogado privado antes de o magistrado prolatar a decisão do art. 310, CPP, entre outras determinações tendentes à prevenção à tortura e à proliferação da COVID-19 dentro dos estabelecimentos penitenciários.

3. ACESSO À JUSTIÇA COLETIVA AOS GRUPOS VULNERÁVEIS NA PANDEMIA

Antes da crise pandêmica, o sistema processual coletivo brasileiro, por meio do qual se tutela os interesses coletivos ou coletivizados, era apontado pela doutrina especializada como uma atuação de sucesso, que vem se desenvolvendo com a incorporação, aos instrumentos tradicionais, de modernas técnicas procedimentais e de efetivação de direitos, envolvendo novas formas de discussão, autocomposição, delimitação dos objetos do processo, definição de competência para julgamento, decisão e efetivação das medidas judiciais[14]. Ainda é cedo para se analisar se os instrumentos coletivos bastam ao cenário processual coletivo brasileiro, em especial quanto àqueles efetivamente disponíveis à Defensoria Pública[15], para os quais possui legitimidade[16], com destaque à

---

14. ZANETI JR., Hermes. *Processo coletivo no Brasil*: sucesso ou decepção? Civil Procedure Review, v. 10, n.2, p. 11-40, maio-ago. 2019.

15. Para outros detalhes, ver: GONÇALVES FILHO, Edilson Santana Gonçalves. A Defensoria Pública no processo coletivo: análise com foco na ação civil pública, na ação popular e na intervenção custos vulnerabilis. In: MAIA, Maurílio Casas; OLIVEIRA, Alfredo Manuel; PITTARI, Mariella. ROCHA, Jorge Bheron (Org.). *Teoria Geral da Defensoria Pública*. Belo Horizonte: D´Plácido, 2020.

16. Sobre a legitimidade da Defensoria Pública para as ações coletivas, ver: GONÇALVES FILHO, Edilson Santana. *Defensoria Pública a tutela coletiva de direitos*: teoria e prática. 2. ed. Salvador: Juspodivm, 2020.

Ação Civil Pública (Lei 7.347/1985) e à intervenção *custos vulnerabilis*[17]. Alguns dados, contudo, demonstram, inicialmente, a dimensão e importância deste tipo de atuação.

Informações da Defensoria Pública da Bahia (DPE-BA) revelam que somente o ramo da instituição naquele Estado atingiu mais de *trezentas atuações coletivas* em um intervalo de pouco mais de três meses, desde a criação de um comitê de crise, em dezoito de março de 2020[18].

No cenário federal, segundo a Assessoria de Comunicação da Defensoria Pública da União[19], durante a pandemia a instituição continuou prestando assistência jurídica, destacando-se atuações coletivas que envolvem, dentre outros temas, a produção de dados estatísticos contendo marcadores etnorraciais e de localidade sobre as vítimas da Covid-19; a necessidade de fornecimento de Equipamentos de Proteção Individual (EPIs) aos profissionais de saúde atuantes no Sistema Único de Saúde (SUS), incremento das equipes médicas e expansão dos leitos de Unidade de Tratamento Intensivo (UTI); a disponibilização de leitos e reforço da estrutura hospitalar para atendimento da população, em especial a que se compõe de etnias indígenas; o acolhimento de pessoas em situação de rua em equipamentos públicos, assim como a adoção de políticas públicas específicas para este público durante a pandemia e seu acesso ao auxílio emergencial; a liberdade, mediante a instituição de prisão domiciliar, para idosos e outros grupos de riscos privados de liberdade, assim como a dispensa de comparecimento periódico em juízo dos investigados e réus apenados, incluindo a suspensão do dever de cumprimento da prestação de serviços à comunidade em processos criminais e de execução penal; a suspensão dos despejos coletivos e remoções forçadas de indígenas e pessoas sem teto; o fornecimento de EPIs aos catadores e para que sejam tomadas medidas que garantam a subsistência dos trabalhadores e suas famílias durante a pandemia, como concessão de auxílio financeiro.

Além disso, em todo o país, foram ajuizadas ações e enviadas recomendações e ofícios a fim de que a Caixa Econômica Federal tomasse providências para reduzir as filas e aglomerações em frente as agências em razão do pagamento do auxílio emergencial, assim como para facilitar o acesso aos que dele necessitam, inclusive os migrantes, com relação aos quais as principais atuações coletivas se deram no sentido de garantir direitos previstos na Constituição Federal, como o acesso ao sistema de saúde e a benefícios assistenciais; recomendou-se, ainda, a distribuição dos alimentos adquiridos para a merenda escolar diretamente para os pais ou responsáveis pelos estudantes enquanto durar a pandemia de coronavírus.

Em síntese, os dados exemplificativos aqui apresentados expõem a Defensoria Pública como instituição vocacionada à promoção do acesso à justiça coletiva, na denominada segunda onda renovatória (mas, também, na terceira, considerando o enfoque

---

17. Sobre a intervenção custos vulnerabilis ver, da doutrina: GONÇALVES FILHO, Edilson Santana; MAIA, Maurílio Casas; ROCHA, Jorge Bheron. *Custos vulnerabilis*: a Defensoria Pública e o equilíbrio nas relações político-jurídicas dos vulneráveis. Belo Horizonte: CEI, 2020.
18. DEFENSORIA PÚBLICA DA BAHIA. Em três meses, Defensoria atinge marca de mais de 300 atuações coletivas durante a pandemia. Disponível em: [https://www.defensoria.ba.def.br/noticias/coronavirus-em-tres-meses-defensoria-atinge-marca-de-mais-de-300-atuacoes-coletivas-durante-a-pandemia/]. Acesso em: 09.07.2020.
19. O arquivo, com as informações obtidas, encontra-se nos arquivos dos autores.

ao acesso à justiça por meio de instrumentos e procedimentos modernos), com impactos positivo para as coletividades necessitadas.

4. O ACESSO À JUSTIÇA EXTRAJUDICIAL E A DEFENSORIA PÚBLICA DURANTE A PANDEMIA

A terceira onda renovatória de Mauro Cappelletti e Bryant Garth[20] finda por estabelecer a simplificação procedimental, a desburocratização e desjudicialização como instrumentos importantes ao acesso à justiça. Nesse contexto, inserem-se instrumentos como mediação, arbitragem e a simplificação procedimental dos Juizados Especiais (Lei 9.099/1995).

A Defensoria Pública, como Instituição essencial à função jurisdicional do Estado que é (CRFB/1988, art. 134 c/c 5º, LXXIV), atua na remoção dos obstáculos de acesso à justiça, inclusive na supracitada terceira onda renovatória, como a própria legislação – geral e especial –, deixará claro. Na LC 80/1994 (art. 4º, II[21]), as soluções extrajudiciais de conflitos surgem como *prioridade* na atuação defensorial, abrangendo de modo expresso não somente técnicas como mediação, conciliação e arbitragem, como também a possibilidade de utilização de outras técnicas de composição e administração de conflitos. No CPC/2015 (art. 3º, III[22]), os membros da Defensoria Pública são citados expressamente como responsáveis por estimular a solução adequada de conflitos por mediação, conciliação e outros métodos consensuais de soluções de conflitos. Na Lei 7.347/1985 (art. 5º, II e § 6º[23]), a Lei de Ação Civil Pública, as soluções extrajudiciais também estão presentes, através da possibilidade de celebração do compromisso de ajustamento de conduta (CAC).

A Defensoria Pública do Rio de Janeiro (DPE-RJ)[24], atuando como *Amicus Democratiae*[25], *ou seja,* partícipe do processo de criação e definição das normas sociais, propôs junto à ALERJ a edição de lei com finalidade de "imposto zero" em caso de doações de pesquisa contra a COVID-19. Também se buscou evitar aumentos abusivos e cortes em

---

20. Lei 7.347/1985, "Art. 5º Têm legitimidade para propor a ação principal e a ação cautelar: (...) II – a Defensoria Pública; (...) § 6º Os órgãos públicos legitimados poderão tomar dos interessados compromisso de ajustamento de sua conduta às exigências legais, mediante cominações, que terá eficácia de título executivo extrajudicial."
21. LC 80/1994, "Art. 4º São funções institucionais da Defensoria Pública, dentre outras: (...) II – promover, prioritariamente, a solução extrajudicial dos litígios, visando à composição entre as pessoas em conflito de interesses, por meio de mediação, conciliação, arbitragem e demais técnicas de composição e administração de conflitos;"
22. CPC/2015, "Art. 3º (...) § 3º A conciliação, a mediação e outros métodos de solução consensual de conflitos deverão ser estimulados por juízes, advogados, defensores públicos e membros do Ministério Público, inclusive no curso do processo judicial."
23. DEFENSORIA PÚBLICA DO AMAZONAS. Defensoria recomenda que Prefeitura de Manaus garanta distanciamento social no transporte público, 9 Abr. 2020. Disponível em: [https://www.defensoria.am.def.br/post/defensoria-re-comenda-que-prefeitura-de-manaus-garanta-distanciamento-social-no-transporte-p%C3%BAblico]. Acesso em: 10.07.2020.
24. DEFENSORIA PÚBLICA DO RIO DE JANEIRO. DP sugere e Alerj aprova imposto zero em doação à pesquisa de COVID, 30 Abr. 2020. Disponível em: [http://www.defensoria.rj.def.br/noticia/detalhes/10225-DP-sugere-e-Aler-j-aprova-imposto-zero-em-doacao-a-pesquisa-de-covid]. Acesso em: 10.07.2020.
25. Primeira referência ao termo: ROCHA, Jorge Bheron. Defensoria pública *Amicus Democratiae*: atuação em prol da afirmação do Estado Democrático de Direito e da prevalência e efetividade dos direitos humanos independentemente de configuração de vulnerabilidades. *Revista da Defensoria Pública da União, Brasília, DF*, n.11, jan./dez. 2018.

serviços essenciais, como ocorreu por meio de provocação nas edições de leis pelas Defensorias Públicas do Rio de Janeiro[26], Bahia[27] e Amazonas[28] nas respectivas Assembleias Legislativas,

No campo das soluções consensuais, pode-se citar desde a atuação individual pró-consumidor na plataforma virtual "concilie"[29] até acompanhamento para assistência jurídica durante negociação em rebelião ocorrida no sistema carcerário[30], ou até mesmo em acordos com impacto coletivo homologado judicialmente[31-32], enquanto mecanismo de solução autocompositiva. Nesse cenário, merece menção também o importante *acordo* realizado entre a Defensoria Pública da União (DPU) e o Ministério da Cidadania da União, acerca das contestações extrajudiciais relativas aos indeferimentos de requerimentos de auxílio emergencial a serem pagos durante a pandemia (Portaria 423/2020), tudo realizado através de ferramenta informatizada criada especificamente para tal finalidade.

A *Recomendação Extrajudicial*, enquanto expediente de *diálogo extrajudicial entre instituições*, foi largamente utilizado pela Defensoria Pública durante a pandemia. Houve recomendação de criação/implementação/atualização de plano de contingência frente ao coronavírus[33]; para limitação[34] de circulação e contato pessoal[35] durante a pande-

---

26. DEFENSORIA PÚBLICA DO RIO DE JANEIRO. Nudecon: conta atrasada não é motivo para corte de luz na pandemia, 8 Abr. 2020.Disponível em: [http://www.defensoria.rj.def.br/noticia/detalhes/10167-Nudecon-conta-atrasada-nao-e-motivo-para-corte-de-luz-na-pandemia]. Acesso em: 10.07.2020.

27. DEFENSORIA PÚBLICA DA BAHIA. CORONAVÍRUS – Proposta de projeto de lei que protege consumidores é apresentada à Assembleia Legislativa pela Defensoria, 24 Mar 2020. Disponível em: [https://www.defensoria.ba.def.br/noticias/coronavirus-proposta-de-projeto-de-lei-que-protege-consumidores-e-apresentada-a-assembleia-legislativa-pela-defensoria/]. Acesso em: 10.07.2020.

28. DEFENSORIA PÚBLICA DO AMAZONAS. Deputados aprovam lei sugerida pela DPE-AM que proíbe aumento de preços e corte de água e energia, 25 Mar. 2020. Disponível em: [https://www.defensoria.am.def.br/post/deputados-aprovam-lei-sugerida-pela-dpe-am-que-pro%C3%ADbe-aumento-de-pre%C3%A7os-e-corte-de-%C3%A1gua-e-energia]. Acesso em: 10.07.2020.

29. DEFENSORIA PÚBLICA DO AMAZONAS. Defensoria celebra acordo inédito com operadora TIM em plataforma totalmente virtual, de 19 Jun. 2020. Disponível em: [https://www.defensoria.am.def.br/post/defensoria-celebra-acordo-in%C3%A9dito-com-operadora-tim-em-plataforma-totalmente-virtual]. Acesso em: 10 .07.2020.

30. DEFENSORIA PÚBLICA DO AMAZONAS. Defensores acompanharam negociação na Unidade Prisional do Puraquequara, 2 Maio 2020. Disponível em: [https://www.defensoria.am.def.br/post/defensores-acompanharam-negocia%C3%A7%C3%A3o-na-unidade-prisional-do-puraquequara]. Acesso em: 10.07.2020.

31. DEFENSORIA PÚBLICA DO AMAZONAS. COVID-19: DPE-AM consegue acordo que permite afastamento de profissionais da sa%C3%BAde no grupo de risco, 24 Jun. 2020. Disponível em: [https://www.defensoria.am.def.br/post/covid-19-dpe-am-consegue-acordo-que-permite-afastamento-de-profissionais-da-sa%C3%BAde-no-grupo-de-risco]. Acesso em 10.07. 2020.

32. DEFENSORIA PÚBLICA DO AMAZONAS. Hospital Francisca Mendes recebe equipamentos adquiridos via acordo entre Defensoria e PGE, 28 Abr. 2020. Disponível em: [https://www.defensoria.am.def.br/post/hospital-francisca-mendes-recebe-equipamentos-adquiridos-via-acordo-entre-defensoria-e-pge]. Acesso em: 20.07.2020.

33. DEFENSORIA PÚBLICA DO RIO DE JANEIRO. Coronavírus: DPRJ envia recomendação aos 92 municípios do estado, 24 Mar. 2020. Disponível em: [http://www.defensoria.rj.def.br/noticia/detalhes/10107-Coronavirus-DPRJ-envia-recomendacao-aos-92-municipios-do-estado]. Acesso em: 10.07.2020.

34. DEFENSORIA PÚBLICA DO AMAZONAS. Defensoria Pública e MPE-AM recomendam que prefeitura limite circulação de pessoas em Itapiranga, 15 Mai 2020. Disponível em: [https://www.defensoria.am.def.br/post/defensoria-p%C3%BAblica-e-mpe-am-recomendam-que-prefeitura-limite-circula%C3%A7%C3%A3o-de-pessoas-em-itapiranga]. Acesso em: 10.07.2020.

35. DEFENSORIA PÚBLICA DE SÃO PAULO. Santos: Defensoria Pública pede ao município que garanta 100% da frota de ônibus em funcionamento para evitar aglomerações no transporte público, 12 Jun. 2020. Disponível em: [https://www.defensoria.sp.def.br/dpesp/Conteudos/Noticias/NoticiaMostra.aspx?idItem=89833&idPagina=3086]. Acesso em: 10.07.2020.

mia; para evitar problemas com fornecimento de água[36]; para instalação de UTI's[37]; para requisitar leitos de hospitais particulares no ápice pandêmico[38]; para viabilizar tratamento médico de policiais militares presos em unidade prisional militar[39]; para liberação de informações à população sobre a pandemia[40], em especial aos pacientes e familiares[41]; para concessão de renda mínima a grupos vulneráveis[42] e concessão de máscaras a moradores de rua[43]; para garantia de direito ao acompanhante das gestantes[44-45]; para evitar aumento abusivo de preços[46]; para evitar atividades presenciais em Universidades durante a pandemia[47].

---

36. DEFENSORIA PÚBLICA DO AMAZONAS. Defensoria recomenda que Prefeitura dê suporte a Saae e evite falta de água em Itacoatiara, 7 Maio 2020. Disponível em: [https://www.defensoria.am.def.br/post/defensoria-recomenda--que-prefeitura-d%C3%AA-suporte-a-saae-e-evite-falta-de-%C3%A1gua-em-itacoatiara]. Acesso em: 10.07.2020.
37. DEFENSORIA PÚBLICA DO AMAZONAS. DPE recomenda à Susam instalação de UTIs em Manicoré e fornecimento de materiais e equipamentos, 4 Maio 2020. Disponível em: [https://www.defensoria.am.def.br/post/dpe-recomenda-%C3%A0-susam-instala%C3%A7%C3%A3o-de-utis-em-manicor%C3%A9-e-fornecimento-de--materiais-e-equipamentos]. Acesso em: 10.07.2020.
38. DEFENSORIA PÚBLICA DO AMAZONAS. Defensoria recomenda que Estado requisite leitos disponíveis em hospitais particulares, 22 Abr. 2020. Disponível em: [https://www.defensoria.am.def.br/post/defensoria-reco-menda-que-estado-requisite-leitos-dispon%C3%ADveis-em-hospitais-particulares]. Acesso em: 10.07.2020.
39. DEFENSORIA PÚBLICA DO AMAZONAS. Covid-19: Defensoria cobra tratamento médico a policiais militares presos em Manaus, 14 Maio 2020. Disponível em: [https://www.defensoria.am.def.br/post/covid-19-defensoria--cobra-tratamento-m%C3%A9dico-a-policiais-militares-presos-em-manaus]. Acesso em: 10.07.2020.
40. DEFENSORIA PÚBLICA AMAZONAS. Governo atende recomendação da DPE e informará diariamente órgãos sobre medidas contra a Covid-19, 27 Abr. 2020. Disponível em: [https://www.defensoria.am.def.br/post/gover-no-atende-recomenda%C3%A7%C3%A3o-da-dpe-e-informar%C3%A1-diariamente-%C3%B3rg%C3%A3os-so-bre-medidas-contra-a-covid-19]. Acesso em: 10.07.2020.
41. DEFENSORIA PÚBLICA DO CEARÁ. Defensoria recomenda que hospitais da rede pública e privada fortaleçam canais de comunicação com os familiares dos pacientes internados, 22 mai. 2020. Disponível em: [http://www.defensoria.ce.def.br/noticia/defensoria-recomenda-que-hospitais-da-rede-publica-e-privada-fortalecam-canais--de-comunicacao-com-os-familiares-dos-pacientes-internados/]. Acesso em: 10.07.2020.
42. DEFENSORIA PÚBLICA DO AMAZONAS. DPE-AM e DPU recomendam que governo e prefeituras concedam renda básica a catadores de recicláveis. 3 Abr. 2020. Disponível: [https://www.defensoria.am.def.br/post/dpe-am-e-dpu--recomendam-que-governo-e-prefeituras-concedam-renda-b%C3%A1sica-a-catadores-de-recicl%C3%A1veis]. Acesso em: 10.07.2020.
43. DEFENSORIA PÚBLICA DE GOIÁS. Defensoria Pública recomenda que prefeitura de Goiânia forneça máscara para população em situação de rua. Disponível em: [http://www.defensoriapublica.go.gov.br/depego/index.php?option=com_content&view=article&id=2054:defensoria-publica-recomenda-que-prefeitura-de-goiania--forneca-epi-s-para-populacao-em-situacao-de-rua-durante-pandemia&catid=8&Itemid=180]. Acesso em: 10.07.2020.
44. DEFENSORIA PÚBLICA DO MATO GROSSO DO SUL. Defensoria Pública de MS e DPU recomendam e Hospital Universitário de Dourados mantem direito ao acompanhante a gestantes, 30 Jun. 2020. Disponível em: [http://www.defensoria.ms.gov.br/imprensa/noticias/1563-defensoria-publica-de-ms-e-dpu-recomendam-e-hospital-u-niversitario-de-dourados-mantem-direito-ao-acompanhante-a-gestantes]. Acesso em: 10.07.2020.
45. DEFENSORIA PÚBLICA DO AMAZONAS. DPE e MP recomendam que prefeitura de Itacoatiara mantenha direito a acompanhante para gestantes, 7 Abr. 2020. Disponível em: [https://www.defensoria.am.def.br/post/dpe-e-m-p-recomendam-que-prefeitura-de-itacoatiara-mantenha-direito-a-acompanhante-para-gestantes]. Acesso em 10.07.2020.
46. DEFENSORIA PÚBLICA DO AMAZONAS. DPE recomenda a comerciantes que não aumentem preços de produtos, 19 Mar. 2020. Disponível em: [https://www.defensoria.am.def.br/post/dpe-recomenda-a-comerciantes-do-esta-do-n%C3%A3o-aumentar-pre%C3%A7os-de-produtos-essenciais-sem-justificativa]. Acesso em: 10.07.2020.
47. DEFENSORIA PÚBLICA DO AMAZONAS. Defensoria recomenda suspensão de atividades presenciais em instituições de ensino superior, 23 mar. 2020. Disponível em: [https://www.defensoria.am.def.br/post/defensoria-re-comenda-suspens%C3%A3o-de-atividades-presenciais-em-institui%C3%A7%C3%B5es-de-ensino-superior]. Acesso em: 10.07.2020.

5. CONCLUSÕES

Em síntese, realizou-se breve amostragem da atuação da Defensoria Pública no Brasil em seu papel de provedoria de justiça dos necessitados, sejam estes indivíduos ou coletividades, nas mais diversas áreas do Direito – com ênfase nas soluções extrajudiciais e coletivas –, durante a Pandemia do Coronavírus.

Com isso, os potenciais benéficos de atuação da instituição defensorial restaram expostos nas mais variadas ondas renovatórias de acesso à justiça e isso mesmo nas dificuldades decorrentes do isolamento social. Ao fim e ao cabo, a atuação do Estado Defensor durante a pandemia tem como objetivo efetivar a concepção de *cidadania* substancial e a dignidade para os membros do povo, efetivos detentores do poder constitucional.

6. REFERÊNCIAS

BECK, Ulrich. Risikogesellschaft. Auf dem Weg in eine andere Moderne. Frankfurt am Main: Suhrkamp, 1986.

DEFENSORIA PÚBLICA DO AMAZONAS. COVID-19: DPE-AM consegue acordo que permite afastamento de profissionais da sa%C3%BAde no grupo de risco, 24 Jun. 2020. Disponível em: [https://www.defensoria.am.def.br/post/covid-19-dpe-am-consegue-acordo-que-permite-afastamento-de--profissionais-da-sa%C3%BAde-no-grupo-de-risco]. Acesso em: 10.07.2020.

DEFENSORIA PÚBLICA DO AMAZONAS. Defensores acompanharam negociação na Unidade Prisional do Puraquequara, 2 Maio 2020. Disponível em: [https://www.defensoria.am.def.br/post/defensores-acompanharam-negocia%C3%A7%C3%A3o-na-unidade-prisional-do-puraquequara]. Acesso em: 10.07.2020.

DEFENSORIA PÚBLICA DO AMAZONAS. Defensoria celebra acordo inédito com operadora TIM em plataforma totalmente virtual, de 19 Jun. 2020. Disponível em: [https://www.defensoria.am.def.br/post/defensoria-celebra-acordo-in%C3%A9dito-com-operadora-tim-em-plataforma-totalmente--virtual]. Acesso em: 10.07.2020.

DEFENSORIA PÚBLICA DO AMAZONAS. DPE-AM e DPU recomendam que governo e prefeituras concedam renda básica a catadores de recicláveis. 3 Abr. 2020. Disponível: [https://www.defensoria.am.def.br/post/dpe-am-e-dpu-recomendam-que-governo-e-prefeituras-concedam-renda-b%C3%A-1sica-a-catadores-de-recicl%C3%A1veis]. Acesso em: 10.07.2020.

DEFENSORIA PÚBLICA DO AMAZONAS. Defensoria Pública e MPE-AM recomendam que prefeitura limite circulação de pessoas em Itapiranga, 15 Maio 2020. Disponível em: [https://www.defensoria.am.def.br/post/defensoria-p%C3%BAblica-e-mpe-am-recomendam-que-prefeitura-limite-circula%C3%A7%C3%A3o-de-pessoas-em-itapiranga]. Acesso em: 10.07.2020.

DEFENSORIA PÚBLICA DO AMAZONAS. DPE e MP recomendam que prefeitura de Itacoatiara mantenha direito a acompanhante para gestantes, 7 Abr. 2020. Disponível em: [https://www.defensoria.am.def.br/post/dpe-e-mp-recomendam-que-prefeitura-de-itacoatiara-mantenha-direito-a-acompanhante-para-gestantes]. Acesso em: 10.07.2020.

DEFENSORIA PÚBLICA DO AMAZONAS. Defensoria recomenda que Estado requisite leitos disponíveis em hospitais particulares, 22 Abr. 2020. Disponível em: [https://www.defensoria.am.def.br/post/defensoria-recomenda-que-estado-requisite-leitos-dispon%C3%ADveis-em-hospitais-particulares]. Acesso em: 10.07.2020.

DEFENSORIA PÚBLICA DO AMAZONAS. Defensoria recomenda que Prefeitura dê suporte a Saae e evite falta de água em Itacoatiara, 7 Maio 2020. Disponível em: [https://www.defensoria.am.def.br/post/defensoria-recomenda-que-prefeitura-d%C3%AA-suporte-a-saae-e-evite-falta-de-%C3%A-1gua-em-itacoatiara]. Acesso em: 10.07.2020.

DEFENSORIA PÚBLICA DO AMAZONAS. Defensoria recomenda que Prefeitura de Manaus garanta distanciamento social no transporte público, 9 Abr. 2020. Disponível em: [https://www.defensoria.am.def.br/post/defensoria-recomenda-que-prefeitura-de-manaus-garanta-distanciamento-social--no-transporte-p%C3%BAblico]. Acesso em: 10.07.2020.

DEFENSORIA PÚBLICA DO AMAZONAS. DPE recomenda a comerciantes que não aumentem preços de produtos, 19 Mar. 2020. Disponível em: [https://www.defensoria.am.def.br/post/dpe-recomenda-a-comerciantes-do-estado-n%C3%A3o-aumentar-pre%C3%A7os-de-produtos-essenciais-sem--justificativa]. Acesso em: 10.07.2020.

DEFENSORIA PÚBLICA DO AMAZONAS. Defensoria recomenda suspensão de atividades presenciais em instituições de ensino superior, 23 mar. 2020. Disponível em: [https://www.defensoria.am.def.br/post/defensoria-recomenda-suspens%C3%A3o-de-atividades-presenciais-em-institui%C3%A7%-C3%B5es-de-ensino-superior]. Acesso em: 10.07.2020.

DEFENSORIA PÚBLICA DO AMAZONAS. Deputados aprovam lei sugerida pela DPE-AM que proíbe aumento de preços e corte de água e energia, 25 Mar. 2020. Disponível em: [https://www.defensoria.am.def.br/post/deputados-aprovam-lei-sugerida-pela-dpe-am-que-pro%C3%ADbe-aumento-de--pre%C3%A7os-e-corte-de-%C3%A1gua-e-energia]. Acesso em: 10.07.2020.

DEFENSORIA PÚBLICA DO AMAZONAS. DPE recomenda à Susam instalação de UTIs em Manicoré e fornecimento de materiais e equipamentos, 4 Maio 2020. Disponível em: [https://www.defensoria.am.def.br/post/dpe-recomenda-%C3%A0-susam-instala%C3%A7%C3%A3o-de-utis-em-manicor%-C3%A9-e-fornecimento-de-materiais-e-equipamentos]. Acesso em: 10.07.2020.

DEFENSORIA PÚBLICA DO AMAZONAS. Governo atende recomendação da DPE e informará diariamente órgãos sobre medidas contra a Covid-19, 27 Abr. 2020. Disponível em: [https://www.defensoria.am.def.br/post/governo-atende-recomenda%C3%A7%C3%A3o-da-dpe-e-informar%C3%A1-diariamente-%C3%B3rg%C3%A3os-sobre-medidas-contra-a-covid-19]. Acesso em: 10.07.2020.

DEFENSORIA PÚBLICA DO AMAZONAS. Hospital Francisca Mendes recebe equipamentos adquiridos via acordo entre Defensoria e PGE, 28 Abr. 2020. Disponível em: [https://www.defensoria.am.def.br/post/hospital-francisca-mendes-recebe-equipamentos-adquiridos-via-acordo-entre-defensoria--e-pge]. Acesso em: 20.07.2020.

DEFENSORIA PÚBLICA DA BAHIA. CORONAVÍRUS – Proposta de projeto de lei que protege consumidores é apresentada à Assembleia Legislativa pela Defensoria, 24 Mar 2020. Disponível em: [https://www.defensoria.ba.def.br/noticias/coronavirus-proposta-de-projeto-de-lei-que-protege--consumidores-e-apresentada-a-assembleia-legislativa-pela-defensoria/]. Acesso em: 10.07.2020.

DEFENSORIA PÚBLICA DA BAHIA. CORONAVÍRUS – Em três meses, Defensoria atinge marca de mais de 300 atuações coletivas durante a pandemia. Disponível em: [https://www.defensoria.ba.def.br/noticias/coronavirus-em-tres-meses-defensoria-atinge-marca-de-mais-de-300-atuacoes-coletivas--durante-a-pandemia/]. Acesso em: 09.07.2020.

DEFENSORIA PÚBLICA DO CEARÁ. Defensoria recomenda que hospitais da rede pública e privada fortaleçam canais de comunicação com os familiares dos pacientes internados, 22 mai. 2020. Disponível em: [http://www.defensoria.ce.def.br/noticia/defensoria-recomenda-que-hospitais-da-rede-publica-e-privada-fortalecam-canais-de-comunicacao-com-os-familiares-dos-pacientes-internados/]. Acesso em: 10.07.2020.

DEFENSORIA PÚBLICA DE GOIÁS. Defensoria Pública recomenda que prefeitura de Goiânia forneça máscara para população em situação de rua. Disponível em: [http://www.defensoriapublica.go.gov.

br/depego/index.php?option=com_content&view=article&id=2054:defensoria-publica-recomen-da-que-prefeitura-de-goiania-forneca-epi-s-para-populacao-em-situacao-de-rua-durante-pan-demia&catid=8&Itemid=180]. Acesso em: 10.07.2020.

DEFENSORIA PÚBLICA DO MATO GROSSO DO SUL. Defensoria Pública de MS e DPU recomendam e Hospital Universitário de Dourados mantem direito ao acompanhante a gestantes, 30 Jun. 2020. Disponível em: [http://www.defensoria.ms.gov.br/imprensa/noticias/1563-defensoria-publica-de--ms-e-dpu-recomendam-e-hospital-universitario-de-dourados-mantem-direito-ao-acompanhan-te-a-gestantes]. Acesso em: 10.07.2020.

DEFENSORIA PÚBLICA DO RIO DE JANEIRO. Coronavírus: DPRJ envia recomendação aos 92 municípios do estado, 24 Mar. 2020. Disponível em: [http://www.defensoria.rj.def.br/noticia/detalhes/10107-Coronavirus-DPRJ-envia-recomendacao-aos-92-municipios-do-estado]. Acesso em: 10.07.2020.

DEFENSORIA PÚBLICA DO RIO DE JANEIRO. DP sugere e Alerj aprova imposto zero em doação à pesquisa de COVID, 30 Abr. 2020. Disponível em: [http://www.defensoria.rj.def.br/noticia/deta-lhes/10225-DP-sugere-e-Alerj-aprova-imposto-zero-em-doacao-a-pesquisa-de-covid]. Acesso em: 10.07.2020.

DEFENSORIA PÚBLICA DO RIO DE JANEIRO. Nudecon: conta atrasada não é motivo para corte de luz na pandemia, 8 Abr. 2020. Disponível em: [http://www.defensoria.rj.def.br/noticia/detalhes/10167-Nu-decon-conta-atrasada-nao-e-motivo-para-corte-de-luz-na-pandemia]. Acesso em: 10.07.2020.

DEFENSORIA PÚBLICA DE SÃO PAULO. Santos: Defensoria Pública pede ao município que garanta 100% da frota de ônibus em funcionamento para evitar aglomerações no transporte público, 12 Jun. 2020. Disponível em:[https://www.defensoria.sp.def.br/dpesp/Conteudos/Noticias/NoticiaMostra.aspx?idItem=89833&idPagina=3086]. Acesso em: 10.07.2020.

CEPEJ. *CEPEJ declaration*: lessons learnt and challenges faced by the judiciary during and after the Covid-19 pandemic. Disponível em: https://rm.coe.int/declaration-en/16809ea1e2. Acesso em 08.07.2020.

CAPPELLETI, Mauro; GARTH, Brian. *Acesso à justiça*. Traduzido por Ellen Grace. Porto Alegre: Sérgio Fabbri, 1988.

DEPARTAMENTO PENITENCIÁRIO NACIONAL. *Levantamento Nacional de Informações Penitenci-árias*. Atualização – Junho de 2016. Brasília, 2017. Disponível em: [http://depen.gov.br/DEPEN/noticias-1/noticias/infopen-levantamento-nacional-de-informacoes-penitenciarias-2016/relato-rio_2016_22111.pdf]. Acesso em: 10.03.2018.

GONÇALVES FILHO, Edilson Santana. A Defensoria Pública no processo coletivo: análise com foco na ação civil pública, na ação popular e na intervenção custos *vulnerabilis*. In: MAIA, Maurilio Casas; OLIVEIRA, Alfredo Manuel; PITTARI, Mariella. ROCHA, Jorge Bheron (Org.). Teoria Geral da Defensoria Pública. Belo Horizonte: D´Plácido, 2020.

GONÇALVES FILHO, Edilson Santana. *Defensoria Pública a tutela coletiva de direitos*: teoria e prática. 2. ed. Salvador: Juspodivm, 2020.

GONÇALVES FILHO, Edilson Santana. ROCHA, Jorge Bheron. MAIA, Maurilio Casas. *Custos vulnerabilis*: a Defensoria Pública e o equilíbrio nas relações político-jurídicas dos vulneráveis. Belo Horizonte: CEI, 2020.

MAIA, Maurilio Casas. *Custos Vulnerabilis* constitucional: o Estado Defensor entre o REsp 1.192.577-RS e a PEC 4/14. *Revista Jurídica Consulex*, Brasília, ano XVIII, n. 417, jun. 2014, p. 55-57.

MAIA, Maurilio Casas. Novas intervenções da Defensoria Pública: *custos vulnerabilis* e o excepcional *amicus communitatis* no direito processual penal. In: SILVA, Franklyn Roger Alves (Org.). *O CPP e a perspectiva da Defensoria Pública*. Belo Horizonte: CEI, 2020.

NICOLITT, André Luiz. *Manual de Processo Penal.* 7. ed. Belo Horizonte: D'Placido, 2018.

ROCHA, Jorge Bheron. Experiências de Intervenção da Defensoria Pública do Ceará como Custos Vulnerabilis Na Tutela De Direitos No Processo Penal. In: SIMÕES, Lucas Diz. MORAIS, Flávia Marcelle Torres Ferreira de. FRANCISQUINI, Diego Escobar. (Org.) *Defensoria Pública e a tutela dos coletivamente vulnerabilizados.* Belo Horizonte: Editora D'Plácido, 2019.

ROCHA, Jorge Bheron. Defensoria pública *Amicus Democratiae*: atuação em prol da afirmação do Estado Democrático de Direito e da prevalência e efetividade dos direitos humanos independentemente de configuração de vulnerabilidades. *Revista da Defensoria Pública da União*, Brasília, DF, n.11, jan./ dez. 2018.

SANTIAGO, Nestor Eduardo Araruna. MAIA, Maurilio Casas. O Garantismo penal, o encarcerado vulnerável e a intervenção da Defensoria Pública na Execução Penal: *Custos vulnerabilis? Revista Brasileira de Ciências Criminais*, São Paulo, v. 152, p. 173-209, Fev.-2019.

SANTOS, Boaventura de Sousa. *A cruel pedagogia do vírus.* Coimbra: Almedina, 2020.

SILVA, Franklyn Roger. A. legitimação não tradicional da ação penal: A tutela de bens jurídicos por outras instituições públicas. *Revista Brasileira de Direito Processual Penal*, Porto Alegre, v. 3, n. 1, p. 367-404, jan./abr. 2017.

TARTUCE, Fernanda. *Igualdade e Vulnerabilidade no Processo Civil.* Rio de Janeiro: Forense, 2012.

ZANETI JR., Hermes. *Processo coletivo no Brasil*: sucesso ou decepção? Civil Procedure Review, v.10, n.2, p. 11-40, maio-ago. 2019.

REFLEXOS DA PANDEMIA NO INTERROGATÓRIO JUDICIAL: A OITIVA POR VIDEOCONFERÊNCIA DO RÉU PRESO DEVE SER REGRA OU EXCEÇÃO?

Camila Fernandes Bicalho

Graduanda em Direito pela Universidade Federal de Minas Gerais (UFMG). E-mail: camilafernandesbicalho@gmail.com. Currículo Lattes: [http://lattes.cnpq.br/7562452736801750].

Jamilla Monteiro Sarkis

Advogada penalista. Mestre em Direito pela UFMG. Coordenadora Adjunta do Instituto Brasileiro de Ciências Criminais em Minas Gerais. Associada ao Instituto de Ciências Penais. Membro da Comissão da Advocacia Criminal da Ordem dos Advogados do Brasil em Minas Gerais. E-mail: jamilla.sarkis@gmail.com. Currículo Lattes: [http://lattes.cnpq.br/5715311540839235].

Sumário: 1. Introdução. 2. O impulso da tecnologia no processo durante a pandemia. 3. Análise normativa do teleinterrogatório e efeitos da Portaria Conjunta 990. 4. Considerações finais: reafirmação da oitiva por videoconferência como exceção. 5. Referências.

1. INTRODUÇÃO

Desde 2009, com a alteração do Código de Processo Penal (CPP) pela Lei 11.900, a regra é que os réus presos precisam comparecer em Juízo a fim de o interrogatório – último ato da instrução processual e o mais importante para a defesa – ser realizado. Consequentemente, a unidade prisional se mobiliza para o devido deslocamento dos acusados presos à justiça. Nas dependências do fórum, antes do ato se iniciar, o detido se encontra com seu defensor e recebe as devidas orientações acerca dos pontos pertinentes do processo e de sua defesa.

Acontece que o estado emergencial ocasionado pelo advento da pandemia Covid-19 provocou mudanças repentinas no Judiciário, uma vez que, para coibir o contágio do vírus, é necessário evitar aglomerações. A partir disso, os Tribunais brasileiros passaram a adotar a modalidade virtual para a realização de audiências, dando andamento a alguns atos processuais de forma *online*.

Em razão disso, o Tribunal de Justiça de Minas Gerais (TJMG) estabeleceu como regra por meio da Portaria Conjunta n° 990, a realização das audiências por videoconferência em todo o Estado, de modo que a sessão presencial somente ocorresse em casos excepcionais.[1]

Mais que isso, uma matéria publicada no *website* da Corte mineira menciona que, no caso das pessoas privadas de liberdade, essa modalidade continuará sendo realizada mesmo após o isolamento social, considerando o avanço na prestação jurisdicional causada pela interação entre a tecnologia e o Judiciário, bem como suas vantagens práticas.[2]

Contudo, é necessário analisar o outro lado da moeda, uma vez que, como bem mencionado por Dierle Nunes e Hugo Malone Passos, "(...) para cada vantagem que uma nova tecnologia oferece, sempre há uma desvantagem correspondente e, em cada situação, a desvantagem pode exceder em importância a vantagem; ou a vantagem pode valer custo".[3]

Nesse sentido, partindo da hipótese de que, no caso dos réus presos, a medida adotada pela Corte mineira e a pretensão de sua continuidade podem prejudicar ou dificultar o exercício de direitos fundamentais, além de estar em sentido contrário à legislação penal, o presente artigo visa compreender os motivos pelos quais a oitiva por videoconferência não pode vir a ser uma praxe automática do Judiciário, analisando se esse possível cenário de atos judiciais virtuais pós-pandemia observaria, para além da celeridade, os demais princípios processuais garantidos aos cidadãos presos.

Para isso, o trabalho traça breves apontamentos acerca do avanço da tecnologia no processo durante a pandemia e, posteriormente, analisa e coteja, de forma crítica, os artigos processuais penais com normas estabelecidas pela Portaria Conjunta nº 990 a serem seguidas durante os tempos de isolamento social.

Ao final, além de reafirmar a importância do caráter excepcional da oitiva por videoconferência nos casos dos acusados presos, o artigo busca contribuir ao tema com uma solução pertinente às problemáticas desencadeadas por essa regra da Corte mineira.

2. O IMPULSO DA TECNOLOGIA NO PROCESSO DURANTE A PANDEMIA

A utilização de ferramentas tecnológicas no âmbito do Direito sempre se desenvolveu de forma gradual no Poder Judiciário brasileiro. Nesse sentido, a partir de tecnologias de informação e comunicação (TICs) e até mesmo de sistemas de inteligência artificial (IA) era possível, mesmo de forma mais lenta comparado a outros países, que o ramo processual se adaptasse, procedimentalmente, a alguns dos avanços promovidos pela virada tecnológica no Direito.

---

1. MINAS GERAIS. Poder Judiciário do Estado de Minas Gerais. Tribunal de Justiça. *Portaria Conjunta 990.* Diário do Judiciário Eletrônico/TJMG, 28 de maio de 2020. Retificado dia 03 de junho de 2020. Disponível em: [http://www8.tjmg.jus.br/institucional/at/pdf/pc09902020.pdf]. Acesso em: 29.06.2020.
2. Audiências judiciais virtuais tornam-se norma no TJMG. *Portal TJMG,* 2020. Disponível em: [https://www.tjmg.jus.br/portal-tjmg/noticias/audiencias-judiciais-virtuais-tornam-se-norma-no-tjmg-8A80BCE5724D-13460172614DB7AC4300.htm#.XvnsdShKjIU]. Acesso em: 29.06.2020.
3. NUNES, Dierle; PASSOS, Hugo Malone. Os tribunais online avançam durante a pandemia da Covid-19. *Revista Consultor Jurídico.* Disponível em: [https://www.conjur.com.br/2020-mai-11/nunes-passos-tribunais-online-pandemia#_ftn21]. Acesso em: 29.06.2020.

Esta, de acordo com Nunes e Passos, realiza desde os anos 90 um elo entre os institutos jurídicos e a tecnologia, sendo que os impactos causados acontecem de forma recíproca. A exemplo, tem-se a vigência da Lei 8.245 de 1991 (Lei do Inquilinato) segundo a qual se permitiu, em determinados casos, o uso de *telex* ou *fax* para endereçamento, abrindo caminho para outros meios de comunicação nos atos processuais.[4]

Essa tendência, aliás, foi seguida nos Juizados Especiais Cíveis e Criminais com a aprovação unânime do Conselho Nacional de Justiça (CNJ), em 2017, através do julgamento virtual de um Procedimento de Controle Administrativo (PCA), pela possibilidade do aplicativo WhatsApp ser utilizado como ferramenta de intimação nos processos que tramitam nesse âmbito.

Na decisão, o Conselho analisou principalmente a adesão consentida das partes e aos artigos 2º e 19 da Lei nº 9.099 de 1995, os quais preveem, respectivamente, os "critérios da oralidade, simplicidade, informalidade, economia processual e celeridade" como orientadores do processo dos Juizados e a intimação das partes "na forma prevista para citação, ou por qualquer outro meio idôneo de comunicação".[5]

Verificam-se, com isso, alguns benefícios trazidos ao processo por tais ferramentas inovadoras, na medida em que, por proporcionarem maior agilidade nos atos processuais, automatizando atividades repetitivas ou reduzindo custos, auxiliam na celeridade processual, a qual é assegurada constitucionalmente através do artigo 5º, inciso LXXVIII, por meios dos princípios da duração razoável do processo e da economia processual.[6]

Ocorre que, a ocasião da pandemia da Covid-19 e das posteriores mobilizações político-econômicas para o enfretamento emergencial da doença impulsionaram o uso das ferramentas tecnológicas por todo o Judiciário, inclusive, nos âmbitos pré-processuais e judicial do processo penal.

Como exemplo, pode-se citar o incentivo da Polícia Civil de Minas Gerais (PCMG) para que os cidadãos registrassem ocorrências por meio do aplicativo ou site oficial do órgão em casos não urgentes, como os crimes de furto e dano, perda de documentos e objetos, e outros.[7]

Referente à violência doméstica e familiar contra a mulher, a criança e o adolescente, o idoso e a pessoa com deficiência, o Governador do Estado publicou o Decreto 47.988

---

4. FRANÇA JÚNIOR, Francisco de Assis de; SANTOS, Bruno Cavalcante Leitão; NASCIMENTO, Felipe Costa Laurindo do. Aspectos críticos da expansão das possibilidades de recursos tecnológicos na investigação criminal: a inteligência artificial no âmbito do sistema de controle e de punição. *Revista Brasileira de Direito Processual Penal (RBDPP)*, Porto Alegre, v. 6, n. 1, p. 211-246, jan.-abr. 2020. Disponível em: [https://doi.org/10.22197/rbdpp. v6i1.334]. Acesso em: 10.06.2020.

5. BRASIL. Conselho Nacional de Justiça. *Procedimento de Controle Administrativo 0003251-94.2016.2.00.0000*. Relatora: Conselheira Daldice Santana. Brasília/ DF, 26/06/2017. Disponível em: [https://www.cnj.jus.br/pjecnj/ ConsultaPublica/DetalheProcessoConsultaPublica/listView.seam?ca=da0462055b7c29b6bc80deb052f2701e39b-484d172d84d8e]. Acesso em: 29.06.2020.

6. NUNES, Dierle; MARQUES, Ana Luiza Pinto Coelho. Inteligência artificial e direito processual: vieses algorítmicos e os riscos de atribuição de função decisória às máquinas. *Revista dos Tribunais Online*, v. 285/2018 p. 421 – 447, Nov, 2018. Disponível em: [https://pucminas.academia.edu/DierleNunes]. Acesso em: 29.06.2020.

7. Polícia Civil incentiva uso da Delegacia Virtual. *Agência Minas*, 2020. Disponível em: [http://www.agenciaminas. mg.gov.br/noticia/policia-civil-incentiva-uso-da-delegacia-virtual]. Acesso em: 15.06.2020.

de 19 de junho de 2020, o qual regulamentou a possibilidade de realizar o Registro de Evento de Defesa Social (REDS) e de solicitar medidas protetivas de urgência por meio da Delegacia Virtual.[8]

Já nos Tribunais, é possível verificar um avanço da realização de sessões de julgamentos e audiências na modalidade virtual a partir da influência do CNJ, que disponibilizou a Plataforma Emergencial de Videoconferência para Atos processuais a todos os órgão jurisdicionais do País.[9] Tem-se, ainda, também as medidas tomadas pelo Supremo Tribunal Federal (STF) e o Superior Tribunal de Justiça (STJ), envolvendo a adoção do plenário virtual.[10]

Verifica-se, assim, que como já estabelecido em outros países, o formato de Tribunais *online* avançou no Brasil com o propósito de dar prosseguimento às pendências processuais, respeitando as recomendações de distanciamento e isolamento social.[11]

Nesse viés e seguindo tanto as considerações do CNJ quanto as recomendações dos órgãos de saúde e os decretos do Estado, o TJMG, por meio de Portarias, regulamentou a prática de audiências por videoconferência em todo o judiciário mineiro.

Em específico, a Portaria Conjunta nº 990 tornou obrigatórias as audiências nessa modalidade com réu preso, enquanto fosse necessário manter as medidas contra aglomerações, devendo o Magistrado agendá-las, no mínimo, com 48 (quarenta e oito) horas de antecedência para que houvesse a preparação na unidade prisional, de forma que as audiências presenciais seriam exceção, somente ocorrendo em caso de impossibilidades técnicas ou a imprescindível presença do réu. A aplicação da modalidade nos presídios

---

8. "Art. 1º – Fica instituída, no âmbito do Estado, a solicitação de Registro de Evento de Defesa Social – REDS por meio da Delegacia Virtual de Minas Gerais, relativo a fatos delituosos referentes aos atos de violência doméstica e familiar contra a mulher; a criança e o adolescente; o idoso e a pessoa com deficiência, durante o estado de calamidade pública em decorrência da pandemia de Covid-19. Parágrafo único – Para fins de atendimento do disposto no caput, deverão ser implementadas solicitações de registros de delitos das seguintes naturezas já previstas no sistema REDS: I – ameaça; II – lesão corporal; III – vias de fato; IV – descumprimento de medida protetiva." "Art. 4º – Estará disponível para a vítima a opção de solicitação de medida protetiva, conforme opções previstas na Lei Federal nº 11.340, de 7 de agosto de 2006." MINAS GERAIS. Decreto nº 47.988, de 19 de junho de 2020. *Diário do Executivo*, 20 de junho de 2020. Ano 128 – n. 125 – 27 páginas. Disponível em: [https://www.jornalminasgerais. mg.gov.br/?dataJornal=2020-06-20]. Acesso em: 26.06.2020.
9. Plataforma Emergencial de Videoconferência para Atos Processuais. *Site CNJ*, 2020. Disponível em: [https://www. cnj.jus.br/plataforma-videoconferencia-nacional/]. Acesso em: 16.06.2020.
   Plataforma emergencial viabiliza atos processuais por videoconferência. *Agência CNJ de Notícias*, 2020. Disponível em: [https://www.cnj.jus.br/plataforma-emergencial-viabiliza-atos-processuais-por-videoconferencia/]. Acesso em: 16.06.2020.
10. Confira as regras de funcionamento do STF em razão da pandemia. *Notícias STF*, 2020. Disponível em: [http:// www.stf.jus.br/portal/cms/verNoticiaDetalhe.asp?idConteudo=440825]. Acesso em: 18.06.2020.
    STJ terá julgamentos por videoconferência durante pandemia. *Notícias STJ*, 2020. Disponível em: [http://www.stj. jus.br/sites/portalp/Paginas/Comunicacao/Noticias/STJ-tera-julgamentos-por-videoconferencia-durante-pandemia.aspx]. Acesso em: 18.06.2020.
11. Información oficial y pública de fuente abierta por países. *Centro de Estudios de Justicia de las Américas (CEJA)*, 2020. Disponível em: [https://cejamericas.org/que-hace-ceja/estudios-y-proyectos/estudios-y-proyectos/tecnologia-de-la-informacion-y-comunicaciones-tics/reporte-ceja-estado-de-la-justicia-al/que-se-hizo/]. Acesso em: 03.07.2020.
    Impact of COVID-19 on the justice field. *European e-Justice Portal*, 2020. Disponível em: [https://e-justice.europa. eu/content_impact_of_covid19_on_the_justice_field-37147-pt.do]. Acesso em: 03.07.2020.

de Minas Gerais durante o período chegou a ser considerada um sucesso pelo órgão, como noticiado.[12]

A ampliação da modalidade virtual já era arquitetada há algum tempo pelo TJMG em conjunto com a Secretaria de Estado de Justiça e Segurança Pública (Sejusp). De acordo com reportagem divulgada no site do Tribunal mineiro no final do mês de maio de 2020, algumas unidades prisionais mineiras já dispunham dos equipamentos para a realização da videoconferência, motivo pelo qual a ocorrência da pandemia teria tão somente impulsionado a aquisição da tecnologia para outras unidades e centros socio-educativos, a fim de possibilitar a realização desse procedimento.[13]

Ainda nos termos da matéria, o uso das tecnologias de videoconferência é irrever-sível, já que essa modalidade continuará sendo empregada após os tempos pandêmicos. Como argumento, diz-se que os benefícios da prática estão relacionados às dificuldades existentes no deslocamento do acusado, ligadas aos altos custos operacionais e à falta de recursos, bem como à celeridade processual.[14]

De fato, a oitiva por videoconferência aparenta solucionar tais problemáticas, ser-vindo como resposta rápida ao problema estatal e promovendo a união da realização de um ato processual – a do interrogatório – com uma modalidade prática e econômica, isto é, a possibilidade virtual.

Contudo, cabe ressaltar que a Portaria Conjunta 990 é reflexo de tomadas de decisões imediatas voltadas à imprescindível prevenção de contágio da Covid-19, não sendo resultado da criação dos legisladores que possuem competência para emanar normas processuais penais.

A partir disso, ainda que posteriormente, em um contexto pós-pandemia, mais estabelecimentos prisionais possuam os equipamentos para a realização de oitivas por videoconferência, o teleinterrogatório somente poderia ser realizado nos casos previstos pela Lei.[15]

---

12. De acordo com a matéria, "As audiências judiciais virtuais, que surgiram como alternativa nesses tempos de disseminação da covid-19, às centenas de audiências presenciais que eram realizadas diariamente nos fóruns de todo o Estado, passam a ser norma no Judiciário mineiro. As videoconferências foram experiências tão bem-su-cedidas que o Tribunal de Justiça de Minas Gerais (TJMG) as tornou obrigatórias enquanto durar a necessidade de isolamento social."

13. Na reportagem, é mencionado que "Apesar de ter se intensificado nos últimos dois meses, esse trabalho já vinha sendo pensado e desenvolvido há algum tempo, em conjunto com a Secretaria de Estado de Justiça e Segurança Pública (Sejusp). De acordo com o juiz auxiliar da Presidência do TJMG, juiz Luiz Carlos Rezende e Santos, faz cerca de um ano que os magistrados, operadores do Direito e a Sejusp avaliam a implantação das audiências virtuais sob os aspectos logístico, financeiro, humano e da segurança. 'A pandemia chegou e nos obrigou a fazer as transformações, e que bom que elas já estavam sendo pensadas', observa. O magistrado destaca que uma das grandes vantagens da prática é não mais haver a necessidade de transporte da pessoa privada de liberdade até o fórum da comarca, para ser ouvida pelo juiz. 'Em virtude das distâncias e das dificuldades de mobilidade urbana, os riscos desses deslocamentos sempre nos incomodaram muito', ressalta. (...) De acordo com o subsecretário de gestão logística e tecnologia da Sejusp, coronel Wilson Gomes, a prática das videoconferências já fazia parte da rotina de algumas unidades prisionais de Minas, mas, em virtude da pandemia, ganhou reforço e ampliação com a compra de novos equipamentos."

14. Segundo o texto noticiado, "Luiz Carlos Rezende [Magistrado] acredita que o emprego da tecnologia das video-conferências é um caminho sem volta, pois as audiências virtuais vão continuar sendo realizadas mesmo depois do isolamento social. 'Esse período pandêmico é um tempo que não será desperdiçado, estamos avançando muito para a melhoria da prestação jurisdicional', enfatiza o magistrado."

15. Conforme o Art. 22 da Constituição, "Compete privativamente à União legislar sobre: I – direito civil, comercial, penal, processual, eleitoral, agrário, marítimo, aeronáutico, espacial e do trabalho."

Nesse caso, para além dos benefícios econômicos e das facilidades estruturais, é necessário considerar as determinações normativas, respaldadas por outros princípios constitucionais, a respeito desse ato processual e, sobretudo, de sua modalidade virtual, partindo do pressuposto que a Corte em questão não possui competência para legislar a respeito do tema.

3. ANÁLISE NORMATIVA DO TELEINTERROGATÓRIO E EFEITOS DA PORTARIA CONJUNTA 990

Concretamente, o CPP em seu artigo 185, § 2º, já prevê, desde 2009, a realização excepcional de audiência por videoconferência "ou qualquer outro recurso tecnológico de transmissão de sons e imagens em tempo real" para interrogatório do acusado preso. Nesse sentido, o legislador, buscando harmonizar os princípios constitucionais e o avanço tecnológico no processo penal brasileiro, atentou-se ao devido processo legal, ao contraditório e a ampla defesa, garantias fundamentais reconhecidas formalmente pelo artigo 5º da Constituição através dos incisos LIV e LV, respectivamente.[16]

Conforme elenca a norma, a sessão virtual somente poderia ocorrer para (i) precaver risco à segurança pública, caso exista fundada suspeita de que o acusado pertença a organização criminosa ou que haja a possibilidade de sua fuga durante o deslocamento; (ii) possibilitar que o réu participe quando, por enfermidade ou outra questão pessoal, houver relevante dificuldade de seu comparecimento presencial em juízo; (iii) impedir que haja a influência do acusado no ânimo da vítima ou da testemunha, se o depoimento destas for impossível de ser colhido por videoconferência; ou quando (iv) o réu responder à gravíssima questão de ordem pública.

Nessa perspectiva, destaca Gustavo Henrique Moreira do Valle que o princípio da ampla defesa não parece impedir que, excepcionalmente, haja a virtualidade, desde que devidamente justificada e, principalmente, garantida a segurança de bens jurídicos mais relevantes que a presença do acusado.[17] De fato, através de uma análise ponderativa, é necessário reconhecer que as situações elencadas pela norma tornam viável a utilização da virtualidade para o interrogatório.

É claro que, como menciona Aury Lopes Jr., as formulações vagas utilizadas pelo legislador como justificativas do teleinterrogatório "criam indevidos espaços para o decisionismo e a abusiva discricionariedade judicial". Efetivamente, os termos "risco à segurança pública", "fundada suspeita", "relevante dificuldade" e "gravíssima questão de ordem pública" constituem fórmulas vagas, já que não possuem qualquer referencial semântico e, portanto, possibilitam o risco de abuso dessa exceção normativa por parte do Magistrado.[18]

---

16. Art. 5º, "LIV – ninguém será privado da liberdade ou de seus bens sem o devido processo legal;" "LV – aos litigantes, em processo judicial ou administrativo, e aos acusados em geral são assegurados o contraditório e ampla defesa, com os meios e recursos a ela inerentes."

17. VALLE, Gustavo Henrique Moreira do. Interrogatório por videoconferência. *Revista Síntese de direito penal e processual penal*, Porto Alegre, v. 11, n. 63, p. 87-94, ago./set.. 2010. Disponível em: [http://200.205.38.50/biblioteca/index.asp?codigo_sophia=79890]. Acesso em: 1º.07.2020.

18. LOPES JUNIOR, Aury. *Direito Processual Penal*. 17. ed. São Paulo: Saraiva Educação, 2020. p. 722.

De toda forma, segundo Rômulo de Andrade Moreira, a excepcionalidade da videoconferência é relevante, considerando que não seria o interrogatório o melhor ato processual para ser realizado plenamente por meios tecnológicos.[19]

A importância da oitiva do réu dá-se pois, ao mesmo tempo, é meio de prova e de defesa. Nesse sentido, como afirmado por Luigi Ferrajoli, o interrogatório, enquanto ato processual do sistema acusatório típico de um Estado Democrático de Direito, é o momento mais importante para a defesa, uma vez que permite ao réu, pessoalmente, defender-se das acusações imputadas a ele.[20] Representa, ainda, como lembrado por Moreira, o exercício da defesa técnica, a qual completa a autodefesa (ou defesa pessoal) realizada pelo acusado, ambos aspectos da ampla defesa.

Devido a pandemia, porém, a realização das teleaudiências passou a ser a regra do Judiciário mineiro no caso dos réus presos, justificando-se principalmente pelo risco à saúde devido às formas de transmissão do vírus da Covid-19. Por conta dessa situação, os acusados são inquiridos na modalidade virtual dentro do estabelecimento carcerário, garantida somente a presença virtual do defensor durante a sessão, sem a possibilidade de oposição à realização do ato na forma eletrônica.

Nesse viés, se de um lado, devido ao conflito de princípios e bens jurídicos, se prioriza a saúde, integridade física e a vida tanto dos detidos, quanto daqueles que também se mobilizam para a realização de um interrogatório, de outro a consequência é a atuação prejudicada da defesa.

Afinal, essenciais para administração da justiça, os profissionais que exercem a atividade da advocacia gozam de conhecimentos jurídicos e, por conta disso, possuem capacidade para verificar a situação mais favorável para seu assistido ou cliente, a partir de um juízo de ponderação.[21] Nessa perspectiva, fere o direito de defesa o fato de a Portaria da Corte mineira não prever que o defensor do réu possa se manifestar contra o ato processual na modalidade virtual, optando por realizar a audiência posteriormente de forma presencial, ao identificar os danos que a virtualidade acarreta no interrogatório.

Com efeito, na realidade brasileira, com as sessões presenciais, o Defensor Público ou o advogado conseguem prestar auxílio ao assistido ou cliente minutos antes da

---

19. Sobre isso, frisa Moreira: "Apesar da previsão legal (o que parece satisfará os Ministros do STF), ainda entendemos, realmente, não ser o interrogatório o ato processual mais adequado para se utilizar os meios tecnológicos postos à nossa disposição e tão necessários à agilização da Justiça criminal. A tecnologia e os avanços da pós-modernidade, evidentemente, trouxeram indiscutíveis benefícios ao nosso cotidiano e devemos utilizá-los de molde a proporcionar a tão almejada eficiência da Justiça, mas com certa dose de critério e atentos ao princípio do devido processo legal.". MOREIRA, Rômulo de Andrade. A nova lei do interrogatório por videoconferência. *Revista Magister de Direito Penal e Processual Penal*, Porto Alegre, v. 5, n. 27, p. 94-106, dez./jan.. 2009. Disponível em: [http://200.205.38.50/biblioteca/index.asp?codigo_sophia=71862]. Acesso em: 18.06.2020.

20. De acordo com Ferrajoli, "(...) En el interrogatorio del imputado es donde se manifiestan y se miden las diferencias más profundas entre método inquisitivo y método acusatorio. En el proceso inquisitivo premoderno el interrogatorio del imputado representaba «el comienzo de la guerra forense», es decir, el primer ataque del fiscal contra el reo para obtener de él, por cualquier medio, la confesión. (...) Por el contrario, en el modelo garantista del proceso acusatorio, informado por la presunción de inocencia, el interrogatorio es el principal medio de defensa y tiene la única función de dar materialmente vida al juicio contradictorio y permitir al imputado refutar la acusación o aducir argumentos para justificarse." FERRAJOLI, Luigi. *Derecho y Razón*. 3. ed. Madrid: Trotta, 1998, p. 606-607.

21. Segundo o Art. 2º da Lei 8.906, de 4 de julho de 1994 (Estatuto da Advocacia e a Ordem dos Advogados do Brasil), "O advogado é indispensável à administração da justiça."

realização da audiência, por meio de uma entrevista reservada.[22] No caso dos réus que dependem dos serviços da Defensoria Pública ou de um advogado dativo, o momento anterior à realização da audiência é essencial para conhecer quem estará atuando em sua defesa durante a sessão, uma vez que é o primeiro contato entre ambos, bem como para entender e ser esclarecido sobre o processo que responde, retirar possíveis dúvidas e ser devidamente orientado sobre a melhor forma de exercer a sua defesa pessoal.

Pelos mesmos motivos, para aqueles representados por advogado particular, principalmente os que estão em comarcas distintas daquela onde responde ao processo, o encontro presencial é igualmente imprescindível, tendo em vista que o deslocamento do profissional até a outra comarca representa um gasto financeiro a mais que, para muitos, é inexequível.

Ademais, como reafirmado por Valle, a presença física, essencialmente, contribui para a humanização do processo, haja vista que o contato frente a frente das partes e do Magistrado permite a identificação de que o processo envolve vidas e destinos, os quais, de acordo com o princípio da dignidade da pessoa humana, merecem incondicional consideração somente pelo fato de possuírem humanidade. Nesse viés, na única oportunidade em que o réu preso terá para dirigir-se pessoalmente ao julgador e apresentar sua versão aos fatos, as suas expressões corporais, relacionadas aos seus trejeitos, são mais bem percebidas por este.

Além disso, o procedimento virtual, sem a presença física do defensor, dificulta a participação efetiva do réu, uma vez que ele se localiza no ambiente carcerário, que, segundo Sérgio Marcos de Moraes Pitombo, por si só é opressor, e pode desencadear a dificuldade em prestar declarações que envolvam outros que estejam na mesma unidade carcerária ou, até mesmo, denunciar atos abusivos dos agentes carcerários.[23]

Isto, inclusive, suscitou a manifestação de cerca de 150 entidades, como o Instituto Brasileiro de Ciências Criminais (IBCCRIM) e a Associação Nacional das Defensoras e Defensores Públicos (ANADEP), contra a realização de audiências de custódia por meio de videoconferência durante a pandemia, a qual seria votada pelo Plenário Virtual do CNJ no final de junho de 2020.

A audiência de custódia realizada virtualmente, segundo as entidades, além de impossibilitar ao magistrado reconhecer de forma adequada indícios da prática de tor-

---

22. Conforme elenca o Art. 185, § 5º, do CPP, "Em qualquer modalidade de interrogatório, o juiz garantirá ao réu o direito de entrevista prévia e reservada com o seu defensor; se realizado por videoconferência, fica também garantido o acesso a canais telefônicos reservados para comunicação entre o defensor que esteja no presídio e o advogado presente na sala de audiência do Fórum, e entre este e o preso."

23. Para Pitombo, "O interrogatório que, para o acusado, se faz em estabelecimento prisional, não acontece com total liberdade. Ele jamais terá suficiente serenidade e segurança, ao se ver interrogar na carceragem – ou outro lugar, na Cadeia Pública. Estará muito próximo ao carcereiro, ao 'chefe de raio', ao 'xerife de cela', ao co-imputado preso, que, contingentemente, deseje delatar. O interrogado poderá, também, ser um 'amarelo'; ou se ter desentendido com alguma quadrilha interna e, assim, perdido a paz, no cárcere. Em tal passo, o primeiro instante do exercício do direito de defesa, no processo, ou autodefesa torna-se reduzida. O inculpado não será, pois, ouvido, de forma plena." PITOMBO, Sérgio Marcos de Moraes. Interrogatório à distância. *Boletim IBCCRIM*, São Paulo, v. 8, n. 93, p. 1-2, ago. 2000. Disponível em: [http://200.205.38.50/biblioteca/index.asp?codigo_sophia=27677]. Acesso em: 1º.07.2020.

tura, não garante que o ambiente em que o réu preso é ouvido está livre de interferências externas, ocasionando ao não cumprimento da função essencial desse ato processual.[24]

O ambiente virtual é, de acordo com Valle, capaz de mascarar o elemento humano por detrás do procedimento processual, por sua frieza, diante do distanciamento criado entre o julgador e o julgado, além da ampla defesa não ser exercida de forma plena nessa modalidade.

Sendo assim, pode representar verdadeiro prejuízo à defesa do réu preso o fato de o defensor estar impossibilitado de contestar a realização da oitiva virtual. Da forma como regulamentado pela Portaria Conjunta 990 do TJMG, o profissional, mesmo identificando eventuais adversidades, tem que comparecer ao interrogatório *online*, sendo garantido a ele somente uma comunicação com o acusado antes do início da sessão, fadada à problemas técnicos de transmissão, à eventuais violações do sigilo profissional e à incerteza de que o réu foi e está devidamente orientado acerca de seu processo e da melhor forma de expor ou não suas alegações.

No mais, a pretensão para a continuidade desse procedimento virtual como regra cotidiana, novamente permite discorrer sobre essas pautas. Desta forma, cabe mencionar também as dificuldades existentes no exercício da defesa em um cenário posterior à pandemia, em que a excepcionalidade da lei pode tornar-se-á regra do Judiciário, sob o risco de ultrapassar as hipóteses taxativamente elencadas pela norma.

Vale, nesse ponto, ressaltar que conforme o artigo 185, parágrafo 5º do CPP, caso seja necessária a audiência por videoconferência, permanece garantido ao réu dois defensores, sendo que um ficará ao seu lado durante a audiência e outro, advogado, estará representando a defesa perante o Juízo, de modo que ainda poderá ocorrer a entrevista prévia e reservada entre o defensor e ele, tal qual a comunicação telefônica entre este e o advogado.

Ora, mesmo que se argumente sobre a diminuição dos gastos para com o deslocamento dos presos até os Fóruns, há custos estatais que inviabilizam o encaminhamento de advogados ou Defensores Públicos para as penitenciárias e, no caso destes, a demanda se tornaria maior do que a quantidade de profissionais existente no Brasil.

Isso porque uma pesquisa divulgada em 2013 pelo Instituto de Pesquisa Econômica Aplicada (Ipea), juntamente com a ANADEP, comprovou que há mais magistrados e membros do Ministério Público do que Defensores no país. Conforme apontado pelo estudo, na maioria das comarcas brasileiras "(...) a população conta apenas com o estado-juiz,

---

24. No ofício enviado ao Conselho, as entidades ainda declaram que "(...) De toda forma, a redação sancionada do artigo 310 do Código de Processo Penal aponta a necessidade de que a pessoa presa seja levada à *presença* da autoridade judiciária. Não há espaço para a realização do ato sem a presença direta e real do custodiado, o que é reforçado pela previsão expressa de que a pessoa detida seja levada 'à presença de um juiz', consoante o art. 7º, item 5, da Convenção Americana de Direitos Humanos. A Recomendação nº 62/2020 deste Eg. CNJ, ao prever a possibilidade de suspensão excepcional das audiências de custódia no período da pandemia, já traduz o entendimento desse próprio Conselho no sentido da inviabilidade (ou imprestabilidade) da sua realização por videoconferência." IBCCRIM assina ofício enviado ao CNJ contra audiências de custódia por videoconferência. *Notícias IBCCRIM*, 2020. Disponível em: [https://www.ibccrim.org.br/noticias/exibir/576]. Acesso em: 01.07.2020.

   NOTA PÚBLICA: ANADEP manifesta-se sobre audiências de custódia e plenários do júri por sistema de videoconferência durante a pandemia da COVID-19. *Notas Públicas ANADEP*, 2020. Disponível em: [https://www.anadep.org.br/wtk/pagina/materia?id=44790]. Acesso em: 1º.07.2020.

o estado-acusação/fiscal da lei, mas não conta com o estado-defensor, que promove a defesa dos interesses jurídicos da grande maioria da população, que não pode contratar um advogado particular."[25]

E tal discrepância permanece no Brasil, segundo uma matéria divulgada em 2019 pelo *website* Agência Brasil, no sentido de que são pouco mais que 6 mil Defensores Públicos estaduais para atender toda a demanda existente no País, a qual aumentou nos últimos anos devido ao crescimento do desemprego entre a população, enquanto há cerca de 11 mil juízes e 10 mil promotores no país.[26]

Ainda sobre a necessidade de um defensor na unidade prisional para a realização do interrogatório, vale lembrar que o STJ apresentou, antes da pandemia, divergentes entendimentos acerca do tema. Em um julgado de 2015, a Corte reconheceu que a ausência de defensor no presídio ofende a norma, sob pena de nulidade absoluta.[27]

Contudo, em 2019, passou a entender que, embora não havendo a presença física de um defensor no estabelecimento prisional, o fato de o réu preso ter sido assistido por tal profissional durante a sessão – bem como ter sido garantida comunicação entre eles –, por si só, não possibilita a nulidade da audiência. Disso, não havendo a defesa ter demonstrado que houve danos reais sofridos, a sessão continuaria válida no processo, ainda que no momento da oitiva o acusado não estava na presença do profissional.[28]

Ocorre que, ausente a garantia da presença física de um profissional habilitado durante a audiência por videoconferência, não há como assegurar o exercício pleno da autodefesa dos réus e, consequentemente, não haverá uma paridade de armas das partes

---

25. Mapa da Defensoria Pública no Brasil. *Ipea*, 2013. Disponível em: [https://www.ipea.gov.br/sites/mapadefensoria/sistema-de-justica]. Acesso em: 1º.07.2020.

26. Desemprego faz aumentar busca por defensores públicos, diz associação. *Agência Brasil*, 2019. Disponível em: [https://agenciabrasil.ebc.com.br/geral/noticia/2019-11/desemprego-faz-aumentar-busca-por-defensores-publicos-diz-associacao]. Acesso em: 02.07.2020.

27. Penal e processo penal. Recurso especial. Roubo. Audiência por videoconferência. Hipótese não prevista no § 2º do art. 185 do CPP. Impossibilidade. Ausência de defensor no presídio. ofensa ao § 5º do art. 185 do CPP. Nulidade. Ocorrência. 1. A deficiência de transporte e escolta para que o réu seja deslocado do presídio para o fórum não constitui justificativa plausível para designação de audiência por meio de videoconferência. A hipótese deve estar prevista em um dos incisos do art. 185, § 2º, do Código de Processo Penal, o que não ocorreu no presente caso. 2. *Necessária a presença de advogado no presídio e na sala de audiência durante a realização de interrogatório por meio de videoconferência, sob pena de nulidade absoluta.* 3. Recurso especial provido. (STJ – REsp: 1438571 SP 2014/0042634-9, Relator: Ministro SEBASTIÃO REIS JÚNIOR, Data de Julgamento: 28/04/2015, T6 – Sexta Turma, Data de Publicação: DJe 13.05.2015) (marco nosso).

28. Penal e processo penal. Habeas corpus substitutivo de recurso próprio. Inadequação. Tráfico de drogas. Prisão em flagrante pela guarda municipal. Legalidade. Nulidade. Audiência por videoconferência. Ausência dos requisitos do art. 185, § 2º, do CPP. Tema não debatido na origem. Supressão de instância. Falta de defensor no presídio. Prejuízo não demonstrado pela defesa. Causa de diminuição de pena do art. 33, § 4º, da Lei 11.343/2006. Réu reincidente. Regime prisional. Modo fechado. Adequado. Substituição da pena privativa de liberdade por restritiva de direito. Falta do preenchimento do requisito objetivo. Ausência de manifesta ilegalidade. Writ não conhecido. (...) 4. A vigência no campo das nulidades do princípio pas de nullité sans grief impõe a manutenção do ato impugnado que, embora praticado em desacordo com a formalidade legal, atinge a sua finalidade, restando à parte demonstrar a ocorrência de efetivo prejuízo, o que não ocorreu no caso. 5. *Hipótese em que não há como acolher a suposta nulidade da audiência por videoconferência pela ausência de defensor no estabelecimento prisional, pois, conforme asseverado pelas instâncias ordinárias, além de a parte não ter demonstrado qualquer dano real sofrido, o paciente foi devidamente assistido por um defensor durante a realização do referido ato, tendo-lhe sido garantida a comunicação reservada entre eles, por meio de videofone.* (...) 9. Habeas corpus não conhecido. (STJ – HC: 518097 SP 2019/0185288-9, Relator: Ministro RIBEIRO DANTAS, Data de Julgamento: 01.10.2019, T5 – Quinta Turma, Data de Publicação: DJe 07.10.2019). (marco nosso).

do processo, tendo que vista que a defesa estaria limitada, não sendo exercida da forma mais ampla possível.

Mais que isso, deve-se levar em conta que o entendimento jurisprudencial recente da Corte caminha em sentido contrário ao texto normativo, uma vez que este garante a presença de dois defensores para que haja a videoconferência.

Novamente cabe citar Valle, o qual afirma que seria a presença física desse profissional habilitado que garante a concreta participação e, inclusive, o direito ao silêncio do réu preso, "impedindo eventuais interferências indevidas em seu estado de ânimo e de vontade", razão pela qual o legislador determinou que houvessem dois defensores para acusado nesse momento processual.

Em suma, a presença física em um interrogatório de audiência de instrução e julgamento é o que garante a efetiva defesa do réu preso, sendo essencial para uma justiça penal humana, longe de ser um mero procedimento formal a ser cumprido e contabilizado pelo Estado.

4. CONSIDERAÇÕES FINAIS: REAFIRMAÇÃO DA OITIVA POR VIDEOCONFERÊNCIA COMO EXCEÇÃO

O presente artigo buscou demonstrar como, em tempos pandêmicos de Covid-19, a realização por videoconferência da oitiva judicial do réu preso pode estar fadada ao exercício de uma defesa prejudicada, sobretudo, após o TJMG, por meio da Portaria Conjunta 990, estabelecer tal modalidade virtual como regra no Judiciário, sem a possibilidade de oposição do defensor.

Além disso, o trabalho também procurou expor que o estado de calamidade pública causada pela doença não pode ser precedente para a realização do ato processual contra as determinações do texto normativo após a pandemia e o isolamento social e, principalmente, servir de pretexto para o sacrifício de direitos fundamentais.

O impulso do uso das ferramentas tecnológicas no processo penal, mesmo auxiliando no combate à morosidade judicial e facilitando a realização de certos procedimentos durante a Covid-19, deve observar outros princípios e garantias constitucionais subjetivos e processuais, como o devido processo legal e a ampla defesa. Assim, não se trata de negar o avanço tecnológico ao processo penal brasileiro, mas de admitir que os mencionados direitos não podem ser limitados por princípios meramente econômicos.

Reconhecendo o prejuízo ao cidadão privado de liberdade a partir das determinações da Corte mineira durante a pandemia, uma saída para esse impasse seria o Tribunal possibilitar ao defensor – seja o Defensor Público, seja o advogado –, de se manifestar contra o interrogatório virtual, optando pelo procedimento presencial a ser realizado posteriormente respeitando todas as medidas profiláticas, uma vez que esse profissional é devidamente capaz de perceber qual seria a melhor forma para o exercício da defesa técnica e da autodefesa no caso do seu assistido ou cliente a partir de uma ponderação de interesses.

Por fim, é importante frisar que o legislador brasileiro definiu a realização do interrogatório por videoconferência como excepcional, exatamente porque tal ato, enquanto última fase de instrução do processo penal, é o mais importante para a defesa do réu. Nele, existe não só a possibilidade de o acusado contrariar as informações trazidas aos autos, mas também de apresentar sua versão do acontecido ao magistrado e à acusação sem quaisquer interferências externas que comprometam sua oitiva, contando com a presença física do profissional que o representa no processo.

Esses motivos, portanto, reafirmam que a excepcionalidade definida pelo texto normativo deve continuar sendo seguida pelo Judiciário, durante e após a pandemia Covid-19, de modo que o cenário de adversidades não passe a justificar o cerceamento dos direitos fundamentais de cidadãos presos.

5. REFERÊNCIAS

AUDIÊNCIAS judiciais virtuais tornam-se norma no TJMG. *Portal TJMG*, 2020. Disponível em: [https://www.tjmg.jus.br/portal-tjmg/noticias/audiencias-judiciais-virtuais-tornam-se-norma-no-tjmg--8A80BCE5724D13460172614DB7AC4300.htm#.XvnsdShKjIU]. Acesso em: 29.06.2020.

BRASIL. Conselho Nacional de Justiça. *Procedimento de Controle Administrativo n. 0003251-94.2016.2.00.0000*. Relatora: Conselheira Daldice Santana. Brasília/ DF, 26/06/2017. Disponível em: [https://www.cnj.jus.br/pjecnj/ConsultaPublica/DetalheProcessoConsultaPublica/listView.seam?ca=da0462055b7c29b6bc80deb052f2701e39b484d172d84d8e]. Acesso em: 29.06.2020.

BRASIL. Constituição da República Federativa do Brasil de 1988. Disponível em: [http://www.planalto.gov.br/ccivil_03/constituicao/constituicao.htm]. Acesso em: 29.06.2020.

BRASIL. Decreto-Lei 3.689, de 3 de outubro de 1941. Código de Processo Penal. Disponível em: [http://www.planalto.gov.br/ccivil_03/decreto-lei/del3689compilado.html]. Acesso em: 03.07.2020.

BRASIL. Lei 8.906, de 4 de julho de 1994. Estatuto da Advocacia e a Ordem dos Advogados do Brasil (OAB). Disponível em: [http://www.planalto.gov.br/ccivil_03/leis/l8906.htm]. Acesso em: 1º.07.2020.

BRASIL. Lei 11.900, de 08 de janeiro de 2009. Disponível em: [http://www.planalto.gov.br/ccivil_03/_Ato2007-2010/2009/Lei/L11900.htm#art1]. Acesso em: 03.07.2020.

BRASIL. Superior Tribunal de Justiça. Recurso Especial: REsp: 1438571 SP 2014/0042634-9. Relator: Ministro Sebastião Reis Júnior. Dje: 13/05/2015. JusBrasil, 2015. Disponível em: [https://stj.jusbrasil.com.br/jurisprudencia/188571656/recurso-especial-resp-1438571-sp-2014-0042634-9]. Acesso em: 03.07.2020.

BRASIL. Superior Tribunal de Justiça. Habeas Corpus: 518097 SP 2019/0185288-9. Relator: Ministro Ribeiro Dantas. Dje: 07/10/2019. JusBrasil, 2019. Disponível em: [https://stj.jusbrasil.com.br/jurisprudencia/859808988/habeas-corpus-hc-518097-sp-2019-0185288-9?ref=serp]. Acesso em: 03.07.2020.

CONFIRA as regras de funcionamento do STF em razão da pandemia. *Notícias STF*, 2020. Disponível em: [http://www.stf.jus.br/portal/cms/verNoticiaDetalhe.asp?idConteudo=440825]. Acesso em: 18.06.2020.

DESEMPREGO faz aumentar busca por defensores públicos, diz associação. *Agência Brasil*, 2019. Disponível em: [https://agenciabrasil.ebc.com.br/geral/noticia/2019-11/desemprego-faz-aumentar-busca-por-defensores-publicos-diz-associacao]. Acesso em: 02.07.2020.

FERRAJOLI, Luigi. *Derecho y Razón*. 3. ed. Madrid: Trotta, 1998.

FRANÇA JÚNIOR, Francisco de Assis de; SANTOS, Bruno Cavalcante Leitão; NASCIMENTO, Felipe Costa Laurindo do. Aspectos críticos da expansão das possibilidades de recursos tecnológicos na investigação criminal: a inteligência artificial no âmbito do sistema de controle e de punição. *Revista Brasileira de Direito Processual Penal (RBDPP)*, Porto Alegre, v. 6, n. 1, p. 211-246, jan.-abr. 2020. Disponível em: [https://doi.org/10.22197/rbdpp.v6i1.334]. Acesso em: 10.06.2020.

IBCCRIM assina ofício enviado ao CNJ contra audiências de custódia por videoconferência. *Notícias IBCCRIM*, 2020. Disponível em: [https://www.ibccrim.org.br/noticias/exibir/576]. Acesso em: 1º.07.2020.

IMPACT of COVID-19 on the justice field. *European e-Justice Portal*, 2020. Disponível em: [https://e--justice.europa.eu/content_impact_of_covid19_on_the_justice_field-37147-pt.do]. Acesso em: 03.07.2020.

INFORMACIÓN oficial y pública de fuente abierta por países. *Centro de Estudios de Justicia de las Américas (CEJA)*, 2020. Disponível em: [https://cejamericas.org/que-hace-ceja/estudios-y-proyectos/estudios-y-proyectos/tecnologia-de-la-informacion-y-comunicaciones-tics/reporte-ceja-estado--de-la-justicia-al/que-se-hizo/]. Acesso em: 03.07.2020.

LOPES JR, Aury. *Direito Processual Penal*. 17. ed. São Paulo: Saraiva Educação, 2020.

MAPA da Defensoria Pública no Brasil. *Ipea*, 2013. Disponível em: [https://www.ipea.gov.br/sites/mapa-defensoria/sistema-de-justica]. Acesso em: 1º.07.2020.

MINAS GERAIS. Decreto 47.988, de 19 de junho de 2020. Diário do Executivo, 20 de junho de 2020. Ano 128 – n. 125 – 27 páginas. Disponível em: [https://www.jornalminasgerais.mg.gov.br/?data-Jornal=2020-06-20]. Acesso em: 26.06.2020.

MINAS GERAIS. Poder Judiciário do Estado de Minas Gerais. Tribunal de Justiça. *Portaria Conjunta 990*. Diário do Judiciário Eletrônico/TJMG, 28 de maio de 2020. Retificado dia 03 de junho de 2020. Disponível em: [http://www8.tjmg.jus.br/institucional/at/pdf/pc09902020.pdf]. Acesso em: 29.06.2020.

MOREIRA, Rômulo de Andrade. A nova lei do interrogatório por videoconferência. *Revista Magister de Direito Penal e Processual Penal*, Porto Alegre, v. 5, n. 27, p. 94-106, dez./jan.. 2009. Disponível em: [http://200.205.38.50/biblioteca/index.asp?codigo_sophia=71862]. Acesso em: 18.06.2020.

NOTA PÚBLICA: ANADEP manifesta-se sobre audiências de custódia e plenários do júri por sistema de videoconferência durante a pandemia da COVID-19. *Notas Públicas ANADEP*, 2020. Disponível em: [https://www.anadep.org.br/wtk/pagina/materia?id=44790]. Acesso em: 1º.07.2020.

NUNES, Dierle; MARQUES, Ana Luiza Pinto Coelho. Inteligência artificial e direito processual: vieses algorítmicos e os riscos de atribuição de função decisória às máquinas. *Revista dos Tribunais Online*, v. 285/2018 p. 421–447, Nov, 2018. Disponível em: [https://pucminas.academia.edu/DierleNunes]. Acesso em: 29.06.2020.

NUNES, Dierle; PASSOS, Hugo Malone. Os tribunais online avançam durante a pandemia da Covid-19. *Revista Consultor Jurídico*, 2020. Disponível em: [https://www.conjur.com.br/2020-mai-11/nunes--passos-tribunais-online-pandemia#_ftn21]. Acesso em: 29.06.2020.

PITOMBO, Sérgio Marcos de Moraes. Interrogatório à distância. *Boletim IBCCRIM*, São Paulo, v. 8, n. 93, p. 1-2, ago.. 2000. Disponível em: [http://200.205.38.50/biblioteca/index.asp?codigo_sophia=27677]. Acesso em: 1º.07.2020.

POLÍCIA Civil incentiva uso da Delegacia Virtual. *Agência Minas*, 2020. Disponível em: [http://www.agenciaminas.mg.gov.br/noticia/policia-civil-incentiva-uso-da-delegacia-virtual]. Acesso em: 15.06.2020.

PLATAFORMA Emergencial de Videoconferência para Atos Processuais. *Site CNJ*, 2020. Disponível em: [https://www.cnj.jus.br/plataforma-videoconferencia-nacional/]. Acesso em: 16.06.2020.

PLATAFORMA emergencial viabiliza atos processuais por videoconferência. *Agência CNJ de Notícias*, 2020. Disponível em: [https://www.cnj.jus.br/plataforma-emergencial-viabiliza-atos-processuais--por-videoconferencia/]. Acesso em: 16.06.2020.

STJ terá julgamentos por videoconferência durante pandemia. *Notícias STJ*, 2020. Disponível em: [http://www.stj.jus.br/sites/portalp/Paginas/Comunicacao/Noticias/STJ-tera-julgamentos-por-videoconferencia-durante-pandemia.aspx]. Acesso em: 18.06.2020.

VALLE, Gustavo Henrique Moreira do. Interrogatório por videoconferência. *Revista Síntese de direito penal e processual penal*, Porto Alegre, v. 11, n. 63, p. 87-94, ago./set. 2010. Disponível em: [http://200.205.38.50/biblioteca/index.asp?codigo_sophia=79890]. Acesso em: 1º.07.2020.

Seção II:
DIREITOS DO CONSUMIDOR

A LEI 14.010/2020 E A IMPOSIÇÃO DE LIMITES AO DIREITO DE ARREPENDIMENTO DO CONSUMIDOR NAS COMPRAS PELA INTERNET DURANTE A PANDEMIA DA COVID-19

Tiana Camardelli

Advogada. Possui graduação em Direito pela Universidade Federal da Bahia (1997). Sócia fundadora de Camardelli e da Costa Tourinho Advogados (2010). Compõe o Tribunal de Ética e Disciplina da Ordem dos Advogados do Brasil — Seção Bahia (BA) (2019-). Coordenadora do Serviço de Assistência Jurídica da OAB/BA (2002-2004). Coordenadora do Núcleo de Prática Jurídica da Faculdade de Direito da UNIFACS (Hoje, Universidade Salvador), em que também atuou como Professora de Direito das Relações de Consumo e de Prática Jurídica (2003-2011). Professa Substituta de Direito do Consumidor da Faculdade de Direito da Universidade Federal da Bahia (2001-2003). tiana@camardelli.com [http://lattes.cnpq.br/8970128684809286]

Sumário: 1. Introdução. 2. Os elementos básicos da relação de consumo e sua identificação no comércio eletrônico. 3. Da proteção específica do consumidor no comércio eletrônico através do direito de arrependimento. 4. O direito de arrependimento do consumidor e sua restrição parcial pela Lei 14.010/2020. 5. Considerações finais. 6. Referências.

1. INTRODUÇÃO

O artigo propõe-se à discussão dos impactos da Lei 14.010, de 12 de junho de 2020, que instituiu o Regime Jurídico Emergencial e Transitório nas relações jurídicas de Direito Privado (RJET) no período da pandemia do coronavírus (Covid-19) no país, no direito de arrependimento do consumidor nas relações travadas pela da internet.

O comércio eletrônico estabelece-se por dois sistemas: negócio-para-negócio (B2B: *business-to-business*) ou negócio-para-consumidor (B2C: *business-to-consumer*). O sistema B2C, *business-to-consumer*, é forma pela qual a compra de produtos ocorre sem a intermediação do serviço: o consumidor compra diretamente do fornecedor/vendedor através de lojas virtuais.[1]

---

1. "O comércio eletrônico é o processo de compra e venda de produtos, serviços e informações por meios digitais. Este tipo de comércio surgiu no início da década de 90, segundo Turban e King (2004) foi a partir desta década que o mercado começou a ser impulsionado através de novas tecnologias de rede, softwares e padrões de transação. Quando as empresas no Brasil iniciaram suas atividades no comércio eletrônico, elas encontraram dificuldades para se firmar devido a fatores culturais, pois os clientes possuíam maior confiança na compra através do contato direto com o produto e/ou vendedor, um exemplo deste fator cultural foi o comércio praticado através do escambo, que é a troca de um produto por outro. O crescimento do comércio na internet foi ocasionado por fatores como: aumento no número de vendas de computadores, menor custo de conexão e a maior facilidade de crédito. À medida que as experiências dos clientes em suas compras foram sendo positivas, eles passaram a ter maior confiança, tornando este tipo de comércio cada vez mais uma realidade (NOVAES, 2004). O comércio eletrônico está contido na esfera do e-Business, cuja sigla é acrônimo do inglês Eletronic Business, que se refere a qualquer empreendimento

Há sinais de um sistema de comércio *on line* B2C desde 1969, a partir de transações feitas na Universidade de Stanford pelo sistema Arpnet, e, em 1984, através de troca de mensagens pelo sistema VideoTex, que conectava linhas telefônicas. Porém, nestas transações não houve realização de pagamento virtual, mas apenas a troca de mensagem entre vendedor e comprador, assemelhando-as ao sistema de *delivery* pela não concretização da operação monetária via internet.

O termo *e-commerce* é de 1993 e registra-se que a primeira relação de consumo através da internet ocorreu em 1994[2]. A criação do site Net Market, com desenvolvimento de tecnologia de transmissão de dados de cartão de crédito (encriptação SSL de dados transferidos) permitiu a aquisição do CD do cantor Sting – Tem Summoner's Tales, 1993[3].

Desde então, as compras pela internet (comércio eletrônico) nunca arrefeceram. Pesquisas contínuas revelam ser sempre crescente o número de consumidores que optam por esta modalidade para a aquisição de produtos. Nem mesmo os movimentos de resgate da experiência sensorial do momento da compra conseguem impedir o avanço deste comércio eletrônico. Os apelos do marketing digital para que a experiência da compra pela internet seja cada vez mais pessoal e personalizada somados aos sofisticados recursos tecnológicos de segurança de pagamento e garantias de qualidade do produto têm garantido a ascendência do comércio virtual. [4]

---

baseado na internet, caracterizado no sentido mais amplo e muitas vezes confundido com o Comércio Eletrônico. Há diversas modalidades de Comércio Eletrônico e estas são classificadas de acordo com a natureza da transação ou pelo relacionamento entre os participantes (TURBAN; KING, 2004)." PEREIRA, Adalberto Pinto e PRAZO, André Alves. Comércio eletrônico: vantagens competitivas para empresas no B2C (Empresa-para-Consumidor. *Revista de Administração da Fatea*, v.2, n.2., p.96 Jan/dez/2009.

2. A discussão sobre este registro, a partir da reivindicação pela Pizza Hut da primeira venda on line foi registrada foi Palmer, Kimberly.(2007) News & World Report. Disponível em [https://www.dn.pt/sociedade/sabe-qual-foi-a-primeira-venda-online-4908976.html].

3. Disponível em: [https://youtu.be/eGyhA-DIYvg]. Acesso em: 03.07.2020.

4. "*Technological progress in the sphere of information and communication is encouraging the use and development of new shopping methods, leading to a rapid growth in non-store shopping as the individual can buy products/services without having to travel to retail outlets [Sharma and Sheth 2004; Thompson 1997]. This growth in non-store shopping and new trends in technology have facilitated the introduction of electronic marketing and promise to provide new ways of impacting and serving consumers in the future [Balasubramanian, Peterson and Jarvenpaa 2002; Reynolds 2000; Sivanad, Gesta and Sulep 2004]. Practically all products/services can be purchased quickly, conveniently and without moving from home [Davison, Dorrington and McCoy 1982; Eroglu, Machleit and Davies 2003; Rosenberg and Hirschman 1980; Sheth 1983]. Wireless Internet via mobile devices (WIMD) is leading the world into another spectrum of communications and means of conducting day-to-day business and life activities [Sivanad, 2004]. In the next years, more Internet transactions will be realized via mobile phones than fixed network devices. According to the MC Statistics viewed at epaynews.com, only 16% of 533 million Internet users were global wireless Internet users in the year 2001; however the percentage will soar to 57% of 1460 million Internet users in 2007. At present, online ticketing, reservation for flights and hotels or theater tickets are part of the most attractive WAP applications, since they bring consumers comfort, spontaneity and mobility [Buellingen and Woerter 2004]. In general, the different methods of direct shopping are still expected to grow but whereas some of the methods are showing rather low levels of growth, stagnation and even decline, in others the predicted growth rate is picking up speed. The most innovative methods maintain significant rates of growth [Sivanad 2004; Yang 2005] and at the same time there is a tendency to use them in conjunction with other sales systems as companies seek to complemente sales methods and obtain synergies [Wu and Wang 2004]. Thus for example, the combination of Internet with other methods, such as the mobile phone or television will make it possible to optimise consumer convenience and increase their scope wider audience, in addition to overcoming some of the limitations which arise when using Internet alone as a shopping tool [Buellingen and Woerter 2004; Chiles and McMackin 1996; Jarvenpaa et al. 1999; Lohse and Spiller 1998; Swaminathan et al. 1999].*" BIGNÉ, Enrique, RUIZ, Carla e SANZ, Silvia. *The impact of internet user shopping patterns and demographics on consumer mobile buying behaviour.* Journal

Em 2007, o IBOPE registrou que *"No Brasil 39 milhões de pessoas têm acesso à internet, dentre os quais 24% fazem compras online (IBOPE, 2007). Nota-se um crescimento de 35% no número de consumidores on-line, de 7 milhões em 2006 para 9,5 milhões, conforme Gráfico 1. Este crescimento é impulsionado pelos seguintes fatores: computadores com preços mais acessíveis para uma camada mais baixa da população, conveniência na compra principalmente em grandes centros, aumento de acessos gratuitos a internet em lugares públicos e privados, facilidade na utilização de sites de busca e comparadores de preços (E-BIT, 2008)."* [5]

O mesmo IBOPE divulgou em 15 de janeiro de 2020 que *"O percentual de brasileiros que já fez compras pela internet passou de 23%, em 2013, para 42% em 2019, percentual que aumenta para 54% quando considerados apenas aqueles que costumam acessar a internet pelo menos uma vez por mês."*.[6] Registrou-se que são gastos mais de 22,5 bilhões em compras online no país.[7]

O advento da pandemia da COVID-19 fez estabelecido o estado de calamidade pública no país a partir de 20/03/2020 (Decreto Legislativo 06 de 20 de março de 2020), após a edição da Lei 13.979/2020, de 06 de fevereiro de 2020, que dispôs sobre medidas para enfrentamento da emergência de saúde pública, inclusive isolamento social.

Com as regras impostas de isolamento social e também as maiores restrições e medidas de segurança para acesso a estabelecimentos físicos, o número de consumidores que adquirem produtos através da internet cresceu de forma ainda mais expressiva, especialmente considerado o curto espaço de tempo: nova pesquisa de consumo encomendada ao IBOPE e divulgada em 18/06/2020, mas com dados de referência no mesmo mês de março de 2020, indica que aumentou em 28% o número de brasileiros que compram pela internet, 37% a mais pesquisam por produtos online.

Em mesma velocidade houve edição de norma federal que restringiu parcialmente os direitos do consumidor na relação de consumo originada na aquisição de produtos fora do estabelecimento comercial neste período de pandemia.

2. OS ELEMENTOS BÁSICOS DA RELAÇÃO DE CONSUMO E SUA IDENTIFICAÇÃO NO COMÉRCIO ELETRÔNICO

O consumidor do comércio eletrônico não foge da definição legal do art. 2º da Lei 8.078/90, Código de Defesa do Consumidor, sendo o sujeito, pessoa física ou jurídica, que adquire ou utiliza produto ou serviço como destinatário final.

Já o conceito de fornecedor insculpido pelo art. 3º do Código de Defesa do Consumidor não trouxe de forma explícita a identificação do fornecedor no comércio eletrô-

---

of Electronic Commerce Research., v. 6, n. 03, p. 193-194, Jan.2005. Disponível em: [https://www.researchgate.net/publication/228635427_The_impact_of_internet_user_shopping_patterns_and_demographics_on_consumer_mobile_buying_behaviour/citation/download].Acesso em: 27.06.2020.

5. PEREIRA, Adalberto Pinto e PRAZO, André Alves. Comércio eletrônico: vantagens competitivas para empresas no B2C (Empresa-para-Consumidor. *Revista de Administração da Fatea*, v. 2, n. 2., p. 98 Jan/dez/2009.

6. Disponível em: [https://www.ibopeinteligencia.com/noticias-e-pesquisas/perfil-do-consumidor-consumo-pela-internet/]. Acesso em: 25.06.2020.

7. Disponível em: [https://www.ibopeinteligencia.com/noticias-e-pesquisas/perfil-do-consumidor-consumo-pela-internet/]. Acesso em: 01.07.2020.

nico, mas seus elementos alcançam sem dificuldade estes fornecedores virtuais: "Art. 3º Fornecedor é toda pessoa física ou jurídica, pública ou privada, nacional ou estrangeira, bem como os entes despersonalizados, que desenvolvem atividade de produção, montagem, criação, construção, transformação, importação, exportação, distribuição ou comercialização de produtos ou prestação de serviços."[8].

O comércio eletrônico apenas foi regulamento no país pelo Decreto 7.962 de 15 de março de 2013[9], fixando aos fornecedores deveres complementares de informação clara e ostensiva de sua identificação fácil ao consumidor (art. 2º, I e II)[10].

Quanto ao estabelecimento comercial do fornecedor em comércio eletrônico, é certo que este, por natureza, definição e modalidade de negócio, manterá o consumidor sempre afastado da possibilidade de verificar pessoalmente o produto, de observar e refletir sobre a adequação do produto/serviço à sua necessidade e sobre a qualidade do que está por adquirir. Esta concepção é de imprescindível relevância para a análise a que nos dispomos a seguir.[11]

3. DA PROTEÇÃO ESPECÍFICA DO CONSUMIDOR NO COMÉRCIO ELETRÔNICO ATRAVÉS DO DIREITO DE ARREPENDIMENTO

O Código de Defesa do Consumidor, de 1990, concebido como norma geral de princípios de defesa dos direitos dos consumidores, mostra-se avançado e mantém sua força diretiva contra práticas abusivas dos fornecedores e de responsabilização pelos danos causados aos consumidores por tais, mesmo que a primeira destas relações de consumo via internet tenha ocorrido apenas após 04 anos de edição da lei consumerista.

As regras impeditivas de práticas abusivas na oferta (Capítulo V da Lei 8078/90, CDC) aplicam-se perfeitamente ao fornecedor virtual, e o cumprimento da transparência e da informação clara acerca do produto (qualidade, material, dimensões, usos, contraindicações, segurança de pagamento etc.) torna-se diferencial de apelo no mercado de

---

8. Disponível em: [http://www.planalto.gov.br/ccivil_03/LEIS/L8078.htm].
9. Disponível em: [http://www.planalto.gov.br/ccivil_03/_Ato2011-2014/2013/Decreto/D7962.htm].
10. "Art. 2º Os sítios eletrônicos ou demais meios eletrônicos utilizados para oferta ou conclusão de contrato de consumo devem disponibilizar, em local de destaque e de fácil visualização, as seguintes informações:

    I – nome empresarial e número de inscrição do fornecedor, quando houver, no Cadastro Nacional de Pessoas Físicas ou no Cadastro Nacional de Pessoas Jurídicas do Ministério da Fazenda;

    II – endereço físico e eletrônico, e demais informações necessárias para sua localização e contato;"
11. Em apontamento de interpretação contrária: "No entanto, há uma interpretação no sentido de que o disposto no art. 49 do CDC não deveria ser aplicado nos casos em que o consumidor visita o estabelecimento comercial virtual do fornecedor, por acreditar ser uma iniciativa daquele, encontrando-se na mesma situação de quem se dirige ao estabelecimento físico. Nestes casos, então, seria possível a aplicação do direito de arrependimento apenas na hipótese de marketing agressivo35, situação a qual caberia a resolução contratual por descumprimento do contrato36 por quebra da boa-fé. Tal pensamento torna-se equivocado já que, muito embora tenha sido uma procura do consumidor, nada impede que este seja iludido ou convencido por ofertas relâmpagos ou falta de informações a respeito do produto que resultem em uma aquisição indesejada. A expressão "fora do estabelecimento comercial" faz referência à ausência do ambiente físico do fornecedor, e consequentemente à distância do objeto da transação, o que impossibilita um juízo de valor mais apurado a respeito do produto adquirido." ALVES, Fabricio Germano. *Aplicabilidade do Direito de Arrependimento no Comércio Eletrônico em Relação aos Produtos Personalizados*. Cadernos de Direito, Piracicaba, v.17(32): p. 131.

consumo: ao não poder escolher presencialmente o produto, o consumidor torna-se ainda mais vulnerável à informação prestada, esta que será condicionante ao ato da aquisição.[12]

Além dos requisitos de adequação e conformação da informação publicitária (art. 30 e art. 31, CDC), na forma do art. 2º do Decreto 7.962/2013, o fornecedor no comércio eletrônico também deverá disponibilizar em local destaque e de fácil visualização ao consumidor: "III – características essenciais do produto ou do serviço, incluídos os riscos à saúde e à segurança dos consumidores; IV – discriminação, no preço, de quaisquer despesas adicionais ou acessórias, tais como as de entrega ou seguros; V – condições integrais da oferta, incluídas modalidades de pagamento, disponibilidade, forma e prazo da execução do serviço ou da entrega ou disponibilização do produto; e VI – informações claras e ostensivas a respeito de quaisquer restrições à fruição da oferta".[13]

A vinculação da oferta pela internet no comércio eletrônico é de tal forma reconhecida e oponível ao fornecedor que, neste mercado, vê-se atuação mais proativa destes no cuidado da divulgação de mensagens de alertas e avisos (*disclaimers*) em suas lojas virtuais, como maneira de levantarem a regra de exceção da responsabilidade objetiva pelos vícios e defeitos de produtos e serviços.

Todavia, o direito de reflexão do consumidor vulnerável preponderará sempre aos *disclaimers*, porquanto, não tendo podido assenhorar-se do produto pessoalmente, no momento de recebimento do bem adquirido, possa constatar desde o superveniente desinteresse pelo produto, se realizada a compra por impulso pela publicidade maciça, abusiva a que exposto ou o não atendimento de sua expectativa legitimamente criada pela oferta através do computador ou mesmo ter sido.

Neste sentido, a norma do art. 49 do Código de Defesa do Consumidor assegura o direito de arrependimento do consumidor em todas as aquisições de produtos e serviços realizadas de forma não presencial, fora do estabelecimento comercial, através de telefone ou a domicílio e, sim, através de lojas virtuais, internet, como vimos no item acima.[14]

---

12. É, porém, posição predominante o apoio e defesa do consumidor vulnerável como se verifica também na doutrina internacional: "*L'utilizzo, da parte del professionista, di modalità di vendita e distribuzione al di fuori dei propri locali commerciali ha determinato, insieme all'esigenza di non arrestare lo sviluppo di nuovi modi di conclusione dei contratti, anche la necessità di tutelar ela serenità e la correttezza del processo decisionale del consumatore. Tali diverse forme di stipulazione, infatti, aumentano la disparità tra i due soggeti, trovandosi, il consumatore, innanzitutto, il più delle volte, nell'impossibilità di confrontare altre, diverse, oferte, oppure, nella difficoltà a riflettere sulla stipula di un contrato dopo esssere stato colto "di sorpresa" dall'incontro col professionista (si pensi, ad esempoio, alle cd. Vendi-te "porta a porta")*. DI NAPOLI, Roberto. *Responsabilità e Risarcimento nel Codice del Consumo. Com formulario e giurisprezdenza. Pubblicità ingannevole, Clauso,e vessatorie, Vendite agressive Contrattti do telefonia*. Santarcangelo de Romagna (RN): Maggioli Editore. 2008, p. 201-202.
13. Disponível em: [http://www.planalto.gov.br/ccivil_03/_Ato2011-2014/2013/Decreto/D7962.htm].
14. "Art. 49. O consumidor pode desistir do contrato, no prazo de 7 dias a contar de sua assinatura ou do ato de recebimento do produto ou serviço, sempre que a contratação de fornecimento de produtos e serviços ocorrer fora do estabelecimento comercial, especialmente por telefone ou a domicílio.

    Parágrafo único. Se o consumidor exercitar o direito de arrependimento previsto neste artigo, os valores eventualmente pagos, a qualquer título, durante o prazo de reflexão, serão devolvidos, de imediato, monetariamente atualizados."

Trata-se de arrependimento puro, significando dizer que o consumidor não precisa justificar os motivos pelos quais deseje o desfazimento da compra. O direito de arrependimento assegurado ao consumidor é, portanto, direito potestativo, unilateral não receptício, e obriga o fornecedor nos limites do risco da sua atividade econômica.[15]

O direito potestativo de arrependimento pelo consumidor deve ser manifestado de forma inequívoca perante o fornecedor no prazo decadencial de 07 dias contados da data de recebimento do produto, cabendo a estes os custos para a devolução do produto.

É dever do fornecedor do comércio eletrônico a informação clara e ostensiva ao consumidor dos meios necessários a que exerça o seu direito de arrependimento conforme previsto no art. 5º do Decreto 7.962/2013[16].

Passado o prazo de 07 dias, precluso estará o direito de arrependimento do consumidor, o que não impedirá que, na hipótese de vícios do produto, possa opor ao fornecedor a necessidade de sua troca, da diminuição proporcional do preço ou mesmo da devolução integral do valor pago, sob outra fundamentação jurídica (art. 18 do CDC).

Sem dúvida, é a certeza do direito de arrependimento fator de impulsionamento do comércio eletrônico pela segurança do consumidor de ser atendido em perfeita adequação à sua necessidade e demanda, inclusive quando reconheça ter sido induzido a uma aquisição impulsiva por força de maciça publicidade a que tenha sido exposto através das redes sociais, criadores de conteúdo (*influencers*) etc.

O direito de arrependimento do consumidor nunca esteve, até 12/06/2020, restrito ou limitado à natureza de produtos.

---

15. "A todo direito corresponde, em tese, uma obrigação. Há direitos nos quais, entretanto, a faculdade de agir do titular não se correlaciona a uma prestação de outrem. São denominados Direitos potestativos. Segundo CHIOVENDA, consistem no poder do titular de influir na situação jurídica de outrem, sem que este possa ou deva fazer algo, senão sujeitar-se, como *v.g.*, o poder de revogar a procuração, de ocupar *res nullius*, de pedir a divisão de coisa comum, de despedir empregado. Por declaração unilateral de vontade, o titular cria, modifica ou extingue situação jurídica em que outros são diretamente interessados (TRABUCCHI) [...] Não se confundem com as simples *faculdades* de lei, porque o exercício desta não acarreta, como nos direitos potestativos, qualquer sujeição de outra pessoa. É certo, porém, que o direito potestativo não contém pretensão. Seu titular não possui realmente o poder de exigir de outrem um ato ou omissão. O titular realiza seu interesse sem necessidade da cooperação do sujeito passivo (SANTORO PASSARELLI), exerce o direito independentemente da vontade de quem deve sofrer as consequências do exercício." GOMES, Orlando. *Introdução ao direito civil*. 4. ed. Rio de Janeiro, Forense, 1974. p.138-139.

16. "Art. 5º O fornecedor deve informar, de forma clara e ostensiva, os meios adequados e eficazes para o exercício do direito de arrependimento pelo consumidor.

    § 1º O consumidor poderá exercer seu direito de arrependimento pela mesma ferramenta utilizada para a contratação, sem prejuízo de outros meios disponibilizados.

    § 2º O exercício do direito de arrependimento implica a rescisão dos contratos acessórios, sem qualquer ônus para o consumidor.

    § 3º O exercício do direito de arrependimento será comunicado imediatamente pelo fornecedor à instituição financeira ou à administradora do cartão de crédito ou similar, para que:

    I – a transação não seja lançada na fatura do consumidor; ou

    II – seja efetivado o estorno do valor, caso o lançamento na fatura já tenha sido realizado.

    § 4º O fornecedor deve enviar ao consumidor confirmação imediata do recebimento da manifestação de arrependimento."

4. O DIREITO DE ARREPENDIMENTO DO CONSUMIDOR E SUA RESTRIÇÃO PARCIAL PELA LEI 14.010/2020

Aparentemente, é contrária ao princípio de proteção ampla do consumidor vulnerável a imposição de limites ao direito de arrependimento de compras não presenciais, em especial no momento de recrudescimento do número de relações de consumo estabelecidas através da internet diante das regras de isolamento social, do fechamento compulsório necessário do comércio e mesmo da mudança de perfil dos consumidores, diante de novas regras de segurança de acesso ao estabelecimento físico do fornecedor, tais como uso de máscaras, ingresso limitado de pessoas em estabelecimentos comerciais. Todavia, a proteção do consumidor não pode perder de vista o equilíbrio e a harmonia das relações de consumo, como disposto pela Política Nacional das Relações de Consumo (art. 4º, *caput* e III, CDC).[17]

O Projeto de Lei 1179, que teve sua tramitação iniciada em 30 de março de 2020, trouxe à discussão o estabelecimento de um regime jurídico emergencial e transitório das relações jurídicas de Direito Privado no período da pandemia do coronavirus. Inicialmente, propôs-se a suspensão irrestrita do direito de arrependimento do consumidor, na seguinte redação primária: "Art. 8º Até 30 de outubro de 2020, fica suspensa a aplicação do art. 49 do Código de Defesa do Consumidor na hipótese de produto ou serviço adquirido por entrega domiciliar (delivery)."[18]

A proposta de suspensão ampla desse direito do consumidor não avançou e, ao fim, a aprovada Lei 14.010/2020 fixou em seu art. 8º restrição parcial ao direito de arrependimento (art. 49, CDC), excluindo da vontade do consumidor vulnerável a possibilidade de desfazer imotivadamente a compra de *produtos perecíveis*, de *consumo imediato* e *medicamentos* até 30 de outubro de 2020: "Art. 8º Até 30 de outubro de 2020, fica suspensa a aplicação do art. 49 do Código de Defesa do Consumidor na hipótese de entrega domiciliar (*delivery*) de produtos perecíveis ou de consumo imediato e de medicamentos."[19]-[20]

A restrição limitada aos produtos perecíveis, de consumo imediato e medicamentos faz sentido pela necessária proteção do equilíbrio da relação de consumo, especialmente se considerarmos que a logística necessária ao recolhimento do produto no domicílio do

---

17. "Art. 4º A Política Nacional das Relações de Consumo tem por objetivo o atendimento das necessidades dos consumidores, o respeito à sua dignidade, saúde e segurança, a proteção de seus interesses econômicos, a melhoria da sua qualidade de vida, bem como a transparência e harmonia das relações de consumo, atendidos os seguintes princípios: I – reconhecimento da vulnerabilidade do consumidor no mercado de consumo; [...]

    III – harmonização dos interesses dos participantes das relações de consumo e compatibilização da proteção do consumidor com a necessidade de desenvolvimento econômico e tecnológico, de modo a viabilizar os princípios nos quais se funda a ordem econômica (art. 170, da Constituição Federal), sempre com base na boa-fé e equilíbrio nas relações entre consumidores e fornecedores;"

18. Disponível em: [https://legis.senado.leg.br/diarios/ver/103404?sequencia=1038].

19. Disponível em: [http://www.planalto.gov.br/ccivil_03/_Ato2019-2022/2020/Lei/L14010.htm].

20. Produtos perecíveis são os sensíveis à deterioração química, física ou biológica e que perdem suas propriedades e qualidades para o consumo se não receberem acondicionamento adequado desde a origem, na conservação de transporte e disposição em pontos de venda. Bens de consumo imediato, por sua vez, são aqueles que, como indica a própria terminologia, se não consumidos imediatamente após sua produção perdem suas qualidades ou se tornam impróprios ao consumo. Ambos pertencem à categoria de bens de consumo não duráveis, assim como os medicamentos.

consumidor arrependido, envolve desde a emissão de notas a empresas transportadoras ou serviço postal ao deslocamento físico de empregados ou entregadores contratados pelos fornecedores e também, sobretudo, de tempo para que toda esta ciranda gire em favor do consumidor.

No momento em que a ordem de segurança a bem da saúde pública é a de isolamento social e redução de circulantes nas ruas e mesmo estradas (há registros de suspensões de rotas viárias intermunicipais e interestaduais por todo o país), impor ao fornecedor a garantia de cumprimento desta logística reversa em tempo hábil a que não ocorra o perecimento dos produtos alimentícios *in natura* causaria desequilíbrio insustentável à relação de consumo e, principalmente, a exposição do consumidor e das pessoas envolvidas na entrega, recebimento e despacho destes produtos.

De igual forma, os produtos porventura recolhidos pelo fornecedor não poderiam ter outra destinação senão o descarte em cumprimento as mesmas normas de saúde pública e protocolos das agências de vigilância sanitária, fato que contrariaria a Política Nacional de Resíduos Sólidos, instituída pela Lei 12.305/2010, de 12 de agosto de 2010, e também violaria o art. 8º do CDC.

Atente-se que, ao fim, o direito de arrependimento apenas foi restrito nestes limites explícitos da norma do art. 8º da Lei 14.010/2020 e por prazo certo (até 30/10/2020), porque, tratando-se de norma restritiva de direito, não se admitirá sobre ela interpretação além da literal, mantendo-se firme a proteção da vulnerabilidade do consumidor que adquire produtos e serviços fora do estabelecimento comercial.

Portanto, em todo o período da pandemia, o consumidor que adquirir pela internet ou por outras modalidades não presenciais bens de consumo que não se enquadrem no rol taxativo da restrição seguirá protegido pelo direito de arrependimento, sujeitando o fornecedor à aceitação do desfazimento do negócio, se assim decidir o consumidor no prazo legal dos 07 dias.

Errôneo indicar que a Lei 14.010/20 exclui da esfera de proteção do consumidor vulnerável o direito de ser reparado pelos vícios ou defeitos que estes mesmos produtos perecíveis, de consumo imediato e medicamentos apresentem. Nestas hipóteses, mantêm-se aplicáveis as regras dos art. 8º, art. 12, art. 13, II e art. 18 do Código de Defesa do Consumidor e sem qualquer ressalva a tais, impondo ao fornecedor a reparação imediata do dano causado pela entrega de produto inadequado ao consumo.[21]

---

21. "Art. 8º Os produtos e serviços colocados no mercado de consumo não acarretarão riscos à saúde ou segurança dos consumidores, exceto os considerados normais e previsíveis em decorrência de sua natureza e fruição, obrigando-se os fornecedores, em qualquer hipótese, a dar as informações necessárias e adequadas a seu respeito."

"Art. 12. O fabricante, o produtor, o construtor, nacional ou estrangeiro, e o importador respondem, independentemente da existência de culpa, pela reparação dos danos causados aos consumidores por defeitos decorrentes de projeto, fabricação, construção, montagem, fórmulas, manipulação, apresentação ou acondicionamento de seus produtos, bem como por informações insuficientes ou inadequadas sobre sua utilização e riscos."

"Art. 13. O comerciante é igualmente responsável, nos termos do artigo anterior, quando:

I – o fabricante, o construtor, o produtor ou o importador não puderem ser identificados;

II – o produto for fornecido sem identificação clara do seu fabricante, produtor, construtor ou importador;

III – não conservar adequadamente os produtos perecíveis."

"Art. 18. Os fornecedores de produtos de consumo duráveis ou não duráveis respondem solidariamente pelos vícios de qualidade ou quantidade que os tornem impróprios ou inadequados ao consumo a que se destinam ou

5. CONSIDERAÇÕES FINAIS

O advento da pandemia provocado pelo coronavirus (Covid-19) no mundo e, em especial, no Brasil, impôs e seguirá impondo aos sujeitos da relação de consumo maior cuidado e observação da boa-fé contratual e, sobretudo, do bom senso e da razoabilidade nas suas condutas e ações.

Necessária será a observação das ordens de saúde pública, de isolamento social e retomada do comércio e de seus impactos nos hábitos de consumo dos consumidores brasileiros até o dia 30 de outubro de 2020, marco final de vigência desta restrição parcial.

Por ora, em que pese reconhecer-se a vulnerabilidade do consumidor, a restrição imposta pelo art. 8º da Lei 14.010/2020 mostra-se medida consentânea ao momento presente e necessária para a preservação do equilíbrio da relação de consumo.

6. REFERÊNCIAS

ALVES, Fabricio Germano. *Aplicabilidade do Direito de Arrependimento no Comércio Eletrônico em Relação aos Produtos Personalizados*. Cadernos de Direito, Piracicaba, v.17(32): 117-149, jan.-jun.2017. Disponível em: [http://www.mpsp.mp.br/portal/page/portal/documentacao_e_divulgacao/doc_biblioteca/bibli_servicos_produtos/bibli_informativo/bibli_inf_2006/Cad-Dir_n.32.07.pdf].

BIGNÉ, Enrique, RUIZ, Carla e SANZ, Silvia. *The impact of internet user shopping patterns and demographics on consumer mobile buying behaviour. Journal of Electronic Commerce Research*, v. 6, n. 03, p. 193/209, Jan.2005. Disponível em: [https://www.researchgate.net/publication/228635427_The_impact_of_internet_user_shopping_patterns_and_demographics_on_consumer_mobile_buying_behaviour/citation/download]. Acesso em: 27.06.2020.

BLUM, Rita Peixoto Ferreira. *Direito do Consumidor na Internet*. São Paulo: Quartier Latin, 2002

BRASIL. *Constituição (1988). Constituição da República Federativa do Brasil*. Disponível em: [http://www.planalto.gov.br/ccivil_03/constituicao/constituicao.htm].

BRASIL. *Decreto 7962, de 15 de março de 2013*. Disponível em: [http://www.planalto.gov.br/ccivil_03/_Ato2011-2014/2013/Decreto/D7962.htm].>

BRASIL. *Lei 12.305, de 2 de agosto de 2010*. Disponível em: [http://www.planalto.gov.br/ccivil_03/_ato2007-2010/2010/lei/l12305.htm].

BRASIL. *Lei 14.010, de 10 de junho de 2020*. Disponível em: [http://www.planalto.gov.br/ccivil_03/_Ato2019-2022/2020/Lei/L14010.htm].

BRASIL. *Lei 8.072, de 11 de setembro de 1990. Código de Defesa do Consumidor*. Disponível em: [http://www.planalto.gov.br/ccivil_03/leis/l8078.htm].

DI NAPOLI, Roberto. Responsabilità e Risarcimento nel Codice del Consumo. *Com formulario e giurispredenza. Pubblicità ingannevole, Clauso, e vessatorie, Vendite agressive Contrattti do telefonia*. Santarcangelo de Romagna (RN): Maggioli Editore. 2008.

DONATO, Maria Antonieta Zanardo. *Proteção ao consumidor: conceito e extensão*. São Paulo: Ed. RT. 1995.

GOMES, Orlando. *Introdução ao direito civil*. 4. ed. Rio de Janeiro, Forense, 1974.

---

lhes diminuam o valor, assim como por aqueles decorrentes da disparidade, com a indicações constantes do recipiente, da embalagem, rotulagem ou mensagem publicitária, respeitadas as variações decorrentes de sua natureza, podendo o consumidor exigir a substituição das partes viciadas."

GOMIDE, Alexandre Junqueira. *Direito de arrependimento nos contratos de consumo*. São Paulo: Almedina, 2014.

IDEC. *Comprou pela internet e desistiu?* Disponível em: [https://idec.org.br/consultas/dicas-e-direitos/comprou-pela-internet-e-desistiu-reembolso-deve-ser-total-inclusive-de-frete-e-outras-taxas].

LISBOA, Roberto Senise. *Relação de consumo e proteção jurídica do consumidor no direito brasileiro*. São Paulo: Juarez de Oliveira, 1999.

MARQUES, Claudia Lima. *Contratos no Código de Defesa do Consumidor* – O Novo regime das relações Contratuais. 5. ed. rev., atual. e ampl. São Paulo: Ed. RT, 2006.

MARTINS, Plínio Lacerda. *O abuso nas relações de consumo e o princípio da boa-fé*. Rio de Janeiro: Forense, 2002.

NUNES, Luiz Antonio Rizzatto. *Curso de Direito do consumidor: com exercícios*. 2. ed. rev., modif. e atual. São Paulo: Saraiva, 2005.

PEREIRA, Adalberto Pinto e PRAZO, André Alves. Comércio eletrônico: vantagens competitivas para empresas no B2C (Empresa-para-Consumidor). *Revista de Administração da Fatea*, v. 2, n. 2., p. 98 Jan/dez/2009.

SANTOLIM, Cesar Viterbo Matos. *Formação e eficácia probatória dos contratos por computador*. São Paulo: Saraiva, 1995.

SODRÉ. Marcelo Gomes. *Formação do sistema nacional de defesa do consumidor*. São Paulo: Ed. RT. 2007.

TEIXEIRA. Tarcísio. *Comércio eletrônico*: conforme o Marco Civil da Internet e a regulamentação do e-commerce no Brasil. São Paulo: Saraiva. 2015.

THEODORO JÚNIOR, Humberto. *Direitos do Consumidor*. 9 ed., rev. e atual. Rio de Janeiro: Forense. 2017.

ACESSO AO CRÉDITO PELO CONSUMIDOR E O AGRAVAMENTO DO SUPERENDIVIDAMENTO DIANTE DA PANDEMIA DA COVID-19

Micaela Barros Barcelos Fernandes

Doutoranda em Direito Civil pela UERJ. Mestre em Direito da Empresa e Atividades Econômicas pela UERJ. Mestre em Direito Internacional e da Integração Econômica pela UERJ. Pós-graduada em Direito da Economia e da Empresa pela FGV/RJ. Graduada em Direito pela UFRJ. Advogada e professora no Rio de Janeiro. Membro das Comissões de Direito Civil e de Direito da Concorrência da OAB – Seção RJ. E-mail: mibbf@yahoo.com.br

Sumário: 1. Introdução. 2. Sociedade de consumo e regulação específica: o CDC. O tratamento insuficiente do crédito e do superendividamento. 3. Superendividamento passivo e ativo. Diferentes causas, diferentes soluções. O idoso e os fatores que aumentam sua vulnerabilidade. 4. Tratamento do superendividamento da pessoa natural. Desacerto na proteção excessiva do devedor solvente e baixa do devedor insolvente. 5. O PL 3.515/2015 e as medidas preventivas e de tratamento do superendividamento. 6. A interpretação proativa dos instrumentos disponíveis no ordenamento. 7. Conclusão. 8. Referências.

1. INTRODUÇÃO

A partir das notícias sobre a propagação do Sars-CoV-2 (coronavírus), várias providências para enfrentamento da emergência de saúde pública foram tomadas em todo o mundo. No Brasil, elas se iniciaram com a aprovação da Lei 13.979, de 06/02/2020, que estabeleceu, entre outras medidas, a restrição excepcional e temporária na locomoção de pessoas para redução de contato e contaminação, ainda que resguardado o exercício e o funcionamento de serviços públicos e atividades essenciais.

Na sequência, houve verdadeira pletora de iniciativas por órgãos públicos, tomadas no âmbito do Executivo e do Legislativo, em diferentes instâncias, Federal, Estadual e Municipal, o que inclusive gerou controvérsia sobre as fronteiras de competência entre os entes estatais sob o pacto federativo.

Adicionalmente, medidas complementares às restrições impostas pelo Poder Público foram adotadas pela iniciativa privada. Seja por medo de contágio, proteção a pessoas de convívio pessoal e profissional, ou mesmo adaptação involuntária às circunstâncias, houve grande redução da mobilidade e do desenvolvimento de atividades, inclusive econômicas.

Além da preocupação humanitária na área da saúde, o coronavírus impactou violentamente a economia, tanto global quanto local. A crise deflagrada pela pandemia atingiu em particular a sociedade brasileira, que se recuperava lentamente da mais forte recessão da sua história. Estabelecimentos foram fechados de forma temporária ou definitiva em variados segmentos de indústria e comércio de produtos ou serviços, negócios foram adiados ou cancelados, e obrigações antes assumidas não foram executadas.

O impacto incidiu não apenas no fluxo de pagamentos, causando problemas de caixa e afetando a capacidade de cumprimento de obrigações a curto e médio prazo, portanto de liquidez, mas na própria capacidade de produção e circulação de riquezas, comprometida desde o começo de linhas de produção até a ponta final, no mercado consumidor. Com o impacto na geração de renda, se instaurou um problema generalizado de solvabilidade, diante do desencontro entre ativo (créditos e valores a receber) e passivo (débitos e valores a pagar), afetando a capacidade de pagamento em qualquer prazo.

A pandemia causou, simultaneamente, um choque de oferta (pela dificuldade de obtenção de insumos em certos setores) e de demanda (pela queda brusca no consumo, com repercussão em cadeia). Nenhum agente econômico, independentemente do seu tamanho ou solidez, seria capaz de se blindar totalmente aos efeitos desta crise de proporções inéditas[1]. Diante deste cenário, algumas pessoas ocupam posição particularmente vulnerável. Dentre elas, aquelas já endividadas e que, perdendo suas fontes de renda, com interrupção parcial ou total de entradas, ou aumento de gastos, passaram a sofrer com inevitável desequilíbrio nas contas pessoais e na capacidade de exercício de compra ou contratação.

O tema do acesso ao crédito e do superendividamento, que já era, antes mesmo da pandemia, sensível e exigente de atenção, se agravou em complexidade e urgência no atual cenário de crise econômica[2].

2. SOCIEDADE DE CONSUMO E REGULAÇÃO ESPECÍFICA: O CDC. O TRATAMENTO INSUFICIENTE DO CRÉDITO E DO SUPERENDIVIDAMENTO

A sociedade brasileira se funda em alguns princípios fundamentais, entre os quais, no que tange à organização econômica, os da valorização do trabalho humano e da livre iniciativa (artigos 1º, IV, e 170 da Constituição), que se traduz, também, na liberdade para cada agente econômico contratar conforme sua própria autonomia, observados os valores constantes em nosso quadro constitucional.

---

1. Daí a importância de regras gerais sobre como as soluções podem ser buscadas por todos os agentes. Algumas que passam por ajuda direta do Estado, sejam através de resgates, auxílios diretos, ou autorização para adiamentos ao cumprimento de certas obrigações, por exemplo, de ordem tributária. Outras passam por planos de restruturação de dívidas. Daí tantas iniciativas legais de diversa abrangência. No âmbito empresarial, por exemplo, destaca-se o projeto de alteração da Lei 11.101/2005, para ampliação do acesso a certos remédios econômicos por mais agentes privados, além do empresário e da sociedade empresária. Em muitas situações, o que há é necessidade de renegociação de prazos e condições. Pessoas afetadas, sejam quais forem, e em qual ponta estiverem em uma relação de natureza econômica, devem ter meios de, no exercício de sua autonomia privada, se (re)organizar e focar em ações que resultem em soluções concretas, e não apenas no adiamento dos problemas.
2. Entre as providências que buscaram reduzir os enormes problemas econômicos decorrentes da pandemia, destacam-se as previstas na Medida Provisória 936, de 01/04/2020, convertida na Lei 14.020/2020 que criou o Programa Emergencial de Manutenção do Emprego e da Renda, dispondo sobre relações trabalhistas e prevendo possibilidade ao empregador de redução proporcional de jornada e de salários, bem como a suspensão temporária do contrato de trabalho. Adicionalmente, a Medida Provisória 937, de 02/04/2020, abriu crédito extraordinário em favor do Ministério da Cidadania, para concessão de auxílio emergencial de proteção social a pessoas em situação de vulnerabilidade.

Sob esta perspectiva, o mercado se afigura como espaço de trocas efetuadas livremente, no qual é feita alocação de recursos[3], um *locus* de aplicação do direito privado, dentro do qual se insere, também, a matéria do consumo e da proteção ao consumidor. Há, no ordenamento brasileiro, grande espaço para a livre negociação, inclusive com relação ao tema do crédito[4], mas há a necessidade de regulação imposta conforme os ditames da justiça social, destacando-se, entre as normas para tutela de interesses, a Lei 8.078/90, o Código de Defesa do Consumidor (CDC).

O CDC se aplica em perspectiva relacional, isto é, às relações de consumo, que se estabelecem quando de um lado há um consumidor, a pessoa física ou jurídica que adquire bens ou utiliza serviços como destinatário final (conforme o artigo 2º, caput, do CDC)[5], e de outro, um fornecedor, que explora comercialmente a atividade de fornecimento de produtos e/ou serviços.

Nos possíveis arranjos contratuais entre consumidor e fornecedor, o endividamento é fenômeno conectado à sociedade de consumo. Os fornecedores podem oferecer crédito diretamente aos seus clientes, como forma de expandir suas vendas, ou intermediários financeiros podem oferecê-lo (se tornando também fornecedores de serviços de crédito, portanto), garantindo aos consumidores o exercício imediato do seu poder de compra, e, simultaneamente aproveitando uma oportunidade de negócios lucrativos para os agentes do sistema financeiro, ante a remuneração que lhes será assegurada.

O CDC foi formulado como norma de ordem pública e que presume a vulnerabilidade do consumidor em relação aos fornecedores, conferindo a estes orientações de conduta, e impondo-lhes a necessária observância de várias regras protetivas que buscam reduzir assimetrias entre as partes contratantes[6]. Entretanto, no que se refere à matéria da oferta de crédito e do endividamento, sobretudo do risco de superendividamento, o CDC não é eficaz na prevenção ou na correção de problemas surgidos em casos concretos. As consequências afetam tanto consumidores, que têm se endividado cada vez mais e comprometido seus orçamentos de forma inadministrável, quanto fornecedores, que têm lidado cada vez mais com a inadimplência e a insolvência. O prejuízo da regulação inadequada é, pois, de todos.

Os temas do crédito, do endividamento (e sua face patológica, o superendividamento), dos riscos de inadimplência, e dos impactos sistêmicos de uma crise generalizada de insolvência na economia estão todos relacionados. Na última década do século XX, o

---

3. Ora visto como espaço de solução, ora como de problema, daí os (legítimos) debates políticos sobre os limites da intervenção estatal, que deve se equilibrar entre o respeito às liberdades e a proteção contra abusos. Nenhuma posição extremada nos parece adequada, devendo a liberdade ser prestigiada, mas reconhecida a possibilidade de intervenção sempre que há falhas de mercado a ser corrigidas, ou que algum princípio constitucional se sobreleve.
4. Sob o aspecto financeiro, entendido como a disponibilidade, ao devedor, de recursos financeiros para fazer frente a despesas ou investimentos, e financiar a compra de bens ou a contratação de serviços.
5. Além da previsão do artigo 2º, *caput*, do CDC, há as equiparações previstas no parágrafo único do artigo 2º, 17 e 29, e ainda, com base na teoria finalista aprofundada ou mitigada, a jurisprudência do STJ alargou as hipóteses de aplicação do CDC para incluir a possibilidade de tutela também a pessoas jurídicas, independente de equiparação, quando constatada sua vulnerabilidade técnica, jurídica ou econômica no caso concreto.
6. Por via, por exemplo, da anulação de cláusulas abusivas, redução de pressupostos para revisão de condições contratuais, inversão de ônus da prova, entre outros mecanismos, o legislador buscou reequilibrar as relações contratuais, que são essencialmente entre partes desiguais.

Plano Real, que estabilizou a economia e o sistema financeiro brasileiro, permitiu grande expansão do mercado de crédito. Adicione-se a este fato a abertura comercial desde o começo da década de 90, que barateou bens de consumo e ampliou sua oferta e demanda. Houve mudanças no mercado em geral e em particular no de crédito, com ampliação dos seus meios de oferta e concessão, notadamente pela popularização do cartão de crédito[7].

A partir do começo do século XXI, houve o ingresso de mais de 30 milhões de novos consumidores no mercado financeiro[8]. No Brasil, a expansão do crédito ao consumidor se deu por diferentes caminhos ou produtos financeiros, entre os quais o crédito direto ao consumidor[9], o cartão de crédito[10], o *leasing* financeiro[11], a antecipação do imposto de renda[12], e as várias modalidades de empréstimos (consignado[13], com cheque especial[14], rotativo[15], com penhor[16], pessoal[17]). Cada produto é oferecido em função de circunstâncias concretas verificadas pelo fornecedor, e sob condições que variam bastante, não apenas de prazo para pagamento, mas principalmente de custos financeiros cobrados do tomador do crédito, que muitas vezes não é devidamente informado sobre as opções disponíveis e suas diferenças.

O acesso ao crédito de um lado aquece o mercado, ao viabilizar mais trocas econômicas, mas sua concessão também traz riscos, entre eles o superendividamento do consumidor. Em outras palavras, o mercado brasileiro se baseia no endividamento das pessoas e no estímulo ao consumo, isto é, da tomada de crédito e constituição de dívida para aquisição de bens ou serviços.

---

7. "(...) a emergência dos cartões requalifica, assim, o consumo popular, inserindo o que se pode chamar de financeirização nas dinâmicas cotidianas. Ao possibilitarem aos seus possuidores dispor da existência de um valor fictício a mais todo mês, o limite de crédito destes cartões acaba se tornando incluso em parte do orçamento doméstico em si, o que significa que as famílias já calculam seus orçamentos contando com a presença desta renda a mais." SCIRÉ, Claudia D'Ipolitto de Oliveira. "Financeirização da pobreza": crédito e endividamento no âmbito das práticas populares de consumo. Teoria & Pesquisa, v. 20, p. 65, 2011. Disponível em [http://www.teoriaepesquisa.ufscar.br/index.php/tp/article/viewFile/244/182].

8. OLIVEIRA, Andressa Jarletti Gonçalves de. Crédito, inadimplência e os desafios para a proteção dos consumidores nos contratos bancários. *Revista de Direito do Consumidor*, v. 102. São Paulo: Ed. RT, 2015. p. 195-220.

9. Quando o próprio fornecedor de produtos ou serviços, no momento da oferta de contratação, concede prazo para pagamento.

10. Em que, agentes atrelados ao sistema financeiro, com base em perfil de renda e consumo, oferecem cartões com limites de crédito em regra predeterminados, e previsão de pagamento da fatura (que reúne o total de contratações financiadas) em um dia certo de cada mês.

11. Crédito oferecido para aquisição de bens duráveis, em que o bem não fica em nome do consumidor, que paga pelo uso e, ao final de certo prazo, tem a opção de compra do bem.

12. Crédito oferecido por bancos para seus correntistas para que usem o valor de eventual restituição de imposto de renda antes mesmo do seu recebimento, com a aplicação de um desconto. O pagamento da dívida só ocorrerá quando o valor realmente for liberado pela Receita Federal.

13. Crédito oferecido a pessoas com fonte certa de renda, como servidores públicos, aposentados, e pensionistas, em que ocorre um empréstimo, que será quitado em parcelas descontadas diretamente na folha de pagamento do tomador do crédito.

14. O banco oferece ao cliente que possui conta corrente crédito pré-aprovado, com limite de gastos conforme perfil do correntista.

15. Quando o consumidor paga um valor mínimo da parcela do crédito obtido, normalmente atrelado como opção de pagamento da fatura do cartão de crédito.

16. Em que um bem é oferecido pelo tomador do empréstimo, para facilidade na obtenção do crédito, independentemente de comprovação de renda ou nível de endividamento.

17. Uma espécie de linha de crédito aberta pelo banco em favor do seu correntista, em função do seu perfil e especialmente renda.

O superendividamento é o estado patológico deste modelo, podendo ser entendido como a situação de desequilíbrio de contas, de impossibilidade global de pagamento das dívidas atuais e futuras pelo devedor, considerando todos os ativos e o seu mínimo existencial que deve ser preservado. Se o devedor fosse uma sociedade empresária, diríamos que quebrou, está em estado de falência. O superendividamento é, portanto, sinônimo da insolvência, mas este termo sofre com sua estigmatização, principalmente considerando o seu tratamento jurídico.

Com efeito, o tratamento historicamente dado aos riscos próprios das relações creditícias no direito brasileiro nas hipóteses em que o tomador é uma pessoa natural (não apenas aquela que consome, mas também ela), ou também uma pessoa jurídica não empresária, está longe do adequado. Atualmente, não há em vigor remédios reconhecidamente eficazes para a prevenção e o tratamento do superendividamento.

O superendividamento resulta na exclusão do consumidor do mercado, e para a pessoa natural equivale à morte civil, em termos práticos, na medida em que ela fica impedida de exercer sua autonomia privada com relação a todas as suas situações patrimoniais, algumas que se conectam com interesses existenciais. Há verdadeira dissonância da legislação infraconstitucional atinente à matéria com os princípios constitucionais, que colocam a pessoa como fundamento da República e priorizam a sua liberdade e autonomia.

Outrossim, o consumidor é também um agente econômico, e do ponto de vista da racionalidade, a atenção para o problema do crédito no Brasil não pode focar apenas no lado oferta, isto é, garantindo aos fornecedores condições que lhes sejam ideais, mas que não permitam factivelmente contratações seguras pelo lado da demanda. Para um mercado equilibrado, com agentes econômicos agindo conforme a racionalidade econômica, é imperioso que também do lado da demanda os nós sejam desatados[18].

3. SUPERENDIVIDAMENTO PASSIVO E ATIVO. DIFERENTES CAUSAS, DIFERENTES SOLUÇÕES. O IDOSO E OS FATORES QUE AUMENTAM SUA VULNERABILIDADE

Deve-se distinguir o superendividamento passivo do ativo. No primeiro, a pessoa não contribuiu especialmente para a instalação de sua situação de crise de solvência. Ela decorre de um incidente da vida, seja por força do aumento repentino de despesas (por exemplo, quando ocorre um acidente ou surge um caso de doença grave na família, importando em aumento de gastos não previstos), ou pela perda de receitas (por exemplo, com a notícia do desemprego ou a interrupção ou redução abrupta do recebimento de pró-labore ou dividendos). O desequilíbrio patrimonial pode também ocorrer em momentos de restruturação existencial da pessoa, voluntária ou não, com impacto patrimonial, por exemplo, quando há divisão de bens (porque houve um divórcio, ou o cônjuge ou companheiro faleceu, com partilha de bens entre os herdeiros).

---

18. Ressalve-se, embora o recorte deste artigo o direcione a outras questões, que entre os nós da demanda a desatar no Brasil, há um problema específico e muito grave que é a falta de acesso sequer a bens essenciais por uma parcela enorme da população. Os desafios da pobreza e desigualdade extrema impõem a necessária reflexão sobre renda mínima ou outras soluções socioeconômicas possíveis, exigindo técnica e sensibilidade para o seu enfrentamento.

Já no superendividamento ativo o que ocorre é que o próprio devedor contribui, de forma consciente ou não, diretamente para se colocar na situação de insolvência, por exemplo, quando uma pessoa se excede no seu direito de contratação por conta da fácil oferta de crédito que consegue obter no mercado, consumindo acima das possibilidades de seu orçamento. O superendividamento ativo não é em regra intencional. Quem contrata a obtenção de crédito não assume uma dívida sem a intenção de pagá-la.

Devido à complexidade das operações financeiras, o que frequentemente ocorre é que o consumidor realiza a contratação de empréstimos ou financiamentos sem que possua o pleno entendimento da forma de cálculo da dívida, das taxas e encargos, do impacto no seu orçamento, ou das consequências de qualquer atraso na sua amortização. Há administração desastrosa do patrimônio, quase sempre fruto do desconhecimento – o que reforça a importância da educação financeira de todos os cidadãos, o que deveria ser feito inclusive desde o ensino fundamental, por exemplo, atrelado aos estudos de matemática[19].

A distinção das espécies de superendividamento é importante porque embora ambas produzam os mesmos efeitos, isto é, acarretem a impossibilidade de o devedor fazer frente às suas despesas, elas têm causas diferentes. Por conseguinte, devem ser prevenidas por meios diferentes.

O superendividamento passivo tem causas em fatos da vida ora relacionados ao direito de família, ora ao direito contratual, ou ao societário, entre outros, portanto a dogmática jurídica referente a cada um destes ramos pode também contribuir para a busca de soluções, apontando remédios preventivos e corretivos da situação de insolvência. Além disso, incidentes na vida continuarão ocorrendo, e as pessoas que por conta deles se colocam em situação de insolvência devem ser desestigmatizadas, buscando-se tratamento focado na solução, para reinserção no mercado o mais rápido possível.

A seu turno, o superendividamento ativo das pessoas naturais tem uma causa bastante consistente, e relacionada basicamente a uma matéria: o consumo. Desta maneira, a forma mais eficaz (e de certa forma mais simples, embora ainda complexa) de enfrentar o problema do superendividamento ativo consiste em concentrar esforços na regulação das relações de consumo. A regulação brasileira deve ser melhorada justamente para impedir a contratação sem que seja assegurado que houve consentimento informado, isto é, livre e devidamente esclarecido, sob pena de responsabilidade do fornecedor do crédito[20].

O superendividamento ativo, especialmente o que resulta da desinformação, precisa ser prevenido de forma mais contundente, tendo em vista que ele pode ser, diferentemente do endividamento passivo, muitas vezes evitado. Atualmente, o ordenamento brasileiro (ou a interpretação da normativa em vigor, que embora mereça ajustes poderia desde já ser mais bem aplicada) impõe praticamente toda a carga da prevenção do supe-

---

19. Solução barata e com fortes resultados é a educação, sempre. Uma mudança legislativa útil seria, por exemplo, a previsão de que, uma vez constatado o superendividamento, o devedor deve comprovar, inclusive para obtenção de melhores condições na repactuação da dívida, sua submissão a aulas sobre os fundamentos de administração financeira, por meio de cursos ou aconselhamento pessoal.

20. Em um paralelo que pode ser feito com a autorização para o ato médico, em que o paciente deve ser claramente informado sobre possíveis consequências de qualquer terapia.

rendividamento ao tomador do empréstimo: ele deve fazer suas contas totais e assumir integralmente o risco da própria solvência.

Embora os agentes econômicos que atuam no fornecimento de crédito enfrentem o risco da inadimplência, não se ocupam da insolvência do devedor. Com relação à inadimplência, a resposta usual do mercado tem sido a de aumento nas exigências de garantias para contratação, e aumento dos juros remuneratórios da dívida. Tais medidas, claramente voltadas exclusivamente ao interesse do fornecedor, são ineficientes contra o problema da insolvência do devedor, que compreende todos os seus débitos, e não somente aquele constituído isoladamente. Ademais, havendo insolvência, o risco de inadimplência acaba aumentando em desfavor do próprio credor.

O mercado de crédito não está funcionando bem. Daí a importância de ajustes legislativos, e, independente de qualquer ajuste, da aplicação de outra lógica interpretativa em nosso sistema de contratações, mais consoante à Constituição e ao próprio ordenamento já em vigor[21]. O CDC, norma aplicável às relações entre tomadores e fornecedores de crédito, inaugurou no direito brasileiro a previsão expressa da cláusula geral de boa-fé, posteriormente estendida a todas as relações contratuais no Código Civil, a qual impõe a adoção de comportamento compatível com mútua lealdade e confiança[22]. Entretanto, nas relações creditícias em curso, tem sido exigido mínimo dever de cuidado dos ofertantes de crédito com relação aos riscos patológicos do endividamento, com efeitos negativos para todos os agentes econômicos.

É necessário que haja melhor distribuição das responsabilidades, em prol da atuação que produza contratações que não levem o mercado ao estado patológico. Instituições financeiras ou quaisquer agentes econômicos que atuem concedendo crédito não deveriam ser autorizados a oferecê-lo de forma indiscriminada a quem já não mais tem condições de assumir dívidas. Não se está aqui advogando pela restrição da liberdade de contratação, mas que ela seja exercida de maneira mais responsável por todas as partes, fornecedores e consumidores, de forma consentânea ao ordenamento brasileiro, que se funda na liberdade, mas também na solidariedade[23].

E, em relação a um grupo determinado de pessoas, os idosos, há a reunião de condições que os torna especialmente vulneráveis à oferta financeira abusiva, e à assunção de dívidas que conduzem ao estado de superendividamento, exigindo ainda mais cuidados de todos os que atuam no mercado de crédito[24].

---

21. Esta observação cabe não apenas para as relações de obtenção de crédito, tipicamente de consumo, embora este artigo tenha focado nelas. Também nas relações paritárias, regidas pelo Código Civil, ou em outros diplomas legais específicos, cabe a melhoria da regulação da matéria, pois o superendividamento é risco que se conecta com quaisquer dívidas assumidas por uma pessoa, sejam contratuais, por exemplo, em uma relação locatícia, tão comum em áreas urbanas, sejam de outra natureza, como nas familiares, por exemplo, quando configurado o dever de alimentos.

22. Sobre o princípio da boa-fé objetiva, ver MARTINS-COSTA, Judith. *A boa-fé no direito privado: critérios para a sua aplicação*. 2ª ed. São Paulo: Saraiva Educação, 2018.

23. Art. 3º CR. Constituem objetivos fundamentais da República Federativa do Brasil:
    I – construir uma sociedade livre, justa e solidária; (...)

24. Sobre o tema, ver MARTINS, Fernando Rodrigues; MARQUES, Claudia Lima. Superendividamento de idosos: a necessidade de aprovação do PL 3515/15. *Consultor Jurídico*. 27-05-2020. Disponível em [https://www.conjur.com.br/2020-mai-27/garantias-consumo-superendividamento-idosos-preciso-aprolvar-pl-351515].

No Brasil, idosos são base financeira para muitas famílias, apesar de em período da vida em que a capacidade de obtenção de renda decai. O fato de receberem renda fixa, pensão ou aposentadoria, os faz frequentemente contratar crédito consignado não em interesse próprio, mas para ajudar parentes, endividando-se além de suas possibilidades.

Adicione-se que os idosos enfrentam desafios na adaptação às ferramentas de tecnologia da informação, expondo-se a riscos de endividamento pelo simples uso de dispositivos eletrônicos. Há dificuldades no acesso a aplicativos – não apenas no uso de *smartphones* ou computadores, mas também dos inescapáveis caixas eletrônicos, especialmente diante do fato que o atendimento se tornou cada vez menos presencial.

Ainda, até mesmo questões mais triviais, como o tamanho das fontes nos termos de negociação, ou a atenção recebida por ligações telefônicas com práticas desleais de assédio, contribuem para o aumento de sua exposição a riscos de contratações inadvertidas ou até mesmo fraudulentas[25]. Diversos fatores levam a um estado de desinformação que impede o exercício válido e eficaz da autonomia privada.

4. TRATAMENTO DO SUPERENDIVIDAMENTO DA PESSOA NATURAL. DESACERTO NA PROTEÇÃO EXCESSIVA DO DEVEDOR SOLVENTE E BAIXA DO DEVEDOR INSOLVENTE

No Brasil, a situação patrimonial de superendividamento da pessoa natural (bem como da pessoa jurídica não empresária[26]) tem uma regulação duplamente ruim, porque, de um lado, quase não atua de maneira preventiva[27], e de outro, uma vez instaurada a insolvência, tem um tratamento corretivo ineficiente tanto com relação aos interesses do devedor quanto dos credores, e tanto do ponto de vista do direito material quanto do processual. Atualmente, a lei prevê a possibilidade de se instaurar um processo de insolvência, um remédio amargo e sem efeito.

Qualquer situação em que há inadimplência junto a múltiplos credores deve ser conduzida de maneira a aperfeiçoar o aproveitamento dos recursos disponíveis para o pagamento de todos, conforme as eventuais preferências legais, e ao mesmo tempo garantir ao devedor seus direitos conforme sua natureza (à pessoa humana, especialmente a preservação de mínimo existencial que lhe assegure dignidade[28]). O processo hoje aplicado à pessoa natural não lhe confere condições de reorganização de sua vida

---

25. Em processo representativo deste tipo de situação, uma instituição financeira foi condenada por danos materiais e morais decorrentes da contratação abusiva de empréstimo consignado. No processo, a autora idosa relata ter recebido várias ligações da instituição financeira, e o creditamento de valor não solicitado, passando a ter descontos mensais em seu benefício previdenciário. TJSP. Processo 1000082-97.2019.8.26.0341.

26. Para o empresário e a sociedade empresária, o ordenamento brasileiro estabelece, através da Lei 11.101/05, um processo de recuperação patrimonial. Embora a legislação mereça ser aprimorada (havendo inclusive iniciativas legislativas neste sentido, como o PL 10.202/2018, ao qual se deixa de tecer considerações, em função do recorte proposto neste trabalho), fica evidente o descasamento da tutela legal em relação à pessoa natural.

27. No campo do direito privado, destaca-se, entre as poucas normas protetivas de situações patrimoniais de insolvência, o artigo 548 do Código Civil, que estabelece que *é nula a doação de todos os bens sem reserva de parte, ou renda suficiente para a subsistência do doador.*

28. Art. 1º A República Federativa do Brasil, formada pela união indissolúvel dos Estados e Municípios e do Distrito Federal, constitui-se em Estado Democrático de Direito e tem como fundamentos: (...)
III – a dignidade da pessoa humana; (...)

patrimonial, tampouco uma resposta eficiente aos credores, em melhora do ambiente de negócios pra todos.

Na prática, as pessoas superendividadas buscam resolver prioritariamente as dívidas quantitativamente maiores, não necessariamente qualitativamente preferenciais. Em situações de solvência, qualquer situação de crise contratual que leve à inexecução do pagamento recomenda a busca pela negociação individual ou qualquer técnica que evite o litígio. Porém, em casos de insolvência, negociações individuais, ao invés de permitirem a construção de uma solução, podem apenas postergar o problema, em alguns casos até agravá-lo.

Hoje, cada credor busca executar o seu próprio crédito e, normalmente, se sai melhor o que já é mais bem estruturado financeiramente, que pede garantias robustas, e também conta com assistência jurídica para excussão ágil dos bens integrantes do ativo do devedor. Embora haja previsão legal de concurso universal de credores em caso de insolvência[29], e de ordem de preferência para pagamento dos créditos[30], em caso de superendividamento, na prática não necessariamente a ordem legal é observada[31].

O estado de insolvência civil naturalmente reúne e contrapõe interesses diversos, e desta multipolaridade inclusive surge a dificuldade na sua disciplina, tanto que o legislador do CPC de 2002 não enfrentou a matéria, simplesmente mantendo a vigência do CPC de 1973 até que editada lei específica[32].

De certa forma, é simbólico que no Brasil se dê historicamente mais atenção à recuperação no âmbito empresarial, apesar de nosso quadro constitucional de valores impor a busca de mecanismos jurídicos legais e interpretativos mais adequados à proteção da pessoa humana.

O tratamento atual da situação de insolvência parece não considerar que por trás do processo há uma pessoa de carne e osso, prevendo a impraticável exclusão da administração dos próprios bens, ou seja, uma interdição, em inversão de valores castradora da autonomia, não apenas patrimonial, mas também existencial. A seguir a disciplina do CPC de 73[33], o insolvente a rigor não tem disponibilidade sequer do próprio salário[34]. Daí decorre o fracasso na utilização deste tipo de procedimento, evitado a todo custo

---

29. Art. 797 CPC. Ressalvado o caso de insolvência do devedor, em que tem lugar o concurso universal, realiza-se a execução no interesse do exequente que adquire, pela penhora, o direito de preferência sobre os bens penhorados.

    Parágrafo único. Recaindo mais de uma penhora sobre o mesmo bem, cada exequente conservará o seu título de preferência.

30. O artigo 965 do CC de 2002, repetindo o que o CC de 1916 já previa, estabeleceu uma ordem de preferência. Apesar de referido dispositivo não prever expressamente, o crédito alimentar prefere a qualquer outro, ante a natureza constitucional de sua proteção.

31. A preferência meramente temporal, decorrente da anterioridade da penhora, é cabível quando os exequentes concorrentes têm crédito de mesma natureza quirografária (créditos sem preferência legal e sem garantia). Quando há concurso de credores, os pagamentos devem seguir a ordem de importância da proteção constitucional (crédito alimentar) e infraconstitucional (conforme o artigo 965 do CC).

32. Art. 1.052 CPC. Até a edição de lei específica, as execuções contra devedor insolvente, em curso ou que venham a ser propostas, permanecem reguladas pelo Livro II, Título IV, da Lei 5.869, de 11 de janeiro de 1973.

33. Prevista nos artigos 748 e seguintes do CPC de 1973.

34. Art. 752 CPC de 1973. Declarada a insolvência, o devedor perde o direito de administrar os seus bens e de dispor deles, até a liquidação total da massa.

pelos devedores[35], violento à pessoa natural e à sua família[36], e ineficaz no cumprimento da organização patrimonial e na proteção do crédito.

Evidenciando o desacerto da disciplina do crédito no ordenamento brasileiro, o artigo 833 do CPC, ao tratar do remédio da penhora para garantia da execução de dívidas, relaciona extensa lista de bens que não se sujeitam à excussão judicial. Apesar de necessária a proteção aos bens de família e ao salário, entre outros, justamente como meios de assegurar a moradia e subsistência do devedor e de seus dependentes, os limites previstos são altíssimos ou inexistentes. A lei brasileira é única no mundo em estabelecer a impenhorabilidade do imóvel de residência da família sem limite de valor.

Da mesma forma, considerada a renda média do brasileiro, a barreira de preservação de 50 (cinquenta) salários-mínimos mensais para que seja possível a realização da penhora (ainda que não aplicável à dívida alimentícia) confere proteção desproporcional ao devedor solvente.

Tais limites de proteção contribuem para aumentar a predisposição dos fornecedores em exigirem garantias adicionais, sobretudo reais, bem como promoverem o aumento de juros remuneratórios para compensarem seus próprios prejuízos ante o risco da inadimplência. Ou seja, se de um lado, há proteção excessiva ao devedor inadimplente, até mesmo o contumaz, mesmo que solvente, de outro, o ordenamento dá proteção frágil ao devedor insolvente e também uma tutela ineficaz aos seus próprios credores, que não conseguem uma solução definitiva das cobranças.

O aperfeiçoamento do sistema de relações creditícias brasileiro passa por várias mudanças legislativas, não só em prevenção e tratamento de devedores insolventes, mas também em criação de mecanismos mais eficazes e baratos de cobrança dos inadimplentes, com soluções que devem ser orientadas, ao mesmo tempo, pela racionalidade econômica e pela atenção aos princípios constitucionais que protegem a pessoa humana.

Ademais, a matéria deve ser abordada sob a perspectiva que enxerga o patrimônio do devedor como uma universalidade, como efetivamente é, e assim previsto no artigo 91 do CC[37]. Ou seja, ajustes regulatórios que abordam apenas um dado conjunto de relações jurídicas, mas sem considerar que o devedor será sempre uma pessoa que conecta a totalidade de suas relações, não permitem regulação ótima da matéria. Sob o aspecto econômico, há uma série de desincentivos jurídicos a melhores práticas, tanto por parte do credor, quanto do devedor. Esta é uma reflexão necessária que deve acompanhar as iniciativas legislativas e interpretativas que enfrentam o problema da insolvência, tão carente de soluções em nosso ordenamento.

---

35. Embora fuja ao recorte feito neste trabalho, destaque-se, por exemplo, o pedido de recuperação judicial formulado em 2020 pela Universidade Cândido Mendes perante o TJRJ. Sendo uma associação, sua insolvência deveria ser tratada no âmbito do CC e do CPC, mas a Universidade requereu o deferimento de sua recuperação judicial, remédio legal para sociedades empresárias em situação de crise. Há, em curso, projeto de lei – o PL 1.397/2020 – para ampliar os sujeitos da tutela, ao menos em caráter transitório (em função da pandemia) justamente permitindo o alcance por mais pessoas, mas a previsão de ampliação não contempla a pessoa natural.

36. Art. 749 CPC de 1973. Se o devedor for casado e o outro cônjuge, assumindo a responsabilidade por dívidas, não possuir bens próprios que bastem ao pagamento de todos os credores, poderá ser declarada, nos autos do mesmo processo, a insolvência de ambos.

37. Art. 91 CC. Constitui universalidade de direito o complexo de relações jurídicas, de uma pessoa, dotadas de valor econômico.

5. O PL 3.515/2015 E AS MEDIDAS PREVENTIVAS E DE TRATAMENTO DO SUPERENDIVIDAMENTO

O coronavírus jogou luz sobre o grave estado de sobre-endividamento das famílias brasileiras, já existente antes mesmo de sua chegada ao Brasil. As crises sanitária e econômica resultantes da pandemia também contribuíram para a acelerada piora do cenário de comprometimento patrimonial das pessoas, reacendendo as discussões sobre a regulação ineficiente da matéria do acesso ao crédito e do risco e tratamento do superendividamento. Se a regulação jurídica já era inadequada, mais importante se tornou a necessidade de sua mudança.

Neste contexto se inserem as discussões sobre o PL 3.515/2015, projeto de lei que teve início de tramitação no Senado ainda em 2012, sob a identificação PLS 283/2012, e que propõe mudanças no ordenamento brasileiro por via da atualização do CDC e também alteração no Estatuto do Idoso (Lei 10.741/2003).

As alterações legislativas buscam promover relações contratuais creditícias que tenham mais conformidade com os fundamentos constitucionais da liberdade e do solidarismo, e se orientam pelas diretrizes de: (i) boa-fé como princípio fundamental aplicável às relações jurídicas, que impõe o cumprimento de deveres de conduta leal não só pelo tomador, mas também o fornecedor de serviços de crédito; (ii) direito à contratação responsável do crédito por qualquer pessoa, que impõe aos agentes fornecedores a avaliação da capacidade global de pagamento de dívidas no momento da contratação[38], tendo em conta não só a preocupação com a inadimplência, mas também a solvabilidade do devedor; e (iii) garantia de proteção ao mínimo existencial, preservando-se um patrimônio de dignidade de todo devedor.

O projeto de lei altera o CDC em duas frentes, para prevenção e correção da insolvência, esta última designada "tratamento". São feitas alterações em alguns dispositivos já existentes, e acrescentados outros, aperfeiçoando a disciplina do crédito ao consumidor. Há foco na educação financeira do consumidor, reforço nos deveres de transparência das informações por ambos os lados, e cooperação por parte do fornecedor.

Com relação às medidas preventivas, o texto proposto[39] traz, no novo artigo 54-B, previsões que reforçam a necessidade de o fornecedor ou intermediário informar prévia e adequadamente o consumidor sobre as condições da oferta de crédito (incluídos dados sobre taxa mensal de juros remuneratórios e moratórios, encargos, montante das prestações, direitos de liquidação antecipada e não onerosa, entre outros). Importantes, também, as vedações, previstas no artigo 54-C de ofertas com referência a créditos "sem juros", "gratuitos", ou qualquer expressão em sentido semelhante, que dificultem a com-

---

38. Aqui cabe alguma reflexão sobre os limites da abertura de dados de endividamento pelo devedor ao credor. Além de o fornecedor já estar obrigado ao sigilo de dados, inclusive por força da proteção constitucional à privacidade e exigências de manter comportamento que não exponha o devedor a riscos, considerando a LGPD (Lei 13.709/2019, que dispõe sobre o tratamento de dados pessoais), a proteção é reiterada e ganha novos instrumentos de concretização.

39. Substitutivo disponível em [https://www.camara.leg.br/proposicoesWeb/prop_mostrarintegra?codteor=1864184&-filename=Parecer-PL351515-06-03-2020].

preensão sobre riscos, e, principalmente, vedações ao assédio ou pressão de contratação, bem como que a condicionem ao pagamento de honorários ou à realização de depósitos.

Ainda em prevenção, destacam-se os artigos 54-D, II, e seu parágrafo único, que exigem que o fornecedor avalie a capacidade e as condições do consumidor de pagar a dívida contratada, sob pena de inexigibilidade ou redução dos juros e encargos, e a dilação do prazo de pagamento, e 54-E, que prevê que nos contratos que envolvam pagamento por meio de consignação em folha, as parcelas não podem superar 35% da remuneração mensal líquida, sendo 5% destinados exclusivamente para dívidas relacionadas a contratos de cartão de crédito, com reserva de margem consignável.

Deve-se lembrar que com base na normativa em vigor já é possível a punição para contratações não solicitadas e desleais[40]. Os consumidores têm caminhos, ainda que não tão fáceis, mas há um problema de desinformação grande, uma das mais fortes razões para o superendividamento. Embora o projeto de lei justamente tente resolvê-lo, é recomendável a divulgação didática dos mecanismos legais já disponíveis em proteção ao consumidor e, caso aprovados, os novos mecanismos. Este um papel importante de todos os órgãos públicos que integram o Sistema Nacional de Defesa do Consumidor[41].

Com relação às medidas corretivas, portanto de tratamento do superendividamento, sem dúvida o problema é bastante desafiador, pois uma vez já superendividado, sempre haverá perda patrimonial para os credores e o próprio devedor.

Há, conforme o substitutivo ao texto legal proposto, duas fases possíveis de repactuação coletiva da dívida global, uma em que o plano é negociado com os credores, que pode ocorrer em sede judicial ou perante qualquer órgão que integre o Sistema Nacional de Defesa do Consumidor[42] (artigo 104-C[43]), e outra em que o plano é imposto pelo juiz.

Em termos práticos, na fase de conciliação, chamada de processo de repactuação (artigo 104-A), como o poder de barganha do consumidor é baixo, a eficácia provavelmente também será, mas o simples fato de promover a negociação coletiva já é digno de crédito (com trocadilho). Ela é fundamental para que não haja estímulo à corrida individual para execução forçada, que favorece basicamente credores quirografários mais estruturados e desprestigia a ordem legal de preferências creditícias.

Um problema é que a redação proposta exclui (no §1º do artigo 104-A) expressamente as dívidas de caráter alimentar, fiscais, parafiscais, as oriundas de contratos celebrados

---

40. Em processo representativo desta possibilidade, uma instituição financeira foi condenada por abuso no oferecimento de crédito rotativo à sua cliente (cujos valores de remuneração ao credor são maiores) ao invés de empréstimo consignado (cujas condições são mais favoráveis ao consumidor). A consumidora mantinha conta bancária para o recebimento do benefício previdenciário de pensão, e solicitou empréstimo consignado junto ao banco. No entanto, ao invés de celebrar o que foi solicitado, com condições de pagamento de juros mais baixas, o banco celebrou contrato de cartão de crédito, abrindo crédito rotativo, em condições piores à titular e mais vantajosas ao fornecedor do crédito, com débito direto nas faturas do cartão. TJPR. Processo: 0005969-11.2019.8.16.0001.

41. Integrado agora também pelo Conselho Nacional de Defesa do Consumidor, órgão de composição múltipla instituído pelo Decreto 10.417, de 07/07/2020, com a finalidade de assessorar o Ministro de Estado da Justiça e Segurança Pública na formulação e na condução da Política Nacional de Defesa do Consumidor.

42. Art. 105 CDC. Integram o Sistema Nacional de Defesa do Consumidor (SNDC), os órgãos federais, estaduais, do Distrito Federal e municipais e as entidades privadas de defesa do consumidor.

43. Art. 104-C PL 3.515/2015. Compete concorrentemente aos órgãos públicos integrantes do Sistema Nacional de Defesa do Consumidor a fase conciliatória e preventiva do processo de repactuação de dívidas, nos moldes do art. 104-A, no que couber. (...)

dolosamente sem propósito de pagamento, dívidas com garantia real, financiamentos imobiliários e contratos de crédito rural. São tantas exceções (em parte compreensíveis em função de sua natureza não consumerista) que a não consideração do patrimônio do devedor como uma universalidade pode inviabilizar um arranjo exequível e funcional.

Além de o escopo ser reduzido, há outro problema com as premissas de cumprimento. Inexitosa a conciliação, diz o projeto (artigo 104-B) que os contratos serão revistos e integrados por plano compulsório, indicando a lei alguns parâmetros para sua elaboração – estes que poderão ser adotados inclusive na fase conciliatória. Na fase de repactuação compulsória, o juiz deve, seguindo a normativa, estabelecer, no mínimo, o pagamento do valor principal das dívidas, e em prazo máximo de 5 anos.

Mas uma premissa importante para a repactuação de qualquer pagamento em caso de insolvência é de que o plano não tem necessariamente que atender o total das contas a pagar do devedor. Para ser factível, o cálculo deve ser feito com base no acervo disponível, portanto a soma de todos os bens que podem ser alocados para pagamento (excluídos os que compõem o mínimo existencial), e, deste total, se fazer o rateio proporcional entre os devedores, respeitadas as preferências legais.

A lei brasileira já prevê este racional. O artigo 391 do CC[44], quando trata do inadimplemento das obrigações, dispõe que o limite de responsabilidade patrimonial está na soma dos bens do devedor. Ou seja, a solução deve ser buscada em cotejo das situações que integram o ativo e o passivo em dado momento, por via de um *retrato patrimonial*, que permite a adequada elaboração do cálculo de rateio, evitando-se o comprometimento de valores a receber futuros, que podem ser incertos, e viabilizando uma efetiva recuperação do insolvente conforme sua realidade atual. No entanto, com a redação proposta para o CDC, ao invés de o plano focar no ativo, para o seu melhor aproveitamento, passa a focar no passivo. Importante, portanto, a integração das normas gerais de direito civil com as específicas de proteção consumerista, para evitar uma resposta judicial que não seja, de fato, solucionadora.

A título comparativo, no regime empresarial, previsto na Lei 11.101/2005, as sociedades em recuperação têm conseguido condições bastante mais facilitadas de repactuação de dívidas. Conforme estudo realizado pela Núcleo de Estudo e Pesquisa sobre Insolvência da Pontifícia Universidade Católica de São Paulo (PUC-SP) e pela Associação Brasileira de Jurimetria (ABJ), com o apoio da Corregedoria Geral da Justiça, os prazos totais para pagamento variam entre 11 e 12,5 anos, e o desconto médio no valor a pagar de 37%[45].

Apesar das dificuldades, o PL 3.515/2015 avança no enfrentamento do tema. Louvável que crie mais mecanismos para repactuação coletiva de dívidas, e que expressamente preveja a garantia de renda mínima necessária para assegurar a subsistência da sua família (mínimo existencial).

Quanto à mudança proposta no Estatuto do Idoso (pelo acréscimo do § 3º ao artigo 96), o legislador quis reforçar a possibilidade da negativa motivada de crédito

---

44. Art. 391 CC. Pelo inadimplemento das obrigações respondem todos os bens do devedor.
45. Além destas condições, o projeto Observatório da Insolvência apurou que as assembleias de credores aprovam, em média, planos que preveem com juros médios de 3% ao ano e correção monetária pela Taxa Referencial. Dados disponíveis em: [https://abj.org.br/cases/insolvencia/]. Acesso em 15.05.2020.

ao idoso, sem que a recusa constitua crime pelo fornecedor. Parece-nos que diante das previsões gerais em proteção ao consumidor e concessão responsável do crédito, a mudança não seria necessária, inclusive porque a negativa continua não podendo se basear simplesmente na idade do consumidor. A exceção prevista na lei não autoriza qualquer tratamento discriminatório imotivado da pessoa idosa, sob pena de responsabilidade criminal.

Em última nota sobre as mudanças propostas, ou quaisquer mudanças futuras possíveis, ressalva-se a necessidade de atenção na relação entre as finalidades da norma e seus respectivos meios. Se, por um lado, do ponto de vista da racionalidade na contratação e cumprimento dos negócios deve-se favorecer o agente econômico atento e proativo, por outro, deve haver conjugação desta premissa frente aos valores de proteção à pessoa humana que o nosso sistema jurídico prioriza.

Se o que se pretende são soluções menos litigiosas (com menor judicialização de conflitos), mais negociadas, e que equilibrem a atenção aos créditos conforme sua natureza, preservando-se notadamente interesses existenciais, há que se viabilizar a construção de caminhos e soluções compatíveis com esta lógica. Daí a importância de a regulação, principalmente por medidas de prevenção, mudar a cultura para a concessão de créditos para um modo de agir mais responsável.

6. A INTERPRETAÇÃO PROATIVA DOS INSTRUMENTOS DISPONÍVEIS NO ORDENAMENTO

Independente da aprovação do projeto de lei, o qual, embora útil para a melhoria da normativa em vigor, não resolve algumas questões problemáticas, intérpretes e aplicadores têm à disposição no sistema jurídico brasileiro já vigente alguns recursos que podem ser mais bem utilizados. Em primeiro lugar, em termos tanto preventivos quanto corretivos, a cláusula geral de boa-fé é ferramenta poderosa que pode ser invocada para atribuir aos fornecedores de crédito deveres laterais de conduta. Isto é, independente de previsão legal ou contratual específica, os fornecedores devem agir com transparência e lealdade nas contratações, respondendo por quaisquer abusos.

Esta invocação já vem ocorrendo, mas pode ser mais explorada por intérpretes e aplicadores da lei. Ante a previsão do princípio da boa-fé em nosso ordenamento[46], que densifica o fundamento constitucional do solidarismo, sequer seria necessária uma nova lei para dizer que o fornecedor de crédito não pode ofertar um produto financeiro a quem sabidamente não tem condições de pagar a dívida. Tampouco pode o fornecedor

---

46. Art. 4º CDC. A Política Nacional das Relações de Consumo tem por objetivo o atendimento das necessidades dos consumidores, o respeito à sua dignidade, saúde e segurança, a proteção de seus interesses econômicos, a melhoria da sua qualidade de vida, bem como a transparência e harmonia das relações de consumo, atendidos os seguintes princípios:

I – reconhecimento da vulnerabilidade do consumidor no mercado de consumo; (...)

III – harmonização dos interesses dos participantes das relações de consumo e compatibilização da proteção do consumidor com a necessidade de desenvolvimento econômico e tecnológico, de modo a viabilizar os princípios nos quais se funda a ordem econômica (art. 170, da Constituição Federal), sempre com base na boa-fé e equilíbrio nas relações entre consumidores e fornecedores;

ofertar um produto não solicitado, ou em condições piores do que as que seriam possíveis conforme o perfil de risco do consumidor. Não há liberdade contratual que justifique a conduta desleal. O reforço dado pela Lei da Liberdade Econômica ao princípio da livre iniciativa não deve ser confundido com licença à livre contratação que, pela própria relação assimétrica das partes, desde o início está maculada por vícios que invalidam o negócio jurídico da obtenção de crédito[47].

Além desta premissa, de direito material, há instrumentos processuais importantes à disposição dos consumidores, tanto pré-litigiosos quanto litigiosos, e que podem ser mais bem aproveitados.

Em sede não litigiosa ou pré-litigiosa, os métodos autocompositivos foram estimulados pelo CPC de 2015, aumentando a importância da negociação[48]. Contribuindo para a solução consensual, a OAB Nacional, por meio da Comissão Especial de Defesa dos Consumidores, editou em Maio de 2020 uma Cartilha do Superendividamento[49], na qual, além da indicação de cuidados preventivos, são mapeados projetos-piloto de alguns Tribunais de Justiça[50] e dos órgãos de defesa dos consumidores locais para renegociação de dívidas e estabelecimento de um plano de pagamento para insolventes.

Já em sede litigiosa, no âmbito judicial destaca-se a possibilidade de uso da teoria dos novos procedimentos especiais[51]. A teoria considera que desde o advento do CPC de 2015 passou a ser possível no processo judicial a migração de técnicas processuais próprias dos procedimentos especiais para o rito comum.

A lógica do CPC de 1973 era outra, de antinomia, em que a incidência da norma especial afastava a norma geral. Mas o CPC de 2015 é propositalmente mais flexível, tanto que permite o gerenciamento do processo pelo juiz da causa, ou por convenção das partes, bem como a adaptação de técnicas processuais previstas nos ritos especiais, praticamente extinguindo as distinções entre procedimentos. Por meio do parágrafo único do artigo 1.049[52], por exemplo, o CPC consagrou o procedimento comum, remetendo a ele qualquer hipótese prevista na legislação relativa ao extinto procedimento sumário, mas prevendo a adoção das modificações previstas na lei especial, casos existentes.

---

47. Com efeito, ainda que o princípio da liberdade tenha sido de fato reforçado na Lei 13.874/2019, a própria norma estabelece expressamente a impossibilidade de livre definição de preço de produtos e de serviços como consequência de alterações da oferta e da demanda nas relações de consumo, nos termos do seu artigo 3º, III e §3º, II.

48. GAGLIETTI, Mauro José; DORST, Daeane Zulian. Processo civil de consumo: diálogo com o novo CPC. *Revista de Direito do Consumidor*, v. 107/2016. Disponível em: [http://www.mpsp.mp.br/portal/page/portal/documentacao_e_divulgacao/doc_biblioteca/bibli_servicos_produtos/bibli_boletim/bibli_bol_2006/RDCons_n.107.17.PDF].

49. Disponível em: [https://www.oab.org.br/Content/pdf/Cartilha-Superendividamento.pdf]. Acesso em: 15.07.2020.

50. A Cartilha aponta experiências bem sucedidas, ainda não presentes em todos os estados brasileiros, que podem ser multiplicadas.

51. Sobre o tema ver DIDIER Jr. Fredie Didier Jr.; CUNHA, Leonardo Carneiro da; CABRAL, Antonio do Passo. *Por uma nova teoria dos procedimentos especiais: dos procedimentos às técnicas*. Rio de Janeiro: Juspodivm, 2018.

52. Art. 1.049 CPC. Sempre que a lei remeter a procedimento previsto na lei processual sem especificá-lo, será observado o procedimento comum previsto neste Código.
Parágrafo único. Na hipótese de a lei remeter ao procedimento sumário, será observado o procedimento comum previsto neste Código, com as modificações previstas na própria lei especial, se houver.

Somando-se à previsão de flexibilização do rito comum, no artigo 327 §2°[53] o legislador autorizou expressamente a reunião de diferentes processos em um só juízo, ainda que entre eles não haja conexão, e quando diversos os procedimentos, para sua solução em conjunto. A previsão, inovadora no CPC de 2015, na prática permite a possibilidade de se estabelecer um juízo único para concurso de credores, ainda que não a mencione expressamente. No caso de reunião de processos, o procedimento será o comum, que, agora flexível, poderá importar técnicas dos procedimentos especiais. Note-se que as técnicas dos procedimentos especiais poderão ser empregadas independentemente de sua previsão estar presente no próprio CPC ou em qualquer outra norma legal.

Nesta hipótese, a lógica que deve orientar os intérpretes, tanto advogados quanto juízes, passa a ser a da adequação, isto é, deve-se buscar a identificação da técnica adequada, conforme sua natureza e finalidades, para a solução do problema. É possível cogitar a reunião dos processos com impacto no patrimônio de um mesmo devedor a pedido do próprio, quando percebe sua situação de insolvência, ou de qualquer credor interessado[54]. Assim, independente da aprovação do PL 3.515/2015, o devedor pode buscar a reunião das negociações, viabilizando uma solução com repercussão coletiva.

Esta possibilidade de reunião tem a vantagem de abranger débitos constituídos não apenas no âmbito de relações de consumo. Em outras palavras, quando a pessoa natural se encontrar em situação de superendividamento, pode trazer elementos do rito de recuperação judicial para o rito comum do processo civil, buscando um tratamento global de suas relações patrimoniais.

A recuperação deve ser vista de forma mais estratégica por todos os atores envolvidos com o problema do superendividamento, inclusive os intérpretes e aplicadores da lei. O tratamento assistemático dado ao tema no Brasil afeta devedores, credores, e todo o mercado, na medida em que a desigualdade de instrumentos aumenta indevidamente a força de parte dos credores em questão inclusive com repercussões concorrenciais.

É um contrassenso que no ordenamento brasileiro, estruturado em prol da pessoa humana, o seu nível de proteção, quando em dificuldade patrimonial, seja inferior à tutela conferida a uma pessoa jurídica também em dificuldade patrimonial. Como defendido por Daniel Bucar[55], cabe a leitura invertida do artigo 52 do CC[56], que permite a extensão de direitos da personalidade, essencialmente existenciais, às pessoas jurídicas. Assim, dada a primazia da proteção à pessoa humana no ordenamento, a ela deve se aplicar, igualmente, a proteção aos direitos patrimoniais conferida às pessoas jurídicas, no que couber.

---

53. Art. 327 CPC. É lícita a cumulação, em um único processo, contra o mesmo réu, de vários pedidos, ainda que entre eles não haja conexão.(...)§ 2° Quando, para cada pedido, corresponder tipo diverso de procedimento, será admitida a cumulação se o autor empregar o procedimento comum, sem prejuízo do emprego das técnicas processuais diferenciadas previstas nos procedimentos especiais a que se sujeitam um ou mais pedidos cumulados, que não forem incompatíveis com as disposições sobre o procedimento comum.(...)
54. Muito provavelmente, algum credor que tenha preferência, segundo a natureza da dívida, lembrando que os créditos financeiros, salvo quando com garantia real, têm natureza quirografária.
55. BUCAR, Daniel. *Superendividamento: Reabilitação patrimonial da pessoa humana*. São Paulo: Saraiva, 2017.
56. Art. 52 CC. Aplica-se às pessoas jurídicas, no que couber, a proteção dos direitos da personalidade.

Neste sentido, regimes jurídicos de proteção patrimonial previstos às pessoas jurídicas podem ser, na medida de sua adequabilidade, também adaptados para permitir o soerguimento das pessoas naturais, principalmente considerando o atual déficit de tutela do ordenamento.

7. CONCLUSÃO

Os temas do crédito e do superendividamento têm enorme repercussão social, se estendendo inclusive para além das fronteiras do direito do consumidor, embora também se conectem profundamente com a disciplina, especialmente nas situações de superendividamento ativo, aquele originado por atuação do próprio devedor, na assunção de dívidas acima de sua capacidade orçamentária, ainda que inadvertidamente.

A matéria precisa ser enfrentada, tanto em sede legislativa, quanto doutrinária e jurisprudencial, com atenção a todos os interesses que se cruzam na pessoa e no patrimônio do insolvente. Paradoxalmente, temos um sistema que oferece proteções em excesso ao devedor solvente, aumentando os riscos e o custo do crédito para todos, e ao mesmo tempo proteção mínima ao insolvente, tanto preventiva quanto corretiva.

Embora no plano civil exista a previsão legal do processo de insolvência, destinado à pessoa natural ou à jurídica não empresária, a regulação brasileira prevê um remédio amargo e ineficiente, tanto que evitado por devedores e os próprios credores.

Para a pessoa natural, a decretação de insolvência além de não contribuir para sua recuperação patrimonial a coloca em verdadeira situação de exclusão social, em estado equivalente à interdição.

Muitas pessoas passam por algum momento de dificuldade financeira na vida, e com a pandemia de coronavírus, ocorreu dramático agravamento do quadro econômico-social do país, exigindo a busca por soluções a um só tempo mais pragmáticas e humanistas.

Preventivamente, é imprescindível a ampliação dos meios de acesso à informação e ao entendimento sobre as consequências na obtenção de crédito, em suas diferentes modalidades de contratação. Há um déficit informacional gritante entre os fornecedores e os consumidores de serviços de crédito. As regras de *compliance* dos agentes econômicos já avançaram muito no direito brasileiro para exigir mais cuidado nas relações interempresariais, e precisam, igualmente, avançar no varejo, nas relações com os destinatários finais dos serviços, por meio da responsabilização no fornecimento de crédito sem cumprimento a deveres adequados de prevenção.

Daí a importância de qualquer iniciativa legislativa que reforce a atuação cautelosa, e, independente de mudanças legais, da interpretação dos dispositivos vigentes de forma consoante aos princípios de liberdade e solidarismo, para a adoção de soluções eficientes.

8. REFERÊNCIAS

BERGSTEIN, Laís. Superendividamento dos consumidores: As alternativas pós pandemia. *Portal Migalhas.* 01-06-2020. Disponível em: [https://www.migalhas.com.br/depeso/328014/superendividamento--dos-consumidores-as-alternativas-pos-pandemia].

BUCAR, Daniel. *Superendividamento: Reabilitação patrimonial da pessoa humana*. São Paulo: Saraiva, 2017.

DIDIER Jr. Fredie Didier Jr.; CUNHA, Leonardo Carneiro da; CABRAL, Antonio do Passo. *Por uma nova teoria dos procedimentos especiais: dos procedimentos às técnicas*. Rio de Janeiro: Juspodivm, 2018.

GAGLIETTI, Mauro José; DORST, Daeane Zulian. Processo civil de consumo: diálogo com o novo CPC. *Revista de Direito do Consumidor – RDC*. v. 107/2016. Disponível em: [http://www.mpsp.mp.br/portal/page/portal/documentacao_e_divulgacao/doc_biblioteca/bibli_servicos_produtos/bibli_boletim/bibli_bol_2006/RDCons_n.107.17.PDF].

MARTINS, Fernando Rodrigues; MARQUES, Claudia Lima. Superendividamento de idosos: a necessidade de aprovação do PL 3515/15. *Consultor Jurídico*. 27-05-2020. Disponível em: [https://www.conjur.com.br/2020-mai-27/garantias-consumo-superendividamento-idosos-preciso-aprolvar-pl-351515].

MARTINS-COSTA, Judith. *A boa-fé no direito privado: critérios para a sua aplicação*. 2. ed. São Paulo: Saraiva Educação, 2018.

OLIVEIRA, Andressa Jarletti Gonçalves de. Crédito, inadimplência e os desafios para a proteção dos consumidores nos contratos bancários. *Revista de Direito do Consumidor*, v. 102. São Paulo: Ed, RT, 2015. p. 195-220.

PEREIRA, Andressa; ZAGANELLI, Margareth Vetis. Superendividamento do consumidor: prevenção e tratamento sob o prisma da dignidade da pessoa humana. *Revista Jurídica Cesumar*. Janeiro/abril 2019, v. 19, n. 1, p. 89-117. Disponível em: [https://periodicos.unicesumar.edu.br/index.php/rev-juridica/article/view/6864/3397].

SCIRÉ, Claudia D'Ipolitto de Oliveira. "Financeirização da pobreza": crédito e endividamento no âmbito das práticas populares de consumo. *Teoria & Pesquisa*, v. 20, p. 65, 2011. Disponível em: [http://www.teoriaepesquisa.ufscar.br/index.php/tp/article/viewFile/244/182].

IMPACTOS DA PANDEMIA NA MANUTENÇÃO DA CADEIA CONTRATUAL NOS CONTRATOS IMOBILIÁRIOS

Anna Lyvia Roberto Custódio Ribeiro

Advogada, associada ao escritório Siqueira Neto Advogados Associados, Mestre em Direito Político e Econômico pela Universidade Presbiteriana Mackenzie (UPM), Vice-Presidente da Comissão Especial de Direito Imobiliário da OAB SP no triênio 2019-2021. Currículo Lattes: [http://lattes.cnpq.br/9988666346180817] E-mail: lyviaanna@outlook.com

Luiza Noronha Siqueira

Advogada, sócia do Escritório Siqueira Neto Advogados Associados, Mestre em Direito Tributário pela Pontifícia Universidade Católica de São Paulo (PUC-SP). Currículo Lattes: [http://lattes.cnpq.br/5070416526665410] E-mail: luiza@siqueiraneto.com.br

Sumário: 1. Introdução. 2. Inadimplemento dos contratos de financiamento imobiliário garantidos por alienação fiduciária. 3. Resolução unilateral por inadimplemento do adquirente de unidade autônoma em incorporação imobiliária. 4. Considerações finais. 5. Referências.

1. INTRODUÇÃO

O novo coronavírus foi caracterizado como uma pandemia pelo relatório de situação[1] emitido em 11 de março de 2020 pela Organização Mundial de Saúde (OMS), consistindo em uma crise sanitária com graves consequências econômicas e sociais em âmbito mundial. A interligação e conectividade existentes entre os países intensificaram esse cenário de paralisação global até então nunca vivenciado.

Com a impossibilidade de exploração econômica e mesmo considerando as particularidades de cada país, todos os setores produtivos foram afetados. As expectativas para o Brasil envolvem crise e recessão econômica tanto no contexto atual quanto nos pós-pandemia (desemprego, diminuição da renda média das famílias brasileiras, aumento do número de trabalhadores informais, dificuldade de acesso a crédito, entre outras consequências).

Ao se constatar a adequação do direito às mudanças sociais, essencial compreender como o direito é aplicado em um período atípico. Nesse sentido, o descompasso da eco-

---

1. WORLD HEALTH ORGANIZATION. *Coranavirus disease 2019 (COVID-19) Situation Report – 51*. Data as reported by national authorities by 10 AM CET 11 March 2020. Disponível em: [https://www.who.int/docs/default-source/coronaviruse/situation-reports/20200311-sitrep-51-covid-19.pdf?sfvrsn=1ba62e57_10]. Acesso em: 08.05.2020.

nomia, afeta diretamente as relações jurídicas de direito privado, com o inadimplemento das obrigações contratualmente estabelecidas entre as partes.

No âmbito das relações jurídica de direito privado, os contratos imobiliários têm relevância ao constituírem a aquisição da moradia própria, destacando-se os contratos de financiamento imobiliário que viabilizam a propriedade imobiliária para parcela considerável da população brasileira.[2] O déficit habitacional no país é expressivo em um cenário de normalidade[3], permanecendo como um dos desafios a serem enfrentados para diminuição das desigualdades e cumprimento do direito fundamental à moradia cuja essencialidade se tornou mais evidente com o isolamento social imposto pela pandemia.

Os contratos imobiliários em geral são instrumentos que atribuem concretude jurídica para possibilidades de redução do déficit como, por exemplo, a oferta de novas unidades habitacionais para fins de aquisição e o financiamento de imóveis já construídos. As partes se questionam, contudo, como prosseguirem regularmente com esses contratos em um contexto desfavorável de crise econômica e sanitária.

Dentre todas as dificuldades enfrentadas no que tange ao cumprimento dos contratos imobiliários, teceremos considerações sobre dois aspectos que entendemos mais sensíveis em momentos de recessão econômica: o inadimplemento dos contratos de financiamento imobiliário garantidos por alienação fiduciária; e a resolução unilateral por inadimplemento do adquirente de unidade autônoma em incorporação imobiliária. Embora em um primeiro momento não seja cristalina a razão da escolha desses dois pontos, cumpre esclarecer que ambos são temas relevantes na perspectiva do cidadão adquirente de um bem imóvel.

O contrato de financiamento imobiliário garantido por alienação fiduciária, ante sua natureza jurídica, possibilita a satisfação mais rápida do crédito inadimplido, impondo ao adquirente a perda da propriedade imobiliária mediante execução extrajudicial e o consequente o comprometimento do que foi investido no imóvel para fins da sua aquisição.

Além de também comprometer a aquisição do imóvel, a resolução unilateral por inadimplemento do adquirente de unidade autônoma em incorporação imobiliária pode afetar a construção do próprio empreendimento e a exploração da atividade econômica da incorporadora. Em momentos de crise econômica, os adquirentes de unidades autô-

---

2. "Vale lembrar que a compra de um imóvel representa o bem de valor mais elevado que as famílias irão adquirir no decorrer de suas vidas, exigindo para a maior parte delas a formação de poupança prévia e financiamento. É uma decisão que irá envolver um endividamento por um longo período. No entanto, para uma parcela das famílias, a renda disponível para formação de poupança prévia. ou comprometimento da renda com a prestação é muito pequena ou inexistente. Nesses casos, o acesso à moradia própria só se torna possível por meio de subsídios e/ou financiamentos subsidiados (taxas inferiores às de mercado)." ABRAINC – Associação Brasileira de Incorporadoras Imobiliárias; FGV – Fundação Getúlio Vargas Projetos. *Análise das Necessidades Habitacionais e suas Tendências para os Próximos Dez Anos, Produto 2 – Relatório Técnico Final – 2ª Versão, 17 de outubro de 2018*. Disponível em: [https://www.abrainc.org.br/wp-content/uploads/2018/10/ANEHAB-Estudo-completo.pdf]. Acesso em: 09.05.2020, p.26-27.

3. "O déficit habitacional total no Brasil em 2017 foi estimado em 7,77 milhões de unidades. Dentre seus componentes, nota-se a grande concentração no ônus excessivo com aluguel (42,3%) e na coabitação familiar (41,3%). [...] entre 2007 e 2017, a participação do componente ônus excessivo com aluguel passou de 24,2% para 42,3%, passando a atingir 1,5 milhão de domicílios a mais. No mesmo período, mais de meio milhão de famílias deixaram a condição de conviventes, no entanto, surgiram mais cerca de 50 mil domicílios improvisados." Ibidem., p.10-11.

nomas futuras tendem a requerer a resolução do contrato com o objetivo de devolução parcial do valor investido.

Assim, ainda que a espécie contratual rescindida não possua instituição financeira mediadora e garantidora, os reflexos da má utilização do mecanismo de resolução contratual são capazes de gerar impactos econômicos no mercado imobiliário que é integrado pela construção civil (setor essencial para geração de empregos, com consequente papel de relevância na economia nacional).

O patamar da restituição nos casos de resolução unilateral é tema controvertido na jurisprudência, sem prejuízo da Lei Federal 13.786 de 2018 ter trazido disposições sobre o assunto e o Superior Tribunal de Justiça já ter se manifestado a respeito. A análise judicial do caso concreto permite a interpretação contratual com base na livre convicção do juízo que, mesmo fundamentada, pode não observar os parâmetros previamente definidos que compõem a cadeia contratual do negócio imobiliário em análise.

O presente artigo, desta forma, pretende tratar de duas hipóteses de ameaça à manutenção da cadeia contratual nos contratos imobiliários em decorrência do inadimplemento por parte do devedor e adquirente, identificando o sopesamento entre os direitos e pretensões das partes em um momento de profunda instabilidade.

Superadas essas considerações iniciais com a delimitação dos aspectos a serem tratados, passaremos ao desenvolvimento de cada um deles.

2. INADIMPLEMENTO DOS CONTRATOS DE FINANCIAMENTO IMOBILIÁRIO GARANTIDOS POR ALIENAÇÃO FIDUCIÁRIA

Com a finalidade de compreender melhor o regramento presente na Lei Federal 9.514 de 1997 que, entre outras matérias, instituiu a alienação fiduciária de bens imóveis e o Sistema de Financiamento Imobiliário (SFI), importante contextualizar brevemente como está estruturado o crédito imobiliário no país.

Antes da estrutura atual existente no SFI de integração das operações imobiliárias ao mercado de capitais que fez surgir a figura do Certificado de Recebíveis Imobiliários – CRI[4], o crédito imobiliário era viabilizado pelo Sistema de Financeiro de Habitação (SFH)[5], instituído pela Lei Federal 4.380 de 1964, e pelo Sistema Brasileiro de Poupança e Empréstimo (SBPE)[6].

---

4. Lei Federal 9.514/1997, Art. 6º O Certificado de Recebíveis Imobiliários – CRI é título de crédito nominativo, de livre negociação, lastreado em créditos imobiliários e constitui promessa de pagamento em dinheiro.
5. Resolução 4.676/2018 do Ministério da Fazenda/Banco Central, Art. 3º O Sistema Financeiro da Habitação (SFH), de que trata a Lei 4.380, de 21 de agosto de 1964, destina-se a facilitar e a promover a construção e a aquisição da casa própria ou moradia, especialmente pelas classes de menor renda da população. Parágrafo único. Integram o SFH, na qualidade de agentes financeiros, além das entidades previstas no art. 8º da Lei 4.380, de 1964, as demais instituições financeiras autorizadas a funcionar pelo Banco Central do Brasil e as entidades fechadas de previdência complementar.
6. Resolução 4.676/2018 do Ministério da Fazenda/Banco Central, Art. 2º O Sistema Brasileiro de Poupança e Empréstimo (SBPE) tem por finalidade promover o financiamento imobiliário em geral, por meio da captação e do direcionamento dos recursos de depósitos de poupança. Parágrafo único. Integram o SBPE os bancos múltiplos com carteira de crédito imobiliário, as caixas econômicas, as sociedades de crédito imobiliário e as associações de poupança e empréstimo.

Enquanto o SFH possui como foco o financiamento imobiliário dos setores da população com menor renda, inclusive na perspectiva do programa de habitação Programa Minha Casa Minha Vida – PMCMV (Lei Federal 11.977 de 2009), tanto o SFI quanto o SBPE promovem o financiamento imobiliário em geral. O que não se diferencia nesses sistemas são as garantias (direitos reais de garantia) que obrigatoriamente deverão serão adotadas nas operações de financiamento imobiliário, destacando-se a alienação fiduciária de coisa imóvel (imóvel objeto da operação ou a alienação fiduciária de outro imóvel do mutuário ou de imóvel de terceiros).[7]

Nos contratos de financiamento[8] se identifica a necessidade da previsão concreta de garantias que permitam o desenvolvimento contratual sadio até o seu encerramento, isto é, quando adimplida a dívida. Com o objetivo de gerar um grau maior segurança para os credores, os direitos reais de garantia integram os contratos de modo a assegurar o cumprimento das dívidas, independente da vontade do devedor. Assim, a constituição desses direitos reais de garantia (alienação fiduciária, hipoteca, penhor e anticrese) estrutura formas de segurança presentes no sistema de direito privado.[9]

Marcello Terra[10] evidencia a relevância da alienação fiduciária:

> [...] a alienação fiduciária, atenua, em muitos casos, as dificuldades normais encontradas nos tradicionais instrumentos de garantia, oferecendo maior rigor e eficiência na segurança do crédito, principalmente devido ao crescente abalo, pelo Poder Judiciário, ao prestígio da hipoteca como fomentador da garantia do crédito.

A característica de atribuir maior agilidade e segurança ao credor, resulta na alienação fiduciária corresponder ao direito real de garantia mais utilizado na atualidade.

Referido direito real de garantia consiste em um contrato acessório, considerando a sua dependência de uma dívida que exista previamente ou seja assumida de forma concomitante à constituição da garantia. O devedor ou terceiro afeta um bem de sua propriedade ao credor, transferindo a propriedade fiduciária, isto é, a propriedade resolúvel do bem e a sua posse indireta, enquanto preserva a posse direta e a utilização, além de ter a expectativa de retomada do domínio sobre o bem com a satisfação da dívida na sua integralidade.[11]

A Lei Federal 9.514 de 1997 evidencia esse conceito da alienação fiduciária na perspectiva dos bens imóveis que este artigo se propõe a tratar:

---

7. A Resolução 4.676/2018 do Ministério da Fazenda/Banco Central também indica como garantias possíveis nos financiamentos imobiliários: hipoteca em primeiro grau, do imóvel objeto da operação; hipoteca, em primeiro grau, de outro imóvel do mutuário ou de imóvel de terceiros; cessão fiduciária de direitos creditórios decorrentes de contratos de alienação de imóveis; ou caução de direitos creditórios ou aquisitivos decorrentes de contratos de venda ou promessa de venda de imóveis.

8. "*Financiamento é* a operação bancária, também chamada *adiantamento*, pela qual o banco antecipa numerário sobre créditos que o cliente possa ter, com a finalidade de proporcionar-lhe meios necessários a um dado empreendimento, em base meramente fiduciária ou mediante garantias." PEREIRA, Caio Mário da Silva. *Instituições de direito civil.* v. 3. Contratos. Rio de Janeiro: Forense, 2007, p. 531.

9. PENTEADO, Luciano de Camargo. *Direito das Coisas.* São Paulo: Ed. RT, 2008, p. 439.

10. *Alienação Fiduciária de imóvel em garantia.* Porto Alegre: Sergio Antonio Fabris Editor, 1998, p. 23.

11. Ibidem, p.440.

Art. 22. A alienação fiduciária regulada por esta Lei é o negócio jurídico pelo qual o devedor, ou fiduciante, com o escopo de garantia, contrata a transferência ao credor, ou fiduciário, da propriedade resolúvel de coisa imóvel.

[...]

Art. 23. Constitui-se a propriedade fiduciária de coisa imóvel mediante registro, no competente Registro de Imóveis, do contrato que lhe serve de título.

Parágrafo único. Com a constituição da propriedade fiduciária, dá-se o desdobramento da posse, tornando-se o fiduciante possuidor direto e o fiduciário possuidor indireto da coisa imóvel.

O contrato de financiamento imobiliário, portanto, abarca a figura acessória da alienação fiduciária, além do próprio contrato de aquisição do imóvel. A estrutura contratual é complexa ao envolver três espécies de contrato para viabilizar a aquisição do imóvel de forma financiada com um direito real de garantia.

Sem prejuízo das especificidades existentes acerca da constituição da alienação fiduciária ou mesmo a sua extinção mediante satisfação da dívida, o foco deste artigo se direciona para os mecanismos de execução da garantia fiduciária em decorrência do inadimplemento. De acordo com o artigo 26 da Lei Federal 9.514 de 1997, essa execução pode ser iniciada pelo credor fiduciário quando vencida e não paga a dívida, no todo ou em parte, e constituído em mora o devedor fiduciante por meio da sua intimação pessoal ou por edital a ser realizada pelo oficial de Registro de Imóveis competente (procedimento na esfera extrajudicial seguido de leilão para venda do imóvel). O prazo para pagamento das prestações vencidas e das que se vencerem até a data do pagamento corresponde a quinze dias.

O ponto de atenção constatado se refere à possibilidade de execução da garantia em decorrência do inadimplemento parcial. A partir dessa disposição aberta presente no texto da legislação, não foi fixado um número de parcelas em atraso para que o credor fiduciário inicie a execução, dependendo do que for estipulado contratualmente entre as partes. Em regra, o procedimento da intimação do devedor fiduciante ocorre com três parcelas em atraso.

Como o objetivo desse item é evidenciar as possibilidades de manutenção da cadeia contratual dos financiamentos imobiliários, não detalharemos todas as fases do procedimento de execução da garantia fiduciária de bens imóveis previsto na Lei Federal 9.514 de 1997, como a consolidação da propriedade do credor fiduciário realizada extrajudicialmente e o leilão para venda do imóvel.

Ao considerarmos o contexto pandêmico responsável pela redução da renda dos brasileiros, evidente o aumento da inadimplência das parcelas dos financiamentos imobiliários. No início da pandemia o Conselho Monetário Nacional (CMN) e o Banco Central do Brasil (BCB), por meio da Resolução 4.782 de 16 de março de 2020, estabeleceram critérios temporários para a caracterização das reestruturações de operações de crédito, com a finalidade de gerenciamento de risco de crédito:

Art. 1º Para fins do gerenciamento do risco de crédito, as reestruturações de operações de crédito realizadas até 30 de setembro de 2020, inclusive, ficam dispensadas de observar o disposto nos incisos I e III do § 1º do art. 24 da Resolução 4.557, de 23 de fevereiro de 2017[12].

---

12. Art. 24. Para fins do gerenciamento do risco de crédito, a exposição deve ser caracterizada como ativo problemático quando verificado pelo menos um dos seguintes eventos: [...] § 1º Os indicativos de que uma obrigação não será integralmente honrada incluem: I – a instituição considera que a contraparte não tem mais capacidade financeira para

§ 1º O disposto no caput não se aplica à reestruturação de operações:

I – já caracterizadas como ativos problemáticos na data de publicação desta Resolução; ou

II – com evidências de ausência de capacidade financeira da contraparte para honrar a obrigação nas novas condições pactuadas.

Referida Resolução recomendou que as instituições financeiras promovam a renegociação e prorrogação dos empréstimos, financiamentos e dívidas bancárias, observado o pressuposto da adimplência até o termo inicial dos eventos derivados da pandemia, isto é, 20 de março de 2020, data da publicação do Decreto Legislativo 6 de 2020 no qual o Congresso Nacional reconheceu a ocorrência do estado de calamidade pública em decorrência da COVID-19.

Essa recomendação do CMN foi amplamente divulgada pelas mídias, noticiando que as maiores instituições financeiras do país acataram a orientação de modo a prorrogar, inicialmente pelo prazo de sessenta dias, os vencimentos de dívidas bancárias, empréstimos e financiamentos. O que se identifica é o prolongamento desse prazo inicial de flexibilização com a continuidade dos efeitos econômicos negativos decorrentes da pandemia, facilitando tanto a satisfação de obrigações já existentes quanto o acesso ao crédito por pessoas físicas e jurídicas.

Ao exercer a sua função de garantidor da liquidez do Sistema Financeiro Nacional, o BCB adotou medidas que viabilizaram às instituições financeiras o aumento da disponibilidade de recursos para empréstimos e financiamentos, possibilitando a celebração novos contratos ou mesmo a renegociação dos existentes.[13] Importante destacar que uma das medidas adotadas pelo BCB consistiu na possibilidade prevista na Medida Provisória 992 de 16 de julho de 2020 de compartilhamento de alienação fiduciária, isto é, poderá o devedor fiduciante, mediante a anuência do credor fiduciário, constituir nova alienação fiduciária sobre bem imóvel para garantir outra operação de crédito de qualquer natureza a ser contratada com o mesmo credor fiduciário com que se celebrou a operação de crédito original.[14]

Ainda que essa possibilidade de garantia compartilhada seja uma alternativa para o devedor fiduciante que poderá incluir ou não um financiamento com a finalidade de aquisição de imóvel, é essencial avaliar que na hipótese de inadimplemento de uma das operações de crédito garantidas, ocorrerá o vencimento antecipado da totalidade das

---

honrar a obrigação nas condições pactuadas; [...] III – a operação relativa à exposição é reestruturada, nos termos do art. 21, § 1º, inciso II [...] (Art. 21. Para fins desta Resolução, define-se o risco de crédito como a possibilidade de ocorrência de perdas associadas a: [...] § 1º Para fins do gerenciamento do risco de crédito, considera-se: [...] II – reestruturação de instrumentos financeiros: renegociação que implique a concessão de vantagens à contraparte em decorrência da deterioração da sua qualidade creditícia ou da qualidade creditícia do interveniente ou do instrumento mitigador.)

13. BCB – BANCO CENTRAL DO BRASIL. *Medidas de Combate aos efeitos da COVID-19*. Disponível em: [https://www.bcb.gov.br/acessoinformacao/medidasdecombate_covid19]. Acesso em: 21.07.2020.

14. Medida Provisória 992 de 2020, Art. 9º-A Fica permitido ao fiduciante, com a anuência do credor fiduciário, utilizar o bem imóvel alienado fiduciariamente como garantia de novas e autônomas operações de crédito de qualquer natureza, desde que contratadas com o credor fiduciário da operação de crédito original. §1º O compartilhamento da alienação fiduciária de que trata o *caput* somente poderá ser contratado, por pessoa natural ou jurídica, no âmbito do Sistema Financeiro Nacional. §2º O fiduciante pessoa natural somente poderá contratar as operações de crédito de que trata o *caput* em benefício próprio ou de sua entidade familiar, mediante a apresentação de declaração contratual destinada a esse fim.

operações de crédito garantidas. Diante dessa possibilidade de compartilhamento de alienação fiduciária em mais de uma operação de crédito estar disposta em sede de medida provisória, será necessária a conversão em lei no prazo máximo de cento e vinte dias, sob pena de perder a eficácia, nos moldes do artigo 62, §§ 3º e 7º da Constituição Federal.

Além disso, se identifica a existência de projeto de lei tramitando perante o Senado Federal, PL 1.935 de 2020 de autoria da Senadora Rose de Freitas (PODEMOS/ES), que prevê a suspensão das prestações decorrentes dos contratos de financiamentos imobiliários (oriundos do SFH, SFI ou SBPE) e consórcios entre o período de 20 de março a 31 de dezembro de 2020. Em seu texto atual o projeto de lei estabelece que a suspensão das prestações abarca os devedores pessoas físicas economicamente afetados pela pandemia[15], estabelecendo a conversão das prestações suspensas em prestações adicionais a vencer nos meses subsequentes à data de vencimento da última prestação existente para satisfação da dívida.

O projeto de lei indicado tem tramitação recente, constatando-se que em 16 de março de 2020 ocorreu a sua apresentação inicial no Plenário do Senado Federal. Sem prejuízo disso e dessa possível legislação trazer mais segurança jurídica para o devedor, ao nosso entender deverá constar disposição que preveja a formalização das alterações contratuais, principalmente no que diz respeito as formalidades registrais existentes nos contratos de financiamento imobiliário dotados de garantia real.

Quanto ao manejo da revisão do contrato de financiamento imobiliário garantido por alienação fiduciária na esfera judicial, trata-se de assunto controvertido quando analisado no contexto pandêmico e sobre o qual inexiste entendimento jurisprudencial até o momento. O fundamento da ação revisional consistiria em compreender a crise sanitária e econômica como fato superveniente e imprevisível que torna as cláusulas do contrato de financiamento imobiliário excessivamente onerosas para o devedor, pleiteando o restabelecimento do equilíbrio econômico e mantendo a relação contratual, conforme previsto no artigo 6º, inciso V, do Código de Defesa do Consumidor (CDC) ou mesmo nos artigos 479 e 480 do Código Civil (CC).

Ao nosso entender a dificuldade econômica do devedor para adimplemento das obrigações não autoriza a alteração das disposições contratuais, inexistindo nexo causal entre a pandemia e a onerosidade excessiva da prestação decorrente do financiamento imobiliário. Reforça-se o caráter excepcional e limitado da revisão contratual, disposto no artigo 421-A, inciso III, do CC.

---

15. PL 1.935 de 2020, Art. 2º Os consumidores pessoas físicas que, em razão do estado de calamidade pública provocado pela pandemia de coronavírus, tiveram sua fonte de renda comprometida poderão encaminhar pedidos de suspensão das prestações às instituições financeiras ou empresas concedentes de financiamento imobiliário por meio eletrônico, os quais deverão ser acatados caso seja anexada comprovação de que o consumidor ou o seu cônjuge ou companheiro, durante o estado de calamidade pública: I – foi demitido, exceto se a demissão ocorreu por justa causa; II – sofreu suspensão do contrato de trabalho ou redução da jornada de trabalho e de salário; III – é microempreendedor individual, titular de empresa individual ou sócio de sociedade empresária limitada que teve suas atividades suspensas pelo período superior a 30 (trinta) dias em razão de decretos de calamidade pública; IV – é profissional liberal ou trabalhador informal e foi impedido de exercer sua atividade laboral pelo período superior a 15 (quinze) dias em razão de decretos de calamidade pública; V – servidores públicos que tiveram os seus salários reduzidos em decorrência da pandemia.

Sem prejuízo do presente item tratar das possibilidades de manutenção da cadeia contratual do financiamento imobiliário com garantia real, relevante pontuar que a resolução (pressuposto de inadimplemento) do contrato de financiamento imobiliário já não era tema pacífico na jurisprudência em momento anterior à pandemia, diante da controvérsia de aplicação do artigo 53 do CDC[16] ou observância das disposições específicas da Lei Federal 9.514 de 1997 e das normas do BCB.[17] Assim, há controvérsia entre a possibilidade de devolução das prestações pagas do financiamento ou o cumprimento do disposto na legislação especial.

Ainda que a Lei Federal 14.010 de 10 de junho de 2020 disponha sobre o Regime Jurídico Emergencial e Transitório das relações jurídicas de Direito Privado (RJET) no período da pandemia, identifica-se o veto presidencial dos artigos que originalmente constavam no projeto de lei acerca da resilição, resolução e revisão dos contratos privados. Essas disposições vetadas do RJET poderiam auxiliar no entendimento desses aspectos envolvendo a revisão e resolução do contrato de financiamento imobiliário.

Contudo, a partir dos princípios da probidade e boa-fé no, previstos no artigo 422 do Código Civil, o período exige que as partes observem o dever precípuo da negociação.

3. RESOLUÇÃO UNILATERAL POR INADIMPLEMENTO DO ADQUIRENTE DE UNIDADE AUTÔNOMA EM INCORPORAÇÃO IMOBILIÁRIA

A pandemia, conforme retratado na introdução do presente artigo, trouxe inúmeras dificuldades econômicas que irão reverberar não apenas durante, como também após a superação da crise sanitária.

Dentre as inúmeras consequências no âmbito econômico que serão sofridas, passaremos para análise do rompimento contratual decorrente da inadimplência daquele que pretende adquirir um imóvel: resolução unilateral por inadimplemento do adquirente de unidade autônoma em incorporação imobiliária[18]. Nesse item realizamos o movimento

---

16. CDC, Art. 53. Nos contratos de compra e venda de móveis ou imóveis mediante pagamento em prestações, bem como nas alienações fiduciárias em garantia, consideram-se nulas de pleno direito as cláusulas que estabeleçam a perda total das prestações pagas em benefício do credor que, em razão do inadimplemento, pleitear a resolução do contrato e a retomada do produto alienado.

17. O Superior Tribunal de Justiça já manifestou entendimento acerca da inadimplência do devedor fiduciante implicar a quitação da dívida na forma dos artigos 26 e 27 da Lei n. 9.514/1997, afastando-se, portanto, as disposições do art. 53 do CDC. "Processual civil. Recurso especial. Ação de rescisão contratual cumulada com restituição. Dissonância entre o acórdão recorrido e a jurisprudência do STJ. Contrato de compra e venda de imóvel. Alienação fiduciária em garantia. Aplicação. Código de defesa do consumidor, art. 53. Não incidência. Devolução das parcelas pagas. Impossibilidade. 1. Ação de rescisão contratual cumulada com restituição de valores pagos devido à impossibilidade de quitação das prestações do contrato de compra e venda de imóvel, gravado com cláusula de alienação fiduciária, firmado entre as partes. 2. A Lei 9.514/1997, que instituiu a alienação fiduciária de bens imóveis, é norma especial e também posterior ao Código de Defesa do Consumidor – CDC. Em tais circunstâncias, o inadimplemento do devedor fiduciante enseja a aplicação da regra prevista nos arts. 26 e 27 da lei especial. 3. Recurso especial conhecido e provido." (REsp 1.536.926/DF, Rel. Min. Nancy Andrighi, 3ª Turma, j. 14.08.2018, DJe 16.08.2018).

18. Definição presente nos artigos 28 e 29 Lei Federal 4.591 de 1964. Conforme explica *Luiz Antonio Scavone Júnior*, incorporação imobiliária é: "[...] negócio jurídico mediante o qual o incorporador se obriga a promover e realizar uma construção imobiliária destinada à alienação das unidades autônomas, com pagamento à vista ou em prestações". SCAVONE JÚNIOR, Luiz Antonio. *Direito Imobiliário Teoria e Prática*. 15 ed. Rio de Janeiro: Forense, 2020, p. 313.

contrário ao tratar da hipótese de quebra da cadeia contratual referente ao contrato imobiliário celebrado com a incorporadora compreendido pelo compromisso de compra e venda de unidade futura integrada a um empreendimento.

Especialmente no que se refere ao montante da restituição que faz jus o adquirente cujas obrigações contratuais estão inadimplidas no contexto da aquisição de uma das unidades resultantes da incorporação imobiliária, destacamos o disposto na Lei Federal 13.786 de 2018[19] que incluiu o artigo 67-A na Lei Federal 4.591 de 1964:

> Art. 67-A. Em caso de desfazimento do contrato celebrado exclusivamente com o incorporador, mediante distrato ou resolução por inadimplemento absoluto de obrigação do adquirente, este fará jus à restituição das quantias que houver pago diretamente ao incorporador, atualizadas com base no índice contratualmente estabelecido para a correção monetária das parcelas do preço do imóvel, delas deduzidas, cumulativamente: I – a integralidade da comissão de corretagem; II – a pena convencional, que não poderá exceder a 25% (vinte e cinco por cento) da quantia paga.

> Embora o referido artigo da legislação também preveja a figura do distrato[20], teceremos considerações apenas sobre a resolução por inadimplemento[21] de obrigação do adquirente. Esse tipo de resolução[22] prevê a incidência de multa, que deve ser aplicada em decorrência do inadimplemento contratual. Sobre o tema, *Luiz Antonio Scavone Júnior*[23] assevera:

> Com efeito, o adquirente de unidade condominial inadimplente, em resumo e como aqui se verificará, ficará sujeito a multa que pode chegar a 50% do valor pago e, ainda, suportar outros custos decorrentes do desfazimento do contrato como os impostos, taxas condominiais, despesas de corretagem, destacando-se o valor equivalente a 0,5% do valor do contrato atualizado, por mês de ocupação, para compensar a fruição do imóvel.

Regra geral, a restituição consiste na somatória dos valores pagos pelo adquirente com deduções[24], dentre as quais se identifica multa (cláusula penal) que tem por finali-

---

19. Essa legislação também incluiu o artigo 32-A na Lei Federal 6.766 de 1979 que dispõe sobre parcelamento do solo urbano para tratar dos compromissos de compra e venda celebrados no âmbito dos loteamentos.
20. "[...] negócio jurídico pelo qual as partes, declarando conjuntamente a vontade de dar cabo ao contrato, rompem o vínculo, extinguindo a relação jurídica. É, em síntese, um contrato para extinguir o outro." GOMES, Orlando. *Contratos*. 26 ed. Rio de Janeiro: Forense, 2008, p. 222.
21. "No caso de inadimplemento e resolução do compromisso de compra e venda, o contrato deve respeitar a limitação imposta para a penalidade que decorre do art. 412 do Código Civil, norma cogente que está assim redigida: *"O valor da cominação imposta na cláusula penal não pode exceder o da obrigação principal"*." SCAVONE JÚNIOR, Luiz Antonio. op. cit., p. 598.
22. "Aqui não tratamos de rescisão, mas de resolução por inadimplemento do compromisso de compra e venda ou de distrato que pressupõe uma resilição bilateral." Ibidem., p. 613.
23. Ibidem., p.608.
24. Para se auferir de fato o valor que deverá ser restituído (somatória de valores pagos), há a dedução de alguns valores tais como pontua *Luiz Antonio Scavone Júnior*: "[...] desse montante (somatória dos valores pagos), serão deduzidos os seguintes valores, entre os quais a multa (cláusula penal) compensatória: a) cláusula penal compensatória prevista no contrato que, pela regra geral, não pode ser superior a 25% *(vinte e cinco por cento)*; será de 50% *(cinquenta por cento)* se a incorporação estiver regida pelo regime do patrimônio de afetação. Em ambos os casos, calculada sobre a quantia total paga e atualizada pelo mesmo índice do contrato desde cada desembolso; b) a integralidade da comissão de corretagem, evidentemente se a comissão foi paga pelo incorporador e não diretamente pelo promitente comprador como permite a jurisprudência; c) tributos incidentes sobre o imóvel e não pagos durante o período de posse do promitente comprador; d) cotas condominiais em aberto durante o período de posse da unidade pelo promitente comprador; e) valor equivalente a 0,5% (meio por cento) por mês, calculado sobre *o valor total atualizado do contrato de promessa de compra e venda* para compensar a fruição, caso a posse tenha sido outorgada; f) qualquer outro encargo incidente sobre o imóvel e outras despesas previstas em contrato". Ibidem., p. 615.

dade tanto punir o adquirente como também indenizar a incorporadora por eventuais danos causados pela inadimplência e resolução do contrato.

Os parâmetros legais apontados pelo art. 67-A da Lei Federal 13.786 de 2018 são objetivos, contudo, se identifica a controvérsia jurisprudencial anterior ao advento dessa disposição legal específica. Os julgados até então proferidos não eram uníssonos no que diz respeito aos parâmetros a serem adotados para devolução da quantia paga pelo adquirente, ensejando o pronunciamento do Superior Tribunal de Justiça[25] (STJ) acerca do assunto.

Essa ausência de uniformidade no entendimento e na aplicação do arcabouço jurídico disponível tanto pelo tribunal superior quanto pelos tribunais estaduais, acabava por trazer insegurança jurídica às partes, com a existência de decisões judiciais díspares em casos idênticos, principalmente com relação ao percentual e forma da restituição dos valores a serem devolvidos para o adquirente.

Importante ressalvar, contudo, a existência do entendimento jurisprudencial acerca da legislação de 2018 não se aplicar aos compromissos de compra e venda celebrados anteriormente à sua vigência[26], prevalecendo o entendimento consolidado na Súmula 543 do STJ que reconhece ao consumidor inadimplente o direito de promover ação para recebimento, de forma imediata e em pagamento único, a restituição dos valores pagos, assegurada à incorporadora a retenção de parcela do montante. O percentual de devolução nesses contratos imobiliários celebrados anteriormente às alterações realizadas pela Lei Federal 13.786 de 2018 dependerá do percentual médio a ser arbitrado judicialmente.[27]

---

25. Súmula 543 do Superior Tribunal de Justiça: "Na hipótese de resolução de contrato de promessa de compra e venda de imóvel submetido ao Código de Defesa do Consumidor, deve ocorrer a imediata restituição das parcelas pagas pelo promitente comprador – integralmente, em caso de culpa exclusiva do promitente vendedor/construtor, ou parcialmente, caso tenha sido o comprador quem deu causa ao desfazimento."

26. Apelação – Rescisão contratual, com pleito cumulado de repetição de valores – Compromisso de venda e compra de terreno não edificado – Sentença de parcial procedência – Recurso da promitente vendedora. 1. devolução parcelada de valores – Argumentos inconvincentes – Devolução que deve se dar de imediato – *Lei 13.786/2018, que não se aplica ao caso concreto, porque posterior ao contrato firmado entre as partes* – Verbete 2 da Súmula deste E. Tribunal de Justiça. 2. Compra e venda de imóvel – Resolução a pedido dos adquirentes – Taxa de ocupação – Descabida a taxa de ocupação no caso concreto, por se cuidar de terreno não edificado– Precedentes, inclusive desta C. Câmara – Contudo, porque ausente recurso dos autores, sob pena de reformatio in pejus, resta mantida, no tema, a sentença, não se cogitando, contudo, de majoração de tal penalidade. 3. Arras – É indevida a retenção integral das arras que funcionaram como parte do pagamento do preço – Precedentes – Recurso não conhecido no que toca ao pleito de retenção de percentual das arras, porque já em tal sentido a decisão recorrida. 4. Correção monetária e juros – Valor a ser devolvido aos compromissários compradores – No tema, com razão a recorrente – Correção monetária que deve se dar, desde cada pagamento, pelos índices da Tabela Prática deste E. Tribunal de Justiça – Juros de mora que apenas incidem do trânsito em julgado – Precedentes. Recurso conhecido em parte e, no que conhecido, parcialmente provido. (TJ-SP – APL: 1001886-04.2019.8.26.0664, Relator: Des(a). Sergio Gomes, Data de Julgamento: 20/09/2019, Data de Publicação: 20/09/2019, 37ª Câmara de Direito Privado). (grifos nossos).

27. Bem imóvel – Compromisso de compra e venda – Ação de rescisão contratual com pleito cumulado de restituição de valores e de antecipação de tutela – Demanda de compromissários compradores em face de incorporadora – Insurgência contra a retenção de montantes por força da ruptura do pacto – Sentença de parcial procedência – Recurso da ré – Manutenção do julgado – Cabimento – Abusividade da cláusula que limita restituição de valores ao percentual de 10% sobre o valor do contrato – Precedentes no sentido de que lícita a estipulação que prevê a retenção de 10% a 25% dos valores pagos – Circunstâncias do caso concreto que justificam a retenção de apenas 20% desses montantes. (TJ-SP – APL: 1050263-41.2018.8.26.0114, Relator: Des(a). Marcos Ramos, Data de Julgamento: 18/09/2019, Data de Publicação: 20/09/2019, 30ª Câmara de Direito Privado).

IMPACTOS DA PANDEMIA NA MANUTENÇÃO DA CADEIA CONTRATUAL NOS CONTRATOS IMOBILIÁRIOS **115**

Nessa perspectiva da resolução unilateral por inadimplemento do adquirente de unidade autônoma, a aplicação do *caput* do artigo 53 do CDC nos parece cristalina em comparação à possibilidade de aplicá-lo para fins de rescisão do contrato de financiamento imobiliário garantido por alienação fiduciária, na medida em que a alteração legislativa de 2018 da Lei Federal 4.591 de 1964 e o artigo da legislação consumerista[28] dispõem acerca da necessidade de devolução da quantia paga ao adquirente que opta pelo desfazimento do compromisso de compra de venda. Cabe o esclarecimento, nesse sentido, acerca da impossibilidade de aplicação do disposto no *caput* e incisos do artigo 67-A na Lei Federal 4.591 de 1964 aos contratos de promessa de compra e venda ou de cessão e de compra e venda com pacto adjeto de alienação fiduciária em garantia, na medida em que devem ser aplicadas as regras previstas na Lei Federal 9.514 de 1997.

Assim como indicado no item anterior, no RJET inexiste previsão comtemplando resilição, resolução e revisão dos contratos privados. Por consequência, não há regramento específico desse período pandêmico para o compromisso de compra e venda de unidade autônoma celebrado com a incorporadora.

O cenário de alteração da realidade econômica (perda da atividade economicamente produtiva e/ou redução dos ganhos) ensejará a impossibilidade de manutenção da adimplência desse contrato. Nesse sentido, perceptível que efetivar a resolução unilateral por inadimplemento aqui tratada implicará a judicialização para discutir a relação jurídica contratual estabelecida e não nos parece a melhor opção para esse momento de pandemia.

A ausência de uniformidade de entendimento jurisprudencial nas hipóteses em que o arbitramento judicial é necessário para se definir aspectos da resolução contratual, contribui para a sensação de insegurança das partes ao não necessariamente prevalecer o que foi contratualmente estabelecido em um primeiro momento.

O pressuposto de manutenção das cadeias contratuais impactadas pela pandemia, passa por reconhecer o princípio da boa-fé como responsável pela garantia da transparência e harmonia das relações contratuais em momentos de crise econômica como a atual. Desta forma, o momento exige diálogo entre as partes que deverão buscar, dentro

---

28. Importante a observação de que o *caput* do artigo 53 do CDC deverá ser afastado na hipótese de indenização por perdas e danos do vendedor decorrente do valor de fruição do imóvel pelo tempo de uso por parte do adquirente, considerando que o valor dessa indenização não pode ser limitado ao valor pago em sede do compromisso de compra e venda. Nesse sentido: Recurso especial. Civil e Processual Civil. Negativa de prestação jurisdicional. Promessa de compra e venda de imóvel. Resolução por inadimplemento do promitente-comprador. Indenização pela fruição do imóvel. Cabimento. Inaplicabilidade da limitação prevista no art. 53 do CDC. Princípio da reparação integral. 1. Controvérsia acerca da possibilidade de se limitar a indenização devida ao promitente-vendedor em razão da fruição do imóvel pelo promitente-comprador que se tornou inadimplente, dando causa à resolução do contrato. 2. "Não cumprida a obrigação, responde o devedor por perdas e danos, mais juros e atualização monetária segundo índices oficiais regularmente estabelecidos, e honorários de advogado" (art. 389 do CC/2002). 3.Possibilidade de estimativa prévia da indenização por perdas e danos, na forma de cláusula penal, ou de apuração posterior, como nos presentes autos. 4. Indenização que deve abranger todo o dano, mas não mais do que o dano, em face do princípio da reparação integral, positivado no art. 944 do CC/2002. 5.Descabimento de limitação "a priori" da indenização para não estimular a resistência indevida do promitente comprador na desocupação do imóvel em face da resolução provocada por seu inadimplemento contratual. 6. Inaplicabilidade do art. 53, caput, do CDC à indenização por perdas e danos apuradas posteriormente à resolução do contrato. 7. Revisão da jurisprudência desta Turma. 8. Recurso especial desprovido (REsp 1.258.998/MG, Rel. Min. Paulo de Tarso Sanseverino, 3ª Turma, j. 18.02.2014, DJe 06.03.2014).

do possível, encaminhamentos que contemplem os interesses essenciais do compromisso de compra e venda entre o adquirente e a incorporadora.

O rompimento da cadeia contratual decorrente da sucessão de pedidos de resolução unilateral por inadimplemento dos adquirentes, afeta diretamente o fluxo financeiro da obra do empreendimento imobiliário. Consequentemente, a entrega da totalidade do empreendimento é afetada, inclusive as unidades autônomas adimplentes que mantiveram o seu compromisso de aquisição.

Sem prejuízo de uma minoria de adquirentes que celebra o compromisso de compra e venda munido de má-fé e já com o intuito de inadimplemento contratual e judicialização, o mercado imobiliário serve adquirentes que objetivam a compra do imóvel e para tanto o prosseguimento do vínculo contratual.

Como foi abordado ao longo deste artigo, quanto mais esforços forem empenhados pelas partes na esfera da flexibilização das dívidas e de promover diálogos de negociação, maiores serão os ganhos a longo prazo para lidar com a realidade pós-pandêmica.

4. CONSIDERAÇÕES FINAIS

Ao longo deste artigo desenvolvemos alguns pontos de reflexão sobre os impactos da pandemia na manutenção da cadeia contratual nos contratos imobiliários, especialmente quanto ao inadimplemento dos contratos de financiamento imobiliário garantidos por alienação fiduciária. Com relação à resolução unilateral por inadimplemento do adquirente de unidade autônoma em incorporação imobiliária, partimos da análise contrária ao tratar de uma das formas de rompimento do vínculo contratual.

Tanto a verificação das possibilidades de manutenção dos contratos de financiamento imobiliário quanto observar os aspectos que permeiam a ocorrência de resolução unilateral por inadimplemento do adquirente, estão contextualizadas nos efeitos da crise sanitária e econômica

Os contratos de financiamento imobiliário garantidos por alienação fiduciária estão inseridos nesse contexto de se priorizar a adequação das obrigações contratuais anteriormente estabelecidas via negociação e ponderação, ainda mais na perspectiva da aquisição financiada do imóvel para fins de moradia em que se identifica o desejo de manutenção do bem. A execução da garantia pode ter início com o inadimplemento de parte da dívida, sem prejuízo da atual flexibilização das instituições financeiras ao prorrogar prestações dos contratos financiamentos imobiliários nesse cenário de pandemia.

Quanto aos pontos abordados sobre a resolução unilateral por inadimplemento do adquirente de unidade autônoma em incorporação imobiliária, a premissa de judicialização e a ausência de entendimento pacificado pela jurisprudência aumenta a insegurança jurídica das partes.

O princípio da boa-fé contratual assume, portanto, destaque na tentativa de impedir prejuízos desproporcionais às partes. Ante a particularidade da crise e as consequências resultantes do aumento da litigância dessas resoluções, o diálogo como tentativa de resolução extrajudicial é essencial.

5. REFERÊNCIAS

ABRAINC – Associação Brasileira de Incorporadoras Imobiliárias; FGV – Fundação Getúlio Vargas Projetos. *Análise das Necessidades Habitacionais e suas Tendências para os Próximos Dez Anos, Produto 2 – Relatório Técnico Final – 2ª Versão, 17 de outubro de 2018.* Disponível em: [https://www.abrainc.org.br/wp-content/uploads/2018/10/ANEHAB-Estudo-completo.pdf]. Acesso em: 09.05.2020.

BCB – BANCO CENTRAL DO BRASIL. *Medidas de Combate aos efeitos da COVID-19.* Disponível em: [https://www.bcb.gov.br/acessoinformacao/medidasdecombate_covid19]. Acesso em: 21.07.2020.

GOMES, Orlando. *Contratos.* 26 ed. Rio de Janeiro: Forense, 2008.

PENTEADO, Luciano de Camargo. *Direito das coisas.* São Paulo: Ed. RT, 2008.

PEREIRA, Caio Mário da Silva. *Instituições de direito civil.* v. 3. *Contratos.* Rio de Janeiro: Forense, 2007.

SCAVONE JÚNIOR, Luiz Antonio. *Direito imobiliário teoria e prática.* 15 ed. Rio de Janeiro: Forense, 2020.

TERRA, Marcelo. *Alienação Fiduciária de imóvel em garantia.* Porto Alegre: Sergio Antonio Fabris Editor, 1998.

WORLD HEALTH ORGANIZATION. *Coranavirus disease 2019 (COVID-19) Situation Report – 51.* Data as reported by national authorities by 10 AM CET 11 March 2020. Disponível em: [https://www.who.int/docs/default-source/coronaviruse/situation-reports/20200311-sitrep-51-covid-19.pdf?sfvrsn=1ba62e57_10]. Acesso em: 08.05.2020.

TEMPO PERDIDO: O CANCELAMENTO DE FESTAS CONTRATADAS ANTES DA PANDEMIA

Cora Cristina Ramos Barros Costa

Especialista, Mestre e Doutoranda em Direito pela Universidade Federal de Pernambuco (UFPE). Membro do Grupo de Pesquisa Constitucionalização das Relações Privadas (CONREP/UFPE). Assessora Jurídica no Procon/JG. Professora. Advogada. e-mail: ccrabarros@gmail.com. Lattes: http://lattes.cnpq.br/1274779024643561.

Maria Carla Moutinho Nery

Mestre em Direito pela UFPE. Membro do Grupo de Pesquisa Constitucionalização das Relações Privadas (CONREP/UFPE). Professora da Escola da Magistratura de Pernambuco – ESMAPE. Assessora Jurídica do TJPE e-mail: mariacarlamoutinho@gmail.com. Lattes: http://lattes.cnpq.br/8487052482151436

> *Todos os dias quando acordo*
> *Não tenho mais*
> *O tempo que passou*
> *Mas tenho muito tempo*
> *Temos todo o tempo do mundo.*
>
> *Renato Russo*

Sumário: 1. Relação jurídica de consumo. 1.1 Consumidor. 1.2 Fornecedor. 2. Responsabilidade civil no Código de Defesa do Consumidor e no Código Civil. 3. Da impossibilidade do cumprimento do contrato. 4. Conclusão. 5. Referências.

Quem, em um de seus piores pesadelos apocalítipcos, imaginaria que, no ano de 2020, chegaria o tempo em que estar perto de quem se ama seria letal? Quem conceberia passar meses assistindo reprises de campeonatos de futebol, de corridas de Fórmula-1 e de novelas antigas? Quem cogitaria em adiar as tão sonhadas e planejadas celebrações das festas casamentos, de 15 anos e de formatura pagas parceladamente durante anos? Quem pensaria em ver adiados para datas não previstas grandes eventos culturais como a Paixão de Cristo, em Nova Jerusalém, ou mesmo, o São João de Caruaru, ambos no Estado de Pernambuco, e o de Campina Grande, na Paraíba?

A covid-19 impactou o mundo com grandes perdas, destruiu sonhos e levou embora grandes personalidades, além dos familiares de muitos. Não bastasse a dor da partida de entes queridos, todos os planos de realizações de grandes sonhos foram adiados para dias futuros e incertos.

Nesse contexto, a pandemia da covid-19 tornou a atividade do setor de entretenimento ainda mais difícil. Casas de shows, casas de festas, boates, teatros, cinemas, pousadas, hotéis e restaurantes, tudo fechado para preservar o bem maior: a vida. Ainda assim o sentimento da sociedade, ao ver os planos adiados, é de *tempo perdido*. Na balança: a preservação da saúde e da vida da coletividade *versus* a subsistência de todo um setor econômico no mercado.

O presente trabalho tem por objetivo fazer uma análise didática da questão, buscando trazer soluções para o grande público de consumidores acerca dos contratos suspensos e cancelados relativos ao setor de eventos. Assim, será feita uma breve explanação a respeito das relações de consumo relativas ao tema, identificando, em um primeiro momento, as figuras do consumidor e do fornecedor.

Em um segundo momento, o enfoque se volta para a responsabilidade civil regulada tanto no Código de Defesa do Consumidor como no Código Civil, sendo necessária a distinção do regramento contido em ambas as codificações.

Em seguida, dentro do contexto marcado pela pandemia, analisam-se os problemas provenientes das contratações, realizadas antes do advento da covid-19, em busca da manutenção do equilíbrio econômico dos negócios jurídicos, diante da impossibilidade do cumprimento da obrigação, em observância à Medida Provisória n. 948, de 8 de abril de 2020.

1. RELAÇÃO JURÍDICA DE CONSUMO

Nem toda relação jurídica é de consumo. Para que esta se estabeleça, é necessária a presença, de um lado, do consumidor, e do outro do fornecedor. Diante disso, já se pode afirmar o caráter relacional do conceito de consumidor, "pensado constitucionalmente para uma relação entre diferentes, para a proteção dos diferentes"[1], com uma legislação protetiva que já o presume vulnerável perante a outra parte.

Além da especificação das partes, há também delimitação do objeto da contratação, que consistirá em produto ou serviço. A Lei n. 8.078/90 estabelece em seu texto quais os tipos de produtos e serviços que se inserem no contexto consumerista. Ambos possuem acepção bem ampla, de modo a abarcar, da forma mais completa possível, as relações de consumo.

Os produtos poderão ser móveis, imóveis, materiais ou imateriais[2]; enquanto os serviços, caracterizam-se por qualquer atividade disponibilizada aos consumidores, mas que exija contraprestação financeira[3]. No rol de serviços, incluem-se as atividades bancárias, financeiras, de crédito e securitária, com exceção das relações trabalhistas.

Em síntese, percebe-se o caráter especial da norma, por presumir a desigualdade de partes. Diante disso, é imperioso identificar os sujeitos partícipes de forma mais pormenorizada.

1.1 Consumidor

Por não estar adstrito apenas ao âmbito jurídico, o conceito de consumidor acaba sendo, inevitavelmente, ampliado ou restringido[4], tornando-se complexo. Seguindo a

---

1. BENJAMIN, Antonio Herman V.; MARQUES, Claudia Lima; BESSA, Leonardo Roscoe. *Manual de Direito do Consumidor*. 6. ed. São Paulo: Ed. RT, 2014, p. 97.
2. CDC, art. 3º, § 1º.
3. CDC, art. 3º, § 2º.
4. ALMEIDA, João Batista de. *A proteção jurídica do consumidor*. 7. ed. São Paulo: Saraiva, 2009, p. 35.

linha de raciocínio desenvolvida no presente trabalho, a completude das relações jurídicas se dá de forma mais efetiva através da interdisciplinaridade, contribuindo para a própria evolução do direito, já que as experiências em outras áreas do saber possibilitam o amadurecimento das conceituações jurídicas.

Para ilustrar, na Economia, o consumidor é visto sob um outro viés. O objetivo em relação ao sujeito se dá na determinação de como este distribuirá seu poder aquisitivo entre os bens disponíveis no mercado[5]. A visão do consumidor está adstrita à lucratividade.

Vindo para o campo jurídico, o conceito de consumidor possui uma delimitação maior, pois visa à sua proteção enquanto ser dotado de dignidade e que está numa situação jurídica desigual, ou seja, norteado pela vulnerabilidade.

Nessa toada, Antônio Benjamin Herman delimitou o conceito jurídico de consumidor de forma bastante detalhada como sendo:

> [...] todo aquele que, para seu uso pessoal, de sua família, ou dos que se subordinam por vinculação doméstica ou protetiva a ele, adquire ou utiliza produtos, serviços ou quaisquer outros bens ou informação colocados à sua disposição por comerciantes ou por qualquer outra pessoa natural ou jurídica, no curso de sua atividade ou conhecimento profissionais[6].

O Código de Proteção e Defesa do Consumidor traz em três artigos a acepção de consumidor: artigos 2º, 17 e 29.

De início, a previsão legal do artigo 2º do CDC conceitua que:

> Art. 2º Consumidor é toda pessoa física ou jurídica que adquire ou utiliza produto ou serviço como destinatário final.
>
> Parágrafo único. Equipara-se a consumidor a coletividade de pessoas, ainda que indetermináveis, que haja intervindo nas relações de consumo.

De saída, vê-se que a lei foi além do conceito doutrinário acima, sendo necessário se debruçar sobre as diferentes correntes que definem o consumidor: a maximalista; a finalista; e a finalista mitigada. A visão maximalista da lei consumerista possui interpretação bastante ampliada, de modo a ser aplicada ao maior número de relações jurídicas possível. Seguindo a acepção da norma, a pessoa jurídica pode figurar como consumidora, sem importar se ela aufere lucro ou não com o produto ou o serviço adquirido. O destinatário final é aquele que retira o produto do mercado e o utiliza, ou seja, é o destinatário fático do produto, contrariando claramente a redação do *caput* do artigo em comento.

A teoria maximalista não encontra guarida nos Tribunais Superiores, que seguem o rigor do *caput* do art. 2º do CDC no tocante à necessidade de o consumidor ser destinatário final do produto ou do serviço. Nesse sentido, o TJSP:

> [...] A jurisprudência desta Corte sedimenta-se no sentido da adoção da teoria finalista ou subjetiva para fins de caracterização da pessoa jurídica como consumidora em eventual relação de consumo, devendo, portanto, ser destinatária final econômica do bem ou serviço adquirido (REsp 541.867/BA).

---

5. ALBUQUERQUE, Marcos Cintra Cavalcanti de. *Microeconomia*. São Paulo: McGraw-Hill, 1986, p. 82.
6. BENJAMIN, Antonio Herman de Vasconcellos. O conceito jurídico de consumidor. *Revista dos Tribunais*. São Paulo, v. 628, 1988, p. 78.

[...]Para que o consumidor seja considerado destinatário econômico final, o produto ou serviço adquirido ou utilizado não pode guardar qualquer conexão, direta ou indireta, com a atividade econômica por ele desenvolvida; o produto ou serviço deve ser utilizado para o atendimento de uma necessidade própria, pessoal do consumidor. [...] No caso em tela, não se verifica tal circunstância, porquanto o serviço de crédito tomado pela pessoa jurídica junto à instituição financeira de certo foi utilizado para o fomento da atividade empresarial, no desenvolvimento da atividade lucrativa, de forma que a sua circulação econômica não se encerra nas mãos da pessoa jurídica, sociedade empresária, motivo pelo qual não resta caracterizada, *in casu*, relação de consumo entre as partes[7].

Seguindo com o mesmo entendimento, em outro julgado, entendeu-se que "na hipótese de aquisição de bens ou de utilização de serviços, por pessoa natural ou jurídica, com o escopo de implementar ou incrementar atividade negocial, inexiste relação de consumo, razão pela qual descabe a aplicação do CDC"[8].

A aplicação da corrente maximalista dá ao CDC uma conotação de direito privado geral[9], pois permite a aplicação do microssistema em toda e qualquer relação negocial. No entanto, o citado art. 2º do CDC possui finalidade específica, afastando-se das relações paritárias do Código Civil e das relações empresariais. As citadas normas podem conversar entre si por meio do diálogo das fontes, mas não atuar da forma como a corrente maximalista defende, estando, portanto, superado este entendimento.

A compreensão do conceito de consumidor pelo pensamento finalista é diferente. Além da pessoa física, a pessoa jurídica também pode figurar como consumidora. É de se observar que não há limitação de capacidade financeira da pessoa jurídica, ou seja, independentemente do tipo de sociedade empresarial, há a possibilidade do seu enquadramento como consumidora, a depender da análise do caso concreto.

A limitação para esses sujeitos é a de que a utilização dos produtos ou serviços adquiridos seja feita como destinatário final, ou seja, para uso próprio, familiar ou até para terceiros, sendo vedada a aferição de lucro, sem existir a reinserção no processo produtivo.

O legislador de consumo incorporara a teoria finalista como critério para definir o consumidor e para delimitação da natureza jurídica da relação jurídica (CDC, art. 2º), estabelecendo que somente se enquadra como consumidor o destinatário fático e econômico do produto ou serviço que coloca termo à cadeia produtiva, obstando que seja inserido na definição aquele – pessoa física ou jurídica – que adquire o produto ou serviço como simples insumo, reinserindo-os na cadeia produtiva como incremento agregado ao que coloca no mercado de consumo[10].

Em continuidade, a coletividade pode ser equiparada a consumidor, mesmo sendo formada por grupo indeterminável de pessoas. Isso porque os artigos 17 e 29 do CDC trazem ao cenário os consumidores indiretos ou *bystanders*, identificados como sendo as vítimas do evento e as pessoas determináveis ou não expostas às práticas comerciais de um modo geral, tais como contratos de adesão e publicidade abusiva ou enganosa.

---

7. Juízo Federal da 12ª Vara da Seção Judiciária do Estado de São Paulo. Segunda Seção, CC n. 92.519/SP, relator Ministro Fernando Gonçalves, DJe de 4.3.2009.
8. AgRg no REsp 1.049.012-MG, Rel. Min. João Otávio de Noronha, j. 25.05.2010.
9. BENJAMIN, Antonio Herman V.; MARQUES, Claudia Lima; BESSA, Leonardo Roscoe. *Manual de Direito do Consumidor*. 6. ed. São Paulo: Editora Revista dos Tribunais, 2014, p. 102.
10. Acórdão n. 923093, 20140111845807APC, Relator: Teófilo Caetano, Revisora: Simone Lucindo, 1ª Turma Cível, Data de Julgamento: 17.02.2016, Publicado no DJE: 01.03.2016. p. 273.

Aqui, a dificuldade se dá em relação à possibilidade de a pessoa jurídica figurar como consumidora, pois não vale a mesma presunção de vulnerabilidade dada para a pessoa física. Nas situações mais complexas em que uma pequena empresa utiliza insumo na sua produção, porém fora da sua área de expertise, caso atestada a sua vulnerabilidade, pode ser considerada como consumidora. Esse entendimento vem sendo adotado principalmente pelo Superior Tribunal de Justiça sob a denominação de teoria finalista aprofundada ou mitigada.

> Numa relação interempresarial, para além das hipóteses de vulnerabilidade já consagradas pela doutrina e pela jurisprudência, a relação de dependência de uma das partes frente à outra pode, conforme o caso, caracterizar uma vulnerabilidade legitimadora da aplicação da Lei n. 8.078/1990, mitigando os rigores da teoria finalista e autorizando a equiparação da pessoa jurídica compradora à condição de consumidora[11].

A teoria finalista mitigada aumenta a definição de consumidor sem, contudo, ultrapassar a esfera da previsão legal, permitindo que se insira como tal todo aquele que possua vulnerabilidade em face do fornecedor, com a análise casuística.

> Agravo de instrumento. consumidor. Teoria finalista aprofundada. *Ao aplicar o art. 29 do CDC, o STJ tem adotado a teoria do finalismo aprofundado, na qual se admite, conforme cada caso concreto, que a pessoa jurídica adquirente de um produto ou serviço possa ser equiparada a consumidor, quando demonstrada a sua vulnerabilidade frente ao fornecedor ou vendedor, ainda que não destinatária final do serviço.* Agravo provido[12].

Assim, a teoria finalista mitigada parece abarcar quem é o consumidor numa relação jurídica, estando de acordo com o objetivo do microssistema, que busca harmonizar as relações de consumo protegendo aqueles dotados de vulnerabilidade, seja pessoa física, jurídica, determinada ou não.

1.2 Fornecedor

Conforme explicitado, a relação de consumo é composta por dois polos, sendo um ocupado pelo consumidor e o outro pelo fornecedor. A legislação consumerista também traz em seu bojo o conceito de fornecedor, explorando todas as suas possibilidades numa relação jurídica.

> Art. 3º Fornecedor é toda pessoa física ou jurídica, pública ou privada, nacional ou estrangeira, bem como os entes despersonalizados, que desenvolvem atividade de produção, montagem, criação, construção, transformação, importação, exportação, distribuição ou comercialização de produtos ou prestação de serviços.

Seguindo a mesma forma utilizada para conceituar o consumidor, não houve qualquer limitação em relação ao regime jurídico ou nacionalidade do fornecedor, podendo se tratar de pessoa física ou jurídica, de direito público ou privado, nacional ou estrangeira,

---

11. BRASIL. Superior Tribunal de Justiça (STJ). Recurso Especial n. 1.195.642/RJ. Brasília, DF. Relatora: Min. Nancy Andrighi, j. 13.11.2012, DJe 21.11.2012.
12. Acórdão n. 724712, 20130020163383AGI, Relatora: ANA MARIA DUARTE AMARANTE BRITO, 6ª Turma Cível, Data de Julgamento: 16.10.2013, Publicado no DJE: 22.10.2013. p. 129.

e até entes despersonalizados, que atuem física ou virtualmente desde a produção até a comercialização dos produtos ou prestação dos serviços.

A definição mais ampla se apresenta de forma imperiosa, levando em consideração a presunção de vulnerabilidade dos consumidores que necessitam de uma proteção o mais efetiva possível, com direitos concedidos a estes e deveres para os fornecedores.

Em relação ao fornecimento de produtos, as atividades desenvolvidas devem ser tipicamente profissionais. Há a necessidade de certa habitualidade no exercício das atividades de comercialização, produção, distribuição de produtos, entre outros, de modo que haja a delimitação do campo de atuação do CDC[13]. Assim, por exemplo, uma relação entre dois consumidores, que não atuam com profissionalismo e habitualidade, mas decidem vender um produto ao outro, não é considerada relação de consumo, mas sim uma relação paritária entre privados regulada pelo Código Civil, por se tratar de relação entre iguais.

Os serviços também seguem a mesma linha, com atividade habitual ou reiterada, mas a lei não exige claramente se o fornecedor deve ser um profissional[14]. Interpretando a norma, compreende-se a classificação dos prestadores de serviço como fornecedores independentemente da sua especialidade ou não, pois a intenção é abarcar o maior número possível, com a necessidade de observância da classificação da outra parte como consumidora.

Ficam de fora deste conceito "aqueles que exerçam ou pratiquem transações típicas de direito privado e sem o caráter de profissão ou atividade, como a compra e venda de imóvel entre pessoas físicas particulares, por acerto direto e sem qualquer influência de publicidade"[15].

Os produtos e os serviços postos à disposição no mercado de consumo devem ter, em contrapartida, prestação pecuniária e não subordinada ao vínculo trabalhista.

2. RESPONSABILIDADE CIVIL NO CÓDIGO DE DEFESA DO CONSUMIDOR E NO CÓDIGO CIVIL

A responsabilidade civil dos fornecedores na Lei n. 8.078/1990 é, em regra, objetiva em relação aos danos oriundos de defeitos dos produtos ou serviços disponibilizados no mercado de consumo[16]. A motivação para a escolha da responsabilização de uma maneira mais ampliada deve-se ao fato da adoção da teoria do risco da atividade, pois os fornecedores devem arcar com os ônus e bônus, decorrentes do exercício lucrativo de sua atividade econômica.

A livre-iniciativa para a exploração da atividade econômica é garantida na Constituição da República Federativa do Brasil de 1988 e observa alguns princípios. Entre eles, o da defesa do consumidor[17].

---

13. BENJAMIN, Antonio Herman V.; MARQUES, Claudia Lima; BESSA, Leonardo Roscoe. *Manual de Direito do Consumidor*. 6. ed. São Paulo: E. RT, 2014, p. 119.
14. Ibid., p. 120.
15. ALMEIDA, João Batista de. Op. cit., p. 40.
16. Conforme lecionam os artigos 12, 13 e 14 do CDC.
17. CRFB, Art. 170. A ordem econômica, fundada na valorização do trabalho humano e na livre iniciativa, tem por fim assegurar a todos existência digna, conforme os ditames da justiça social, observados os seguintes princípios:

Assim, o risco norteia a atividade econômica. Obviamente, ninguém optará por atuar no mercado de consumo como fornecedor e arcar apenas com ônus, mas numa visão realista, o anseio é pelo bônus.

Para uma boa gestão empresarial, é preciso antecipar as possíveis situações danosas decorrentes da prestação de serviço ou fornecimento de produtos. Isso é fundamental para evitar danos e, até mesmo, a falência do negócio. Então o fornecedor deve conhecer o seu negócio em essência.

Um fornecedor que atua na área de eventos deve antever situações de má prestação do serviço como, por exemplo, a possibilidade de realização de uma cobrança indevida ou, ainda, um acidente de consumo, como a intoxicação alimentar de seus clientes por comida mal armazenada.

Quando um produto ou serviço apresenta vício ou defeito, o CDC prevê como regra a responsabilidade objetiva, como podemos depreender, por exemplo, da previsão do artigo 12:

CDC, Art. 12. O fabricante, o produtor, o construtor, nacional ou estrangeiro, e o importador respondem, independentemente da existência de culpa, pela reparação dos danos causados aos consumidores por defeitos decorrentes de projeto, fabricação, construção, montagem, fórmulas, manipulação, apresenta-ção ou acondicionamento de seus produtos, bem como por informações insuficientes ou inadequadas sobre sua utilização e riscos.

A norma consumerista também traz em seu bojo as excludentes de responsabilidade no artigo 14.

Art. 14. [...]

[...]

§ 3º O fornecedor de serviços só não será responsabilizado quando provar:

I – que, tendo prestado o serviço, o defeito inexiste;

II – a culpa exclusiva do consumidor ou de terceiro.

Por outro lado, em sentido oposto ao Código de Defesa do Consumidor, o Código Civil como regra prevê a responsabilidade civil subjetiva, ou seja, o elemento culpa é um dos pressupostos necessários para a sua aferição.

CC, Art. 186. Aquele que, por ação ou omissão voluntária, negligência ou imprudência, violar direito e causar dano a outrem, ainda que exclusivamente moral, comete ato ilícito.

CC, Art. 187. Também comete ato ilícito o titular de um direito que, ao exercê-lo, excede manifestamente os limites impostos pelo seu fim econômico ou social, pela boa-fé ou pelos bons costumes.

O ato ilícito se caracteriza, portanto, como conduta humana contrária às normas jurídicas, violadora do direito subjetivo de outrem, apta a causar dano (patrimonial e/ou moral), a alguém.

Sob esta perspectiva, a culpa é no sentido *lato*, isto é, abrange tanto o dolo como a culpa em sentido estrito. O dolo ocorre quando há a violação de um dever jurídico com

---

[...]

V – defesa do consumidor;

a finalidade de lesar outrem. Nesta hipótese, a obrigação de reparar decorre, portanto, da análise da conduta humana naquele ato ou omissão praticados.

Já a culpa em sentido estrito se caracteriza em três elementos: i) a conduta voluntária, cujo resultado é involuntário; ii) a previsibilidade ou a previsão do resultado danoso e iii) a ausência de zelo. Isso demonstra que na análise da culpa, o autor do dano não deseja o resultado praticado, apesar de admitir a possibilidade de que este resultado ocorra.

Diante destes regramentos, indaga-se: como enfrentar as situações de dano, decorrentes dos cancelamentos de festas e eventos em virtude da pandemia? É o que se verá adiante.

3. DA IMPOSSIBILIDADE DO CUMPRIMENTO DO CONTRATO

O Código de Defesa do Consumidor, apesar de ser vanguardista para muitas regras protetivas para o consumidor, não trouxe regras específicas para a impossibilidade do cumprimento da obrigação seja por fato do príncipe, seja por caso fortuito ou força maior. Isto porque o art. 35 do CDC[18] se restringe a regrar a recusa dos fornecedores em cumprir as obrigações por eles assumidas diante do mercado de consumo.

Na ausência de tratamento específico a respeito da impossibilidade do cumprimento das obrigações contratualmente assumidas, a garantia para a proteção necessária ao consumidor nas hipóteses de cancelamento de festas deve ser encontrada no diálogo de fontes, de modo a viabilizar a manutenção do objetivo da Política Nacional das Relações de Consumo.

Note-se que o CDC entrou em vigor antes do Código Civil, razão pela qual este último atualiza os preceitos da lei consumerista. Assim, na aplicação simultânea das leis, uma serve como base conceitual para a outra, complementando-se entre si. Nesse contexto, o CDC não traz um regramento a respeito do caso fortuito e da força maior como excludentes de responsabilidade civil nas relações de consumo, razão pela qual o Código Civil deve incidir para solucionar conflitos provenientes da impossibilidade do cumprimento da obrigação.

Muitos autores defenderam a ocorrência de caso fortuito, de força maior ou de onerosidade excessiva indistintamente para as hipóteses de inadimplemento contratual, provenientes da pandemia, sem fazer as devidas identificações das categorias. Sobre o tema, Anderson Schreiber destacou o perigo metodológico de tratar todas as hipóteses previstas abstratamente com o mesmo remédio jurídico de excludente de responsabilidade civil, pois as situações devem ser vistas caso a caso. Anderson pontuou que "somente após a verificação do que ocorreu em cada relação contratual que se deve perquirir a causa (ou as causas) de tal ocorrência"[19].

---

18. Art. 35. Se o fornecedor de produtos ou serviços recusar cumprimento à oferta, apresentação ou publicidade, o consumidor poderá, alternativamente e à sua livre escolha: I – exigir o cumprimento forçado da obrigação, nos termos da oferta, apresentação ou publicidade; II – aceitar outro produto ou prestação de serviço equivalente; III – rescindir o contrato, com direito à restituição de quantia eventualmente antecipada, monetariamente atualizada, e a perdas e danos.

19. Schreiber, Anderson. Devagar com o andor: coronavírus e contratos – Importância da boa-fé e do dever de renegociar antes de cogitar de qualquer medida terminativa ou revisional. Disponível em: [https://www.migalhas.com.br/coluna/migalhas-contratuais/322357/devagar-com-o-andor-coronavirus-e- contratos-importancia-da-boa--fe-e-do-dever-de-renegociar-antes-de-cogitar-de-qualquer-medida- terminativa-ou-revisional]. *Migalhas*, publ. 23.03.2020.

Não vale a pena, em respeito à finalidade do presente texto, trazer largas discussões a respeito da distinção e das diversas teorias acerca do caso fortuito e da força maior, razão pela qual será feita apenas uma breve definição com o objetivo de encontrar qual a regra a ser aplicada na hipótese de cancelamento de festas. Assim, a impossibilidade da realização de festas e eventos pode se dar por fato do príncipe ou por caso fortuito e força maior.

Pode-se dizer que ocorre caso fortuito e força maior quando há a impossibilidade do cumprimento da obrigação por circunstâncias alheias a vontade das partes. Já o fato do príncipe é uma hipótese de força maior qualificada, pois ocorre quando há proibição do Poder Público para a realização deste tipo de entretenimento por meio de ordem normativa, em virtude do risco de contágio. Assim, tanto o fornecedor dos serviços como os consumidores não podem executar o contrato.

Dito isto, deve-se, por razões metodológicas, delimitar a questão: as festas e eventos não ocorreram por impossibilidade objetiva da execução do contrato diante da força maior. Sobre o tema, o art. 393 do Código Civil trata das hipóteses de caso fortuito e de força maior:

> CC, Art. 393. O devedor não responde pelos prejuízos resultantes de caso fortuito ou força maior, se expressamente não se houver por eles responsabilizado.
>
> Parágrafo único. O caso fortuito ou de força maior verifica-se no fato necessário, cujos efeitos não era possível evitar ou impedir.

Segundo o dispositivo acima mencionado, nas hipóteses de caso fortuito e de força maior as consequências jurídicas são o desfazimento do contrato e o retorno das partes ao estado anterior ao da contratação, ficando o devedor obrigado a devolver o valor eventualmente antecipado e exonerado de qualquer tipo de indenização por perdas e danos decorrentes do não cumprimento da obrigação. As partes permanecem como se nunca tivessem contratado.

Importa registrar que a impossibilidade do cumprimento da obrigação deve ser avaliada objetivamente[20], ou seja, as festas de formatura, casamento, shows, durante a pandemia, não puderam se realizar por circunstâncias alheias às vontades das partes, seja por imposição governamental ou mesmo pelo risco de contágio em si.

Além disso, registre-se que, a impossibilidade do cumprimento da obrigação pode ser definitiva ou passageira. Se houver a morte de um dos noivos ou de um dos formandos, por exemplo, a festa não será realizada para o contratante falecido, razão pela qual a obrigação se resolve com o retorno das partes ao estado anterior ao da contratação, isto é, devolve-se o valor pago e o fornecedor não mais prestará o serviço contratado.

Por outro lado, caso a impossibilidade do cumprimento da obrigação seja passageira, isto é, a festa foi adiada até o final da pandemia, haverá o cumprimento diferido

---

20. Diversa é a impossibilidade subjetiva do cumprimento da obrigação decorrente da dificuldade financeira do devedor como, por exemplo, com a pandemia, a atividade comercial dos lojistas dos shoppings foi paralisada, razão pela qual muitas empresas ficaram sem fluxo de caixa e, portanto, sem dinheiro para pagar o valor da locação e do condomínio das lojas. Aqui o inadimplemento do pagamento se dá por razões subjetivas, isto é, falta de dinheiro do locatário, pois se o este possui reserva financeira poderá quitar os pagamentos mesmo com a sua atividade empresarial paralisada.

desta prestação, nos mesmos termos avençados inicialmente, não havendo que se falar impossibilidade propriamente dita. Com isso, caso o casamento, por força maior, não seja realizado na data avençada, não haverá o rompimento do contrato, mas apenas o adiamento da data e, portanto, do cumprimento da obrigação nos mesmos termos anteriormente contratados sem qualquer tipo de reajuste.

Em uma tentativa de diminuir os danos decorrentes da pandemia, o governo federal editou a Medida Provisória n. 948 de 8 de abril de 2020, que trata das situações de cancelamento e reserva nos contratos consumeristas de prestação de serviços nos setores de turismo e cultura, afetados pela covid-19.

O objeto da Medida Provisória não se aplica de maneira análoga a outros tipos de contratos, pois sua edição atende a caso de relevância e urgência para os prestadores de serviços turísticos e sociedades empresárias com rol disposto no artigo 21[21] da Lei n. 11.771/2008 (lei da Política Nacional de Turismo) e para cinemas, teatros e plataformas digitais que realizam a venda de ingressos via internet.

A finalidade da MP n. 948/2020 é a conservação da atividade econômica com objetivo de incentivar a manutenção dos contratos, desestimulando a moratória indefinida. O descumprimento da obrigação pactuada anteriormente, com o advento da pandemia, não terá o mesmo tratamento das situações ocorridas antes da pandemia, pois não haverá a devolução imediata do valor integral contratado ou, ainda, a incidência de perdas e danos, de cláusula penal ou de danos morais, como ocorreria em situações de normalidade.

As hipóteses previstas na MP n. 948/2020 visam regrar as situações excepcionais, isto é, eventos impossíveis de serem realizados em virtude do risco de contágio.

A ordem do dia é negociar, negociar e negociar. Nos casos de cancelamento de eventos, serviços ou reservas, decorrentes da pandemia, o fornecedor deve garantir: i) a remarcação dos serviços contratados ou das reservas realizadas; ou ii) a disponibilização do crédito pelo prazo de 12 meses[22] para uso ou abatimento em outros contratos firmados nas respectivas empresas, ou, ainda, iii) a novação da obrigação assumida antes da pandemia, ficando exonerado, em todas estas hipóteses, do dever de reembolso dos valores antecipados pelo consumidor.

Como nenhuma das partes deu causa a alteração da data da execução do serviço, o acréscimo de custo adicional é vedado, desde que a solicitação seja feita no prazo de até 90 dias, a contar da entrada em vigor da MP n. 948/2020, isto é, dia 08 de abril de 2020. Este prazo de 90 dias é muito curto para a decisão a respeito do agendamento de nova data, notadamente, diante do momento de incertezas vivenciado. Além disso, muitas pessoas tiveram suas férias antecipadas, razão pela qual o prazo de gozo no período de 12 meses inviabiliza a remarcação das datas, para as hipóteses de pacotes turísticos.

---

21. Art. 21. Consideram-se prestadores de serviços turísticos, para os fins desta Lei, as sociedades empresárias, sociedades simples, os empresários individuais e os serviços sociais autônomos que prestem serviços turísticos remunerados e que exerçam as seguintes atividades econômicas relacionadas à cadeia produtiva do turismo: I – meios de hospedagem; II – agências de turismo; III – transportadoras turísticas; IV – organizadoras de eventos; V – parques temáticos; e VI – acampamentos turísticos.

22. Contado a partir da data de encerramento do estado de calamidade pública reconhecido pelo Decreto n. 6, de 20 de março de 2020.

Por outro lado, sabe-se que nem todos os contratos são passíveis das modificações acima elencadas. Nos casos de impossibilidade efetiva do cumprimento da obrigação, por morte do consumidor contratante, por exemplo, o ressarcimento dos valores pagos deverá ser feito aos herdeiros no prazo de 12 meses[23], atualizados monetariamente pelo Índice Nacional de Preços ao Consumidor Amplo Especial – IPCA-E de maneira parcelada ou não, a critério do fornecedor.

O artigo 5º da MP n. 948/2020 merece análise mais detida, diante da grave falha redacional:

> Art. 5º As relações de consumo regidas por esta Medida Provisória caracterizam hipóteses de caso fortuito ou força maior e não ensejam danos morais, aplicação de multa ou outras penalidades, nos termos do disposto no art. 56 da Lei 8.078, de 11 de setembro de 1990.

O primeiro ponto a ser criticado é a conceituação de relação de consumo como sendo hipótese de caso fortuito e de força maior. Ora não é a relação de consumo em si que caracteriza a hipótese de caso fortuito ou força maior, mas sim a situação de calamidade pública de alcance internacional, decorrente da covid-19.

Ademais, nem todas as relações de consumo foram afetadas pela pandemia, pois alguns setores como o *delivery*, por exemplo, tiveram um crescimento exponencial. Assim, um almoço contratado para a celebração do dia das mães, por exemplo, pode ser realizado por meio de entrega em domicílio, não se aplicando à excepcionalidade elencada na MP n. 948/2020.

Não se deve esquecer que um mandamento de ordem constitucional – como os danos morais – jamais será afastado por meio de medida provisória, razão pela qual em havendo ocorrência comprovada de danos morais, por má conduta do fornecedor, o consumidor fará jus à indenização.

4. CONCLUSÃO

A pandemia trouxe muitas incertezas para os mais variados ramos do direito. Um dos setores mais afetados foi o de eventos, atingindo não só as pessoas que sobrevivem deste segmento, mas também a sociedade como um todo, por dizer respeito aos sonhos adiados, aos momentos de conquista e de celebração perdidos, ao lazer e à alegria das pessoas. O mundo sem festas, sem shows e sem eventos é, certamente, silencioso e reflexivo.

As relações contratuais celebradas antes do advento da covid-19, devem, sempre que possível, ser preservadas mediante o cumprimento dos pactos ainda que de maneira diferida, ficando garantidos o equilíbrio econômico-financeiro das partes e a manutenção cadeia produtiva do seguimento de eventos.

Este é o momento em que as pessoas são instadas a substituir a beligerância e o interesse de ganho unilateral e exclusivo para administrar perdas e buscar compor soluções

---

23. Contado a partir da data de encerramento do estado de calamidade pública reconhecido pelo Decreto n. 6, de 20 de março de 2020.

amigáveis aos conflitos oriundos da impossibilidade do cumprimento das obrigações tal como foram pactuadas.

Sob o pálio da proteção do bem maior, a vida, um grande pacto foi celebrado, em que a vontade coletiva se sobrepôs até sobre o direito de livre locomoção, nos locais onde foi decretado *lockdown*. E sob essa toada, os desdobramentos do pós-covid devem ser refletidos.

A pandemia trouxe ensinamentos de várias ordens, mas na ordem jurídica, o mais relevante deles foi, sem dúvida, a celebração de acordos para manutenção dos contratos, em observância aos princípios da preservação dos negócios jurídicos, da boa-fé e da função social.

5. REFERÊNCIAS

ALBUQUERQUE, Marcos Cintra Cavalcanti de. *Microeconomia.* São Paulo: McGraw-Hill, 1986.

ALMEIDA, João Batista de. *A proteção jurídica do consumidor.* 7.ed. São Paulo: Saraiva, 2009.

BENJAMIN, Antonio Herman de Vasconcellos. O conceito jurídico de consumidor. *Revista dos Tribunais.* São Paulo, v. 628, 1988.

BENJAMIN, Antonio Herman V.; MARQUES, Claudia Lima; BESSA, Leonardo Roscoe. *Manual de Direito do Consumidor.* 6. ed. São Paulo: Ed. RT, 2014.

JAYME, Erik. *Identité Culturelle et Intégration:* le droit internacional privé postmoderne. Recueil des Cours de l'Académie de Droit Internacional de La Haye – V. II. Kluwer: Doordrecht. 1995.

LÔBO, Paulo Luiz Netto. *Direito Civil:* v. 3: contratos. 5. ed. São Paulo: Saraiva Educação, 2019.

MARQUES, Claudia Lima. *Contratos no Código de Defesa do Consumidor:* o novo regime das relações contratuais. 8 ed. São Paulo: RT, 2016.

MARQUES, Claudia Lima. O "Diálogo das Fontes" como método da nova teoria geral do direito. In: MARQUES, Claudia Lima (Coord.). *Diálogo das fontes.* Do conflito à coordenação de normas do direito brasileiro. São Paulo: Ed. RT, 2012.

MARQUES, Claudia Lima. Diálogo entre o Código de Defesa do Consumidor e o Novo Código Civil: do "diálogo das fontes" no combate às cláusulas abusivas. *Revista de Direito do Consumidor.* São Paulo, v. 45, p. 71 – 99, jan./mar. 2003.

SAUPHANOR, Nathalie. *L´influence du droit de la conommation sur le système juridique.* Paris : LGDJ, 2000.

SCHREIBER, Anderson. *Devagar com o andor: coronavírus e contratos* – Importância da boa-fé e do dever de renegociar antes de cogitar de qualquer medida terminativa ou revisional. Disponível em: [https://www.migalhas.com.br/coluna/migalhas-contratuais/322357/devagar-com-o-andor-coronavirus-e-contratos-importancia-da-boa-fe-e-do-dever-de-renegociar-antes-de-cogitar-de-qualquer-medida-terminativa-ou-revisional]. *Migalhas*, publ. 23.03.2020.

TARTUCE, Flávio; NEVES, Daniel Amorim Assumpção. *Manual de Direito do Consumidor:* direito material e processual. 3. ed. Rio de Janeiro: Forense: São Paulo: Método, 2014.

DIREITOS DOS ESTUDANTES À LUZ DA PANDEMIA E DA DESIGUALDADE SISTÊMICA NO BRASIL

Silvia Maria da Silva

Mulher Afrodiasporica. Ativista do Feminismo Negro. Professora de Ensino Fundamental e Médio. Graduada em Educação Física e Pedagogia. Atuou durante 30 anos na Rede Municipal de Ensino de na São Paulo. Exerceu cargos como: Professora, Coordenadora Pedagógica, Supervisora Escolar, Supervisora Técnica e Diretora de Divisão de Divisão da Secretaria Municipal de Educação de São Paulo.

Juliana Maggi Lima

Bacharel em Direito pela PUC-SP, Especialista em Direito de Família e Sucessões pela EPD, Mestre em Direito Civil pela USP, sócia do escritório Dias, Brandão, Maggi Lima Sociedade de Advogados.

Sumário: 1. Introdução. 2. Direito dos estudantes ao acesso à educação de qualidade e sua permanência nela. 3. Covid-19 – uma pandemia pode trazer janela de oportunidades? Propostas de mudanças institucionais urgentes e possíveis. 4. Considerações finais. 5. Referências.

1. INTRODUÇÃO

A abordagem da educação como direito fundamental de todo ser humano é um debate que se faz presente em diversos espaços institucionais atualmente[1]. Em um país com uma profunda desigualdade como o Brasil (CHAKIAN, 2020)[2], que tende a se aprofundar com a pandemia de COVID-19[3] (PAZ, 2020), assegurar a universalização do ensino básico gratuito, com igualdade de condições para o acesso e permanência a uma educação de qualidade é um dos princípios perseguidos há décadas e um desafio ainda não vencido e agora ainda maior (PADIN, 2020).

---

1. Como exemplo, a UNESCO reconhece o direito à educação como um direito fundamental (UNESCO, Right to Education), sendo que o órgão estabeleceu 17 Objetivos de Desenvolvimento Sustentável para 2030 (UNESCO, Education, 2030 in Brazil).
2. No que tange à educação, desigualdade no país também no acesso à educação de qualidade e na permanência no ensino. Segundo dados do IBGE de 2018, o analfabetismo atingia 18,2% dos alagoanses, enquanto, no mesmo período, apenas 2,5% da população do Distrito Federal era analfabeta, o que revela desigualdades regionais. A desigualdade no acesso à educação atinge de forma especial a população negra, indígena e pobre (AGÊNCIA IBGE NOTÍCIAS, 2018).
3. O aprofundamento das desigualdades preexistentes à pandemia de COVID-19 na Itália foi constatado "com maior impacto sobre as pessoas com baixo nível educacional, não necessariamente idosos". (ISTAT, 2020, p. 89, tradução livre do original).

Entendendo a educação como um importante elemento que constitui as relações sociais, para iniciar o diálogo nos reportamos aos escritos do Patrono da Educação deste país, o professor Paulo Freire, que propunha uma educação emancipadora, inclusive, com respeito às particularidades do estudante e que permitisse efetiva compreensão da sociedade e de sua posição nela (FREIRE, 1987).

No livro a Pedagogia do Oprimido, Paulo Freire coloca os educandos como sujeitos do processo de aprendizagem por meio de uma pedagogia que os libertará de tal maneira que transforme suas vidas e, consequentemente, a sociedade, destacando que é fundamental que essa pedagogia não seja elaborada pelas elites (FREIRE, 1987, pp. 33/38), cujo objetivo social é a manutenção do *status quo,* como também, dos lugares sociais de privilégios, que Freire denomina de "paz social que, no fundo, não é outra senão a paz privada dos dominadores" (FREIRE, 1987, p. 38).

A partir dessas considerações propomos a seguinte analogia: Não basta abordar a educação do ponto de vista das elites. É preciso compreender qual a posição que os estudantes ocupam no seu contexto, quem trabalha nas instituições educativas e quem se beneficia com tamanha desigualdade.

Indo ao encontro da reflexão epistemológica de Paulo Freire, no que se refere à pedagogia das elites, é importante descolonizar o pensamento hegemônico e nos ancorarmos também em teorias elaboradas a partir de pedagogias e epistemologias que emergem de grupos sociais vulneráveis que buscam uma educação preocupada com a produção de saberes emancipatórios.

Considerando que a sociedade brasileira em seu processo histórico foi estruturalmente construída por meio da colonização, excluindo dos processos educativos institucionais os povos afro diaspóricos, indígenas e mulheres, ocasionando hierarquias sociais existentes ainda nos dias atuais, não é possível pensar uma educação que não seja consciente das clivagens estruturais e estruturantes e que contribua, de maneira contraditória, tanto para a manutenção como para a transformação dessa estrutura.

Neste sentido, a interseccionalidade é a ferramenta epistemológica que fundamentará os caminhos perseguidos neste artigo. Como escreveu Akotirene: "A interseccionalidade nos permite partir da avenida estruturada pelo racismo, capitalismo e cisheteropatriarcado, em seus múltiplos trânsitos, para revelar quais são as pessoas realmente acidentadas pela matriz de opressões." (2019, p. 47)

Se o que perseguimos é uma educação que seja meio para a erradicação das desigualdades, não basta apenas reconhecer que existem grupos historicamente discriminados. É preciso reeducar toda a sociedade com vistas às mudanças estruturais e institucionais que visem a promoção da igualdade e da justiça social.

A desigualdade é um desdobramento dos mecanismos utilizados historicamente para a construção do Brasil. Dentre eles, a educação, que quando não oferecida de forma universal, gratuita e de qualidade, gera um abismo social de grupos vulneráveis, como mulheres, negros, indígenas e a população LGBTQIA+. Assim, é urgente reeducar a sociedade para que assuma suas responsabilidades, tratando esses grupos de forma desigual assertiva, por meio de critérios de vulnerabilidade social, a exemplo das Políticas de Ações Afirmativas, citando como exemplo as cotas das universidades para estudantes oriundos de escolas públicas, pessoas com deficiência e povos indígenas.[4]

Por meio da implementação e do acompanhamento das Políticas de Ações Afirmativas já existentes, bem como da ampliação e promoção de outras que poderão ainda emergir, que tenham como objetivo a garantia do direito à educação de qualidade a todos os cidadãos, encontraremos novos rumos para a educação como estratégia para redução das desigualdades, com a superação do racismo e do machismo. Se efetivamente vivemos em um Estado que tem como princípio a democracia, a igualdade dos cidadãos, bem como a efetivação de seus direitos individuais e coletivos, é uma promessa que precisa ser cumprida, o que só será possível se o for, também, por meio da educação.

O reconhecimento é uma dimensão importante e fundamental para o combate às desigualdades, no entanto, há de se considerar que existe um debate em torno de quais seriam as melhores formas e alternativas para a implementação de políticas direcionadas ao combate das desigualdades existentes em nosso país. Tratamos especificamente do debate em torno das políticas de redistribuição e reconhecimento de suas implicações na justiça social debatida entre Nancy Fraser e Axel Honneth, autores que discutem a diferença de posições em relação ao melhor caminho para a construção de justiça social, tendo como pano de fundo a discussão sobre a sociedade moderna pós-socialista, um período inaugurado pela queda do muro de Berlim e o declínio da URSS (BRESSIANI, 2010).

> Segundo Fraser, o fim do "socialismo real", (...), em conjunto com o acelerado processo de globalização, teriam levado à politização das diferenças étnicas e culturais e à despolitização da economia, cada vez menos contestada pelos movimentos sociais (...) No cenário político contemporâneo, afirma Fraser, o reconhecimento cultural desloca a redistribuição material como medida para sanar as injustiças e a luta por reconhecimento se torna a forma paradigmática de conflito, fazendo com que a dominação cultural suplante a exploração como injustiça fundamental (BRESSIANI, 2010, p. 11)

A dimensão cultural é historicamente permeada por relações de dominação e desigualdade, portanto, ao se considerar qual é a posição social dos estudantes e de quem trabalha nas instituições educativas, podemos escrutinar quem se beneficia e quem se prejudica com tamanha disparidade, especialmente, quando ela é aprofundada por uma pandemia sem previsão de superação, com cenário de isolamento social, fechamento de instituições de ensino e uso repentino e não estruturado de Ensino a Distância (EaD).

Porém, reconhecer pura e simplesmente não basta, é preciso reafirmar a relevância das políticas de acesso à educação gratuita e de qualidade para as populações historicamente violentadas, e isso pressupõe que grupos historicamente beneficiados pela desigualdade cedam espaço (FREIRE, 1987, p. 38), especialmente diante da calamidade em que vivemos, com a área nacional de educação acéfala, o que potencializa a gravidade da situação (MARQUES, 2020).

---

4. Conforme já decidiu o Supremo Tribunal Federal (STF), as políticas afirmativas são admitidas pelo ordenamento jurídico brasileiro e, inclusive, prestigiam o princípio da igualdade material (ADPF 186, Rel. Min. Ricardo Lewandowski, Plenário, j. em 26.04.2012).

2. DIREITO DOS ESTUDANTES AO ACESSO À EDUCAÇÃO DE QUALIDADE E SUA PERMANÊNCIA NELA

O direito à educação está inscrito na Constituição Federal (CF) como um direito social (art. 6°, *caput*, CF), considerado fundamental (TEIXEIRA, 2008, p. 2) (CAGGIANO, 2009, pp 21/25) (DUARTE, p. 696/697). Além disso, é tratado em diversas outras disposições constitucionais[5]. A educação tem tamanha relevância para nosso Estado, que na Constituição recebeu uma seção própria no Capítulo III (arts. 205 a 214), prevendo que a educação é um direito de todos e dever do Estado e da família, a ser promovido com colaboração da sociedade, a fim de proporcionar o pleno desenvolvimento da pessoa, para que possa estar preparada para exercer sua cidadania e se qualificar para o trabalho.

Ainda de acordo com a Constituição, o ensino deve ser ministrado com os princípios da igualdade de condições de acesso e permanência na escola, liberdade de aprendizado, ensino, pesquisa, divulgação de pensamento, arte e saber, com pluralismo de ideais e concepções pedagógicas. Ainda, prevê a coexistência de instituições públicas (cujo ensino deve ser gratuito) e privadas de ensino[6], com valorização dos profissionais da educação escolar, cujo ingresso na rede de ensino pública será exclusivamente por meio de concurso público (com piso salarial profissional nacional), sendo que sua gestão de ensino deve ser democrática, garantindo padrão de qualidade.

O dever constitucional de o Estado assegurar aos estudantes o direito à educação deve se dar mediante educação infantil em creche e pré-escola para crianças de até cinco anos de idade, garantia de educação básica, obrigatória e gratuita, cujo acesso é direito público subjetivo (com programas suplementares de material didático escolar, transporte, alimentação e assistência à saúde) dos quatro aos dezessete anos de idade, assegurado o direito à educação básica pública gratuita também àqueles que não tiverem acesso a ela na idade prevista, com progressiva universalização do ensino médio gratuito e atendimento educacional especializado às pessoas com deficiência, que devem, preferencialmente, frequentar a rede regular de ensino. Além dessas previsões, a Educação é regida por outras normas, em especial pela Lei de Diretrizes e Bases da Educação Nacional (LDB) (Lei 9.394/1996) e pelo Plano Nacional de Educação (PNE) (Lei 13.005/2014).

Após a promulgação da Carta Constitucional, um novo período de democratização no país se mostrou aparente, caracterizado aqui neste artigo principalmente pela expansão dos direitos civis em geral, com impactos importantes na política educacional. Na

---

5. Por exemplo, a CF estabelece a quais entes competem as diferentes atribuições sobre a educação. À União compete privativamente legislar sobre diretrizes e bases da educação (art. 22, XXIV), a competência para legislar sobre educação é concorrente entre União, Estado e Distrito Federal (art. 24, IX, CF); compete à União, aos Estados, ao Distrito Federal e aos Municípios: (...); proporcionar os meios de acesso à cultura, à educação, à ciência, à tecnologia, à pesquisa e à inovação; (art. 23,V), cabendo aos Municípios a manutenção de programas de educação infantil e de ensino fundamental, com a cooperação técnica e financeira da União e do Estado (art. 30, VI). Na Constituição também está estabelecido que cabe, de forma concorrente, à família (em especial aos pais), sociedade e Estado assegurar à criança, ao adolescente e ao jovem, com absoluta prioridade, entre outros, o direito à educação, conforme arts. 227, *caput*, e 229.

6. Que estão obrigadas a atender o cumprimento das normas gerais da educação nacional e ter autorização para a atividade do Poder Público, que deverá avaliá-la (art. 209, CF).

década de 1990, houve uma série de mobilizações articuladas pelo movimento negro direcionadas à finalidade de responsabilizar o Estado brasileiro a promover políticas públicas voltadas para a educação, a mobilidade social e o exercício real da democracia da população negra. Destacamos aqui como exemplo a Marcha Zumbi dos Palmares, realizada em 1995 em Brasília, em alusão aos 300 anos da morte do líder Zumbi dos Palmares (GELEDÉS, 2016); e o Seminário Internacional Multiculturalismo e Racismo: o Papel da "Ação Afirmativa" nos Estados Democráticos Contemporâneos, realizado em Brasília, em 1996.

Com esses avanços políticos, o princípio constitucional da *igualdade* passou a ser analisado pelo Estado de forma mais crítica.[7] A educação, especificamente, que sempre foi uma área estratégica do ativismo negro em escala transnacional, foi privilegiada por tais políticas de Estado. Importante exemplo é a política de ações afirmativas e ampliação (democratização) do sistema federal de ensino superior (em especial a Lei 12.711/2012). No entanto, tanta mobilização e avanços nas tentativas do exercício da democracia trouxeram à tona o ressentimento das classes dirigentes e da elite branca do país em torno do reconhecimento das *diferenças*, segundo Hasani E. Santos (2019, p. 84-85)

> [...] a sublevação de setores contrários à implementação de tais políticas no âmbito público se deve ao ressentimento e à sensação de perda de privilégios por parte da classe média trabalhadora branca e também da elite tradicional brasileira. Estes privilégios estavam fundamentados pelo princípio abstrato de igualdade e ameaçados pela reiteração e afirmação política das diferenças.

O ressentimento, portanto, é uma categoria importante, pois orienta o debate para o sentido de olharmos as tentativas de avanços sociais em torno da democracia e da educação e as retomadas e reviravoltas de setores conservadores do país na tentativa do desmonte e desfalecimento destes avanços. Assim, o direito constitucional à educação segue distante de ser efetivado[8] e a educação no país tem sido sequestrada por debate pouco (ou nada) técnico há anos, distanciando-se o Estado cada vez mais do oferecimento de ensino básico de qualidade para um debate infrutífero e que viola os princípios constitucionais de liberdade de ensino, aprendizado e divulgação de pensamento.

---

7. Durante a gestão do ex-presidente Fernando Henrique Cardoso foram criados o Conselho Nacional de Combate à Discriminação (Decreto 3.952/2001), cuja composição incluía o Ministro da Educação e propunha políticas públicas com enfoque afirmativo, o Programa Diversidade na Universidade (Medida Provisória 63/2002) e o Programa Brasil Gênero e Raça, do Ministério do Trabalho (CASTILHO, 2018, p. 445). Em 2001, houve a Terceira Conferência Mundial contra o Racismo, a Discriminação Racial, a Xenofobia e Formas Correlatas de Intolerância promovida pela ONU, a Conferencia de Durban onde o Brasil assumiu publicamente um compromisso com políticas públicas voltadas à educação (mas não somente) e o exercício da democracia, promoção da igualdade e combate explícito ao racismo.

   No governo do ex-presidente Luís Inácio Lula da Silva, a noção de "igualdade racial" foi institucionalizada a criação da Secretaria de Políticas de Promoção da Igualdade Racial (Lei 10.683/2003), posteriormente alçada a patamar ministerial pela Medida Provisória 696/2015, convertida na Lei 13.266/2016. As áreas da saúde e da educação foram estratégicas para o exercício político da igualdade racial.

8. O Relatório do 3º Ciclo de Monitoramento das Metas do Plano Nacional de Educação 2020 do INEP aponta diversos elementos que demonstram a incapacidade do Estado brasileiro de cumprir suas obrigações constitucionais e oferecer educação pública de qualidade. Por exemplo, na Educação Infantil, para a faixa dos 0 a 3 anos, a cobertura chegou a apenas 36% das crianças (INEP, 2020, p. 13) e cerca de 1,9 milhões de jovens entre 15 e 17 anos (idades em que era previsto estarem matriculados no Ensino Médio) estão matriculados no Ensino Fundamental (INEP, 2020, p. 13).

Isso decorre, em especial, em razão de movimentos ideológicos e com rasa sustentação teórica, como a suposta existência de uma ideologia de gênero, que se apoiou em movimento que pregava a "Escola Sem Partido", verdadeira tentativa de censura ao magistério e de vedação ao acesso ao livre conhecimento dos estudantes[9][10] (GELEDÉS, 2014) (AGÊNCIA CÂMARA DE NOTÍCIAS, 2015) (QUADROS, 2018).

O acesso à educação de qualidade no Brasil é um direito não assegurado a todos e, sim, um privilégio de poucos. Ainda, é preciso reconhecer que as diferentes fontes de desigualdade geram problemas não apenas para o ingresso no sistema educacional como para a permanência de estudantes, em especial para populações mais vulneráveis, como negros (GONÇALVES, 2014) (SALDAÑA, 2019), LGBTQIA+ (CASALI, GONÇALVES, 2019), mulheres (CERIONI, 2020) e pessoas em situação de pobreza (ALMEIDA, 2020).

Ainda que amanhã fosse desenvolvida uma vacina, os efeitos negativos para a educação já são tremendos. Com a suspensão das aulas e implementação de sistema de ensino EaD, prejuízos aos mais vulneráveis já podem ser verificados[11][12] e, como a superação deste momento parece ainda levará algum tempo, causa preocupação a possibilidade de realização de aulas virtuais de forma indeterminada ou intermitente, sendo que já está autorizado até 31 de dezembro de 2020 que as universidades federais (inclusive em situações que exigiriam acompanhamento presencial, como laboratórios), permaneçam com aulas virtuais até 31 de dezembro de 2020, conforme Portaria 544/2020 do MEC, sem que estejam assegurados meios tecnológicos de lecionar e de os estudantes participarem das aulas.

Inclusive, em 1º de junho de 2020, o Ministro da Educação homologou diretrizes do Conselho Nacional de Educação[13], que orientam as diferentes etapas de educação, mas que não trazem nenhum solução eficiente, apenas atribuindo deveres aos pais e professores, já sobrecarregados com excesso de trabalho doméstico, sem dar o necessário respaldo de formação e material para assegurar o bom desenvolvimento do aprendizado.

---

9. Curiosamente, referida lei sequer define o que viria a ser "ideologia de gênero", que nitidamente visava a restrição à educação sobre orientação sexual e identidade de gênero. Contudo, sob outro prisma parece mais próxima à realidade a seguinte definição de "ideologia de gênero: aquela que força homens e mulheres a terem determinados comportamentos – saber cozinhar e ser boa mãe e ser bom provedor e viril, respectivamente –, ou serem proibidos de outros – andar na rua sem camisa e chorar, respectivamente." (LIMAa, 2020, p. 104)

10. Há diversas leis nesse sentido cuja constitucionalidade está sob apreciação pelo STF, tal como as ADPFs 526, 578 e 624 , já tendo sido reconhecida a inconstitucionalidade da Lei Municipal 1.516/2015 de Nova Gama-GO, que proibia "material com informação de ideologia de gênero nas escolas públicas municipais", conforme decidido pelo STF na ADPF 457, em 2019. Em 2020, foi julgada procedente a ADPF 467 que questionava a constitucionalidade de previsões da Lei 3.491/2015 de Ipatinga-MG, que buscavam excluir do ensino público municipal qualquer referência sobre diversidade de gênero e orientação sexual.

11. Segundo reportagem da Agência Brasil de abril deste ano, isto é, após o início do isolamento social, "um em cada três estudantes (33,5%) que tentaram vaga no curso superior, nos últimos cinco anos, por meio do Exame Nacional do Ensino Médio (Enem), não tem acesso à internet e a dispositivos, como computador ou celular, que permitam, por exemplo, aprender por meio de educação a distância" (COSTA, 2020).

12. Apesar de o isolamento social ter se iniciado em março de 2020, com suspensão de aulas presenciais, apenas em julho o MEC informou que providenciará conexão à internet para cerca de 906 mil estudantes de baixa renda matriculados em faculdades federais e em instituições da Rede Federal de Educação Profissional e Tecnológica do MEC (MEC, 2020).

13. As diretrizes podem ser acessadas pelo site do MEC [https://www.gov.br/mec/pt-br/assuntos/noticias/mec-homologa-diretrizes-para-o-ensino-durante-a-pandemia].

Além disso, o MEC permitiu a graduação antecipada de estudantes das áreas médicas, o que, se de um lado se mostra necessário, de outro causa consternação, por colocar pessoas que não completaram o ciclo regular educacional previsto na linha de frente do enfrentamento à pandemia, sendo que residentes que também foram colocados nessa situação já manifestaram que desejam ter o direito de repor o conteúdo que perderam (PAULUZE, 2020) (LIMAb, 2020).

Um dos principais meios de ingresso em universidades públicas, privadas e até do exterior, o ENEM de 2020, contou com quase 5,8 milhões de inscritos, dos quais cerca de 83% tiveram gratuidade na inscrição, por se enquadrarem nos requisitos de isenção. Contudo, diante do cenário caótico e de ausência do controle da pandemia, o que inviabiliza a realização de prova com tantos inscritos neste ano, no dia 1º de julho foi anunciado que o Enem de 2020 será realizado em 17 e 24 de janeiro para a versão impressa e nos dias 31 de janeiro e 7 de fevereiro para a versão digital, todas as datas de 2021. Essa decisão contraria resultado de enquete feita pelo próprio MEC com os inscritos e foi objeto de discordância de movimentos estudantis[14].

É certo que boa parte dos estudantes não conseguiu acompanhar as aulas ou que sequer teve acesso a elas por absoluta falta de recursos fornecidos aos alunos e aos professores e, assim, já tiveram, no mínimo, perda de um semestre de conteúdo, especialmente nas escolas da rede pública e em casos de alunos em situação de vulnerabilidade que, diante do tamanho colossal da desigualdade no país, certamente sairão ainda mais prejudicados e com resultados mais defasados nesse tão importante exame.

3. COVID-19 – UMA PANDEMIA PODE TRAZER JANELA DE OPORTUNIDADES? PROPOSTAS DE MUDANÇAS INSTITUCIONAIS URGENTES E POSSÍVEIS

"Mas se eu sair daqui eu vou mudar

Estou ouvindo alguém me chamar"

Estes versos foram escritos por Mano Brown e fazem parte do segundo álbum de estúdio do grupo de rap Racionais MC's,[15] Em 2018, o álbum foi incluído na lista da Comissão Permanente para os Vestibulares da UNICAMP (COMVEST, 2018). Dentre vários aspectos relevantes, destacamos a maneira com que retrata a dura realidade vivida por milhares de pessoas no Brasil na década de 1990. A desigualdade social era tão profunda que sobreviver foi comparado a estar mergulhado em uma constante asfixia social angustiante, pois, diariamente, a morte, o racismo, a miséria e outras violências estruturais

---

14. Nota conjunta da UNE – União Nacional dos Estudantes, UBES – União Brasileira dos Estudantes Secundaristas e ANPG – Associação Nacional dos Pós-graduandos. Disponível em: [https://une.org.br/noticias/nota-das-entidades-estudantis-sobre-o-enem/].

15. Sobrevivendo no Inferno, lançado em 1997, que, atualmente, é reconhecido como a mais importante obra do rap brasileiro, figurando em 2007 na 14ª posição da lista dos 100 melhores discos da música brasileira da Revista Rolling Stone Brasil (2007, p. 109). O Papa Francisco foi presenteado com este álbum por Fernando Haddad, na ocasião prefeito de São Paulo (GELEDÉS, 2015).

rondavam o cotidiano das pessoas. Apesar da dura realidade, a luta pela sobrevivência permanecia acesa e houve diversos avanços desde os anos 1990.[16]

Os dados sugerem que há uma significativa intersecção entre clivagens de classe e raça. Tais marcadores da diferença são determinantes para que possamos compreender a configuração da concentração de renda, produção de desigualdade e representação da pobreza, que segundo Ricardo Henriques se manteve estável na década de 1990, e se manteve estavelmente mais grave para a população negra (2001, p.10, 19, 27).[17]

Com a chegada do ano de 2020, estamos vivenciando a maior crise sanitária global deste século. No Brasil, podemos afirmar que a pandemia não só descortinou as profundas desigualdades sociais historicamente construídas e o negligenciamento com políticas públicas, como também acelerou o genocídio e o empobrecimento em curso dos grupos pertencentes às minorias políticas, sendo eles: a população negra, os povos indígenas, as mulheres, as pessoas com deficiência e a população LGBTQIA+.

Para além da identificação de que raça, etnia, gênero e geração são marcadores da diferença, com a pandemia ficou evidenciado que essas clivagens são reprodutoras das desigualdades, tornando esses grupos os mais vulneráveis dentre os vulneráveis.[18]

Se os processos de infecção da COVID-19 são reduzidos com procedimentos como a lavagem constante das mãos com água e sabão (OPAS, 2020), inevitavelmente milhares de pessoas no Brasil foram impossibilitadas de seguir, já que as políticas de saneamento não contemplam as comunidades periféricas como as favelas, nem abrangem a totalidade das regiões do Brasil, principalmente o Norte e o Nordeste, onde está concentrada grande parte da população negra e indígena cuja forma de organização residencial é, na maioria das vezes, coletiva, pois várias pessoas compartilham o mesmo teto, de forma que, certamente, esses grupos foram os mais afetados.

Estamos diante de uma crise sem precedentes, que tem agravado problemas sociais como o desemprego, a fome, a sobrecarga de um sistema de saúde pública precarizado e negligenciado, a violência doméstica e, no caso específico deste artigo, o direito de

---

16. Sobre a desigualdade racial na década de 1990 "(...) Ao considerarmos somente a população branca concluímos que, em 1999, 22,6% dos brancos são pobres e 8,1% são indigentes. Ao mesmo tempo, entre os pardos temos 48,4% de pobres e 22,3% de indigentes. Na população de cor preta esses valores são, respectivamente, 42,9% e 18,3%. (HENRIQUES, 2001, p. 11).

17. Essa conjuntura histórica foi muito bem retratada no rap "To Ouvindo Alguém me chamar" do mencionado álbum dos Racionais MC's. A música narra uma história comum para muitos jovens em situação de vulnerabilidade social, em especial os negros. A impossibilidade de acesso a direitos fundamentais para garantir a dignidade humana, contribuindo para a inserção destes grupos na criminalidade, que consequentemente trouxe o genocídio da população negra como desdobramento. O desespero diante da morte e a impossibilidade de mudança de vida é metaforicamente representado no verso "Mas se eu sair daqui eu vou mudar". A morte prematura rondando diariamente a vida de grupos minoritários, pode ser percebida no verso, "Estou ouvindo alguém me chamar". Esta voz é a do extermínio. É a necropolítica, "políticas de morte" (MARIANO, 2019), em ação.

18. No que se refere à população negra, a "segregação cria condições adversas à saúde, pois, historicamente, os locais onde reside a maioria das pessoas negras são precários (...)" (GOES et a, 2020, p. 2), tal como o acesso aos equipamentos de educação, saúde e lazer, saneamento, água potável, além dos elevados índices de violência resultando no acúmulo de agravos à saúde. Já com relação às mulheres, dados apontam que o número de violência em que são historicamente submetidas aumentou. Apesar de chefiarem 28,9 milhões de famílias, as mulheres brasileiras não estão seguras nem mesmo em suas casas. (VIEIRA et al, 2020, p. 2). Lamentavelmente, há dados que comprovam o crescimento de casos de violência doméstica no período de pandemia e isolamento social (LIMAa, 2020).

garantia de acesso e permanência a uma educação pública de qualidade, afetando diretamente e especificamente grupos minoritários.[19]

A crise causada pela pandemia de COVID-19 representa um dos problemas de saúde mais agudos e graves das últimas décadas e, consequentemente, trouxe desdobramentos muito sérios para a educação, colocando em risco os esforços para implementação de políticas educacionais e atos normativos posteriores à promulgação da Carta Constitucional, que visavam, após reconhecimentos das clivagens sociais, a consolidação do direito universal à educação.

Como exemplo, temos a precarização do direito à alimentação dos estudantes (art. 208, VII, CF, art. 4º, VIII da DB), como se observa na cidade de São Paulo, que repassa neste momento de pandemia às famílias em situação de vulnerabilidade valores insuficientes para garantir alimentação adequada aos estudantes.[20]

A educação a distância como possibilidade tem enfrentado dificuldades, pois estudantes e professores[21] estão economicamente empobrecidos e não possuem recursos como computadores e acesso à internet de qualidade. Em relação aos estudantes, essa já era uma realidade da ampla maioria, e só se agravará com os impactos econômicos da pandemia (INEP, 2020, p. 13), aumentando a desigualdade com aqueles que possuem pleno acesso à internet, recursos tecnológicos e cujas instituições de ensino, via de regra privadas, conseguiram se adaptar ao EaD. Há ainda que se considerar a saúde mental dos profissionais de ensino e dos estudantes, pois uma crise de proporções tão grandes, já causou impactos na saúde mental de muitos brasileiros, principalmente daqueles que nem ao menos puderam sepultar seus mortos (DANA, 2020) (FARO et a, 2020).

A reabertura das instituições de ensino ocorrerá de maneira simultânea à recessão econômica, que já atinge o país e, especialmente, os grupos minoritários, que serão os mais atingidos (OLIVEIRA, 2020). Haverá, mais do que nunca, a necessidade de criação rápida e eficaz de políticas públicas voltadas para a educação.[22]

Como afirmamos no início deste artigo, abordamos a interseccionalidade como eixo e reconhecemos que o racismo e o cisheteropatriarcado são sistemas de opressão que se

---

19. Como escreveu Sílvio de Almeida: "A discriminação só se torna sistêmica se forem reproduzidas as condições sócio políticas que naturalizem as desigualdades e o tratamento oferecido a indivíduos pertencentes a grupos minoritários. Por isso, já dissemos que em face da estrutura política e econômica da sociedade contemporânea, formas de discriminação como o racismo só se estabelecem se houver participação da sociedade." (2018, p. 155).

20. Conforme informações da Secretaria Municipal de Educação da Prefeitura Municipal de São Paulo, enquanto perdurar a situação de emergência em função da pandemia de COVID-19, serão repassados às famílias da rede municipal de ensino, em situação de vulnerabilidade, valores pelo cartão alimentação, de acordo com as diferentes etapas de ensino: Creche R$101,00; EMEI R$63,00; EMEF- R$55,00. Disponível em: [https://educacao.sme.prefeitura.sp.gov.br/coronavirus/servicos/alimentacao-2/]. Acesso em: 10.07.2020.

21. Em relação aos professores, em junho de 2020 foi apresentado o PL 3.482/2020, que se encontra em fase inicial do processo legislativo, e visa a destinação de recursos para "garantir aos professores acesso a equipamentos de informática que possam ser utilizados tanto para sua formação pessoal quanto para a realização de atividades com seus alunos, sejam presenciais, a distância ou híbridas, voltadas à suplementação das atividades escolares em virtude da suspensão das aulas em virtude das medidas de isolamento social necessárias ao combate à pandemia de COVID-19" (art. 1º). Disponível em [https://www.camara.leg.br/proposicoesWeb/fichadetramitacao?idProposicao=2256109]. Acesso em: 10.07.2020.

22. Nesse sentido, o Banco Mundial destaca medidas urgentes a serem adotadas em relação ao sistema de educação, sob pena de perdas de aprendizado, aumento da evasão escolar, aumento da desigualdade, entre outros, com perdas de longo prazo de capital humano e bem-estar (WGP, 2020).

entrecruzam, reproduzindo as desigualdades sociais de maneira sistêmica. Assim, toda e qualquer mudança estrutural, institucional ou individual, necessariamente, deve ser pautada a partir da compreensão de como as discriminações fazem parte de uma estratégia de exploração que precisa ser combatida para que ocorram as mudanças sociais necessárias e urgentes, sendo que as mães já vêm sendo mais duramente impactadas profissionalmente apenas por serem mães (ROSSI, 2020) (UNIVERSA, 2020). Apontaremos algumas propostas de intervenção possíveis para a educação:

1. Manutenção, fiscalização das Políticas de Ações Afirmativas já existentes, com oferta de internet e recursos tecnológicos, bem como formação específica para ensino a distância, de modo a permitir ao docente e ao estudante prestar e ter acesso a ensino de qualidade;

2. Implementação de políticas públicas que sejam voltadas para a proteção das pessoas pertencentes aos grupos minoritários, com fortalecimento, acompanhamento e ampliação das políticas de valorização da diversidade étnico racial e de políticas específicas de permanência da população afrodescendente, indígena e LGBTQIA+, em todas as suas modalidades de ensino (de qualidade), garantindo seu transporte, alimentação, segurança física e psicológica;

3. Cumprimento das Leis 10.639/03 e 11.648/07, como também das Diretrizes Curriculares Para a Educação das Relações Étnico Raciais, de forma que a abordagem ocorra como parte integrante das atividades curriculares nas instituições educacionais e apresentem conteúdos e atividades de formação social e valorização da diversidade cultural, priorizando o combate a todas as formas de discriminação.

4. Fortalecimento da metodologia da educação antirracista no Ensino Médio, na Educação Superior e na Educação Básica, com a ampliação da diversidade de professores.

5. Garantia à liberdade de cátedra, com diversidade de pensamento e oferecimento aos estudantes de informações sobre gênero, raça e classe, (DAVIS, 2015) com estímulo ao ensino crítico e que permita discussões sobre as relações de poder, de modo a garantir que sejam desvendadas as estruturas sociais, culturais e políticas de dominação masculina, branco, cisheteronormativa, objetivando a ocupação dos espaços de liderança de maneira equânime.[23]

Parece não haver dúvida de que passamos por uma grave crise na educação em escala global (UNICEF, 2020) e, certamente, mais profunda em países já tão desiguais historicamente como o Brasil (AYUSO, 2020). A crise é um elemento que revela ausência de estabilidade social, nas palavras de. Sílvio de Almeida "As crises revelam-se, portanto, com a incapacidade do sistema capitalista em determinados momentos da história de promover a integração social por meio de regras sociais vigentes" (2018, p.156).

Este momento de crise se apresenta diante de nós como uma oportunidade de ver, de forma crítica, a falência das formas de regulação e desregulação do atual sistema educacional, com exposição dos conflitos entre instituições estatais, setores do mercado e

---

23. A título de exemplo, dos Ministros da Educação listados no site do Ministério da Educação, cujo primeiro mandato remonta a 1930, tivemos apenas uma mulher, a Ministra Esther de Figueiredo Ferraz (MEC, 2020), ao passo que houve 70 mandatos de homens.

movimentos sociais que exprime a ideia de conflito e contradição que abre janelas para busca de possibilidades de reconciliação.

Nesse sentido, a crise é também uma possibilidade para criarmos as fissuras estruturais e institucionais necessárias para a mudança, pois mesmo conscientes de que estamos todos vulneráveis, alguns são mais que outros (GOES et al, 2020). Assim, é necessário reconhecer que a voz do extermínio e do genocídio há séculos tem chamado muito mais as pessoas pertencentes aos grupos minoritários. Esta estrutura precisa mudar e a pandemia que vivemos pode aprofundar as desigualdades ou ser uma porta de efetiva mudança social (MLAMBO-NGCUKA; RAMOS, 2020) a qual, se vier a ocorrer, certamente, passará pelo oferecimento universal de educação de qualidade, com prioridade absoluta às crianças, adolescentes e jovens, conforme art. 227, *caput*, da CF.

4. CONSIDERAÇÕES FINAIS

Este texto foi escrito entre junho e julho de 2020, em meio à pandemia de COVID-19 que, no Brasil, tem deixado a população ainda mais vulnerável ao vírus e às suas consequências. Na data em que finalizamos este texto, contamos com quase 70 mil mortos pela pandemia e nos preparamos para reaberturas sem o controle efetivo da transmissão. Famílias anseiam pelo retorno das crianças às aulas, seja porque não conseguem acompanhar e apoiar o estudo a distância, seja porque precisam retornar ao trabalho e, sem a escola, não terão com quem deixar as crianças, especialmente pela diminuição da rede de apoio, em função da maior vulnerabilidade dos idosos, que, muitas vezes, ajudam nos cuidados com as crianças.

A pandemia (e a ausência de qualquer resposta adequada das autoridades) escancarou de forma irremediável as profundas e inaceitáveis desigualdades sociais em que nossa sociedade se funda. Temos que mudar as instituições para que efetivamente representem a sociedade como é composta e que os grupos vulneráveis venham a ser contemplados com acesso à educação de qualidade, universal e gratuita, para que tenhamos uma sociedade justa, mais equilibrada e melhor para todos, afinal, se não mudarmos os lugares de decisão e mantivermos a homogeneidade daqueles que produzem o conhecimento, não teremos a esperada transformação social para nos tirar dos índices de pior país em termos de desigualdades, concentração de poder, de renda e do desastroso caos em que nos encontramos.

Para que possamos transformar essa situação trágica (cujos danos são indeléveis) e modificar o curso do aprofundamento das desigualdades, é necessário que o Estado adote medidas emergenciais e efetivas, com participação da sociedade civil para tomada de tais decisões. Ainda, é preciso que a reabertura das atividades profissionais presenciais leve em consideração a existência de famílias que não terão com quem deixar as crianças enquanto as escolas não forem reabertas, sendo necessária a colaboração entre setor público e privado para garantir o emprego de mulheres (especialmente) que culturalmente ainda ficam com o encargo de cuidar das crianças.

Além disso, é imprescindível que professores sejam imediatamente capacitados e que recebam do Estado ou das instituições privadas, conforme o caso, material (internet, computador etc.) para lecionar a distância, e que pais e alunos sejam também capacitados para melhor se adequarem a essa realidade imposta por uma questão de saúde pública, já que não há, nesta data, qualquer previsão para efetiva superação do estado de pandemia.

O que é certo, contudo, é que a importância do direito à educação está cada vez mais evidente, assim como as desigualdades que asfixiam partes relevantes de nossa população e, lamentavelmente, não é demais repetir, em especial a população negra, as mulheres, indígenas e pessoas LGBTQIA+, mais vulneráveis dentro desse cenário de incerteza e vulnerabilidade em que estamos todos neste momento.

5. REFERÊNCIAS

AGÊNCIA CÂMARA DE NOTÍCIAS. Educação debate aplicação da ideologia de gênero e orientação sexual no PNE. Publicado em 10/11/2015. Disponível em [https://www.camara.leg.br/noticias/474973-educacao-debate-aplicacao-da-ideologia-de-genero-e-orientacao-sexual-no-pne/]. Acesso em: 09.07.2020.

AGÊNCIA IBGE DE NOTÍCIAS. Acesso à educação ainda é desigual, publicado em 29/10/2018. Disponível em: [https://agenciadenoticias.ibge.gov.br/agencia-noticias/2012-agencia-de-noticias/noticias/22842-acesso-a-educacao-ainda-e-desigual]. Acesso em: 09.07.2020.

AKOTIRENE, Carla. *O que é Interseccionalidade?* São Paulo: Editora Pólen, 2019.

ALMEIDA, Silvio. *Racismo estrutural*. São Paulo. Editora Pólen, 2019.

ALMEIDA, Tamíris. Evasão Escolar no Brasil é 8 vezes maior entre jovens de famílias mais pobres. Futura. Publicado em 8/11/2019. Disponível em: [https://www.futura.org.br/evasao-escolar-maior-entre-jovens-pobres/]. Acesso em: 09.07.2020.

AYUSO, Silvia. Coronavírus exacerbou desigualdades educacionais no mundo. El País. Publicado em 23.06.2020. Disponível em: [https://brasil.elpais.com/sociedade/2020-06-23/coronavirus-exacerbou-desigualdades-educacionais-no-mundo.html#?]. Acesso em: 09.07.2020.

BAKER, Peter. 'We can't go back to normal': how will coronavirus change the world? The Guardian, 31/03/2020. Disponível em: [https://www.theguardian.com/world/2020/mar/31/ how-will-the-world-emerge-from-the-coronavirus-crisis]. Acesso em: 28.04.2020.

BALTHAZAR, Ricardo. Crise do coronavírus acentua desigualdade de gênero e cor, diz estudo. Folha de São Paulo, 27.04.2020. Disponível em: [https://www1.folha.uol.com.br/mercado/2020/04/crise-do-coronavirus-acentua-desigualdade-de-genero-e-cor-diz-estudo.shtml]. Acesso em: 03.05.2020.

BRESSIANI, Nathalie. Redistribuição e reconhecimento – Nancy Fraser entre Jürgen Habermas e Axel Honneth. Cafajeste. CRH. Salvador, v. 24, n. 62, p. 331-352, agosto de 2011. Disponível em: [http://www.dominiopublico.gov.br /download/texto/cp143161.pdf]. Acesso em: 27.06.2020.

CAGGIANO, Monica Herman S. A educação: direito fundamental. Direito à educação: aspectos constitucionais. In: RIGHETTI, Sabine (Org.). *Direito à educação*: aspectos constitucionais. São Paulo: Edusp, 2009.

CASALI, Jessica Pereira.; GONÇALVES, Josiane Peres. População LGBT em âmbito escolar: preconceitos e discriminações x direito à educação e cidadania. *Itinerarius Reflectionis*, 15(1), 01-18. 2019. Disponível em: [https://doi.org/10.5216/rir.v15i5.55095]. Acesso em: 09.07.2020.

CASTILHO, Ricardo. *Direitos humanos*. São Paulo: Saraiva Educação, 2018.

CERIONI, Clara. Gravidez, prostituição: evasão escolar de meninas traz perdas trilionárias. Exame. Publicado em 08/03/2020. Disponível em: [https://exame.com/brasil/gravidez-prostituicao-evasao-escolar-de-meninas-traz-perdas-trilionarias/]. Acesso em: 09.07.2020.

CHAKIAN, Sílvia. Mulheres no front contra a pandemia não é novidade. Elas sempre estiveram Marie Claire. Publicado em 09/06/2020. Disponível em: [https://revistamarieclaire.globo.com/Blogs/Silvia-Chakian/noticia/2020/06/mulheres-no-front-contra-pandemia-nao-e-novidade-elas-sempre-estiveram.html]. Acesso em: 09.07.2020.

COMVEST. Comvest divulga lista de leituras obrigatórias para o Vestibular 2020. Publicado em 23 de maio de 2020. Disponível em: [http://www2.comvest.unicamp.br/comvest-divulga-lista-de-leituras-obrigatorias-para-o-vestibular-2020/]. Acesso em: 09.07.2020.

COSTA, Gilberto. Um terço dos candidatos às universidades não tem acesso à EAD Recursos de teleaula têm sido estratégicos para manter semestre. Agência Brasil. Publicado em 01/04/2020. Disponível em: [https://agenciabrasil.ebc.com.br /educacao/noticia/2020-04/um-terco-dos-candidatos-universidades-nao-tem-acesso-ead]. Acesso em: 10.07.2020.

DANA, Denis. "Reduzir os danos à saúde mental de estudantes mais pobres será desafio prioritário para educadores", alertam especialistas da Unifesp. Universidade Federa de São Paulo. Publicado em 26/05/2020. Disponível em: [https://www.unifesp.br/noticias-anteriores/item/4486-reduzir-os-danos-a-saude-mental-de-estudantes-mais-pobres-sera-desafio-prioritario-para-educadores-alertam-especialistas-da-unifesp]. Acesso em: 10.07.2020.

DAVIS, Angela. *Mulheres, raça e classe*. São Paulo: Boitempo, 2016.

DUARTE, Clarice Seixas. A educação como um direito fundamental de natureza social. *Educação & Sociedade*, v. 28, n. 100, p. 691-713, 2007.

FARO, André et al. COVID-19 e saúde mental: a emergência do cuidado. Estud. psicol. Campinas, v. 37, 2020. Disponível em: [http://www.scielo.br/scielo.php?script= sci_ arttext&pid=S0103-166X2020000100507&l ng=en&nrm=isso]. Acesso em: 10.07.2020.

FRASER, Nancy. "From redistribution to recognition? Dilemmas of Justice in a 'Postsocialist' Age". *New Left Review* 1: 212, 1995, p. 68-93.

GOMES, Nilma Lino. *O movimento negro educador*: saberes construídos nas lutas por emancipação. Petrópolis, RJ. Editora Vozes, SP, 2017.

GELEDÉS. Prefeitura de São Paulo presenteia Papa Francisco com disco "Sobrevivendo no Inferno" do Racionais MC's. Publicado em 22/07/2015. Disponível em: [https://www.geledes.org.br/prefeitura-de-sao-paulo-presenteia-papa-francisco-com-disco-sobrevivendo-no-inferno-do-racionais-mcs/]. Acesso em: 07.07.2020.

GELEDÉS. Marcha Zumbi dos Palmares – 1995. Publicado em 18/09/2016. Disponível em: [https://www.geledes.org.br/marcha-zumbi-dos-palmares-1995/?gclid= Cj0KCQ jwgJv4BRCrARIsAB17JI71kIegL9pL-Sj wQF689OdMsA63S7lTHImgyTHjUiZbcn –zdnkwkv8aAirnEALw_wcB]. Acesso em: 09.07.2020.

GELEDÉS. PNE e a "ideologia de gênero". Publicado em 20/04/2014. Disponível em [https://www.geledes.org.br/pne-e-ideologia-de-genero-2/]. Acesso em: 09.07.2020.

GOES, Emanuelle Freitas et al. Desigualdades raciais em saúde e a pandemia da Covid-19. *Trab. educ. saúde*, Rio de Janeiro, v. 18, n. 3, e00278110, 2020. Disponível em: [http://www.scielo.br/scielo.php?script=sci_arttext&pid=S1981-77462020000300301 &lng=en&nrm=isso]. Acesso em: 10.07.2020.

GONÇALVES, Juliana. O que afasta as crianças e adolescentes negros da escola? Geledés. Publicado em 04.07.2014. Disponível em: [https://www.geledes.org.br/o-que-afasta-criancas-e-adolescentes-negros-da-escola/?gclid=Cj0KCQjw3ZX4BRDmARIsA FYh7ZJIa7ioeCfhtjOBsrByFn1Jjpia0lxLv 9V8QDgM-kGxvD7whF7Gu-IaAvAFEALw _wcB]. Acesso em: 09.07.2020.

HENRIQUES, Ricardo. Desigualdade racial no brasil: evolução das condições de vida na década de 90. IPEA. Publicado em jul/2001. Disponível em [http://repositorio.ipea.gov.br/bitstream/11058/1968/1/TD_807.pdf]. Acesso em: 09.07.2020.

ISTAT – Istituto Nazionale di Statistica. Rapporto Annuale 2020: La situazione del Paese. Publicado em 03.07.2020. Disponível em: [https://www.istat.it/storage/rapporto-annuale/2020/Rapportoannuale2020.pdf]. Acesso em: 09.07.2020.

INEP. Relatório do 3º ciclo de monitoramento das metas do plano nacional de educação – 2020. Disponível em: [http://portal.inep.gov.br/informacao-da-publicacao/-/asset_publisher/ 6JYIsGMAMkW1/document/id/6935276]. Acesso em: 10.07.2020.

LIMAa, Juliana Maggi. Uma epidemia em meio à pandemia: reflexões sobre a violência doméstica em tempos de isolamento. In: NEVARES, Ana Luiza Maia; XAVIER, Luciana Pedroso; MARZAGÃO Silvia Felipe (Coord.). *Coronavírus*: impactos no Direito de Família e Sucessões. Indaiatuba: Editora Foco, 2020.

LIMAb, Larissa. MEC divulga mapa das mais de 7 mil formaturas antecipadas de cursos da saúde. Porta do MEC. Publicado 05.06.2020. Disponível em: [https://www.gov.br/mec/pt-br/assuntos/noticias/mec-divulga-mapa-das-mais-de-7-mil-formaturas-antecipadas-de-cursos-da-saude]. Acesso em: 01.07.2020.

MARQUES, Júlia. Claudia Costin: 'MEC não assume o papel de coordenar a resposta educacional à covid'. Terra, Educação, publicado em 07.07.2020. Disponível em: [https://www.terra.com.br/noticias/educacao/claudia-costin-mec-nao-assume-o-papel-de-coordenar-a-resposta-educacional-a-covid,b51886025ed5de56feb02bff900f722 5ktlhif9m.html]. Acesso em: 09.07.2020.

MEC – Ministério da Educação. Galeria de Ministros. Disponível em: [http://portal.mec.gov.br/index.php?option=com_content&view=article&id=13462&Itemid=1178]. Acesso em: 09.07.2020.

_MEC – Ministério da Educação. MEC vai fornecer internet a alunos de baixa renda de instituições federais. Publicado em 01.07.2020. Disponível em: [https://www.gov.br/mec/pt-br/assuntos/noticias/mec-vai-fornecer-internet-a-alunos-de-baixa-renda-de-instituicoes-federais]. Acesso em: 09.07.2020.

MLAMBO-NGCUKA, Phumzile; RAMOS, Gabriela Ilian. ,2020. "Podemos mudar a maré em favor da igualdade de gênero", afirma diretora executiva da ONU Mulheres. Disponível em: [http://www.onumulheres.org.br/noticias/podemos-mudar-a-mare-em-favor-da-igualdade-de-genero-afirma-diretora-executiva-da-onu-mulheres/]. Acesso em: 09.07.2020.

OLIVEIRA, Kelly. Segunda onda da covid-19 pode levar PIB do Brasil a cair 9,1%. Agência Brasil. Publicado em 10.06.2020. Disponível em: [https://agenciabrasil.ebc.com.br/economia/noticia/2020-06/segunda-onda-da-covid-19-pode-levar-pib-do-brasil-cair-91]. Acesso em: 09.07.2020.

OPAS/WHO. Folha informativa – COVID-19 (doença causada pelo novo coronavírus). Disponível em: [https://www.paho.org/bra/index.php?option=com_content&view=article&id=6101:covid19&Itemid=875]. Acesso em: 09.07.2020.

PADIN, Guilherme. Ensino híbrido em SP após pandemia pode aprofundar desigualdades. R7, Educação, publicado em 14/06/2020. Disponível em: [https://noticias.r7.com/educacao/ensino-hibrido-em-sp-apos-pandemia-pode-aprofundar-desigualdades-15062020]. Acesso em: 09.07.2020.

PAULUZE. Thaiza. Na linha de frente da Covid-19, residentes querem repor o período de formação. Publicado em 06.07.2020. Disponível em: [https://www1.folha.uol.com.br/equilibrioesaude/2020/07/na-linha-de-frente-da-covid-19-residentes-querem-repor-do-periodo-na-formacao.shtml]. Acesso em: 10.07.2020.

PAZ, Huri. As desigualdades sociais que a pandemia da covid-19 nos mostra. Brasil de Fato, Publicado em 04.04.2020. Disponível em: [https://www.brasildefato.com.br/2020/04/04/artigo-as-desigualdades-sociais-que-a-pandemia-da-covid-19-nos-mostra]. Acesso em: 01.07.2020.

QUADROS, Vasconcelo. Para críticos, objetivo do Escola sem Partido é reescrever história da ditadura. Pública. Publicado em 28.11.2018. Acesso em: 09.07.2020.

ROLLING STONE BRASIL. "Os 100 maiores discos da Música Brasileira". Publicado em outubro de 2007, edição n. 13.

SALDAÑA, Paulo. 4 em cada 10 jovens negros não terminaram o ensino médio. Folha de S. Paulo. Publicado em 01.09.2019. Disponível em: [https://www1.folha.uol.com.br/educacao/2019/09/4-em-cada-10-jovens-negros-nao-terminaram-o-ensino-medio.shtml?aff_source=56d95533a8284936a374e3a6da3d7996]. Acesso em: 09.07.2020.

SANTOS, Hasani E. Faculdade Zumbi dos Palmares: uma proposta do Black College no Brasil do século XXI? Universidade Federal de São Carlos, São Carlos. 2020. Disponível em: [https://repositorio.ufscar.br/bitstream/handle/ufscar/12457/Diss_Hasani%20Elioteri o%20dos%20Santos.pdf?sequence=4&isAllowed=y]. Acesso em: 08.07.2020.

SILVA, Fábio Mariano da. Políticas de morte para corpos sem lei: travestis e homens e mulheres transexuais: da invisibilidade da vida ao descaso da morte. Dissertação de mestrado. PUC-SP. 2019. Disponível em: [https://tede2.pucsp.br/bitstream/handle/22139/2/F%C3%A1bio%20Mariano%20da%20Silva.pdf]. Acesso em: 09.07.2020.

TEIXEIRA, Maria Cristina. O direito à educação nas Constituições brasileiras. *Revista do Curso de Direito*, v. 5, n. 5, p. 146-168, 2008.

UNIVERSA. Mulher é demitida após chefes reclamarem de barulho dos filhos em reuniões. Publicado em 06.07.2020. Disponível em: ´[https://www.uol.com.br/universa/noticias/redacao/2020/07/06/mulher-e-demitida-apos-chefes-reclamarem-de-barulho-dos-filhos-em-reunioes.htm]. Acesso em: 10.07.2020.

UNESCO, Education, 2030 in Brazil. Disponível em: [https://en.unesco.org/fieldoffice/brasilia/expertise/education-2030-brazil]. Acesso em: 01.07.2020.

UNESCO. Right to Education. Disponível em: [https://en.unesco.org/themes/right-to-education]. Acesso em: 01.07.2020.

UNICEF – Unequal access to remote schooling amid COVID-19 threatens to deepen global learning crisis. Publicado em: 04.06.2020. Disponível em: [https://www.unicef.org/press-releases/unequal-access-remote-schooling-amid-covid-19-threatens-deepen-global-learning]. Acesso em: 10.07.2020.

UOL. 'Brasil falhou em todos os aspectos na resposta à pandemia', diz especialista da USP. Publicado em 30/05/2020. Disponível em: [https://noticias.uol.com.br/ultimas-noticias/rfi/2020/07/01/brasil-falhou-em-todos-os-aspectos-na-resposta-a-pandemia-diz-especialista-da-usp.htm]. Acesso em: 09.07.2020.

VIEIRA, Pâmela Rocha; GARCIA, Leila Posenato; MACIEL, Ethel Leonor Noia. Isolamento social e o aumento da violência doméstica: o que isso nos revela? Rev Bras Epidemiol 2020; 23: E200033. 2020. Disponível em: [https://blog.scielo.org/wp-content/uploads/2020/04/1980-5497-rbepid-23-e200033.pdf]. Acesso em: 09.07.2020.

WBG – Word Bank Group. The COVID-19 Pandemic: Shocks to Education and Policy Responses. Publicado em 07.05.2020. Disponível em: [https://www.worldbank.org/en/topic/education/publication/the-covid19-pandemic-shocks-to-education-and-policy-responses]. Acesso em: 09.07.2020.

Seção III
DIREITOS DO TRABALHADOR E DO CONTRIBUINTE

DIREITOS TRABALHISTAS PÓS-PANDEMIA: O QUE O TRABALHADOR PRECISA SABER

Raphael Jacob Brolio

Pós-doutor em Direito pela Universidade de Salamanca (USAL) – Espanha. Especialista, Mestre e Doutor em Direito pela Pontifícia Universidade Católica de São Paulo (PUC-SP). Pós-graduando em processo civil pela UniDomBosco. Juiz do Trabalho da 2ª Região – TRT de São Paulo. Professor de Direito. Autor e Palestrante. E-mail: rjbrolio@gmail.com. Lattes: [http://lattes.cnpq.br/3279642441643287].

Luciana Guedes Vieira

Advogada, formada pela Universidade Presbiteriana Mackenzie. Cofundadora da startup Saiu Edital. E-mail: luciana.guedes@saiuedital.com.br.

Sumário: 1. Introdução. 2. Covid-19: novo contexto social e econômico. 2.1 Primeiras medidas de enfrentamento no Brasil (Lei n. 13.979/2020). 2.2 Decretação do estado de calamidade. 2.3 Declínio da economia e suas consequências. 3. Legislação de emergência (Medidas Provisórias 927 e 936 (convertida na Lei 14.020/2020); Leis 13.982/2020 e 14.010/2020. 3.1 Medida Provisória 927/2020: medidas trabalhistas para enfrentamento do estado de calamidade pública. 3.1.1 Aspecto temporal. 3.1.2 Destinatários. 3.1.3 Medidas que podem ser adotadas. 3.2 Medida Provisória 936/2020 (convertida em Lei 14.020/2020): programa emergencial de manutenção do emprego e da renda. 3.2.1 Destinatários. 3.2.2 Medidas do programa emergencial de manutenção. 3.2.3 Conversão da Medida Provisória na Lei 14.020/2020. 3.3 Lei 13.982/2020: Lei do "Coronavoucher". 3.3.1 Destinatários. 3.3.2 Particularidades do programa. 3.4 Lei 14.010/2020: regime jurídico emergencial e transitório das relações jurídicas de direito privado. 4. Pós-pandemia: o novo cenário para o direito do trabalho. 4.1 Mudanças nas relações e estrutura do trabalho. 4.1.1 Direito à desconexão. 4.2 Meio ambiente do trabalho. 4.2.1 Princípios da precaução e da prevenção. 5. Algumas reflexões finais.

1. INTRODUÇÃO

Diante das incertezas ocasionadas pela pandemia, da Covid-19, no atual contexto socioeconômico, as relações laborais sofreram considerável impacto. Uma nova política de reestruturação laboral e uma nova legislação emergencial se fez necessária à manutenção do emprego e à sustentação dos trabalhadores.

2. COVID-19: NOVO CONTEXTO SOCIAL E ECONÔMICO

O novo cenário epidemiológico trouxe mudanças significativas em todo o mundo, inclusive no Brasil. A rápida proliferação da Covid-19 obrigou a adoção, pelo Poder Público, de medidas de contenção para evitar o avanço rápido de contaminação.

2.1 Primeiras medidas de enfrentamento no Brasil (Lei n. 13.979/2020)

Em 6 de fevereiro de 2020, foi sancionada a Lei n. 13.979, para dispor sobre as medidas de enfrentamento da emergência de saúde pública decorrente do coronavírus, entre elas: isolamento, quarentena, determinação de realização compulsória de exame médicos, testes laboratoriais, coletas de amostras clínicas[1] etc. – vale advertir que o período de ausência decorrente das medidas preventivas é previsto no dispositivo como falta justificada[2] (art. 3º, § 3º).[3]

A norma em análise sofreu várias alterações, mesmo em um curto espaço de tempo entre a sua sanção e a última atualização,[4] nas quais se destaca o uso obrigatório de máscara de proteção individual, para circulação em espaços públicos e privados acessíveis ao público (art. 3º-A).

2.2 Decretação do estado de calamidade

Após nove dias em que a Organização Mundial da Saúde (OMS) reconheceu a Covid-19 como pandemia,[5] em sessão histórica,[6] foi aprovado o Decreto Legislativo 6/2020 para reconhecer a ocorrência do estado de calamidade pública no país.

Apesar de a norma ter cunho predominantemente fiscal, acabou por fixar o marco temporal da maioria das medidas excepcionais, ou seja, o período entre 20 de março de 2020 até 31 de dezembro de 2020.

---

1. Art. 3º da Lei 13.979/20: "Para enfrentamento da emergência de saúde pública de importância internacional decorrente do coronavírus, as autoridades poderão adotar, no âmbito de suas competências, dentre outras, as seguintes medidas: I – isolamento; II – quarentena; III – determinação de realização compulsória de: a) exames médicos; b) testes laboratoriais; c) coleta de amostras clínicas; d) vacinação e outras medidas profiláticas; ou e) tratamentos médicos específicos; III-A – uso obrigatório de máscaras de proteção individual; IV – estudo ou investigação epidemiológica; V – exumação, necropsia, cremação e manejo de cadáver; VI – restrição excepcional e temporária, conforme recomendação técnica e fundamentada da Agência Nacional de Vigilância Sanitária, por rodovias, portos ou aeroportos de: a) entrada e saída do País; e b) locomoção interestadual e intermunicipal; VII – requisição de bens e serviços de pessoas naturais e jurídicas, hipótese em que será garantido o pagamento posterior de indenização justa; e VIII – autorização excepcional e temporária para a importação e distribuição de quaisquer materiais, medicamentos, equipamentos e insumos da área de saúde sujeitos à vigilância sanitária sem registro na Anvisa considerados essenciais para auxiliar no combate à pandemia do coronavírus, desde que: a) registrados por pelo menos 1 (uma) das seguintes autoridades sanitárias estrangeiras e autorizados à distribuição comercial em seus respectivos países: 1. Food and Drug Administration (FDA); 2. European Medicines Agency (EMA); 3. Pharmaceuticals and Medical Devices Agency (PMDA); 4. National Medical Products Administration (NMPA)".

2. Em um contexto do direito do trabalho falta justificada é hipótese de interrupção do contrato do trabalho e, por conseguinte, há o recebimento do salário e o direito ao cômputo do tempo como de serviço prestado.

3. Na Recomendação 1-PGT/GT – Covid-19, o Ministério Público do Trabalho recomendou às empresas e empregadores cujas atividades não tenham sido declaradas essenciais (Decreto n.10.282/2020) que aceitem a autodeclaração do empregado a respeito do seu estado de saúde, relativamente à presença de sintomas do Covid-19, apresentada por escrito (e-mail, mensagem digital ou qualquer outro meio), e permitam/promovam o afastamento do local de trabalho, como medida de prevenção da saúde pública, aplicando-se o disposto no art. 3º, § 3º, da Lei n.13.979/2020.

4. Lei 14.019, de 02 de julho de 2020.

5. Em 11 de março de 2020, em Genebra, na Suíça, o diretor-geral da Organização Mundial de Saúde (OMS), Tedros Adhanom Ghebreyesusque, anunciou que a Covid-19, doença causada pelo novo coronavírus, foi caracterizada como uma pandemia.

6. Foi a primeira vez na história dos 196 anos do Senado que os parlamentares votaram sem estarem no Plenário, ou seja, de forma remota.

2.3 Declínio da economia e suas consequências

De fato, a realidade social e econômica do país não estava preparada para a pandemia da Covid-19. O imensurável recuo das atividades econômicas, em detrimento da proteção à saúde pública, ocasionou uma crise crescente para a economia e o sistema financeiro.[7] Os impactos iniciais da pandemia reverteram a arrecadação e atividade do primeiro bimestre, levando a variação do PIB para um quadro negativo.[8]

A queda da produção, proporcionada pelo isolamento social, refletiu nos baixos índices de consumo de bens e serviços, choque este que reflete no risco da falência de muitas empresas – mesmo cessada a produção, o empregador tem que arcar com os custos fixos, como salários, aluguéis, pagamento de juros e impostos etc.[9]

Com efeito, esses impactos acabaram por ressoar de forma negativa no proletariado, seja pelo aumento nos índices de desemprego,[10] seja pela sua precarização, gerando uma série de incertezas quanto ao futuro dos dois polos da relação de emprego.

3. LEGISLAÇÃO DE EMERGÊNCIA (MEDIDAS PROVISÓRIAS 927 E 936 (CONVERTIDA NA LEI 14.020/2020); LEIS 13.982/2020 E 14.010/2020

Diante da crise econômica e como meio de proteger as relações de trabalho, sobreveio uma sequência de alterações legislativas estabelecendo medidas trabalhistas como meios alternativos para evitar a extinção de empresas, entre elas, destacam-se as Medidas Provisórias 927, 936 e a Lei n. 13.982/2020[11] – em relação ao instituto da prescrição, a Lei n. 14.010/20.

3.1 Medida Provisória 927/2020: medidas trabalhistas para enfrentamento do estado de calamidade pública

Em 22 de março de 2020, foi publicada a MP 927 com uma série de medidas para o enfrentamento do estado de calamidade pública reconhecido pelo Decreto Legislativo 6/2020, e da emergência de saúde pública de importância internacional decorrente do coronavírus (art. 1º).

---

7. Nota informativa: impactos econômicos da Covid-19. Disponível em: [https://www.gov.br/economia/pt-br/centrais-de-conteudo/publicacoes/notas-informativas/2020/nota-impactos-economicos-da-covid-19.pdf/view]. Acesso em: 05.07.2020.

8. Nota informativa: atividade econômica e resultados do PIB do 1º trimestre de 2020. Disponível em: [https://www.gov.br/economia/pt-br/centrais-de-conteudo/publicacoes/notas-informativas/2020/resultados-do-pib-do-primeiro-trimestre.pdf/view]. Acesso em: 05.07.2020.

9. Nota informativa: medidas de combate aos efeitos econômicos da Covid-19. Disponível em: [https://www.gov.br/economia/pt-br/centrais-de-conteudo/publicacoes/notas-informativas/2020/nota-informativa-medidas-fiscais--coronavirus-final-17_04.pdf/view]. Acesso em: 11.07.2020.

10. De acordo com o Novo Caged (Cadastro Geral de Empregados e Desempregados), o emprego celetista no Brasil apresentou retração em abril de 2020, registrando saldo negativo de -860.503 postos de trabalho (resultado entre os desligamentos e as admissões). Já em maio de 2020, registrou saldo negativo de -331.901 (resultado entre os desligamentos e as admissões). Disponível em: [http://pdet.mte.gov.br/novo-caged]. Acesso em: 05.07.2020.

11. Importante deixar claro ao leitor que outras medidas provisórias foram adotadas, como: MP 928/20; MP 944/20; MP 945/20 e MP 946/20, contudo, não serão objeto deste estudo.

Cumpre lembrar que a MP 927 foi alvo de inúmeras ações diretas de inconstitucionalidade,[12] cujo pleito era a suspensão dos seus dispositivos, por flexibilizar as regras trabalhistas e afrontar direitos fundamentais dos trabalhadores. No entanto, o pedido foi rejeitado, em sede liminar, pelo Ministro Marco Aurélio, haja vista a flexibilização em virtude do período excepcional em razão da pandemia da Covid-19. E em sede de Plenário, foram suspensos o art. 29, que não considera como doença ocupacional os casos de contaminação pela Covid-19, e o art. 31, que limita a atuação de auditores fiscais do trabalho à atividade de orientação.

O que se depreende no momento é a sua prorrogação em 7 de maio de 2020, com publicação em 8 de maio de 2020. Em 10 de julho de 2020, o Senado pediu "mais tempo" para a sua votação, a qual deverá ser realizada antes do dia 19, do mesmo mês, sob pena de caducidade.

3.1.1 Aspecto temporal

O parágrafo único do art. 1º da MP 927 estabelece que as medidas presentes no dispositivo se aplicam durante o estado de calamidade reconhecido pelo DLG 6/20.[13] Dessa forma, entende-se como o marco temporal da presente norma o preestabelecido pelo referido decreto, ou seja, entre 20 de março de 2020 a 31 de dezembro de 2020.

Consequentemente, caso seja necessária alguma interpretação para os inúmeros casos concretos que vierem a surgir no campo das relações trabalhistas sobre a pandemia, deve-se basear nesse período predeterminado de 8 meses e 11 dias.[14]

Cumpre, ainda, aclarar outra questão temporal sustentada pela medida provisória, qual seja, a convalidação das medidas trabalhistas adotadas por empregadores antes da data de entrada em vigor da MP 927 (art. 36[15]).

É fato que uma lei não pode vigorar antes da sua promulgação, logo, a utilização desse dispositivo deve ser analisada com o senso crítico de que a MP 927 não vai gerar efeitos anteriores a 22 de março de 2020. O que deve ser suscitado é a sua leitura conjunta com o art. 2º (MP 927) no sentido de que os ajustes escritos entre o trabalhador e o empregador serão recepcionados com indulgência, desde que não contrariem o disposto no ato normativo em comento.[16]

---

12. ADIs: 6342, 6343, 6346, 6348, 6349, 6352 e 6354.
13. Art. 1º, parágrafo único, da MP 927: "O disposto nesta Medida Provisória se aplica durante o estado de calamidade pública reconhecido pelo Decreto Legislativo n. 6, de 2020, e, para fins trabalhistas, constitui hipótese de força maior, nos termos do disposto no art. 501 da Consolidação das Leis do Trabalho, aprovada pelo Decreto-Lei n. 5.452, de 1º de maio de 1943".
14. SILVA, Homero Batista Mateus da Silva. *Legislação trabalhista em tempos de pandemia*. 1ª ed. e-book baseada na 1. ed. impressa. São Paulo: Thomson Reuters, 2020. p. RB-1.1.
15. Art. 36 da MP 927: "Consideram-se convalidadas as medidas trabalhistas adotadas por empregadores que não contrariem o disposto nesta Medida Provisória, tomadas no período dos trinta dias anteriores à data de entrada em vigor desta Medida Provisória".
16. SILVA, Homero Batista Mateus da Silva. *Legislação trabalhista em tempos de pandemia* cit., p. RB-4.1.

3.1.2 Destinatários

De imediato, depreende-se da MP 927 que seu destinatário é o empregado urbano celetista (art. 3º da CLT), somados àqueles elencados no art. 32,[17] quais sejam, o trabalhador temporário, o trabalhador rural e, no que couber, o trabalhador doméstico.

3.1.3 Medidas que podem ser adotadas

Em suma, consta do art. 3º da MP 927[18] quais medidas que poderão ser adotadas pelos empregadores para o enfrentamento dos efeitos econômicos decorrentes do estado de calamidade pública.

Entre elas, destacam-se (i) o teletrabalho; (ii) a antecipação das férias individuais e a concessão de férias coletivas; (iii) o aproveitamento e a antecipação de feriados;[19] e (iv) o banco de horas[20].

(i) *Teletrabalho* – Em relação ao teletrabalho disposto no art. 4º, *caput*, da MP 927,[21] a alteração é unilateral, ou seja, a critério do empregador e dispensada a concordância do empregado – a norma disposta na medida é diferente em relação ao quanto determinada pela CLT.[22]

No § 1º do art. 4º da MP 927 o legislador se preocupou em definir o teletrabalho, trabalho remoto ou trabalho a distância como a prestação de serviços preponderante ou totalmente fora das dependências do empregador, com a utilização de tecnologias da informação e comunicação que, por sua natureza, não configurem trabalho externo – com a ressalva da permanência da exclusão desse contrato ao capítulo de jornada de trabalho da CLT.[23]

Nessa seara, o empregado deve estar ciente de que apenas se configura o quanto disposto no *caput* do art. 4º se a notificação da alteração do contrato tenha antecedência de, no mínimo, 48 horas, por escrito ou por meio eletrônico.

Quanto aos custos de aquisição e manutenção dos equipamentos tecnológicos adequados à prestação do teletrabalho, é importante retomar que a alteridade (art. 2º da

---

17. Art. 32 da MP 927: "O disposto nesta Medida Provisória aplica-se: I – às relações de trabalho regidas: a) pela Lei n. 6.019, de 3 de janeiro de 1974, e b) pela Lei n. 5.889, de 8 de junho de 1973; e II – no que couber, às relações regidas pela Lei Complementar n. 150, de 1º de junho de 2015, tais como jornada, banco de horas e férias".

18. Art. 3º da MP 927: "Para enfrentamento dos efeitos econômicos decorrentes do estado de calamidade pública e para preservação do emprego e da renda, poderão ser adotadas pelos empregadores, dentre outras, as seguintes medidas: I – o teletrabalho; II – a antecipação de férias individuais; III – a concessão de férias coletivas; IV – o aproveitamento e a antecipação de feriados; V – o banco de horas; VI – a suspensão de exigências administrativas em segurança e saúde no trabalho; VII – o direcionamento do trabalhador para qualificação; e VIII – o diferimento do recolhimento do Fundo de Garantia do Tempo de Serviço – FGTS".

19. Lei 9.093/95.

20. O banco de horas da MP 927 é nova hipótese de compensação de horas e difere das hipóteses dispostas no art. 59 da CLT.

21. Art. 4º da MP 927: "Durante o estado de calamidade pública a que se refere o art. 1º, o empregador poderá, a seu critério, alterar o regime de trabalho presencial para o teletrabalho, o trabalho remoto ou outro tipo de trabalho a distância e determinar o retorno ao regime de trabalho presencial, independentemente da existência de acordos individuais ou coletivos, dispensado o registro prévio da alteração no contrato individual de trabalho".

22. Art. 75-C, § 1º, da CLT: "Poderá ser realizada a alteração entre regime presencial e de teletrabalho desde que haja mútuo acordo entre as partes, registrado em aditivo contratual".

23. Capítulo II – Da Duração do Trabalho (Seção II – Da Jornada do Trabalho).

CLT) é uma das características do empregador, portanto, é este quem assume os riscos do negócio e, por conseguinte, da prestação do serviço.

Dessa forma, a MP 927 apenas replica o quanto disposto no art. 75-D da CLT, sobre a necessidade de contrato escrito em relação aos insumos que serão utilizados para o teletrabalho, com a ressalva de que este acordo deve ser firmado previamente ou no prazo de 30 dias, contado da data da mudança do regime de trabalho (§ 3º do art. 4º).

Caso o empregado não possua os equipamentos tecnológicos necessários ao desenvolvimento do trabalho, o legislador sugere que o empregador os forneça por meio de comodato[24] e que custeie os serviços de infraestrutura, em caráter indenizatório (§ 4º, I, do art. 4º).

Outrossim, no inc. II do art. 4º da MP 927 resta consignada a inexistência de horas extras, sobreaviso e prontidão em relação ao tempo de uso em aplicativos e programa de comunicação fora da jornada de trabalho normal – ao que parece, este, como os demais artigos da presente medida provisória, devem ser verificados à luz do caso concreto, principalmente porque pode haver meios eficazes e completos de aferição das horas trabalhadas. Em tempos de sofisticada tecnologia, a duração e a localização (geolocalização) do trabalho, tornam-se factíveis de verificação.

Logo, precipitado achar que somente o fato de o empregado estar trabalhando a distância (sobretudo em seu domicílio), não terá seus direitos de descanso e desconexão atendidos.

Ao final, o capítulo confirma, em seu art. 5º,[25] a adoção do regime de teletrabalho, trabalho remoto ou trabalho a distância para estagiários e aprendizes.

(ii) Da antecipação das férias individuais e a concessão das férias coletivas – É de suma importância entender que férias individuais e férias coletivas têm funções distintas, embora isso, por vezes, não seja abertamente dito. Enquanto a primeira traduz a finalidade de reposição física e psicológica do trabalhador, a segunda comporta em técnica de preservação do contrato de trabalho.

Entretanto, com a MP 927, observa-se que a finalidade tanto das férias individuais quanto das férias coletivas se aproximou no sentido de manter a continuidade da prestação de serviços.

– Antecipação das férias individuais: Em razão da pandemia da Covid-19, a MP 927 prevê no *caput* do art. 6º[26] que, enquanto perdurar o estado de calamidade, o empregador informará aos seus empregados sobre a antecipação de suas férias – essa comunicação, seja por meio escrito, seja por meio eletrônico, deve indicar o período a ser gozado e ser enviada ao empregado com antecedência de, no mínimo, 48 horas.[27]

---

24. Art. 57 do CC: "O comodato é o empréstimo gratuito de coisas não fungíveis. Perfaz-se com a tradição do objeto".
25. Art. 5º da MP 927: "Fica permitida a adoção do regime de teletrabalho, trabalho remoto ou trabalho a distância para estagiários e aprendizes, nos termos do disposto neste Capítulo".
26. Art. 6º da MP 927: "Durante o estado de calamidade pública a que se refere o art. 1º, o empregador informará ao empregado sobre a antecipação de suas férias com antecedência de, no mínimo, quarenta e oito horas, por escrito ou por meio eletrônico, com a indicação do período a ser gozado pelo empregado".
27. Vale lembrar que o art. 135, *caput*, da CLT, prevê que: "A concessão das férias será participada, por escrito, ao empregado, com antecedência de, no mínimo, 30 (trinta) dias".

No tocante ao período aquisitivo das férias,[28] a MP 927, de forma excepcional e em virtude da urgência, previu a possibilidade de antecipação das férias (§ 1°, II, do art. 6°), ainda que o empregado não tenha a vigência dos 12 meses do contrato de trabalho – concessão esta que poderá, de forma adicional, ser negociada mediante acordo individual escrito no que tange aos períodos de férias futuros (§ 2° do art. 6°).

Vale lembrar que o período mínimo de férias não pode ser inferior a cinco dias corridos (§ 1°, I, do art. 6°) e que os trabalhadores que pertencem ao grupo de risco da Covid-19[29] serão priorizados para o gozo daquelas.

Quanto aos profissionais que trabalham na área de saúde ou que desempenhem funções essenciais,[30] há uma especificidade na medida provisória em relação às férias ou licenças remuneradas, isto é, a possibilidade de suspensão mediante comunicação formal da decisão ao trabalhador, por escrito ou por meio eletrônico, preferencialmente com antecedência de 48 horas – regra razoável tendo em vista o contexto epidemiológico da Covid-19.

Ao tratar do pagamento das férias, a MP 927 dispôs da seguinte maneira: a) terço constitucional (1/3 sobre as férias) poderá ser pago após a concessão, até a data em que é devido o décimo terceiro salário[31] (art. 8°) e eventual requerimento pelo empregado, para conversão em pecúnia, estará sujeito à concordância do empregador (parágrafo único do art. 8°); b) remuneração das férias poderá ser efetuada até o quinto dia útil do mês subsequente ao início do gozo de férias.[32]

Em caso de dispensa do empregado, os valores não adimplidos relativos às férias deverão ser pagos em conjunto com as verbas rescisórias (art. 10).

Em relação à antecipação de férias, há uma preocupação no tocante ao limite em que elas podem ser adiantadas, isto é, quantos anos o empregador pode adiantar o período de férias do empregado ou como deixar o trabalhador sem férias durante dois, três ou quatro anos – perceba que tal conduta fere o meio ambiente do trabalho em relação à saúde e à segurança do empregado.

Ao que tudo indica, a interpretação que melhor prestigia o princípio da proteção que reveste o direito do trabalho é da possibilidade de a antecipação das férias somente recair dentro do período do estado de calamidade, qual seja, por ora, 8 meses e 11 dias.[33]

---

28. Art. 130 da CLT: "Após cada período de 12 (doze) meses de vigência do contrato de trabalho, o empregado terá direito a férias, na seguinte proporção [...]".

29. São integrantes do grupo de risco: pessoas idosas e pessoas com condições médicas preexistentes (como pressão alta, doenças cardíacas, doenças pulmonares, câncer ou diabetes). Disponível em: [https://coronavirus.saude.gov.br/index.php/perguntas-e-respostas]. Acesso em: 07.07.2020.

30. Em 20 de março de 2020 foi publicado Decreto 10.282/2020, que define os serviços públicos e as atividades essenciais, dentre elas, assistência à saúde, incluídos os serviços médicos e hospitalares (art. 1°, I); assistência social e atendimento à população em estado de vulnerabilidade (art. 2°, II); atividades de segurança pública e privada, incluídas a vigilância, a guarda e a custódia de presos (art. 1°, III); atividades de defesa nacional e de defesa civil (art. 1°, IV) etc.

31. Art. 1° da Lei n. 4.749/65: "A gratificação salarial instituída pela Lei número 4.090, de 13 de julho de 1962, será paga pelo empregador até o dia 20 de dezembro de cada ano, compensada a importância que, a título de adiantamento, o empregado houver recebido na forma do artigo seguinte".

32. Não se aplica a regra do art. 145 da CLT: "O pagamento da remuneração das férias e, se for o caso, o do abono referido no art. 143 serão efetuados até 2 (dois) dias antes do início do respectivo período".

33. SILVA, Homero Batista Mateus da Silva. *Legislação trabalhista em tempos de pandemia* cit., p. RB-1.1.

– *Férias coletivas:* As férias coletivas também foram relativizadas na MP 927, uma vez que os arts. 11 e 12 dispensam os limites impostos no art. 139 da CLT[34] (comunicação prévia ao Ministério da Economia e aos sindicatos da categoria profissional) e autorizam a sua concessão, desde que a notificação aos empregados seja de no mínimo 48 horas.

Perceba que a medida provisória não se preocupou em tratar do pagamento das férias coletivas e nem do período de gozo, mas ao que tudo indica é possível a aplicação dos artigos relativos às férias individuais, já que a medida provisória, como dito anteriormente, aproximou a finalidade de ambos os institutos.

(iii) Do aproveitamento e da antecipação de feriados – Os feriados comportam o conceito de descanso semanal remunerado,[35] dada a inteligência do art. 1º da Lei n. 605/49[36] – natureza jurídica de interrupção do contrato de trabalho. Dividem-se em feriados civis[37] e religiosos,[38] por força da Lei 9.093/95.

Por determinação da MP 927, o empregador poderá antecipar o gozo de feriados não religiosos federais, estaduais, distritais e municipais, desde que haja prévia notificação escrita ou por meio eletrônico de, no mínimo, 48 horas, aos quadros de funcionários, devendo ter indicação expressa dos feriados aproveitados (art. 13, *caput*).

Já o § 2º do art. 13 se faz presente para proteger a fundamentalidade ao direito à religião, ao culto e à crença[39] (art. 5º da CF), por isso necessária a anuência do empregado em acordo individual escrito, nos casos em que o empregador queira adiantar feriado de cunho religioso.

Ademais, a norma de caráter provisório consolida que os feriados civis (não religiosos) poderão ser objeto de compensação em nível de saldo de banco de horas.[40]

(iv) Do banco de horas – No direito laboral são permitidas várias modalidades de banco de horas:[41] a) anual (§ 2º do art. 59 da CLT); b) semestral (§ 5º do art. 59 da CLT);

---

34. Art. 139 da CLT: "Poderão ser concedidas férias coletivas a todos os empregados de uma empresa ou de determinados estabelecimentos ou setores da empresa. § 1º As férias poderão ser gozadas em 2 (dois) períodos anuais desde que nenhum deles seja inferior a 10 (dez) dias corridos. § 2º Para os fins previstos neste artigo, o empregador comunicará ao órgão local do Ministério do Trabalho, com a antecedência mínima de 15 (quinze) dias, as datas de início e fim das férias, precisando quais os estabelecimentos ou setores abrangidos pela medida. § 3º Em igual prazo, o empregador enviará cópia da aludida comunicação aos sindicatos representativos da respectiva categoria profissional, e providenciará a afixação de aviso nos locais de trabalho".
35. "As normas e critérios jurídicos aplicáveis aos feriados são, basicamente, os mesmos que se aplicam à figura do repouso semanal imperativo [...]". DELGADO, Mauricio Godinho. *Curso de direito do trabalho.* 17 ed. rev. atual. e ampl. São Paulo: LTr, 2020. p. 1148.
36. Art. 1º da Lei n. 605/49: "Todo empregado tem direito ao repouso semanal remunerado de vinte e quatro horas consecutivas, preferentemente aos domingos e, nos limites das exigências técnicas das empresas, nos feriados civis e religiosos, de acordo com a tradição local".
37. Art. 1º da Lei 9.093/95: "São feriados civis: I – os declarados em lei federal; II – a data magna do Estado fixada em lei estadual. III – os dias do início e do término do ano do centenário de fundação do Município, fixados em lei municipal".
38. Art. 2º da Lei 9.093/952. "São feriados religiosos os dias de guarda, declarados em lei municipal, de acordo com a tradição local e em número não superior a quatro, neste incluída a Sexta-Feira da Paixão".
39. Em decorrência de algumas religiões, por exemplo, os sábados são guardados.
40. Banco de horas é uma hipótese de compensação de horas, previsto na CLT.
41. Importante informar que a Súmula 85 do TST trata da compensação de jornada está desatualizada em virtude da Reforma Trabalhista (Lei n. 13.467/17).

c) mensal (§ 6º do art. 59 da CLT) e, ainda, é possível aos d) domésticos (§ 4º do art. 2º da LC n. 150/15) e aos e) contratados em tempo parcial (§ 5º do art. 58-A da CLT).

Já a MP 927 permite a nova possibilidade de compensação de horas até o limite de 18 meses, contado da data de encerramento do estado de calamidade pública, seja por meio de acordo individual, seja por meio de acordo coletivo (art. 14, *caput*) – diga-se de passagem, é um banco de horas cujos efeitos são futuros, uma vez que a compensação poderá ocorrer após o período de calamidade.

Em relação ao § 1º do art. 14 da MP 927, verifica-se apenas uma manutenção à regra trabalhista de que a prorrogação da jornada será de até duas horas (*caput* do art. 59), cujo limite não poderá exceder a dez horas diárias (§ 2º do art. 59 da CLT).

Por fim, o § 2º do art. 14 da MP 927, consubstancia que fica a critério do empregador a compensação do saldo de horas, independentemente de convenção coletiva ou acordo individual coletivo.

3.2 Medida Provisória 936/2020 (convertida em Lei 14.020/2020): programa emergencial de manutenção do emprego e da renda

De forma complementar à MP 927, em 1º de abril de 2020 foi assinada a MP 936/20 (Lei 14.020/20), como meio de antecipar aos empregados ativos o seguro-desemprego em casos de redução ou de suspensão do salário.[42]

Em relação à redução da jornada e do salário ou da suspensão temporária do contrato de trabalho, cumpre informar que a referida medida provisória foi alvo de ação direta de inconstitucionalidade,[43] por violação aos incisos VI, XIII e XXVI do art. 7º,[44] e do inciso VI do art. 8º,[45] todos da Constituição Federal.

Em sede de liminar, o Ministro Ricardo Lewandowski deferiu, em parte, o pleito para que a norma da MP 936 seja interpretada conforme o texto constitucional e, dessa forma, estabeleceu como somente válidos os acordos cujos sindicatos fossem notificados em até 10 dias e manifestassem sobre a sua validade – em caso de silêncio por parte do sindicato, configurada a anuência do acordo. A matéria foi a Plenário que decidiu, por maioria dos votos, a manutenção da eficácia da regra da medida provisória, independentemente da anuência dos sindicatos da categoria.

3.2.1 Destinatários

A MP 936/20 (Lei 14.020/20) exclui, do seu patamar os servidores da União, dos Estados, do Distrito Federal e dos Municípios, os órgãos da administração pública di-

---

42. Início da política governamental em relação à importância do auxílio emergencial de R$ 600,00 (seiscentos reais).
43. ADI 6363.
44. Art. 7º da CF: "São direitos dos trabalhadores urbanos e rurais, além de outros que visem à melhoria de sua condição social: VI – irredutibilidade do salário, salvo o disposto em convenção ou acordo coletivo; XIII – duração do trabalho normal não superior a oito horas diárias e quarenta e quatro semanais, facultada a compensação de horários e a redução da jornada, mediante acordo ou convenção coletiva de trabalho; XXVI – reconhecimento das convenções e acordos coletivos de trabalho".
45. Art. 8º da CF: "É livre a associação profissional ou sindical, observado o seguinte: VI – é obrigatória a participação dos sindicatos nas negociações coletivas de trabalho".

reta e indireta, as empresas públicas e sociedades de economia mista, inclusive as suas subsidiárias, e os organismos internacionais (parágrafo único, art. 3º).

3.2.2 Medidas do Programa Emergencial de Manutenção

O art. 3º da MP 936/20 (Lei 14.020/20)[46] elenca as medidas a serem tomadas pelo programa, quais sejam: (i) o pagamento do Benefício Emergencial de Preservação do Emprego e da Renda; (ii) a redução proporcional de jornada de trabalho e salário; e (iii) a suspensão temporário do contrato de trabalho, medidas as quais, foram recepcionadas em seu inteiro teor com a conversão da MP em lei.

Entre as diretrizes da medida provisória em estudo, destaca-se aquela disposta no § 5º do art. 5º: "o recebimento do Benefício Emergencial de Preservação do Emprego e da Renda não impedirá a concessão e não alterará o valor do seguro-desemprego a que o empregado vier a ter direito, desde que cumpridos os requisitos previstos na Lei n. 7.998, de 11 de janeiro de 1990, no momento de eventual dispensa".

3.2.3 Conversão da Medida Provisória na Lei 14.020/2020

Em 6 de julho de 2020, houve a conversão da MP 936/20 na Lei 14.020/20 com significativas alterações, entre elas, a supressão do § 4º do art. 11 da antiga medida[47] e a inclusão de medidas específicas em relação às empregadas gestantes, inclusive na categoria de domésticas (inciso III do art. 10[48] e art. 22[49]).

3.3 Lei 13.982/2020: Lei do "Coronavoucher"

Em 2 de abril de 2020, foi promulgada a Lei 13.982/20, estabelecendo medidas excepcionais de proteção social, principalmente em relação à concessão do auxílio-e-

---

46. Art. 3º da Lei 14.020/20: "São medidas do Programa Emergencial de Manutenção do Emprego e da Renda: I – o pagamento do Benefício Emergencial de Preservação do Emprego e da Renda; II – a redução proporcional de jornada de trabalho e de salário; e III – a suspensão temporária do contrato de trabalho".

47. Art. 11, § 4º, da MP 936: "Os acordos individuais de redução de jornada de trabalho e de salário ou de suspensão temporária do contrato de trabalho, pactuados nos termos desta Medida Provisória, deverão ser comunicados pelos empregadores ao respectivo sindicato laboral, no prazo de até dez dias corridos, contado da data de sua celebração".

48. Art. 10, III, da Lei n. 14.020/20: "III – no caso da empregada gestante, por período equivalente ao acordado para a redução da jornada de trabalho e do salário ou para a suspensão temporária do contrato de trabalho, contado a partir do término do período da garantia estabelecida na alínea "b" do inciso II do caput do art. 10 do Ato das Disposições Constitucionais Transitórias".

49. Art. 22 da Lei n. 14.020/20: "A empregada gestante, inclusive a doméstica, poderá participar do Programa Emergencial de Manutenção do Emprego e da Renda, observadas as condições estabelecidas nesta Lei. § 1º Ocorrido o evento caracterizador do início do benefício de salário-maternidade, nos termos do art. 71 da Lei n. 8.213, de 24 de julho de 1991: I – o empregador deverá efetuar a imediata comunicação ao Ministério da Economia, nos termos estabelecidos no ato de que trata o § 4º do art. 5º desta Lei; II – a aplicação das medidas de que trata o art. 3º desta Lei será interrompida; e III – o salário-maternidade será pago à empregada nos termos do art. 72 da Lei n. 8.213, de 24 de julho de 1991, e à empregada doméstica nos termos do inciso I do caput do art. 73 da referida Lei, considerando-se como remuneração integral ou último salário de contribuição os valores a que teriam direito sem a aplicação das medidas previstas nos incisos II e III do caput do art. 3º desta Lei. § 2º Aplica-se o disposto neste artigo ao segurado ou segurada da Previdência Social que adotar ou obtiver guarda judicial para fins de adoção, observado o art. 71-A da Lei n. 8.213, de 24 de julho de 1991, devendo o salário-maternidade ser pago diretamente pela Previdência Social".

mergencial[50] no valor de R$ 600,00 (seiscentos reais)[51] – popularmente conhecido como "coronavoucher".

3.3.1 Destinatários

O auxílio se destina aos trabalhadores que cumpram cumulativamente os requisitos do art. 2º da Lei 13.982/20.[52]

3.3.2 Particularidades do programa

É importante deixar claro que o auxílio-emergencial (conhecido popularmente como "coronavoucher") não é cumulativo ao bolsa-família – logo, a pessoa somente receberá o auxílio se este for mais vantajoso, isto é, se a importância recebida for de maior valor (§ 2º do art. 2º).

Em 30 de junho de 2020, foi assinado o Decreto 10.412/20 prorrogando por mais dois meses o recebimento do auxílio-emergencial – contudo, não consta do dispositivo se o valor continuará sendo pago pelo valor de R$ 600,00 (seiscentos reais) ou se as parcelas serão reduzidas proporcionalmente.

3.4 Lei 14.010/2020: regime jurídico emergencial e transitório das relações jurídicas de direito privado

Com o objetivo de regulamentar, em caráter de emergência, as relações jurídicas de direito privado, em 10 de junho de 2020 foi promulgada a Lei 14.010/20. Referida lei trata de vários institutos do direito privado,[53] entre eles, o da prescrição,[54] a qual merece destaque no ramo do direito do trabalho.

---

50. O auxílio-emergencial é um benefício financeiro destinado aos trabalhadores informais, microempreendedores individuais (MEI), autônomos e desempregados, e tem por objetivo fornecer proteção emergencial no período de enfrentamento à crise causada pela pandemia do Coronavírus – Covid-19". Disponível em: [https://auxilio.caixa. gov.br/#/inicio]. Acesso em: 11.07.2020.

51. As informações referentes ao auxílio-emergencial podem ser conferidas no aplicativo Caixa TEM. Disponível em: [https://www.caixa.gov.br/atendimento/aplicativos/caixatem/Paginas/default.aspx#como]. Acesso em: 11.07.2020.

52. Os requisitos cumulativos são: seja maior de 18 (dezoito) anos de idade, salvo no caso de mães adolescentes (I, art. 2º); não tenha emprego formal ativo (II, art. 2º); não seja titular de benefício previdenciário ou assistencial ou beneficiário do seguro-desemprego ou de programa de transferência de renda federal, ressalvado, nos termos dos §§ 1º e 2º, o Bolsa Família (III, art. 2º); cuja renda familiar mensal per capita seja de até 1/2 (meio) salário-mínimo ou a renda familiar mensal total seja de até 3 (três) salários mínimos (IV, art. 2º); que, no ano de 2018, não tenha recebido rendimentos tributáveis acima de R$ 28.559,70 (vinte e oito mil, quinhentos e cinquenta e nove reais e setenta centavos); e (V, art. 2º); que exerça atividade na condição de: a) microempreendedor individual (MEI); b) contribuinte individual do Regime Geral de Previdência Social que contribua na forma do caput ou do inciso I do § 2º do art. 21 da Lei n. 8.212, de 24 de julho de 1991; ou c) trabalhador informal, seja empregado, autônomo ou desempregado, de qualquer natureza, inclusive o intermitente inativo, inscrito no Cadastro Único para Programas Sociais do Governo Federal (CadÚnico) até 20 de março de 2020, ou que, nos termos de autodeclaração, cumpra o requisito do inciso IV (VI, art. 2º).

53. Entre os institutos tratados na Lei n. 14.010/20, verificam-se os seguintes capítulos: da prescrição e decadência (Capítulo II); das pessoas jurídicas de direito privado (Capítulo III); das relações de consumo (Capítulo V); do usucapião (Capítulo VII); dos condomínios edilícios (Capítulo VIII); do regime concorrencial (capítulo IX) e o direito de família e sucessões (Capítulo X).

54. Prescrição: Art. 189 do CC: "Violado o direito, nasce para o titular a pretensão, a qual se extingue, pela prescrição [...]".

A regra da prescrição no direito do trabalho se encontra no inciso XXIX do art. 7º da Constituição Federal[55] e no art. 11 da CLT,[56] qual seja, "a pretensão quanto a créditos resultantes das relações de trabalho prescreve em cinco anos para os trabalhadores urbanos e rurais, até o limite de dois anos após a extinção do contrato de trabalho".

Cumpre destacar que a prescrição é um instituto jurídico de natureza bifronte, ou seja, transita entre o direito material e o direito processual.

Quando há essa transição entre o direito material e processual, o trabalhador necessita estar ciente de que o *caput* do art. 3º da Lei n. 14.010/20, impediu ou suspendeu os prazos prescricionais, conforme o caso, a partir da entrada em vigor da referida lei[57] até 30 de outubro de 2020.

Isso significa que em tempos de pandemia da Covid-19, dentro do limite temporal estabelecido pela legislação emergencial em análise, não está correndo o fluxo prescricional.

Perceba que, de certa forma, essa previsão é benéfica ao trabalhador, uma vez que o prazo para o ajuizamento da ação foi dilatado.

4. PÓS-PANDEMIA: O NOVO CENÁRIO PARA O DIREITO DO TRABALHO

Após a ruptura do panorama social antigo, verifica-se agora um novo microssistema nas relações laborais. Nesse contexto, várias alternativas surgem para tentar conter o fechamento dos estabelecimentos e, por conseguinte, a manutenção dos empregos. Contudo, direitos humanos fundamentais não podem ser esquecidos, seja de primeira, segunda e terceira dimensão – este último, reforço à solidariedade quanto ao meio ambiente do trabalho.

4.1 Mudanças nas relações e estrutura do trabalho

Em 11 de julho de 2020, já são mais de 12 (doze) milhões de pessoas infectadas no mundo,[58] sendo mais de 1 (milhão) no Brasil.[59] O número de óbitos ultrapassa a faixa dos 500 (quinhentos) mil no mundo e no Brasil, contabilizam-se mais de 70 (mil).[60] Não podemos desprezar – pelo contrário, considerar – os casos de subnotificação (que não chegam ao conhecimento das autoridades públicas).

Não há como negar que a pandemia causada pelo coronavírus (Covid-19) foi um divisor de águas para a sociedade. As medidas impostas foram necessárias a proteger

---

55. Art. 7º, XXIX, da CF: "São direitos dos trabalhadores urbanos e rurais, além de outros que visem à melhoria de sua condição social: ação, quanto aos créditos resultantes das relações de trabalho, com prazo prescricional de cinco anos para os trabalhadores urbanos e rurais, até o limite de dois anos após a extinção do contrato de trabalho".
56. Art. 11, *caput*, da CLT: "A pretensão quanto a créditos resultantes das relações de trabalho prescreve em cinco anos para os trabalhadores urbanos e rurais, até o limite de dois anos após a extinção do contrato de trabalho".
57. Art. 21 da Lei 14.010/20: "Esta Lei entra em vigor na data de sua publicação" (Data de Publicação:12 de junho de 2020).
58. Disponível em: [https://www.ecdc.europa.eu/en/publications-data/download-todays-data-geographic-distribu-tion-covid-19-cases-worldwide]. Acesso em: 11.07.2020.
59. *Painel Coronavírus*: Disponível em: [https://covid.saude.gov.br/]. Acesso em: 11.07.2020.
60. *Painel Coronavírus*: Disponível em: [https://covid.saude.gov.br/.] Acesso em: 11.07.2020.

em primeiro lugar a saúde – "nessa linha de pensamento, numa escala de importância dos direitos sociais, a saúde teria prioridade sobre o trabalho, e estes, sobre os demais direitos sociais, por uma razão muito simples: sem saúde, nada se faz".[61]

Em relação ao futuro, somente a eficácia social[62] da norma vai dizer se as novas realidades implementadas no âmbito do direito do trabalho darão certo.

Vale lembrar que o contexto da pandemia e suas medidas de enfrentamento protegem não só o empregado, mas também o empregador, afinal o bem jurídico tutelado não é o salário, e, sim, a vida (de todos, sem distinção).

Entre o que é palpável e o que está dando certo para alguns setores da economia se inclui a adaptação das modalidades de trabalho, cujo exemplo mais promissor foi o teletrabalho, na modalidade *home office*.

Em virtude da continuidade das prestações de serviços e dos baixos custos, muitas empresas repensaram sobre a adoção da modalidade de teletrabalho, até para o período pós-pandêmico. Nesse contexto, houve um movimento inverso no mercado imobiliário, ou seja, a busca de residências maiores e escritórios menores.[63]

Mas ainda assim, mesmo com os inúmeros prós que o teletrabalho proporcione, é necessário confrontá-lo à realidade brasileira.

Segundo estudos do IBGE,[64] mais de oito milhões de trabalhadores estão exercendo suas funções de forma remota,[65] entretanto, em sua maioria, os que exercem função nessa modalidade possuem nível superior ou pós-graduações completos; já aqueles que não têm instrução ou que possuem nível superior incompleto, a proporção não chega a dez por cento.[66]

Contudo, outros setores, em sua grande maioria, pela sua própria atividade preponderante, não conseguiram fazer essa mudança, como, por exemplo, a indústria, o comércio (excluindo-se aqui a modalidade *e-commerce*), os trabalhos braçais etc.

Ademais, é necessário ter cautela em relação a essa modalidade, principalmente no que tange às excessivas atividades. O empregador deve se atentar que as metas e tarefas devem ser preestabelecidas e que sejam coesas à realidade do trabalhador.[67]

---

61. BROLIO, Raphael Jacob. *O meio ambiente do trabalho juridicamente sustentável:* análise dos acidentes do trabalho à luz dos princípios de direito ambiental. Rio de Janeiro: Lumen Juris, 2016. p. 74.
62. Eficácia social: é a potencialidade de a aplicação da norma ser efetiva ao caso concreto.
63. *Casas maiores, escritórios menores: pandemia revoluciona mercado imobiliário.* Disponível em: [https://www.infomoney.com.br/negocios/o-que-esperar-do-mercado-imobiliario-na-turbulencia-do-coronavirus-segundo-7-especialistas/]. Acesso em: 11.07.2020.
64. O IBGE apoiando o combate à Covid19. Trabalho: Desocupação, renda, afastamentos, trabalho remoto e outros efeitos da pandemia no trabalho. Disponível em: [https://covid19.ibge.gov.br/pnad-covid/trabalho.php]. Acesso em: 09.07.2020.
65. Número de Pessoas em trabalho remoto: 8,7 milhões.
66. Proporção de pessoas em trabalho remoto: 31,1% das pessoas com superior completo ou pós-graduação; 6% das pessoas com médio completo ao superior incompleto e 0,5% das pessoas sem instrução ao fundamental incompleto.
67. Imagine, por exemplo, a realidade de um empregado ou empregada que tenha filhos. Em uma situação pandêmica, as escolas também foram fechadas e a dupla jornada se fundiu em uma só.

4.1.1   Direito à desconexão

A farta conexão mental sem descanso, pode gerar sérios transtornos prejudiciais à saúde do trabalhador, sendo necessária a aplicação do direito à desconexão que permita que o empregado não responda, em seus momentos de descanso, mensagens encaminhadas pelo empregador, por meios eletrônicos – nesse sentido, cumpre aclarar que o descanso do empregado tem como objetivo a "recuperação e implementação de suas energias ou de sua inserção familiar".[68]

Não há uma legislação específica para o instituto,[69] na verdade, o que se verifica são artigos dispostos no texto celetista que comprometem essa desconexão,[70] e por isso comportam remuneração/indenização.

Entretanto, o tema, embora não seja normatizado, é efetivamente abordado de forma favorável nos tribunais, inclusive no Tribunal Superior do Trabalho, cabendo expor aqui a sua explanação: "a exigência para que o empregado esteja conectado por meio de smartphone, notebook ou BIP, após a jornada de trabalho ordinária, é o que caracteriza ofensa ao direito à desconexão [...] ficando privado de sua liberdade para usufruir efetivamente do tempo destinado ao descanso".[71]

Em um período pandêmico, a maneira mais genuína a apaziguar essa questão, para ambos os polos, notadamente, é a cooperação de ambos os lados, ou seja, a ordem é de evitar abuso tanto do empregador quanto do empregado, na medida da razoabilidade.

4.2   Meio ambiente do trabalho

Ao se falar em meio ambiente do trabalho, no contexto da Covid-19, é fundamental considerar a legislação em relação ao meio ambiente do trabalho, tanto no texto constitucional (arts. 225[72] e 200, II e VIII,[73] CF), quanto nas normas infraconstitucionais, seja no texto celetista (arts. 456-A da CLT[74]), seja em outro instrumento normativo.

Vale ressaltar que por se tratar de um direito com força normativa constitucional (arts. 225 e 200, II e VIII, da CF), o meio ambiente do trabalho deve ser observado em

---

68. DELGADO, Mauricio Godinho. *Curso de direito do trabalho.* 17. ed. rev. atual. e ampl. São Paulo: LTr, 2020. p. 1115.
69. Houve um Projeto Legislativo 6.038/2016 que almejava acrescentar o art. 72-A na CLT, com o seguinte contexto: "É vedado ao empregador exigir ou incentivar que, fora do período de cumprimento de sua jornada de trabalho, o empregado permaneça conectado a quaisquer instrumentos telemáticos ou informatizados com a finalidade de verificar ou responder a solicitações relacionadas ao trabalho; mas foi arquivado em 2019".
70. Art. 245-C da CLT (Tempo à Disposição do Motorista); Art. 244, §§ 2º e 3º, da CLT (Sobreaviso e Prontidão).
71. AIRR-2058-43.2012.5.02.0464, 7ª Turma, Relator Ministro Claudio Mascarenhas Brandão, *DEJT* 27.10.2017.
72. Art. 225, *caput*, da CF: "Todos têm direito ao meio ambiente ecologicamente equilibrado, bem de uso comum do povo e essencial à sadia qualidade de vida, impondo-se ao Poder Público e à coletividade o dever de defendê-lo e preservá-lo para as presentes e futuras gerações".
73. Art. 200, inciso II e VIII, da CF: "Ao sistema único de saúde compete, além de outras atribuições, nos termos da lei: [...] II – executar as ações de vigilância sanitária e epidemiológica, bem como as de saúde do trabalhador; [...] VIII – colaborar na proteção do meio ambiente, nele compreendido o do trabalho".
74. Art. 456-A da CLT. "Cabe ao empregador definir o padrão de vestimenta no meio ambiente laboral, sendo lícita a inclusão no uniforme de logomarcas da própria empresa ou de empresas parceiras e de outros itens de identificação relacionados à atividade desempenhada. Parágrafo único. A higienização do uniforme é de responsabilidade do trabalhador, salvo nas hipóteses em que forem necessários procedimentos ou produtos diferentes dos utilizados para a higienização das vestimentas de uso comum".

DIREITOS TRABALHISTAS PÓS-PANDEMIA: O QUE O TRABALHADOR PRECISA SABER

sua máxima eficácia, ou seja, não se deve medir esforços à sua concretização, porque versa sobre a vida e a saúde das pessoas integradas ao ambiente laboral.[75]

Da mesma forma, é preciso entender que "não é apenas o trabalhador que está envolvido nessa relação jurídica. O alcance é muito mais amplo, e nem poderia ser diferente, já que estamos tratando de um direito de terceira dimensão, que é o meio ambiente".[76]

Adiciona-se à lista de sujeitos envolvidos, "o empregador, o tomador de serviços, a comunidade e também o Estado" – perceba que tudo está interligado – em uma situação pandêmica, se um falhar, pode afetar a saúde e a vida de todos, inclusive da família.[77]

O retorno ao trabalho deve ser embasado nas pessoas, em detrimento de políticas econômicas e sociais. A ordem no retorno é no sentido da segurança nos locais de trabalho em relação aos riscos associados à Covid-19. Ademais, devem-se levar em conta as necessidades dos trabalhadores no grupo de risco, sem que haja quaisquer discriminações relacionadas ao estado de saúde, ao gênero etc.

4.2.1 Princípios da precaução e da prevenção

Nessa nova perspectiva, dois princípios do direito ambiental são aplicáveis ao meio ambiente do trabalho, quais sejam, o princípio da prevenção e o da precaução – "o ponto em comum entre esses dois princípios é que ambos incidem para evitar a ocorrência do dano".[78]

Obedecendo a particularidade de cada atividade, caberá ao empregador a disponibilização de máscaras, luvas, álcool em gel; além de promover constantes orientações no tocante ao não compartilhamento de itens de uso pessoal, lavagem constante das mãos, manutenção do local de trabalho limpo e arejado, sendo necessária a documentação de tais práticas.

Documentações, as quais, poderão ser solicitadas pelos fiscais da Secretaria do Trabalho, em virtude de novo fator biológico (Covid-19) – logo, novos desafios para o Programa de Prevenção de Riscos Ambientais – PPRA,[79] para o Programa de Controle Médico e Saúde Ocupacional – PCMSO[80] e para a Comissão Interna de Prevenção de Acidentes – CIPA.[81]

Em relação ao empregado, caso o trabalho lhe ofereça ou vier a oferecer risco de infecção, nada mais propenso do que usar o quanto disposto na letra "f" do art. 19 da Convenção n. 155 da Organização Internacional do Trabalho (OIT): "o trabalhador informará

---

75. BROLIO, Raphael Jacob. *O meio ambiente do trabalho juridicamente sustentável:* análise dos acidentes do trabalho à luz dos princípios de direito ambiental cit., p. 39.

76. Idem, p. 30.

77. Se o empregado ou o empregador for infectado durante a prestação do serviço e vier à sua residência, seus entes também estarão expostos.

78. BROLIO, Raphael Jacob. *O meio ambiente do trabalho juridicamente sustentável:* análise dos acidentes do trabalho à luz dos princípios de direito ambiental cit., p. 149.

79. NR 09. Disponível em: [https://enit.trabalho.gov.br/portal/images/Arquivos_SST/SST_NR/NR-09-atualizada-2019. pdf]. Acesso em: 11.07.2020.

80. NR 07. Disponível em: [https://enit.trabalho.gov.br/portal/images/Arquivos_SST/SST_NR/NR-07.pdf]. Acesso em: 11.07.2020.

81. NR 05. Disponível em: [https://enit.trabalho.gov.br/portal/images/Arquivos_SST/SST_NR/NR-05.pdf]. Acesso em: 11.07.2020.

imediatamente o seu superior hierárquico direto sobre qualquer situação de trabalho que, a seu ver e por motivos razoáveis, envolva um perigo iminente e grave para sua vida ou sua saúde; enquanto o empregador não tiver tomado medidas corretivas, se forem necessárias, não poderá exigir dos trabalhadores a sua volta a uma situação de trabalho onde exista, em caráter contínuo, um perigo grave ou iminente para sua vida ou sua saúde".

E dada a recusa do empregador, poderá o empregado se utilizar do direito de resistência, nos casos em que as condições não são seguras, ou, dependendo do caso concreto, recorrer-se à rescisão indireta do contrato de emprego (art. 483 da CLT).

Situação fática, à luz do empregador, dada a possibilidade de a Covid-19 ser considerada doença ocupacional, nada mais propenso do que a empresa determinar o afastamento do seu funcionário infectado (ou com suspeita de infecção) pelo coronavírus.[82]

Veja que as atividades laborais somente poderão ser praticadas de forma satisfatória, se tanto o empregado quanto o empregador gozarem de boas condições de saúde, ou seja, todas as políticas devem ser adotadas com o seguinte propósito: a higidez e a segurança no meio ambiente do trabalho.

5. ALGUMAS REFLEXÕES FINAIS

Não há como negar que o mundo se encontra diante de um novo cenário, após a crise epidemiológica ocasionada pela rápida proliferação do coronavírus (Covid-19); todas as relações tiveram que ser repensadas à luz do bem maior que é a vida – o mundo recuou para proteger a saúde, afinal, ninguém produz, sem estar saudável.

Adaptações nas estruturas laborais tiveram que ser realizadas às pressas, atividades remotas ganharam tração para alguns setores, já em outros, diante de sua atividade preponderante, não tiveram o mesmo êxito.

Políticas públicas se fizeram necessárias à queda brusca da economia, às ameaças de falência e, consubstancialmente, aos altos índices de desemprego. Nesse contexto, o surgimento de um microssistema de emergência foi necessário, mesmo que promovesse ainda mais a flexibilização dos direitos do trabalho.

Dada a particularidade vivenciada por essa nova normalidade, a prática mais usual é a razoabilidade, haja vista que somente à luz do caso concreto será possível aferir a eficácia social das normas impostas ao direito do trabalho – não devendo deixar de lado a sistemática teleológica protetiva do direito laboral.

Na volta ao ambiente corporativo, mais vale para o momento a regra da cooperação, tanto dos empregados, quanto dos empregadores, uma vez que o diálogo entre os polos se faz necessário ao favorável meio ambiente do trabalho – é o que o ditado diz, "uma mão lava a outra".

A utilização do bom senso, nunca foi tão imperativa, para que se possa superar esse momento ímpar vivenciado pela nova era pós-pandêmica.

---

82. BROLIO, Raphael Jacob. Quais medidas devem ser tomadas pelas empresas para o retorno dos funcionários? Disponível em: [https://www.jota.info/opiniao-e-analise/artigos/quais-medidas-devem-ser-tomadas-pelas-em-presas-para-o-retorno-dos-funcionarios-19062020]. Acesso em: 10.07.2020.

RELAÇÕES DE TRABALHO PÓS-COVID-19: O QUE O EMPREGADOR PRECISA SABER

Adamor Ferreira Cruz Junior

Pós-graduando em Direito do Trabalho e Previdenciário pela Fadivale.

Julia Ana Cerqueira Fatel Cruz

Pós-graduanda em Direito do Trabalho e Previdenciário pela Fadivale e em Direito Processual Civil pelo Ebradi.

Sumário: 1. Introdução. 2. Das medidas emergenciais. 2.1 Medida Provisória 927 – Enfrentamento do estado de calamidade pública. 2.2 Medida Provisória 936, convertida na Lei 14.020/2020 – Permissão de Prorrogação do Programa Emergencial do Emprego (Premer). 2.3 Medidas Provisórias 944, 945 e 982/2020. 3. Natureza jurídica da Covid-19 nas relações laborais: teorias da imprevisão, caso fortuito, força maior e fato do príncipe. 4. Contágio pela Covid-19 e o meio ambiente do trabalho – responsabilidade civil do empregador. 5. Conclusão.

1. INTRODUÇÃO

A população mundial protagoniza um momento caótico, inúmeras incertezas surgiram desde o início de 2020, época em que se iniciaram no Brasil os primeiros casos de contaminação pela Covid-19, doença causada pelo coronavírus advindo da China e erradicada pelo mundo, ocasionando uma situação de pandemia reconhecida pela Organização Mundial de Saúde (OMS) em 11 de março de 2020. Diariamente surgem novas informações sobre essa crise, a qual ocasionou forte redução das atividades, interrompendo o crescimento nos aspectos econômico, financeiro e tributário do País, pois a prioridade passou a ser a proteção à vida e à saúde das pessoas, bem como os meios de subsistência destas constitucionalmente assegurados.

Em face disso, o governo federal implementou um amplo conjunto de medidas emergenciais de amparo, especialmente à saúde e à preservação de empregos, visando minimizar os efeitos negativos, reafirmar o compromisso com o equilíbrio social e acelerar a retomada do País. Essas medidas propõem tutelar como bem jurídico maior, no que concerne às relações de trabalho, a preservação de empregos como meios de subsistência dos trabalhadores, a renda e as atividades empresariais.

Nesse panorama, o objetivo deste estudo é analisar essas medidas governamentais apresentadas para mitigar as relações de trabalho, que tiveram impactos severos em meio ao caos estabelecido, bem como a segurança jurídica que essas medidas trazem ao empregador em meio a tantas mudanças. Além disso, investiga-se a natureza jurídica da

Covid-19 nessas relações laborais. Para esta análise,[1] fez-se uso de webnars, doutrina, MPs de emergência e das Leis 13.979/2020 (Lei da Covid) e 14.020/2020 (Conversão da MP 936 – Suspensão do contrato de trabalho).

2. DAS MEDIDAS EMERGENCIAIS

Como já observado *supra*, a pandemia trouxe uma crise sem precedentes, afetando drasticamente empregados e empregadores, em especial os empreendedores menores. O momento apela para o bom senso, a solidariedade e a responsabilidade social, pois o abandono nesse período de tempos difíceis, que vitimiza a todos, seria ato desumano.[2]

Procurando direcionar a sociedade, o governo brasileiro promulga a Lei 13.979, de 6 de fevereiro de 2020, com vigor enquanto perdurar o estado de emergência de saúde internacional, permitindo às autoridades adotar, no âmbito de suas competências, algumas medidas para o enfrentamento de emergência, destacando-se, para efeitos deste estudo, o *isolamento social* (art. 2º, inc. I); a *quarentena,* a fim de evitar a contaminação e/ou a propagação do vírus (art. 2º, inc. II); e a justificação de faltas ao serviço público ou à atividade laboral privada durante o período.

Com o aumento da contaminação, surge a preocupação em relação aos contratos em vigor e impossibilitados de seu cumprimento por motivo de força maior, ficando reconhecida a data de 20 de março de 2020 como termo inicial do reconhecimento do estado de calamidade pública, por meio do Decreto Legislativo n. 6, com o fim de flexibilizar as regras contratuais.

Lado outro, trabalhadores perdem seus empregos, empresas fecham as portas e outras entram em inadimplência, situações conflitantes para todos os ramos do Direito, carente de legislação adequada para o caos instalado. Bares e restaurantes sofrem os maiores impactos com as medidas de isolamento.

Visando socorrer juridicamente trabalhadores e empregadores, o Presidente da República sanciona a MP 927, de 22.03.2020 – que regula as alternativas adotadas por empregados e empregadores para enfrentamento do estado de calamidade pública decorrente do coronavírus (covid-19), reconhecido pelo Decreto Legislativo 6/2020 supracitado; a MP 936, sendo convertida na Lei 14.020, de 6 de julho de 2020, que apresenta outras medidas não previstas na MP anterior, n. 927, instituindo o Programa Emergencial de Manutenção do Emprego e da Renda (Pemer) e, entre outras medidas, dispondo sobre a suspensão temporária do contrato de trabalho. Vale ressaltar que a MP 936 foi integralmente preservada pela Lei 14.020, inclusive em sua estrutura de artigos e parágrafos, dos

---

1. GONÇALVES JUNIOR, Jerson Carneiro (Coord.); CRUZ, Julia Ana Fatel; LOUREIRO, Maria do Socorro Moreira (colab.). *Manual de metodologia da pesquisa jurídico-científica.* Rio de Janeiro: Lumen Juris, 2017.

2. Nesse sentido, vale mencionar o movimento "#NãoDemita: esta crise vai passar", a fim de reconhecer esforços de seus colaboradores, assinado por mais de 4 mil empresas, com a missão de apoiar a sociedade durante o período tenebroso, comprometendo-se a não reduzir o quadro de funcionários num período de 60 dias. "Não tem como não acreditar na construção de novos caminhos para a economia e para a sociedade de forma colaborativa e em comunidade. O futuro é complexo e incerto e sabemos que cada empresário de nossa rede agirá de acordo com o tamanho do seu desafio e da sua responsabilidade mas que, todos juntos, sairemos mais fortes do outro lado". Disponível em: [https://www.naodemita.com/]. Acesso em: 07.07.2020.

mecanismos de redução de jornada e de suspensão do contrato de trabalho no período de calamidade pública, trazendo inovação de alguns pontos importantes, como a estabilidade da gestante, particularidades dos aposentados, manejo do empréstimo consignado e situação do contribuinte previdenciário facultativo; vale mencionar também a MP 944, que institui o programa emergencial de suporte a empregos, e a MP 945, que dispõe sobre medidas temporárias em resposta à pandemia decorrente da covid-19 no âmbito do setor portuário e sobre a cessão de pátios sob administração militar.

2.1 Medida Provisória 927 – Enfrentamento do estado de calamidade pública

A MP 927 foi a primeira a tratar dos temas de enfrentamento da pandemia, trazendo importantes regras para o período, como *home office*, antecipação de férias individuais, concessão de férias coletivas, aproveitamento de feriados, banco de horas, entre outras, com o intuito de preservar o emprego dos trabalhadores e a sobrevivência das empresas.

O *home office* já tinha previsão desde a Reforma Trabalhista (Lei 13.467/2017). Para preservação do emprego, a MP 927 trouxe maior flexibilização a esse instituto, podendo o empregado ser afastado do regime do controle de jornada em decorrência de vários fatores no ambiente familiar, posto que com as medidas de quarentena ficaram suspensas as aulas e os trabalhos não essenciais passam a ser realizados em casa, havendo a necessidade de adequação do melhor horário para o exercício da função.

Outro ponto importante da medida provisória em comento é acerca do nexo de causalidade, que trazia em seu art. 29 a seguinte redação: "Os casos de contaminação pelo coronavírus (covid-19) não serão considerados ocupacionais, exceto mediante comprovação do nexo causal". No entanto, em recente decisão, por meio de controle concentrado, o STF suspendeu a eficácia desse artigo pela ADI 6342,[3] entendendo que poucos trabalhadores poderiam comprovar o nexo causal com o ambiente de trabalho.

Diante da decisão do STF e na ausência de legislação específica sobre o nexo de causalidade, cabe interpretação sistemática, já casual na justiça do trabalho, de aplicabilidade do art. 20, § 1º, *d*, da Lei 8.213/1991, que estabelece expressamente "Não são consideradas como doença do trabalho: [...] *d*) a doença *endêmica* adquirida por segurado habitante de região em que ela se desenvolva, salvo comprovação de que é resultante de exposição ou contato direto determinado pela natureza do trabalho" (grifo nosso).

O dispositivo considera que em caso de *endemia*, para o segurado que se contamine e habite em região endêmica não há nexo de causalidade, salvo mediante comprovação, assim, resta claro que na hipótese de *pandemia*, que acontece de forma global e simul-

---

3. "Decisão: O Tribunal, por maioria, concedeu parcialmente a medida liminar para suspender a eficácia do artigo 29 da Medida Provisória 927/2020. Votaram nesse sentido os Ministros Alexandre de Moraes, Redator para o acórdão, Luiz Fux, Cármen Lúcia, Gilmar Mendes, Ricardo Lewandowski, Roberto Barroso e Celso de Mello. Ficaram vencidos os Ministros Marco Aurélio (Relator) e Dias Toffoli (Presidente), que indeferiam a medida liminar; os Ministros Edson Fachin e Rosa Weber, que deferiam parcialmente a medida cautelar e declaravam a perda superveniente de objeto em relação ao citado artigo; e o Ministro Ricardo Lewandowski, que deferia parcialmente a cautelar, nos termos de seu voto. Plenário, Sessão Virtual de 8.5.2020 a 14.5.2020". Disponível em: [https://portal.stf.jus.br/processos/detalhe.asp?incidente=5890866]. Acesso em: 08.07.2020.

tânea, fica ainda mais difícil estabelecer esse nexo causal em razão de inúmeros fatores que ocasionam a contaminação.

O eminente Juiz do Trabalho Otávio Calvet, observa que o mencionado art. 29 tinha o objetivo de trazer segurança jurídica aos empregadores na questão do nexo causal, ao dispor que os casos de contaminação pelo coronavírus só seriam considerados ocupacionais mediante comprovação do nexo, já que a contaminação pode ocorrer em lugares diversos e inesperados, de forma totalmente desconhecida, impossibilitando o momento preciso de sua ocorrência. Nesse sentido, há constatação científica de que a contaminação é imprevisível em meio a uma pandemia, ou seja, é comunitária. Assim, tal dispositivo intencionava evitar uma "enxurrada de demandas atribuindo sempre ao empregador esta responsabilidade".[4]

Na prática, para as atividades com risco alto haverá a presunção do nexo causal, ficando a cargo do empregador comprovar que outras causas poderiam gerar a contaminação.

Vale lembrar que a culpa exclusiva da vítima afasta o nexo de causalidade.[5] Por exemplo, um trabalhador da linha de frente deve se precaver em sua vida privada, evitando participar de festas ou quaisquer outras aglomerações, preservando-se de eventual contaminação, tendo a consciência de que sua conduta refletirá também na sua vida profissional, pois estamos todos em meio a uma batalha.

Agravando ainda mais a possibilidade de reconhecimento do nexo causal, a OMS, em 03.07.2020, reconheceu evidências de que o novo coronavírus pode ser transmitido pelo ar, recomendando à população evitar a permanência em locais fechados e utilizar máscaras.[6]

Seria possível, em meio a um conflito, a perícia médica constatar o nexo de causalidade, podendo avaliar se a contaminação foi no trabalho ou em qualquer outro lugar? Já se descarta no ordenamento jurídico a perícia diante do entendimento de que esta não seria capaz de atestar a contaminação.

Pelo exposto, é possível perceber a polêmica acerca do nexo causal, pois independentemente de a responsabilidade civil ser objetiva ou subjetiva (abordadas a seguir neste estudo), é necessário comprovar o liame entre o trabalho e a contaminação, ponto que será alvo de intensas discussões nas ações trabalhistas, pois o vírus circula em todos os lugares, e como supramencionado, já há o recente reconhecimento pela OMS de que a contaminação poderá se dar apenas pelo "ar", sem nenhum contato com objetos ou pessoas. Logo, a comprovação do nexo estaria prejudicada.

---

4. Webinário organizado pela TV ConJur. Disponível em: [https://www.youtube.com/watch?v=Mdg0DiJBFfM&feature=youtu.be]. Acesso em: 07.07.2020.

5. Com relação à regra geral da responsabilidade subjetiva da Justiça do Trabalho: se o trabalhador alega – *presunção* de nexo de causalidade para as atividades com alto risco – ex.: profissional de saúde, agentes funerários, atendentes em geral – nessa hipótese, compete ao empregador comprovar que outras causas poderiam ter gerado a contaminação (por exemplo, trabalhadores participam de festa, ocorrendo eventual ação trabalhista vídeo pode comprovar o afastamento do nexo de causalidade).

6. Em uma carta aberta, 239 cientistas de 32 países alertaram para a possibilidade de que o vírus poderia permanecer ativo em partículas suspensas – e não apenas em gotículas mais pesadas que se precipitam. Eles pediram que a OMS reconhecesse a possibilidade e atualizasse o protocolo de prevenção da covid-19. Como resposta, a organização de saúde disse que estava revisando o artigo. Disponível em: [https://www.poder360.com.br/internacional/oms-vai-revisar-possibilidade-de-transmissao-da-covid-19-pelo-ar/]. Acesso em: 08.07.2020.

Acerca da responsabilidade civil subjetiva, é importante avaliar a culpa patronal. A empresa que fornece todos os meios para evitar a contaminação visando resguardar a saúde dos empregados, em eventual ação trabalhista terá um meio de defesa importante para excluir o nexo de causalidade, desde que devidamente comprovado tal fornecimento.

Carente de outras regulamentações não previstas na MP 927, surge a MP 936, com alguns pontos comentados a seguir.

2.2 Medida Provisória 936, convertida na Lei 14.020/2020 – Permissão de Prorrogação do Programa Emergencial do Emprego (Premer)

A MP 936, convertida na Lei 14.020/2020, traz situações paliativas para a manutenção do emprego e da renda no período de pandemia, com o objetivo de preservar o emprego e a renda, garantir a continuidade das atividades laborais e empresariais e reduzir o impacto social causado pela crise. Como mencionado na introdução deste estudo, a Lei 14.020/2020 preservou integralmente a MP 936, inovando em alguns pontos importantes, como a estabilidade da gestante, particularidades dos aposentados, manejo do empréstimo consignado e situação do contribuinte previdenciário facultativo, alterações estas vistas com bons olhos pela doutrina.

Entre os benefícios trazidos como alternativas protetivas pelo Pemer[7] destacam-se: (i) o pagamento do Benefício Emergencial de Preservação do Emprego e da Renda (Beper)[8] custeado pela União;[9] (ii) a redução proporcional de jornada de trabalho e de salário que pode ser de 70, 50 ou 25%; e (iii) a suspensão temporária do contrato de trabalho, aplicando-se a empresas privadas durante o período de calamidade pública, não se incluindo no programa os órgãos da administração pública direta e indireta, as empresas públicas e as sociedades de economia mista, inclusive suas subsidiárias, e os organismos internacionais.

Mediante acordo individual escrito, essa lei traz amparo para redução proporcional da jornada de trabalho, com diminuição proporcional de salário e a suspensão temporária desse contrato em determinados setores ou departamentos, de forma parcial ou total dos postos de trabalho, devendo o empregado ter ciência com dois dias corridos de antecedência. O prazo máximo do acordo de suspensão é de 60 dias, podendo ser fracionados em 2 períodos de 30 dias, com a possibilidade de prorrogação por prazo determinado por ato do Poder Executivo.

---

7. 11 milhões de empregados com carteira assinada, se beneficiaram da questão da suspensão ou da redução e tiveram seus empregos com estabilidade provisória, assegurado pela Lei 14.020. Em caso de ocorrer dispensa sem justa causa nesse período de garantia provisória sua indenização será maior, conforme o acordo feito entre as partes. Os trabalhadores em situações informais e os intermitentes não podem se beneficiar da Lei 14.020, mas podem fazer uso do coronavoucher (auxílio de R$ 600,00 concedido pelo governo).
8. Lei 14.020/2020, art. 5º.
9. O empregador terá prazo de 10 dias para informar ao Ministério da Economia a redução da Jornada de Trabalho, contado da celebração do acordo, sob pena de ficar responsável pelo pagamento da remuneração no valor à redução da jornada de trabalho e do salário ou à suspensão temporária do contrato de trabalho do empregado, nas formas do art. 5º, § 3º, I, II e III, da Lei 14.020/2020.

2.3 Medidas Provisórias 944, 945 e 982/2020

A MP 944 estabelece linhas de crédito para empresários, sociedades empresárias e sociedades cooperativas, excetuadas as sociedades de crédito, com a finalidade de pagamento de folha salarial de seus empregados (art. 1º), com taxa de juros atrativa, vedando a dispensa dos empregados das empresas beneficiárias desse financiamento.

Acerca dos trabalhadores dos grupos de risco, não há norma específica, salvo para os portuários (MP 945/2020), havendo expressa determinação de que aqueles não devem ser convocados para trabalhar. Para os demais trabalhadores existem recomendações da Portaria 454 para adotar medidas de distanciamento social e realizar apenas atividades necessárias, evitando o transporte público.

Para garantir recursos, estímulo e fortalecimento dos pequenos negócios com faturamento anual de até R$ 4,8 milhões, surge a Lei 13.999/2020, cujo objeto é o seu desenvolvimento e fortalecimento, com a liberação de empréstimo para as empresas, com baixa taxa de juros anual (taxa Selic, que é de 2,25% ao ano, mais 1,25% de juros), podendo ser pagos em até 36 meses com flexibilidade de carência para o início das prestações de 8 meses.

Outra medida emergencial se trata do coronavoucher, auxílio no valor de R$ 600,00 para trabalhadores informais, microempreendedores e contribuintes individuais autônomos, visando atender essa grande parcela de trabalhadores que, embora não trabalhem da forma convencional, com registro em carteira de trabalho, contribuem significativamente para a renda do país. A auxílio, com previsão na Lei 13.982, de 02.04.2020, 13.988 e MP 982, é pago pelo governo federal pelo período de três meses, com início em abril de 2020.

Conforme o art. 2º da Lei 13.982/2020, terão direito ao coronavoucher[10] os trabalhadores intermitentes[11] e os informais, maiores de 18 anos, que não tenha benefício ou assistência previdenciários e não receba seguro-desemprego, nem bolsa família, cuja renda familiar mensal *per capta* seja de até meio salário mínimo ou de até três salários mínimos. Além disso, no ano de 2018 não tenha recebido rendimentos tributáveis acima de R$ 28.559,70. Esse auxílio está limitado a dois membros da mesma família. Mulheres provedoras poderão receber até duas quotas do coronavoucher.

Além dessas medidas, destacam-se também as Top-10, assim classificadas pelo Mestre Luciano Martinez: (i) a redução de salário e jornada ou a suspensão pode ser parcial, inclusive setorial ou departamental (arts. 7º e 8º); (ii) a permissão de prorrogação do programa emergencial do emprego (Premer) e da renda (benefício emergencial, prorrogado até 31.12.2020, por ato do presidente – § 3º do art. 7º e § 6º do art. 8º); (iii) a proposta de garantia de emprego de mais 60 dias para o período que se encerra sua

---

10. Cf. BROLIO, Raphael Jacob. Webinar. Congresso Digital 4.0. Direito do trabalho emergencial. MeuCurso. Disponível em: [https://www.youtube.com/watch?v=ftOOiD8Fko0&t=2844s]. Acesso em: 09.07.2020.

11. Quanto ao empregado de contrato intermitente deve buscar o auxílio emergencial, porém o fato de existir mais de um contrato de trabalho intermitente não gera direito a mais de um auxílio, não sendo possível, portanto, acumulado com outro auxílio emergencial. Disponível em: [https://jus.com.br/artigos/80829/programa-emergencial-de-manutencao-do-emprego-e-da-renda-mp-936-2020]. Acesso em: 09.07.2020.

estabilidade,[12] ou 90 dias, no caso de redução ou suspensão do contrato de trabalho para a gestante; (iv) remodelação de acordo individual; (v) condicionamento para extensão do programa emergencial para aposentados que voltaram ao serviço (art. 12, § 1º); (vi) ultratividade de acordos e convenções até o limite temporal do período de estabilidade, ou seja 31.12.2020 (art. 17, IV); (vii) estabilidade aos empregados com deficiência – não podem ser dispensados no período de calamidade; (viii) possibilidade de a gestante aderir ao programa emergencial de redução ou suspensão, com salário maternidade integral (art. 22); (ix) seguro desemprego adicional e especial que oferece acréscimo de mais três meses para os trabalhadores demitidos no período de calamidade, com parcela de R$ 600,00 (art. 27); (x) não se aplica o art. 486 às situações atuais (fato do príncipe).[13]

Importa salientar que nenhuma das alternativas propostas pelo Governo Federal trouxe modificação quanto ao direito potestativo de rescisão dos contratos, pois o objetivo é justamente a proteção de quem vive do trabalho.

3. NATUREZA JURÍDICA DA COVID-19 NAS RELAÇÕES LABORAIS: TEORIAS DA IMPREVISÃO, CASO FORTUITO, FORÇA MAIOR E FATO DO PRÍNCIPE[14]

Empregados, empregadores e especialmente microempreendedores são drasticamente impactados pela pandemia, que motivou quarentenas em todo o país, trazendo pânico pela dificuldade de exercer suas atividades.

Daí surgem medidas implementadas pelo governo federal, compreendidas como forma de preservação de empregos, que incluem as teorias da imprevisão, do caso fortuito, da força maior e do fato do príncipe, as quais serão brevemente analisadas a seguir.

A *teoria da imprevisão*[15] advém do Código de Hamurabi, registrado em pedra há cerca de 2700 a.C. em caracteres cuneiformes,[16] que determinava em seu art. 48: "Atente-se bem para este mandamento: Se alguém tem um débito a juros, e uma tempestade devasta o campo ou destrói a colheita, ou por falta d'água não cresce o trigo no campo, ele não deverá nesse ano dar trigo ao credor, deverá modificar sua tábua de contrato e não pagar juros por esse ano".[17]

---

12. Importante frisar, como pontuado pelo ilustre autor, que a garantia não impede a demissão do empregado, diferente da estabilidade que veda o direito de resilição por parte do empregador.

13. MARTINEZ, Luciano. Webinar disponível em: [https://www.youtube.com/watch?v=ftOOiD8Fko0&t=2844s]. Acesso em: 05.07.2020.

14. Inicialmente, foi amplamente cogitada a possibilidade de aplicação do fato do príncipe, considerando-se que o Estado, para conter o alastramento do vírus, impossibilitou a execução de certas atividades. No entanto, tal possibilidade foi descartada pela Lei 14.020/2020, trazendo, assim, a possibilidade de debates travados por ações judiciais já que inicialmente foi aberta a possibilidade do instituto.

15. Nome atribuído ao pressuposto contratual *rebus sic stantibus,* ou seja, o contrato se cumpre se as coisas (*rebus*) se conservarem, desta maneira (*sic*), no estado preexistente (*stantibus*), quando de seu pacto, i.e., desde que não sofra modificação essencial (SILVA, De Plácido e. *Vocabulário jurídico.* 31. ed. Rio de Janeiro: Forense, 2014).

16. Traduzido para a língua italiana por Bonfonte, mestre isento de qualquer compromisso com qualquer invocação relacionada ao princípio da condicionalidade contratual, tanto mais porque ainda vivendo a belle époque (1900), sob a ditadura da imodificabilidade unilateral dos ajustes, *pacta sunt servanda.* Apud MARTINS, Ives Gandra da Silva. Parecer. *Revista de Direito Constitucional e Internacional,* São Paulo: RT, v. 14, p. 44-60, jan.-mar. 1996. *RT-Online.*

17. *A revisão judicial dos contratos.* 2. ed. Rio de Janeiro: Forense, 1984. p. 3-4. Apud MARTINS, Ives Gandra da Silva. Parecer. *Revista de Direito Constitucional e Internacional,* São Paulo: RT, v. 14, p. 44-60, jan.-mar. 1996.

No Brasil, essa teoria foi firmada com a crise mundial ocorrida em 1930 ocasionada pela quebra da Bolsa de Valores de Nova Iorque, consolidando a jurisprudência do STF no sentido de admitir e consagrar a imprevisibilidade em diversas hipóteses no direito positivo em decorrência do clima econômico angustiante, similar ao que vivemos no momento, com aumento exponencial do dólar e quebra da bolsa.[18]

Semelhante às hipóteses de caso fortuito e força maior,[19] a teoria da imprevisão visa compor a onerosidade excessiva em decorrência de fatos supervenientes extraordinários ou imprevistos que venham a modificar a relação jurídica existente ou dos fatos não advindos de casos fortuitos ou força maior, podendo haver o adimplemento da obrigação pelo devedor visando o reequilíbrio.

Nas lições do ilustre Prof. Arnoldo Wald, a teoria da imprevisão busca o equilíbrio contratual diante de incertezas inevitáveis, próprias e imanentes do futuro, que modificam as circunstâncias de forma a onerar excessivamente uma das partes, i.e., "seu objetivo é tutelar as partes da alteração da realidade que era desconhecida no momento da realização do contrato".[20]

Lado outro, *casos fortuitos* são eventos extraordinários ocorridos por força da natureza, como uma tempestade ou um maremoto; já força maior decorre de um fato humano, por exemplo, um congestionamento que impede um artista de chegar a uma apresentação no horário do evento, escapando do controle das partes; em ambos a impossibilidade material de cumprir a obrigação permite a inadimplência legal.[21]

Quanto ao fato do príncipe,[22] pela letra fria da lei, trata-se de dispositivo que prevê que o pagamento de indenizações quando houver paralisação temporária ou definitiva, motivada por ato unilateral de autoridade pública, que impossibilite a continuação de atividade, ficará a cargo do governo responsável.

---

18. MARTINS, Ives Gandra da Silva. Parecer. *Revista de Direito Constitucional e Internacional,* São Paulo: RT, v. 14, p. 44-60, jan.-mar. 1996. *RT-Online.*
19. O art. 1.058 do Código Civil estabelece:
    "O devedor não responde pelos prejuízos de *caso fortuito,* ou *força maior,* se, expressamente, não houver por eles se responsabilizado, exceto nos casos dos arts. 955, 956 e 957.
    Parágrafo único. O caso fortuito, ou de força maior, verifica-se no fato necessário, cujos efeitos não era possível evitar ou impedir" (grifos nossos). Comentando-o, Clóvis Bevilacqua ensina: "1. Conceitualmente o caso fortuito e a força maior se distinguem. O primeiro, segundo a definição de HUC, é "o acidente produzido por força física ininteligente, em condições que não podiam ser previstas pelas partes". A segunda é "o fato de terceiro, que criou, para a inexecução da obrigação, um obstáculo, que a boa vontade do devedor não pôde vencer" (MARTINS, Ives Gandra da Silva. Parecer. *Revista de Direito Constitucional e Internacional,* São Paulo: RT, v. 14, p. 44-60, jan.-mar. 1996. *RT-Online*).
20. WALD. Arnoldo. Direito Civil. *Direito das obrigações e teoria geral dos contratos.* 18. ed. São Paulo: Saraiva, 2009. P. 310.
21. Casos previsíveis e evitáveis não se enquadram na teoria da força maior, por exemplo, o notório acidente ocorrido na Boate Kiss, em Santa Maria-RS, que resultou em várias mortes em decorrência de um incêndio e da falta de planejamento de saídas de emergência para tal acontecimento, trazendo consequências jurídicas para o estabelecimento.
22. Cf. Para maiores detalhes sobre o instituto, vide: CUNHA, Lucas Pereira. O coronavírus na relação de emprego: uma análise das medidas que afetam empregados e empregadores. In: DIAS, Luciano Souto et al. *Repercussões da pandemia Covid-19 no direito brasileiro.* São Paulo: JH Mizuno, 2020. p. 287; CRUZ JR., Adamor Ferreira; FATEL CRUZ, Julia Ana Cerqueira. A eclosão da pandemia mundial pelo Covid-10 e o fato do príncipe: considerações sobre o art. 486 da CLT. In: DIAS, Luciano Souto *et al. Repercussões da pandemia Covid-19 no direito brasileiro.* São Paulo: JH Mizuno, 2020. p. 307.

O art. 501 da CLT não faz distinção entre o caso fortuito natural e o fortuito humano, tanto para a paralisação da atividade empresarial temporária ou na ocorrência de prejuízos financeiros, ou para efeitos indenizatórios do fim do contrato de trabalho causado pela extinção da atividade.[23]

> Art. 501. Entende-se como força maior todo acontecimento inevitável, em relação à vontade do empregador, e para a realização do qual este não concorreu, direta ou indiretamente.
>
> § 1º A imprevidência do empregador exclui a razão de força maior.
>
> § 2º À ocorrência do motivo de força maior que não afetar substancialmente, nem for suscetível de afetar, em tais condições, a situação econômica e financeira da empresa, não se aplicam as restrições desta Lei referentes ao disposto neste Capítulo.

Nos limites da legalidade, a pandemia foi equiparada ao instituto de *força maior*, possibilitando aos empregadores a sua utilização como medida emergencial a fim de manter seus negócios e "proteger" seus empregados e colaboradores. Entretanto o empresariado, especialmente do ramo de bares e restaurantes que sofreram os maiores impactos com as medidas de isolamento, estenderam a interpretação desse instituto para justificar rescisões contratuais,[24] invocando, inclusive com alguma exacerbação, a teoria do *fato do príncipe* para transferir ao governo o pagamento de verbas rescisórias das demissões ocorridas nesse período, com amparo no art. 486, *caput*, da CLT.

Já há numerosos casos de ações judiciais trabalhistas invocando o fato do príncipe de empresas que fizeram uso desse instituto com a finalidade de atribuir ao poder público a indenização dos empregados demitidos.[25]

Surge, então, a polêmica sobre a aplicabilidade do mencionado dispositivo.

Conforme entendimento o Ministro do TST Alexandre Belmonte,[26] os governos estaduais e municipais, ao determinarem o fechamento de alguns estabelecimentos, não agiram de forma discricionária visando interesse público, a paralisação foi determinada por motivo de saúde pública originada por uma causa da natureza, descaracterizando, assim, o fato do príncipe e a responsabilidade desses governos. No que tange ao Governo Federal, o eminente Ministro aduz que sua responsabilidade é de ordem social, a fim de evitar falências e desempregos, sendo absolutamente inaplicável o art. 486 da CLT como fato do príncipe nos casos da Covid-19.[27]

---

23. Webinário organizado pela TV ConJur. Disponível em: [https://www.youtube.com/watch?v=Mdg0DiJBFfM&feature=youtu.be]. Acesso em: 07.07.2020.
24. Sobre rescisão do contato de trabalho, apenas a MP 927, em seu art. 21, inc. I, faz menção a ela, dispensando o empregador do pagamento das multas por atraso no recolhimento previsto no art. 22 da Lei 8.036/1990, não havendo nenhuma outra hipótese de flexibilização de rescisões contratuais nas medidas adotadas pelo governo.
25. Vide: Termômetro Covid-19 da Justiça do Trabalho. Metodologias e análises. Disponível em: [https://www.datalawyer.com.br/dados-covid-19-justica-trabalhista]. Acesso em: 08.07.2020.
26. Webinário organizado pela TV ConJur. Disponível em: [https://www.youtube.com/watch?v=Mdg0DiJBFfM&feature=youtu.be]. Acesso em: 07.07.2020.
27. No mesmo sentido: SANTOS, Rafa. Fato do príncipe não deve prosperar como argumento para governo pagar indenizações. Disponível em: [https://www.conjur.com.br/2020-mai-23/fato-principe-nao-prosperar-argumento-justica-trabalho]. Acesso em: 08.07.2020.

Nessa linha, já há entendimento do TST: "Não há que se falar em *factum principis* quando a ação do poder público visa resguardar o interesse maior da população, atingido pelo inadimplemento da empresa".[28]

A Justiça do Trabalho, com amparo no art. 2º da CLT, caminha no sentido de atribuir ao empregador a responsabilidade do risco do negócio pelo princípio fundamental da alteridade. Entretanto, ainda não há precedente quanto ao entendimento para o caso de pandemia.

Outra hipótese de força maior adotada pelo empregador é a elencada no art. 502, inc. II, da CLT, que estabelece a redução da indenização pela metade em caso de rescisão sem justa causa quando há extinção da empresa por motivo de força maior; e no art. 18, § 2º, da Lei do FGTS (8.036/1990), que possibilita a redução do percentual da multa rescisória do FGTS para 20% quando ocorrer despedida por culpa recíproca ou força maior, reconhecida pela Justiça do Trabalho.

Nesse quesito, não há amparo legal para essas medidas empresariais, o que causa riscos aos empregadores, pois o art. 502, inc. II, da CLT autoriza a indenização pela metade em casos de "extinção da empresa"; já no caso da redução de 20% da multa rescisória do FGTS, esta só terá validade após o reconhecimento da força maior pela Justiça do Trabalho, sem precedentes até o momento. Desse modo, uma alternativa mais segura para as empresas seria buscar a homologação de acordo extrajudicial, pela jurisdição voluntária, a fim de se resguardar de futuras ações judiciais. O art. 2º da MP 927 estabelece que:

> Art. 2º Durante o estado de calamidade pública a que se refere o art. 1º, o empregado e o empregador poderão celebrar acordo individual escrito, a fim de garantir a permanência do vínculo empregatício, que terá preponderância sobre os demais instrumentos normativos, legais e negociais, respeitados os limites estabelecidos na Constituição.[29]

O art. 478 do CC trata dos contratos de natureza bilateral, continuada ou diferida, prevendo sua extinção em decorrência de acontecimentos extraordinários e imprevisíveis, possibilitando ao devedor pedir a sua resolução, desde que assegurados os limites constitucionais.

> Art. 478. Nos contratos de execução continuada ou diferida, se a prestação de uma das partes se tornar excessivamente onerosa, com extrema vantagem para a outra, em virtude de acontecimentos extraordinários e imprevisíveis, poderá o devedor pedir a resolução do contrato. Os efeitos da sentença que a decretar retroagirão à data da citação.

Referente à imprevisibilidade, o art. 317 do CC preconiza que "quando, por motivos imprevisíveis, sobrevier desproporção manifesta entre o valor da prestação devida e o do momento de sua execução, poderá o juiz corrigi-lo, a pedido da parte, de modo que assegure, quanto possível, o valor real da prestação".

---

28. TST, RR 5.931/86.8, Rel.: Min. Norberto Silveira, Ac. 3ª Turma 2.610/87. CALCINI, Ricardo. Indenizações trabalhistas: força maior e fato do príncipe. Disponível em: [https://www.conjur.com.br/2020-mai-28/pratica-trabalhista-indenizacoes-trabalhistas-forca-maior-fato-principe#sdfootnote6anc]. Acesso em: 07.07.2020.

29. Disponível em: [http://www.stf.jus.br/portal/autenticacao/autenticarDocumento.asp sob o código E7CA-14CB-CEFF-63F5 e senha FAE1-8960-E34B-2439]. Acesso em: 08.07.2020.

Entretanto, o direito do trabalho, até então, não acatou a teoria da imprevisão, considerando que os riscos do negócio incumbem ao empreendedor.[30] Porém, diante da pandemia e na ausência de disposições legais ou contratuais, é possível invocar o § 1º do art. 8º da CLT, que aduz que na falta de norma o "direito comum será fonte subsidiária do direito do trabalho".

O art. 479 do CC traz a possibilidade de revisão, oferecendo-se ao réu a oportunidade de modificar equitativamente as condições do contrato.

A revisão da sentença normativa por fatos supervenientes em decorrência das circunstâncias que tornem (in)justas as condições estabelecidas em contrato quando houver malícia ou abuso de direito de uma das partes está prevista no art. 873 da CLT.

> Art. 873. Decorrido mais de 1 (um) ano de sua vigência, caberá revisão das decisões que fixarem condições de trabalho, quando se tiverem modificado as circunstâncias que as ditaram, de modo que tais condições se hajam tornado injustas ou inaplicáveis.

Acerca de prejuízo financeiro, a Lei 11.101/2005 (Lei de Recuperação de Empresas), dispõe sobre a empresa que não pode pagar seus credores quando estiver em situação de onerosidade excessiva.

Sobre a onerosidade excessiva, Nelson Nery Junior assevera que:

> A onerosidade excessiva, que pode tornar a prestação desproporcional relativamente ao momento de sua execução, pode dar ensejo tanto à resolução do contrato (CC 478) quanto ao pedido de revisão de cláusula contratual (CC 317), mantendo-se o contrato. Esta solução é autorizada pela aplicação, pelo juiz, de cláusula geral da função social do contrato (CC 421) e também da cláusula geral da boa-fé objetiva (CC 422). O contrato é *sempre*, e em qualquer circunstância, operação jurídico-econômica que visa a garantir a ambas as partes o sucesso de suas lídimas pretensões. Não se identifica, em nenhuma hipótese, como mecanismo estratégico de que se poderia valer uma das partes para oprimir ou tirar proveito excessivo de outra. Essa ideia de socialidade do contrato está impregnada na consciência da população, que afirma constantemente que o *contrato só é bom quando é bom para ambos os contratantes*.[31]

4. CONTÁGIO PELA COVID-19 E O MEIO AMBIENTE DO TRABALHO – RESPONSABILIDADE CIVIL DO EMPREGADOR

A responsabilidade civil extracontratual pode ser *objetiva* e *subjetiva*, tendo ambas como elementos essenciais a conduta, o dano e o nexo causal. Na responsabilidade *subjetiva* devem estar presentes também a culpa ou o dolo. No ordenamento trabalhista, em regra, a responsabilidade é subjetiva, sendo necessária a comprovação da culpa ou do dolo. Já a responsabilidade civil objetiva é pautada na *teoria do risco*, que admite a excludente do nexo de causalidade, como a culpa exclusiva da vítima (art. 927, par. ún., do CC).[32]

---

30. Cf. CRUZ JR., Adamor Ferreira; FATEL CRUZ, Julia Ana Cerqueira. A eclosão da pandemia mundial pelo Covid-10 e o fato do príncipe: considerações sobre o art. 486 da CLT. In: DIAS, Luciano Souto et al. *Repercussões da pandemia Covid-19 no direito brasileiro*. São Paulo: JH Mizuno, 2020. p. 307.
31. NERY JUNIOR, Nelson. *Código Civil comentado e legislação extravagante*. 3. ed. rev. e ampl. São Paulo: RT, 2005. p. 405.
32. Art. 927. [...] Parágrafo único. Haverá obrigação de reparar o dano, independentemente de culpa, nos casos especificados em lei, ou quando a *atividade normalmente desenvolvida pelo autor do dano* implicar, por sua natureza, risco para os direitos de outrem (grifos nossos).

No que se refere ao direito do empregado, se o ambiente de trabalho for propício a um risco maior de contaminação, a responsabilidade do empregador poderá ser considerada objetiva subsidiária da subjetiva.

No caso da Covid-19, em regra, a responsabilidade civil será considerada subjetiva com culpa por parte do empregador, exceto se a atividade gerar um risco anormal, nesse caso, poderá ser considerada objetiva, a exemplo dos profissionais da área de saúde (risco alto), de funerárias, que tenham contato direto ou indireto com pessoas contaminadas ou os que exercem atividades essenciais como os trabalhadores de supermercados, farmácia etc. que têm contato com o público em geral. No entanto, tudo dependerá da análise específica de cada caso concreto.

Em eventuais ações, antes do seu ajuizamento é importante o profissional investigar qual das duas responsabilidades se aplica ao caso concreto. Para as atividades de risco alto, poderá ser pedida a responsabilidade objetiva, subsidiária da subjetiva com a devida análise da culpa.

A responsabilidade civil tem como requisitos a conduta do agente que pode ser voluntária ou intencional, naquela há um ato espontâneo no início da conduta que poderá ser controlado, nesta, ainda que o agente não tenha a intenção, não afastará a sua responsabilidade, pois basta o ato voluntário.

Conforme disposto no art. 501, § 1º, da CLT, supramencionado, a imprevidência do empregador afasta os motivos de força maior. Assim, imprescindível que a empresa tome todas as medidas cabíveis à sua proteção e à do trabalhador, a fim de evitar consequências desastrosas diante de situações imprevistas. O desconhecimento dos riscos é sobremodo perigoso para ambas as partes.

Para auxiliar as empresas a evitar irregularidades e assegurar que estejam atuando em conformidade com a legislação, há programas de *compliance*, que significa agir em conformidade com as regras, implementando mecanismos, tais como:

> (I) avaliar as exposições de risco da empresa; (II) acompanhar o cumprimento das leis e regulamentos pelos administradores e colaboradores da empresa; (III) definir as regras de conduta e políticas de divulgação; (IV) desenvolver planos de treinamento; (V) orientar os profissionais acerca das mudanças nas rotinas de trabalho; e (VI) aplicar sanções disciplinares.[33]

Na situação de pandemia, a empresa deve fornecer os meios para evitar a contaminação e resguardar a saúde dos empregados, tais como: fornecimento de máscaras; uso de álcool em gel; revezamento de turnos de trabalho; distanciamento entre os trabalhadores; EPIs; formalização das entregas dos materiais. Agindo dessa forma o empregador terá respaldo em futuras ações judiciais, ou, do contrário, sob iminente pena de perdas financeiras.

Vale frisar a necessidade de comprovação por parte da empresa, mediante documento assinado pelo empregado, das precauções tomadas para evitar a contaminação no ambiente de trabalho.

---

33. DEPASSIER, Eduardo. A importância do *compliance* nas empresas em meio à covid-19. Disponível em: [https://migalhas.com.br/depeso/327786/a-importancia-do-compliance-nas-empresas-em-meio-a-covid-19]. Acesso em:11.07.2020.

5. CONCLUSÃO

O governo federal, a fim de harmonizar as relações jurídicas, tem atuado em defesa de empresas e trabalhadores, que são responsáveis pela produção, comercialização e distribuição de produtos e serviços fazendo a economia girar.

As ações determinadas pelo poder público para o fechamento de empresas foram em decorrência do vírus, uma questão de saúde pública, não se tratando de ato administrativo, descaracterizando o tão mencionado fato do príncipe, já que conforme estabelecido pela Lei 14.020/2020, posterior à MP 927, pode-se constatar que a natureza jurídica da Covid-19 nas relações de trabalho, pela teoria da imprevisão, é de força maior.

A flexibilização do trabalho em *home office* vem sendo observada com cautela pelos operadores do direito do trabalho desde a Reforma Trabalhista, especialmente quando as normas modificadas trazem dúvidas quanto à plena segurança jurídica para as partes. Novos regramentos ainda estão sendo discutidos pelo Judiciário, evidentemente havendo carência de precedentes quanto ao entendimento.

Acerca da responsabilidade civil subjetiva, é importante avaliar a culpa patronal. A empresa que fornece todos os meios para evitar a contaminação visando resguardar a saúde dos empregados, terá um meio de defesa importante para excluir o nexo de causalidade.

Quanto à segurança jurídica do empregador nesse período de pandemia, leis e medidas provisórias trazem regramentos. A este é importante observar esses novos regramentos com cautela, a fim de se resguardar do risco iminente de futuras ações judiciais, diante do temor de decisões contrárias a essas medidas de emergência pelo Poder Judiciário. Espera-se que a fixação dos precedentes parta de interpretação literal da legislação.

No que diz respeito à comprovação de afetação da situação econômica e financeira da empresa, diante da notória situação de confinamento, a presunção é *iure et de iure*, absoluta, não admitindo prova em contrário, ficando o empregador dispensado dessa comprovação.

O momento é de transição, reflexão e colaboração de todos. Já estamos diante de uma nova realidade e construir um raciocínio lógico acerca dos acontecimentos e do que está por vir requer ponderação, dada a instabilidade dos fatos com efeitos gravosos à sociedade, que muitas vezes impossibilitam o cumprimento de regras.

Técnicas de *compliance* para empresas é uma importante forma de prevenção ao empregador.

Apela-se para o bom senso, a solidariedade, o equilíbrio e a responsabilidade social do Estado, dos empregados, empregadores e em especial dos empreendedores menores, pois o abandono nesse período de tempos difíceis vitimiza a todos, ninguém está imune, independentemente de raça, etnia, situação econômica ou social. Será necessário trabalho em conjunto, unindo forças para superar a crise e adaptar a sociedade ao novo tempo, apontado por muitos como "novo normal".

O INADIMPLEMENTO DE DÉBITOS TRIBUTÁRIOS EM RAZÃO DA PANDEMIA COVID-19

Fernanda Furtado Altino Machado D'Oliveira Costa

Bacharel em Direito pela Faculdade de Direito do Vale do Rio Doce (2004). Mestre em Ciências das Religiões pela Faculdade Unida de Vitória/ES. Atualmente é professora titular de direito tributário da Faculdade de Direito Do Vale Do Rio Doce e assessora jurídica da Faculdade De Direito do Vale Do Rio Doce. Professora de Direito Tributário da Pós Graduação em Direito Público e Direito Tributário da Faculdade De Direito do Vale do Rio Doce. Procuradora Institucional (PI) da Faculdade de Direito do Vale do Rio Doce – Fadivale. Professora de Direito Constitucional da Pós Graduação em Direito Público da UNIPAC-Teófilo Otoni. Tem experiência na área de Direito, com ênfase em Direito Tributário. ffam.fernanda@gmail.com.

Geraldo Lafaiete Fernandes

Doutorado em Ciências Jurídicas e Sociais pela Universidad del Museo Social Argentino (2008). Pós graduação Lato Sensu, com Especialização em Direito de Empresa pela Faculdade de Direito do Vale do Rio Doce (1997). Graduação em Direito pela Faculdade de Direito do Vale do Rio Doce (1995). É professor da disciplina de Direito das Obrigações no Cursos de Graduação da Faculdade de Direito do Vale do Rio Doce (desde 1996). Professor da disciplina Direito das Obrigações no Curso de Graduação em Direito do Centro Universitário de Brasília – CEUB (2003-2004). Professor das disciplinas Direito Civil e de Processo Civil nas disciplinas Direito das Obrigações, Ações Especiais do Código de Processo Civil, Direitos Reais, Contratos e Responsabilidade Civil no curso de Pós Graduação da Faculdade de Direito do Vale do Rio Doce (desde 1999). É Juiz arbitral da Câmara de Comércio Brasil-Estados Unidos desde 2012. Presidente do Conselho de Administração do Instituto Presbiteriano de Serviço Social, Educação, Cultura e Pesquisa. Membro do Conselho Superior da Faculdade de Direito do Vale do Rio Doce. Membro do Conselho Editorial da Revista Jurídica da Fadivale (ISSN 1677-5627). glafaiete@uol.com.br.

Lílian Cláudia de Souza

Advogada do Contencioso Tributário da Vale S/A. Ex-Conselheira do Conselho de Contribuintes do Estado de Minas Gerais (CCMG). Graduada em Direito pela UFMG. Aluna intercambista da Università Degli Studi di Bologna (Itália). Pós-graduada em Direito Público pela UCAM. Ex-integrante do escritório Sacha Calmon Misabel Derzi Consultores e Advogados. Professora de Direito Tributário e Direito Financeiro em Cursos Preparatórios para OAB e Concursos Públicos no Brasil (SupremoTV, Pro Labore, Meritus, Mega, CAD, CEJAS). Professora de Prática Tributária no curso de Pós Graduação da Escola Superior de Advocacia da OAB/MG – ESA, bem como das Pós-Graduações Cível e Bancária da mesma instituição. Professora de Direito Tributário em Cursos de Pós Graduação (MBA em Gestão Tributária) do Centro Universitário UNA, Faculdade de Ciências Econômicas, Administrativas e Contábeis de Divinópolis/MG (FACED), Proordem Goiânia, UNIFEMM, Univiçosa e CEDIN. Professora da ESNOR (Escola Superior de Notários e Registradores). Autora da Editora Foco e De Plácido. lilianclaudi@gmail.com

Sumário: 1. Introdução. 2. A realidade jurídica nacional e os impactos da pandemia. 3. Breves reflexões dos possíveis efeitos das medidas emergenciais disponibilizadas aos contribuintes a partir da pandemia da Covid-19. 4. Conclusões. 5. Referências.

1. INTRODUÇÃO

A disseminação mundial do coronavírus é observada de forma tão acelerada quanto o novo cenário jurídico que em razão dele desponta. Em meio às alternativas buscadas pelos contribuintes, dos mais diversos segmentos da economia, e ante as dificuldades que surgem cotidianamente em um panorama de crise – não apenas sanitária – aliado ao iminente risco de forte recessão econômica mundial, é crescente a insegurança social, política, econômica e jurídica no cenário de pandemia da enfermidade denominada covid-19.

O lapso temporal decorrido desde o surgimento desse novo vírus até a sua classificação sanitária como uma pandemia pela Organização Mundial de Saúde pode ser considerado muito curto[1], todavia, seus impactos são significativos. Inicialmente não previstos, ou sequer mensuráveis, a situação tomou uma proporção global e catastrófica para toda a humanidade. Independente de qual a nacionalidade, a cultura e das condições econômicas e políticas[2], o vírus nos impôs o inédito isolamento social e, com ele, novas relações jurídicas foram se estabelecendo.

As tentativas de se evitar, ou minimizar, o contágio e o consequente colapso do sistema de saúde vão de encontro às dificuldades impostas pelo isolamento social, como a redução de arrecadação do Poder Público e a dificuldade dos particulares adequarem seus negócios a essa nova realidade, o que obriga os Governos a realizar a "escolha de Sofia": é necessário sopesar o perigo da doença e a necessidade de manter algumas atividades econômicas suspensas e os prejuízos decorrentes de tais medidas de contenção, como o inegável impacto na economia.

Ao analisar o atual panorama, Mário Cesar da Silva Andrade salienta:

> Diferentemente do vivenciado em outros episódios históricos de pandemia, os efeitos da atual crise sanitária atingiram, praticamente de forma simultânea, grande parte da população global. Atualmente, todos os países estão adotando alguma forma de restrição a circulação de pessoas e a atividades econômicas. Não temos, aqui, a pretensão de qualquer exercício de vaticínio ou futurologia, e compreendemos os riscos de exagero e erro inerentes a qualquer tentativa de interpretação das consequências de eventos que ainda se desenrolam, e cujo momento de superação parece incerto. Porém, mesmo diante da possibilidade de cometermos algum exagero, tendo em vista estarmos sob o impacto dos acontecimentos ainda em curso, arriscamos dizer que a presente pandemia da difusão da COVID-19 deve constituir um desses acontecimentos que mudam a compreensão e organização do mundo, com potencial de influenciar das relações pessoais à geopolítica das nações[3].

Algumas dessas consequências podem ser facilmente previstas diante do quadro de isolamento social imposto à sociedade como: a estagnação da economia, a diminuição abrupta da obtenção de receita, o grande número de empresas cessando parcial ou

---

1. BRASIL. Empresa Brasil de Comunicação. Notícia: Organização Mundial de Saúde declara pandemia de coronavírus. Disponível em: [https://agenciabrasil.ebc.com.br/geral/noticia/2020-03/organizacao-mundial-da-saude-declara--pandemia-de-coronavirus]. Acesso em: 23.04.2020, p. 1.
2. FERRAJOLI, Luigi. *O vírus põe a globalização de joelhos*. Disponível em: [http://www.ihu.unisinos.br/78-noticias/597204-o-virus-poe-a-globalizacao-de-joelhos-artigo-de-luigi-ferrajoli]. Acesso em: 27.04.2020, p. 2.
3. DIAS, Luciano Souto (Org.). Repercussões da pandemia COVID-19 no direito brasileiro. In: ANDRADE, Mário Cesar da Silva. *Aspectos Jurídicos e Contornos Socioeconômicos do Coronavírus*: Desafios Pós-Pandemia. Leme, SP: JH Mizuno, 2020, p. 150.

totalmente suas atividades com redução drástica dos postos de trabalho, dentre outras. Lado outro, tem-se aquelas consequências que são, ainda, desconhecidas e que virão somar aos prejuízos atribuídos à crise vivenciada. Em tempos como esses, singulares e de grandes dificuldades financeiras torna-se essencial uma análise cautelosa das opções à disposição dos contribuintes e as possíveis soluções para a sua sobrevivência econômica nos diversos setores[4].

No Brasil – como em todo o globo – a questão que ultrapassa as barreiras sanitárias, mas a particularidade tupiniquim talvez resida no antagonismo de algumas medidas propostas, razão pela qual torna-se indispensável recorrermos ao Direito como uma "tábua de salvação".

No que tange o Direito Tributário várias medidas já foram adotadas por todos os entes federativos, todas com o objetivo de minimizar os nefastos efeitos da pandemia e a manutenção do equilíbrio econômico-financeiro, como a concessão de moratórias, congelamento de inscrição de débitos em dívida ativa e seu consequente protesto em Cartórios, a suspensão de prazos processuais – tanto na via administrativa quanto judicial – a implementação do regime de home office em algumas repartições públicas, a postergação do prazo de vencimento de certidões de regularidade fiscal do sujeito passivo e outras medidas que visam amenizar as consequências que terão de ser suportada por toda a nação[5].

É a partir desse contexto que o presente estudo pretende analisar as principais medidas adotadas pelo Governo a partir de um cotejo com a realidade fática e social do país.

2. A REALIDADE JURÍDICA NACIONAL E OS IMPACTOS DA PANDEMIA

O Direito Tributário, como esclarece Luciano Amaro, é "a disciplina jurídica dos tributos, com o que se abrange todo o conjunto de princípios e normas reguladores da criação, fiscalização e arrecadação das prestações de natureza tributária"[6]. Portanto, enquanto "ramo do direito público que rege as relações jurídicas entre o Estado e os particulares, decorrentes da atividade financeira do Estado no que se refere à obtenção de receitas que correspondam ao conceito de tributos"[7], conforme ensina Rubens Gomes de Sousa, não poderia o Direito se afastar das altercações atinentes aos impactos trazidos pela crise desencadeada pela Covid-19, que vai além de meras questões sanitárias.

Esse novo cenário caótico e imprevisto acabou por acentuar as dificuldades enfrentadas pelo país e, em especial, os problemas e a fragilidade do sistema tributário. A espinha dorsal do ordenamento tributário encontra guarida na Constituição Federal de 1988, em

---

4. CUCOLO, Eduardo. Estudo aponta que pandemia pode até dobrar o desemprego. *Folha de São Paulo*, de 12 de abril de 2020.
5. AMARAL, Thiago Abiatar L.; MOTA, Douglas; NETO, Jatyr S. Gomes. A "moratória tributária" e a COVID-19. Consultor Jurídico. Disponível em: [https://www.conjur.com.br/2020-abr-21/opiniao-moratoria-tributaria-covid-19]. Acesso: 26.04.2020, p. 1.
6. AMARO, Luciano. *Direito tributário brasileiro*. 14 ed. São Paulo: Saraiva, 2008, p. 2.
7. SOUSA, Rubens Gomes de. *Compêndio de legislação tributária*. 2 ed. Rio de Janeiro: Edições Financeiras, 1954, p. 13 e 14; São Paulo: Resenha Tributária, 1975, p. 40.

especial, nos artigos 145 a 162, tendo, em atendimento ao Art. 146, III, CF a Lei 5.172/66 – o Código Tributário Nacional – recepcionado com status de lei complementar – delimitado as normas gerais da disciplina, sem prejuízo de vasta legislação esparsa na seara tributária.

Ademais, o cenário tributário brasileiro conta com uma rica e evoluída doutrina. A Constituição Federal, responsável pela outorga de competência tributária, pela imposição das limitações constitucionais ao poder de tributar e ainda, pela repartição de algumas receitas arrecadadas explicita seu receio quanto a possíveis abusos do poder de tributar. Por tal razão, traça alguns caminhos a serem seguidos, no âmbito fiscal, em casos de guerra e calamidade, tornando o sistema tributário nacional bastante completo, ao menos em teoria.

Formalmente o ordenamento jurídico nacional conta com todo um arcabouço doutrinário e constitucional necessário para a edificação de um sistema tributário disposto a atingir os preâmbulos da Constituição Federal, tais como, possibilitar a redução da desigualdade social e a erradicação da pobreza. Todavia, a realidade fática mostra-se distante da efetiva consagração de tais objetivos.

Desde a promulgação da denominada "Constituição Cidadã" passaram-se 32 anos e, o que se percebe é um sistema tributário complexo, inseguro e injusto. Diante da necessidade de arrecadação de recursos financeiros para custear os gastos públicos e de um PIB com um crescimento pífio buscou-se receita a qualquer custo como, por exemplo, na majoração das contribuições – que tinham, até então, finalidades específicas[8] – desvirtuando por completo tal exação tributária por meio da famigerada DRU – desvinculação das receitas da União.

Em um país que apresenta absurda desigualdade social a necessidade de arrecadação de receitas pelo Estado preteriu o desenho Constitucional, gerando a concentração da tributação sobre o consumo se comparada a tributação da renda e patrimônio.

Situações como essas, e a dificuldade operacional do sistema tributário brasileiro já haviam desencadeado, antes mesmo da pandemia, discussões relativas à necessidade de reformas do sistema, tendo as propostas apresentadas se pautado, mais uma vez, na tributação sobre o consumo, com poucas modificações estruturais.

Nos primeiros ares de 2020 o que vislumbramos são contribuintes endividados e insatisfeitos com o sistema, mas, alguns, auspiciosos de uma melhora econômica aliada a uma expectativa de recuperação de crédito. Mas, em março, tudo mudou com a explosão da COVID-19 e a necessidade do isolamento social.

O enfrentamento da pandemia desencadeou – na esfera pública – uma perspectiva de aumento de despesas e de redução de receitas frente à reclusão imposta aos mais diversos setores econômicos o que levou a uma estagnação da economia que, nos dizeres de Hugo de Brito Machado Segundo seria "muito maior que aquela verificada em uma guerra externa, ou diante de calamidade outras"[9], tornando penosa a tarefa de contrabalançar contas e saúde públicas.

---

8. LOBATO, Valter de Souza. *Impactos Tributários do COVID-19*. Encontro CONSINTER por videoconferência. Disponível em: [https://www.youtube.com/watch?v=ZA59jm8km8E]. Acesso em: 10.07.2020.

9. SEGUNDO, Hugo de Brito Machado. *A Covid-19 deve ensejar a criação de novos tributos?* Disponível em: [https://www.conjur.com.br/2020-abr-08/consultor-tributario-covid-19-ensejar-criacao-novos-tributos]. Acesso em: 27.04.2020, p. 3.

Em passo acelerado a crise se instala, dificultando o funcionamento de algumas empresas, em especial as pequenas e médias empresas que, em muitos casos tem seu patrimônio atrelado ao patrimônio pessoal de seus sócios. A extraordinária e assustadora transformação na realidade fática, que impacta não apenas a capacidade das empresas, mas também dos cidadãos em geral quanto à contribuição para o sustento da máquina pública, impõe reflexões acerca de alguns institutos jurídicos, interpretação e aplicação de normas bem como a elaboração de novos textos normativos[10].

Novas possibilidades surgem em meio o impasse da paralisação ou não do país provocado pela crise da Covid-19 como atividades realizadas de forma remota e entre elas, no âmbito do Poder Judiciário, está o regime de Plantão Extraordinário que uniformizou o funcionamento dos serviços judiciários e as regras de prevenção do contágio pelo Coronavírus – causador da Covid 19, garantindo o acesso à justiça durante esse período emergencial, com a edição da Resolução 313, de 19 de março de 2020, do Conselho Nacional de Justiça (CNJ).

No mesmo sentido caminharam os Tribunais – Supremo Tribunal Federal (STF), Superior Tribunal de Justiça (STJ) e Tribunais Regionais Federais – o Conselho Administrativo de Recursos Fiscais (CARF) e a Receita Federal do Brasil (RFB) estabelecendo através de Resoluções, Portarias e Atos medidas oportunas ao momento de crise, adotando suspensão de prazos e dos atendimentos presenciais ao público externo, dentre outras.

O Governo Federal anunciou medidas emergenciais na tentativa de atenuar os impactos negativos da crise causada pelo coronavírus, merecendo destaque no âmbito fiscal medidas no sentido do diferimento do pagamento de taxa e contribuição incidentes sobre serviços de telecomunicação[11], da prorrogação do prazo de validade da Certidão Negativa de Débitos (CND)[12] e a redução das alíquotas das contribuições obrigatórias das empresas para o sistema S[13], redução à zero do IOF/crédito para algumas operações[14] e das alíquotas do IPI para produtos essenciais para o combate à Covid-19[15].

O diferimento do pagamento do FGTS[16] foi outra atitude que merece destaque no presente estudo, ainda que não se trate de medida com viés tributário. Quanto ao tema é pertinente o alerta dos colegas Lucas Pereira Cunha e José Barbosa Neto Fonseca Suett de que, "se o empregador simplesmente deixar de pagar e não prestar as informações necessárias, ou, ainda, deixar de pagar na forma e prazos definidos, perderá os benefícios do parcelamento do fundo de garantia do tempo de serviço propiciados pela MP 927/20"[17].

---

10. Idem, p. 1.
11. MP 952/2020.
12. MP 927/2020.
13. MP 932/2020.
14. Decreto 10.305/2020.
15. Decreto 10.285/2020 e Decreto 10.302/2020.
16. MP 927/2020.
17. DIAS, Luciano Souto. Org. Repercussões da pandemia COVID-19 no direito brasileiro. In: CUNHA, Lucas Pereira; SUETT, José Barbosa Neto Fonseca. *O Coronavírus e a relação de emprego: uma análise das medidas que afetam empregados e empregadores.* Leme, SP: JH Mizuno, 2020, p. 283.

Diversas foram as medidas no sentido de frear os efeitos nocivos adotadas em âmbito fiscal como a postergação do prazo de pagamento de tributos federais como PIS, COFINS, Contribuição cota Patronal, SAT/RAT, CPRB, Contribuição devida pelo empregador doméstico e contribuições devidas pela agroindústria, tratando tanto do empregador rural pessoa jurídica como pessoa física[18].

Outras importantes medidas adotadas foram relacionadas aos atos de cobrança da dívida ativa da União, entre elas suspensão, prorrogação de prazos e atos, como instauração de novos procedimentos de cobrança e rescisão de parcelamentos por inadimplência, além da possibilidade de oferecer proposta de transação com entrada de 1% do valor total da dívida e o diferimento de pagamento das demais parcelas [19].

A redução temporária da alíquota do imposto de importação (II) para produtos médico-hospitalares[20] pela Câmara de Comércio Exterior (CAMEX) e as resoluções do Comitê Gestor do Simples Nacional (CGSN) diferindo o pagamento dos tributos federais no âmbito do Simples Nacional[21] também fizeram parte do pacote pandemia. Já a Receita Federal do Brasil (RFB) prorrogou o prazo para cumprimento das obrigações acessórias federais como a transmissão da EFD-Contribuições, da DCTF, da DIRF e da entrega da Declaração de Ajuste Anual da Pessoa Física[22], bem como suspendeu alguns atos, como intimação para pagamento e exclusão de contribuinte de parcelamento por inadimplência de parcelas[23].

A RFB também editou, conjuntamente com a Procuradoria-Geral da Fazenda Nacional Portaria dispondo sobre a prorrogação de prazo da validade das Certidões Negativas de Débitos (CND) e Certidões Positivas com efeitos de Negativa relativas a Créditos Tributários Federais e à Dívida Ativa da União[24]. E, por sua vez, a Procuradoria-Geral da Fazenda Nacional (PGFN), através de Portarias, disciplinou os procedimentos, as condições e os requisitos necessários à realização de transação extraordinária na cobrança da dívida ativa da União, em razão dos efeitos da pandemia causada pela Covid-19, para os devedores inscritos na dívida ativa da União[25].

Aos contribuintes ainda estão disponíveis, além das medidas mencionadas acima e entre as várias emergenciais trazidas em decorrência da crise gerada pela Covid-19, os institutos previstos no Código Tributário Nacional. A compensação, a transação, o parcelamento, a remissão e anistia, entre outros, são institutos que lhes permite tentar robustecer seu caixa ou mesmo considerar outras formas de quitação ou extinção dos seus débitos tributários ou cumprimento de obrigações acessórias ressaltando, contudo, a necessidade de edição de leis – ou ato normativo inferior[26].

---

18. Portaria 139/2020 e Portaria 150/2020.
19. Portaria 103/2020.
20. Resolução CAMEX 17/2020, Resolução CAMEX 22/2020, Resolução CAMEX 28/2020, Resolução CAMEX 31/2020 e Resolução CAMEX 32/2020.
21. Resolução 152/2020, Resolução 153/2020 e Resolução 154/2020.
22. Instruções Normativas 1.930/2020 e 1.932/2020.
23. Portaria RFB 543/2020.
24. Portaria Conjunta RFB/PGFN 555/2020.
25. Portaria PGFN 7.820/2020, Portaria PGFN 8.457/2020 e Portaria PGFN 9.924/2020.
26. SEGUNDO, 2020, p.2

Já a transação, tratada especificamente no art. 171 do Código Tributário Nacional, é um acordo para concessões recíprocas de ônus e vantagens, dependente de lei autorizativa para sua instituição[27] e está entre as causas extintivas do crédito tributário, contidas no art. 156. Inicialmente regulada pela Medida Provisória n. 899/2019, foi recentemente convertida na Lei 13.988, de 14 de abril de 2020, possibilitando aos contribuintes a realização de acordos com a administração tributária federal mirando o fim de litígios tributários, bem como o pagamento de débitos inscritos em dívida ativa, beneficiando-se de condições especiais.[28]

A adesão a parcelamento é outra opção dada ao contribuinte – que depende da edição de lei – e possibilita o pagamento de tributos de forma parcelada, através de legislação específica, na esfera federal, estadual e municipal, mas não se confunde com a moratória. Neste procedimento, "caracterizado pelo comportamento comissivo do contribuinte, que se predispõe a carrear recursos para o Fisco, mas não de uma vez, o que conduz tão somente à suspensão da exigibilidade do crédito tributário, e não à sua extinção"[29], podem ser oferecidas reduções nos encargos legais e outras benesses[30].

Como visto, a concessão de maior prazo para pagamento de tributos, bem como para o cumprimento de obrigações acessórias é uma realidade entre os impactos trazidos pela crise da Covid-19. Nesse novo panorama muitos contribuintes passaram a priorizar o pagamento de salários de seus funcionários em detrimento do cumprimento das obrigações tributárias, aumentando em vários casos um passivo fiscal já existente. Além disso, a busca por empréstimos como forma de manter as empresas ativas restaram, em sua maioria, frustradas e muitas dessas já encerraram suas atividades, em contrassenso do que era esperado para o mesmo período antes do início da pandemia[31].

Acentuando de forma maximizada os problemas já existentes a situação pandêmica exarceba a desigualdade social extrema, agora impulsionada ainda mais pelo desemprego[32]. Com a drástica redução da atividade empresarial um número significativo de pessoas foi retirado do mercado de trabalho e, como consequência, do mercado de consumo, desacelerando a economia além de perderem sua capacidade contributiva.

Assim, são notórios os diversos impactos tributários causados pela pandemia da Covid-19 no Brasil e, diante das possibilidades com as quais o contribuinte se depara, tanto as emergencialmente ofertadas quanto as preexistentes na legislação tributária, faz-se essencial uma análise cautelosa e detida da situação fática dos sujeitos passivos para a tentativa se encontrar a melhor adequação nesse momento de crise. Apresentadas algumas das principais medidas de impacto tributário adotadas no Brasil a partir da pandemia da Covid-19 são cabíveis outras ponderações acerca do tema, o que este texto proporciona em seguida.

---

27. SABBAG, Eduardo. *Manual de direito tributário*. 9. ed. São Paulo: Saraiva, 2017, p. 1002.
28. Muito embora seja imperiosa uma análise acerca da natureza jurídica de tal instituto: se seria verdadeiramente uma transação ou um parcelamento travestido de tal natureza.
29. Idem, p. 975.
30. Idem, p. 979.
31. BOTERO, Mathias. Mais de 600 mil pequenas empresas fecharam as portas com coronavírus. *CNN Brasil*, de 09 de abril de 2020.
32. BOTERO, 2020.

3. BREVES REFLEXÕES DOS POSSÍVEIS EFEITOS DAS MEDIDAS EMERGENCIAIS DISPONIBILIZADAS AOS CONTRIBUINTES A PARTIR DA PANDEMIA DA COVID-19

Por trás do cumprimento dos objetivos fundamentais traçados no art. 3° da Constituição Federal, tais como a construção de uma sociedade livre, justa e solidária, a garantia do desenvolvimento nacional, a erradicação da pobreza e da marginalização, tendente à redução das desigualdades sociais e regionais, bem como a promoção do bem-estar da coletividade, sem qualquer forma de preconceito ou discriminação está a necessidade do Estado de captar recursos materiais para manutenção de sua estrutura. Enquanto autêntico provedor das necessidades coletivas, cabe ao Estado ofertar ao cidadão e contribuinte os diversos serviços que lhe são incumbidos, utilizando como principal fonte das receitas públicas a cobrança de tributos [33].

Os impactos sentidos, desde 11 de março de 2020, quando declarado pela Organização Mundial de Saúde (OMS) o estado de pandemia Covid-19[34], causada pelo coronavírus, não se restringiram à saúde pública do Brasil e grande parte dos efeitos dessa pandemia ainda são desconhecidos[35]. As consequências, sociais e econômicas, da atual crise são inevitáveis "nos diversos segmentos da economia nacional, que passaram a conviver com dificuldades imediatas de caixa e potencial risco de enfrentamento de forte recessão econômica no mundo e, consequentemente, no Brasil"[36].

Ao passo que os gastos públicos sofreram significativos aumentos diante das medidas adicionais necessárias durante a pandemia, quer seja para assistência daqueles acometidos pela doença ou para auxílio da população em geral[37], fica cada vez mais nítida a afetação da capacidade de contribuição para custeio dos gastos públicos, tanto das empresas quanto dos cidadãos em geral. Em virtude do isolamento social necessário à contenção da disseminação do vírus, muitas empresas ou mesmo comerciantes, tiveram impactadas suas atividades e em uma tentativa de equilibrar suas despesas, optaram por postergar suas obrigações tributárias.

Com isso, em respeito ao princípio da capacidade contributiva inserido no § 1° do artigo 145 da Constituição Federal, não é possível exigir o pagamento de tributos sem colocar em risco a sobrevivência pessoal e econômica do contribuinte. Conforme a melhor doutrina, "não se pode negar a força vinculante do preceito tanto para o legislador ordinário, quanto para o intérprete e aplicador da norma e da Constituição de 1988"[38], devendo tal princípio ser observado, sob pena de configuração de confisco, segundo os entendimentos jurisprudenciais já firmados[39].

---

33. SABBAG, 2017, p. 39.
34. BRASIL. Empresa Brasil de Comunicação. Notícia: *Organização Mundial de Saúde declara pandemia de coronavírus*. Disponível em: [https://agenciabrasil.ebc.com.br/geral/noticia/2020-03/organizacao-mundial-da-saude-declara--pandemia-de-coronavirus]. Acesso em: 23.04.2020, p. 1.
35. SEGUNDO, 2020, p.1
36. AMARAL; MOTA; NETO, 2020, p. 1.
37. SEGUNDO, 2020, p.1.
38. BALEEIRO, Aliomar. *Limitações constitucionais ao poder de tributar*. Rio de Janeiro: Forense, 2010, p. 1091.
39. ADIn. 1.075 MG, rel. Min. Celso de Mello, DJU 24.11.2006.

Em que pesem as numerosas providências adotadas pelo Governo e a tendenciosa postergação do recolhimento de tributos e contribuições durante o efeito da crise sanitária[40], nota-se uma acirrada busca pelo Judiciário, uma vez que tais medidas não socorrem todos os setores da economia, nem tampouco apresentam uma solução definitiva para o problema.

Assim, além das medidas legislativas apresentadas até o momento, elencadas anteriormente, os contribuintes se valem do acesso ao Judiciário no intuito de preservar a saúde financeira das empresas ou mesmo aproveitarem para uma reestruturação financeira. Na busca, muitas vezes ainda pela expansão ou aplicação por analogia, a judicialização dos benefícios concedidos durante a pandemia tem sido uma constante entre as iniciativas dos contribuintes, possibilitando a "decretação de verdadeira moratória unilateral e às avessas"[41].

Uma importante discussão que tem sido levada pelos contribuintes ao Poder Judiciário é relativa à possibilidade de levantamento de depósitos judiciais – realizados antes da pandemia – por outras garantias menos onerosas, tais como apólices de seguro garantia ou cartas de fiança bancária. Tal ferramenta poderia, de fato, aliviar os contribuintes nesse momento trazendo um importante fluxo de caixa.

O fundamento desses pedidos tem pautado na Lei 9.703/1998, segundo a qual os depósitos judiciais devem ser repassados pela Caixa Econômica Federal para a Conta Única do Tesouro Nacional ou dos Tesouros Estaduais e, a partir desse momento, em tese, permanecem indisponíveis para as partes até o trânsito em julgado da ação de modo que, somente ao final ele será convertido em renda para a Fazenda ou restituído ao sujeito passivo.

Ocorre que, o STJ tem negado [42]tais pedido sob o fundamento que as garantias ofertadas, como cartas de fiança bancária ou apólices de seguro não figuram no rol de causas de exigibilidade do crédito tributário delimitado no Art. 151 do CTN e, de fato não figuram, mas isso não faz com que tais garantias, quando aceitas pelo credor tenham o condão de delimitar a expedição de certidões de regularidade fiscal, nos termos do Art. 206, CTN e ainda não impõem nenhum ônus ao Fisco que continua com seu crédito integralmente garantido.

Entretanto, é a realidade econômica do país – diminuição da arrecadação no cenário de pandemia – e os efeitos práticos de esvaziamento dos cofres públicos nesse momento caso os depósitos fossem liberados que, de fato, estão por trás do posicionamento mais conservador das Cortes. Nos dizeres da Ministra Assusete Magalhães: "em meio à pandemia, o levantamento dos depósitos sem decisão judicial transitada em julgado pode comprometer a implementação, pelo Poder Público, de políticas sociais e medidas econômicas anticíclicas. Claro está, pois, o risco à economia pública e à ordem social".

Outro ponto que merece destaque foi a interposição de Mandado de Segurança Geral Coletivo, ajuizado pela Comissão Provisória Estadual do Partido Social Liberal

---

40. AMARAL; MOTA; NETO, 2020, p. 1.
41. AMARAL; MOTA; NETO, 2020, p. 1.
42. É ver REsp 1.698.164; AREsp 1.475.786; AREsp 1.525.342; AREsp 1.642.604; REsp 1.762.409 e EAREsp 655.024.

(PSL), "com pedido liminar, objetivando a concessão de moratória heterônoma para os tributos federais, estaduais e municipais, com fundamento na alínea "b" do inciso I do art. 152 do CTN, em razão da calamidade pública causada pela referida pandemia"[43] é um claro exemplo disso, entre outras ações análogas já noticiadas. E seguindo o mesmo sentido, são várias as decisões baseadas na Portaria MF 12, de 20 de janeiro de 2012[44] e da instrução normativa a Receita Federal do Brasil 1243/2012[45], concedendo liminar para alargamento do vencimento de impostos[46].

Em sentido contrário, a negativa da pretensão dos contribuinte teve fundamento na ausência de lei que concede a moratória e de regulamentação necessariamente apontada pelo art. 3º da portaria MF 12/2012, salientando na decisão que a concessão da prorrogação do pagamento dos tributos federais pelo Poder Judiciário denotaria que este "não só estaria atuando como legislador positivo, uma vez que a moratória depende de lei (art. 153 do CTN), como também usurparia competência dos outros poderes, o que evidentemente não lhe é dado"[47].

O cenário atual é permeado por lacunas normativas e ausência de normas específicas que regulem a matéria proporcionando um mínimo de segurança jurídica essencial em momentos de crise, agravados ainda pela oscilação das interpretações e das decisões proferidas pelos Tribunais pátrios. E na mesma linha, outro impacto da pandemia que se pode observar é uma postura mais extremada adotada pelos contribuintes – a ausência de recolhimento dos tributos devidos, justificado pelas dificuldades financeiras oriundas da crise sanitária. Ainda que com a expectativa de regularização futura dos débitos fiscais por meio dos institutos próprios, tal justificativa não encontra qualquer amparo legal ou qualquer suporte do Poder Judiciário que garantam esse direito e se agravam quando o reiterado inadimplemento das obrigações tributárias eleva o passivo do contribuinte.

Além disso, cabe observar que mesmo ao valer-se das medidas propostas pelo Governo o contribuinte pode incorrer em um momento de pagamento desses montantes postergados coincidente com o ápice da recessão e da crise[48], bem como a quitação em conjunto com aqueles com vencimento normal daquele período. Outro ponto que surge diz respeito a cobrança dos encargos moratórios diante do drástico cenário e vultuoso abalo financeiro dos contribuintes em virtude da inusitada pandemia. Mesmo porque, de acordo com o disposto no art. 161 do Código Tributário Nacional, os juros de mora possuem natureza indenizatória e, portanto, são devidos nos casos de atraso no paga-

---

43. AMARAL; MOTA; NETO, 2020, p. 1.
44. BRASIL. Ministério da Fazenda. *Portaria MF 12, de 20 de janeiro de 2012.* Disponível em: [http://www.fazenda.gov. br/acesso-a-informacao/institucional/legislacao/portarias ministeriais/2012/portaria12]. Acesso em: 17.07.2020.
45. BRASIL. Ministério da Fazenda. Instrução Normativa RFB 1243, de 25 de janeiro de 2012. Disponível em: [http:// normas.receita.fazenda.gov.br/sijut2consulta/link.action?idAto=37261&visao=anotado]. Acesso em: 17.07.2020.
46. A favor: Mandado de Segurança 1011671-83.2020.4.01.3800. No mesmo sentido, Processo 1016660-71.2020.4.01.3400, 21ª Vara Federal da Seção Judiciária do Distrito Federal, e, 6º Vara Federal da Subseção Judiciária de Campinas (Processo n. Processo 5004087-09.2020.4.03.6105), bem como Proc. 5000689-48.2020.4.03.6107 – 1ª Vara Federal de Araçatuba; 5002343-85.2020.4.03.6102, 7ª Vara Federal de Ribeirão Preto; e, MS 5001503-46.2020.4.03.6144 – 2ª Vara Federal de Barueri. Contra: Mandado de Segurança 5018500-59.2020.4.02.5101/RJ.
47. Decisão em sede liminar no AI 5012017-33.2020.4.04.0000/SC, Rel. Juiz Conv. Alexandre Rossato da Silva Avila, julg. Em 27.3.2020. Acesso em: 20.07.2020.
48. AMARAL; MOTA; NETO, 2020, p. 2.

mento do tributo independente do motivo determinante do descumprimento da referida obrigação.

Contudo, outra sorte assiste aos contribuintes no tocante às multas tributárias, que se configuram como sanções administrativas pecuniárias impostas pelos Entes tributantes diante do descumprimento de alguma obrigação tributária principal ou acessória. Chegando em âmbito federal, conforme definido no art. 61 da Lei 9.430/96, ao montante de 20%, por exemplo, os motivos ensejadores ao inadimplemento da obrigação de pagar o tributo serão considerados para fins da aplicação das multas tributárias que enquanto sanção ainda que administrativa, por sua vez, exigem a presença de elementos como fato típico, antijurídico e culpável ou reprovável[49]. Assim como no Direito Penal, também no âmbito do Direito Tributário Sancionador deverão ser consideradas as excludentes de tipicidade, de antijuridicidade e de culpabilidade.

Ainda nessa breve reflexão sobre os impactos criminais suportados pelos contribuintes é preciso atentar para a decisão do Supremo Tribunal Federal no julgamento do Recurso em Habeas Corpus 163.334[50], consagrando a tese de que o contribuinte que, de forma contumaz e com intenção de apropriar-se dos valores, deixar de recolher o ICMS incorre em crime de apropriação indébita tributária, previsto no inciso II do art. 2º da Lei 8.137/1990, ainda que com um viés arrecadatório. É aplicado o mesmo entendimento à ausência de recolhimento de tributos retidos na fonte, como o imposto de renda retido na fonte (IRRF) e as contribuições previdenciárias.

A referida decisão, contrária a posição majoritariamente adotada até meados de 2018 de mero inadimplemento fiscal, é questionável do ponto de vista jurídico, carecendo de maiores contornos conceituais tanto quanto no tocante a modulação e a extensão de seus efeitos, pende de publicação. E mais um ponto se forma nesse cenário de insegurança e de instabilidade jurídica e econômica o Supremo caminha no sentido da não punição daquele que, por se encontrar em uma situação financeira desfavorável e sem qualquer intenção de obter vantagens financeiras, de forma esporádica, deixar de recolher os tributos devidos visando a sobrevivência e continuidade de seu negócio[51].

Ante a impossibilidade de sustentar a existência de dolo na conduta do contribuinte que, apesar de declarar o tributo como devido, deixa de proceder ao seu recolhimento em razão de priorizar a sobrevivência da sua atividade e a manutenção de seus funcionários, somada à situação de calamidade pública vivenciada no Brasil e no mundo, restaria configurado verdadeiro estado de necessidade, figura excludente de ilicitude prevista no Código Penal, ou ainda, uma causa supralegal de excludente de culpabilidade: a inexigibilidade de conduta diversa.

Assim, diante da inexigibilidade de conduta diversa entende-se pela necessidade de uma postura diferenciada daquela adotada em um momento de situação econômica regular, aguardando-se tal aclaramento por parte dos tribunais.

---

49. MASINA, Gustavo. *Sanções tributárias*: definições e limites. São Paulo: Malheiros, 2019. p. 72.
50. BRASIL. Supremo Tribunal Federal. *RHC 163.334*. Disponível em: [https://portal.stf.jus.br/processos/detalhe. asp?incidente=5562955]. Acesso em: 27.04.2020.
51. AMARAL; MOTA; NETO, 2020, p. 2.

Como a questão política não é objeto do presente artigo, nos ateremos ao campo do Direito Tributário no qual é possível perceber algumas reflexões antagônicas, contrastando entre a maior concessão de prazo para o pagamento de tributos e do cumprimento das obrigações acessórias, chegando até mesmo ao perdão de algumas obrigações, e, do outro lado, propostas de criação de novos tributos como fontes de arrecadação para auxiliar no combate à pandemia.

Existem projetos em tramitação relativos a criação de empréstimos compulsórios, adotando como fatos geradores aqueles equivalentes aos de um imposto sobre grandes fortunas[52], estando de fato presentes as chamadas "circunstâncias deflagrantes ou pressupostos fáticos"[53], previstos no inciso I, do art. 148 da Constituição Federal/88, diante da edição do Decreto Legislativo 6 de 2020[54] pelo Congresso Nacional, reconhecendo a presença de um "estado de calamidade".

Salientando que a cobrança do empréstimo compulsório não se justifica se houver fontes orçamentárias suficientes, esclarece Sacha Calmon Navarro Coêlho que as despesas extraordinária de que trata a Constituição Federal, no dispositivo que autoriza a criação deste tributo, "são aquelas absolutamente necessárias, após esgotados os fundos públicos inclusive o de contingência. Vale dizer, a inanição do Tesouro há de ser comprovada"[55]. Completando seu raciocínio, afirma que por calamidade pública tem-se as situações limítrofes, indicadoras de catástrofes da natureza ou de massacres ocasionados por terremotos, maremotos, incêndios etc.[56], que para Paulo de Barros Carvalho, em uma noção mais abrangente de calamidade pública, inclui "outros eventos, de caráter socioeconômico, que ponham em perigo o equilíbrio do organismo social, considerado sua totalidade"[57].

Também inserido na competência tributária da União, o imposto sobre grandes fortunas (IGF) previsto no art. 153, VII, da Constituição Federal/88, assim como o empréstimo compulsório, pode ser criado via lei complementar, a qualquer momento. Restrito às "grandes fortunas", ou seja, apenas aos patrimônios diferenciados em razão de seu altíssimo valor[58], o IGF também deve observação ao princípio da anterioridade tributária previsto no art. 150, § 1º da CF/88, necessitando aguardar o próximo exercício financeiro e o decurso de noventa dias da data em que haja sido publicada a lei que o instituir, retardando, assim, sua arrecadação[59].

Os argumentos acima tornam de fácil compreensão a preferência pela instituição de um empréstimo compulsório ao invés da criação do imposto sobre grandes fortunas[60].

---

52. SEGUNDO, 2020, p.2.
53. SABBAG, 2017, p. 534.
54. BRASIL. *Decreto legislativo 6 de 2020*. Disponível em: [http://www.planalto.gov.br/ccivil_03/portaria/DLG6-2020.htm]. Acesso em: 24.04.2020.
55. COÊLHO, Sacha Calmon Navarro. *Comentários à Constituição de 1988*: sistema tributário. 7 ed. Rio de Janeiro: Forense, 1998, p. 147.
56. Idem.
57. CARVALHO, Paulo de Barros. *Curso de direito tributário*, 16. ed., 2007, São Paulo: Saraiva. p. 32.
58. SABBAG, Eduardo. *Código Tributário Nacional Comentado*. 2. ed. rev., atual. e ampl. Rio de Janeiro: Forense; São Paulo: Método, 2018, p. 55.
59. Idem, p. 39.
60. SEGUNDO, 2020, p.2.

Afora as razões expostas acima, o empréstimo compulsório poderia ter os mesmos fatos geradores que o IGF, com aplicação imediata, sem restrição apenas às grandes fortunas, alcançando, assim, também as médias, pequenas fortunas e patrimônios mais módicos, além da vinculação da aplicação dos recursos arrecadados à despesa que fundamentou sua instituição[61], neste caso ficando restritos ao enfrentamento da Covid-19 e de seus efeitos, de maneira especial ao sistema de saúde pública.

A análise não deve se ater à uma questão jurídica formal, mas como bem observado acima, observado um estado de calamidade que envolve aspectos de caráter socioeconômico que podem pôr em risco o equilíbrio do organismo social, considerado na sua totalidade[62]. A paralisação da economia sem precedentes, ocasionada pela pandemia atual que levou a um necessário isolamento social, imposto à sociedade como medida de contenção da contaminação pelo coronavírus[63], também reflete em verdadeiro contrassenso diante das medidas já adotadas, como prorrogação de prazos para cumprimentos de obrigações tributárias, a instituição de novos tributos, sobretudo quando não há atividade econômica para suportá-los[64].

Considerando a aprovação quase que diária de novas normas prevendo benefícios fiscais em meio à crise e a retração econômica provocadas pela pandemia da Covid-19 é preciso que os contribuintes se atentem para as consequências das estratégias adotadas, realizando profundamente a análise da imprescindibilidade e pertinência de cada situação concreta e os instrumentos legais à sua disposição quer seja por ato normativo governamental, quer seja por decisão judicial. Também se faz essencial no presente momento, na esfera constitucional, a observância quando da aplicação e do alcance dos institutos, conceitos e formas para que estes sejam inalteráveis pelo legislador[65]. Nesse sentido são ricos os ensinamentos de Hugo de Brito Machado:

> Admitir que a lei ordinária redefina conceitos utilizados por qualquer norma da Constituição é admitir que a lei modifique a Constituição. É certo que a lei pode, e deve, reduzir a vaguidade das normas da Constituição, mas, em face da supremacia constitucional, não pode modificar o significado destas[66].

O princípio da supremacia da Constituição, por ser "o mais adequado caminho para a realização dos princípios fundamentais do Direito e para a preservação da própria unidade do sistema jurídico, impondo-se, assim, ao intérprete de qualquer norma jurídica, como diretriz fundamental que é"[67], deve ser observar, principalmente em meio ao caos:

> A Constituição não pode submeter-se à vontade dos Poderes constituídos e nem ao império dos fatos e das circunstâncias. A supremacia de que ela se reveste – enquanto for respeitada – constituirá a garantia mais efetiva de que os direitos e as liberdades não serão jamais ofendidos. Ao STF incumbe a tarefa, magna e eminente, de velar por que essa realidade não seja desfigurada[68].

---

61. SABBAG, 2018, p. 10.
62. CARVALHO, 2007, p. 32.
63. SEGUNDO, 2020, p. 3.
64. SEGUNDO, 2020, p. 3.
65. MACHADO, Hugo de Brito. *Introdução ao planejamento tributário*. 2 ed. São Paulo: Malheiros, 2019, p. 15.
66. MACHADO, Hugo de Brito. *Curso de Direito Tributário*. 34 ed., São Paulo: Malheiros Editores, 2013, p. 113.
67. MACHADO, 2019, p. 17.
68. Da ementa do acórdão unânime do STF, Pleno, ADI/ML 293-7600-DF, rel. Min. Celso de Mello, j. 6.6.1990, *DJU* 16.4.1993, p. 6.429, e *IOB* 10/193, 1993, texto 1/6.203.

É essencial uma análise detida das opções à disposição do contribuinte, tanto quanto a observância do legislador ordinário aos conceitos jurídicos utilizados pela Carta Magna, sob pena de ser esta violada indiretamente, ainda que prevaleça o intuito de produzir um alívio fiscal sustentável diante da crise econômico-financeira ou mesmo na instituição de novos tributos que tenham o condão de oferecer suporte financeiro para o enfrentamento da doença e seus efeitos.

4. CONCLUSÕES

A pandemia da Covid-19 no Brasil causou, indiscutivelmente, impactos significativos em todos os sentidos. As várias medidas adotadas pelo governo na tentativa de enfrentamento da crise que, além de sanitária perpassa questões sociais e econômicas, se somam ao momento delicado vivenciado pelos contribuintes, carecendo de uma análise cautelosa na escolha das estratégias para atravessar a situação econômica vivenciada no país e no mundo.

Como visto, não menos importante é a deferência ao texto da Carta Magna em meio aos efeitos conhecidos e dos ainda desconhecidos da atual pandemia da Covid-19. Salta aos olhos as deficiências do sistema tributário brasileiro, complexo, inseguro e injusto, carecendo o quanto antes de uma revisão sistêmica, e não alterações pontuais.

A constante judicialização dos benefícios concedidos durante a pandemia, buscando sua expansão ou aplicação por analogia torna árdua a missão do Judiciário, devendo agir ou não com ativismo, criando ou não isenções. Tudo isso, aliado ao risco das decisões proferidas em antigas demandas durante um cenário pandêmico agrava ainda mais a insegurança que permeia o cenário. Percebe-se uma sinalização no sentido da aceleração da chamada reforma tributária que, no atual momento, certamente será impactada pela necessidade dos entes de aumentar suas receitas para um momento atual e de pós pandemia. Ademais, observam-se propostas de instituição de empréstimo compulsórios, IGF, tributação de mecanismos digitais, entre outros que podem, em último caso agravar, ainda mais, o cenário econômico, pois o aumento da carga tributária em momentos de recessão econômica pode agravá-la em um médio prazo.

Incertezas e insegurança transpõem esse fenômeno de transformação que tem sido a pandemia Covid-19. Não parece ser o momento ideal para nenhuma mudança estrutural, mas certamente será hora de buscar medidas no sistema tributário que possam incrementar a arrecadação, tornando imprescindível a busca por medidas que favoreçam a atividade empresarial e movimentem a economia, revitalizando-a. A sociedade brasileira, não apenas a jurídica, será obrigada a repensar, refletir, diante dos impactos e das possibilidades que não estarão restritos ao isolamento social e os presenciados durante a pandemia, mas que de fato transformarão o mundo.

5. REFERÊNCIAS

AMARAL, Thiago Abiatar L.; MOTA, Douglas; NETO, Jatyr S. Gomes. A "moratória tributária" e a COVID-19. Consultor Jurídico. Disponível em: [https://www.conjur.com.br/2020-abr-21/opiniao--moratoria-tributaria-covid-19]. Acesso: 26 a.04.2020.

AMARO, Luciano. *Direito tributário brasileiro*. 14 ed. São Paulo: Saraiva, 2008.

BALEEIRO, Aliomar. *Limitações constitucionais ao poder de tributar*. Rio de Janeiro: Forense, 2010.

BOTERO, Mathias. *Mais de 600 mil pequenas empresas fecharam as portas com coronavírus*. CNN Brasil, de 09 de abril de 2020.

BRASIL. Decreto legislativo 6 de 2020. Disponível em: [http://www.planalto.gov.br/ccivil_03/portaria/DLG6-2020.htm]. Acesso em: 24.04.2020.

BRASIL. Empresa Brasil de Comunicação. Notícia: Organização Mundial de Saúde declara pandemia de coronavírus. Disponível em: [https://agenciabrasil.ebc.com.br/geral/noticia/2020-03/organizacao--mundial-da-saude-declara-pandemia-de-coronavirus]. Acesso em: 23.04.2020.

BRASIL. Ministério da Fazenda. Portaria MF 12, de 20 de janeiro de 2012. Disponível em: [http://www.fazenda.gov.br/acesso-a-informacao/institucional/legislacao/portarias-ministeriais/2012/portaria12]. Acesso em: 27.04.2020.

BRASIL. Supremo Tribunal Federal. RHC 163.334. Disponível em: [https://portal.stf.jus.br/processos/detalhe.asp?incidente=5562955]. Acesso em: 27.04.2020.

CARVALHO, Paulo de Barros. *Curso de direito tributário*. 16. ed. São Paulo: Saraiva, 2007.

COÊLHO, Sacha Calmon Navarro. *Comentários à Constituição de 1988*: sistema tributário. 7 ed. Rio de Janeiro: Forense, 1998.

CUCOLO, Eduardo. Estudo aponta que pandemia pode até dobrar o desemprego. *Folha de São Paulo*, de 12 de abril de 2020.

DIAS, Luciano Souto (Org.). *Repercussões da pandemia COVID-19 no direito brasileiro*. Leme, SP: JH Mizuno, 2020.

FERRAJOLI, Luigi. O vírus põe a globalização de joelhos. Disponível em: [http://www.ihu.unisinos.br/78-noticias/597204-o-virus-poe-a-globalizacao-de-joelhos-artigo-de-luigi-ferrajoli]. Acesso em: 27.04.2020.

LOBATO, Valter de Souza. Impactos Tributários do COVID-19. Encontro CONSINTER por videoconferência. Disponível em: [https://www.youtube.com/watch?v=ZA59jm8km8E]. Acesso: 10.07.2020.

MACHADO, Hugo de Brito. *Curso de Direito Tributário*. 34 ed. São Paulo: Malheiros Editores, 2013.

MACHADO, Hugo de Brito. *Introdução ao planejamento tributário*. 2 ed. São Paulo: Malheiros, 2019.

MASINA, Gustavo. *Sanções tributárias*: definições e limites. São Paulo: Malheiros, 2019.

SABBAG, Eduardo. *Código Tributário Nacional comentado*. 2. ed. rev., atual. e ampl. Rio de Janeiro: Forense; São Paulo: Método, 2018.

SABBAG, Eduardo. *Manual de direito tributário*. 9 ed. São Paulo: Saraiva, 2017.

SEGUNDO, Hugo de Brito Machado. A Covid-19 deve ensejar a criação de novos tributos? Disponível em: [https://www.conjur.com.br/2020-abr-08/consultor-tributario-covid-19-ensejar-criacao-novos-tributos]. Acesso em: 27.04.2020, p. 3.

SOUSA, Rubens Gomes de. *Compêndio de legislação tributária*. 2. ed. Rio de Janeiro: Edições Financeiras, 1954; São Paulo: Resenha Tributária, 1975.

PREVIDÊNCIA RURAL: EFEITOS DA PANDEMIA DA COVID-19 NA PRODUÇÃO DE PROVA PARA APOSENTADORIA RURAL

Alexsandrina Ramos de Carvalho Souza

Doutoranda em Ciências da Comunicação pela UNISINOS, Mestre em Direito Público pela Universidade Fumec, Pós-Graduação "lato sensu" em Direito Penal e Processual Penal pela Fadivale. Advogada. Professora de Direito Previdenciário na graduação e pós-graduação da Fadivale. Membro do Grupo de Pesquisa Direitos Humanos e Acesso à Justiça e mediação da Faculdade de Direito do Vale do Rio Doce (Fadivale). alexsandrina@hotmail.com

Wesley Wadim Passos Ferreira de Souza

Doutorando em Ciências da Comunicação pela UNISINOS, Mestre em Direito e Instituições Políticas pela Universidade FUMEC (2008). Pós-Graduado "lato sensu" em Direito Penal e Processual Penal pela Fadivale (2002). Graduado em Ciências Militares com ênfase em Segurança Pública no Curso de Formação de Oficiais – Polícia Militar do Estado de Minas Gerais (1994). Graduado em Direito pela Faculdade de Direito Milton Campos (1995). Juiz Federal pelo Tribunal Regional Federal da Primeira Região desde 2002, tendo atuado como Promotor de Justiça em Minas Gerais entre 1998 e 2002 e como Oficial da PMMG entre 1994 e 1998
wesleywadim@hotmail.com

Sumário: 1. Introdução. 2. A previdência rural. 3. Categorias dos segurados rurais. 4. As regras de acesso à aposentadoria rural na condição de segurado especial. 5. O que mudou na produção probatória em razão da pandemia de Covid-19. 5.1 Da audiência telepresencial. 5.2 Dispensa da prova testemunhal como alternativa à impossibilidade de realização presencial ou telepresencial do ato. 6. Considerações finais. 7. Referências.

1. INTRODUÇÃO

As novas tecnologias foram propulsoras de mudanças que afetaram e continuam a afetar as relações sociais. A intersubjetividade gerada pela ação comunicativa face a face, vem sendo substituída pela presença virtual do interlocutor, através da utilização de computadores, smartphones e aplicativos da internet.

Essa nova modalidade de interação humana tem sido utilizada como subterfúgio para garantir o acesso à Justiça, principalmente, neste período de grave crise sanitária e econômica, enfrentada pelo Brasil, em razão da pandemia propagada pelo vírus SARS--CoV-2, uma nova cepa do Coronavírus, originária, aparentemente, da cidade de Wuhan, província de Hubei, na China.

Neste período de pandemia, novas modalidades de práticas humanas surgiram através da internet para diminuir o distanciamento social imposto para o combate ao coronavírus. As características das redes despertam novas dinâmicas e possibilidades, que concomitantes com práticas tradicionais inserem novas formas de ação, novos processos, novos procedimentos e dinâmicas menos burocráticas que podem possibilitar uma maior informação e acesso à Justiça.

Sensível às peculiaridades exigidas neste momento de segregação social, em que o atendimento presencial foi suspenso, o Judiciário adotou algumas medidas para garantir um atendimento célere e efetivo aos seus usuários, tais como trabalho remoto de juízes e serventuários, aquisição de aparelhamento para trabalho remoto, estruturação de canais de comunicação telepresencial da sociedade com os órgãos judiciários e ampliação da digitalização de processos físicos. As vivências anteriores foram adaptadas por novas práticas que ensejaram novas sensibilidades, novos modos de relacionar-se e uma nova cultura de audiências intermediadas pela internet.

Neste texto, após apresentarmos as principais características da previdência rural (tema que se mostra com extrema relevância no quadro de atividade do Poder Judiciário Federal) procuraremos efetuar uma breve análise sobre as medidas que foram tomadas para a manutenção do acesso da população rural à jurisdição sem ampliar ainda mais a indesejável demora na obtenção de decisões.

2. A PREVIDÊNCIA RURAL

A previdência rural, em geral, possui um caráter especial de regras de acesso e atribuições de direitos e obrigações pela especificidade de seu segurado e modos de atuação. As tarefas executadas na atividade agrícola se aproximam a um tipo de trabalho penoso, fatigante e, muitas vezes, repetitivo.

O trabalho rural apresenta rendimentos em periodicidades diversas do trabalho urbano, com irregularidade de fluxos monetários e meios de atuação diferentes, através de vínculos trabalhistas rurais, exercício de atividade em regime de economia familiar ou de forma individual. Uma grande parte da previdência rural é formada pela economia familiar, que possui uma vulnerável capacidade de geração de renda se comparada ao sistema urbano, além de baixa instrução escolar.

No plano internacional, a previdência rural possui quatro modelos paradigmáticos. Cada um apresenta as características próprias de cada país adotante, conforme nos orienta Schwarzer (2000)[1]. O primeiro modelo adota o sistema universal básico, do tipo beveridgiano. Os trabalhadores rurais são incluídos na proteção previdenciária, através do direito a uma aposentadoria universal básica, em virtude da garantia a um amplo direito de cidadania.

O segundo modelo é o contributivo diferenciado, que embora formado por sistemas baseados em modelos contributivos bismarckianos, adotam uma contribuição de valor inferior para aposentadoria rural, através de subsídios do setor urbano ao rural ou pelo próprio Tesouro Nacional. Esse modelo é baseado na ideia de sistemas de proteção social que são instrumentos de condução da transformação estrutural da agricultura.

---

1. SCHWARZER, Helmut. *Paradigmas de previdência social rural*: um panorama da experiência internacional. 2000.

O terceiro modelo é o contributivo estrito, não existindo diferenciações entre as normas previdenciárias entre o setor urbano e o rural.

O quarto modelo oferece uma espécie de cobertura ao trabalhador rural através de benefícios assistenciais, baseados em critérios de necessidade econômica e não em direitos universais básicos contributivos ligados ao trabalho.

No Brasil, o Regime Geral de Previdência Social apresenta um sistema de previdência urbana, com vinculação ao contrato formal de trabalho e uma previdência rural sem vinculação ao contrato formal de trabalho, mas apoiada no reconhecimento de atividade rural informal, em regime de economia familiar ou de forma individual, como legitimadora de um benefício previdenciário. Esses segurados especiais, do chamado regime de economia familiar, do setor informal, se somam ao setor formal, composto por trabalhadores rurais com carteira assinada, contribuintes em folha de pagamento à previdência social e aos contribuintes individuais rurais.

A previdência rural brasileira se apresenta após a Constituição de 1988, conforme Schwarzer (2000)[2], como uma aposentadoria básica universal não contributiva, com benefício de valor único equivalente a um salário mínimo sem correlação com os rendimentos da fase ativa ou com a incidência da contribuição. A contribuição pessoal, por seu turno, incide sobre a receita bruta proveniente da comercialização da produção agrícola.

Por outro lado, Valadares e Galiza (2016)[3] nos alerta que os benefícios previdenciários rurais possuem um impacto significativo no orçamento familiar e na dinâmica das unidades produtivas familiares. Em curto prazo, representam significativas mudanças na lógica econômica das famílias, em relação ao trabalho e ao consumo. Os efeitos, a longo prazo, possuem reflexo na permanência das famílias no campo, reduzindo o ritmo das migrações para a cidade e permitindo que os jovens, mais escolarizados e com maior acesso à informação, possam construir projetos de vida no meio rural.

Além disso, alerta os referidos autores, que as rendas geradas pelos benefícios previdenciários rurais produzem impactos imediatos para economia de pequenos municípios, gerando demanda para bens e serviços produzidos e comercializados em nível local.

3. CATEGORIAS DOS SEGURADOS RURAIS

A cobertura previdenciária rural somente alcançou ampla regulamentação com o advento das Leis 8.212/91 e 8.213/91[4], que classificam o trabalhador rural como gênero, do qual se extraem três categorias: empregado, contribuinte individual e segurado especial.

---

2. Idem.

3. VALADARES, Alexandre Arbex; GALIZA, Marcelo. *Previdência rural*: contextualizando o debate em torno do financiamento e das regras de acesso. 2016.

4. Embora o Programa de Assistência ao Trabalhador Rural – Prorural, instituído pela Lei Complementar 11/71, e da Lei 5.889/7, já tratava da categoria dos trabalhadores de forma mais precária.

O empregado rural tornou-se segurado obrigatório do Regime Geral de Previdência Social e foi definido como aquele trabalhador que presta serviço de natureza rural à empresa, em caráter não eventual, sob sua subordinação e mediante remuneração.

Os trabalhadores rurais empregados não eram considerados contribuintes obrigatórios, até o advento da Lei 8.213/91, que o equiparou ao trabalhador urbano, colocando-o na mesma categoria de segurado, conforme o rol do art. 11 da referida Lei de Benefícios.

Por outro lado, os contribuintes individuais que também são considerados contribuintes obrigatórios, correspondem aos trabalhadores rurais que prestam serviço, em caráter eventual a uma ou mais pessoas (Lei 8213/91, art. 48), assim considerados os diaristas, safristas ou os "boias-frias", cujas relações de trabalho são marcadas pela precariedade de vínculos e pela sazonalidade da ocupação.

A última categoria é a do segurado especial, que pode ser enquadrado como produtor, parceiro, meeiro, comodatário ou arrendatário rural, bem como, o garimpeiro[5] e o pescador artesanal, que exerça suas atividades individualmente ou regime de economia familiar, sem ajuda de empregados, conforme dispõe o artigo 11, VII, da Lei 8.213/91. Não apenas aos produtores ou trabalhadores rurais se enquadram a esta categoria, mas igualmente os seus respectivos cônjuges, qualidade esta que foi estendida também aos seus filhos maiores de 16 anos[6].

O regime de economia familiar pode ser entendido como a atividade em que o trabalho dos membros da família é indispensável à subsistência e ao desenvolvimento socioeconômico do núcleo familiar e é exercido em condições de mútua dependência e colaboração, sem utilização de empregados permanentes.

A Constituição de 1988 ao reconhecer que as atividades produtivas realizadas no âmbito da agricultura familiar não se enquadram às mesmas regras do trabalho assalariado em virtude da dinâmica em que é exercida, reconheceu que para esses trabalhadores é necessário estabelecer um tipo específico de proteção previdenciária.

Ao enfatizar que o direito à proteção previdenciária decorre do trabalho, através da comprovação do exercício da atividade rural, o constituinte de 1988 conferiu o primado do trabalho à aposentadoria rural do segurado especial, o caráter de benefícios previdenciários e os distinguiu dos benefícios assistenciais que são concedidos aos necessitados (VALADARES E GALIZA, 2016)[7].

Ressalte-se que um grande efetivo de trabalhadores rurais se enquadra na categoria de segurado especial e se submetem a um regime jurídico diferenciado, com redução de cinco anos na idade mínima para aposentadoria, em relação ao segurado urbano, e

---

5. O garimpeiro foi excluído do rol dos segurados especiais e encartado como contribuinte individual após a publicação das Leis 8.398 de 1992 e lei 95.28 de 1997, sendo certo que também a previsão constitucional que amparava seu direito foi revogada com a promulgação da Emenda Constitucional 20 de 1998.

6. O INSS considera como segurado especial o índio reconhecido pela Fundação Nacional do Índio – FUNAI, principalmente o artesão que utilize matéria-prima proveniente de extrativismo vegetal, independentemente do local onde resida ou exerça suas atividades, sendo irrelevante a definição de indígena aldeado, indígena não aldeado, índio em vias de integração, índio isolado ou índio integrado, mas que exerça a atividade rural em regime de economia familiar e faça dessas atividades o principal meio de vida e de sustento. CASTRO, Carlos Alberto Pereira de; LAZZARI, João Batista (2020). *Manual de Direito Previdenciário*. 23. ed. São Paulo LTr.

7. Idem.

inexigibilidade de contribuições previdenciárias. Tais condições, muito frequentemente não são reconhecidas pelo Instituto Nacional do Seguro Social (INSS), diante das condições informais que o trabalho é exercido, o que resulta numa significativa quantidade de questionamentos judiciais, a demandar urgência para sua solução, levando em conta o caráter alimentar dos proventos de inatividade. Por estas razões, este trabalho se limitará a tratar desta categoria.

4. AS REGRAS DE ACESSO À APOSENTADORIA RURAL NA CONDIÇÃO DE SEGURADO ESPECIAL

Em atenção ao princípio constitucional da uniformidade e equivalência de benefícios e serviços da seguridade social às populações urbana e rural, previsto no art. 194, § único, II, da CF/1988, os trabalhadores rurais foram incluídos ao Regime Geral de Previdência Social com o direito à prestações e benefícios iguais e equivalentes para todos os segurados, seja do meio urbano ou do meio rural.

A Lei 8.213/91 confere a aposentadoria rural por idade, na condição de segurado especial, aos segurados que possuem a idade mínima de 55 anos para as mulheres e 60 anos, para os homens. Além disso, exige a comprovação do exercício de atividade rural nos termos do art. 143 da Lei n. 8.213/1991, a qual a partir do ano de 2011, passou a ser exigir quinze anos.

A comprovação da atividade rural é feita conforme a apresentação dos documentos previstos, de forma exemplificativa, no art. 106 da Lei 8.213/91, com a redação conferida pela Lei n. 13.846/2019. Por outro lado, exige-se a comprovação do exercício da atividade rural, ainda que de forma descontínua[8], no período imediatamente anterior ao requerimento do benefício, em número de meses idêntico à carência do referido benefício, ou seja, 15 anos. Porém, conforme ressalta Berwanger (2013), a prova da atividade rural deve ser analisada levando-se em conta a informalidade do trabalho rural, sob a pena de inviabilizar-se o direito material.

5. O QUE MUDOU NA PRODUÇÃO PROBATÓRIA EM RAZÃO DA PANDEMIA DE COVID-19

Desde o momento que a Organização Mundial de Saúde (OMS), em 11 de março de 2020, declarou que a COVID-19 (doença causada por uma das cepas do vírus conhecido por SARS-CoV-2 ou simplesmente "coronavírus") alcançara um estágio de pandemia e que foi chancelada pelo Congresso Nacional[9], a Declaração de Emergência em Saúde

---

8. Em razão da dinâmica em que o trabalho rural é exercido, entre safras.
9. O Congresso Nacional também editou o Decreto Legislativo 06, de 20 de março de 2020, exigido pelo art. 65, da Lei Complementar 101, de 04 de maio de 2000, como requisito para adoção de medidas que extrapolem as previsões orçamentárias dos entes federados brasileiros em caso de calamidade pública. Conforme a norma de responsabilidade fiscal "na ocorrência de calamidade pública reconhecida pelo Congresso Nacional, no caso da União, ou pelas Assembleias Legislativas, na hipótese dos Estados e Municípios, enquanto perdurar a situação: I – serão suspensas a contagem dos prazos e as disposições estabelecidas nos arts. 23, 31 e 70; II – serão dispensados o atingimento dos resultados fiscais e a limitação de empenho prevista no art. 9º".

Pública de Importância Internacional que a referida organização havia editado em janeiro de 2020, os órgãos do Poder Judiciário brasileiro se mobilizaram na tentativa de contribuir para a contenção do contágio da doença, levando em conta não só a preservação da saúde dos próprios servidores públicos, mas também dos usuários dos locais onde se praticam os atos processuais.

Assim, no dia 19 de março de 2020, buscando dar suporte às diversas iniciativas adotadas pelos tribunais e visando, em última análise, à uniformização de procedimentos[10], o Conselho Nacional de Justiça (CNJ) editou a Resolução 313, que além de suspender o curso de prazos processuais em processos físicos e eletrônicos, incentivou o exercício do teletrabalho e vedou a prática de atos presenciais nos fóruns.

Em verdade foi estabelecido um regime de "plantão extraordinário" que, apesar de não paralisar totalmente a atividade do Poder Judiciário, dada a sua essencialidade, trouxe impedimento para a realização de atos processuais necessários ao julgamento definitivo de diversos processos, especialmente os que visavam a concessão de benefícios a segurados especiais, para os quais esse texto volta sua atenção.

Se é verdade que o volume de audiências e perícias no âmbito das varas federais de competência cível é significativamente menor do que o praticado nos órgãos do Poder Judiciário Estadual, a mesma situação não ocorre no sistema dos Juizados Especiais Federais (JEF) para onde são direcionadas as demandas pretendendo benefícios previdenciários destinados à população rural.

Em outro artigo nos dedicamos ao levantamento e análise da produção probatória destinada a revelação dos requisitos para a concessão de benefícios por incapacidade. Nesse trabalho, entretanto, queremos apontar as estratégias adotadas pelo Poder Judiciário Federal como forma de propiciar a continuidade da atividade jurisdicional relacionada aos processos nos quais a resistência se concentra na caracterização da própria condição de segurado especial.

Após, dedicarmos uma parte deste texto à exploração do conceito de segurado especial e de deixarmos claro que este tema demanda prova do exercício da atividade rural em regime de economia familiar por certo tempo, passaremos a discutir aspectos da validade da coleta da prova testemunhal por videoconferência e os fundamentos para a própria dispensa deste meio de prova em certos cenários.

5.1   Da audiência telepresencial

Conforme já mencionado acima, as práticas processuais no âmbito do direito previdenciário se viram muito afetadas pelas restrições impostas em razão da necessidade de controle sobre a disseminação da COVID-19.

Muitas cidades adotaram medidas que obstaculizaram sobremaneira a circulação de pessoas e o acesso a certos serviços, fato que, se não impediu, dificultou a obtenção

---

10. O ato normativo tinha como alguns de seus fundamentos: a existência de critérios conflitantes quanto à suspensão do expediente forense geradores de insegurança jurídica e potenciais prejuízos à tutela de direitos fundamentais e a necessidade de se uniformizar, nacionalmente, o funcionamento do Poder Judiciário em face desse quadro excepcional e emergência.

de documentos ou o deslocamento de pessoas aos prédios públicos nos quais os atos processuais deveriam ser realizados.

Os atos editados pelo Conselho Nacional de Justiça culminaram na priorização do atendimento às partes e advogados por via remota (através de meios tecnológicos disponíveis)[11] e no impedimento da realização de perícias e audiências presenciais.[12]

Tais determinações trouxeram importante repercussão para o acesso ao direito previdenciário dos segurados especiais, especialmente os trabalhadores rurais em regime de economia familiar, na medida em que os benefícios a que eles fazem jus, na forma do art. 201, parágrafo sétimo, da Constituição da República e do art. 39, da Lei 8.213/1991, vinham sendo condicionados à produção de prova pericial ou de prova pessoal (declarações pessoais e depoimentos de testemunhas), exigidos em razão da norma extraída do art. 55, parágrafo terceiro, da Lei 8.213 de 1991, o qual determina que "a comprovação do tempo de serviço para os fins desta Lei, inclusive mediante justificativa administrativa ou judicial, observado o disposto no art. 108 desta Lei, só produzirá efeito quando for baseada em início de prova material contemporânea dos fatos, não admitida a prova exclusivamente testemunhal, exceto na ocorrência de motivo de força maior ou caso fortuito, na forma prevista no regulamento".[13]

Após cerca de duas semanas de paralisação quase total desta atividade probatória, o Conselho Nacional de Justiça (CNJ) franqueou o acesso a sua plataforma emergencial de videoconferência para atos processuais fruto de um acordo de cooperação técnica celebrado com a Cisco Brasil Ltda e que, segundo informou o portal do próprio CNJ, não implicou em quaisquer custos ou compromissos financeiros por parte do órgão[14].

Além disso, os Tribunais Regionais Federais editaram atos e promoveram as aquisições necessárias para a realização e registro de audiências e sessões de julgamento por videoconferência, sendo certo que no âmbito da primeira região, que tem sob sua

---

11. Res. 313/2020 CNJ, de 19 de março de 2020, Art. 3º. Fica suspenso o atendimento presencial de partes, advogados e interessados, que deverá ser realizado remotamente pelos meios tecnológicos disponíveis. § 1º Cada unidade judiciária deverá manter canal de atendimento remoto, a ser amplamente divulgado pelos tribunais. § 2º Não logrado atendimento na forma do parágrafo primeiro, os tribunais providenciarão meios para atender, presencialmente, advogados, públicos e privados, membros do Ministério Público e polícia judiciária, durante o expediente forense.

12. Res. 314/2020 CNJ, de 20 de abril de 2020, Art. 3º. Os processos judiciais e administrativos em todos os graus de jurisdição, exceto aqueles em trâmite no Supremo Tribunal Federal e no âmbito da Justiça Eleitoral, que tramitem em meio eletrônico, terão os prazos processuais retomados, sem qualquer tipo de escalonamento, a partir do dia 4 de maio de 2020, sendo vedada a designação de atos presenciais. ...

    § 2º Os atos processuais que eventualmente não puderem ser praticados pelo meio eletrônico ou virtual, por absoluta impossibilidade técnica ou prática a ser apontada por qualquer dos envolvidos no ato, devidamente justificada nos autos, deverão ser adiados e certificados pela serventia, após decisão fundamentada do magistrado.

13. Redação em vigor desde a publicação da MP 871 de 18 de janeiro de 2019, a qual passou a impor a necessidade de contemporaneidade da prova documental a ser usada para os fins de reconhecimento de tempo de atividade rural ou tempo de serviço. Vale lembrar que se trata de norma de caráter processual (e não material) por isso se aplica tanto aos processos iniciados após sua vigência, quanto aos processos que já estavam em andamento. Ademais, a própria jurisprudência federal já se encaminhava no sentido desta exigência, considerando que o direito a aposentadoria rural do segurado especial tem como pressuposto a realização de atividades em regime de economia familiar no período de 15 anos antes do implemento da idade mínima ou da formulação do requerimento administrativo de benefício.

14. A Portaria nr. 61 de 31 de março de 2020, CNJ, instituiu a plataforma emergencial de videoconferência para realização de audiências e sessões de julgamento nos órgãos do Poder Judiciário, no período de isolamento social, decorrente da pandemia Covid-19.

jurisdição 13 unidades federadas, foi adquirida uma extensão do aplicativo Teams da Microsoft, a qual tem sido utilizada com sucesso para produção da prova testemunhal.

É preciso ressaltar que a realização de atos processuais por videoconferências já estava no sistema processual brasileiro desde 08 de janeiro de 2009, quando foi publicada a Lei 11.900, após o Supremo Tribunal Federal ter entendido que atos realizados pela via telepresencial demandavam a edição de lei federal específica, não podendo ser fundados, exclusivamente, em leis estaduais ou em atos normativos expedidos pelos tribunais. (HC 88914/SP, da relatoria do Min. Cezar Peluso, julgado em 14/08/2007, publicado em 05/10/2007)

Naquela ocasião, a Corte Suprema entendera que atos de produção probatória que se apoiam em tecnologias de interação à distância possuem peculiaridades que podem afetar o direito de defesa direta de um acusado. Assim, somente por previsão normativa uniforme em todo o território nacional seria possível realizá-los e, mesmo assim, em situações excepcionais, já que o direito de presença, inerente à ampla defesa, tem matriz constitucional e somente está sujeito a restrições compatíveis com o princípio da proporcionalidade.

Ocorre que, com o desenvolvimento das tecnologias da informação e expansão do acesso à rede mundial de computadores, os recursos de realização de atos por videoconferências se ampliaram, a ponto de também o processo civil admitir tal meio de prova[15].

Segundo o art. 196 do Código de Processo Civil

"compete ao Conselho Nacional de Justiça e, supletivamente, aos tribunais, regulamentar a prática e a comunicação oficial de atos processuais por meio eletrônico e velar pela compatibilidade dos sistemas, *disciplinando a incorporação progressiva de novos avanços tecnológicos* e editando, para esse fim, os atos que forem necessários, respeitadas as normas fundamentais deste Código" (BRASIL, 2020)[16].

Assim, tendo o CNJ editado resoluções, possibilitando e incentivando a prática de atos telepresenciais neste período de pandemia, não há óbice do ponto de vista legal para sua realização.

Acrescente-se que quanto ao local de realização dos atos processuais não se pode esquecer que o art. 217, também do CPC, autoriza que sejam eles, excepcionalmente, promovidos em locais diversos da sede do Juízo em face de obstáculo que possa inclusive ser arguido pelo interessado.

Não há como objetar que a possibilidade de contaminação pela ruptura das medidas de distanciamento social é fator indicativo da realização da audiência fora da sede do juízo, mais ainda, se o meio tecnológico utilizado possibilita a permanência da parte, do depoente e dos advogados no seu próprio domicílio ou escritório.

---

15. Sobre as mudanças políticas e sociais vivenciadas em razão da expansão do uso da rede mundial de computadores, aconselhamos a leitura de cuidadoso artigo produzido por John B. Thompson em 2018, publicado pela revista *MATRIZes*. (Thompson, J. (2018). A interação mediada na era digital. Matrizes, 12(3),17-44, disponível em: [https://doi.org/10.11606/issn.1982-8160.v12i3p17-44]).

16. BRASIL. Lei 13.105, de 16 de março de 2015. Institui o Novo Código de Processo Civil. Disponível em: [https://www.planalto.gov.br/ccivil_03/_ato2015-2018/2015/lei/l13105.htm]. Acesso em: 26.04.2020.

Não é despiciendo lembrar que o art. 236, parágrafo terceiro, do CPC admite expressamente a prática de atos processuais por meio de videoconferência ou outro recurso tecnológico de transmissão de sons e imagens em tempo real. Neste sentido, também caminham as previsões dos art. 385, parágrafo terceiro; art. 453, parágrafo primeiro e art. 461, parágrafo segundo, que podem ser acionadas por integração analógica para franquear a realização da audiência telepresencial, mesmo sem a anuência das partes, desde que os locais onde a pessoa será ouvida sejam dotados de condições sanitárias ideais para a contenção do contágio pela COVID-19.

Se do ponto de vista legal não há óbice para a realização de audiências telepresenciais, algumas dificuldades práticas podem ocorrer durante a realização do ato.

A que mais chama nossa atenção é a complexidade de zelar para que os depoentes não ouçam os depoimentos uns dos outros, nos termos do art. 456 do CPC.

Acontece que mesmo em situações nas quais a prova testemunhal é produzida em ambiente forense sob a presidência do magistrado, tal incomunicabilidade é de difícil operacionalização. Isso porque não é raro que as pessoas que se prestam a depor sejam membros da mesma comunidade na qual vive o segurado e, como se sabe, nestas comunidades rurais o contato entre os indivíduos é sempre muito próximo, não raras vezes sendo eles amigos ou colaboradores entre si (sistema de parceria, troca de dias de trabalho etc.). Tal circunstância impõe que o próprio deslocamento para a sede do juízo seja feito, muitas vezes, no mesmo veículo, onde os declarantes podem desenvolver uma longa conversa sobre o que será objeto dos depoimentos.

Aliás, não é comum existir sala separada para que as testemunhas permaneçam sob vigilância momentos antes de serem chamadas para depor em processos civis, ao contrário, elas costumam permanecer sentadas lado a lado no átrio do fórum, aguardando a convocação, sem que sequer exista um servidor designado para observá-las. Há inclusive prédios do Poder Judiciário que não são dotados de paredes com isolamento acústico suficiente para impedir que os sons produzidos durante o depoimento alcancem o ambiente externo.

Assim, em matéria previdenciária, o que garante a segurança necessária para a formação de convicção a respeito dos fatos históricos a serem apreciados é a prudência e vivencia do Magistrado, bem como a intervenção qualificada das partes que, em contraditório, podem explorar os detalhes das narrativas desenvolvidas pelas diversas pessoas ouvidas, tudo sempre com suporte imprescindível na documentação trazida com a inicial.

Frise-se que a experiência do magistrado e a boa-fé dos advogados envolvidos nestes atos processuais devem ser presumidas. Mesmo assim muitas medidas podem ser tomadas antes e durante a audiência para evitar eventuais mazelas.[17]

Convém ressaltar que não advogamos a intransigência de se submeter o próprio autor da demanda a risco que ele não está disposto a suportar em razão da manutenção

---

17. Vários Tribunais editaram manuais e protocolos para serem seguidos durante as audiências que visam a garantir credibilidade dos depoimentos, tais como criação de uma sala virtual para a permanência e vigilância dos depoentes que estão a aguardar a realização de sua oitiva, giro de câmera pela sala onde está o depoente, a fim de verificar se ele está sendo orientado por alguém ou de posse de algum material onde possa encontrar informações sobre o caso que comprometem a espontaneidade da sua fala etc.

de uma agenda de audiências que vise evitar o acúmulo futuro de atividades dos órgãos jurisdicionais. Mas é importante deixar claro que, estando o autor disposto a comparecer ao escritório de seu advogado ou a sede de um sindicato ou mesmo ao prédio de prefeitura local, onde possa acessar os meios necessários para prestar seu depoimento, não é direito do réu criar obstáculos para que o ato se realize, quando nem sequer arrolou testemunhas para serem ouvidas.

Em verdade é dever o Poder Judiciário franquear os recursos necessários para que o interessado possa ter acesso ao desate processual no tempo que suas urgências demandarem. Em outras palavras cabe ao sistema judiciário possibilitar a escolha entre aguardar a realização dos atos após o arrefecimento da pandemia ou prosseguir com pratica deles com vistas à sentença de mérito.

5.2 Dispensa da prova testemunhal como alternativa à impossibilidade de realização presencial ou telepresencial do ato

Em situações ainda mais excepcionais, nas quais nem mesmo a audiência telepresencial seja factível, tem se cogitado a dispensa da coleta da prova testemunhal, pautada no fato de que o sistema processual brasileiro contempla o princípio do livre convencimento motivado (persuasão racional do julgador) segundo o qual não se vislumbra hierarquia entre os meios de prova, podendo os sujeitos processuais se valer de qualquer meio de revelação da realidade passada para formar suas certezas processuais e, consequentemente, tomarem suas decisões.

As objeções a esta tese se fundam frequentemente no já mencionado art. 55, parágrafo terceiro, da Lei 8.213/1991, o qual estaria a exigir a prova testemunhal como complemento da prova documental reveladora da condição de segurado e do tempo de atividade em regime de economia familiar.

Entretanto, o que o dispositivo legal acima determina é que não se pode fundar decisão favorável ao reconhecimento de tempo de atividade exclusivamente na prova testemunhal, não havendo motivos para exigi-la caso os documentos juntados aos autos já demonstrem que o requerente reúne os requisitos necessários para a jubilação.

Nesse sentido, decidiu o Superior Tribunal de Justiça ao julgar Agravo Regimental no Recurso Especial 1504544/PB, em 01/09/2015, que o art. 55, § 3º. e o art. 106, parágrafo único, da Lei 8.213/1991, elencam os documentos necessários à comprovação do exercício de atividade rural, ressalvando não ser admitida prova exclusivamente testemunhal, salvo na ocorrência de motivo de força maior ou caso fortuito, sem, contudo, afirmar a obrigatoriedade de produção de prova testemunhal.

Se a prova do fato constitutivo do direito da parte é um ônus (que pode ser objeto de inversão), a escolha do meio para sua realização é antes um direito.[18]

Como se sabe, não dependem de prova os fatos notórios; afirmados por uma parte e confessados pela parte contrária; admitidos no processo como incontroversos e aqueles

---

18. Art. 369 do CPC. As partes têm o direito de empregar todos os meios legais, bem como os moralmente legítimos, ainda que não especificados neste Código, para provar a verdade dos fatos em que se funda o pedido ou a defesa e influir eficazmente na convicção do juiz.

em cujo favor milita presunção legal de existência ou de veracidade. Assim, considerando que o procedimento administrativo no qual surgiu a lide em face da negativa de concessão do direito, conta com presunção de veracidade e legitimidade, nunca será dispensável a produção de evidências da realização de atividade rural por parte do autor da demanda previdenciária.

Porém esta demonstração pode ser feita, segundo entendemos, exclusivamente por documentos, circunstância que é prevista na redação atual do art. 38, B da Lei 8213/1991.

Compreenda-se que, desde de 2008, quando foi publicada a Lei 11.718 que alterou a Lei 8.213/1991, foram incluídos dois parágrafos ao art. 17, os quais determinaram que a inscrição do segurado especial fosse feita de forma a vinculá-lo ao seu respectivo grupo familiar, bem como ao imóvel rural no qual desenvolve sua atividade ainda que em parceria ou na condição de meeiro outorgado. Esta inscrição, convém destacar, é ato pessoal do próprio segurado.

A mesma lei determinou que o antigo Ministério da Previdência Social, atualmente a função é do Ministério da Economia, promovesse um programa de cadastramento dos segurados especiais, podendo firmar convênios com órgãos federais, estaduais, do Distrito Federal e dos municípios, bem como com entidades de classe, confederações e federações.[19]

Ocorre que o INSS, no ato de habilitação ou de concessão de benefício, deverá verificar a condição de segurado especial e, se for o caso, o pagamento da contribuição previdenciária, nos termos da Lei nº 8.212, de 24 de julho de 1991, considerando, dentre outros, o que consta do Cadastro Nacional de Informações Sociais, e deverá utilizar as informações constantes do cadastro de que trata o art. 38-A para fins de comprovação do exercício da atividade e da condição do segurado especial e do respectivo grupo familiar.

Portanto, pelo menos para os segurados que possuam documentos produzidos por entidades oficiais, a necessidade de produção de prova testemunhal fica dispensada, de uma feita que estes mesmos documentos são utilizados para validação do cadastro ao qual nos referimos no parágrafo anterior.[20]

O próprio art. 38-B no seu parágrafo segundo, determina que para o período anterior a 1º de janeiro de 2023, o segurado especial poderá comprovar o tempo de exercício da atividade rural por meio de autodeclaração ratificada por entidades públicas credenciadas, nos termos do art. 13 da Lei 12.188, de 11 de janeiro de 2010[21], e por outros órgãos públicos, na forma prevista no regulamento.

---

19. Na redação que foi dada a este artigo pela lei 13.846 de 2019, a participação das entidades de classe na construção deste cadastro foi substituída pela atuação do Ministério da Agricultura, Pecuária e Abastecimento, sendo certo que o sistema preverá a manutenção e a atualização anual do cadastro e conterá as informações necessárias à caracterização da condição de segurado especial, nos termos do disposto em regulamento.

20. Conforme prevê o parágrafo primeiro do art. 38B da Lei 8213/1991 a partir de 1º de janeiro de 2023, a comprovação da condição e do exercício da atividade rural do segurado especial ocorrerá, exclusivamente, pelas informações constantes do cadastro a que se refere o art. 38-A. Para o período anterior a 1º de janeiro de 2023, o segurado especial comprovará o tempo de exercício da atividade rural *por meio de autodeclaração ratificada por entidades públicas credenciadas*, nos termos do art. 13 da Lei 12.188, de 11 de janeiro de 2010, e por outros órgãos públicos, na forma prevista no regulamento.

21. Institui a Política Nacional de Assistência Técnica e Extensão Rural para a Agricultura Familiar e Reforma Agrária – PNATER e o Programa Nacional de Assistência Técnica e Extensão Rural na Agricultura Familiar e na Reforma Agrária – PRONATER.

Se a própria iniciativa da Administração Pública se encaminha no sentido de que a comprovação da condição de segurado especial deve se dar por autodeclaração ratificada por órgãos que frequentemente documentam o apoio técnico e material[22] aos trabalhadores rurais, com mais razão em sede de processo judicial, diante das circunstâncias impeditivas da produção de certos meios de prova, deve-se impor a coleta de prova pessoal apenas nos casos em que os testemunhos sejam necessários para complementação do período de atividade já identificado documentalmente.

6. CONSIDERAÇÕES FINAIS

A Carta Magna de 1988 representou um importante avanço em relação à proteção social dos trabalhadores rurais, que até a sua promulgação, tinham acesso precário e o valor limitado ao benefício da aposentadoria rural, sendo que a aposentadoria por velhice correspondia, a 50% do salário mínimo de maior valor no país, e era concedida ao trabalhador rural que tivesse completado 65 anos de idade, que era inferior à taxa de expectativa de vida da época, conforme dados extraídos pelo Instituto Brasileiro de Geografia e Estatística.[23] Além disso, os benefícios eram restritos aos chefes de família, com exclusão das mulheres. Essa conquista significou uma real mudança de estatuto do reconhecimento legal dos trabalhadores rurais, especificamente, em relação aos segurados especiais que trabalham em regime de economia familiar e que representam a grande maioria dos trabalhadores rurais.

Os segurados especiais representam uma categoria de segurados que em razão da precária e desgastante atividade que exercem, pertencem a um sistema previdenciário diferenciado, com a diminuição de cinco anos de idade para se aposentar em relação ao trabalhador urbano, o trabalho é exercido em condições informais, de economias familiares de subsistência, de dispensa de regular recolhimento de contribuição previdenciária para o regime geral de previdência social e que dispensa a realização de contribuições mensais e estabelece a contribuição sobre a receita bruta proveniente da comercialização da produção e não em ganhos mensais como os trabalhadores urbanos.

---

22. São exemplos destes documentos: a Declaração de Aptidão ao Programa Nacional de Fortalecimento da Agricultura Familiar – DAP, documento que identifica os beneficiários do Programa Nacional de Fortalecimento da Agricultura Familiar – PRONAF; e a Relação de Beneficiários – RB: relação de beneficiários do Programa de Reforma Agrária, conforme definido pelo Instituto Nacional de Colonização e Reforma Agrária – INCRA. Além daqueles mencionados no art. 106 da Lei 8213/1991 A saber: Contrato individual de trabalho ou Carteira de Trabalho e Previdência Social; contrato de arrendamento, parceria ou comodato rural; declaração fundamentada de sindicato que represente o trabalhador rural ou, quando for o caso, de sindicato ou colônia de pescadores, desde que homologada pelo Instituto Nacional do Seguro Social – INSS; comprovante de cadastro do Instituto Nacional de Colonização e Reforma Agrária – INCRA, no caso de produtores em regime de economia familiar; bloco de notas do produtor rural; notas fiscais de entrada de mercadorias, de que trata o § 7° do art. 30 da Lei n 8.212, de 24 de julho de 1991, emitidas pela empresa adquirente da produção, com indicação do nome do segurado como vendedor; documentos fiscais relativos a entrega de produção rural à cooperativa agrícola, entreposto de pescado ou outros, com indicação do segurado como vendedor ou consignante; comprovantes de recolhimento de contribuição à Previdência Social decorrentes da comercialização da produção; cópia da declaração de imposto de renda, com indicação de renda proveniente da comercialização de produção rural; ou licença de ocupação ou permissão outorgada pelo Incra.
23. Conforme dados extraídos do site [http://seriesestatisticas.ibge.gov.br/series.aspx?no=10&op=0&vcodigo=PO-P210&t=esperancavida-nascer]. Acessado em: 17.07.2020.

Para que o segurado especial alcance o direito de aposentadoria rural, basta o implemento da idade e a comprovação do exercício da atividade rural. Por outro lado, o art. 55, parágrafo terceiro, da Lei 8.213/1991, em tese, exige a prova testemunhal como complemento da prova documental reveladora da condição de segurado e do tempo de atividade em regime de economia familiar.

Embora a legislação previdenciária relacione uma série de documentos para comprovar a atividade rural, há uma polêmica no sentido de que a prova documental produzida é suficiente ou não para comprovar o exercício da atividade na condição de segurado especial e se necessita ser complementada por prova testemunhal. Muito embora, em sede administrativa, o INSS já não utiliza da entrevista rural para formar sua convicção nos procedimentos administrativos de requerimento de benefícios rurais.

Esse assunto tomou uma relevância muito grande neste momento de isolamento social em razão da pandemia da Covid-19, principalmente, diante da impossibilidade de deslocamento dos segurados idosos que fazem parte do grupo de risco da doença.

O nosso entendimento é que, se o próprio INSS entende que a comprovação da condição de segurado especial deve se dar por autodeclaração ratificada por órgãos oficiais que mantém um cadastro de trabalhadores rurais e por demais documentos que comprovam a atividade rural, dispensada a entrevista rural, durante a fase de processo judicial, havendo condições que impedem a produção de certos meios de prova, deve-se impor a coleta de prova testemunhal apenas nos casos em que tal prova seja necessária para complementação do período de atividade rural consubstanciado em parcos elementos comprobatórios.

7. REFERÊNCIAS

BERWANGER, Jane. Segurado especial. *O conceito jurídico para além da sobrevivência individual.* Curitiba: Juruá Editora, 2013.

BRASIL, Constituição da República Federativa do Brasil, promulgada aos 05 de outubro de 1988. Disponível em: [http://www.planalto.gov.br/ccivil_03/constituicao/Constituicao.htm#art195%C2%A73]. Acesso em: 17.07.2020.

BRASIL, Lei 8.213, de 24 de julho de 1991. Dispõe sobre os Planos de Benefícios da Previdência Social e dá outras providências. Disponível em: [http://www.planalto.gov.br/ccivil_03/leis/l8213cons.htm]. Acesso em: 17.07.2020.

BRASIL, Lei 9.099, de 26 de setembro de 1995. Dispõe sobre os Juizados Especiais Cíveis e Criminais e dá outras providências. Disponível em: [http://www.planalto.gov.br/ccivil_03/Leis/L9099.htm]. Acesso em: 26.04.2020.

BRASIL, Lei 10.259, de 12 de julho de 2001. Dispõe sobre a instituição dos Juizados Especiais Cíveis e Criminais no âmbito da Justiça Federal Disponível em: [http://www.planalto.gov.br/ccivil_03/LEIS/LEIS_2001/L10259.htm]. Acesso em: 26.04.2020.

BRASIL, Lei 11.900, de 08 de janeiro de 2009. Altera dispositivos do Decreto-Lei 3.689, de 3 de outubro de 1941 – Código de Processo Penal, para prever a possibilidade de realização de interrogatório e outros atos processuais por sistema de videoconferência, e dá outras providências. Disponível em: [http://www.planalto.gov.br/ccivil_03/_Ato2007-2010/2009/Lei/L11900.htm#art1]. Acesso em: 17.07.2020.

BRASIL, Lei 12.153, de 22 de dezembro de 2009. Dispõe sobre os Juizados Especiais da Fazenda Pública no âmbito dos Estados, do Distrito Federal, dos Territórios e dos Municípios. Disponível em: [http://www.planalto.gov.br/ccivil_03/_Ato2007-2010/2009/Lei/L12153.htm]. Acesso em: 26.04.2020.

BRASIL. Lei 13.105, de 16 de março de 2015. Institui o Novo Código de Processo Civil. Disponível em: [https://www.planalto.gov.br/ccivil_03/_ato2015-2018/2015/lei/l13105.htm]. Acesso em: 26.04.2020.

BRASIL. Lei 13.846, de 18 de junho de 2019. Institui o Programa Especial para Análise de Benefícios com Indícios de Irregularidade, o Programa de Revisão de Benefícios por Incapacidade, o Bônus de Desempenho Institucional por Análise de Benefícios com Indícios de Irregularidade do Monitoramento Operacional de Benefícios e o Bônus de Desempenho Institucional por Perícia Médica em Benefícios por Incapacidade. Disponível em: [http://www.planalto.gov.br/ccivil_03/_Ato2019-2022/2019/Lei/L13846.htm]. Acesso em: 26.04.2020.

BRASIL. Lei 13.979 de 06 de fevereiro de 2020. Dispõe sobre as medidas para enfrentamento da emergência de saúde pública de importância internacional decorrente do coronavírus responsável pelo surto de 2019. Presidência da República. Brasília. Disponível em [http://www.planalto.gov.br/ccivil_03/_ato2019-2022/2020/lei/L13979.htm]. Acesso em: 26.04.2020.

BRASIL. STF, Habeas Corpus 88914-São Paulo, Segunda Turma, Relator Ministro Cezar Peluso, Julgamento: 14 Ago 2007, DJe-117, Divulgado em 04 Out.2007, Publicado em 05 Out.2007, RTJ Vol – 00202-03, p 01154, RT v.97, n.868, 2008, p. 505-520.

BRASIL. STJ, Agravo Regimental em Recurso Especial 1504544/PB, Primeira Turma, Relator Ministro Napoleão Nunes Maia Filho. Julgado em 01 Set.2015, Dje 14 de Set.2015.

BRASIL. Conselho Nacional de Justiça. Resolução 313, de 19 de março de 2020. Estabelece, no âmbito do Poder Judiciário, regime de Plantão Extraordinário, para uniformizar o funcionamento dos serviços judiciários, com o objetivo de prevenir o contágio pelo novo Coronavírus – Covid-19, e garantir o acesso à justiça neste período emergencial. Brasília, Disponível em [https://atos.cnj.jus.br/files/original221425202003195e73eec10a3a2.pdf]. Acesso em: 26.04.2020.

BRASIL. Conselho Nacional de Justiça. Resolução 314, de 20 de abril de 2020. Prorroga, no âmbito do Poder Judiciário, em parte, o regime instituído pela Resolução no 313, de 19 de março de 2020, modifica as regras de suspensão de prazos processuais e dá outras providências. Brasília, Disponível em: [https://www.cnj.jus.br/wp-content/uploads/2020/04/Resolução-nº-314.pdf]. Acesso em: 26.04.2020.

BRASIL. Conselho Nacional de Justiça. Resolução 322, de 1º de julho de 2020, estabelece, no âmbito do Poder Judiciário, medidas para retomada dos serviços presenciais, observadas as ações necessárias para prevenção de contágio pelo novo Coronavírus – Covid-19, e dá outras providências. Brasília, Disponível em: [https://atos.cnj.jus.br/files/original155647202006025ed676bf4c0d5.pdf]. Acesso em: 18.07.2020.

CASTRO, Carlos Alberto Pereira de; LAZZARI, João Batista (2020). *Manual de Direito Previdenciário*. 23. ed. São Paulo LTr.

SCHWARZER, Helmut. *Paradigmas de previdência social rural: um panorama da experiência internacional.* 2000.

VALADARES, Alexandre Arbex; GALIZA, Marcelo. *Previdência rural: contextualizando o debate em torno do financiamento e das regras de acesso.* 2016.

SEÇÃO IV
DIREITOS CIVIS DOS CIDADÃOS

SEGURO DE VIDA E PANDEMIA

Rodrigo Reis Mazzei

Mestre (PUC-SP), Doutor (FADISP) e com pós-doutoramento (UFES). Professor (graduação e PPGDir) da UFES. Advogado e Consultor jurídico.

Caio Souto Araújo

Mestrando em Direito Processual (UFES). Pós-graduado em Direito Administrativo (UGF). Juiz Federal.

Sumário: 1. Introdução 2. Premissas fundamentais sobre o contrato de seguro. 3. Regulação setorial em matéria de seguros de pessoas. 4. Diálogo entre a regulação setorial e o Direito do Consumidor. 5. Delimitação do nexo causal e interpretação das normas infralegais. 6. Equacionamento das controvérsias interpretativas com respeito à manifestação de vontade: boa-fé, função social e racionalidade econômica do contrato. 7. Conclusões.

1. INTRODUÇÃO[1]

A pandemia de COVID-19[2] suscitou diversos debates jurídicos intensos e de alta indagação, ora diante de divergências na interpretação de enunciados normativos ou na qualificação jurídica de fatos excepcionalíssimos e sem precedentes, ora em face de situações até então não contempladas no direito positivo, mas que reclamam soluções jurídicas acertadas, precisas e urgentes. Dentre as inúmeras matérias desafiadoras que surgiram e que ainda irão desafiar os operados jurídicos nos próximos anos, conforme se verifiquem os desdobramentos da pandemia, está a questão da cobertura securitária, no âmbito do "seguro de vida"[3], para sinistros que dela decorram, em alguma medida.

É preciso ter em mente, para que se possa situar o debate, que embora se trate de matéria incluída no direito contratual, de índole privada, a situação ora vivenciada não encontra qualquer precedente no direito brasileiro. Afinal, as doenças epidêmicas ocor-

---

1. O presente estudo foi elaborado a partir de reformulação e aprofundamento do artigo "Breve Ensaio sobre o 'Seguro de Vida' e a Pandemia da Covid-19", publicado na 3ª edição da Revista Brasileira de Direito Contratual (abr/jun 2020, Ed. Lex Magister).
2. Doença causada pelo novo coronavírus (tecnicamente denominado SARS-CoV-2). A OMS (Organização Mundial da Saúde) declarou a existência da pandemia da COVID-19 no dia 11 de março de 2020.
3. De plano, não se analisa aqui o seguro de pessoa enquanto gênero, mas apenas o "seguro de vida", entendendo-se este como aquele em que o evento para que o contrato seja cumprido pela seguradora é a morte do segurado, seguindo-se os ditames dos arts. 789-802 do Código Civil. Não está se fazendo considerações acerca de invalidez permanente (total ou parcial) e outros danos que podem ser causados pela COVID-19, muito embora em determinadas situações o texto do ensaio seja aplicável a tais situações também. Por fim, merece registro que a nomenclatura "seguro de vida" é, de certo modo, contraditória, pois o seguro está atrelado à morte, sendo este o evento que dá ensejo ao cumprimento do contrato pela seguradora. De toda sorte, trata-se de expressão que já se encontra consagrada, inclusive no ordenamento legal (vide arts. 790, 794, 796 e 797 do CC/02).

ridas anteriormente no Brasil não impuseram a necessidade de se realizar o isolamento social em tão larga escala e com tamanha intensidade, circunstância que altera toda a dinâmica social, repercutindo de forma acentuada nas relações jurídicas.

Não se desconhece a existência de cláusula amplamente empregada nos contratos de seguro de vida, que exclui da cobertura securitária os sinistros decorrentes de pandemias declaradas pelas autoridades competentes. Entretanto, sobretudo diante da conjuntura deflagrada pela COVID-19, é inegável que tal disposição não pode ser aplicada de forma irrefletida, sem uma análise profunda de seu significado e das normas jurídicas que gravitam em torno da matéria, sempre tendo em mente o contexto no qual o contrato foi celebrado, em contraste com a realidade atual.

A análise não pode descurar, portanto, de todo o complexo normativo que permeia a questão, em especial o Código de Defesa do Consumidor, o Código Civil e os atos normativos infralegais que disciplinam tais contratos e a atividade das seguradoras.

Ainda numa nota introdutória, cabe repisar que a pandemia de COVID-19, cujos efeitos e lições ainda levarão anos para se consolidarem, se caracteriza como evento gravíssimo, imprevisível e sem precedente na história recente da humanidade. Certamente, a realidade que se apresentará após a pandemia não será a mesma que a antecedeu, ante a necessidade de se reavaliar diversas relações jurídicas, econômicas e sociais em face dos lamentáveis eventos que se sucederam. Em meio a tantas incertezas, o que se pode afirmar sem receio é que se impõe um esforço de reflexão profunda, a fim de que semelhante tragédia não volte a ocorrer, revelando-se inevitável a ressignificação de alguns institutos, dogmas, conceitos e referências.

Nesse contexto, sem perder de vista o caráter incipiente das novas discussões jurídicas encetadas em meio à pandemia, pretende-se trazer singela contribuição ao debate, especificamente no que se refere a uma questão jurídica pouco discutida, mas que provavelmente suscitará intensa e complexa controvérsia, podendo inclusive repercutir futuramente no aperfeiçoamento da legislação e dos contratos.

2. PREMISSAS FUNDAMENTAIS SOBRE O CONTRATO DE SEGURO

O contrato de seguro possui ampla disciplina legal e infralegal, tendo como principal fonte de normatividade o Código Civil de 2002, diploma que dispõe de forma típica e classificada sobre essa modalidade de avença, irradiando sobre os demais atos normativos as linhas mestras e as diretrizes fundamentais acerca do seguro. É notório que esse tipo de contrato se distingue intensamente de outras modalidades de ajustes, exigindo disciplina própria e diferenciada. Sobre a matéria, assevera Bruno Miragem[4]:

> O direito brasileiro ocupa-se do seguro como um *contrato* e como um *sistema*. Como contrato, é tipo contratual com disciplina específica no Código Civil. Tomado como sistema, há de se considerar em dupla perspectiva. Isso porque *funda* um *sistema* – o Sistema Nacional de Seguros Privados – parte do Sistema Financeiro Nacional, cujo desenvolvimento é recente. Em especial, a partir da edição do

---

4. MIRAGEM, Bruno; CARLINI, Angélica (Coord.). *Direito dos seguros* (livro eletrônico): fundamentos de direito civil: direito empresarial e direito do consumidor. 1. ed. São Paulo: Ed. RT, 2014.

Decreto-lei 73/1966, que o instituiu, e que atualmente tem seu assento constitucional no art. 192, da Constituição de 1988. E da mesma forma a execução do contrato *pressupõe* um sistema contratual, no qual a plena eficácia e execução do contrato depende da existência de série de contratos semelhantes, tendo por objeto a garantia de riscos relativamente homogêneos, dispersos por intermédio de técnica de gestão financeira e atuarial.

Inicialmente, é preciso ter em mente que o contrato de seguro é classificado como aleatório, de modo que está marcado pelo elemento do risco, sendo esse, afinal, o móvel da contratação[5]. No ponto, leciona Maria Helena Diniz[6]:

> O contrato de seguro é aleatório, por não haver equivalência entre as prestações. A vantagem do segurador dependerá de não ocorrer o sinistro, hipótese em que receberá o prêmio sem nada desembolsar. Se advier o sinistro, deverá pagar uma indenização, que poderá ser muito maior do que o valor recebido.

Tratando-se de contrato que visa a assegurar interesse de uma das partes em face de riscos cuja consumação (ou o momento de sua ocorrência) é incerta, sobressai a forte presença do elemento do risco. Tal circunstância acentua de forma muito contundente a importância da boa-fé e da transparência em todas as fases contratuais. Afinal, somente de posse de informações claras, precisas e atualizadas sobre todos os elementos essenciais do contrato (em especial, a pessoa do segurado, o interesse que se visa proteger e os riscos a que ele está exposto), poderão as partes aquilatar os valores de suas prestações e contraprestações, bem como a forma e o tempo de execução do contrato.

Paralelo a isso, cuida-se de espécie contratual que possui relevantes funções econômicas e sociais, na medida em que a possibilidade de proteção de determinados interesses contra riscos de eventos futuros e incertos é fundamental para que se possa permitir, viabilizar ou estimular o exercício de diversas atividades na sociedade contemporânea, sendo certo, aliás, que inúmeros empreendimentos e iniciativas ligados à produção e à comercialização de bens e serviços ficariam inibidos ou inviabilizados caso o empreendedor não pudesse contar com coberturas dessa natureza.

Sendo assim, é natural que haja uma alocação de riscos[7] predeterminada conforme os cálculos atuariais, bem como os interesses econômicos, comerciais e pessoais das partes contratantes. A propósito, calha reproduzir o aduzido por Angélica L. Carlini[8], embora com foco nos contratos de seguro com cobertura para lucros cessantes:

---

5. Dispõe o art. 757 do Código Civil que "Pelo contrato de seguro, o segurador se obriga, mediante o pagamento do prêmio, a garantir interesse legítimo do segurado, relativo à pessoa ou a coisa, contra riscos predeterminados".
6. DINIZ, Maria Helena. *Código Civil anotado*. 13. ed. rev. aum. e atual. de acordo com a reforma do CPC e com o Projeto de Lei n. 276/2007. - São Paulo: Saraiva, 2008, p. 536.
7. No particular, vale acentuar que, como regra geral, a alocação de riscos definida pelas partes deve ser preservada, conforme o previsto no art. 421-A, II, do Código Civil, incluído pela Lei 13.874/19 (Lei da "Liberdade Econômica"). Eis o teor do dispositivo legal: "Art. 421-A. Os contratos civis e empresariais presumem-se paritários e simétricos até a presença de elementos concretos que justifiquem o afastamento dessa presunção, ressalvados os regimes jurídicos previstos em leis especiais, garantido também que: I – as partes negociantes poderão estabelecer parâmetros objetivos para a interpretação das cláusulas negociais e de seus pressupostos de revisão ou de resolução; II – a alocação de riscos definida pelas partes deve ser respeitada e observada; e III – a revisão contratual somente ocorrerá de maneira excepcional e limitada."
8. CARLINI, Angélica L. Pandemia de covid-19 e os efeitos nos contratos de seguro com cobertura para lucros cessantes. Disponível em: [https://migalhas.com.br/coluna/migalhas-contratuais/330593/pandemia-de-covid--19-e-os-efeitos-nos-contratos-de-seguro-com-cobertura-para-lucros-cessantes]. Acesso em: 18.07.2020.

No aspecto teleológico a interpretação dos contratos de seguro deverá se ater às circunstâncias para as quais os seguros foram contratados. Que riscos o segurado temia no momento em que contratou a cobertura de lucros cessantes? Os danos decorrentes de paralisação da atividade empresarial em razão de uma pandemia, com certeza, não estavam no espectro de riscos dos empresários no momento em que contrataram os seguros de danos materiais e de lucros cessantes deles decorrentes.

(...)

A obrigação do segurador é garantir o interesse legítimo do segurado em relação a pessoas ou coisas, contra *riscos predeterminados*. A predeterminação do risco está longe de ser uma restrição aos interesses dos segurados. Bem ao contrário, a predeterminação é a única forma pela qual os seguradores conseguem realizar cálculos atuariais e estatísticos que viabilizam a organização e gestão do fundo mutual, formado com a contribuição dos segurados e cuja correta administração é que permite aos seguradores cumprirem sua obrigação legal e contratual: garantir o interesse legítimos dos segurados.

Portanto, as hipóteses excludentes de cobertura securitária não podem ser analisadas de forma superficial ou irrefletida, haja vista que eventual interferência excessiva na vontade manifestada no negócio jurídico poderá desequilibrar a relação contratual, ofendendo as legítimas expectativas inerentes à boa-fé contratual ou causando onerosidade excessiva para uma das partes.

3. REGULAÇÃO SETORIAL EM MATÉRIA DE SEGUROS DE PESSOAS

A fim de estabelecer claramente a superfície da discussão, faz-se necessária uma breve digressão a respeito dos atos normativos infralegais pertinentes à matéria, diante da regulamentação e da fiscalização estatal sobre o setor de seguros privados no Brasil, destacando-se, no ponto, a atuação da SUSEP[9]. A propósito, aduz Bruno Miragem[10]:

A disciplina legal dos seguros no direito brasileiro é complexa. O contrato de seguro caracteriza-se como espécie de contrato típico, uma vez que seu tipo legal consta no Código Civil (arts. 757 e ss.), distinguindo como espécies de seguros, os de danos (art. 778 e ss.) e de pessoas (art. 789 e ss.). Por outro lado, a estruturação da atividade securitária é objeto do Dec.-lei 73/1966, que instituiu o Sistema Nacional de Seguros Privados, dando ao Conselho Nacional de Seguros Privados competência normativa para regular o setor. Para a fiscalização e supervisão do mercado criou-se a autarquia federal Susep, que assegura também a execução das normas editadas pelo CNSP. Destas normas, inclusive, resultarão os diversos ramos do seguro, classificados conforme o interesse garantido ou os riscos cobertos.

O CNSP (Conselho Nacional de Seguros Privados), por seu turno, também integra o Sistema Nacional de Seguros Privados, mas consiste em órgão normativo e deliberativo ao qual compete, essencialmente, fixar as diretrizes e normas da política de seguros privados, conforme dispõe o art. 32 do Decreto-Lei 73/66.

---

9. A Superintendência de Seguros Privados (SUSEP), criada pelo Decreto-lei 73/66, tem natureza jurídica de autarquia e detém atribuições para, em linhas gerais, executar a política traçada pelo Conselho Nacional de Seguros Privados (CNSP), bem como fiscalizar e controlar os mercados de seguro, previdência privada aberta, capitalização e resseguro. Atualmente, está vinculada ao Ministério da Economia. Embora ela não possa ser classificada tecnicamente como agência reguladora (pois está subordinada hierarquicamente a um Ministério e seus dirigentes não possuem estabilidade), a SUSEP exerce poder normativo e fiscalizatório típico de tais entidades.

10. MIRAGEM, Bruno; CARLINI, Angélica (Coord.). *Direito dos seguros* (livro eletrônico): fundamentos de direito civil: direito empresarial e direito do consumidor. 1. ed. São Paulo: Revista dos Tribunais, 2014.

A regulação no mercado securitário tem assumido destaque em razão da iniciativa de *sandbox* regulatório[11] deflagrada no ano de 2019, o que caracteriza uma inovação em matéria de Direito Regulatório no Brasil, tendo sido adotada em pouquíssimos setores até o presente momento.

A medida se revela importante, sobretudo por se tratar de mercado fortemente regulado, característica que, embora justificável, acaba por inibir a inovação e a oferta de produtos e serviços em formatos não convencionais, que podem vir a suprir novas demandas ou condições ditadas pelo avanço tecnológico e pelas rápidas mudanças nas relações sociais, econômicas e jurídicas em nosso país.

Especificamente em relação aos seguros de pessoas, destacam-se, no plano regulamentar, a Resolução CNSP 117/04[12] e as Circulares SUSEP 302/05 e 317/06[13]. Ainda, estabelecendo parâmetros obrigatórios para planos de microsseguro, inclusive os que envolvem coberturas de pessoas, destaca-se a Circular SUSEP 440/2012.

Cumpre, portanto, diante de tal arcabouço infralegal, avaliar a sua conformidade com as normas de estatura superior no ordenamento jurídico que também regem ou incidem sobre a matéria.

4. DIÁLOGO ENTRE A REGULAÇÃO SETORIAL E O DIREITO DO CONSUMIDOR

Consoante já sinalizado, a matéria de fundo deste trabalho está permeada por normas legais e infralegais oriundas de diferentes fontes normativas, mas que estão em constante diálogo, devendo ser interpretadas, o quanto possível, de forma harmônica e complementar. Na hipótese analisada, sobressaem as disposições do Código Civil, do Código de Defesa do Consumidor e os atos normativos infralegais editados pelos órgãos estatais responsáveis pela regulação do setor de seguros privados. Acerca disso, anota Luiza Petersen[14], com fundamento na doutrina de Claudia Lima Marques[15]:

> A análise das diferentes fontes do direito dos seguros – Código Civil, Código de Defesa do Consumidor, Decreto Lei 73/66, Código Comercial (no capítulo ainda em vigor), Circulares da SUSEP, Lei do Seguro DPVAT, entre outras – revela a complexidade normativa deste ramo do direito, a exigir do intérprete

---

11. Conforme explicação publicada no sítio eletrônico da própria SUSEP, o sandbox regulatório "se constitui de um ambiente regulatório experimental para possibilitar a implantação de projetos inovadores que apresentem produtos e/ou serviços a serem ofertados no âmbito do mercado de seguros e que sejam desenvolvidos ou oferecidos a partir de novas metodologias, processos, procedimentos, ou de tecnologias existentes aplicadas de modo diverso. As sociedades participantes do sandbox poderão testar – sob a supervisão da Susep – novos produtos, serviços ou novas formas de prestar serviços tradicionais. A Susep poderá avaliar os benefícios e riscos relacionados a cada inovação e a necessidade de realização de ajustes, seja no modelo de negócios ou mesmo na regulamentação vigente". Disponível em: [http://www.susep.gov.br/setores-susep/ditec/perguntas-e-respostas-sobre-o-sandbox--regulatorio#1]. Acesso em: 18.07.2020.
12. Altera e consolida as regras de funcionamento e os critérios para operação das coberturas de risco oferecidas em plano de seguro de pessoas.
13. Ambas dispõem sobre as regras complementares de funcionamento e os critérios para operação das coberturas de risco oferecidas em planos de seguros coletivos de pessoas.
14. Diálogo das fontes e interpretação sistemática no direito dos seguros. *In* MARQUES, Claudia Lima; MIRAGEM, Bruno (Coord.). *Diálogo das fontes* [livro eletrônico]: novos estudos sobre a coordenação e aplicação das normas no direito brasileiro: obra completa. 1. ed. São Paulo: Thomson Reuters Brasil, 2020.
15. MARQUES, Claudia Lima. *Contratos no Código de Defesa do Consumidor*: o novo regime das relações contratuais. 6. ed. São Paulo: Ed. RT, 2011.

uma sofisticada interpretação. Nesse contexto, a teoria do diálogo das fontes apresenta-se como uma importante contribuição para o direito dos seguros. Enquanto método de interpretação sistemática e coordenada de normas, que pressupõe a "aplicação simultânea, coerente e coordenada" de diferentes normas a um mesmo caso, a teoria permite a sistematização e adequada interpretação das diferentes fontes do direito dos seguros.

A incidência do Código de Defesa do Consumidor nas relações de direito privado estabelecidas no âmbito de mercados regulados não constitui novidade em nosso ordenamento jurídico. Os diversos conflitos que eventualmente surgem entre as normas técnicas editadas pelas autarquias que regulamentam e fiscalizam a atividade dos agentes econômicos e a legislação ordinária são há muito enfrentados pelos operadores jurídicos. Especificamente em relação a normas editadas pela SUSEP, o Superior Tribunal de Justiça já teve o ensejo de analisar a sua compatibilidade com a legislação civil, inclusive o Código de Defesa do Consumidor. A título exemplificativo, no julgamento dos Embargos de Divergência no Recurso Especial 1.354.963/SP[16], a Segunda Seção do STJ assentou que:

> A validade de cláusula contratual instituidora de prazo de carência pode perfeitamente ser analisada à luz da regulamentação do CNSP e da Susep, desde que sejam respeitados os limites explicitados no ato de delegação respectivo, qual seja, o Decreto-Lei n. 261, de 28 de fevereiro de 1967. Ademais, deve-se ter ciência de que eventual lacuna legislativa também pode – e deve – ser suprida pela aplicação do Código Civil e do Código de Defesa do Consumidor. (...) A cláusula que estipule prazo de carência nos contratos de capitalização deve ser clara e precisa, a fim de atender todas as diretrizes insculpidas no Código de defesa do Consumidor e garantir transparência suficiente nas relações jurídicas estabelecidas entre aderente e sociedade de capitalização.

Observa-se, destarte, que o Poder Judiciário tem realizado o controle de legalidade das resoluções da SUSEP e dos atos normativos infralegais editados por agências reguladoras[17] em geral, inclusive, não raro, tomando como parâmetro o Código de Defesa do Consumidor, sempre que a relação jurídica a que se refere o caso concreto se apresenta como relação de consumo, a atrair a incidência de um maior dirigismo contratual, diante da vulnerabilidade do consumidor.

Nota-se, de modo geral, que a pedra de toque em tais julgamentos tem sido a análise da extensão e do alcance do poder normativo da agência reguladora, atentando sempre para os limites previstos na lei que delega tal poder à autarquia.

Não é ocioso lembrar que as normas editadas por agência reguladora se situam em plano infralegal, devendo se conformar não apenas às leis, mas também aos decretos que as regulamentam, uma vez que não compete a essas autarquias editar atos normativos primários (assim entendidos aqueles que criam, modificam ou extinguem direitos, com generalidade e abstração), tampouco regulamentar a legislação, atribuição que compete privativamente ao Presidente da República (art. 84, IV, da CRFB/88).

---

16. EREsp 1354963/SP, Rel. Ministro Luis Felipe Salomão, Segunda Seção, julgado em 24.09.2014, DJe 07.10.2014.
17. De acordo com Marçal Justen Filho, "agência reguladora independente é uma autarquia especial, sujeita a regime jurídico que assegura a autonomia em face da Administração direta e que é investida de competência para a regulação setorial". *Curso de direito administrativo* [livro eletrônico]. 5. ed. São Paulo: Thomson Reuters Brasil, 2018.

Em maior ou menor extensão, tem se reconhecido a existência de certo "grau de discricionariedade" das agências reguladoras no exercício do seu poder normativo[18], estando este limitado, obviamente, ao ambiente técnico que envolve a atividade econômica sobre a qual incide a sua atuação. Não se nega, portanto, a atribuição da agência reguladora para expedir atos normativos gerais e abstratos (porém com densidade inferior à das leis e decretos), de observância obrigatória para os agentes do mercado a que se referem. No entanto, tais atos ostentam *status* infralegal, de modo que não podem entrar em rota de colisão com a legislação ordinária.

A SUSEP, conforme orientação da Procuradoria Federal, calcada na Resolução CNSP 117/04 e da Circular SUSEP 302/05[19], indicou às seguradoras que, caso queiram excluir a morte do segurado decorrente de epidemias ou pandemias, deverão redigir: "epidemias e pandemias declaradas por órgão competente"[20]. Nota-se, portanto, que a autarquia, amparada em orientação do órgão responsável pela sua consultoria jurídica, entende lícita a exclusão de cobertura securitária de óbitos causados por pandemias. Essa estrutura redacional indicada pela SUSEP tem sido utilizada amplamente nos contratos se seguros, nos capítulos que regem as exclusões. Contudo, conforme afirma Thiago Junqueira[21]: "Como nunca havia sido posta à prova, praticamente inexistiu discussão jurídica sobre a efetiva validade dessa exclusão à luz dos preceitos do Código Civil, do CDC e da legalidade constitucional".

Portanto, embora costumeira a inclusão de tal cláusula em contratos de seguro, a escassez de precedentes (no sentido mais amplo do termo, a abranger inclusive conflitos não judicializados) faz com que a controvérsia jurídica subjacente à norma infralegal seja nova. Comentando a interpretação do dispositivo regulamentar, anota Bruno Miragem[22]:

> A redação da cláusula de exclusão em termos excessivamente objetivos ("Riscos excluídos: (...) epidemias e pandemias declaradas por órgão competente") abre-se à crítica. Contudo, não se pode deixar de considerar que, uma vez prevista no contrato, deva lhe ser atribuído sentido que corresponda aos usos, costumes e práticas do mercado relativas ao tipo de negócio, ou ainda qual seria a razoável

---

18. Conforme leciona Fabrício Motta, em obra coordenada por Maria Sylvia Zanella Di Pietro: "A função normativa é elemento essencial da regulação por envolver a expedição de normas diversas voltadas à busca do equilíbrio entre os diversos agentes e interesses do específico setor regulado. (...) Essa função liga-se, de forma necessária, às competências legalmente estabelecidas para cada agência. A função normativa é justificada e necessária em razão da escassez de conhecimentos técnicos por parte do Legislativo, contraposto ao cabedal de conhecimentos específicos acumulados pela entidade reguladora, assim como pela necessidade de agilidade e flexibilidade para acompanhar as mudanças no setor regulado". *Tratado de direito administrativo* [livro eletrônico]: administração pública e servidores públicos. 2. ed. São Paulo: Thomson Reuters Brasil, 2019.

19. Como dito no corpo do texto, a orientação tem como esteio à Resolução CNSP 117/04 e à Circular SUSEP 302/05, as quais estabelecem critérios para operação das coberturas de risco oferecidas em plano de seguro de pessoas. Disponível em [http://www.susep.gov.br/setores-susep/cgpro/copep/LISTA%20DE%20VERIFICACaO_Seguros-dePessoas_v10_09_12.pdf]. Acesso em: 18.07.2020.

20. Na mesma linha, em relação às coberturas classificadas como microsseguro de pessoas, o art. 12, I, d, da Circular SUSEP 440/2012, permite a exclusão de riscos de "epidemia ou pandemia declarada por órgão competente".

21. JUNQUEIRA, Thiago. Os seguros privados cobrem eventos associados a pandemias? *Revista Consultor Jurídico.* Disponível em: [https://www.conjur.com.br/2020-abr-01/direito-civil-atual-seguros-privados-cobrem-eventos--associados-pandemias]. Acesso em: 18.07.2020.

22. MIRAGWM, Bruno. Cláusulas de exclusão de risco de pandemias e epidemias: aspectos conceituais. *Revista Jurídica de Seguros.* n. 12. Rio de Janeiro: CNseg, maio de 2020. p. 117. Disponível em: [http://cnseg.org.br/data/files/28/40/7A/09/89A92710E277CE173A8AA8A8/RJS%20n%C2%BA%2012%20-%20Completa.pdf]. Acesso em: 18.07.2020.

negociação das partes sobre a questão discutida, inferida das demais disposições do negócio e da racionalidade econômica das partes (art. 113, §1º, II e V, do Código Civil). De outro lado, pesarão em favor do segurado as regras que determinam interpretação mais favorável a si, seja no caso de ambiguidade (art. 423 do Código Civil), ou pelo fato de não ter sido ele quem redigiu o dispositivo (art. 113, §1º, IV, do Código Civil).

Outrossim, é capital registrar que a maioria maciça de tais pactuações está atrelada aos *contratos de adesão*[23], ou seja, possuem estrutura que, por regra, não admite modificações de cláusulas, até porque espelham negócios jurídicos pré-formatados, em que não há uma prévia negociação propriamente dita acerca do conteúdo e redação das cláusulas contratuais. A propósito do fenômeno que levou à formação desse tipo de contrato, consoante afirma Flávio Tartuce[24]:

> Como visto, não há como afastar o contrato da constante ingerência exercida pelo meio social. Nesse contexto se situa o contrato de adesão, que constitui um fenômeno há muito tempo percebido pela teoria contratual. Notório é que, com a evolução da sociedade, passou-se exigir uma maior celeridade e intensidade das relações negociais, surgindo, nesse contexto, a *estandardização*.

Com outras palavras, a autonomia da vontade sofre grande pressão nos contratos de adesão, pois há gabarito prévio que não admite, raras exceções, qualquer tipo de alteração por efetiva negociação posterior entre as partes.

Quanto à qualificação dos contratos de seguro de vida como contratos de adesão[25], vale referir, também, o afirmado por Carolina E. P. M. de Senna Motta e Oksandro Gonçalves[26]:

> As cláusulas redigidas pela seguradora, e aprovadas pela Susep não são discutidas ou modificadas substancialmente pelo segurado, configurando-se, então, como um verdadeiro contrato de adesão. Não há espaço para negociações singulares, modificações relevantes, bastando apenas o preenchimento de alguns dados e a adesão do proponente.
>
> Nesse contexto, é necessário que se faça diálogo entre a regulação da SUSEP e o Código de Defesa do Consumidor, a fim de que possa aferir a validade da cláusula contratual em questão, bem como a forma como ela deve ser apresentada ao consumidor. Discorrendo sobre o tema em sentido amplo, anota Adilson José Campoy[27]:
>
> Especificamente quanto às cláusulas de exclusão de risco, muito se discute sobre sua abusividade. Partindo da convicção de que será abusiva a cláusula que der causa a um desequilíbrio em desfavor do segurado, mas considerando que a cláusula de exclusão risco será sempre uma cláusula de limitação de direitos desse mesmo segurado, percebe-se a dificuldade na apreciação do tema.
>
> (...)
>
> Mas, entenda-se que, a despeito do quanto se afirmou sobre as cláusulas de limitação de risco e sua importância para a estrutura técnica do contrato de seguro, a interpretação de toda e qualquer cláusula

---

23. De acordo com o art. 54 do CDC, "Contrato de adesão é aquele cujas cláusulas tenham sido aprovadas pela autoridade competente ou estabelecidas unilateralmente pelo fornecedor de produtos ou serviços, sem que o consumidor possa discutir ou modificar substancialmente seu conteúdo".
24. TARTUCE, Flávio. *Manual de direito do consumidor*: direito material e processual. 6. ed. rev., atual. e ampl. Rio de Janeiro: Forense, 2017, p. 406.
25. No sentido, afirmando que os contratos de seguro são "tipicamente de adesão": FIUZA, César. *Direito civil* (livro eletrônico): curso completo. 2. ed. São Paulo: Ed. RT, 2015.
26. MOTTA, Carolina E. P. M. de Senna e GONÇALVES, Oksandro. As cláusulas de riscos excluídos no contrato de seguro na visão da análise econômica do Direito. *Revista de Direito do Consumidor*. Ano 24. Vol. 101. Set-out 2015.
27. CAMPOY, Adilson José. *Contrato de Seguro de Vida* (livro eletrônico). 1. ed. São Paulo: Ed. RT, 2014.

deve ser feita de maneira mais favorável ao consumidor. Assim, sempre que se estiver diante de uma cláusula ambígua, ou que, por qualquer forma ou meio, permita mais de uma interpretação razoável, a dúvida há de ser resolvida em favor do segurado.

No particular, é imprescindível observar que, cuidando-se de disposição contratual limitadora de direito do consumidor, a sua redação deve se fazer com destaque, sob pena de nulidade, nos termos do §4° do art. 54[28] do CDC. Embora o dispositivo não traga, de forma especificada, como o destaque da cláusula deve ocorrer, a partir § 3° do mesmo artigo pode se extrair uma noção básica. Isso porque já consta no citado artigo de lei que a redação ordinária das cláusulas contratuais do contrato de adesão será escrita primando pela clareza, valendo-se de caracteres ostensivos e legíveis, cujo tamanho da fonte não poderá ser inferior ao corpo doze, medidas estas que visam facilitar sua compreensão pelo consumidor.

Logo, como as cláusulas de restrição a direitos do consumidor possuem natureza *extraordinária*, não bastará que estejam posicionadas de forma clara, ostensiva e em fonte de corpo doze. Será, pois, necessário que a cláusula seja visualizada como '*um ponto fora da curva*', isto é, que do olhar do contrato se verifique que se trata de cláusula que está fora da redação padrão, sendo, assim, tratada como uma *cláusula especial*, que assim será notada não apenas pelo consumidor, mas por qualquer pessoa que venha a interpretar o contrato. A forma com que o destaque será efetuado pode ser variante, tal como uso de fonte maior ou realces no texto (negrito, sublinhados e/ou uso de cor diferenciada)[29]. O fundamental é que qualquer pessoa, notadamente o consumidor comum, tenha a capacidade de perceber que se trata de cláusula que cuida de assunto especial, cujo objetivo é uma restrição ao seu direito.

Transportando a ideia para o objeto do ensaio, as exclusões de cobertura securitária devem ser destacadas no contrato, assegurando-se que o consumidor delas tenha plena ciência e compreensão[30], inclusive para que não haja ofensa ao direito do consumidor à

---

28. "Art. 54. Contrato de adesão é aquele cujas cláusulas tenham sido aprovadas pela autoridade competente ou estabelecidas unilateralmente pelo fornecedor de produtos ou serviços, sem que o consumidor possa discutir ou modificar substancialmente seu conteúdo. § 1° A inserção de cláusula no formulário não desfigura a natureza de adesão do contrato. § 2° Nos contratos de adesão admite-se cláusula resolutória, desde que a alternativa, cabendo a escolha ao consumidor, ressalvando-se o disposto no § 2° do artigo anterior.§ 3° Os contratos de adesão escritos serão redigidos em termos claros e com caracteres ostensivos e legíveis, cujo tamanho da fonte não será inferior ao corpo doze, de modo a facilitar sua compreensão pelo consumidor. § 4° As cláusulas que implicarem limitação de direito do consumidor deverão ser redigidas com destaque, permitindo sua imediata e fácil compreensão. § 5° (Vetado)"

29. No ponto, aduzem Ada Pellegrini Grinover, Antônio Herman de Vasconcellos e Benjamin, Daniel Roberto Fink, José Geraldo Brito Filomeno, Nelson Nery Junior e Zelmo Denari: "Sobre os destaques, ganha maior importância o dever de o fornecedor informar o consumidor sobre o conteúdo do contrato (art. 46, CDC). Deverá chamar a atenção do consumidor para as estipulações desvantajosas para ele, em nome da boa-fé que deve presidir as relações de consumo (...) O destaque pode ser dado de várias formas: a) em caracteres de cor diferente das demais cláusulas; b) com tarja preta em volta da cláusula; c) com redação em corpo gráfico maior do que o das demais estipulações; d) em tipo de letra diferente das outras cláusulas, como, por exemplo, em itálico, além de muitas outras fórmulas que possam ser utilizadas, ao sabor da criatividade do estipulante". *Código brasileiro de defesa do consumidor*: comentado pelos autores do anteprojeto. 10. Ed. revista, atualizada e reformulada. Rio de Janeiro: Forense, 2011, v. I, Direito Material (arts. 1° a 80 e 105 a 108).

30. Essa tem sido, aliás, a diretriz adotada pelo STJ noutros casos envolvendo exclusões de cobertura securitária, consoante se depreende do enunciado 402 da súmula de sua jurisprudência (*O contrato de seguro por danos pessoais compreende os danos morais, salvo cláusula expressa de exclusão*), bem assim, exemplificativamente, dos seguintes

informação e ao correlato dever do fornecedor (art. 6º, III, do CDC[31]). Nessa linha, sobre o tema das exclusões de coberturas em contratos de seguro, em sentido amplo, aduzem Carolina E. P. M. de Senna Motta e Oksandro Gonçalves:[32]

> É importante entender o risco proposto, o interesse segurável, os riscos excluídos, minimizando-se a assimetria de informações, oportunizando ao contratante a tomada correta da decisão, ou seja, se contratará ou não o seguro, se pagará um valor a mais de prêmio para a seguradora assumir o risco proposto ou se contratará mesmo assim, ciente de que, em certos casos, não haverá a cobertura securitária.

Portanto, para que a seguradora possa invocar cláusula contratual para excluir a morte do segurado decorrente de epidemias ou pandemias, não bastará que estas estejam "declaradas por órgão competente". É fundamental, a teor do art. 54, § 4º, do CDC, que o contrato de seguro contenha cláusula que indique tal situação, com redação destacada, que permita a imediata e fácil compreensão pelo segurado, ou seja, de que a situação está excluída da cobertura securitária. Não se pode admitir que uma cláusula que restringe o direito do consumidor seja plasmada em contrato de adesão sem que tal informação esteja facilmente identificada, pois não basta a inclusão da cláusula, já que a lei exige o seu destaque.

5. DELIMITAÇÃO DO NEXO CAUSAL E INTERPRETAÇÃO DAS NORMAS INFRALEGAIS

Em situação de normalidade, os contratantes em geral não atribuem grande relevância a cláusulas contratuais que se refiram a calamidades públicas, desastres naturais, epidemias ou pandemias, fazendo com que a matéria tenha parca discussão. Dessa forma, há um cenário novo que não foi examinado pelos Tribunais, sendo colocada à prova agora a orientação da SUSEP fixada com base na Resolução CNSP 117/04 e na Circular SUSEP 302/05 acerca dos contornos que a cláusula contratual deve possuir ao tratar da cobertura securitária em tais situações.

Assim, sem prejuízo à discussão quanto à validade de cláusula pela inexistência de destaque adequado (art. 54, § 4º, do CDC), ao se analisar especificamente a redação orientada (= *sugerida*) pela SUSEP, não se pode negar a sua vagueza, potencialmente apta a deflagrar profícuos debates quanto à extensão do nexo de causalidade. Em outras palavras, ao se excluir da cobertura securitária, "epidemias e pandemias declaradas por órgão competente", o que está efetivamente excluído?

À primeira vista, pode-se entender que a cláusula contempla somente os óbitos que tenham como fator determinante a doença pandêmica[33]. Essa é uma interpretação

---

julgados: REsp 929.991/RJ, Rel. Ministro Castro Filho, Terceira Turma, julgado em 07.05.2007, DJ 04.06.2007; AgInt no AREsp 1490204/BA, Rel. Ministro Raul Araújo, Quarta Turma, julgado em 08.10.2019, DJe 22.10.2019; REsp 1837434/SP, Rel. Ministra Nancy Andrighi, Terceira Turma, julgado em 03.12.2019, DJe 05.12.2019.

31. "Art. 6º São direitos básicos do consumidor: (...) III – a informação adequada e clara sobre os diferentes produtos e serviços, com especificação correta de quantidade, características, composição, qualidade, tributos incidentes e preço, bem como sobre os riscos que apresentem".

32. MOTTA, Carolina E. P. M. de Senna e GONÇALVES, Oksandro. As cláusulas de riscos excluídos no contrato de seguro na visão da análise econômica do Direito. *Revista de Direito do Consumidor*. Ano 24. v. 101. Set-out 2015. (Livro eletrônico).

33. Cabe, aqui, traçar um paralelo com o entendimento consolidado na jurisprudência do STJ no sentido de que "a embriaguez, por si só, não configura a exclusão da cobertura securitária em caso de acidente de trânsito, ficando

possível de prevalecer, pois se tratando de uma exceção ao escopo do contrato (que consiste no pagamento de indenização pela ocorrência do sinistro), sua interpretação deve ser restritiva. De toda sorte, não se pode esquecer que o art. 47 do CDC dispõe que "As cláusulas contratuais serão interpretadas de maneira mais favorável ao consumidor". Portanto, sempre que as cláusulas contratuais suscitarem dúvidas, no âmbito das relações de consumo, a interpretação deverá militar em favor do consumidor, que se caracteriza como a parte mais vulnerável na relação jurídica estabelecida com o fornecedor.

Há diversas interpretações que podem ser cogitadas a partir da fórmula redacional fixada pela SUSEP (=*"epidemias e pandemias declaradas por órgão competente"*), capaz de desencadear profundos debates em torno da extensão causal que se pode conferir à pandemia.

Com efeito, se o sinistro coberto pelo contrato é o evento morte, soa atécnico excluir "epidemias e pandemias". Rigorosamente, o que está afastado é o óbito causado por epidemias e pandemias. Porém, para que não haja qualquer ruído ou dissonância de entendimentos acerca da disposição contratual, é preciso esclarecer o alcance da relação de causa e efeito entre o risco não coberto e o sinistro, uma vez que se podem apresentar, na prática, diversas situações envolvendo concausas. Não se ignora, também, que uma pandemia pode acarretar diversos tipos de eventos atípicos, conflitos, crimes, agressões, os quais podem, em alguma extensão, ser associados à crise sanitária que os deflagrou. Tal situação pode levar à indagação se óbitos decorrentes de tais eventos estariam excluídos da cobertura securitária, aumentando a extensão dos debates. A propósito, sustentam Ernesto Tzirulnik e Vitor Boaventura[34]:

> As seguradoras conduzem os negócios, em atendimento aos estritos requisitos de supervisão, dedicados à garantia da solvência através da provisão e reserva de capital que já consideram a possibilidade de desvios na sinistralidade, incluídos os eventos catastróficos que implicam necessariamente a sinistralidade simultânea, por vezes de variados produtos da cesta securitária. As seguradoras não apenas dispõem das mais avançadas ferramentas de avaliação de riscos disponíveis como lançam mão das técnicas de proteção de riscos à sua atividade – o resseguro.

> Isso explica o fato de praticamente todas as seguradoras brasileiras que têm cláusulas de exclusão de pandemia expressa nas suas apólices de seguro do ramo vida terem declarado publicamente que pagarão os capitais segurados aos beneficiários, mesmo que a morte seja causada *exclusivamente* por Covid-19. Uma minoria segue a apostar em políticas de negativa de cobertura às vítimas da Covid-19. (...)

> A ênfase feita no parágrafo anterior ao advérbio *exclusivamente* tem propósito. Trata-se de ressaltar que, caso a Covid-19 seja *concausa* da morte, ou seja, se a morte for causada por outras patologias (comorbidades) em conjunto com a Covid-19, então, não há mesmo que se falar em evento não coberto: diante da *concorrência* entre *causas cobertas* e *causa excluída*, a indenização securitária deve ser paga.

---

condicionada a perda da indenização à constatação de que a embriaguez foi causa determinante para a ocorrência do sinistro" (AgInt no AREsp 1155652/SC, Rel. Ministro Raul Araújo, Quarta Turma, julgado em 24.09.2019, DJe 21.10.2019; AgRg no AREsp 389.461/SP, Rel. Ministra Maria Isabel Gallotti, Quarta Turma, julgado em 05.02.2015, DJe de 13.02.2015). Significa dizer que a circunstância prevista contratualmente como excludente da cobertura securitária, para que seja apta a afastar o dever da seguradora de pagar a indenização, deve ser o motivo determinante da ocorrência do sinistro.

34. CARVALHOSA, Modesto; KUYVEN, Fernando (Coord.). *Impactos jurídicos e econômicos da COVID-19*. 1. ed. São Paulo: Thomson Reuters Brasil, 2020.

Nota-se, assim, que em face da imprecisão redacional da cláusula contratual padronizada, a relação de causalidade deve ser aferida de forma direta e imediata, de modo que a exclusão se cobertura securitária somente englobará os óbitos que tenham como causa determinante a doença pandêmica.

Todas as considerações expostas conduzem à conclusão de que a cláusula em questão deve ser interpretada restritivamente, além de ser necessária a sua adequação não apenas às normas infralegais do CNSP e da SUSEP, mas também, e principalmente, ao Código de Defesa do Consumidor, quando caracterizada relação de consumo. Cumpre analisar, entretanto, se tal intelecção se compatibiliza com os princípios do Direito Civil que também incidem fortemente sobre as relações jurídicas em questão.

6. EQUACIONAMENTO DAS CONTROVÉRSIAS INTERPRETATIVAS COM RESPEITO À MANIFESTAÇÃO DE VONTADE: BOA-FÉ, FUNÇÃO SOCIAL E RACIONALIDADE ECONÔMICA DO CONTRATO

É induvidoso que não há ilegalidade ou abusividade na disposição contratual analisada, por si só, uma vez que, consoante antes sinalizado, a alocação de riscos é inerente ao contrato de seguro, sendo natural que alguns sinistros sejam excluídos, conforme o seu motivo determinante, desde que tal circunstância não acarrete lesão à boa-fé, onerosidade excessiva ou frustração da função social do contrato. Já se observou, após o devido balanceamento das interações entre os atos normativos infralegais incidente e o Código de Defesa do Consumidor, que as restrições à cobertura securitária, em especial na hipótese específica sob exame, devem ser interpretadas restritivamente, bem como assegurados o destaque redacional e a efetiva informação ao consumidor acerca do seu conteúdo. Entretanto, cabe ponderar se tais constatações também se harmonizam com a principiologia do Direito Civil, com a qual o Direito do Consumidor deve dialogar.

Já se teve a oportunidade de acentuar, linhas acima, a especial importância da boa-fé em todas as fases do contrato de seguro, haja vista a forte presença do elemento do risco e o seu propósito de proteger interesse do segurado contra eventos futuros e incertos. De acordo com o disposto no art. 765 do Código Civil, o" segurado e o segurador são obrigados a guardar na conclusão e na execução do contrato, a mais estrita boa-fé e veracidade, tanto a respeito do objeto como das circunstâncias e declarações a ele concernentes". Comentando o dispositivo, aduz Maria Helena Diniz[35]:

> O contrato de seguro é um contrato de boa-fé (*bona fidei negotia*), pois, por exigir uma conclusão rápida, requer que o segurado tenha uma conduta sincera em suas declarações a respeito do seu conteúdo, objeto e dos riscos, sob pena de receber sanções se proceder com má-fé (*EJSTJ*, 2:61), e que o segurador tenha conduta leal na conclusão e na execução do contrato. Tanto o segurado como o segurador deverão agir com probidade e lealdado, guardando, no contrato, a mais estrita boa-fé e veracidade. A má-fé de ambos deverá ser comprovada (*RT*, 585:127). O princípio da boa-fé objetiva (CC, art. 422) alcança todo o *iter contractus*, dando azo à responsabilidade pré-contratual e à pré-execução negocial.

---

35. DINIZ, Maria Helena. *Código Civil anotado*. 13. ed. rev. aum. e atual. de acordo com a reforma do CPC e com o Projeto de Lei n. 276/2007. São Paulo: Saraiva, 2008, p. 536-537.

É preciso observar, ainda, que a boa-fé exige, máxime neste momento excepcional que estamos vivenciando, significativa dose de prudência para que não se admitam revisões, resoluções ou inexecuções contratuais indevidas, genericamente fundamentadas em cláusulas como a força maior, o caso fortuito, a teoria da imprevisão ou a onerosidade excessiva.

Portanto, mesmo em tempo de pandemia, com severas implicações nas relações jurídicas, deve-se evitar a intervenção exagerada nas relações contratuais, buscando-se preservar, tanto quanto possível, as obrigações e contraprestações na forma originalmente convencionada e efetivamente desejada pelas partes. No ponto, sustenta Anderson Schreiber[36]: "Não se pode classificar acontecimentos – nem aqueles gravíssimos, como uma pandemia – de forma teórica e genérica para, de uma tacada só, declarar que, pronto, de agora em diante, todos os contratos podem ser extintos ou devem ser revistos".

É fulcral notar que qualquer interferência fundamentada nas consequências da pandemia deve considerar as circunstâncias específicas do negócio jurídico em análise, evitando-se a padronização de soluções e a generalização de presunções, uma vez que, a depender da situação concreta, tanto o apego excessivo às cláusulas inicialmente pactuadas quanto o intervencionismo desmedido podem igualmente resultar em desrespeito aos desígnios originais dos contratantes ou à base objetiva do negócio. Atentando para tal complexidade, sustenta Carlos Eduardo Pianovski[37]:

> Se a boa-fé, em regra, sob o pálio da confiança legítima, é fundamento para a força obrigatória dos contratos (ao lado do valor jurídico da promessa), ela pode, em situações de exceção, nas quais o programa obrigacional é gravemente afetado, com ofensa à função econômica concreta do contrato, caracterizar hipótese de mitigação dessa força obrigatória.
>
> É por isso que, excepcionalmente (e em apenas aparente paradoxo), exigir uma prestação tal como originalmente pactuada pode ser uma conduta oportunista, quando se der diante da alteração superveniente de circunstâncias com efeitos imprevisíveis e extraordinários sobre o programa obrigacional e que enseje a frustração da função econômica concreta da própria obrigação, com recusa à renegociação imposta pela boa-fé. Nesses casos, a conduta do credor pode se subsumir à figura do abuso do direito, nos termos do artigo 187 do Código Civil.

Transportando tais noções para o objeto particular deste estudo, faz-se necessária a percepção de que o contrato de seguro é celebrado visando justamente a cobrir situações inesperadas, embora o risco de sua ocorrência fosse, em tese, possível de se antever.

Outrossim, destaca-se que a espécie contratual sob exame contempla, via de regra, cláusulas prevendo especificamente, embora com acentuada vagueza, a hipótese de pandemia, razão pela qual deve-se buscar, o quanto possível, preservar a vontade legitimamente manifestada pelos contratantes, observadas as balizas expostas nos tópicos

---

36. SCHREIBER, Anderson. Devagar com o andor: coronavírus e contratos – Importância da boa-fé e do dever de renegociar antes de cogitar de qualquer medida terminativa ou revisional. Disponível em: [https://www.migalhas.com.br/coluna/migalhas-contratuais/322357/devagar-com-o-andor-coronavirus-e-contratos-importancia-da-boa-fe-e-do-dever-de-renegociar-antes-de-cogitar-de-qualquer-medida-terminativa-ou-revisional]. Acesso em: 18.07.2020.

37. PIANOVSKI, Carlos Eduardo. A crise do covid-19 entre boa-fé, abuso do direito e comportamentos oportunistas. Disponível em: [https://www.migalhas.com.br/coluna/migalhas-contratuais/324727/a-crise-do-covid-19-entre-boa-fe-abuso-do-direito-e-comportamentos-oportunistas]. Acesso em: 18.07.2020.

anteriores. Ocorre que a interpretação da aludida cláusula contratual também deve ser harmônica com a boa-fé, sempre tendo presente o disposto no art. 113[38] do Código Civil.

Por conseguinte, é preciso buscar apreender, para além do que segure a mera gramaticalmente a dicção da cláusula contratual, quais eram as legítimas expectativas das partes contratantes quando a entabularam, em face das informações que detinham e do contexto presente no momento da contratação. No particular, em linha com tais parâmetros, vale ressaltar o que aduzem Ernesto Tzirulnik e Vitor Boaventura[39]:

> No plano dos contratos de seguro não existe um "risco de pandemia" ou "epidemia". Na hipótese de um indivíduo vir a óbito por causa de uma doença, a *causa* do sinistro, isto é, o risco que se materializou, foi a possibilidade de morrer por doença, e não o *fato* de a doença vir a ocorrer com maior frequência.
>
> A pandemia, portanto, para o espectro das relações jurídicas dos contratos de seguro, é antes uma *circunstância*, uma *condição*, do que propriamente uma *causa*. Caso a pandemia fosse de hepatite, a causa da morte seria a hepatite, e não a sua ocorrência em condição pandêmica.
>
> (...)
>
> Quando a apólice apresenta, como causa que exclui a cobertura, algo que não é propriamente *causa*, mas uma *condição*, ela finda por gerar uma grande confusão. Quem é especializado em uma atividade tão técnica, como o são os seguradores, não pode incorrer no equívoco de inscrever nos documentos padronizados destinados a documentar o conteúdo dos seus contratos uma condição como causa excludente da cobertura. No seguro de vida, por exemplo, não há morte por pandemia, mas morte por alguma *causa* – a doença Covid19 – que, lamentavelmente, verifica-se de forma ampla na causação de mortes.
>
> O segurado, por seu turno, que não dispõe de igual *expertise*, ao ler a exclusão *de pandemia* nunca poderia imaginar que, vindo a morrer por causa de uma virose ou gripe, isso retiraria o direito creditório dos seus beneficiários. Causa elevada insegurança a exclusão genérica da pandemia em um seguro de vida.

Noutro giro, a análise também deve se pautar pela função social do contrato. No aspecto, mister salientar que a "Lei de Liberdade Econômica" introduziu o parágrafo único no art. 421[40] do Código Civil, reforçando a excepcionalidade da intervenção e da revisão contratuais.

A leitura do diploma legislativo deixa claro o desiderato do legislador, em consonância com a diretriz adotada pelo Poder Executivo na elaboração da medida provisória que o originou, de valorizar a autonomia privada e orientar a interpretação dos negócios jurídicos em geral para a preservação da intenção das partes, manifestada no instrumento

---

38. "Art. 113. Os negócios jurídicos devem ser interpretados conforme a boa-fé e os usos do lugar de sua celebração.
§ 1º A interpretação do negócio jurídico deve lhe atribuir o sentido que: I – for confirmado pelo comportamento das partes posterior à celebração do negócio; II – corresponder aos usos, costumes e práticas do mercado relativas ao tipo de negócio; III – corresponder à boa-fé; IV – for mais benéfico à parte que não redigiu o dispositivo, se identificável; e V – corresponder a qual seria a razoável negociação das partes sobre a questão discutida, inferida das demais disposições do negócio e da racionalidade econômica das partes, consideradas as informações disponíveis no momento de sua celebração.§ 2º As partes poderão livremente pactuar regras de interpretação, de preenchimento de lacunas e de integração dos negócios jurídicos diversas daquelas previstas em lei (Incluído pela Lei 13.874, de 2019)".

39. CARVALHOSA, Modesto; KUYVEN, Fernando (Coord.). *Impactos jurídicos e econômicos da COVID-19.* 1. ed. São Paulo: Thomson Reuters Brasil, 2020.

40. "Art. 421. A liberdade contratual será exercida nos limites da função social do contrato. Parágrafo único. Nas relações contratuais privadas, prevalecerão o princípio da intervenção mínima e a excepcionalidade da revisão contratual."

e expressada pelo seu próprio comportamento. Nessa linha, o legislador previu, inclusive, a possibilidade de as partes pactuarem regras de interpretação, preenchimento de lacunas e de integração dos negócios jurídicos, promovendo alterações nos supracitados artigos 113 e 421 e introduzindo o art. 421-A no Código Civil[41].

Assim, prescreveu o legislador no parágrafo único do art. 421 a prevalência, nas relações contratuais privadas, do princípio da intervenção mínima e da excepcionalidade da revisão contratual. Tal disposição dialoga, portanto, com as teorias da imprevisão (art. 317[42] do Código Civil de 2002) e da onerosidade excessiva (artigos 478, 479 e 480[43] do CC/02).

Embora se compreenda o desiderato do legislador de acentuar o respeito à vontade das partes, ressalta-se que a função social deve ser interpretada e aplicada de forma harmônica com os demais princípios e regras do direito contratual, e não entendida numa relação de antagonismo com a autonomia privada[44]. Comentando a nova redação do dispositivo, assevera Flávio Tartuce[45]:

> Com o devido respeito, o texto da medida provisória parece ter ressuscitado *antigos fantasmas* de temor a respeito da função social do contrato, no momento em que o princípio encontrou certa estabilidade de aplicação, seja pela doutrina ou pela jurisprudência. No âmbito da jurisprudência do Superior Tribunal de Justiça, são encontrados mais de cem julgados sobre o princípio, sem que qualquer um deles tenha eliminado o *pacta sunt servanda*. Como se retira de um dos últimos acórdãos superiores, "conquanto não se possa ignorar a força obrigatória das disposições na fase de execução contratual, há de ser ela mitigada pelos paradigmas da boa-fé objetiva e da função social do contrato" (STJ, REsp. 1.443.135/SP, Rel. Ministra Nancy Andrighi, Terceira Turma, julgado em 24.04.2018, *DJe* 30.04.2018). Geralmente, tem-se utilizado o princípio em casos de abusos contratuais, na linha das palavras de Miguel Reale antes transcritas.
>
> (...)
>
> Como é notório, a doutrina civilista acabou por atribuir ao princípio da função social do contrato uma dupla eficácia. Há, assim, uma eficácia interna entre as partes contratantes (Enunciado n. 360 da *IV Jornada de Direito Civil*), como também uma eficácia externa, para além das partes contratantes, possibilitando que o contrato gere efeitos perante terceiros (Enunciado n. 21 da *I Jornada de Direito Civil*). Nas duas aplicações, muito além de ser utilizada como concretizador da dignidade humana nas relações contratuais – o que é alvo de críticas por alguns –, a função social do contrato constitui um reforço da conservação negocial, assegurando trocas úteis e justas (Enunciado n. 22 da *I Jornada de Direito Civil*).

---

41. Já transcrito anteriormente na nota de rodapé n. 07.
42. "Art. 317. Quando, por motivos imprevisíveis, sobrevier desproporção manifesta entre o valor da prestação devida e o do momento de sua execução, poderá o juiz corrigi-lo, a pedido da parte, de modo que assegure, quanto possível, o valor real da prestação".
43. "Art. 478. Nos contratos de execução continuada ou diferida, se a prestação de uma das partes se tornar excessivamente onerosa, com extrema vantagem para a outra, em virtude de acontecimentos extraordinários e imprevisíveis, poderá o devedor pedir a resolução do contrato. Os efeitos da sentença que a decretar retroagirão à data da citação". "Art. 479. A resolução poderá ser evitada, oferecendo-se o réu a modificar equitativamente as condições do contrato". "Art. 480. Se no contrato as obrigações couberem a apenas uma das partes, poderá ela pleitear que a sua prestação seja reduzida, ou alterado o modo de executá-la, a fim de evitar a onerosidade excessiva".
44. Não por acaso, o direito de propriedade e a correlata função social estão previstos em sequência nos incisos XXII e XXIII do art. 5º da CRFB/88, ambos ostentando nítido *status* de direitos fundamentais.
45. A MP 881/19 (liberdade econômica) e as alterações do Código Civil. Primeira parte. Disponível em: [https://www.migalhas.com.br/dePeso/16,MI301612,41046-A+MP+88119+liberdade+economica+e+as+alteracoes+do+Codigo+Civil]. Acesso em: 18.07.2020.

Vale pontuar que, em outro ambiente, com regência especial, o projeto do novo Código Comercial em tramitação (Projeto de Lei do Senado 487/2013[46]) trata amplamente de tais temas, em especial no Capítulo I ("Do conceito, validade e interpretação do negócio jurídico empresarial") do Título Único ("Dos negócios jurídicos empresariais) do Livro IV ("Dos fatos jurídicos empresariais")[47].

Pois bem. Na jurisprudência do Superior Tribunal de Justiça, é possível encontrar diversos acórdãos em que foi aplicado o princípio da função social do contrato no âmbito securitário. Destaca-se, a título exemplificativo, acórdão proferido no Recurso Especial 1.684.228-SC[48], cujo julgamento suscitou controvérsia no âmbito da Terceira Turma acerca dos efeitos, na espécie, da aplicação do citado princípio.

O voto-vencedor, proferido pelo Ministro Ricardo Villas Bôas Cueva, com fundamento em acórdão anterior do mesmo órgão julgador[49], consignou a inidoneidade da exclusão da cobertura de responsabilidade civil no seguro de automóvel quando o motorista dirige em estado de embriaguez, visto que somente prejudicaria a vítima já penalizada, o que esvaziaria a finalidade e a função social dessa garantia, de proteção

---

46. Disponível em: [https://www25.senado.leg.br/web/atividade/materias/-/materia/115437]. Acesso em 18.07.2020.
47. Especificamente em relação à interpretação do negócio jurídico empresarial, destacam-se os seguintes dispositivos do projeto de lei: "Art. 166. Na interpretação do negócio jurídico empresarial, o sentido literal da linguagem não prevalecerá sobre a essência da declaração. Parágrafo único. A essência da declaração será definida: I – pelos objetivos visados pelo empresário; e II – pela função econômica do negócio jurídico empresarial. Art. 167. As declarações do empresário, relativas ao mesmo negócio jurídico, serão interpretadas no pressuposto de coerência de propósitos e plena racionalidade do declarante. Art. 168. Não prevalecerá a interpretação do negócio jurídico empresarial que implicar comportamentos contraditórios. Parágrafo único. O disposto neste artigo não exclui a coibição ao comportamento contraditório, considerada a conduta da parte na execução do contrato. Art. 169. No caso de silêncio, presume-se que não foi dado assentimento pelo empresário de quem se esperava a declaração, salvo se: I – as circunstâncias ou o comportamento posterior dele indicarem o contrário; ou II – pelos usos e costumes, considerar-se diverso o efeito da ausência de declaração. Art. 170. O negócio jurídico empresarial é presumivelmente oneroso".
48. O acórdão restou assim ementado: "Recurso especial. Direito civil. Ação de indenização por danos morais e materiais. Seguro de automóvel. Garantia de responsabilidade civil. Acidente de trânsito. Condutor do veículo. Segurado. Causa do sinistro. Embriaguez. Denunciação da lide. Seguradora. Dever de indenizar. Cláusula de exclusão. Ineficácia para terceiros. Proteção à vítima. Necessidade. Tipo securitário. Finalidade e função social. 1. Recurso especial interposto contra acórdão publicado na vigência do Código de Processo Civil de 2015 (Enunciados Administrativos 2 e 3/STJ). 2. Cuida-se, na origem, de ação de indenização por danos morais e materiais ajuizada em virtude de acidente de trânsito na qual houve denunciação da lide à seguradora. 3. Consiste a controvérsia recursal em definir se é lícita a exclusão da cobertura de responsabilidade civil no seguro de automóvel quando o motorista, causador do dano a terceiro, dirigiu em estado de embriaguez. 4. É lícita, no contrato de seguro de automóvel, a cláusula que prevê a exclusão de cobertura securitária para o acidente de trânsito (sinistro) oriundo da embriaguez do segurado ou de preposto que, alcoolizado, assumiu a direção do veículo. Configuração do agravamento essencial do risco contratado, a afastar a indenização securitária. Precedentes. 5. Deve ser dotada de ineficácia para terceiros (garantia de responsabilidade civil) a cláusula de exclusão da cobertura securitária na hipótese de o acidente de trânsito advir da embriaguez do segurado ou de a quem este confiou a direção do veículo, visto que solução contrária puniria não quem concorreu para a ocorrência do dano, mas as vítimas do sinistro, as quais não contribuíram para o agravamento do risco. 6. A garantia de responsabilidade civil não visa apenas proteger o interesse econômico do segurado relacionado com seu patrimônio, mas, em igual medida, também preservar o interesse dos terceiros prejudicados à indenização. 7. O seguro de responsabilidade civil se transmudou após a edição do Código Civil de 2002, de forma que deixou de ostentar apenas uma obrigação de reembolso de indenizações do segurado para também abrigar uma obrigação de garantia da vítima, prestigiando, assim, a sua função social. 8. Recurso especial não provido". (REsp 1684228/SC, Rel. Ministra Nancy Andrighi, Rel. p/ Acórdão Ministro Ricardo Villas Bôas Cueva, Terceira Turma, julgado em 27.08.2019, DJe 05.09.2019).
49. REsp 1738247/SC, Rel. Ministro Ricardo Villas Bôas Cueva, Terceira Turma, julgado em 27.11.2018, DJe 10.12.2018.

dos interesses prejudicados à indenização, ao lado da proteção patrimonial do segurado. Por seu turno, o voto-vencido, da lavra da Ministra relatora, Nancy Andrighi, contempla detida ponderação entre o aludido princípio e o postulado da livre iniciativa, inclusive com amparo na doutrina de Cristiano Chaves de Farias e Nelson Rosenvald[50]. Embora se tratasse, naquele caso, de seguro de responsabilidade civil, vale reproduzir os seguintes trechos do voto proferido pela Ministra relatora:

> Por isso é que na atualidade, forte no princípio da função social do contrato, concebe-se que o *seguro de responsabilidade civil encerra dupla garantia*: a primeira, sob um **viés** *individual*, de conferir proteção à esfera patrimonial do segurado e, a segunda, sob um *viés social*, de viabilizar o devido pagamento da indenização à vítima.
>
> Ocorre que, por se tratar de *cláusula geral de grande envergadura, sem conteúdo normativo preciso*, a aplicação casuística do princípio da função social do contrato impõe, inexoravelmente, *séria e sistemática hermenêutica*, de modo a conciliar o princípio com os demais valores e regras caros ao ordenamento jurídico. Sobre esse aspecto, alertam FARIAS e ROSENVALD, ao comentar acerca da necessária convivência entre a cláusula geral da função social do contrato e o postulado da livre-iniciativa em que se funda a ordem econômica brasileira:
>
> (...)
>
> Esses exemplos citados corroboram o que foi dito anteriormente, com apoio na doutrina de FARIAS e ROSENVALD, no sentido de que a função social do contrato de seguro não é um dado definido, mas um postulado abstrato e genérico, cuja delimitação se faz a partir de cada situação trazida a julgamento.

Embora tal entendimento não tenha sido acolhido pela maioria dos membros do órgão julgador, nota-se que a função social do contrato de seguro foi amplamente debatida, sendo aplicado por todos os julgadores, conquanto tenha havido divergência quanto ao seu resultado no deslinde da matéria que se apresentava no caso concreto. Entretanto, o ponto fundamental revelado pelos votos então proferidos, no que interessa diretamente a este estudo, é que, reconhecida a fundamental importância do aludido princípio na interpretação do contrato de seguro, faz-se necessário identificar, de forma específica, qual é a função social da avença especificamente analisada e harmonizá-la com os demais princípios, regras e vetores interpretativos incidentes.

No tocante ao seguro de vida, é de se ter em mente a sua função social de evitar o desamparo dos dependentes e beneficiários do segurado em virtude do seu óbito, circunstância que tende a se agravar quando a fatalidade é repentina ou inesperada. Assim, presente a causa excludente ora examinada, não resta dúvida de que os óbitos causados pela pandemia de COVID-19 trazem à tona com muita intensidade as mazelas sociais combatidas por essa espécie contratual, tudo a apontar, novamente, para a necessidade de uma interpretação restritiva da cláusula excludente de cobertura securitária.

De outro vértice, cumpre aferir também a compatibilidade da interpretação contratual apontada com a racionalidade econômica do contrato, sem, todavia, perder de vista a necessária harmonização da sua função social com a autonomia privada. Vale

---

50. FARIAS, Cristiano Chaves de e ROSENVALD, Nelson. *Curso de direito civil*: contratos. 8. ed. Salvador: Editora JusPodivm, 2018.

lembrar que o inciso V[51] do supramencionado art. 113, § 1º, do Código Civil enfatiza a importância desse vetor interpretativo na atribuição do sentido do negócio jurídico. Abordando a expressão, introduzida na codificação pela Lei da Liberdade Econômica, aduz Flávio Tartuce[52]:

> A respeito do último inciso do novo § 1º do art. 113 do Código Civil, valoriza-se a negociação prévia das partes, especialmente a troca de informações e de mensagens pré-negociais entre elas. Essas negociações devem ser confrontadas com as demais cláusulas do negócio pactuado, bem como com a *racionalidade econômica* das partes. A expressão destacada é mais uma cláusula geral, a ser preenchida pelo aplicador do Direito nos próximos anos, assim como ocorreu com a boa-fé objetiva e a função social do contrato nos últimos quinze anos de vigência da lei geral privada. Para tanto, a título de exemplo, devem ser considerados os comportamentos típicos das partes perante o mercado e em outras negociações similares, os riscos alocados nos negócios e as expectativas de retorno dos investimentos.

Verifica-se, assim, que o termo ainda carece de uma sistematização na doutrina, mas é possível depreender, do novel dispositivo legal, o desiderato do legislador de reconduzir o intérprete às bases econômicas originais do contrato e aos propósitos objetivamente visados pelas partes por ocasião da sua celebração. Ainda sobre o tema, vale reproduzir a intelecção de Oksandro Gonçalves[53]:

> Portanto, é preciso considerar em qualquer interferência sobre o contrato, a sua racionalidade econômica. Esta deve ser inferida a partir das informações disponíveis no momento da celebração em comparação com as novas informações. Natural, portanto, que exista entre os contratantes um nível de assimetria de informação típica da racionalidade limitada a que todos estão sujeitos. Todavia, a confiança depositada por elas no instrumento contratual será uma forte impulsionadora de ajustes privados eficientes. Para tanto, serão consideradas as particularidades do contrato, maximizando o nível de satisfação de cada uma das partes.

Partindo-se da racionalidade econômica do contrato de seguro de vida que tenha cobertura para morte natural, parece induvidoso que as partes pretendam, ao celebrar a avença, assegurar que eventual óbito causado por doenças respiratórias em geral (tal como a COVID-19) seja contemplado. Assim, a natureza da enfermidade não se revela como motivo apto a justificar a exclusão, de modo que o dado relevante a seu respeito, para o efeito debatido, reside na declaração do seu caráter pandêmico pelas autoridades competentes.

Nesse aspecto, é razoável supor que a cobertura de óbitos causados por doenças pandêmicas pode causar desequilíbrio atuarial, ante a grande quantidade de sinistros ocorridos em curto intervalo de tempo e da ausência de reserva financeira formada para esse propósito específico, considerada a existência de cláusula exonerativa em favor da

---

51. "§ 1º A interpretação do negócio jurídico deve lhe atribuir o sentido que: (Incluído pela Lei 13.874, de 2019) (...) V – corresponder a qual seria a razoável negociação das partes sobre a questão discutida, inferida das demais disposições do negócio e da racionalidade econômica das partes, consideradas as informações disponíveis no momento de sua celebração".

52. TARTUCE, Flávio. A "lei da liberdade econômica" (Lei 13.874/19) e os seus principais impactos para o Direito Civil. Segunda parte. Disponível em: [https://www.migalhas.com.br/depeso/313017/a-lei-da-liberdade-economica-lei-13874-19-e-os-seus-principais-impactos-para-o-direito-civil-segunda-parte]. Acesso em: 18.07.2020.

53. Gonçalves, Oksandro. A racionalidade econômica dos contratos em épocas pandêmicas. Disponível em: [https://www.migalhas.com.br/coluna/migalhas-contratuais/326110/a-racionalidade-economica-dos-contratos-em-epocas-pandemicas]. Acesso em: 18.07.2020.

seguradora. Entretanto, não se ignora que diversas companhias seguradoras anunciaram que irão cobrir óbitos causados pela pandemia de COVID-19. Correlacionando tal fato com a interpretação que se deve atribuir à cláusula contratual objeto deste estudo, assevera Milena Donato Oliva[54]:

> Permitir que as seguradoras invoquem a pandemia como causa exonerativa independentemente de seus concretos efeitos seria desvirtuar a função da excludente em contrariedade ao escopo contratual.
>
> Por outras palavras, se a pandemia, a despeito de suas devastadoras consequências sanitárias, não acarreta proporção de sinistros que extrapole a margem de segurança atuarial, a seguradora deve dar cobertura. Por tal razão, a decisão de muitas seguradoras, já publicamente anunciada, de efetuar o pagamento da soma segurada a despeito da excludente, não deve ser considerada, tecnicamente, gesto de liberalidade. Cuida-se, em verdade, de decisão que preserva o sentido da excludente: proteger a seguradora de risco extraordinário que efetivamente aumente, de forma desproporcional, a ocorrência de sinistros.

Assim, a intelecção apresentada revela que a racionalidade econômica do contrato também não induz a uma interpretação literal da cláusula contratual examinada, uma vez que o seu propósito consiste em evitar a extrapolação da margem de segurança atuarial, não se podendo aplicá-la de forma automática e irrefletida. Essa compreensão da disposição contratual do ponto de vista teleológico vai ao encontro, também, da regra prevista no inciso IV do §1º do art. 113 do Código Civil, por se revelar mais benéfica à parte que não redigiu o dispositivo.

Portanto, a interpretação restritiva da cláusula contratual, na linha exposta nos itens 4 e 5 deste estudo, revela-se apta a harmonizar a dicção contratual com todos os princípios abordados, sem que se cogite de lesão à autonomia privada.

Noutro giro, vale destacar que há projeto de lei[55] em tramitação no Congresso Nacional com o fito de alterar a Lei 13.979/20[56], para determinar que o seguro de assistência médica ou hospitalar, bem como o seguro de vida ou de invalidez permanente, não poderá conter restrição de cobertura a qualquer doença ou lesão decorrente da emergência de saúde pública de que trata a Lei. No ponto, cabe indagar, ainda que tal projeto venha a ser aprovado e sancionado, sobre a sua aplicabilidade aos contratos firmados anteriormente à sua entrada em vigor, isto é, aqueles que, em tese, dariam ensejo à cobertura securitária no contexto da pandemia de COVID-19. Parece, contudo, que tal aplicação retroativa ofenderia a garantia do ato jurídico perfeito (art. 5º, XXXVI, da CRFB/88). Nada impede, todavia, que as partes, de comum acordo, resolvam incluir tal hipótese no contrato vigente.

---

54. OLIVA, Milena Donato. Seguro de vida e pandemia. Disponível em: [https://www.migalhas.com.br/depeso/330645/seguro-de-vida-e-pandemia]. Acesso em: 18.07.2020.
55. Projeto de Lei 2113/20, de autoria da Senadora Mara Gabrilli (PSDB/SP). Disponível em: [https://www25.senado.leg.br/web/atividade/materias/-/materia/141676]. Acesso em: 18.07.2020.
    Após a aprovação pelo Senado Federal em 20 de maio de 2020, a proposição foi encaminhada à Câmara dos Deputados. Por consequência, foi considerado prejudicado o Projeto de Lei 890/20, de autoria do Senador Randolfe Rodrigues (REDE/AP), que pretendia alterar o Código Civil, para incluir na cobertura de seguros de vida óbitos decorrentes de epidemias ou pandemias, ainda que declaradas por autoridades competentes. Disponível em: [https://www25.senado.leg.br/web/atividade/materias/-/materia/141193]. Acesso em: 18.07.2020.
56. Dispõe sobre as medidas para enfrentamento da emergência de saúde pública de importância internacional decorrente do coronavírus responsável pelo surto de 2019.

Novamente, mister salientar que a ordem jurídica repudia a adoção de fórmulas genéricas ou aprioristicamente concebidas para o acertamento de controvérsias resultantes de relações jurídicas contratuais, devendo-se prestigiar as peculiaridades do negócio jurídico examinado, sob pena de se menosprezar a autonomia privada e frustrar a consecução dos fins objetivados pelas partes contratantes, além de se ofender a isonomia ao se impor soluções idênticas para casos substancialmente distintos.

7. CONCLUSÕES

O contexto de grave crise sanitária, econômica e social deflagrado pela pandemia de COVID-19 acarreta diversas repercussões jurídicas que desafiarão os profissionais do Direito ao longo dos próximos anos, sobretudo por se tratar de evento sem precedentes na história recente da humanidade. Nessa conjuntura, ainda que exista norma jurídica disciplinando a hipótese de pandemia numa relação jurídica específica, a sua interpretação e efetiva aplicação se tornam complexas, exigindo um esforço de ponderação e harmonização com os princípios e regras incidentes sobre a mesma relação.

Diante de todo o exposto, para que a seguradora possa invocar cláusula contratual para excluir a morte do segurado decorrente de epidemias ou pandemias, faz-se necessário que ela tenha sido redigida com significativo destaque, de forma que permita a imediata e fácil compreensão pelo segurado.

Outrossim, a cláusula em questão deve ser interpretada restritivamente, e a relação de causalidade deve ser aferida de forma direta e imediata, de modo que a exclusão se cobertura securitária somente pode englobar os óbitos que tenham como causa determinante a doença pandêmica. Tal interpretação, além de alinhada com o Código de Defesa do Consumidor, harmoniza-se com os princípios do direito contratual, em especial, da boa-fé, da função social e da racionalidade econômica do contrato, sem causar lesão à autonomia privada.

Por fim, espera-se que, frente às controvérsias que inevitavelmente surgirão em razão da epidemia de COVID-19, os contratos de seguro sejam aprimorados, bem como a SUSEP avance na regulamentação da matéria, para que sinistros relacionados, em algum grau na cadeia causal, com epidemias ou pandemias, passem a ter disciplina mais clara e detalhada. Mais do que isso, mesmo diante da atual imprecisão redacional existente em muitos contratos, é possível que a comunidade jurídica também vislumbre soluções intermediárias para a regulação de sinistros que venham a ocorrer, que não necessariamente neguem em absoluto qualquer contrapartida aos contratantes, na medida em que o contexto presente é absolutamente excepcional, sem precedentes, e não foi antevisto por quaisquer das partes envolvidas em tais contratações.

PLAUSIBILIDADE DAS PRETENSÕES REVISIONAIS DE ALIMENTOS EM RAZÃO DAS IMPLICAÇÕES DA PANDEMIA DO NOVO CORONAVÍRUS

Luciano Souto Dias

Doutorando pela Universidade do Vale do Rio dos Sinos – Unisinos/RS. Mestre em Direito Processual pela Universidade Federal do Espírito Santo – UFES. Professor de Direito de Família, Introdução ao Estudo do Direito, Direito Processual Civil e Prática de Processo Civil na Fadivale/MG. Um dos autores do livro *Famílias e sucessões* da Coleção Repercussões do Novo CPC, lançado em 2016 pela Editora JusPodivm. Autor do livro *Poderes instrutórios do juiz na fase recursal do processo civil em busca da verdade*, publicado em 2018 pela Editora JusPodivm. Coordenador da obra *Repercussões da pandemia Covid-19 no direito brasileiro*, publicada em 2020 pela Editora JH Mizuno. Palestrante. Advogado civilista. Currículo: [http://lattes.cnpq.br/1662396341947410]. E-mail: lucianosouto2005@yahoo.com.br

Thiara Viana Coelho Souto

Pós-graduada em Direito Processual Civil pela Faculdade de Direito do Vale do Rio Doce – Fadivale. Mediadora Judicial e Extrajudicial com formação pelo Conselho Nacional de Justiça – CNJ e pela Fundação Nacional de Mediação de Conflitos – FNMC. Conselheira eleita da 43ª Subseção da OAB/MG. Ex-presidente da Comissão de Comunicação da 43ª Subseção da OAB/MG. Autora de artigos jurídicos e capítulos de livros publicados. Advogada. Sócia-proprietária do escritório de advocacia Luciano Souto Sociedade de Advogados. Currículo: [http://lattes.cnpq.br/9913646664130660]. E-mail: thiaravcsouto@gmail.com

> "Não se desespere, nem pare de sonhar
>
> Nunca se entregue, nasça sempre com as manhãs...
>
> Deixe a luz do sol brilhar no céu do seu olhar!
>
> Fé na vida fé, fé no homem, fé no que virá!"[1]

Sumário: 1. Apontamentos preliminares: reconfiguração das rotinas e convite à pretensão revisional de convivência humana. 2. Premissas balizadoras de eventuais pretensões revisionais: leitura a partir da redução ou ampliação da possibilidade do alimentante em razão da pandemia. 3. Aspectos probatórios, normativos e rememorações casuísticas aportadas em pretensões revisionais de alimentos a partir do período pandêmico. 3.1 A prova como elemento preponderante nas ações revisionais. 3.2 Revisitação normativa afeta às questões alimentícias. 3.3 Pronunciamentos judiciais em pretensões revisionais de alimentos a partir do período pandêmico. 4. Considerações finais.

---

1. Canção: *Semente do amanhã* (Nunca pare de sonhar) – Gonzaguinha.

1. APONTAMENTOS PRELIMINARES: RECONFIGURAÇÃO DAS ROTINAS E CONVITE À PRETENSÃO REVISIONAL DE CONVIVÊNCIA HUMANA

O período de 2020 seguramente será rememorado como o ano em que a terra parou![2] A inenarrável pandemia causada pelo novo coronavírus, outrora não imaginada, agigantou-se e, impetuosamente, aterrorizou o planeta.

Os impactos das dramáticas consequências da pandemia foram sentidos em todos os segmentos da sociedade brasileira e nas mais distintas relações jurídicas.

Os efeitos pandêmicos em todos os setores da vida humana não têm precedentes na história recente da humanidade. Implicações diretas foram sentidas, sobretudo, nas relações de trabalho, consumo, educação, lazer, saúde, cultura, esportes, vinculações contratuais; no comércio formal e informal, na economia, atividades religiosas, liberdade de locomoção e ainda nas obrigações civis, em geral, bem como nas relações familiares.

Nos campos e esferas retromencionados há algo comum: a incidência do Direito que, de igual modo, é invocado a amparar os cidadãos, nos momentos de calmaria e de crise, sempre pautado pelas premissas axiológicas da segurança e da justiça.

As relações sociais sofreram modificações significativas em virtude de recomendações e exigências das autoridades públicas, bem como em razão de comandos normativos de caráter restritivo outrora impostos.

Há de convir que a realidade pós-pandêmica conduz a uma consequente normalidade pós-pandêmica, ou seja, algo peculiar, que demanda a reconfiguração das condutas e dos procedimentos rotineiros, tanto nos aspectos da vivência quanto da convivência humana. Conforme Boaventura de Sousa Santos, "a pandemia e a quarentena estão a revelar que são possíveis alternativas, que as sociedades se adaptam a novos modos de viver quando tal é necessário e sentido como correspondendo ao bem comum".[3]

A pandemia evidenciou a fragilidade do ser humano, transformou a rotina das pessoas e exigiu adaptação à realidade;[4] interferiu no Direito e exigiu que este, de igual modo, se reconfigurasse.

Superada a fase crítica da doença respiratória mundialmente disseminada, torna-se imperioso redirecionar os contínuos esforços para a desafiante reconstrução da normalidade, em todos os aspectos da vida humana.

As significativas implicações da crise pandêmica no Direito de Família justificam o presente ensaio, que convida à reflexão sobre as pretensões revisionais de alimentos motivadas pelas consequências da pandemia do novo coronavírus.

O desenvolvimento da pesquisa se espelha na problematização que compreende a indagação quanto à viabilidade ou não de se proceder à revisão do valor pago a título de pensão alimentícia em razão da situação de excepcionalidade causada pela pandemia,

---

2. Paráfrase à canção *O dia em que a terra parou*, gravada por Raul Seixas.
3. SOUZA SANTOS, Boaventura. *A cruel pedagogia do vírus*. Coimbra: Almedina, 2020. p. 29.
4. Ao discorrer sobre o fenômeno da adaptação humana, Paulo Nader afirma que graças aos processos de adaptação, "o homem se torna forte e resistente, apto a enfrentar os rigores da natureza, capaz de viver em sociedade, desfrutar de justiça e segurança, de conquistar, enfim, o seu mundo cultural" (NADER, Paulo. *Introdução ao estudo do direito*. 42. ed. Rio de Janeiro: Forense, 2020. p. 17).

que vislumbra potencial interferência na possibilidade de custeio, pelo alimentante, do valor originalmente estabelecido a título de pensão alimentícia devida ao alimentando.

Considera-se a hipótese de existência de razões de ordem fática e jurídica a justificar eventual pretensão revisional das obrigações alimentícias, contudo, o texto aponta a necessidade de averiguar casuisticamente a viabilidade de eventuais concessões nesse sentido, sendo recomendada a pactuação autocompositiva entre os envolvidos.

A temática abordada é dotada de premente relevância e atualidade, tanto no contexto social quanto na esfera jurídica, uma vez que contempla problemática enfrentada mundialmente. Ademais, as ponderações em cotejo buscam contribuir para o fomento de porvindouras reflexões sobre o tema em apreço.

No tocante ao viés metodológico, a pesquisa conta com o método dedutivo, por meio de argumentação teórica e revisão literária, compreendendo análise crítica a partir da contribuição doutrinária, considerando como referencial o ordenamento jurídico brasileiro contemporâneo.

Diante da nova realidade vivenciada, oportunos se mostram procedimentos e condutas revisionais do próprio modelo de convivência humana, agora reconfigurado, a partir da ampliação da cautela nos relacionamentos presenciais, a rotinização e fortalecimento dos vínculos virtuais, o que desafia a adaptação por todos.

Se, no Direito de Família, emerge a viabilidade de revisão das obrigações alimentícias, no contexto geral, o convite é para que se proceda à verdadeira revisão de tudo: de compromissos, rotinas, conceitos, valores e de ideais de vida.

2. PREMISSAS BALIZADORAS DE EVENTUAIS PRETENSÕES REVISIONAIS: LEITURA A PARTIR DA REDUÇÃO OU AMPLIAÇÃO DA POSSIBILIDADE DO ALIMENTANTE EM RAZÃO DA PANDEMIA

Conquanto a sociedade tenha vivenciado tenso período de distanciamento social e de quarentena, conforme assevera Amarildo Lourenço Costa, a pandemia não poderia conduzir o próprio Direito à quarentena, pois, inclusive, em situações de excepcionalidade, "o ordenamento precisa continuar fincado sobre as mesmas bases que o têm sustentado, não se tolerando, a pretexto algum, que se postergue a fiel observância das balizas essenciais – os direitos fundamentais dentre elas – que lhe dão sentido e direção".[5]

O Direito das Famílias não se manteve alheio às implicações pandêmicas, uma vez que desde os meses iniciais de 2020, a partir do diagnóstico da doença respiratória Covid-19 no Brasil, o Poder Judiciário passou a ser provocado com pretensões de natureza familiar, com significativo número de pedidos de divórcio, extinção de união estável, inventário, regulamentação do direito de convivência, violência doméstica e, outrossim, de revisão de pensão alimentícia, temática motivadora do presente ensaio.

---

5. COSTA, Amarildo Lourenço. *Direito sob quarentena?* Reflexões sobre a liberdade de locomoção em tempos de pandemia. In: DIAS, Luciano Souto (Org.). *Repercussões da pandemia Covid-19 no direito brasileiro*. Leme, São Paulo: JH Mizuno, 2020. p. 14.

Alimentos podem ser compreendidos como o que se afigurar necessário para a manutenção de uma pessoa humana, abrangendo os mais diferentes valores necessários para a garantia de uma vida digna, incluindo despesas ordinárias, como os gastos com alimentação, habitação, assistência médica, vestuário, educação, cultura e lazer, bem como despesas extraordinárias, como aquelas com farmácia, vestuário escolar e livros educativos. Não são alcançados gastos supérfluos ou luxuosos e ainda aqueles decorrentes de vícios pessoais.[6-7]

Flávio Tartuce ensina que, no plano conceitual e em sentido amplo, "os alimentos devem compreender as necessidades vitais da pessoa, cujo objetivo é a manutenção da sua dignidade: a alimentação, a saúde, a moradia, o vestuário, o lazer, a educação, entre outros".[8]

Os alimentos ostentam natureza de direito da personalidade, pois asseguram a inviolabilidade do direito à vida, à integridade física e a própria dignidade humana.[9] São devidos alimentos aos parentes, cônjuges ou companheiros (art. 1.694, CC), devendo ser arbitrados em vista da necessidade de quem os pleiteia e da possibilidade, da capacidade contributiva de quem tem a obrigação de prestá-los,[10] e tais critérios merecem ser sopesados em função do princípio da razoabilidade/proporcionalidade,[11-12] em conformidade com o comando consignado no art. 1.694, § 1º da Lei 10.406, de 10 de janeiro de 2002.[13]

A propósito, é de bom alvitre rememorar o registro de Anderson Schreiber, ao assinalar que "a possibilidade do alimentante e a necessidade do alimentando devem manter entre si uma relação de proporcionalidade, de tal modo que o padrão de vida de ambos seja, na medida do possível, assegurado, evitando-se a ruína de qualquer deles."[14]

Em razão do caráter contínuo da obrigação alimentícia, não podem ser desprezadas eventuais circunstâncias fáticas supervenientes capazes de interferir nos parâmetros jurídicos ensejadores da deliberação que estabeleceu o *quantum* devido a título de ali-

---

6. FARIAS, Cristiano Chaves et al. *Código Civil para concursos*. 3. ed. Salvador: JusPodivm, 2015. p. 1360.

7. Para Pablo Stolze Gagliano e Rodolfo Pamplona Filho, "juridicamente, os alimentos significam o conjunto das prestações necessárias para a vida digna do indivíduo" (*Novo curso de direito civil*: direito de família. 9. ed. São Paulo: Saraiva Educação, 2019. p. 721).

8. TARTUCE, Flávio. *Manual de direito civil*. 6. ed. Rio de Janeiro: Forense; São Paulo: Método, 2016. p. 1418.

9. DIAS, Maria Berenice. *Manual de direito das famílias*. São Paulo: Ed. RT, 2017. p. 582.

10. Cristiano Chaves de Farias e Nelson Rosenvald pontuam que: "A fixação dos alimentos deve obediência a uma perspectiva solidária (CF, art. 3º), norteada pela cooperação, pela isonomia e pela justiça social – como modos de consubstanciar a imprescindível dignidade humana" (FARIAS, Cristiano Chaves de; ROSENVALD, Nelson. *Curso de direito civil*: famílias. 7. ed. São Paulo: Atlas, 2015. v. 6. p. 758).

11. Na concepção de Gilmar Mendes, "o princípio da proporcionalidade emana diretamente das ideias de justiça, equidade, bom senso, prudência, moderação, justa medida, proibição do excesso, direito justo e valores afins; precede e condiciona a positivação jurídica, inclusive de nível constitucional; e, ainda, enquanto princípio geral do direito serve de regra de interpretação para todo o ordenamento jurídico." (MENDES, Gilmar Ferreira. *Curso de direito constitucional*. 9. ed. São Paulo: Saraiva, 2014. p. 114).

12. Conforme Anderson Schreiber, "a proporcionalidade não configura, a rigor, um terceiro requisito, mas sim um parâmetro para a avaliação dos dois anteriores" (SCHREIBER, Anderson. *Manual de direito civil contemporâneo*. São Paulo: Saraiva, 2018. p. 917).

13. "Art. 1.694. Podem os parentes, os cônjuges ou companheiros pedir uns aos outros os alimentos de que necessitem para viver de modo compatível com a sua condição social, inclusive para atender às necessidades de sua educação.

    § 1º Os alimentos devem ser fixados na proporção das necessidades do reclamante e dos recursos da pessoa obrigada."

14. SCHREIBER, Anderson. *Manual de direito civil contemporâneo* cit., p. 917.

mentos. Dessarte, o art. 1.699 do Código Civil prevê expressamente que, uma vez fixados os alimentos, se sobrevier mudança na situação financeira de quem os supre, ou na de quem os recebe, poderá o interessado reclamar ao juiz, conforme as circunstâncias, exoneração, redução ou majoração do encargo.

Os impactos na seara econômica causados por medidas sanitárias restritivas impostas em virtude da situação pandêmica são públicos, notórios e, de certo modo, para muitos, incalculáveis. O novo coronavírus gerou uma verdadeira "coronacrise", apresentando, no Direito de Família, potencial para conduzir o valor da pensão imposto a alimentantes a patamar de significativa onerosidade.

Pragmaticamente, contudo, torna-se imperioso apreciar a temática sob duas premissas, a saber: possível substancial redução, ou então, possível majoração da condição financeira do alimentante em razão da pandemia, uma vez que, embora seja manifesta a tendência de diminuição da condição econômico-financeira devido à queda ou perda de renda, eventual situação inversa pode ser constatada. Analisa-se, portanto, as duas premissas:

1ª O alimentante pode ter suportado queda em sua renda, com consequente redução de sua possibilidade de custeio dos alimentos;

2ª O alimentante pode ter ampliado sua condição financeira em razão da pandemia, com consequente melhora em sua capacidade de custeio da pensão.

Quanto à segunda premissa apontada, cumpre ressaltar que, diante da crise pandêmica, surgiram oportunidades inovadoras de exitosos investimentos, que podem ter permitido a geração de emprego e ampliação de renda, tanto de empreendedores quanto de trabalhadores. A título exemplificativo cumpre trazer à baila atividades comerciais de alguns segmentos que se destacaram a partir do período de crise da pandemia:

a) Comércio supermercadista: ocorreu significativa ampliação no movimento de consumidores em supermercados, assim como nas vendas, motivada pelo aumento do consumo de produtos alimentícios a partir do distanciamento social e das medidas que recomendaram ou exigiram maior permanência das pessoas em suas residências;

b) Comércio de produtos por meio de serviços *delivery*: com a redução da frequência das pessoas em restaurantes, bares e similares, ocorreu a elevação da demanda por entrega de produtos em residência;

c) Serviços de entrega de produtos *delivery*: a ampliação do comércio *delivery* gerou o mesmo efeito nas oportunidades de trabalho e expansão de renda para entregadores de produtos em residência;

d) Comércio eletrônico: a restrição de acesso presencial a estabelecimentos comerciais aumentou a oferta e a procura pelo comércio virtual, que garante comodidade ao consumidor e disponibiliza milhares de produtos para compra;

e) Comercialização de insumos hospitalares: empresas que fabricam e comercializam insumos hospitalares utilizados no combate e tratamento da Covid-19 foram agraciados com o aumento da procura por seus produtos;

f) Revenda de produtos de sanitização: produtos de limpeza e desinfecção como álcool gel e similares tiveram sua comercialização significativamente expandida;

g) Profissionais da saúde: ampliaram-se oportunidades de emprego e gratificações nos serviços de saúde, especialmente para médicos, enfermeiros e outros profissionais do setor;

h) Produtos farmacêuticos: a demanda por medicamentos cresceu a partir da pandemia, sobretudo em razão da aquisição de remédios que poderiam fortalecer a resistência do organismo e, de certa forma, prevenir contra a doença.

i) Comercialização de máscaras de proteção facial: das mais singelas às personalizadas e requintadas, as máscaras se tornaram produto de aquisição e utilização compulsória, inclusive por força de normas que estabeleceram a obrigatoriedade de seu uso em ambientes públicos, como medida de prevenção à propagação da Covid-19.

Nas atividades pontuadas houve expressiva probabilidade de aumento da renda dos envolvidos, o que potencializa a condição de prestar alimentos daqueles que têm essa obrigação.[15]

Nesse desiderato, eventual modificação negativa ou positiva na condição do prestador de alimentos justifica, conforme o caso, a redução ou a majoração do valor referencial devido.

Maria Berenice Dias destaca que a exigência de observância ao parâmetro da necessidade e possibilidade é que permite a revisão do encargo, uma vez que, "havendo alteração em um dos vértices desse binômio é possível, a qualquer tempo, rever o valor do encargo".[16]

A revisão do valor arbitrado a título de alimentos pressupõe a análise da situação fática[17-18] no intuito de verificar eventual alteração no equilíbrio binomial entre necessidade do alimentando e possibilidade do alimentante.[19] Nesse sentido, Cristiano Chaves de Farias complementa que a revisão alimentícia está condicionada à comprovação de que "houve uma mudança, para maior ou para menor, nos elementos objetivos, fáticos

---

15. Conforme Carlos Roberto Gonçalves, "se o alimentante, depois de fixado o quantum alimentar com base nos seus ganhos líquidos, é promovido ou obtém sucesso em sua atividade profissional, comercial, industrial ou artística, por exemplo, com melhoria de sua situação econômico-financeira, pode o alimentando, em face desses fatos supervenientes, pleitear majoração da pensão, na proporção de suas necessidades. Se, todavia, ocorre o contrário, ou seja, se o alimentante, em razão de diversas causas, como falência, doença impeditiva do exercício de atividade laborativa, perda do emprego e outras, sofre acentuada diminuição em seus ganhos mensais a ponto de não mais ter condições de arcar com o pagamento das prestações, assiste-lhe o direito de reivindicar a redução do aludido *quantum* ou mesmo, conforme as circunstâncias, completa exoneração do encargo alimentar" (GONÇALVES, Carlos Roberto. *Direito civil brasileiro:* Direito de família. 14. ed. São Paulo: Saraiva, 2017. v. 6, p. 731).
16. DIAS, Maria Berenice. *Manual de direito das famílias* cit., p. 670.
17. Conforme Rolf Madaleno, "a revisão judicial dos alimentos é uma questão de fato e depende do exame do caso prático" (MADALENO, Rolf. *Direito de família.* 7. ed. Rio de Janeiro: Forense, 2017. p. 1510).
18. Nieves Martínez Rodríguez destaca alguns pressupostos que devem estar presentes para justificar a revisão do valor da pensão alimentícia: "a) devem existir efetivos fatos novos que não estavam presentes ao tempo do estabelecimento da pensão a ser revisada; b) é essencial que esta nova situação afete o núcleo dos alimentos que são alvo de revisão; c) a alteração deve ser permanente e não meramente ocasional, ou passageira, pois não justifica a revisão dos alimentos uma necessidade efêmera, assim como tampouco um aumento episódico e excepcional dos ingressos do alimentante, como na hipótese de uma premiação única em dinheiro; d) a modificação fática deve ser imprevisível, que não havia sido considerada quando da fixação originária da verba alimentar [...]; e) o pedido de aumento dos alimentos não pode ter como causa um ato ou necessidade propositadamente criada pelo próprio credor dos alimentos para provocar e justificar a majoração de sua verba alimentar" (RODRÍGUEZ, Nieves Martínez. *La obligación legal de alimentos entre parientes.* Madrid: La Ley, 2002. p. 490).
19. AREsp 1.362.842/SP.

ou jurídicos, da obrigação alimentícia posterior à sua fixação, decorrente de fato imprevisível, não decorrente do comportamento das próprias partes".[20]

Assim como ocorre na fixação dos alimentos, eventual revisão não conta com tabela de quantificação, devendo o julgador se atentar equitativamente para o equilíbrio entre a possibilidade do alimentante e a necessidade do alimentando. O valor originário deve ser considerado como referencial para fins de aferimento do *quantum* a ser arbitrado a partir da revisão, ou seja, "havendo modificação do *quantum* alimentar, a sentença revisional não deixa de considerar a decisão judicial anterior: apenas adapta os alimentos ao estado de fato superveniente".[21]

Por conseguinte, como bem salienta Cristiano Chaves de Farias, "vislumbra-se, deste modo, um importante campo de cognição para o magistrado, devendo levar em conta as peculiaridades de cada caso para fixar um valor justo".[22]

A propósito, quando a obrigação de prestar alimentos tiver como beneficiário filho que seja criança ou adolescente, não aparenta suficiente aferir apenas a situação do alimentante e do alimentando quando se pretender a revisão do valor vigente, devendo ser mensurada também a condição do genitor que reside com a criança ou adolescente,[23-24] uma vez que caberá também ao genitor com o qual mora o filho, o dever de sustentá-lo em razão do vínculo materno ou paterno-filial, bem como em virtude dos deveres inerentes ao poder familiar.

Cumpre registrar que o Superior Tribunal de Justiça firmou o entendimento assinalado na Súmula 621, publicada em dezembro de 2018, no sentido de que "os efeitos da sentença que reduz, majora ou exonera o alimentante do pagamento retroagem à data da citação, vedadas a compensação e a repetibilidade".[25]

Conforme assinala Rolf Madaleno, em razão do longo período de confinamento social, muitas pessoas perderam sua fonte de renda, o que tem justificado ações revisionais de alimentos, e ressalta que "o que não se pode é deixar de pagar, porque aí o credor

---

20. FARIAS, Cristiano Chaves *et al. Código Civil para concursos* cit., p. 1354.
21. DIAS, Maria Berenice. *Manual de direito das famílias* cit., p. 674.
22. FARIAS, Cristiano Chaves *et al. Código Civil para concursos* cit., p. 1694.
23. Os autores optaram pela expressão "genitor que reside com a criança ou adolescente" em vez de "genitor que detém a guarda", uma vez que não é a ausência da titularidade da guarda que definirá a obrigação de prestar alimentos. Na guarda compartilhada, por exemplo, serão cobrados alimentos daquele genitor que detém a guarda mas não reside com o filho.
24. Até porque se, em razão das consequências da pandemia, ocorrer eventual redução na possibilidade do genitor que reside com o filho, essa situação pode representar fator relevante, capaz de conduzir à ampliação da necessidade do filho.
25. Maria Berenice Dias discorda do conteúdo da Súmula 621, STJ, sustentando que ela incentiva o mau pagador: "Ao conferir efeito retroativo aos alimentos fixados na sentença, à data da citação do credor, incentiva o inadimplemento e acaba por punir quem atende ao encargo alimentar durante a tramitação da demanda revisional. É mais do que óbvio que a retroatividade só pode ocorrer quando a sentença aumenta o valor dos alimentos. E ainda assim, sobre parcelas não pagas. Bela motivação para que o devedor não deixe de pagar os alimentos em face do pedido de majoração formulado pelo credor. Ainda que ele tenha apresentado reconvenção, buscando o achatamento do valor. Nem a redução e nem a exoneração do encargo alimentar podem dispor de efeito retroativo. Afinal, até a sentença da ação revisional, os alimentos são devidos e devem ser pagos." (DIAS, Maria Berenice. Súmula 621 do STJ incentiva o inadimplemento dos alimentos. IBDFAM. Disponível em: [http://www.ibdfam.org.br/artigos/1378/S%C3%BAmula+621+do+STJ+incentiva+o+inadimplemento+dos+alimentos]. Publicação: 04.02.2020. Acesso em: 07.07.2020).

fica sem nenhuma condição de subsistência. Mas é um momento em que todos têm que se esforçar, pagar menos, receber menos e vamos adaptando a essas novas condições e necessidades".[26]

3. ASPECTOS PROBATÓRIOS, NORMATIVOS E REMEMORAÇÕES CASUÍSTICAS APORTADAS EM PRETENSÕES REVISIONAIS DE ALIMENTOS A PARTIR DO PERÍODO PANDÊMICO

3.1 A prova como elemento preponderante nas ações revisionais

O fato pandêmico da Covid-19, por si só, não representa condição suficiente para motivar a modificação do valor arbitrado a título de prestação alimentícia. É recomendável averiguar se, em virtude das consequências da pandemia, ocorreu significativa mudança na condição econômico-financeira do alimentante e/ou na situação de necessidade do alimentando, em comparação com a condição de ambos prevalecente à época do arbitramento dos alimentos, o que poderá justificar a revisão do valor, com pretensão de minoração ou majoração.

Nesse sentido, alerta Pedro Paulo Rodriguez Guisande Silva que "a pandemia e os seus impactos na economia mundial, de forma genérica, por si só, não podem servir como pretexto para uma pretensão de redução ou exoneração dos alimentos devidos".[27]

Portanto, é preciso pontuar e comprovar em que aspecto as consequências da pandemia efetivamente interferiram no binômio necessidade/possibilidade.

Nessa toada, é de ressaltar a imprescindibilidade do conteúdo probatório colacionado,[28] uma vez que a modificação da situação fática a justificar eventual pretensão revisional deverá ser demonstrada em juízo por provas idôneas, esclarecedoras e convincentes, que certamente serão valiosas e preponderantes no deslinde da causa. Ademais, cumpre salientar que, em regra, caberá ao autor a comprovação dos fatos constitutivos do seu direito, em conformidade com o disposto no art. 373, I, CPC.

As partes poderão empregar todos os meios legais, bem como os moralmente legítimos para provar a verdade dos fatos em que se funda o pedido ou a defesa e influir eficazmente na convicção do juiz (art. 369, CPC).[29]

---

26. MADALENO, Rolf. In: Justiça de São Paulo reduz valor de pensão alimentícia por causa da pandemia do coronavírus. Disponível em: [http://www.ibdfam.org.br/noticias/7201/Justi%C3%A7a+de+S%C3% A3o+Paulo+reduz+valor+de+pens%C3%A3o+aliment%C3%ADcia+por+causa+da+pandemia+do+coronav%C3%ADrus]. Acesso em: 07.07.2020.

27. SILVA, Pedro Paulo Rodriguez Guisande. COVID-19 – Breves esclarecimentos acerca da ação revisional de alimentos durante a pandemia. Disponível em: [http://www.ibdfam.org.br/artigos/1474/COVID-19+-+Breves+esclarecimentos+acerca+da+a%C3%A7%C3%A3o+ revisional+de+alimentos+durante+a+pandemia]. Acesso em: 10.07.2020.

28. Conforme Luciano Souto Dias, "a prova pode ser compreendida como o instrumento que permite a demonstração de veracidade das circunstâncias relacionadas às alegações, tendo como objetivo retratá-las faticamente e, com isso, permitir o esclarecimento das questões controvertidas e o convencimento de quem as analisa, a partir da expressão da verdade provável dos fatos." (DIAS, Luciano Souto. *Poderes instrutórios do juiz na fase recursal do processo civil em busca da verdade*. Salvador: JusPodivm, 2018, p. 27.)

29. Marcellus Polastri Lima ressalta a importância de se buscar a verdade no processo, no que a prova será fator preponderante: "O que é certo é que, para que tenhamos uma decisão justa, deve ser buscada a "verdade" que, para o processo, significa a busca do verdadeiro conhecimento dos fatos, se chegando o mais próximo possível da certeza, através da prova, para fins de realizar uma decisão justa. (POLASTRI LIMA, Marcellus. A chamada "verdade real"

A prova constitui elemento de notável imprescindibilidade no processo pois, em suma, a partir dela é possível a obtenção de sustentação fática que conduzirá à solução mais compatível e coerente com a verdade e, por conseguinte, com a realização da justiça.[30] Conforme concluiu Luciano Souto Dias, "a prova é um elemento preponderante para o esclarecimento dos fatos, a demonstração da verdade e para permitir a prolação de uma justa decisão no processo".[31]

Na prática, além das provas habituais como comprovantes de rendimentos, exibição de documentos, depoimentos de testemunhas e depoimento pessoal, pode configurar de significativa relevância o mapeamento de informações e registros fotográficos publicados na internet, notadamente em redes sociais, que possam ostentar potencial para demonstração da real condição das partes.

Quanto ao objeto sobre o qual deve recair a atividade probatória em eventual ação revisional de alimentos, compreende a real e expressiva modificação no que diz respeito à atual possibilidade de quem deve e/ou à atual necessidade de quem recebe a pensão, em comparação com a condição de ambos à época do arbitramento do *quantum* que se almeja alterar.

Na falta de provas específicas da real condição do alimentante, poderá o magistrado valer-se, inclusive, dos sinais aparentes da condição financeira,[32] uma vez que os sinais exteriorizados do modo de vida do alimentante denotam seu real poder aquisitivo que, casualmente, pode ser incompatível com a renda declarada. Com efeito, em respeito ao comando normativo consignado no art. 375 do CPC,[33] em seu pronunciamento decisório o julgador levará em conta as regras de experiência comum, subministradas pela observação do que ordinariamente acontece, o que poderá contribuir eficazmente para a justa resolução da demanda.

3.2 Revisitação normativa afeta às questões alimentícias

No dia 4 de fevereiro de 2020 foi publicada a Portaria 188, de 3 de fevereiro de 2020, do Ministério da Saúde, que declarou Emergência em Saúde Pública de Importância Nacional (ESPIN) em razão da infecção humana causada pelo novo coronavírus (Covid-19).

No dia 20 de março de 2020 foi publicado no Diário Oficial da União o Decreto Legislativo 6/2020 que, em síntese, reconheceu, para os fins do art. 65 da Lei Complementar 101, de 4 de maio de 2000, estado de calamidade pública, com efeitos até 31 de dezembro de 2020, nos termos da solicitação do Presidente da República encaminhada por meio da Mensagem 93, de 18 de março de 2020.

---

sua evolução e o convencimento judicial. In: PEREIRA, Flávio Cardoso (Coord.). *Verdade e prova no processo penal*. Brasília: Gazeta Jurídica, 2016. p. 232).

30. RODRIGUES. Marcelo Abelha. *Manual de direito processual civil*. 5. ed. São Paulo: Ed. RT, 2010. p. 222.

31. DIAS, Luciano Souto. *Poderes instrutórios do juiz na fase recursal do processo civil em busca da verdade*. Salvador: JusPodivm, 2018. p. 40.

32. Prevê o Enunciado 573, do CJF (VI Jornada de Direito Civil): "Na apuração da possibilidade do alimentante, observar-se-ão os sinais exteriores de riqueza".

33. "Art. 375. O juiz aplicará as regras de experiência comum subministradas pela observação do que ordinariamente acontece e, ainda, as regras de experiência técnica, ressalvado, quanto a estas, o exame pericial."

Medidas provisórias foram editadas pelo governo federal e, simultaneamente, decretos estaduais e municipais trataram de questões alusivas ao enfrentamento do coronavírus.

No contexto normativo pandêmico concernente à questão alimentícia, foi editada a Lei 14.010, de 10 de junho de 2020, que dispõe sobre o Regime Jurídico Emergencial e Transitório das relações jurídicas de Direito Privado (RJET) no período da pandemia do coronavírus, com previsão de prisão domiciliar, em vez da prisão em regime fechado para o devedor de alimentos. O art. 15 da referida norma estabelece que, até 30 de outubro de 2020, a prisão civil por dívida alimentícia prevista no Código de Processo Civil deverá ser cumprida exclusivamente sob a modalidade domiciliar, sem prejuízo da exigibilidade das respectivas obrigações.[34]

De igual modo, merece registro a impactante Medida Provisória 936, de 1º de abril de 2020, convertida na Lei 14.020, de 6 de julho de 2020, que instituiu o Programa Emergencial de Manutenção do Emprego e da Renda e dispôs sobre medidas complementares para enfrentamento do estado de calamidade pública reconhecido pelo Decreto Legislativo 6, de 20 de março de 2020, e da emergência de saúde pública de importância internacional decorrente do novo coronavírus, de que trata a Lei 13.979, de 6 de fevereiro de 2020.

As principais medidas estipuladas na Lei 14.020/2020 foram a redução proporcional de jornada de trabalho e salário (25%, 50% ou 70%), bem como a possibilidade de suspensão temporária do contrato de trabalho.

Assim como estava previsto na MP 936, o Programa apresentou medidas para enfrentamento da crise que impactaram a renda dos trabalhadores e, consequentemente, a condição financeira daqueles que pagam pensão alimentícia.

Merece registro, igualmente, o Projeto de Lei 1627/2020[35] apresentado no Senado Federal, que dispõe sobre o Regime Jurídico Emergencial e Transitório das relações jurídicas de Direito de Família e das Sucessões no período da pandemia causada pelo novo coronavírus.

Quanto aos alimentos, a proposta projetada prevê que ao devedor de alimentos que comprovadamente sofrer alteração econômico-financeira decorrente da pandemia, poderá ser concedida, por decisão judicial, a suspensão parcial da prestação, em limite não superior a 30% do valor devido, pelo prazo de até 120 dias, desde que comprovada a regularidade dos pagamentos até 20 de março de 2020. Uma vez concedida a redução, a diferença entre o valor anteriormente fixado e o valor reduzido seria paga em até seis parcelas mensais, atualizadas monetariamente, com vencimento a partir de 1º de janeiro de 2021.

A proposta, que constitui verdadeira moratória parcial temporária, foi lida em plenário no dia 7 de abril de 2020, contudo, o projeto foi retirado de pauta pela própria autora no dia 5 de maio de 2020.

---

34. "Art. 15. Até 30 de outubro de 2020, a prisão civil por dívida alimentícia, prevista no art. 528, § 3º e seguintes da Lei 13.105, de 16 de março de 2015 (Código de Processo Civil), deverá ser cumprida exclusivamente sob a modalidade domiciliar, sem prejuízo da exigibilidade das respectivas obrigações."

35. Disponível em: [https://legis.senado.leg.br/sdleg-getter/documento?dm=8090502&ts=1594025816930&disposition=inline]. Acesso em: 10.07.2020.

3.3 Pronunciamentos judiciais em pretensões revisionais de alimentos a partir do período pandêmico

Com fundamento nas consequências da pandemia relativamente à capacidade econômico-financeira dos cidadãos, desde os meses iniciais de 2020 o Judiciário brasileiro passou a ser provocado a fim de deliberar acerca de pretensões revisionais de alimentos.

No dia 8 de abril de 2020 foi divulgada notícia de decisão proferida pelo juiz Fernando Henrique Pinto, da 2ª Vara de Família e Sucessões de Jacareí/SP, que reduziu o valor devido a título de pensão alimentícia da genitora à filha, que reside com o pai. Preteritamente o valor provisório foi arbitrado em um terço do salário da genitora, porém, com fundamento nas consequências da pandemia, que estaria impactando sua atividade empresarial, a alimentante pleiteou a redução do valor. Apreciando as razões do pedido, o magistrado determinou que nos meses de março a junho de 2020 o valor de obrigação alimentar seria de 30% do salário mínimo e que, após o período, em caso de emprego formal, a mãe da adolescente, deveria destinar 20% de seus rendimentos líquidos ao sustento da filha.[36]

De igual modo, merece destaque decisão judicial proferida dia 13 de abril de 2020 na Comarca de Butiá/RS, que concedeu medida liminar em ação revisional de alimentos ajuizada pelo ex-marido contra a ex-esposa, com a determinação de redução do valor, de 40% para 30% do salário mínimo. A decisão considerou a situação de autônomo do requerente, bem como a diminuição de sua capacidade econômico-financeira em razão da pandemia.[37]

Em outra ação envolvendo pretensão revisional, a justiça mineira deferiu, em parte, pedido de tutela provisória de urgência e, por conseguinte, minorou a pensão a ser prestada pelo genitor à filha, após constatar a redução do salário do pai em virtude das medidas de contenção de despesas adotadas a partir da pandemia. O magistrado deliberou pela redução da pensão para 2,4 salários mínimos, o que corresponde à metade do que era pago anteriormente, mantidos os alimentos in natura e incluindo a parcela devida a título de 13º salário. A decisão foi proferida nos autos do Processo 5046669-19.2020.8.13.0024 pelo juiz Antônio Leite de Pádua, da 6ª Vara de Família de Belo Horizonte, divulgada no dia 22 de abril de 2020, na qual o magistrado assim se pronunciou:

> Neste momento difícil vivido por nosso País, o que se espera é o sacrifício de todos; e não de apenas alguns. Em sendo assim, espera-se, e isso até nova deliberação deste Juízo, que a requerida se sacrifique, igualmente, se contentando com o um pouco menos daquilo que até então vinha recebendo a título de pensão.[38]

---

36. SÃO PAULO. Tribunal de Justiça de São Paulo. *Manifestação em ação revisional de alimentos.* Juiz Fernando Henrique Pinto. Disponível em: [http://www.ibdfam.org.br/noticias/7201/Justi%C3%A7a+de+S%C3%A3o+Paulo+reduz+-valor+de+pens%C3%A3o+aliment%C3%ADcia+por+causa+da+pandemia+do+coronav%C3%ADrus]. Acesso em: 22.06.2020.

37. RIO GRANDE DO SUL. Tribunal de Justiça do Estado Do Rio Grande do Sul. Comarca de Butiá. Conjur. Vara gaúcha dá liminar para reduzir alimentos por causa da Covid-19. Disponível em: [https://www.conjur.com.br/2020-abr-13/crise-causada-covid-19-justifica-reducao-pensao]. Acesso em: 10.07.2020.

38. MINAS GERAIS. Tribunal de Justiça de Minas Gerais. Manifestação em ação revisional de alimentos. Juiz Antônio Leite de Pádua. Disponível em: [http://www.ibdfam.org.br/conteudo/covid19decisoes]. Acesso em: 08.07.2020.

Na mesma tendência de minoração alimentícia com motivação pandêmica, em decisão proferida no dia 21 de maio de 2020, a juíza Regina Helena Fabregas Ferreira, da 9ª Vara de Família da Comarca do Rio de Janeiro reduziu, por tempo indeterminado, o valor pago a título de pensão alimentícia pelo alimentante aos seus dois filhos. Na situação casuística, o alimentante, que é médico, alegou que integrava grupo de risco de contágio da pandemia do novo coronavírus devido ao seu diagnóstico de diabetes e, por tal razão, não estava exercendo sua profissão na mesma condição pré-pandêmica, quando realizava atendimentos tanto particulares quanto no serviço público. Preteritamente o Juízo decidiu que o valor da pensão seria equivalente a 30% do salário do alimentante, metade para cada filho, somado a 1,5 salário mínimo, que seria correspondente à renda sem vínculo. O pai solicitou a revisão da decisão, a fim de que se procedesse à redução temporária do pagamento dos alimentos e que fossem fixados em somente 30% dos ganhos perante o serviço público. O pedido foi acolhido, com a determinação de que os novos valores fossem pagos nesse patamar por prazo indeterminado, por força da imprevisibilidade do período da pandemia, devendo o genitor comunicar ao juízo, imediatamente, quando suas atividades forem restabelecidas. Dessarte, ficou consignado na decisão:

> Ao que se depreende dos autos, o alimentante é médico e possui diabetes, enquadrando-se na classe de risco dos mais vulneráveis ao coronavírus e está afastado temporariamente das atividades ambulatoriais que exerce de forma autônoma, gerando redução dos seus rendimentos. [...] Destarte, considerando-se a redução dos rendimentos do alimentante, afigura-se razoável a suspensão dos alimentos provisórios fixados no que se refere ao acréscimo de 1,5 (um e meio) salário mínimo, sem posterior compensação de valores, até que o alimentante retorne às atividades liberais que exercia antes do afastamento por conta da pandemia.[39]

Nas ações de família, todos os esforços serão empreendidos para a solução consensual da controvérsia (art. 694, CPC). Nesse desiderato, Fernanda Tartuce ressalta que "no Direito de Família, o aspecto continuativo da relação jurídica recomenda que haja uma eficiente e respeitável comunicação entre os indivíduos, despontando a mediação como importante instrumento para viabilizá-la".[40]

Fernanda Tartuce também realça a importância da mediação como método que permite o protagonismo das partes na solução de controvérsias: "Espera-se que as pessoas estejam prontas para ser protagonistas de seus destinos e consigam reconhecer a valiosa oportunidade de construção conjunta viabilizada pela mediação". E assim complementa a célebre jurista:

> Para tanto, será importante que se permitam participar de ulteriores sessões, sendo primordial que seus advogados contribuam em seu convencimento destacando as vantagens da solução consensual especialmente em relação a fatores como tempo, satisfação e cumprimento espontâneo dos pactos.[41]

---

39. RIO DE JANEIRO. Tribunal de Justiça do Estado do Rio de Janeiro. Juíza Regina Helena Fabregas Ferreira. 9ª Vara de Família da Comarca do Rio de Janeiro. IBDFAM. Decisões Covid-19. Disponível em: [http://www.ibdfam.org.br/conteudo/covid19decisoes]. Acesso em: 11.07.2020.
40. TARTUCE, Fernanda. *Mediação nos conflitos civis*. 2. ed. Rio de Janeiro: Forense; São Paulo: Método, 2015. p. 326.
41. TARTUCE, Fernanda. Encaminhamento consensual adequado das ações de família no regime do novo Código de Processo Civil. IBDFAM. Disponível em: [http://www.ibdfam.org.br/assets/upload/anais/244.pdf]. Acesso em: 12.07.2020

Cumpre defender, inclusive, a viabilidade de deliberação revisional autocompositiva, considerando-se inclusive, a possibilidade de manutenção do *quantum* pactuado, majorado ou reduzido, em caráter transitório, compatível com o período em que for mantida a condição excepcional experimentada em razão da pandemia.

Em sentido análogo, ao refletir propositivamente a respeito das pretensões revisionais com motivação pandêmica, Conrado Paulino da Rosa defende que:

> Boa alternativa pode ser a construção de um panorama de redução temporária do valor, enquanto perdurar a paralisação e/ou diminuição de receitas de diversos setores. Ultrapassado o prazo estipulado, novamente com a intervenção ativa dos seus representantes, os interessados poderão rever a situação ou, de imediato, a retomada do pagamento do valor original.[42]

Conforme apontam Luciano Souto Dias e Ana Júlia Rodrigues Oliveira, "em circunstâncias atípicas como a da pandemia, o melhor caminho é o consenso, que recomenda bom senso, e o bom senso, que recomenda consenso, em busca de alternativas prudentes e razoáveis capazes de resguardar a saúde dos envolvidos".[43]

É recomendável que eventuais pretensões modificativas no tocante à obrigação alimentar sejam deliberadas e resolvidas consensualmente entre os envolvidos, no que se apresenta oportuna a mediação como método autocompositivo eficiente no auxílio à construção da solução adequada para eventuais impasses.

Em processo judicial com pretensão de revisão alimentícia, sendo designada audiência de mediação e conciliação (art. 695, CPC), sobretudo em respeito a recomendações de distanciamento consciente mesmo após a passagem da fase crítica da pandemia do novo coronavírus, a sessão poderá ser realizada por meio eletrônico (art. 334, § 7º, CPC).

4. CONSIDERAÇÕES FINAIS

Significativas transformações foram percebidas em todos os setores da sociedade a partir da pandemia do novo coronavírus, no que o Direito é convidado a acompanhar e a atuar diante dessas mudanças, em respeito às bases axiológicas da segurança e da justiça.

Demandas judiciais motivadas pela pretensão revisional de prestação alimentícia têm movimentado o Poder Judiciário, todavia exigem ponderação circunstancial e apreciação casuística, sopesando a conjuntura fática pautada pela atual e real possibilidade do alimentante e necessidade do alimentando a justificar eventual modificação no *quantum* originário.

A pandemia do novo coronavírus, por si só, não representa fato suficiente para motivar a modificação do valor arbitrado a título de prestação alimentícia, devendo ser averiguado o efetivo e substancial impacto da pandemia na condição do alimentante

---

42. ROSA, Conrado Paulino da. Juiz minora pensão alimentícia após redução de salário por conta da pandemia do coronavírus. IBDFAM. 22/04/2020. Disponível em: [http://www.ibdfam.org.br/noticias/7222/Juiz+minora+pens%-C3%A3o+aliment%C3%ADcia+ap%C3%B3s+redu%C3%A7%C3%A3o+de+sal%C3%A1rio+por+conta+da+pandemia+do+coronav%C3%ADrus]. Acesso em: 14.07.2020.
43. DIAS, Luciano Souto; OLIVEIRA, Ana Júlia Rodrigues. O exercício do direito de convivência entre pais e filhos a partir do período de distanciamento social em razão da pandemia da Covid-19. In: DIAS, Luciano Souto (Org.). *Repercussões da pandemia Covid-19 no direito brasileiro*. Leme: JH Mizuno, 2020. p. 140.

e do alimentando, em comparação com a condição existente à época do arbitramento dos alimentos, o que poderá justificar a revisão do valor, com pretensão de minoração ou majoração.

Diante de eventual pretensão revisional, o aspecto probatório será preponderante, a fim de que a situação fática seja demonstrada, comprovada e valorada pelo julgador.

Por derradeiro, impende asseverar a necessidade de ponderação circunstancial e apreciação casuística de eventuais demandas motivadas pela pretensão revisional de obrigação alimentar em razão das consequências da pandemia, podendo ser plausível, a depender das circunstâncias, a majoração ou a minoração do *quantum* a título de pensão alimentícia.

Esforços devem ser empreendidos para a solução consensual de eventual controvérsia tendente a obter a modificação do *quantum* arbitrado a título de pensão alimentícia, preferencialmente por meio da mediação.

Em um cenário de reconfigurações, de aprendizado e de esperança, oportuno destacar Fernando Sabino, que outrora declamou:

> "De tudo, ficaram três coisas:
> A certeza de que ele estava sempre começando,
> A certeza de que era preciso continuar
> E a certeza de que seria interrompido antes de terminar.
> Fazer da interrupção um caminho novo.
> Fazer da queda um passo de dança,
> Do medo, uma escada,
> Do sono, uma ponte,
> Da procura, um encontro."[44]

É momento de reflexão e de reconstrução, com a convicção de que tudo vai dar certo; a vida vai dar certo! "Basta seguirmos seu fluxo, irradiando nossos dons pelo caminho, aproveitando cada momento com suas infinitas possibilidades e sendo capaz de nos abrirmos para o novo, o novo realmente novo, algo que ainda nem vislumbramos para nós."[45]

Em alusão à canção eternizada na voz do saudoso Raul Seixas, o 2020 será lembrado como o ano em que a terra parou![46] Porém o otimismo, aliado ao incessante sentimento de esperança que ilustra "Semente do Amanhã", recomendam que o presente ensaio seja concluído rememorando Gonzaguinha: é preciso ter fé na vida, fé no homem, fé no que virá. Com a benção Divina, nós podemos tudo, nós podemos mais!

---

44. SABINO, Fernando. *O encontro marcado*. 34. ed. Rio de Janeiro: Record, 1981, p. 154.
45. LYBERATO, Ingra. *O medo do sucesso*: a vida nos palcos, no cinema e na televisão. Porto Alegre: L&PM, 2016.
46. Paráfrase à canção *O dia em que a terra parou*, gravada por Raul Seixas.

DIREITO (E NECESSIDADE) DE RENEGOCIAÇÃO DOS CONTRATOS DE CONSUMO EM RAZÃO DAS CONSEQUÊNCIAS SOCIOECONÔMICAS DA COVID-19: ASPECTOS MATERIAIS E PROCESSUAIS

Gilberto Fachetti Silvestre

Professor do Departamento de Direito da Universidade Federal do Espírito Santo (UFES) e docente permanente do Programa de Pós-Graduação em Direito da UFES, no Mestrado em Direito Processual; Doutor em Direito Civil pela Pontifícia Universidade Católica de São Paulo (PUC/SP); Mestre em Direito Processual Civil pela Universidade Federal do Espírito Santo (UFES); Coordenador dos Grupos de Pesquisa "Desafios do Processo" e "Medicina Defensiva"; Advogado. Currículo *Lattes*: [http://lattes.cnpq.br/7148335865348409]. E-mail: gilberto.silvestre@ufes.br

Gabriela Azeredo Gusella

Mestra em Direito Processual pelo Programa de Pós-Graduação em Direito da Universidade Federal do Espírito Santo (UFES), com bolsa da Coordenação de Aperfeiçoamento de Pessoal de Nível Superior (CAPES/DS). Especialista em Direito Penal pela Faculdade Damásio (FD). Graduada em Direito pela Universidade Federal do Espírito Santo (UFES). Professora Universitária e Assessora do Ministério Público de Contas do Estado do Espírito Santo (MPCES). Cofundadora e membro pesquisadora do "Bioethik – Grupo de Estudos e Pesquisas em Bioética" (UFES). Membro pesquisadora do Grupo de Pesquisa "Desafios do Processo" (UFES). Currículo *Lattes*: [http://lattes.cnpq.br/2227092295351720]. E-mail: gabrielagusella@gmail.com

Sumário: 1. Introdução. 2. A onerosidade excessiva da prestação do contrato consumerista e as consequências tradicionais: modificação, revisão e resolução. 3. A teoria do dever de renegociar aplicada aos contratos de consumo: uma consequência da cláusula geral do inciso V do art. 6º do Código de Defesa do Consumidor. 4. A renegociação nos contratos de consumo afetados pela Covid-19: crítica à suspensão total ou parcial de cláusulas contratuais. 5. Conclusão. 6. Referências.

1. INTRODUÇÃO

A real extensão das consequências socioeconômicas da pandemia da *Covid-19* só poderá ser melhor constatada com base em estudos científicos de análise dos danos no futuro. Entretanto, em menos de seis meses do início da pandemia já foi possível observar um quadro preocupante e alguns problemas que afetam o trabalho e a renda dos brasileiros, que por via reflexa irão impactar na capacidade dos consumidores de adimplirem suas obrigações.

Nesse contexto, os contratos em geral, principalmente os celebrados antes da disseminação do novo coronavírus, foram afetados em razão da imprevisibilidade acerca da existência deste cenário global. Na seara consumerista, por sua vez, a busca por soluções para contornar a problemática deve ser realizada com maior cautela, na medida em que uma das partes da relação jurídica contratual, qual seja, o consumidor, é presumidamente vulnerável no ordenamento jurídico brasileiro, situação que, no contexto de pandemia, pode ser agravada, culminando na existência no caso concreto de uma hipervulnerabilidade.

Este trabalho tem como objeto o direito (e a necessidade) de renegociação, especificamente dos contratos de consumo na situação socioeconômica ocasionada pela *Covid-19*, com destaque para os seus aspectos materiais e processuais.

Pretende-se evidenciar que a suspensão total ou parcial das cláusulas contratuais não se mostra a melhor solução para a problemática suscitada, pois a renegociação, realizada pelas partes da relação jurídica, valoriza a autonomia contratual, preserva o vínculo obrigacional e faz com que o negócio cumpra a sua função socioeconômica, o que constitui uma melhor alternativa frente ao inadimplemento ou a resolução contratual.

2. A ONEROSIDADE EXCESSIVA DA PRESTAÇÃO DO CONTRATO CONSUMERISTA E AS CONSEQUÊNCIAS TRADICIONAIS: MODIFICAÇÃO, REVISÃO E RESOLUÇÃO

No Brasil, o Código de Defesa do Consumidor (Lei 8.078/1990) oferece ao consumidor uma tutela jurídica diferenciada, diante da constatação de que ele é a parte mais frágil da relação jurídica de consumo[1] em razão da sua vulnerabilidade presumida de forma absoluta pelo legislador.[2] A vulnerabilidade, inclusive, é um dos princípios básicos da Política Nacional de Relações de Consumo trazido no artigo 4º, inciso I, da Lei 8.078/1990.

O microssistema de defesa do consumidor foi construído com base nessa noção de debilidade do consumidor (*favor deboli*), com a finalidade de proporcionar mecanismos de equalização para as relações jurídicas assimétricas das quais estes fazem parte.[3]

Em relação ao contrato de consumo, o legislador previu algumas consequências para o caso de existência de cláusulas abusivas na celebração do contrato, assim como de onerosidade excessiva superveniente, existente no momento do cumprimento da prestação consumerista avençada entre as partes.

---

1. MIRAGEM, Bruno Nubens Barbosa. O direito do consumidor como direito fundamental: consequências jurídicas de um conceito. *Revista Direito do Consumidor*, São Paulo, Revista dos Tribunais Online, n. 43, jul./set., 2002. p. 111-132.
2. TARTUCE, Fernanda. *Igualdade e vulnerabilidade no processo civil*. Rio de Janeiro: Forense, 2012. p. 171-173.; BITENCOURT, José Ozório de Souza. O princípio da vulnerabilidade: fundamento da proteção jurídica do consumidor. *Revista da EMERJ*, Rio de Janeiro, v. 7, n. 25, p. 248-265, 2004. p. 263-264.
3. GUSELLA, Gabriela Azeredo. *O controle judicial das convenções processuais pela manifesta vulnerabilidade da parte.* 2020. Dissertação (Mestrado em Direito Processual) – Universidade Federal do Espírito Santo, Centro de Ciências Jurídicas e Econômicas. p. 65-70.

No artigo 6º, inciso V, do Código de Defesa do Consumidor, como direito básico do consumidor, é prevista a possibilidade de "modificação das cláusulas contratuais que estabeleçam prestações desproporcionais ou sua revisão em razão de fatos supervenientes que as tornem excessivamente onerosas".

A formulação normativa, portanto, apresenta duas normas, pois em sua primeira parte prevê a modificação das cláusulas contratuais quando há uma desproporção entre as prestações estabelecidas, pela quebra do sinalagma por "lesão consumerista"[4], com o intuito de que o contrato seja mantido. Não sendo este o caso, constatada a abusividade da cláusula, esta será nula, na forma do artigo 51 do Código de Defesa do Consumidor.

Já a segunda parte do dispositivo disciplina a revisão das cláusulas que, devido a ocorrência de um fato superveniente, tornou a prestação onerosa em excesso para o consumidor; logo, também se evita neste sentido, a resolução contratual.

A onerosidade excessiva, segundo Orlando Gomes, configura-se "quando uma prestação de obrigação contratual se torna, no momento da execução, notavelmente mais gravosa do que era no momento em que surgiu".[5]

Com base no artigo 6º, inciso V, portanto, é possível afirmar que o Código de Defesa do Consumidor não adotou a teoria da imprevisão, mas sim, a teoria da onerosidade excessiva[6], pois o consumidor deve provar somente a existência de fato posterior à celebração contratual, que o torne excessivamente oneroso, não sendo dele exigida a prova da previsibilidade do fato[7], ou seja, a demonstração de que as partes podiam ou não prever os eventos futuros, assim como de que houve vantagem excessiva da outra parte[8], tal como se exige dos contratos regulados pelo Código Civil.

No Direito Civil a aplicação da cláusula *rebus sic stantibus*, ficou relacionada às hipóteses dos artigos 317, 478 e 479 Código Civil, que disciplinam a possibilidade de revisão judicial, como *ultima ratio regum*, e de resolução contratual, como *extrema ratio*.

Assim, na forma do artigo 317 do Código Civil, o contratante terá o direito de pleitear a revisão judicial da prestação que se mostrar excessivamente onerosa, sendo requisitos para a aplicação da teoria da imprevisão, o contrato ser de execução diferida, a parte solicitante da revisão não estar em mora, a existência de desproporção manifesta

---

4. NAVAS, Bárbara Gomes. Onerosidade excessiva superveniente no Código Civil e no Código de Defesa do Consumidor: mora, ruína pessoal e superendividamento. *Revista de Direito Civil Contemporâneo*, v. 2, jan./mar., 2015. p. 109-136.

5. GOMES, Orlando. *Contratos*. 26. ed. Rio de Janeiro: Forense, 2007. p. 217.

6. Há, ainda, quem afirme que o Código de Defesa do Consumidor não adotou a teoria da imprevisão, mas sim a teoria da base do negócio jurídico. Nesse sentido: MARQUES, Claudia Lima. *Contratos no Código de Defesa do Consumidor* [livro eletrônico]: o novo regime das relações contratuais. 3. ed. São Paulo: Thomson Reuters Brasil, 2019.; STUART, Luiza Checchia. Revisão dos contratos: onerosidade excessiva e a teoria da imprevisão. *Revista de Direito Empresarial*, v. 1, jan., 2014. p. 13.; LEAL, Luciana de Oliveira. A onerosidade excessiva no ordenamento jurídico brasileiro. *Revista da EMERJ*, v. 6, n. 21, Rio de Janeiro, p. 155-165, 2003. p. 163.

7. BARLETTA, Fabiana Rodrigues. A revisão contratual no Código Civil, no Código de Defesa do Consumidor e a pandemia do Coronavírus (COVID-19). *Revista de Direito do Consumidor*, v. 129, maio/jun., 2020. p. 111-129.; SILVA, André Vicente Seifert da. As convergências e as assimetrias dos contratos no Código de Defesa do Consumidor e no Novo Código Civil. *Revista de Direito do Consumidor*, v. 65, Jan/mar., 2008. p. 11-43.

8. MIRAGEM, Bruno Nubens Barbosa. Diretrizes interpretativas da função social do contrato. *Doutrinas Essenciais de Direito do Consumidor*, v. 1, p. 133-160, abr., 2011.

de uma parte e extrema vantagem da outra, causadas por fato superveniente que não era possível de ser previsto quando da celebração contratual.[9]

Tem-se, pois, mais uma distinção, na medida em que no âmbito consumerista o pedido de revisão é admitido mesmo quando o contratante já está constituído em mora.[10]

Ademais, a parte prejudicada pela onerosidade excessiva superveniente à contratação, com base no artigo 478 do Código Civil, pode requerer também a resolução do contrato, ao passo que a parte não prejudicada, na forma do artigo 479 do Código Civil, visando à manutenção contratual e resguardando o princípio da conservação dos negócios jurídicos (*favor negotii*), pode buscar a sua modificação a fim de promover a equalização das prestações.[11]

Observa-se, pois, que o artigo 6º, inciso V, do Código de Defesa do Consumidor exige requisitos diversos, pautados na proteção da parte vulnerável e, por isso, não carece da demonstração de que o fato superveniente seja "imprevisível" para a modificação ou revisão, como ocorre no artigo 317 do Código Civil, apenas se "exige a quebra da base objetiva do negócio, a quebra de seu equilíbrio intrínseco, a destruição da relação de equivalência entre prestações, o desaparecimento do fim essencial do contrato".[12]

Há, portanto, uma maior possibilidade de alteração das cláusulas contratuais consumeristas que foram prejudicadas diante da existência de fato superveniente que causa onerosidade excessiva, pois, diferentemente da exigência do Código Civil, não há a limitação desta alteração somente aos casos extraordinários e imprevisíveis.[13]

É valido ressaltar que embora existam diferenças no tratamento da temática na seara consumerista, na atualidade, as relações contratuais reguladas pelo Código Civil também já superaram a ótica estrita da regra do *"pacta sunt servanda"*, uma vez que é preciso que esta seja compatibilizada com a cláusula *"rebus sic stantibus"*, com a noção de *favor deboli* e que sejam resguardadas a boa-fé objetiva e a função social dos contratos.[14]

Dessa forma, embora não haja uma presunção de vulnerabilidade no Direito Civil, como ocorre no Direito do Consumidor, com base na função hermenêutica do *favor*

---

9. GOMES, Orlando. *Contratos*. 26. ed. Rio de Janeiro: Forense, 2007. p. 216.; GALLO, Paolo. Revisione del contratto ed equilibrio sinallagmatico. In: *Digesto delle Discipline Privatistiche*. Sezione Civile. Aggiornamento. XII. Milano: Utet, 2019, p. 365-381.; GARCIA, Sebastião Carlos. Revisão dos contratos. *Revista dos Tribunais*, v. 856, fev., 2007. p. 51-66.

10. NAVAS, Bárbara Gomes. Onerosidade excessiva superveniente no Código Civil e no Código de Defesa do Consumidor: mora, ruína pessoal e superendividamento. *Revista de Direito Civil Contemporâneo*, v. 2, jan./mar., 2015. p. 109-136.

11. PESCE, Edoardo. Dinamiche processuali dell'eccessiva onerosità sopravvenuta. In: *La Nuova Giurisprudenza Civile Commentata*, anno XXXIV, n. 5, Padova, 2018. p. 631-639.; BARLETTA, Fabiana Rodrigues. A revisão contratual no Código Civil, no Código de Defesa do Consumidor e a pandemia do Coronavírus (COVID-19). *Revista de Direito do Consumidor*, v. 129, maio/jun., 2020. p. 111-129.

12. MARQUES, Claudia Lima. *Contratos no Código de Defesa do Consumidor* [livro eletrônico]: o novo regime das relações contratuais. 3. ed. São Paulo: Thomson Reuters Brasil, 2019.

13. SILVA, André Vicente Seifert da. As convergências e as assimetrias dos contratos no Código de Defesa do Consumidor e no Novo Código Civil. *Revista de Direito do Consumidor*, v. 65, Jan/mar., 2008. p. 11-43.

14. GALLO, Paolo. Eccessiva onerosità sopravvenuta e presupposizione. *Digesto delle Discipline Privatistiche*. Sezione Civile. Aggiornamento. XII. Milano: Utet, 2019, p. 441.; TOMASEVICIUS FILHO, Eduardo. Uma década de aplicação da função social do contrato análise da doutrina e da jurisprudência brasileiras. *Revista dos Tribunais*, São Paulo, Revista dos Tribunais Online, v. 940, fev. 2014. p. 49.

deboli, originária do *favor debilis* do Direito Romano[15], entende-se que pode haver um desequilíbrio entre a comutatividade das prestações, sendo necessário que uma das partes da relação jurídica negocial seja favorecida, para que ambas as partes, de maneira equitativa, possam alcançar seus objetivos práticos.[16]

A cláusula *rebus sic stantibus*, portanto, não deve ser encarada como sinônimo exclusivo de resolução ou revisão judicial dos contratos por onerosidade excessiva, pois ela, tal como foi concebida, mitigando o *pacta sunt servanda*, tem a função precípua de reequilibrar a comutatividade do sinalagma da relação jurídica contratual. Pretende, com isso, garantir a proporcionalidade das prestações e a capacidade do seu cumprimento, visando evitar o inadimplemento e o rompimento do negócio, concebendo a possibilidade de renegociação pela alteração das bases do negócio jurídico, assim como pela ocorrência de uma vulnerabilidade superveniente da parte.[17]

Houve, assim, uma releitura das instituições clássicas do Direito Privado[18], por meio da alteração do entendimento tradicional da relação jurídica obrigacional como uma estrutura estática, pois diante da complexidade das relações negociais na atualidade, a relação jurídica obrigacional passou a ser entendida como um processo cooperativo, sendo plenamente possível a existência de posições dinâmicas e simultâneas entre credor e devedor.[19]

3. A TEORIA DO DEVER DE RENEGOCIAR APLICADA AOS CONTRATOS DE CONSUMO: UMA CONSEQUÊNCIA DA CLÁUSULA GERAL DO INCISO V DO ART. 6º DO CÓDIGO DE DEFESA DO CONSUMIDOR

O artigo 6º, inciso V, do Código de Defesa do Consumidor dispõe sobre a possibilidade de alteração do contrato em razão de desproporção entre as prestações estabelecidas ou devido a ocorrência de algum fato superveniente que torne a prestação excessivamente onerosa para o consumidor.

Esse dispositivo legal, portanto, conforme a redação expressa do *caput*, visando a manutenção da relação jurídica contratual consumerista, regulamenta as hipóteses de modificação e revisão do contrato de consumo como um direito básico do consumidor. Nesse sentido, pode-se imaginar, *a priori*, com base na sua leitura que o dever de renegociação seria somente do fornecedor, posto que o consumidor é a parte presumidamente vulnerável da relação jurídica consumerista.

---

15. SOTO, Erika Isler. Del *favor debilis* al *favor consumatore*: consideraciones históricas. *Derecho PUCP*, Lima, Peru, n. 82, p. 35-59, junio-noviembre, 2019. p. 38.
16. SILVESTRE, Gilberto Fachetti. *A responsabilidade civil pela violação à função social do contrato*. São Paulo: Almedina, 2018. p. 94.
17. SILVESTRE, Gilberto Fachetti. Novos problemas, antigas soluções: o amplo significado da cláusula rebus sic stantibus e a renegociação, a suspensão e a conservação dos contratos cíveis e mercantis. *Civilistica.com*. Rio de Janeiro, a. 9, n. 2, 2020. Disponível em: [http://civilistica.com/novos-problemas-antigas-solucoes/]. Acesso em: 05.07.2020.
18. LORENZETTI, Ricardo Luis. *Fundamentos do direito privado*. São Paulo: Ed. RT, 1998. p. 137.
19. EHRHARDT JÚNIOR, Marcos. Relação obrigacional como processo na construção do paradigma dos deveres gerais de conduta e suas consequências. *Revista da Faculdade de Direito – UFPR*, Curitiba, n. 56, p. 141-155, 2021. p. 145-146.

Entretanto, pautado na teoria do dever de renegociar, entende-se que a cláusula geral do inciso V do artigo 6º do Código de Defesa do Consumidor é válida também para o fornecedor do produto, que, a depender da situação concreta, embora não seja presumidamente vulnerável, pode se encontrar em uma situação de onerosidade excessiva ou de impossibilidade, temporária ou permanente, de honrar com a prestação por ele assumida em razão da existência de fato superveniente que desequilibre a relação jurídica consumerista instaurada, como é o caso da pandemia do coronavírus.

Assim, tanto o fornecedor quanto o consumidor, quando existente uma situação de onerosidade excessiva superveniente, poderão se valer do artigo 6º, inciso V, do Código de Defesa do Consumidor para dar início a uma tentativa de renegociação das prestações.

Até mesmo porque, o dever de renegociação encontra fundamento, no ordenamento jurídico pátrio, na cláusula geral de boa-fé objetiva, constante no artigo 422 do Código Civil, pois conforme Anderson Schreiber, o dever de renegociar não tem um foco no resultado, uma vez que consiste, na verdade, em um "dever de ingressar em renegociação", que se desdobra em duas etapas: "(a) o dever de comunicar prontamente a contraparte acerca da existência do desequilíbrio contratual identificado; e (b) o dever de suscitar uma renegociação que possibilite o reequilíbrio do contrato ou de responder a proposta nesse sentido, analisando-a seriamente".[20]

Nessa ótica, nos contratos de consumo, com base no artigo 4º, inciso III, do Código de Defesa do Consumidor, a parte que estiver em posição de desequilíbrio, seja ela consumidor ou fornecedor, originada pelo fato superveniente decorrente da pandemia da *Covid-19*, com base nos princípios da boa-fé objetiva, do equilíbrio econômico, da função social do contrato[21], do *favor deboli* e do *favor negotii*, na tentativa de harmonização entre a necessidade de desenvolvimento econômico e a conservação dos negócios jurídicos, deve, primeiramente, priorizar os mecanismos de solução de conflitos extrajudiciais, até mesmo para mitigar os custos e o tempo que uma demanda judicial exige.

Reforça-se, nesse ponto, que não se falou até o momento em força maior ou caso fortuito, pois se entende que, como estes são excludentes de responsabilidade civil e negocial, aplicam-se somente para as hipóteses de ocorrência de inadimplemento e, o que se busca com a renegociação, é justamente evitar o inadimplemento.[22]

Nesse sentido, a primeira atitude a ser tomada deve ser a comunicação entre os contratantes, instaurada por qualquer uma das partes da relação jurídica, evidenciando a necessidade de renegociação pela notificação acerca do desequilíbrio contratual superveniente, para que as partes tenham conhecimento da situação e possam se manifestar, respondendo à proposta, de modo a priorizar a manutenção do contrato firmado.

---

20. SCHREIBER, Anderson. Construindo um dever de renegociar no Direito brasileiro. *Revista Interdisciplinar de Direito*, Faculdade de Direito de Valença, v. 16, n. 1, Valença, p.13-42, jan./jun. 2018. p. 39.
21. RANGEL, Maurício Crespo. A revisão contratual no Código de Defesa do Consumidor. *Revista de Direito do Consumidor*, v. 71, jul./set., 2009. p. 168-194.
22. SILVESTRE, Gilberto Fachetti. Novos problemas, antigas soluções: o amplo significado da cláusula rebus sic stantibus e a renegociação, a suspensão e a conservação dos contratos cíveis e mercantis. Civilistica.com. Rio de Janeiro, a. 9, n. 2, 2020. Disponível em: [http://civilistica.com/novos-problemas-antigas-solucoes/]. Acesso em: 05.07.2020.

RENEGOCIAÇÃO DOS CONTRATOS DE CONSUMO **251**

Ocorre que, a tentativa de negociação extrajudicial pode ser frustrada pela inércia de resposta da parte contrária, o que acaba por desencadear a necessidade de propositura de uma ação judicial, ainda que seja para, de certa forma, "compelir" a parte silente a dar uma resposta, mesmo que negativa, na audiência preliminar de conciliação.

Além disso, antes de se buscar a intermediação judicial para a solução do conflito, é possível, ainda, que seja instaurada essa tentativa de conciliação em sede administrativa, por meio dos órgãos públicos integrantes do Sistema Nacional de Defesa do Consumidor, como por exemplo, o Programa de Proteção e Defesa do Consumidor (PROCON).[23]

Considerando, entretanto, que o dever de renegociação decorre da boa-fé objetiva[24], e que há um direito subjetivo à renegociação, para a contraparte haverá um correspondente dever jurídico, nesse sentido:

> [...] se a contraparte se recusar a renegociar, estará infringindo o dever de uma cláusula ("não escrita", mas incidente e cogente), sendo, portanto, constituída em mora. Daí, se a parte que propôs a renegociação incorrer em mora ou inadimplemento absoluto por causa da dificuldade, poderá suscitar a *exceptio non rite adimpleti contractus* – ou até mesmo a *exceptio non adimpleti contractus* – em sua defesa em possível ação judicial de cobrança, execução ou resolutória. Pode ainda, se for necessário, invocar a cláusula *solve et repete* ("cumpra e depois reclame") para exigir que ocorra a renegociação para, só então, cumprir sua prestação.[25]

Assim, no caso de negativa à proposta extrajudicial de renegociação feita pelo consumidor ou pelo fornecedor, haverá uma vedação à exigência posterior de cumprimento da prestação, cabendo, entretanto, a possibilidade de se buscar o exercício deste direito novamente em sede de audiência de conciliação, mas em caso de nova negativa, a decisão judicial pode-se mostrar a única alternativa viável.

A atuação do juiz, entretanto, deve se dar somente se não foi possível a solução consensual convencionada entre as partes, pois em se tratando de uma relação jurídica negocial, na qual autonomia privada das partes tem espaço de destaque, cabe ao Judiciário, em um primeiro momento, apenas estimular a tentativa de renegociação.

Por conseguinte, caso mesmo com o estímulo judicial, a renegociação se mostrar frustrada, caberá a tentativa de revisão do contrato como *ultima ratio regum* e, somente, excepcionalmente, como *extrema ratio*, o magistrado deverá atuar no sentido de promover a resolução do contrato.

Importante esclarecer, portanto, que renegociação e revisão do contrato não são sinônimos, na medida em que a revisão "é o ato judicial que irá alterar ou adaptar as condições contratuais a uma nova realidade da parte; e renegociação é um ato – em juízo

---

23. MARQUES, Claudia Lima; BERTONCELLO, Káren Rick Danilevicz; LIMA, Clarissa Costa de. Maior da pandemia de Covid-19: pela urgente aprovação do PL 3.515/2015 de atualização do CDC e por uma moratória aos consumidores. *Revista de Direito do Consumidor*, v. 129, maio/jun., 2020. p. 47-71.
24. SCHREIBER, Anderson. *Equilíbrio contratual e dever de renegociar*. São Paulo: Saraiva, 2018.
25. SILVESTRE, Gilberto Fachetti. Novos problemas, antigas soluções: o amplo significado da cláusula rebus sic stantibus e a renegociação, a suspensão e a conservação dos contratos cíveis e mercantis. *Civilistica.com*. Rio de Janeiro, a. 9, n. 2, 2020. Disponível em: [http://civilistica.com/novos-problemas-antigas-solucoes/]. Acesso em: 05.07.2020.

ou fora dele – praticado pela própria vontade das partes dirigida a alterar ou a adaptar as condições contratuais a uma nova realidade".[26]

Isso, pois, nas situações em que é possível conservar o negócio jurídico, a sua resolução deve ser desestimulada com vistas a preservar o vínculo contraído pelas partes, assim como garantir que o negócio irá cumprir com a sua função socioeconômica.

Veja-se, que a possibilidade de renegociação diante da existência de fato superveniente que gere onerosidade excessiva, pressupõe a comprovação deste desequilíbrio contratual, inclusive, para que seja possível, em últimos os casos, a revisão judicial.

Ademais, não se mostra possível que haja uma alteração unilateral ou inserção de cláusulas abusivas na proposta de renegociação realizada, com base em mera alegação de onerosidade excessiva, pois ainda que durante a pandemia do coronavírus, ou em momento posterior a ela, um produto ou um serviço tenha que ter seu valor reajustado para que seja possível manter o contrato, o consumidor, parte vulnerável da relação jurídica, não poderá ser compelido a assumir um valor muito mais oneroso que o previamente estipulado e nem suportar um prejuízo excessivo em razão da renegociação.[27]

Vê-se, pois, que deve haver uma reciprocidade, visando resguardar a isonomia e a simetria da relação jurídica, sendo o dever de renegociar ao mesmo tempo um direito e um dever do consumidor e também do fornecedor.

4. A RENEGOCIAÇÃO NOS CONTRATOS DE CONSUMO AFETADOS PELA COVID-19: CRÍTICA À SUSPENSÃO TOTAL OU PARCIAL DE CLÁUSULAS CONTRATUAIS

A tentativa de renegociação, com base no artigo 6º, inciso V combinado com o artigo 4º, inciso III, ambos do Código de Defesa do Consumidor, poderá ser iniciada tanto pelo consumidor quanto pelo fornecedor. O dever de renegociar, assim, pode ser suscitado a qualquer tempo, por qualquer dos contratantes, pois "consubstancia autêntico *favor contractus,* assumindo preferência em relação aos possíveis remédios terminativos oferecidos pela ordem jurídica".[28]

O coronavírus afetou, não só a possibilidade de adimplemento do contrato por parte do consumidor, mas em muitos casos, gerou uma situação na qual o fornecedor se encontra temporariamente impossibilitado de cumprir com a sua prestação.   É o que se observa, por exemplo, em serviços ligados à área do entretenimento, que devido às medidas de distanciamento social obrigatório decorrente do coronavírus, não puderam ser prestados tal como inicialmente contratado.

---

26. SILVESTRE, Gilberto Fachetti. Novos problemas, antigas soluções: o amplo significado da cláusula rebus sic stantibus e a renegociação, a suspensão e a conservação dos contratos cíveis e mercantis. *Civilistica.com*. Rio de Janeiro, a. 9, n. 2, 2020. Disponível em: [http://civilistica.com/novos-problemas-antigas-solucoes/]. Acesso em: 05.07.2020.
27. BARLETTA, Fabiana Rodrigues. A revisão contratual no Código Civil, no Código de Defesa do Consumidor e a pandemia do Coronavírus (COVID-19). *Revista de Direito do Consumidor*, v. 129, maio/jun., 2020. p. 111-129.
28. SCHREIBER, Anderson. Construindo um dever de renegociar no Direito brasileiro. *Revista Interdisciplinar de Direito*, Faculdade de Direito de Valença, v. 16, n. 1, Valença, p.13-42, jan./jun. 2018. p. 42.

A solução consensual extrajudicial deve ser estimulada, visando a possibilidade de manutenção do contrato. Dessa forma, nesses contratos, ao invés da resolução, deve-se buscar a remarcação dos eventos, quando possível. Assim, também no Direito do Consumidor, observa-se que o

> [...] *favor negotii* impõe uma ordem preferencial, alternativa ou cumulativamente, de medidas destinadas a assegurar o vínculo (*pacta sunt servanda*) e a comutatividade contratual (*reductio ad æquitatem*): 1º. Em *ultima ratio*, aplicar a cláusula de renegociação, com possibilidade de beneficiar a parte com a *exceptio non rite adimpleti contractus*; 2º. Em *ultima ratio regum*, aplicar o *favor suspensionis* (suspensão da execução contratual), caso isso não prejudique ainda mais a situação das partes e da economia; 3º. Em *ultima ratio regum*, revisar o contrato por ato judicial; e/ou 4º. Em *extrema ratio*, resolver o contrato por ato judicial. [29]

O mesmo ocorre no caso do fornecimento de gás e eletricidade, por exemplo, uma opção de renegociação possível, visando a manutenção da prestação do serviço, até mesmo pela sua essencialidade, é a divisão dos valores das faturas inadimplidas em contas futuras. O Tribunal de Justiça do Estado do Rio de Janeiro já se manifestou no sentido de que, em se tratando de serviços essenciais, estes não podem ser interrompidos por falta de pagamento, inclusive em relação a débitos antigos, devendo as concessionárias de serviços públicos possibilitarem o parcelamento do débito pelo consumidor.[30]

Nos serviços de transporte aéreo, hotelaria e turismo em geral, que também foram afetados drasticamente pela pandemia, a solução almejada segue na mesma linha. A renegociação para remarcação das datas e possibilidade de prestação do serviço, nesse contexto, mostra-se medida primordial para que seja possível, ao mesmo tempo, preservar a atividade econômica e resguardar os direitos dos consumidores.

Inclusive, durante a pandemia, foi editada a Medida Provisória 925/2020, que trouxe a previsão no artigo 3º de um prazo mais dilatado, de doze meses, para efetuar o reembolso relativo à compra de passagens aéreas, não eximindo as companhias aéreas de prestar assistência aos consumidores.

Esse prazo, entretanto, relaciona-se às prestações já pagas, não se mostrando proporcional, no caso de parcelas pendentes em compra realizada de forma parcelada, na qual o consumidor seria obrigado a pagar as parcelas vincendas por um serviço que não foi efetivamente prestado.

Nesse sentido, em decisão do Tribunal de Justiça de São Paulo, em situação que o cancelamento do voo se deu por fechamento de fronteiras, decidiu-se que a companhia aérea não precisaria reembolsar imediatamente os valores que já recebeu, na forma do artigo 3º da Medida Provisória 925/2020, mas não seria razoável receber por serviço não

---

29. SILVESTRE, Gilberto Fachetti. Novos problemas, antigas soluções: o amplo significado da cláusula rebus sic stantibus e a renegociação, a suspensão e a conservação dos contratos cíveis e mercantis. *Civilistica.com*. Rio de Janeiro, a. 9, n. 2, 2020. Disponível em: [http://civilistica.com/novos-problemas-antigas-solucoes/]. Acesso em: 05.07.2020.

30. TJRJ; AI 0021026-54.2020.8.19.0000; Rio de Janeiro; Quinta Câmara Cível; Rel. Des. Heleno Ribeiro Pereira Nunes; DORJ 17/06/2020; p. 278; TJRJ; AI 0023179-60.2020.8.19.0000; Nova Iguaçu; Vigésima Terceira Câmara Cível; Rel. Des. Antonio Carlos Arrabida Paes; DORJ 13.07.2020; p. 500.

prestado, para futuramente ter de reembolsar, sendo possível, assim, a suspensão do pagamento das parcelas ainda não vencidas por parte do consumidor.[31]

Em relação à edição da Medida Provisória 925/2020, entretanto, cabe um questionamento acerca do período de doze meses que foi colocado à disposição das empresas para procederem a devolução dos valores já pagos, até mesmo porque, no cenário atual, não foram só os fornecedores que enfrentaram as consequências da crise, pois não se pode ignorar que muitos consumidores perderam seus empregos, de modo que o prazo de um ano pode se mostrar gravoso a esta parte vulnerável da relação contratual consumerista.[32]

Em várias outras situações jurídicas afetadas pela *Covid-19*, o judiciário tem optado pela suspensão das cláusulas contratuais. Entretanto, a suspensão deve ser entendida como uma medida excepcional, transitória, destinada à preservação do contrato e reestabelecimento das condições econômicas das partes.

A suspensão é medida que se impõe somente nos casos em que não há possibilidade de renegociação, pois assim, será medida menos prejudicial do que o inadimplemento ou resolução do contrato. A opção pelo *favor supensionis*, assim, deve se dar quando as consequências decorrentes do evento imprevisível deixarem a parte em situação de vulnerabilidade que a impossibilite de cumprir, temporariamente, o contrato celebrado.

Por derradeiro, importante lembrar que o fenômeno do superendividamento do consumidor já vem sendo estudado muito antes do surgimento da pandemia da *Covid-19*. Inclusive, está em trâmite o Projeto de Lei 3.515/2015 que prevê alguns instrumentos para evitar o inadimplemento e o endividamento dos consumidores, como, por exemplo, o estimulo à criação de planos de pagamento, por meio de dilação dos prazos e renegociação, exatamente com a finalidade de beneficiar a economia como um todo, preservar a manutenção dos contratos e o mínimo existencial dos consumidores.[33]

5. CONCLUSÃO

Os impactos socioeconômicos da pandemia da *Covid-19* nos contratos já se mostram alarmantes. Na seara consumerista, a problemática é ainda mais grave, uma vez que uma das partes – o consumidor, é presumidamente vulnerável pelo ordenamento jurídico brasileiro, estando em uma situação de debilidade frente ao fornecedor.

Nesse sentido, o ordenamento jurídico brasileiro, já previa algumas consequências tradicionais para o caso de onerosidade excessiva superveniente da prestação do contrato de consumo, quais sejam: modificação, revisão e resolução. Inclusive, os requisitos exigidos para a modificação e revisão contratual, com base no artigo 6º, inciso V, do Código de Defesa do Consumidor, já eram diferentes daqueles exigidos nos artigos 317, 478 e 479

---

31. TJSP; AI 2082733-91.2020.8.26.0000; Ac. 13647485; São Paulo; Décima Quarta Câmara de Direito Privado; Rel. Des. Melo Colombi; Julg. 15.06.2020; DJESP 17.06.2020; p. 2088.

32. SILVA, Joseane Suzart Lopes da. Consumo: a proteção dos destinatários finais nos serviços públicos essenciais e em contratos referentes a relevantes bens jurídicos. *Revista de direito do consumidor*, v. 130, jul./ago., 2020. p. 27-61.

33. MARQUES, Claudia Lima; BERTONCELLO, Káren Rick Danilevicz; LIMA, Clarissa Costa de. Maior da pandemia de Covid-19: pela urgente aprovação do PL 3.515/2015 de atualização do CDC e por uma moratória aos consumidores. *Revista de Direito do Consumidor*, v. 129, maio/jun., 2020. p. 47-71.

do Código Civil, que tem por base a teoria da imprevisão mediante a aplicação da cláusula *rebus sic stantibus*, exatamente pelo reconhecimento da vulnerabilidade do consumidor.

Entretanto, em razão da pandemia, outros mecanismos se mostram mais adequados para que o vínculo contratual possa ser mantido, sem, contudo, prejudicar o consumidor. Nesse sentido, o dever de entrar em renegociação proveniente da boa-fé objetiva, emerge como uma solução que deve ser estimulada para reequilibrar as prestações contratuais.

Com base no artigo 6º, inciso V combinado com o artigo 4º, inciso III, ambos do Código de Defesa do Consumidor, portanto, a iniciativa da proposta de renegociação poderá ser instaurada tanto pelo consumidor quanto pelo fornecedor.

As soluções consensuais e extrajudiciais deverão ser preferidas às medidas tradicionais de reequilíbrio da comutatividade das prestações do contrato que se pautam em decisões judiciais. Nesse momento, ainda, os Órgãos de Proteção e Defesa do Consumidor mostram-se importantes aliados para promoverem a conciliação nas vias administrativas.

Ademais, constatou-se que em vários setores de prestação de serviços, principalmente aqueles essenciais, a dilação do prazo para o adimplemento mostra-se alternativa preferível à suspensão e resolução do contrato, que devem ser medidas excepcionais, pois além de resguardar o *favor negotii* e o *favor deboli*, tem a finalidade de beneficiar a economia como um todo, sem comprometer o mínimo existencial e outros direitos dos consumidores.

Conclui-se, portanto, que nas situações em que for possível conservar o negócio jurídico por meio de acordos extrajudiciais, a sua resolução deve ser desestimulada com vistas a preservar o vínculo contraído voluntariamente pelas partes, assim como garantir que o negócio irá cumprir com a sua função socioeconômica.

6. REFERÊNCIAS

BARLETTA, Fabiana Rodrigues. A revisão contratual no Código Civil, no Código de Defesa do Consumidor e a pandemia do Coronavírus (COVID-19). *Revista de Direito do Consumidor*, v. 129, p. 111-129, maio/jun., 2020.

BITENCOURT, José Ozório de Souza. O princípio da vulnerabilidade: fundamento da proteção jurídica do consumidor. *Revista da EMERJ*, Rio de Janeiro, v. 7, n. 25, p. 248-265, 2004.

EHRHARDT JÚNIOR, Marcos. Relação obrigacional como processo na construção do paradigma dos deveres gerais de conduta e suas consequências. *Revista da Faculdade de Direito – UFPR*, Curitiba, n. 56, p. 141-155, 2021.

GALLO, Paolo. Eccessiva onerosità sopravvenuta e presupposizione. *In: Digesto delle Discipline Privatistiche*. Sezione Civile. Aggiornamento. XII. Milano: Utet, 2019.

GALLO, Paolo. Revisione del contratto ed equilibrio sinallagmatico. *In: Digesto delle Discipline Privatistiche*. Sezione Civile. Aggiornamento. XII. Milano: Utet, 2019.

GARCIA, Sebastião Carlos. Revisão dos contratos. *Revista dos Tribunais*, v. 856, p. 51-66, fev., 2007.

GOMES, Orlando. Contratos. 26. ed. Rio de Janeiro: Forense, 2007.

GUSELLA, Gabriela Azeredo. *O controle judicial das convenções processuais pela manifesta vulnerabilidade da parte*. 2020. Dissertação (Mestrado em Direito Processual) – Universidade Federal do Espírito Santo, Centro de Ciências Jurídicas e Econômicas.

LEAL, Luciana de Oliveira. A onerosidade excessiva no ordenamento jurídico brasileiro. *Revista da EMERJ*, v. 6, n. 21, Rio de Janeiro, p. 155-165, 2003.

LORENZETTI, Ricardo Luis. *Fundamentos do direito privado*. São Paulo: Revista dos Tribunais, 1998.

MARQUES, Claudia Lima. *Contratos no Código de Defesa do Consumidor* [livro eletrônico]: o novo regime das relações contratuais. 3. ed. São Paulo: Thomson Reuters Brasil, 2019.

MARQUES, Claudia Lima; BERTONCELLO, Káren Rick Danilevicz; LIMA, Clarissa Costa de. Maior da pandemia de Covid-19: pela urgente aprovação do PL 3.515/2015 de atualização do CDC e por uma moratória aos consumidores. *Revista de Direito do Consumidor*, v. 129, p. 47-71, maio/jun., 2020.

MIRAGEM, Bruno Nubens Barbosa. Diretrizes interpretativas da função social do contrato. *Doutrinas Essenciais de Direito do Consumidor*, v. 1, p. 133-160, abr., 2011.

MIRAGEM, Bruno Nubens Barbosa. O direito do consumidor como direito fundamental: consequências jurídicas de um conceito. *Revista Direito do Consumidor*, São Paulo, Revista dos Tribunais Online, n. 43, p. 111-132, jul./set., 2002.

NAVAS, Bárbara Gomes. Onerosidade excessiva superveniente no Código Civil e no Código de Defesa do Consumidor: mora, ruína pessoal e superendividamento. *Revista de Direito Civil Contemporâneo*, v. 2, p. 109-136, jan./mar., 2015.

PESCE, Edoardo. Dinamiche processuali dell'eccessiva onerosità sopravvenuta. In: *La Nuova Giurisprudenza Civile Commentata*, anno XXXIV, n. 5, Padova, 2018.

RANGEL, Maurício Crespo. A revisão contratual no Código de Defesa do Consumidor. *Revista de Direito do Consumidor*, v. 71, p. 168-194, jul./set., 2009.

SCHREIBER, Anderson. Construindo um dever de renegociar no Direito brasileiro. *Revista Interdisciplinar de Direito*, Faculdade de Direito de Valença, v. 16, n. 1, Valença, p.13-42, jan./jun. 2018.

SCHREIBER, Anderson. *Equilíbrio contratual e dever de renegociar*. São Paulo: Saraiva, 2018.

SILVA, André Vicente Seifert da. As convergências e as assimetrias dos contratos no Código de Defesa do Consumidor e no Novo Código Civil. *Revista de Direito do Consumidor*, v. 65, p. 11-43, jan./mar., 2008.

SILVA, Joseane Suzart Lopes da. Consumo: a proteção dos destinatários finais nos serviços públicos essenciais e em contratos referentes a relevantes bens jurídicos. *Revista de direito do consumidor*, v. 130, p. 27-61, jul./ago., 2020.

SILVESTRE, Gilberto Fachetti. *A responsabilidade civil pela violação à função social do contrato*. São Paulo: Almedina, 2018.

SILVESTRE, Gilberto Fachetti. Novos problemas, antigas soluções: o amplo significado da cláusula rebus sic stantibus e a renegociação, a suspensão e a conservação dos contratos cíveis e mercantis. *Civilistica.com*. Rio de Janeiro, a. 9, n. 2, 2020. Disponível em: <http://civilistica.com/novos-problemas-antigas-solucoes/>. Acesso em: 05 Jul. 2020.

SOTO, Erika Isler. Del favor debilis al favor consumatore: consideraciones históricas. *Derecho PUCP*, Lima, Peru, n. 82, p. 35-59, junio-noviembre, 2019.

STUART, Luiza Checchia. Revisão dos contratos: onerosidade excessiva e a teoria da imprevisão. *Revista de Direito Empresarial*, v. 1, jan., 2014.

TARTUCE, Fernanda. *Igualdade e vulnerabilidade no processo civil*. Rio de Janeiro: Forense, 2012.

TOMASEVICIUS FILHO, Eduardo. Uma década de aplicação da função social do contrato análise da doutrina e da jurisprudência brasileiras. *Revista dos Tribunais*, São Paulo, Revista dos Tribunais Online, v. 940, fev. 2014.

REFLEXÕES SOBRE O DIREITO DO CREDOR E AS FERRAMENTAS PARA ALCANÇAR A SATISFAÇÃO DE CRÉDITOS NO CONTEXTO PÓS-PANDEMIA

Marcelo Abelha Rodrigues

Pós-Doutorando em Direito Processual Universidade de Lisboa. Mestre e doutor em Direito pela Pontifícia Universidade Católica de São Paulo (PUC-SP). Professor da Graduação e Mestrado da Universidade Federal do Espírito Santo (UFES). Advogado. E-mail: marceloabelha@cjar.com.br.

Nathielle Zanelato dos Reis

Mestranda em Direito Processual pela Universidade Federal do Espírito Santo (UFES). Pós-Graduada em Direito Civil pela Universidade Anhanguera – Uniderp. Bolsista da Coordenação de Aperfeiçoamento de Pessoal de Nível Superior (CAPES/DS). Estagiária Docente na Universidade Federal do Espírito Santo. E-mail: nathizr@hotmail.com.

Tainá da Silva Moreira

Mestranda em Direito Processual Civil pela Universidade Federal do Espírito Santo (UFES). Pós-Graduada em Direito Ambiental pela Fundação Oswaldo Aranha – Centro Universitário de Volta Redonda. Pós-Graduada em Direito Processual Civil pela Universidade Anhanguera – Uniderp. Estagiária Docente na Universidade Federal do Espírito Santo (UFES). Advogada. E-mail: tasmoreira@hotmail.com. marceloabelha@cjar.com.br.

Sumário: 1. Introdução. 2. Contexto econômico pós-pandemia e seus reflexos na execução e recebimento de créditos em geral. 3. Impasse: impossibilidade de pagamento conforme pactuado (perspectiva do devedor) e necessidade de recebimento (perspectiva do credor). 4. Protagonismo das partes e ferramentas para resolver o impasse: soluções não adjudicadas e flexibilização da rigidez procedimental como alternativas de satisfação. 4.1 Soluções não adjudicadas. 4.2 Flexibilização da rigidez procedimental. 5. Conclusão. 6. Referências.

1. INTRODUÇÃO

Considerando o contexto econômico e social instaurado em razão da pandemia da Covid-19 e seus impactos no recebimento de créditos em geral, o presente trabalho apresenta propostas para compatibilizar os interesses do credor e devedor, cujo antagonismo se evidencia em função dessa nova realidade.

Certamente, o momento indica a necessidade de soluções alternativas e, partindo da premissa de que o rito executivo é propício para a autocomposição, destaca-se o protagonismo das partes na busca de soluções não adjudicadas.

Sem se afastar das garantias e direitos que guarnecem as partes da relação jurídica, busca-se analisar qual postura o credor deve assumir para garantir o recebimento de seu crédito.

A partir da análise das perspectivas do credor e devedor, a abordagem indica que, no cenário atual, as soluções para o impasse passam pela busca de soluções não adjudicadas para convencionar não apenas sobre o pagamento, mas, também, sobre o procedimento.

Assim, seja sobre prazos, valores, formas e condições de pagamento, seja sobre o procedimento em si e os atos executivos propriamente ditos, deve-se partir do emprego dos métodos autocompositivos para se alcançar a satisfação.

2. CONTEXTO ECONÔMICO PÓS PANDEMIA E SEUS REFLEXOS NA EXECUÇÃO E RECEBIMENTO DE CRÉDITOS EM GERAL

Desde a entrada em vigor do Código de Processo Civil de 2015 – CPC/15, muito se fala em efetividade da tutela executiva e aplicação das medidas coercitivas atípicas, cujo gatilho para utilização seria a presença de indícios de ocultação patrimonial. Todavia, a inadimplência nem sempre é ocasionada pela ocultação patrimonial ou pela má-fé do devedor.

Aliás, dados do Conselho Nacional de Justiça – CNJ revelam o seguinte paradoxo: a fase executiva apresenta taxa de contingenciamento três vezes superior à de conhecimento, naturalmente mais complexa. Dentre as causas identificadas para o gargalo das execuções está a ausência de patrimônio e de meios adequados à tutela executiva, bem como o engessamento das técnicas procedimentais aliado à burocracia processual[1].

Com efeito, as fragilidades do sistema executivo e a derrocada econômica instaurada a partir de março de 2020, em razão da pandemia ocasionada pelo Coronavírus, parecem ter criado o ambiente favorável à inadimplência no país.

As estatísticas revelam que o isolamento social e a paralisação de parte do setor econômico impactaram diretamente a renda, o consumo e o comportamento dos brasileiros. De acordo com o Serasa Experian, o comércio teve queda recorde de 16,2% em março de 2020, fato que corresponde ao maior declínio registrado no comparativo mensal desde o início da série histórica. Também o setor de serviços, segundo o IBGE, teve queda no mês de março e, em abril, a produção industrial apresentou o pior desempenho em dezoito anos. Como resultado óbvio dessas perdas, o instituto revela que o desemprego atingiu níveis estratosféricos no segundo trimestre de 2020 e o endividamento bateu recorde.

Uma breve análise desses dados indica que, de um lado, a população em geral teve sua capacidade de realizar pagamentos reduzida e, de outro, os setores produtivo e comercial perderam espaço em razão da disseminação do Coronavírus. Obviamente, os problemas

---

1. RODRIGUES, Marcelo Abelha. *Fundamentos da tutela executiva* – Brasília, DF: Gazeta Jurídica, 2018, p. 15.

da inadimplência e da inefetividade das execuções não surgiram com a pandemia, mas, por certo, serão potencializados por ela, em razão dos reflexos ora apontados.

Nesse contexto de instabilidade econômica e social, pergunta-se: o que fazer para garantir a efetividade das execuções e o recebimento de créditos em geral? Para responder a tal pergunta, deve-se ter em mente que, na atual conjuntura, a satisfação do crédito pode estar muito associada ao diálogo, seja por meio da negociação direta entre as partes, seja pelos caminhos disponibilizados pelo Poder Judiciário, o qual oferta ao jurisdicionado uma Justiça Multiportas.[2]

3. IMPASSE: IMPOSSIBILIDADE DE PAGAMENTO CONFORME PACTUADO (PERSPECTIVA DO DEVEDOR) E NECESSIDADE DE RECEBIMENTO (PERSPECTIVA DO CREDOR)

Em condições normais, havendo inadimplemento, as perspectivas de credor e devedor normalmente se polarizam e o antagonismo da relação torna-se evidente. Em tempos de pandemia, em que ambos amargam os prejuízos de uma crise econômica que inviabilizou a satisfação do crédito, as posições distanciam-se ainda mais.

Com efeito, em momentos de crise, a animosidade natural ganha destaque e gera nas partes a falsa sensação de que a segurança abstrata da lei lhes seria mais benéfica que suas próprias escolhas, justamente pelo medo de que a solução negociada provoque a piora de sua situação.

No que tange ao inadimplemento, importa considerar que, em tempos de Covid-19, muitas inadimplências são transitórias, ocasionadas exclusivamente pela crise econômica gerada pela pandemia.

Em outras palavras, há um quadro de descumprimento momentâneo de obrigações, o que nos permite dizer, didaticamente, que a pandemia causou situações abruptas de inadimplência em série que, não fosse o momento que vivemos, não teriam ocorrido. Trata-se, portanto, de uma situação que impõe um tratamento diferenciado destes inadimplementos, pois diferem do padrão observado em períodos regulares.

O inadimplemento *normal,* como se disse, decorre, dentre outros fatores, da ocultação patrimonial, da ausência de patrimônio, de meios adequados à tutela executiva e da rigidez das técnicas procedimentais. Já o inadimplemento observado neste período de pandemia é atípico, decorrente exclusivamente da crise gerada pela disseminação do vírus e do agravamento de suas consequências na seara econômica. Essa peculiaridade merece um olhar mais rente e específico.

Não se ignora que os efeitos do inadimplemento comum podem ser agravados em virtude da crise pandêmica, mas não se pode confundi-lo com esta *inadimplência atípica,* que exsurge exclusivamente em razão deste período que vivemos. O cenário atual trouxe um tipo de descumprimento específico, cujo tratamento requer o emprego de ferramentas diferenciadas, que ofereçam soluções ágeis e adequadas às peculiaridades do momento.

---

2. RODRIGUES, Marcelo Abelha. *Fundamentos da tutela executiva* – Brasília, DF: Gazeta Jurídica, 2018, p. 14-15.

A calamidade atual remete ao caráter de essencialidade que o crédito pode assumir nesse contexto, pois, tratando-se de pagamento, a quantia devida pode ser essencial à própria sobrevivência das partes. De fato, o valor pode ser, ao mesmo tempo, necessário à sobrevivência de ambos, de modo que o devedor não poderá dele dispor, e o credor, caso não o receba, terá seu sustento igualmente prejudicado.

O impasse denuncia a gravidade da situação e a urgente necessidade de compatibilizar o antagonismo desse cenário, sem perder de vista que o credor tem o direito fundamental, constitucionalmente garantido, à satisfação do crédito[3].

Sendo assim e, considerando que a satisfação deve ser perquirida por todos os sujeitos que participam do processo, mediante esforço conjunto (daí se falar em cooperação), surge a indagação: qual postura o credor deve assumir para garantir o recebimento de seu crédito?

A resposta a essa pergunta parece exigir do credor a iniciativa para estabelecer uma *negociação colaborativa*, em oposição à *negociação competitiva*. A postura combativa, na maioria das vezes, tem se mostrado ineficaz, uma vez que *"os interessados estão mais preocupados em reclamar valor que criá-lo; nesse caso, a negociação é conduzida para que um ganhe e outro perca; com estratégias encaradas como armas"*[4].

Embora pareça mais adequado que o credor inicie a negociação, uma vez que é o interessado no recebimento do crédito, é crucial que haja mudança de postura de ambas as partes, a fim de que busquem no diálogo a compreensão de suas necessidades e possibilidades. Nesse sentido, o dever de cooperação das partes e do Estado-Juiz pode revelar-se eficaz para compatibilizar os interesses contrapostos por meio da autocomposição e, para tanto, o diálogo responsável é fundamental, pois assegura o respeito aos direitos e garantias dos envolvidos.

Sob a perspectiva do titular do crédito, não se pode perder de vista que o quadro de abalo econômico geral não anula seu direito ao recebimento que, justamente em razão dessa crise sem precedentes, assume, muitas vezes, caráter de essencialidade, pois, como se disse, pode estar relacionado à própria sobrevivência do credor (se pessoa física) ou à continuidade da operação (se pessoa jurídica).

Já sob o ponto de vista do devedor, deve-se respeitar a necessidade de preservar o patrimônio mínimo suficiente à continuidade de sua vida habitual. Logo, a renegociação e a celebração de acordos deverão respeitar suas reais possibilidades, pois, caso contrário, a satisfação jamais será alcançada.

Nesse particular, o impasse revela não haver ninguém melhor que as partes para propor alternativas construtivas à satisfação, nem mesmo o Poder Judiciário, cuja atuação, no contexto atual, fica em segundo plano, sobretudo em razão da Resolução n. 313/2020 do CNJ, que suspendeu temporariamente o atendimento presencial regular nos foros.

---

3. Na mesma linha, Daniel Assumpção Neves destaca: O famoso "ganhou, mas não levou" é inadmissível dentro do ideal de acesso à ordem jurídica justa. A eficácia da decisão, portanto, é essencial para se concretizar a promessa constitucional de inafastabilidade da jurisdição (NEVES, Daniel Amorim Assumpção. *Novo Código de Processo Civil Comentado artigo por artigo*. 3. ed. Salvador: Editora JusPodivm, 2018, p.25).

4. CABRAL, Antonio do Passo Revista de Processo; CUNHA, Leonardo Carneiro da. *Revista de Processo*, São Paulo, v. 41, n. 259, p. 471-489, set. 2016.

Vale dizer, o próprio acesso ao órgão jurisdicional foi prejudicado, de modo que, excetuadas as matérias passíveis de apreciação em regime de plantão extraordinário, listadas no art. 4º da citada Resolução, as demandas ficaram relegadas à retomada da normalização no atendimento forense.

Com isso, surge, ainda, a questão do tempo e, assim, diante da necessidade de recebimento mais acelerado do crédito e da impossibilidade de apreciação imediata da questão pelo Judiciário, é preciso começar a se pensar em uma postura cooperativa dos atores processuais.

Obviamente, considerando o antagonismo que gravita seus interesses, não se espera nada mais além do esforço conjunto na busca pela satisfação do crédito que, se exercido corretamente, será suficiente para atender à determinação legislativa[5] e, ao mesmo tempo, deliberar sobre possibilidades de satisfação por meio de soluções alternativas ao tradicionalismo que permeia a execução.

4. PROTAGONISMO DAS PARTES E FERRAMENTAS PARA RESOLVER O IMPASSE: SOLUÇÕES NÃO ADJUDICADAS E FLEXIBILIZAÇÃO DA RIGIDEZ PROCEDIMENTAL COMO ALTERNATIVAS DE SATISFAÇÃO

De plano, é preciso considerar que mesmo após a normalização do atendimento forense, o papel do Estado-Juiz não substitui a importância do diálogo entre os sujeitos, que, nesse contexto, assumem o papel de protagonistas da relação jurídica. Por certo, a economia levará algum tempo para se restabelecer e, sendo assim, o impasse exigirá que as partes conversem e entendam as realidades umas das outras.

Nesse sentido, é necessária uma postura cooperativa dos atores processuais e do próprio órgão jurisdicional no que tange às tentativas de negociação. A esse respeito, no que tange às partes, espera-se a construção de um diálogo responsável, que exponha suas reais possibilidades de satisfação, inclusive mediante soluções alternativas.

Já no que tange ao órgão jurisdicional, cabe a esse tomar as providências necessárias para operacionalizar o diálogo e a condução das ações a despeito da suspensão do atendimento presencial. Certamente, as garantias de acesso à justiça e inafastabilidade da jurisdição devem ser preservadas, porquanto constitucionalmente asseguradas e, sendo assim, a prestação jurisdicional, que é ininterrupta, deve ocorrer, inclusive, pelos meios não tradicionais.

Se, de um lado, apenas o diálogo efetivo entre as partes pode levar a uma solução mais factível, de outro, a atuação do Poder Judiciário é de especial importância na construção de uma saída eficaz para a conjugação de interesses com vistas à efetividade. Assim, do ponto de vista operacional, é preciso desenvolver a possibilidade de construir soluções a distância, otimizando o atendimento por meio de canais virtuais.

É preciso criar alternativas aos atendimentos presenciais e às audiências físicas, a fim de que a possibilidade de diálogo entre as partes seja preservada. Muitos fóruns e

---

5. Art. 6º, CPC: Todos os sujeitos do processo devem cooperar entre si para que se obtenha, em tempo razoável, decisão de mérito justa e efetiva.

tribunais têm reinventado a prestação jurisdicional para alcançar êxito nas negociações em tempos de pandemia. O Tribunal Regional Federal da 3ª Região, por exemplo, desenvolveu plataforma virtual de conciliação para solucionar casos relacionados à COVID-19, além de realizar, com sucesso, audiência de conciliação via *Whatasapp*.

A iniciativa revela a necessidade de empenho e cooperação de todos os sujeitos, parciais e imparciais, na busca pela satisfação, seja por meio da otimização e modernização da prestação jurisdicional, seja pela prática de atos de disposição do direito envolvido ou do procedimento aplicável.

Aliás, sendo o recebimento de crédito matéria essencialmente patrimonial é, por óbvio, disponível. Assim, nada impede a prática de atos de disposição pelas partes, inclusive no tocante à questão processual, pelo que poderão convencionar "*sobre seus ônus, poderes, faculdades e deveres processuais, bem como sobre o procedimento*" [6].

É dizer, o processo executivo é ambiente adequado para o exercício da autocomposição e poder de disposição, razão pela qual as partes podem acordar tanto sobre prazos, valores e condições de pagamento, quanto sobre a prática de atos processuais, incluindo os executivos propriamente ditos.

Partindo dessa premissa e considerando que os procedimentos são o modo pelo qual se desenvolve a relação jurídica, o ordenamento oferta a possibilidade de que sejam legais, judiciais e convencionais[7]. No que concerne à atividade executiva, embora seja possível encontrar as três modalidades, a mais comum é a legal, uma vez que os processos de execução para pagamento de quantia são regidos por rito marcadamente legal e abstrato.[8]

Por certo, o legalismo exacerbado engessa o magistrado na construção de soluções mais adequadas ao caso, evidenciando o protagonismo das partes no desempenho dessa tarefa. Aliás, ninguém melhor que elas para indicar os meios de alcançar a satisfação conforme a realidade por elas experimentada.

Nesse ponto, deve-se considerar que, diante da reviravolta social e financeira ocasionada pela pandemia, as realidades se alteraram e o contato entre os sujeitos é essencial para que dialoguem sobre as possibilidades de satisfação. Ainda que a questão seja judicializada, é importante manter o juízo informado acerca da real situação das partes, de modo a auxiliá-las a alcançar a satisfação do crédito e a otimização do procedimento.

Trata-se do dever de cooperação, aplicável não apenas às partes da relação processual, mas também ao Estado-Juiz que, para exercê-lo, deve aliar-se a elas no sentido de chamá-las a um diálogo processual eficiente e adaptável ao atual contexto econômico e social.

Tal como resta apregoado pelo CPC vigente, seja pelo uso dos métodos adequados de solução de conflitos ou pela realização de negócios jurídicos processuais, o período

---

6. CABRAL, Trícia Navarro Xavier. *Limites da Liberdade Processual*. São Paulo: Editora Foco, 2019, p. 47.
7. Como destaca Trícia Navarro Xavier, a flexibilização do procedimento já era admitida mesmo sob a vigência da codificação anterior, mas o diploma atual trouxe avanços importantes. Nesse sentido, afirma: "O nosso ordenamento processual já vinha admitindo a flexibilização por imposição legal e por ato do juiz. Porém, a novidade surge em relação às duas outras espécies de flexibilização, ou seja, por ato conjunto das partes e do juiz e por atos de disposições das partes, previstas no CPC/15". (CABRAL, Trícia Navarro Xavier. *Limites da Liberdade Processual*. São Paulo: Editora Foco, 2019, p. 47).
8. RODRIGUES, Marcelo Abelha. *Fundamentos da tutela executiva* – Brasília, DF: Gazeta Jurídica, 2018, p. 203.

em questão exigirá maior fomento à participação dos litigantes, ficando o magistrado mais afeto ao controle da legalidade das disposições praticadas, mediante atuação em caráter secundário.

Nesse aspecto, tornam-se evidentes o protagonismo das partes e a ressignificação de seus papéis na construção de soluções não adjudicadas e na flexibilização dos procedimentos, por meio de alternativas adaptáveis às peculiaridades de suas realidades.

4.1 Soluções não adjudicadas

Como se disse, a pandemia restringiu o atendimento presencial no Poder Judiciário de todo o país, pelo que a negociação direta entre as partes revela-se importante ferramenta para a criação de soluções conjuntas fora do âmbito judicial.

Nesse aspecto, a negociação de prazos, valores e condições de pagamento torna-se relevante para garantir o recebimento do crédito. A celebração de novas convenções acerca dessas questões pode garantir que uma eventual execução trilhe caminhos mais curtos e satisfatórios.

É a partir de um diálogo franco e aproximado entre os sujeitos que lhes será possível apresentar, um ao outro, as realidades sociais vividas, especialmente no que toca ao devedor, que poderá exteriorizar suas possibilidades atuais de satisfação do crédito em dinheiro.

Especialmente neste momento de suspensão dos andamentos processuais, com a impossibilidade de realização das audiências previstas no art. 334 do CPC e de instrução e julgamento, reduziu-se o contato das partes com o Juiz em momentos processuais oportunos ao diálogo e, sendo assim, a negociação direta[9] tem se mostrado uma saída eficiente para retomar o contato entre os envolvidos.

A conversa entre os sujeitos, seja pela via da negociação direta ou a partir do uso de outros métodos adequados à resolução, amplamente difundidos em nosso diploma processual, é capaz de "retirar o véu" da dúvida quanto à possibilidade de satisfação e recebimento do crédito perseguido. Trata-se de novo caminho baseado em concessões mútuas, tendo em vista que a coerção ao pagamento pelo devedor, neste momento, pode revelar-se inócua.

Ocorre que, não obstante o contato prévio entre as partes, inexistindo a conciliação, é preciso conferir aos litigantes a possibilidade de encontrar a "porta"[10] mais adequada à solução de seu conflito, pois, no contexto atual, a decisão adjudicada pode mostrar-se

---

9. Adota-se o conceito de negociação direta, também chamada de resolução colaborativa, seguido por Antonio do Passo Cabral e Leonardo Carneiro da Cunha, para quem "a negociação direta ou resolução colaborativa desponta como uma forma comum de solução de disputas, sendo realizada de modo informal entre os próprios interessados ou envolvidos ou entre seus advogados ou representantes". (CABRAL, Antonio do Passo Revista de Processo; CUNHA, Leonardo José Carneiro da. *Revista de Processo*, São Paulo, v. 41, n. 259, p. 471-489, set. 2016).

10. Antonio do Passo Cabral e Leonardo Carneiro da Cunha destacam que "a expressão multiportas decorre de uma metáfora: seria como se houvesse, no átrio do fórum, várias portas; a depender do problema apresentado, as partes seriam encaminhadas para a porta da mediação, ou da conciliação, ou da arbitragem, ou da própria justiça estatal". (CABRAL, Antonio do Passo Revista de Processo; CUNHA, Leonardo Carneiro da. *Revista de Processo*, São Paulo, v. 41, n. 259, p. 471-489, set. 2016).

alheia à realidade dos sujeitos e, por consequência, ineficaz ao processo, na medida em que apenas prolongará sua duração.

Nesse ponto, é preciso ter em mente que, quando aplicados à execução, os meios autocompositivos perseguem objetivos diversos daqueles perseguidos no processo de conhecimento, afinal, busca-se unicamente o recebimento do crédito, sem divagações acerca das causas que deram origem ao título executivo e das condições em que foi confeccionado.

Por ser mais estreita e não comportar discussões dessa espécie, a via executiva também não comporta disposições das partes a respeito dos fatos que o antecederam. A matéria exige que a autocomposição seja compreendida através de um prisma diferenciado, uma vez que não se busca soluções de controvérsias, mas sim *"trabalhar formas de que a prestação prevista no título executiva seja cumprida ou, ao menos, um resultado equivalente seja alcançado"* [11].

Por essa razão, eventuais concessões serão relativas apenas à concretização do pagamento, afinal já se formou o convencimento judicial e há um título líquido, certo e exigível a ser executado. Nesse aspecto, em sede de execução, as soluções não adjudicadas não têm o condão de pacificar a relação social, mas, sim, de alcançar o *"cumprimento da obrigação firmada no título, sem, contudo, desvencilhar- se da ideia de protagonismo das partes e de todas as garantias que continuam regendo o procedimento"* [12].

Assim, o diálogo e a postura cooperativa devem se voltar à negociação de prazos, valores, condições e formas de pagamento, bem como sobre a prática de atos processuais e executivos propriamente ditos, por meio da quebra da rigidez procedimental abstratamente prevista na legislação processual.

4.2 Flexibilização da rigidez procedimental

Nada obstante o fomento ao diálogo ainda na fase pré processual, deve-se considerar que haverá casos em que ou processo executivo já se iniciou ou sua instauração será indispensável em razão da impossibilidade de consenso pela via da cooperação.

Nos casos em que a judicialização for inevitável, a rigidez procedimental característica do feito executivo poderá obstaculizar a satisfação por caminhos alternativos. Embora essa rigidez tenha suas vantagens e virtudes quanto à previsibilidade dos atos, o engessamento aumenta as chances de insucesso e, no contexto atual, exige a adoção de alternativas ao tecnicismo, a depender essencialmente da autonomia de vontade das partes.

As vias alternativas aos procedimentos positivados podem ser mais eficazes que o tecnicismo formal típico que, nesta realidade, revela-se incapaz de conduzir à satisfação, a qual reclama maior brevidade e flexibilidade de soluções.

---

11. MACEDO, Elaine Harzheim; DAMASCENO, Marina. *Sistema Multiportas e Métodos Integrados de Resolução de Conflitos*. Porto Alegre: Editora Universitária da PUCRS, 2018, p. 116.
12. Ibid., p. 119.

A partir da concepção de protagonismo das partes, verificada a disponibilidade do direito e a validade do ato, as questões creditícias podem ser resolvidas por mecanismos eleitos pelos sujeitos, conforme suas reais necessidades. Obviamente, não havendo êxito na construção de procedimentos alternativos ou constatando-se a incapacidade das partes para se submeterem ao dever de cooperação, é certo que continua preservado o poder do Estado-Juiz em seguir as regras procedimentais preestabelecidas, inclusive por meio da determinação de medidas coercitivas atípicas.

Nada obstante, a flexibilização convencional (por convenção das partes) do procedimento é perfeitamente possível na seara executiva. Vale dizer, "*não é proibido que as partes estabeleçam convenções processuais que determinem o modo pelo qual se desenvolverá a tutela executiva*".[13]

É preciso que todos aqueles de alguma forma possam sofrer os impactos da relação jurídica trabalhem em conjunto para alcançar a satisfação do direito, inclusive por meio da adequação procedimental. Nesse cenário, não se pode descurar da visão publicista inerente à nova sistemática processual, que reforça o papel do Estado de fomentar, seja pela porta da atividade jurisdicional executiva, pela autocomposição ou pela heterocomposição, a solução adequada dos conflitos e realização de direitos.

No que tange ao papel dos magistrados na flexibilização do procedimento, o contexto recente exige que tais profissionais assumam postura cooperativa mais efetiva e, sobretudo, absorvam a criatividade das partes no oferecimento de soluções para o recebimento de créditos. Tal como já ocorre com a aplicação das medidas coercitivas atípicas, em que se tem exigido maior poder criativo na atividade jurisdicional para a abreviação das execuções de créditos, o período atual exige maior engenhosidade dos juízes para a recepção das alternativas procedimentais trazidas pelas partes para se alcançar a satisfação.

Com efeito, não obstante a efetivação das medidas adequadas de resolução de conflitos, o momento presente parece exigir que procedimento executivo seja objeto de disposição das partes e do Juiz, tudo com a finalidade de alcançar uma solução que atenda aos anseios dos envolvidos e encaixe-se em suas realidades financeira e social, já tão impactada pelo novo cenário que se instalou no país.

Apesar da importância da atividade jurisdicional para efetivar a adaptação do procedimento, a iniciativa das partes é o meio mais apto para promovê-la, porquanto o CPC/15 inovou pouco o procedimento executivo, que permanece fortemente marcado pelo liberalismo e burocracia[14]. Logo, o engessamento procedimental, de origem legal, torna quase nula a chance de a flexibilização ocorrer por iniciativa judicial.

Nesse cenário, o protagonismo das partes torna-se ainda mais evidente e, por essa razão, a alteração "*demandará a adaptação de todos os sujeitos processuais, especialmente dos juízes em relação à maior disponibilidade procedimental pelas partes*".[15]

---

13. RODRIGUES, Marcelo Abelha. *Fundamentos da tutela executiva* – Brasília, DF: Gazeta Jurídica, 2018, p. 203.
14. Conforme destacado em trabalhos anteriores, em matéria de execução, o CPC/15 não se libertou dos traços privatista e liberal evidenciados pela cadeia burocrática ainda rígida do procedimento. Sobre o tema, conferir: RODRIGUES, Marcelo Abelha. *Fundamentos da tutela executiva* – Brasília, DF: Gazeta Jurídica, 2018, p. 205.
15. CABRAL, Trícia Navarro Xavier. *Limites da Liberdade Processual*. São Paulo: Editora Foco, 2019, p. 42.

Especificamente quanto à flexibilização convencional, denominada por alguns de negócio jurídico processual, sua ocorrência é mais factível antes do ajuizamento da execução, pois na seara judicial, o antagonismo é acentuado, por força da cultura do litígio e pela desconfiança das próprias escolhas, fatores que dificultam as cooperações altruístas.[16]

Com efeito, o consenso é capaz de adequar o *"procedimento e a própria tutela jurisdicional, ajustando-o às realidades da causa e assim permitir que se alcance um resultado mais rente às necessidades do direito material"* [17]. Aliás, não só o procedimento, mas também os atos executivos propriamente ditos podem ser convencionados, precisamente em função da posição jurídica de desvantagem vivenciada pelas partes.

Diante disso, a flexibilização da rigidez das técnicas executivas parece ser um caminho eficaz para atingir a satisfação. Por óbvio, não se trata de alterar a relação jurídica previamente consolidada no título executivo, convertendo a espécie de obrigação nele estampada, tampouco de converter a espécie de execução, mas, simplesmente, de utilizar atos executivos mais afetos à nova realidade do direito material.

A flexibilização, portanto, caracteriza-se como *"fenômeno oriundo da evolução do Direito Processual, com o aprimoramento de técnicas processuais"*, que possibilita a modulação das regras preestabelecidas pelo legislador para se tentar um caminho mais adequado ao caso concreto. A construção de *"formatos de procedimentos adaptáveis"* possibilita o aperfeiçoamento das técnicas processuais, tornando-as *"capazes de atender às particularidades da relação jurídica apresentada"*.[18]

Nesse contexto, por que não pensar, por exemplo, na hipótese de o devedor de pagamento de quantia atuante no ramo da construção civil pagar sua dívida construindo um muro para o credor, acaso fosse do interesse deste? Ou, ainda, se o devedor tiver uma casa de campo ou veraneio, não seria possível que o credor a utilizasse em períodos de seu interesse como forma de pagamento? [19] Claro que nada disso pode ser feito sem contraditório, afinal, ninguém é obrigado a receber prestação diversa da que foi pactuada, todavia, o que se pretende demonstrar é o seguinte: há, no processo, espaço para um diálogo amplo, capaz de encontrar soluções que, a despeito de não previstas de forma típica nos procedimentos, sejam satisfativas do ponto de vista material.

Assim, parece correto que, havendo ambiente favorável, os atos executivos sejam convencionados, flexibilizando-se a rigidez das técnicas, afinal, o *"esquema mínimo de credor x devedor e em modelos estanques e perfeitinhos de obrigação de dar e fazer (e não fazer), tal como delimitado estaticamente pelo CPC"*[20], é insuficiente para garantir a eficácia das execuções, sobretudo na grave realidade financeira pós pandemia.

---

16. RODRIGUES, Marcelo Abelha. *Fundamentos da tutela executiva* – Brasília, DF: Gazeta Jurídica, 2018, p. 204.
17. Ibid., p. 204.
18. CABRAL, Trícia Navarro Xavier. *Limites da Liberdade Processual*. São Paulo: Editora Foco, 2019, p. 40-41.
19. Obviamente o exemplo, utilizado pelo professor Dr. Marcelo Abelha Rodrigues durante as aulas de Execução Civil ministradas na Universidade Federal do Espírito Santo (UFES), considera casos nos quais o valor do débito é inexpressivo se comparado ao valor do bem, pois, caso contrário e não sendo bem de família, certamente seria expropriado mediante alienação em hasta pública, cujo produto (ou parte dele) serviria para satisfação.
20. RODRIGUES, Marcelo Abelha. *Fundamentos da tutela executiva* – Brasília, DF: Gazeta Jurídica, 2018, p. 11.

5. CONCLUSÃO

A partir das considerações feitas acerca dos reflexos da pandemia no âmbito do recebimento de créditos e analisando, sobretudo, o contexto econômico adverso, denota-se que o antagonismo das partes se agrava, tendo em vista a maior dificuldade ou até impossibilidade de pagamento pelo devedor, em contrapartida à necessidade mais premente de recebimento da pecúnia pelo credor.

Destarte, o momento desfavorável exige um pensar diferenciado para o recebimento de crédito, tendo em vista que as técnicas tradicionalmente previstas na legislação podem se revelar incapazes para a satisfação do crédito.

Com efeito, as soluções não adjudicadas, a flexibilização do procedimento e dos atos executivos propriamente ditos revelam-se úteis aos impasses surgidos no contexto da pandemia, pois, a partir da adequação das regras legais às particularidades do caso concreto, tornam-se hábeis a criar alternativas de satisfação.

Ocorre que, para vencer o obstáculo do tecnicismo tradicional, é fundamental propiciar o diálogo entre as partes, para que possam analisar as particularidades atinentes às suas realidades sociais e econômicas, com o escopo obter a verdadeira satisfação do crédito e efetividade do processo.

O pensar criativo para soluções diferenciadas e adequadas à realidade das partes em tempos de pandemia não deve partir somente da cooperação entre credor e devedor, mas de todos os envolvidos, incluindo o Estado-Juiz, pois somente o esforço conjunto é capaz de "driblar" a realidade social imposta pelo momento atual.

Para tanto, é crucial construir e adotar soluções não adjudicadas que versem não apenas sobre o crédito em si, mas também sobre o procedimento, a fim de que, vencendo a rigidez e a burocracia das técnicas executivas sem, contudo, descurar da segurança do sistema normativo, alcance-se a satisfação nos casos concretos surgidos em período tão anômalo.

6. REFERÊNCIAS

ASSOCIAÇÃO DOS ADVOGADOS DE SÃO PAULO (AASP), TRF3 – Central de Conciliação de Osasco realiza audiência por WHATSAPP durante a COVID-19. 2020. Disponível em: [https://www.aasp. org.br/noticias/trf3-central-de-conciliacao-de-osasco-realiza-audiencias-por-whatsapp-durante-a--covid-19/]. Acesso em: 03.07.2020.

ASSOCIAÇÃO DOS ADVOGADOS DE SÃO PAULO (AASP), TRF3 cria plataforma de conciliação para solucionar casos relacionados à COVID-19. 2020. Disponível em: [https://www.aasp.org.br/noticias/ trf3-cria-plataforma-de-conciliacao-para-solucionar-casos-relacionados-a-covid-19/]. Acesso em: 03.07.2020.

CABRAL, Antonio do Passo Revista de Processo; CUNHA, Leonardo Carneiro da. *Revista de Processo*, São Paulo, v. 41, n. 259, p. 471-489, set. 2016.

CABRAL, Trícia Navarro Xavier. *Limites da liberdade processual*. São Paulo: Editora Foco, 2019.

CONFEDERAÇÃO NACIONAL DO COMÉRCIO DE BENS (CNC), Pesquisa de Endividamento e Inadimplência do Consumidor (Peic). 2020. Disponível em: [http://cnc.org.br/editorias/economia/

pesquisas/pesquisa-de-endividamento-e-inadimplencia-do-consumidor-peic-marco-0]. Acesso em: 20.06.2020.

IBGE – Instituto Brasileiro de Geografia e Estatística. Pesquisa Industrial Mensal (PIM). 2020. Disponível em: [https://agenciadenoticias.ibge.gov.br/agencia-noticias/2012-agencia-de-noticias/noticias/27854-industria-cai-18-8-com-pandemia-em-abril-e-tem-pior-resultado-em-18-anos]. Acesso em: 20.06.2020.

IBGE – Instituto Brasileiro de Geografia e Estatística. Pesquisa Mensal de Serviços (PMS). 2020. Disponível em: [https://agenciadenoticias.ibge.gov.br/agencia-noticias/2012-agencia-de-noticias/noticias/27651-servicos-caem-6-9-em-marco-pior-resultado-do-setor-desde-2011]. Acesso em: 20.06.2020.

IBGE – Instituto Brasileiro de Geografia e Estatística. Pesquisa Nacional por Amostra de Domicílios Contínua (PNAD Contínua). 2020. Disponível em: [https://agenciadenoticias.ibge.gov.br/agencia-noticias/2012-agencia-de-noticias/noticias/27821-desemprego-atinge-12-6-no-trimestre-ate--abril-com-queda-recorde-na-ocupacao]. Acesso em: 20.06.2020.

MACEDO, Elaine Harzheim; DAMASCENO, Marina. *Sistema multiportas e métodos integrados de resolução de conflitos.* Porto Alegre: Editora Universitária da PUCRS, 2018.

NEVES, Daniel Amorim Assumpção. *Novo Código de Processo Civil Comentado artigo por artigo.* 3. ed. Salvador: Editora JusPodivm, 2018.

RODRIGUES, Marcelo Abelha. *Fundamentos da tutela executiva* – Brasília, DF: Gazeta Jurídica, 2018.

SERASA EXPERIAN, Atividade do comércio cai 16,2% em março e registra recorde histórico, revela Serasa Experian. 2020. Disponível em: [https://www.serasaexperian.com.br/amplie-seus-conhecimentos/indicadores-economicos]. Acesso em: 20.06.2020.

SERASA EXPERIAN, Indicadores Econômicos: Confira os indicadores da Serasa Experian com base nas análises feitas por nossos especialistas. 2020. Disponível em: [https://www.serasaexperian.com.br/sala-de-imprensa/atividade-do-comercio-cai-162-em-marco-e-registra-recorde-historico-revela--serasa-experian]. Acesso em: 20.06.2020.

SEÇÃO V
O CIDADÃO DIANTE DO DIREITO PÚBLICO

O DIREITO DE ACESSO À SAÚDE PÚBLICA NO BRASIL PÓS-PANDEMIA

João Marcos Cândido Vitório

Mestre em Direito pela UPAP – Universidade Politécnica y Artística del Paraguay. Especialista em Direito Civil e Processual Civil pela Faculdade de Direito do Vale do Rio Doce – FADIVALE. Mediador Judicial e Extrajudicial. Pós-graduado em Mediação e Gestão de Conflitos pelo CNJ em parceria com a Fundação Nacional de Mediação de Conflitos (FNMC) e Fadivale. Advogado. Presidente da Comissão da Saúde Pública da OAB/GV (43ª Subseção da OAB/MG). Currículo Lattes: [http://lattes.cnpq.br/1945348715757552]. joaomarcoscandidovitorio@gmail.com

Lorena Silva Vitório

Mestra em Gestão Integrada de Território pela UNIVALE (2020). Pós-graduanda em Direito das Famílias e Sucessões pela Faculdade Única (2020). Especialista em Direito Internacional pelo CEDIN – Centro de Direito Internacional (2017). Especialista em Direito Público pela FADIVALE (2015). Graduada em Direito pela FADIVALE (2013). Advogada. Currículo Lattes: [http://lattes.cnpq.br/1123785140872225]. lorena_svitorio@hotmail.com

Teodolina Batista da S. C. Vitório

Pós-Doutora em Direito da Saúde pela Università degli Studi di Messina, Itália. Doutora em Direito pela PUC/MG. Mestre em Direito pela Universidade Gama Filho/RJ. Especialista em Mediação e Gestão de Conflitos pelo CNJ em parceria com a Fundação Nacional de Mediação de Conflitos (FNMC) e Fadivale. Especialista em Direito Público, Civil e Processual Civil e Bacharel em Direito pela Fadivale. Graduada em Teologia pela Escola Superior do Espírito Santo (ESUTES). Docente do curso de Graduação e Pós-graduação e Membro do Grupo de Pesquisa da Fadivale. Advogada. Teóloga. Mediadora. Currículo Lattes: [http://lattes.cnpq.br/7717907490879005]. contato@silvavitorioadv.com.

Sumário: 1. Introdução. 2. Vida, saúde e dignidade humana durante a COVID-19. 3. O acesso à saúde pública pós-pandemia e os novos horizontes. 4. Considerações finais.

1. INTRODUÇÃO

Se "a pessoa é o valor-fonte de todos os valores" na concepção do jusfilósofo Miguel Reale[1], qual é o sentimento que emerge do coração da humanidade ao constatar em 14 de julho de 2020, no Mapa COVID-19[2], a impactante estatística confirmando 13.113.181 casos de contágio e 573.288 mortes mundialmente, bem como 1.884.967 casos e 72.833 óbitos no Brasil? E se esse mapeamento for acompanhado de incontestáveis verdades

---

1. REALE, Miguel. Lições Preliminares de Direito. 27. ed. São Paulo: Saraiva, 2013, p. 377.
2. O TEMPO. Coronavírus. Disponível em: [https://www.otempo.com.br/coronavirus]. Acesso em 14.07.2020.

denunciando a mais absoluta INSUFICIÊNCIA DE MUNIÇÃO para o enfrentamento desta nefasta guerra de pandêmica proporção?

E se no epicentro dessa Odisseia estiver um sistema público de saúde brasileiro onde faltam vagas em hospitais, há carências de UTIs, respiradores, profissionais da saúde, EPIs para proteção destes, medicamentos e inclusive sedativos para serem ministrados nos procedimentos de intubação, tal como a Fentanil?[3]

Atonitamente, a resposta poderá replicar em reperguntas: "Teria sido sepultada a dignidade humana Kantiana? O Brasil estaria sob o apanágio de uma Constituição Simbólica? A Lei Fundamental pátria seria realmente uma "mera folha de papel" preconizada pela filosofia lassaleana? Como desvelar o "Mistério da Fênix" para então, com luta hercúlea, resgatar o SUS das cinzas da COVID e reerguê-lo em aplauso à Justiça, à paz, à dignidade humana e a cidadania numa era PÓS-PANDEMIA?

Foi a saga por estas respostas, sobretudo esta derradeira, que fomentou o presente ensaio, haja vista que tais inquietações movem o mundo hodiernamente tal como "uma voz que clama no deserto" de mais de 7 bilhões de pessoas em 2020, que serão 8 bilhões em 2025 e nesse crescente espiral, anseiam por uma ciência jurídica mais justa, humana, eficiente e sensível, capaz de assegurar-lhes, principalmente o direito de acesso à saúde, como pressuposto-mor de tutela da própria "vida", bem jurídico sem o qual nenhum dos demais direitos fundamentais cumprirão os seus sacrossantos propósitos ou terão o mais míope sentido...

Inobstante identificar-se *in casu* notória tensão entre "facticidade e validade, entre democracia e efetividade de direitos", a concepção habermasiana[4] nos permite vislumbrar um horizonte na curva do caos, quando no novo-normal, pós coronacrise, a realidade social e a norma não mais serão antagônicos. Porém, numa união de forças, acolherão mais plenamente as cidadãs e cidadãos, reinventando a história do sistema público de saúde e adotando medidas antes impensáveis, mas que se revelaram legítimas e eficazes nesta fase de pandemia, como um verdadeiro hino à VIDA. Dentre elas, sublinhe-se a telemedicina; a publicização de vagas hospitalares e em UTIs do sistema de saúde privado (como ocorreu na Espanha, Itália, França); a revisão das políticas no *front* econômico e fiscal; revisão urgente do subfinanciamento do SUS que possui alta capilaridade e pouca eficiência por insuficiência de recursos; implementação de medidas públicas com vistas à efetiva tutela dos grupos vulneráveis, inclusive com um novo marco de saneamento básico; criação do projeto "Cidades Saudáveis"; fortalecimento da Política de Atenção Primária à Saúde – APS e outras iniciativas de vanguarda que emergiram desse épico momento dominado pelo caos.

É exatamente sob essa perspectiva que se elevou a dogma sagrado o metaprincípio da dignidade da pessoa humana, corroborado pela concepção de Immanuel Kant[5]

---

3. UOL NOTÍCIAS. Coronavírus: Faltam medicamentos para sedar e intubar pacientes. Disponível em: [https://noticias.uol.com.br/saude/ultimas-noticias/estado/2020/06/04/coronavirus-falta-medicamento-para-sedar-e-intubar-pacientes.htm]. Acesso em 14.07.2020.

4. HABERMAS, Jürgen. *Direito e democracia*. Entre facticidade e variedade. v. I. Trad. Flávio Beno Siebeneichler – VGE. Rio de Janeiro: Tempo Brasileiro. 2003.

5. KANT, Immanuel. *Fundamentação da metafísica dos costumes*. Trad. Edson Bini. São Paulo: EDIPRO, 2003, p. 65.

O DIREITO DE ACESSO À SAÚDE PÚBLICA NO BRASIL PÓS-PANDEMIA 273

ao reafirmar que "o homem – e de uma maneira geral, todo ser racional, existe como fim em si mesmo, e não apenas como meio e uso arbitrário desta ou daquela vontade". Nesta esteira, a Constituição Federal de 1988[6], em seu art. 5º, exaltou a inviolabilidade da VIDA E DA DIGNIDADE HUMANA, sob as luzes da Declaração Francesa de 1789[7], da Declaração Universal de Direitos Humanos (1948)[8], do Pacto Internacional de Direitos Civis e Políticos (1966), do Pacto Internacional de Direitos Econômicos, Sociais e Culturais (1966), da Convenção Americana de Direitos Humanos (Pacto de San José da Costa Rica – 1969)[9] etc.

Concernente à metodologia, foi adotada neste artigo a qualitativa com pesquisa bibliográfica, baseada no método dedutivo.

No tocante à sua estrutura, o segundo capítulo aborda o direito à vida e à saúde à luz do princípio da dignidade humana durante a COVID-19, enquanto o terceiro explorou os novos horizontes do acesso à saúde pública pós-pandemia, seguido das considerações finais.

2. VIDA, SAÚDE E DIGNIDADE HUMANA DURANTE A COVID-19

"O ser humano é o ponto de encontro e a síntese do mundo inteligível e do mundo sensível"[10]. A inspiração do frade dominicano, antropólogo e professor universitário São Tomás de Aquino (1224-1274), ressalta em sua filosofia que "Tudo o que se passa no universo físico sobre a realidade metafísica é a partir do que é o homem, e levando em conta o seu modo de pensar". Neste apanágio, há que se destacar que buscando tutelar o humano e o divino que há em cada pessoa, a Organização Mundial da Saúde (OMS), reconheceu Emergência de Saúde Pública de Importância Internacional em decorrência do novo Coronavírus que recebeu o nome de *Severe Acute Respiratory Syndrome* – Cov2, cujo contágio primevo deu-se em dezembro de 2019, em Wuhan, na província de Hubei, na China.

A médica e Catedrática Marina Carvalho Souza Côrtes,[11] em novel publicação sobre a matéria, sublinha a imprediscindibilidade do distanciamento social para mitigação dos

---

6. BRASIL. Constituição (1988). Brasília, DF: Presidência da República. Disponível em: [http://www.planalto.gov. br/ccivil_03/constituicao.htm]. Acesso em: 13.07.2020.

7. FRANÇA. Declaração dos Direitos do Homem e do Cidadão. Paris, 1789. Disponível em: [http://www.direitoshu-manos.usp.br/index.php/Documentos-anteriores-%C3%A0-cria%C3%A7%C3%A3o-da-Sociedade-das-Na%-C3%A7%C3%B5es-at%C3%A9-1919/declaracao-de-direitos-do-homem-e-do-cidadao-1789.html]. Acesso em: 13.07.2020.

8. ONU. Pacto Internacional de Direitos Civis e Políticos. Nova Iorque, 1966. Disponível em: [http://www.planalto. gov.br/ccivil_03/decreto/1990-1994/d0592.htm]. Acesso em: 13.07.2020.

9. OEA. Pacto de San José da Costa Rica. San José, 1969. Disponível em: [https://www.cidh.oas.org/basicos/portu-gues/c.convencao_americana.htm]. Acesso em: 13.07.2020.

10. TOMÁS DE AQUINO. Suma Teológica. V. 1-4. São Paulo. Loyola, 2000.

11. "É importante destacar que o curso de uma epidemia por doença contagiosa depende de alguns fatores ainda desconhecidos na COVID-19. Mesmo assim, alguns autores advogam que diante de surtos epidêmicos similares ao atual, as estratégias de mitigação devem ser colocadas em prática em larga escala enquanto as opções terapêu-ticas e preventivas definitivas estão em desenvolvimento. Porém, as peculiaridades de cada agente etiológico, com suas propriedades de transmissão aliadas às distintas mudanças individuais de comportamento e a resposta peculiar de cada governo impede que todas as estratégias utilizadas no passado sejam incorporadas. Ainda assim, Cowling e Col concluíram em um estudo observacional em Hong Kong que as medidas agressivas de saúde pública

nefastos efeitos da Covid-19. Os impactos econômicos e os indeléveis resultados deste isolamento podem ser administráveis mediante uma aplicação adequada dos recursos existentes, ainda que escassos, merecendo relevo o *"tradeoff* entre eficiência e equidade", ressaltado pela jurista, economista e Professora Mírian Célia Gonçalves de Almeida[12].

A equivocada escolha na implementação dos escassos recursos conflui para a inconcebível violação dos direitos humanos com retrocesso sobretudo na saúde de um povo, impedindo a consolidação de seus elementos determinantes e condicionantes, traduzidos na digna qualidade de sua "alimentação, moradia, saneamento básico, meio ambiente, trabalho, renda, educação, atividade física, transporte, lazer e acesso aos bens e serviços essenciais", preconizados pelo art. 2º, § 3º da Lei 8.080/90 (Lei do SUS)[13]. Aludida norma tipifica esses paradigmas como os parâmetros eleitos para revelar "os níveis de saúde que expressam a organização social e econômica do País", complementados por ações que "se destinem a garantir às pessoas e à coletividade condições de bem-estar físico, mental e social" (art. 3º, Parágrafo único da Lei 8.080/90).

Sobreleva salientar que mesmo no período pré-pandemia os decantados indicadores de qualidade da saúde no Brasil se encontravam contundentemente fragilizados. Em 2019, o país perdeu uma posição no ranking mundial do Índice de Desenvolvimento Humano (IDH), que avalia qualitativamente os fatores atinentes a saúde, educação e renda (passou da 78ª posição para a 79ª, com IDH de 0,761)[14]. O Relatório do Programa das Nações Unidas para o Desenvolvimento (PNUD) pesquisou 150 países no tocante à "Desigualdade" (índice que mensura a perda do desenvolvimento humano gerado pela distribuição injusta e não isonômica dos ganhos do IDH). Nesse quesito, o Brasil caiu para 0,574, ocupando a 102ª posição porque "quase um terço de todas as riquezas do Brasil estão concentradas nas mãos dos 1% mais ricos do país. Com os 10% mais pode-

---

adotadas tiveram impacto significativo na redução da transmissão da covid-19. Dados epidemiológicos sugerem que a quarentena, distanciamento social e isolamento da população infectada ajudaram no controle da doença na China." CÔRTES, Marina Carvalho Souza; VITÓRIO. Teodolina Batista da Silva Cândido; ALMEIDA. Mírian Célia Gonçalves. Convergências e Antagonismos entre Economia e Direito à Saúde em Razão do Distanciamento Social no Período da Pandemia *in* DIAS, Luciano Souto. Repercussões da Pandemia COVID-19 no Direito Brasileiro. Leme, SP: JH Mizuno, 2020.

12. "Em qualquer sociedade, os recursos ou fatores de produção são escassos; contudo, as necessidades humanas são ilimitadas, e sempre se renovam. Isso obriga a sociedade decidir entre alternativas de produção e de distribuição dos resultados da atividade econômica. Nesse contexto, a economia é uma ciência social aplicada que estuda como o indivíduo e a sociedade escolhem empregar recursos produtivos escassos na produção de bens e serviços de modo a distribuí-los entre as várias pessoas e grupos da sociedade, a fim de satisfazer as necessidades humanas." ALMEIDA, Mírian Célia Gonçalves de; CÔRTES, Marina Carvalho Souza; VITÓRIO, Teodolina Batista da Silva Cândido. Convergências e Antagonismos entre Economia e Direito à Saúde em Razão do Distanciamento Social no Período da Pandemia *in* DIAS, Luciano Souto. Repercussões da Pandemia COVID-19 no Direito Brasileiro. Leme, SP: JH Mizuno, 2020.

13. BRASIL. Lei n.8.080/90. Dispõe sobre as condições para a promoção, proteção e recuperação da saúde, a organização e o funcionamento dos serviços correspondentes. Disponível em: [http://www.planalto.gov.br/ccivil_03/leis/l8080.htm]. Acesso em: 14.07.2020.

14. FOLHA DE S. PAULO. Brasil cai uma posição no IDH, o ranking global de desenvolvimento. Disponível em: [https://www1.folha.uol.com.br/cotidiano/2019/12/brasil-cai-uma-posicao-no-idh-o-ranking-global-de-desenvolvimento.shtml#:~:text=O%20Brasil%20caiu%20uma%20posi%C3%A7%C3%A3o,corrigida%20o%20colocou%20em%2078%C2%BA]. Acesso em: 14.07.2020.

rosos, encontra-se 41,91% da renda total da nação. É a 2ª maior concentração de renda do mundo (28,3%), atrás apenas do Catar (29%)[15].

Esses dados guardam uma débil coesão com a queda de R$20,53 bilhões de reais, em 2019, nos gastos com a saúde (R$122,27 bilhões), comparados com o piso anterior ao teto do Novo Regime Fiscal (EC 95/16), a saber, R$142,80 bilhões (EC 86/15). Os gráficos abaixo demonstram que o Brasil investe na saúde pública um índice abaixo da média da Organização para a Cooperação e o Desenvolvimento Econômico – OCDE, o qual ainda é significativamente menor se comparado com Alemanha, França, Reino Unido, em que pese deter uma população muito maior que as desses países.

Figura 1 – Despesas com saúde em relação percentual ao PIB – 2017.

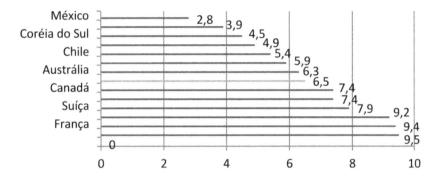

Fonte: Contas Nacionais, 2020.

Figura 2 – Estimativa da população, países da OCDE, 2017.

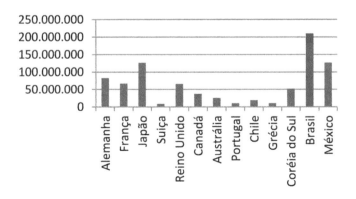

Fonte: OCDE, 2020.

---

15. G1. Brasil tem segunda maior concentração de renda do mundo. Disponível em: [https://g1.globo.com/mundo/noticia/2019/12/09/brasil-tem-segunda-maior-concentracao-de-renda-do-mundo-diz-relatorio-da-onu.ghtml]. Acesso em: 14.07.2020.

Por conseguinte, mesmo o Brasil buscando gerenciar os reflexos da COVID-19 por meio de um vasto repertório legislativo (Lei n. 13.979/2020 – Lei da Quarentena[16], Medidas Provisórias 926/2020, 927/2020 e 936/2020), estabeleceu-se rapidamente no país de forma avassaladora, fatídico caos. Nesse cenário, tem-se adiante o sangrento RX da COVID-19:

Tabela 1 – Números da COVID-19

	CASOS CONFIRMADOS	ÓBITOS
MUNDO	13.113.181	573.288
BRASIL	1.884.967	72.833
MINAS GERAIS	76.822	1.615
RIO DE JANEIRO	132.044	11.474
SÃO PAULO	374.607	17.907
GOVERNADOR VALADARES/MG	2.520	95

Fonte: Organização Mundial da Saúde.

Essa desumana realidade está traduzida em fatos altamente desumanos que causam repúdio à história. Os italianos, numa perspectiva antropológica, denominam de *consapevolezza* a autoconsciência que deve ser acionada diante de tais cenas que se repetem no Brasil e em diversos outros países, doravante retratadas:

a) "A gente está vendo cenas de filme de terror", diz prefeito de Manaus, que admite fracasso em distanciamento social: a rede de saúde de Manaus está perto do colapso;[17]

b) Covid-19: morte de índios dispara com disseminação na Amazônia: Epidemiologistas tinham esperança de que locais mais remotos pudessem proteger as tribos, mas o vírus também se alastrou nas comunidades afastadas.[18]

c) Bebês Yanomami são enterrados sem autorização de famílias e mães ficam desesperadas em RR[19]

d) Com respiradores em falta, médico no RJ se diz obrigado a escolher paciente[20]

---

16. BRASIL. Lei 13.979, de 6 de fevereiro de 2020. Dispõe sobre as medidas para enfrentamento da emergência de saúde pública de importância internacional decorrente do coronavírus responsável pelo surto de 2019. Disponível em: [http://www.in.gov.br/en/web/dou/-/lei-n-13.979-de-6-de-fevereiro-de-2020-242078735]. Acesso em: 13.07.2020.
17. GLOBO. A gente está vendo cenas de terror. Disponível em: [www.oglobo.globo.com/sociedade/coronavirus/a--gente-esta-vendo-cenas-de-terror-diz-prefeito-de-manaus]. Acesso em: 10.07.2020.
18. R7. Morte de índios dispara com disseminação na Amazônia. Disponível em: [www.noticias.r7.com/brasil/covid-19-morte-de-índios-dispara-com-disseminação-na-amazônia]. Acesso em: 13.07.2020.
19. G1. Bebês Yanomami são enterrados sem autorização de famílias e mães ficam desesperadas em RR. Disponível em: [https://g1.globo.com/rr/roraima/noticia/2020/06/27/bebes-yanomami-sao-enterrados-sem-autorizacao-de--familias-e-maes-ficam-desesperadas-em-rr.ghtml]. Acesso em: 13.07.2020.
20. WD. Com respiradores em falta, médico no RJ se diz obrigado a escolher paciente. Disponível em: [www.noticias.wd.com.br/saúde/últimas-notícias/redação/202004/24/médico-denuncia-falta-de-respirador]. Acesso em: 10.07.2020.

e) Brasil bate recorde de registro de mortes por Coronavírus: 1.179 em 24h[21]

f) Saco é improvisado como respirador (Colapso na saúde de Manaus)[22]

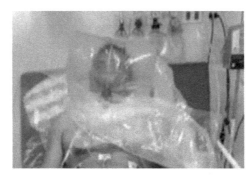

g) Coronavírus: corpos empilhados levam o horror às ruas de Guayaofuil: Colapso do setor de saúde e do serviço funerário leva moradores da segunda maior cidade do Equador a empilhar corpos nas calçadas e ruas, com medo da Covid-19. Cadáveres são mantidos até cinco dias dentro das casas. Autoridades preveem mais de 2.500 mortos.[23]

h) "Isso *(enterrar em vala comum)* é um golpe para os costumes dos setores populares, para o ritual da morte e do enterro: O homem que ganha seu pão todos os dias, que tem uma tendência cristã ou católica, se desfaz quando vê que o rito não será cumprido (Chiroboga)"[24]

---

21. REVISTA VEJA. Brasil bate recorde de registros de mortes por coronavírus. Disponível em: [www.veja.abril.com.br/saúde/brasil-bate-recorde-de-registros-de-mortes-por-coronavirus]. Acesso em: 10.07.2020.
22. O TEMPO. Coronavírus: Respirador de saco plástico é improvisado em atendimento em Manaus. Disponível em: [https://www.otempo.com.br/brasil/coronavirus-respirador-de-saco-plastico-e-improvisado-em-atendimento-em-manaus-1.2327676]. Acesso em: 10.07.2020.
23. CORREIO BRASILIENSE. Corpos empilhados levam o horror. Disponível em: [www.correioBraziliense.com.br/app/noticia/mund/2020/04/03/interna_mundo842063/coronavírus-corpos-empilhados-levam-o-horror]. Acesso em: 13.07.2020.
24. G1. Coronavírus: corpos empilhados levam o horror às ruas de Guayaofuil. Disponível em: [https://g1.globo.com/mundo/noticia/2020/04/01/mortos-em-casa-e-cadaveres-nas-ruas-o-colapso-funerario-causado-pelo-coronavirus-no-equador.ghtml]. Acesso em: 13.07.2020.

i) Coronavírus: idosos abandonados são encontrados mortos em asilos na Espanha.[25]

j) A face mais cruel da pandemia: abandono de idosos choca o mundo. Metade dos óbitos provocados pela COVID-19 na Europa ocorreu dentro de asilos, revela relatório divulgado em Londres. Morte de 31 idosos e abandono de pacientes deixam o Canadá em estado de choque. Especialistas acusam governo de omissão.[26]

Nesse anético palco de horrores, eis a pergunta que não quer calar: A pandemia teria REVOGADO o sacrossanto texto do art. 196 da *Magna Charta*?[27]

Seria realmente justo adotar uma ignóbil cegueira diante desta trágica violação de direitos fundamentais, admitindo-se uma desumana e inequívoca "Banalização do Mal" denunciada por Hannah Arendt?[28] Haveria razoabilidade em silenciar-se diante dessa cortina de medo, simplesmente concebendo-se o direito à saúde (e por conseguinte à vida), como se fosse norma de natureza meramente formal, decorativa, produto de um mero SIMULACRO censurado pelo constitucionalista Luiz Moreira?[29] Definitivamente que não! Afinal, consoante prenúncio do filósofo Protágoras reprisado pelo doutrinador Marcos Zingana,[30] "O homem é a medida de todas as coisas, das coisas que são, enquanto são, das coisas que não são, enquanto não são".

Sendo assim, nessa "guerra de trincheiras", não se deve naturalizar a morte e nem transigir com o sepultamento da cidadania e da dignidade humana. Aludida indolência caracterizaria um cruel insulto aos mais sagrados direitos hediondamente sacrificados nesta pandemia e de forma bem mais radical, no tocante às minorias, que são potenciais dependentes do SUS, a saber, pobres, negros, indígenas, idosos etc. Afinal, "se a pobreza não é a causa direta da doença, é o seu principal determinante", ensina a expert em Direito da Saúde, Karina Mendes[31].

Portanto, inegável que no período pós-pandêmico a sociedade experienciará um novo normal. Neste contexto, urge a reinvenção do SUS, com vistas a reestruturar a saúde

---

25. BBC. Idosos abandonados são encontrados mortos em asilos na Espanha. Disponível em: [https://www.bbc.com/portuguese/internacional-52025727]. Acesso em: 14.07.2020.
26. ESTADO DE MINAS. A face mais cruel da pandemia: abandono de idosos choca o mundo. Disponível em: [https://www.em.com.br/app/noticia/internacional/2020/04/19/interna_internacional,1140146/a-face-mais-cruel-da-pandemia-abandono-de-idosos-choca-o-mundo.shtml]. Acesso em: 14.07.2020.
27. "Art. 196. A saúde é direito de todos e dever do Estado, garantido mediante políticas sociais e econômicas que visem à redução do risco de doença e de outros agravos e ao acesso universal e igualitário às ações e serviços para sua promoção, proteção e recuperação." BRASIL. Constituição (1988). Brasília, DF: Presidência da República. Disponível em: [http://www.planalto.gov.br/ccivil_03/constituicao.htm]. Acesso em: 13.07.2020.
28. ARENDT, Hannah. Eichmman em Jerusalém: Um relato sobre a banalidade do mal. Tradução: José Rubens Siqueira. São Paulo: Companhia das Letras. 1999.
29. MOREIRA, Luiz. A Constituição como Simulacro. Rio de Janeiro: Lumen Juris. 2007.
30. ZIGANO, Marcos. Platão e Aristóteles: Os caminhos do conhecimento. São Paulo: Odysseus, 2002, p. 55.
31. "Na saúde pública, desde a metade do século XX, sabe-se que, se a pobreza não é causa direta da doença, é o seu principal determinante. No Brasil, grande parte das doenças que acometem a população empobrecida é oriunda da falta de saneamento básico. Andrea Caprara alude que a influência dos fatores macrossociais e do contexto político--econômico, sobre as condições de saúde da população e da própria prática médica, foi objeto, nos anos 1960-1970, das abordagens marxistas da medicina social. Nesses mesmos anos e com uma perspectiva similar, desenvolveram-se a epidemiologia crítica, também chamada de epidemiologia social, os estudos sobre o impacto da estrutura de classe na organização dos serviços de saúde e a antropologia médica crítica. Essas perspectivas críticas da ideologia médica foram influenciadas pelos pensadores marxistas, com ênfase em Foucault, filósofo francês que particularizou os conceitos relativos ao poder, à hegemonia, à resistência, à prática da medicina moderna e ao desenvolvimento das novas tecnologias." MENDES, Karyna Rocha. *Curso de Direito da Saúde*. São Paulo, 2013: Saraiva, p. 670.

pública fatidicamente combalida, preparando-a dignamente para vencer as sequelas da COVID-19 e dos próximos surtos pandêmicos que a história preconiza.

É sobre esta inadiável estratégia de guerra, que são idealizadas as linhas seguintes.

3. O ACESSO À SAÚDE PÚBLICA PÓS-PANDEMIA E OS NOVOS HORIZONTES

Desse beligerante momento, emerge a improrrogável necessidade de se efetivar o acesso à saúde após esta crise. Ressalte-se, entretanto, que o desafio é bem maior porque a crise sanitária está agravada pelos embates econômicos e políticos que polarizam o Brasil e outros países, a exemplo dos EUA, enquanto morre-se aos milhares em razão da pandemia.

A teor do ensinamento de Britto[32] – é tempo de ressignificar os valores preservados pela civilização e compreender que a COVID-19 se manifesta como uma torrencial violência à própria espécie humana. Urge a redefinição da ciência global e não somente nacional, da solidariedade, do humano e da tolerância social.

A era pós-pandemia profetiza desafios faraônicos para a saúde pública. Sinaliza-se para a imprescindibilidade de se expandir os investimentos nesta esfera, ainda que em preterição de recursos de outros setores, buscando-se medidas profiláticas. O capital humano e intelectual, por exemplo, é inegociável e grita por urgente socorro para suprir a precariedade de equipamentos de proteção individual–EPI's, a ausência de isolamento para os profissionais da saúde que comprometem suas vidas e de suas famílias etc.

Reitere-se neste diálogo o fato de que vislumbra-se no pós-pandemia um aumento visceral dos usuários do SUS, que devem se multiplicar exponencialmente ante o trágico crescimento do desemprego no país. Desemprego esse, vale dizer, que somado à quantidade de desalentados (pessoas que desistiram de procurar trabalho após receberem inúmeras respostas negativas) chegou a 87,6 milhões[33], o qual, pela primeira vez, é maior que o número de ocupados (85,9 milhões) – Pesquisa Nacional por Amostra de Domicílios Contínua do IBGE.

Nos EUA, por sua vez, ocorreram 26,5 milhões pedidos de seguro-desemprego até o mês de março/2020, número que chegou a avassaladores 47 milhões[34] em junho de 2020, sendo certo que nos últimos 40 anos essa é mundialmente a mais aguda crise de desemprego da história. Fato é que, no Brasil, mais de 600 mil micro e pequenos negó-

---

32. "Não é um ataque a uma ideologia, a uma cultura, a uma geografia ou a uma especificidade do nosso mundo. Estamos vivendo um ataque rigorosamente à espécie humana, é isso que nos fragiliza, porque as armas tradicionais – que são o dinheiro, a tecnologia, o armamento, elas são inúteis, porque podem minorar as consequências, mas não eliminam a ocorrência." BRITTO. Antônio. Perspectivas de líderes da saúde para o cenário pós-pandemia. Disponível em: [http://cbexs.com.br/perspectivas-de-lideres-da-saude-para-o-cenario-pos-pandemia/]. Acesso em: 10.07.2020.

33. SINTRAJUFE. Pela primeira vez, número de desempregados no Brasil supera o de pessoas ocupadas. Disponível em: [https://www.sintrajufe.org.br/ultimas-noticias-detalhe/17442/87-6-milhoes-pela-primeira-vez-o-numero--de-desempregados-no-brasil-supera-o-de-pessoas-ocupadas-paulo-guedes-so-se-preocupa-em-acabar-com-os--direitos]. Acesso em: 13.07.2020.

34. HORA DO POVO. Novos pedidos de seguro desemprego somam 47 milhões desde março. Disponível em: [https://horadopovo.com.br/eua-novos-pedidos-de-seguro-desemprego-somam-47-milhoes-desde-marco/]. Acesso em: 13.07.2020.

cios sucumbiram na pandemia até abril de 2020, encontrando-se instalado um inegável fosso econômico-social.

Essa realidade demandará, vale repetir, um aumento faraonicamente expressivo do investimento no SUS ante a previsível migração em massa de pacientes da rede privada, da saúde suplementar, para a rede pública, num movimento provavelmente irreversível considerando que deverá ser bastante letárgico o movimento de recuperação da economia.

O pós-pandemia prenuncia uma concentração de rendas bem mais agudizada, com o agravamento da pobreza (decorrência lógica do desemprego), e por conseguinte, da desigualdade, vulnerabilidade e insustentabilidade hiperglobalizadas.

Este é o mórbido legado do super poder de um vírus que de repente foi localizado no mercado de animais vivos na cidade de Wuhan (China) em de dezembro de 2019 e abateu a humanidade em velocidade e letalidade atômica, em dimensões planetárias, numa atípica configuração de Terceira Guerra Mundial, surdamente decretada, incontida pelos países considerados super potências, cujos artefatos bélicos foram humilhantemente nocauteados.

Diante deste cenário, idealizar a sustentabilidade do SUS para o Brasil pós-Coronacrise, torna-se sem dúvida uma determinante condição. Paulo Chapechap, médico e diretor geral do Hospital Brasileiro Sírio-Libanês, citado por Mariela de Oliveira da Costa no Seminário da Fiocruz sobre "Cenário Pós-Pandemia", destaca neste sentido a imprescindibilidade da humanização das políticas públicas e assevera: "Se protegermos a vida de forma mais eficiente, o impacto na economia será menor"[35]. No decantado Seminário a pesquisadora da Universidade de Harvard (EUA), Márcia Castro, criticou a ausência do papel dos Agentes Comunitários de Saúde (ACS) nos documentos do governo brasileiro relacionados a pandemia".[36] Salientou que os ACS conhecem os idosos, sabem onde se localizam as pessoas que apresentam comorbidades, os que foram contagiados pela Covid-19, os locais onde falta saneamento básico e podem operar como "detetives COVID", a exemplo do que tem ocorrido em Boston.[37]

O acesso à saúde pública na era pós-pandemia demandará a superação não apenas de barreiras sanitárias, a exemplo de um investimento agudo em saneamento básico e infraestrutura – será também necessário vencer "a politização da Saúde"[38]. Urge pagar o preço do resgate do SUS, cativo nos últimos anos, alvo de um desmantelamento macabramente calculado, dissimulado em frases de efeito sobre austeridade que legitimaram

---

35. COSTA, Mariela de Oliveira Costa. Cenário pós-pandemia é tema de debate. Disponível em: [https://portal.fiocruz.br/noticia/cenario-pos-pandemia-e-tema-de-debate]. Acesso em: 13.07.2020.
36. Idem
37. Idem.
38. "(...) a rivalização se sobrepôs às medidas de segurança sanitárias e agravou um quadro crônico de subfinanciamento no sistema público de saúde. Não se trata de um jogo político ou uma disputa eleitoral, mas de garantia da saúde e da vida de milhares de brasileiros." ROMÃO, Ana Luisa P.A. O preço do Subfinanciamento do SUS na pandemia. Disponível em: [https://www.jota.info/opiniao-e-analise/artigos/o-preco-do-subfinanciamento-do-sus-na-pandemia-02062020]. Acesso em: 13.07.2020.

a EC 86/2016[39], objeto da ADI 5595[40], com julgamento interrompido por pedido de vista do Min. Dias Toffoli, além da EC 95/2016[41] de congelamento de gastos com despesa primária por 20 anos.

Em meio a esta depredação dos SUS emergiu a pandemia, tendo sido sancionado um "Orçamento de guerra" (EC 106/2020)[42]. Consoante o Fundo Nacional de Saúde, houve dotação de 18 bilhões de reais, porém somente 4 bilhões teriam até junho de 2020 sido pagos aos municípios, seguidos de 2,9 bilhões até 19 de maio aos Estados e Distrito Federal, rubricas essas das quais tão somente 3,3 bilhões, são de fato insumos novos para o sistema de saúde pública, haja vista ter ocorrido no tocante ao restante um mero remanejamento de diversos setores da própria saúde.

Dentre os campos mais gritantes de emergência, encontra-se o desmoralizante *déficit* de saneamento básico do país, considerando que 35 milhões de pessoas (equivalente a população do Canadá), não possuem água potável, enquanto 100 milhões(46,9% da população(correspondente ao dobro da população da Espanha) não são contempladas com rede de coleta e tratamento de esgoto, facilitando a veiculação de doenças por transmissão hídrica e impedindo o cumprimento de uma das mais relevantes armas contra o novo Coronavírus: o simples ato de lavar as mãos. Esse cenário motivou o Novo Marco Legal do Saneamento, com previsão financeira de R$700,00 bilhões até 2033 e uma média de R$53 bilhões anuais (foram no máximo 15 bilhões por ano no período 2009-2019). Importa ressaltar nesse diapasão, que para cada R$1 real investido em saneamento básico, R$4 reais são poupados no sistema de saúde[43] reduzindo o risco de esquistossomose, diarreia, dengue, zika, chikungunya, sarampo, somadas doravante à COVID-19.

Merece relevo outrossim, o fato de que a área da tecnologia protagonizou-se e se aprimorará no pós-pandemia, com a multiplicidade de lives, *home office* e aplicativos que permitiram a otimização da Telemedicina e Telessaúde, com serviços à distância por meio de recursos digitais, possibilitando cuidados *online* aos pacientes. Permite avanços consideráveis tais como o armazenamento em nuvem dos testes de diagnósticos e laudos, o aumento da produtividade, redução de custo, agilidade na entrega do laudo, ampliação das especialidades aludidas, acesso imediato pelos pacientes desses laudos e exames, via internet, disponibilidade de uma segunda opinião médica, mitigação da fila de espera etc.

Na plataforma legislativa atinente a telemedicina e a telessaúde, elenque-se: Resolução CFM 1.643/2002(obrigatoriedade de estrutura e qualificação dos profissionais e empresas que oferecem a telemedicina; Portaria MS 2.546/11 (Programa Nacional

---

39. BRASIL. Emenda constitucional 86, de 17 de março de 2015. Altera os arts. 165, 166 e 198 da Constituição Federal, para tornar obrigatória a execução da programação orçamentária que especifica. Disponível em: [http://www.planalto.gov.br/ccivil_03/constituicao/Emendas/Emc/emc86.htm]. Acesso em: 13.07.2020.

40. STF. Ação Direta de Inconstitucionalidade n. 5595. Disponível em: [http://portal.stf.jus.br/processos/detalhe.asp?incidente=5056708]. Acesso em 13.07.2020.

41. BRASIL. Emenda constitucional 95, de 15 de dezembro de 2016. Altera o Ato das Disposições Constitucionais Transitórias, para instituir o Novo Regime Fiscal, e dá outras providências. Disponível em: [http://www.planalto.gov.br/ccivil_03/constituicao/Emendas/Emc/emc86.htm]. Acesso em: 13.07.2020.

42. BRASIL. Emenda constitucional 106, de 7 de maio de 2020. Institui regime extraordinário fiscal, financeiro e de contratações para enfrentamento de calamidade pública nacional decorrente de pandemia. Disponível em: [http://www.planalto.gov.br/ccivil_03/constituicao/emendas/emc/emc106.htm]. Acesso em: 13.07.2020.

43. Saneamento em Pauta. Blog.brkambiental.com.br.saneamentobásico. Acesso em: 12.04.2020.

Telessaúde Brasil Redes), Nota Técnica 50/2015 (Diretrizes mais detalhadas para as empresas que participam do Programa Nacional Telessaúde), e, por derradeiro, tem-se a Lei 13.989/2020 regulamentando a Telemedicina durante a crise causada pelo Coronavírus (SARS-COV-2)[44]. Essa lei admite a aplicação deste mecanismo ao SUS e deverá ser otimizada no pós-pandemia, observando-se a ética e a dignidade humana nos procedimentos, tal como dispõe o prefalado normativo.

A Atenção Primária à Saúde–APS (Atenção Básica à Saúde) também ganha relevo neste diálogo, em que pese as injustas resistências enfrentadas. Evidências científicas indicam seu reflexo positivo, com reconhecimento internacional, reduzindo a mortalidade e a desigualdade em saúde[45] por meio de políticas de transferência de renda e garantias sociais. Na Rede de Atenção à Saúde – RAS, a APS ganhou notabilidade em 2017 com a Portaria n. 2.436[46], merecendo epígrafe o art. 2º que define "Atenção Básica", desvelando seu caráter eminentemente inclusivo, humano, sensível e democrático.

Recomenda-se que no pós-pandemia, quanto à esfera sanitária, o Brasil e demais países continuem atentos ao documento do FMI (2020)[47] – sobre "Políticas fiscais para proteger as pessoas durante o surto COVID-19", direcionando os investimentos para a proteção da multipopulação em situação de rua, dos que vivem em moradias precárias, em favelas e em domicílios sem separação de cômodos, fatores esses que além de inviabilizar o isolamento social, são vetores crônicos de adoecimento, conforme dito alhures.

Persistindo neste profético sonho de acesso à saúde pública pós-pandemia, outras possibilidades exsurgem. É que a nova gestão do SUS terá possibilidade de reativar, fortalecer e consolidar o "Movimento Cidade Saudável", idealizado em 1978, em Toronto, no Canadá. A "Carta de Otawa"[48], de 1986, elaborada na 1ª Conferência Internacional de Promoção da Saúde, concluiu que as condições e requisitos para a saúde são: a paz, a educação, a moradia, a alimentação, a renda, um ecossistema estável, a justiça social e a equidade. Nesta perspectiva, entende-se que a saúde, mais que ausência de doença, é um estado adequado de bem-estar físico, mental e social que permite aos indivíduos

---

44. Art. 3º Entende-se por telemedicina, entre outros, o exercício da medicina mediado por tecnologias para fins de assistência, pesquisa, prevenção de doenças e lesões e promoção de saúde.
Art. 4ºO médico deverá informar ao paciente todas as limitações inerentes ao uso da telemedicina, tendo em vista a impossibilidade de realização de exame físico durante a consulta.
Art. 5º A prestação de serviço de telemedicina seguirá os padrões normativos e éticos usuais do atendimento presencial, inclusive em relação à contraprestação financeira pelo serviço prestado, não cabendo ao poder público custear ou pagar por tais atividades quando não for exclusivamente serviço prestado ao Sistema Único de Saúde (SUS). BRASIL. Lei 13.989/2020. Regulamenta a Telemedicina durante a crise causada pelo Coronavírus.
45. MENDONÇA, M. H. M; MOTTA, G. C.; GONDIM, R.; GIOVANELLA, L. *Atenção primária à saúde no Brasil: conceitos, práticas e pesquisa*. Rio de Janeiro: Editora Fiocruz, 2018.
46. Art. 2º A Atenção Básica é o conjunto de ações de saúde individuais, familiares e coletivas que envolvem promoção, prevenção, proteção, diagnóstico, tratamento, reabilitação, redução de danos, cuidados paliativos e vigilância em saúde, desenvolvida por meio de práticas de cuidado integrado e gestão qualificada, realizada com equipe multiprofissional e dirigida à população em território definido, sobre as quais as equipes assumem responsabilidade sanitária. BRASIL. Portaria n. 2.436/2017.
47. FMI. Políticas fiscais para proteger as pessoas durante o surto COVID-19. Disponível em: [https://www.imf.org/pt/News/Articles/2020/03/06/fiscal-policies-to-protect-people-during-the-coronavirus-outbreak]. Acesso em: 13.07.2020.
48. Carta de Otawa. Disponível em: [http://bvsms.saude.gov.br/bvs/publicacoes/carta_ottawa.pdf]. Acesso em: 13.07.2020.

identificar e realizar suas aspirações e satisfazer suas necessidades. Nesse visionário projeto, a saúde é concebida como "um processo através do qual a população se capacita e busca os meios para conseguir controlar os fatores que favorecem seu bem-estar e da comunidade, ou que podem colocá-la em risco, tornando-a vulnerável ao adoecimento e prejudicando sua capacidade de vida. Como estratégia, o Movimento Cidade Saudável delineou cinco eixos nodais: 1) Elaboração de políticas públicas saudáveis; 2) Criação de ambientes favoráveis; 3) Fortalecimento da ação comunitária; 4) Desenvolvimento de habilidades pessoais e mudanças nos estilos de vida, e 5) Reorientação dos serviços de saúde.

Referido Movimento pode configurar mais uma promissora estratégia de efetivação do direito de acesso à saúde pública no incerto horizonte da pós-pandemia.

Quiçá todos os países ressignifiquem este trágico momento, convertendo-o numa rara oportunidade global para, por meio de uma união de forças, retirar dos porões da história o compromisso com a saúde pública firmado em um só coro na Declaração Universal de Direitos Humanos, após os indizíveis flagelos da Segunda Guerra Mundial[49].

4. CONSIDERAÇÕES FINAIS

As sacrossantas cláusulas pétreas, bem como os direitos individuais e sociais constitucionalmente garantidos, se encontram submetidos à pena capital impiedosamente decretada pelas invisíveis asas desta histórica pandemia. Por certo cabe ao "Direito" o dever de "absolvê-los" no Tribunal da COVID-19, impedindo que a Constituição Federal seja também sepultada com quase 75.000 filhos e filhas desta nação que já foram dizimados entre 16 de março e 14 de julho de 2020. Anseia-se vencer a guerra contra esse infinito exército metafísico, adotando-se uma operação tática adequada, que defina como prioridade "salvar A SAÚDE", haja vista que sem acesso a esse direito, certamente a própria vida e os demais bens jurídicos se tornam totalmente fúteis.

Decorre daí, portanto, o núcleo duro do presente debate: "Como desvelar o mistério da Fênix, para, de forma hercúlea, resgatar a saúde pública das cinzas da COVID-19 e reerguê-la em aplauso à paz, à justiça, à dignidade humana e à cidadania no pós-coronacrise?"

Perscrutando esse *hard case*, eis que alguns horizontes se descortinam:

1) Urgente macrofinanciamento do SUS, rompendo com a EC 95/2016 que congelou os gastos com despesas primárias por 20 anos, aumentando a pobreza extrema no país.

2) Sólido fortalecimento da Política de Atenção Primária à Saúde (APS), ponto nodal da Rede de Atenção à Saúde (RAS) previstas na Lei n. 8.080/90;

3) Efetivação do novo Marco Legal do Saneamento Básico e da Lei n.11.445/2007;

---

49. "Artigo 25º. 1.Toda a pessoa tem direito a um nível de vida suficiente para lhe assegurar e à sua família a saúde e o bem-estar, principalmente quanto à alimentação, ao vestuário, ao alojamento, à assistência médica e ainda quanto aos serviços sociais necessários, e tem direito à segurança no desemprego, na doença, na invalidez, na viuvez, na velhice ou noutros casos de perda de meios de subsistência por circunstâncias independentes da sua vontade." ONU. Declaração Universal de Direitos Humanos. Nova Iorque, 1948.

4) Potenciais investimentos tecnológicos para garantir inovações que democratizem a telemedicina e a telessaúde;

5) Implementação de políticas públicas similares às "Cidades Saudáveis" para garantir um maior bem estar individual e coletivo da população;

6) Publicização de leitos e UTI's da rede privada, com um sistema de fila única;

7) Maior valorização dos profissionais da saúde e efetivação de seus direitos por estarem no *front* desta permanente batalha em defesa da vida.

8) A garantia de *"prioridade"* de todas essas medidas universalizantes para:

a) As pessoas idosas, que ao reverso do que dispõe seu Estatuto estão na pandemia sendo cruelmente condenados à "Pena de Morte" pela "Escolha de Sophia", quando faltam respiradores e vagas em UTI's.

b) Os povos indígenas, ante as sérias peculiaridades de sua saúde e intensa vulnerabilidade das tribos, que agravam a letalidade em seus territórios.

Por fim, quanto ao "Mistério da Fênix" que na mitologia grega soergue-se das cinzas após ter fatalmente sucumbido, ousamos decifrar seu enigma: sua imortalidade flui da resiliência e inabalável fé no poder da Justiça, como "o Pão do Povo", capaz de restaurar suas forças na luta pelo direito de acesso a uma saúde pública mais digna no pós-pandemia, tal como profetiza Berthold Brecht em sua inspiradora poesia:

O PÃO DO POVO[50]

A Justiça é o pão do povo.

Às vezes bastante, às vezes pouca.

Às vezes de gosto bom, às vezes de gosto ruim.

Quando o pão é pouco, há fome.

Quando o pão é ruim, há descontentamento.

(...)

Como é necessário o pão diário

É necessária a justiça diária.

Sim, mesmo várias vezes ao dia.

De manhã, à noite, no trabalho, no prazer.

No trabalho que é prazer.

Nos tempos duros e nos felizes

O povo necessita de pão diário

Da justiça, bastante e saudável.

---

50. Brecht, Bertolt. O Pão do Povo. Disponível em: [http://suciologicus.blogspot.com/2010/05/o-pao-do-povo-b.html]. Acesso em: 14.07.2020.

CONTRIBUIÇÕES DO DIREITO ADMINISTRATIVO AOS CIDADÃOS PARA A MINIMIZAÇÃO DE EFEITOS NA RETOMADA DA "NORMALIDADE" PÓS-PANDEMIA

Amarildo Lourenço Costa

Doutorando pela UNISINOS/RS. Mestre em Direito. Professor dos cursos de graduação e pós-graduação da Faculdade de Direito do Vale do Rio Doce. Procurador Municipal. E-mail: amarildocosta@gmail.com. Link de acesso à plataforma Lattes: [http://lattes.cnpq.br/3970483743473200].

Ana Carla Dias

Especialista em Direito Civil e Processual Civil e Direito Administrativo e Gestão Pública, com ênfase em licitações e contratos. Procuradora Municipal. Advogada. E-mail: anacarla_2009@hotmail.com.

Sumário: 1. Sobre esperanças e futuríveis: uma abordagem introdutória. 2. Um direito administrativo para o amanhã e com que sentido? 3. Princípios do direito administrativo sob o horizonte da minimização dos efeitos. 4. Notas conclusivas. 5. Referências.

1. SOBRE ESPERANÇAS E FUTURÍVEIS: UMA ABORDAGEM INTRODUTÓRIA

A esperança – independentemente de onde provenha ou de como seja percebida – é uma força impulsionadora do comportamento humano, fazendo desaguar em ações, sonhos e projetos. Este capítulo é redigido num momento em que a pandemia da Covid-19, causada pelo novo coronavírus, ainda não dá, em nosso país, sinais evidentes de arrefecimento. Assim, falar em retomada de normalidade e de pós-pandemia é, antes de tudo, uma profissão de fé que se ancora em esperanças, sem embargo das incertezas que ainda não nos permitem, hoje, apontar um quadro claro de futuríveis, estes entendidos, conforme Dallari[1], como um delineamento de consequências e comportamentos futuros a partir de elementos fáticos atuais, a fim de se preestabelecerem ações capazes de alterar o curso dos acontecimentos.

O esforço de antevisão das contribuições que o Direito Administrativo pode e deve oferecer aos cidadãos para a minimização dos efeitos na retomada da normalidade, é uma abordagem relevante e urgente da questão pós-pandêmica, na medida em que a aludida retomada se processará, com previsível intensidade, no campo das relações entre o Estado e os seus súditos, relações essas que se dão sob o influxo de normas jus-administrativas.

---

1. DALLARI, Dalmo de Abreu. *O futuro do Estado*. São Paulo: Saraiva, 2001.

Ao enfrentar o tema proposto, este capítulo, para além de simplesmente apresentar ou sugerir uma listagem de contribuições que se presumem imputáveis ao Direito Administrativo, busca ocupar-se, como um exercício prévio, do esquadrinhamento de respostas, ainda que apenas esboçadas, a alguns questionamentos que estão no cerne da questão e que, ao fim, fornecem as balizas que permitirão o adequado direcionamento do assunto.

Assim, ao se perquirir quais são as contribuições do Direito Administrativo, há que se indagar previamente: A que Direito Administrativo se está a referir? É possível admitir e invocar um certo *Direito Administrativo do Cidadão*, ou um *Direito Administrativo da Emergência*, com suas implicações práticas no modo de agir da Administração Pública e nas perspectivas que orbitam os direitos dos cidadãos?

Há relevância, ainda, em indagar-se: Que lugar deve ser reservado aos novos critérios interpretativos que, na ambiência de uma hermenêutica constitucional nova, apontam para a concreção dos direitos fundamentais e para utilização desses direitos, numa inversão epistemo-metodológica, como elementos de unidade do sistema e, assim, como marcos interpretativos do ordenamento jurídico?

É imprescindível, ainda, pensar – mesmo que sem o compromisso e a necessidade, por ora, de se obterem respostas definitivas – sobre quais seriam as prováveis configurações que oferecerão o desenho de uma normalidade nova, e se é legítimo pensar essa nova normalidade como a irrupção de um novo senso comum, entendido como uma disposição geral de adaptação às circunstâncias da existência e da vida ordinária, apreendido de maneira reflexiva[2] e que abrange competências humanas, processos sociais e acervos[3].

Sob as inquietações acima é que este capítulo, depois de ocupar-se, nas linhas que se seguem, de reflexões acerca do perfil do Direito Administrativo em face de novas realidades sociais, passa a tratar no item seguinte, de modo mais específico, de seus princípios reitores, analisando-os sob o horizonte da minimização dos efeitos da pandemia.

Nessa perspectiva, trazem-se à luz o princípio da consensualidade, do qual decorre o refluxo da imperatividade estatal, sobretudo em tempos de imprevisão; o princípio democrático, considerado sob a ótica da (re)construção participativa de um novo normal; o princípio da eficiência, confrontado com o conceito de mínimo existencial, tendo a dignidade humana como referencial; o princípio da razoabilidade, invocado diante dos desafios interpretativos no contexto de uma nova realidade; e, por fim, uma abordagem acerca dos direitos fundamentais como reitores interpretativos indispensáveis num contexto pós-pandêmico.

2. UM DIREITO ADMINISTRATIVO PARA O AMANHÃ E COM QUE SENTIDO?

Projetando luzes e sérias indagações sobre a autonomia do Direito e sobre a sua definição como ciência, Castanheira Neves[4], em obra cujo título é parafraseado acima,

---

2. PATY, Michel. A ciência e as idas e voltas do senso comum. *Scientle Studia*, v. 1, n. 1, 2003, p. 9-26.
3. BRAGA, José Luiz. A comunicação e o senso comum. *Revista Paulus*. São Paulo, v. 3, n. 5, jan./jul. 2019.
4. NEVES, Antônio Castanheira. *O direito hoje e com que sentido?* O problema actual da autonomia do direito. Lisboa: Instituto Piaget, 2002.

oferece reflexões sobre o significado do Direito no contexto histórico-cultural e humano-social do nosso tempo, abordando, ainda, o sentido da normatividade jurídica, defendendo que o homem deve estar comprometido com o Direito, do qual deve ser não apenas beneficiário, mas sujeito dele e assumindo-o como uma responsabilidade a ser vivida, o que se revela como uma condição para epifania da pessoa.

Quando se buscam respostas sobre as contribuições que o Direito Administrativo deve oferecer aos cidadãos para que lhes sejam minimizados os efeitos da pandemia, uma pergunta nos parece inadiável: o Direito Administrativo com que sentido?

Não se trata, aqui, pelo menos precipuamente, de enfrentar as variações conceituais desse ramo do Direito, sem embargo de sua fundamental importância para a compreensão do que ora se debate. O que se almeja, com essa indagação, é compreender a marcha do Direito Administrativo em tempos de pós-pandemia, considerando o seu viés teleológico apontado por Marinela[5], que o vincula a "atividades concretas do Estado, para cumprimento de seus fins, na busca do interesse público" e tendo em vista, ainda, a tradicional definição de Meirelles[6], que, tratando especificamente do Direito Administrativo brasileiro, o reconhece como um conjunto harmônico de princípios jurídicos voltados à realização concreta, direta e imediata dos fins desejados pelo Estado.

O prognóstico pós-pandêmico aponta para demandas, necessidades e desafios eventuais, conjunturais e estruturais que, ao mesmo tempo em que reclamarão o apego aos alicerces principiológicos do Direito Administrativo, como condição para se garantir *estabilidade* institucional e segurança jurídica, reivindicarão processos interpretativos que aportarão em flexibilizações quanto ao seu âmbito de aplicabilidade, como condição para se garantir a *efetividade* de direitos, tendo em vista os objetivos fundamentais da República, dentre os quais a construção de uma sociedade justa e solidária, a erradicação da pobreza e da marginalização, a redução de desigualdades e a promoção do bem de todos.

Num momento em que já se fala em microssistema jurídico da pandemia, e num quadro de crise sanitária e grave retração econômica, com inegáveis repercussões nas relações e negócios jurídicos, inclusive nos firmados de forma direta com o Estado, a alusão, por exemplo, a um *Direito Administrativo da Emergência* não deve soar como uma incabível forma de subverter os fundamentos dessa disciplina, mas como uma necessária adaptação a um contexto provisório, dentro dos limites do que se possa reputar razoável, para que esse ramo do Direito não perca a sua relevância nem seja um instrumento para se tentar legitimar a malferência de direitos fundamentais, os quais possuem *status* de princípios constitucionais.

Assim, um Direito Administrativo adjetivado de emergencial não abre portas para que se desprezem ou menosprezem princípios jurídicos. Antes, conforme assinalado por Justen Filho[7], acentua a necessidade de se levarem os princípios fundamentais a sério, de modo a se evitar que sejam invocados "somente para legitimar a decisão voluntarista adotada", numa estratégia voltada para lhe dar "uma aparência de juridicidade".

---

5. MARINELA, Fernanda. *Direito administrativo*. 11.ed. São Paulo: Saraiva, 2017, p. 50.
6. MEIRELLES, Hely Lopes. *Direito administrativo brasileiro*. 28.ed. São Paulo: Malheiros Editores, 2003, p. 38.
7. JUSTEN FILHO, Marçal. *Direito administrativo da emergência: um modelo jurídico*. Disponível em: [http://jbox. justen.com.br/s/Ngmno9amBAAAwAB#pdfviewer]. Acesso em: 12.07.2020.

Obviamente, o que se deve buscar é a máxima efetividade dos direitos fundamentais, ainda que essa busca não seja facilitada pela esperada tensão entre princípios e direitos fundamentais, tensão essa que, no espaço das relações sociais concretas, desafiam a aproximação entre o Direito e a realidade (princípio da razoabilidade), a adoção de critérios de proporcionalidade e a busca da harmonização por meio da concordância prática, tarefas interpretativas essas que se passam dentro da nova hermenêutica constitucional.

Assim, em período dito emergencial, o que se propõe não é, quanto aos direitos dos cidadãos, o afastamento ou a mitigação da aplicação de princípios e direitos fundamentais. Antes, o que se defende é justamente o contrário, a saber, o reavivamento de marcos jurídicos – talvez em patamares muito acima dos observados em períodos de normalidade - e a sua incidência a partir de parâmetros de razoabilidade – considerando as multiconsequências da pandemia –, a força normativa da Constituição – que deve permanecer incólume em meio à crise – e o princípio da máxima efetividade da norma constitucional.

Um passo adiante nessa análise, tendo por pressuposto a preservação de direitos fundamentais num contexto pós-pandêmico, traz ao debate um sentido do Direito Administrativo que se pode rotular de *Direito Administrativo do Cidadão*.

Silva[8], tratando do viés cidadão do Direito Administrativo, faz crítica às "fórmulas simplórias consagradas no núcleo duro do Direito Administrativo", na medida em que elas, diz aquele autor, relegam "ao cidadão uma posição subalterna em relação à Administração". Segundo a sua percepção, esse ramo do Direito deve estar voltado à construção da cidadania, impondo "uma Administração Pública proativa e participativa".

O Estado social e democrático de Direito inaugurado com a Constituição de 1988 contém um componente revolucionário de transformação social a partir da participação democrática, segundo a qual uma sociedade livre, justa e solidária não é dada pelo Estado, mas construída pelos cidadãos (art. 3º, I, da Constituição Federal), num progressivo processo de afirmação da cidadania (princípio fundamental expresso no art. 1º, inciso II) e dos próprios direitos fundamentais.

O Direito Administrativo será tão mais do cidadão quanto mais incorporar, em seus referenciais e modos de operação, a participação política, estando-se a referir, aqui, à participação em sentido estrito, que, conforme Bobbio[9], se manifesta em situações em que o indivíduo contribui direta ou indiretamente para uma decisão política.

Pode-se antever que a pós-pandemia trará consigo a necessidade de se (re)construir um novo normal também na forma de atuação da Administração Pública e nas suas relações com os cidadãos, seja no oferecimento de prestações positivas, seja no exercício do poder de polícia administrativa, seja no regime de contratações públicas e outras formas de atuação. Conforme assinalado por Silva, fórmulas simplórias abrigadas no núcleo duro do Direito Administrativo não serão suficientes para assegurar uma reconstrução que reflita, num patamar aceitável, as necessidades da população e possibilidades do Estado.

---

8. SILVA, Júlio Cezar Bittencourt. *O viés cidadão do direito administrativo*. Tese (doutorado). Universidade Federal do Paraná. Curitiba: 2018.

9. BOBBIO, Norberto et al. *Dicionário de política*. 5.ed. Brasília: Editora Universidade de Brasília; São Paulo: Imprensa Oficial do Estado, 2000, p. 888-890.

CONTRIBUIÇÕES DO DIREITO ADMINISTRATIVO PARA MINIMIZAÇÃO DE EFEITOS PÓS-PANDEMIA

Um dos desafios pós-pandêmicos será superar, no âmbito da Administração Pública, a hipertrofia simbólica do princípio da soberania popular (art. 1º, parágrafo único, da Constituição Federal), recuperando-se, no dizer de Moás[10], a cidadania como ideal político, "a fim de proporcionar o pluralismo da participação", por meio da "participação real e efetiva dos indivíduos na tomada de decisões".

Enfim, um novo manejar de princípios jus-administrativistas, como se propõe na sequência, tem por pressuposto que o Direito Administrativo, sem renunciar às suas bases teóricas e metodológicas, abra-se a novas incursões epistemológicas, sobretudo para se superar a epistemologia tradicional que, segundo Warat[11], "procura resolver, idealmente, as relações conflitantes entre a teoria e a práxis jurídica, ignorando, fundamentalmente, o valor político do conhecimento da práxis".

3. PRINCÍPIOS DO DIREITO ADMINISTRATIVO SOB O HORIZONTE DA MINIMIZAÇÃO DOS EFEITOS

Em um processo de constituição de um novo padrão de normalidade estabelecido em um contexto mundial, dada a magnitude de uma realidade jamais vivenciada, estando os olhos aqui voltados para a sociedade brasileira, é preciso reconhecer que o maior desafio está em restabelecer ou estabelecer o equilíbrio diante das desigualdades que naturalmente emergiram e continuarão a emergir em tempos de aflição que se antevêem para a pós-pandemia, sob o influxo de princípios jurídicos que dão sentido, unidade e força ao sistema normativo.

O Direito Administrativo, coluna mestra na estabilização das relações entre o Estado e os cidadãos, obrigatoriamente, terá que acompanhar a evolução dos acontecimentos – talvez não na mesma velocidade –, mas de forma que seja assegurado o cumprimento dos deveres estatais impostos pelo texto constitucional. Afinal de contas, ao Estado se atribui a tarefa de garantir, a todos, os direitos preconizados na Constituição Federal, com os meios que lhes são inerentes.

Não que o Direito Administrativo, e, com ele, as ações estatais, já não venham adequando-se às realidades sociais. As interpretações dadas aos textos normativos naturalmente vão se moldando ao contexto social vivenciado. Com o Direito Administrativo não é diferente. A transição de um modelo estatal burocrático para um modelo gerencial já denota uma necessidade implícita em redirecionar o olhar, passando-se a privilegiar os resultados em detrimento dos meios.

É nesse contexto de inovação e de superação que novas bases estão sendo firmadas, quebrando a armadura e a distância naturalmente imposta entre o Poder Público e o cidadão. Nestes tempos, mais do que em qualquer outro, tem-se buscado efetivar o propósito de uma gestão administrativa pautada nas necessidades e – com menor intensidade – na participação do cidadão, lançando âncoras no princípio da participação, com o qual se persegue uma maior eficiência na entrega das prestações positivas do Estado.

---

10. MOÁS, Luciana da Costa. *Cidadania e poder local.* Rio de Janeiro: Lumen Juris, 2002, p. 20-22
11. WARAT, Luís Alberto. Saber crítico e senso comum teórico dos juristas. *Revista Sequência.* v. 3, n. 05. UFSC. Florianópolis, 1982.

O desafio, num momento em que são testadas as estruturas sociojurídicas, está em encontrar o equilíbrio entre as possibilidades do Estado e as necessidades do cidadão, afloradas em meio a um contexto pandêmico em que se avulta o dever constitucional de fazer chegar a todos, sem distinção, os serviços essenciais garantidos pela Constituição da República, tais como educação, saúde, transporte, moradia, segurança, dentre inúmeros outros ali elencados, em um país de dimensões geográficas extensas e realidades peculiares e com reconhecida desigualdade na distribuição das riquezas econômicas e nos indicadores do nível de respeito à dignidade humana.

O Brasil é um país que, mesmo em tempos da chamada normalidade, é, efetivamente, marcado pelas desigualdades sociais, econômicas, raciais e culturais. A atuação do Estado como interveniente obrigatório da superação dessas diferenças será cada vez mais exigida, mesmo que inconscientemente, por todos.

Robustece-se, assim, a acepção de que, sendo o Estado o responsável por garantir a vida em sociedade de forma pacífica e harmoniosa e assegurar os direitos fundamentais, com o desenvolvimento de políticas que busquem a igualdade e a garantia do mínimo existencial, precisa ele conhecer os anseios mais profundos e angariar meios de assegurar tais condições. A sociedade, cada vez mais atribui – e atribuirá – ao Estado a obrigação de assegurar-lhe as condições mínimas de subsistência com dignidade, o que não se afigura desarrazoado, uma vez que, em um processo de reconstrução das bases, seja da sociedade, seja do imperativo estatal, agora mais do que nunca flexibilizado, as pessoas buscam alicerçar-se nas estruturas mais sólidas já conhecidas.

Nesse contexto, o uso do vocábulo "democracia" se tornou recorrente pelos cidadãos, como instrumento para inseri-los no processo de decisão estatal. O *princípio democrático*, nas palavras de Moraes[12], "exprime fundamentalmente a exigência da integral participação de todos e de cada uma das pessoas na vida do país", garantindo o respeito à soberania popular.

Novas acepções paulatinamente ganham espaço numa pretensa relação dicotômica e por vezes antagônica entre Estado e cidadão, passando a ganhar espaço estratégias de aproximação entre ambos, buscando o Estado, de modo crescente, conhecer a realidade enraizada na sociedade, num processo de diálogo com os próprios cidadãos.

Questões que antes eram debatidas somente nos meios acadêmicos passam a ganhar espaço nas ruas, entre pessoas que nunca se dedicaram a estudar o Estado, fazendo surgir uma tendência renovadora do Direito Administrativo, que, nas palavras de Oliveira[13], visam a substituir a decisão unilateral e impositiva administrativa, muitas das vezes inócua ou ineficiente, por uma decisão estatal que deve ser construída, na medida do possível, com a participação social a partir dos instrumentos que, possibilitando o dissenso, abrem os caminhos para o consenso.

O que se apresentará como premente em tempos pós-pandêmicos é a realização da democracia para além do uso de truques retóricos e simulacros democráticos. O poder

---

12. MORAES, Alexandre de. *Direito constitucional*. 30.ed. São Paulo: Atlas, 2014, p. 20
13. OLIVEIRA, Rafael Carvalho Rezende. *Curso de direito administrativo*. Rio de Janeiro: Forense; São Paulo: Método, 2013.

público, diante de uma sociedade que se pretende democrática, deve tornar efetivo o pressuposto democrático. A respeito disso, Rampin[14] afirma:

> O problema que identificamos com o uso do termo "democracia", como qualificadora de nosso atual Estado, e o uso meramente retórico que o mesmo permite, dando margem para um esvaziamento do preceito democrático. E dizer: não basta o Estado se declarar democrático se, na prática, ele se distancia desse ideal.

Desse modo, o Direito Administrativo comparecerá, num quadro pós-pandêmico certamente marcado por muitas e varias dificuldades, com a oferta do princípio da participação, de inegável matiz democrática, entranhado já na realidade da Administração Pública e indispensável para que a construção de novos modelos e a busca de soluções de curto, médio e longo prazos se dêem em consonância com as reais necessidades das pessoas.

Paralelamente a isso, é importante assinalar que, bem antes do surgimento da pandemia, outras noções já vinham sendo construídas, tanto no âmbito Poder Executivo, pela percepção de uma necessidade premente em ser mais eficiente e em voltar o olhar para os resultados, como no âmbito do Poder Legislativo, que, desapegando-se de amarras burocráticas, introduziu, por meio da Lei Federal 13.655, de 25 de abril de 2018 – que acrescenta disposições à Lei de Introdução às Normas do Direito Brasileiro – alterações de extrema relevância e de ordem prática na execução de decisões administrativas.

Tendo sido introduzido expressamente no texto constitucional por meio da Emenda Constitucional 19/98, o *princípio da eficiência*, nas palavras de Marinela[15], assim restou definido:

> A eficiência exige que a atividade administrativa seja exercia com presteza, perfeição e rendimento funcional. Consiste na busca de resultados práticos de produtividade, de economicidade, com a consequente redução de desperdícios do dinheiro público e rendimentos típicos da iniciativa privada, sendo que, nessa situação, o lucro é do povo; quem ganha é o bem comum.

A eficiência estatal debatida nos meios acadêmicos ganha espaço e passa a integrar a pauta de preocupações dos cidadãos ditos "comuns", especialmente quando, diante de um contexto arraigado pelo sentimento de insegurança e pelas reiteradas perdas, o Estado precisa agir de modo que os melhores resultados sejam alcançados no menor tempo possível.

Confirmando essa tendência crescente de exigir-se do Estado prestações de serviços eficientes, a mencionada Lei 13.655 introduziu no ordenamento jurídico importante ferramenta de ordem prática, delegando ao gestor, diante do caso concreto, a possibilidade de decidir conforme as consequências práticas da decisão.

Uma nova ambiência ditada, assim, por um novo arcabouço normativo, trará a eficiência estatal, com seu caráter bipotencial – abrangendo meios e resultados –, como

---

14. RAMPIN Talita Tatiana Dias. *A tutela coletiva como pressuposto conformador do estado democrático de direito brasileiro.* Dissertação (Mestrado em Direito) – Faculdade de Ciências Humanas e Sociais, Universidade Estadual Paulista Júlio de Mesquita Filho, Franca-SP: 2011.
15. Ob. cit., p. 86.

um aceno para a sociedade e uma diretriz importantíssima numa provável realidade de recursos ainda mais escassos e demandas ainda mais intensas na pós-pandemia.

O que já se tem evidenciado é um paulatino afastamento das amarras da legalidade estrita, que achou lugar confortável em um sistema burocrático, para se dar espaço à normatividade dos princípios como fundamento de destaque para as soluções dos casos concretos. Essa é, com efeito, uma colaboração do Direito Administrativo.

Nesse sentido, tendo o Estado, por exemplo,por meio do constituinte originário, elegido a *dignidade humana* como fundamento expresso, e sendo o Estado o ente legitimado à defesa e cumprimento dos preceitos inseridos na Constituição da República, essa – a dignidade humana – passa a ser referencial nas suas ações, como princípio fundamental que é.

A dignidade humana, em uma sociedade marcada por desigualdades sociais, está intrinsecamente relacionada à garantia de condições adequadas de vida, é dizer, na busca de concretização dos direitos à saúde, educação, transporte, lazer, cultura, moradia, dentre tantos outros elencados na Constituição Federal ou dela decorrentes.

Se, em um suposto contexto de normalidade, já é público e notório que, no Brasil, as desigualdades sociais, econômicas e culturais sempre estiveram em níveis inaceitáveis, é de se supor que, em um contexto avassalador pós-pandêmico, tais desigualdades se acentuem ainda mais.

O combate dessa desigualdade pela Administração Pública não será real nem eficiente se às determinações constitucionais se atribuir uma função hipertroficamente simbólica[16], com o consequente arrefecimento de sua eficácia normartiva.

No esteio dessa compreensão, assim se posiciona Streck[17] :

> O Estado Democrático de Direito, ao lado do núcleo liberal agregado à questão social, tem como questão fundamental a incorporação efetiva da questão da igualdade como um conteúdo próprio a ser buscado garantir através do asseguramento mínimo de condições mínimas de vida ao cidadão e à comunidade. Ou seja, no Estado Democrático de Direito a lei passa a ser, privilegiadamente, um instrumento de ação concreta do Estado, tendo como método assecuratório de sua efetividade a promoção de determinadas ações pretendidas na ordem jurídica. (STRECK, 1999, p. 37, grifo do autor).

Nesse sentido, é preciso confluir os preceitos da dignidade da pessoa humana com a preservação do mínimo existencial, sem afastar, sob qualquer hipótese, os direitos fundamentalmente assegurados na Constituição Federal.

Partindo desse pressuposto, é dizer, que dignidade humana, direitos fundamentais, Estado como assegurador da sadia qualidade de vida e mínimo existencial são conceitos que não se separam, necessário se faz definir o que se entende por mínimo existencial, traçando uma sutil diferença entre um plano ideal e uma situação de fato. A definição de mínimo existencial é tarefa árdua, em virtude de características abstratas que se impõem e da possibilidade de existirem inúmeros conceitos.

---

16. NEVES, Marcelo. *A constitucionalização simbólica*. 3. ed. São Paulo: Editora WMF Martins Fontes, 2011.
17. STRECK, Lenio Luiz. *Hermenêutica jurídica e (m) crise: uma exploração hermenêutica da construção do direito*. Porto Alegre: Livraria do Advogado: 1999.

CONTRIBUIÇÕES DO DIREITO ADMINISTRATIVO PARA MINIMIZAÇÃO DE EFEITOS PÓS-PANDEMIA

Pode-se afirmar, num esforço de síntese, que mínimo existencial é o conjunto de direitos que encontram amparo na Constituição e que devem compor um acervo minimamente aceitável de bens constitucionalmente protegidos, sem os quais a própria dignidade humana é posta em xeque.

Sarlet[18],a respeito disso, nos oferece o seguinte:

> Não deixar alguém sucumbir à fome certamente é o primeiro passo em termos de garantia de um mínimo existencial, mas não é – e muitas vezes não o é sequer de longe – o suficiente. Tal interpretação do conteúdo do mínimo existencial (conjunto de condições materiais para uma vida condigna) é a que tem – a despeito de divergências sobre a extensão do conteúdo da garantia – prevalecido não apenas na Alemanha, mas também na doutrina e na jurisprudência constitucional comparada, notadamente no plano europeu [...].

Num plano ideal, o Estado deve assegurar todas as condições para que o ser humano viva condignamente. No plano dos fatos, onde as desigualdades se afloram e as pessoas clamam por condições mínimas de subsistência, ao Estado se impõe o ônus de garantir o mínimo para aqueles que, sem o seu auxílio, sucumbirão.

É bem destacar, aqui, que os direitos fundamentais devem assumir definitivamente, no âmbito do Direito Administrativo e numa conjuntura pós-pandêmica, o seu lugar de reitores interpretativos, de tal modo que, em vez de se indagar de que modo o Direito Administrativo interpreta tais direitos, deve-se, numa desejável inflexão, indagar-se como o Direito Administrativo deve ser interpretado pelo viés dos direitos fundamentais.

4. NOTAS CONCLUSIVAS

Numa nova e ainda incerta normalidade, o Direito Administrativo será chamado à cena para desempenhar papel decisivo, como vetor de redução de desigualdades, de garantia do mínimo existencial, de viabilizador da eficiência estatal, de protetor da dignidade humana e de disponibilizador de ferramentas para a participação democrática no âmbito da Administração Pública, oferecendo-se, assim, como um conector por meio do qual as ações estatais cheguem aos seus destinatários e cumpram, numa provável crise pós-pandêmica, o fim a que se destinam.

O novo normal oportunizará e demandará uma nova marcha para o Direito Administrativo, que, considerando o seu viés teleológico, será guiado pela efetividade de direitos fundamentais, a partir das diretrizes ditadas pelos objetivos fundamentais da república, sem prescindir da estabilidade que lhe confere seus princípios, sobre os quais, todavia, se projetarão critérios interpretativos que flexibilizarão seu âmbito de incidência e aplicabilidade, condicionado por uma realidade nova de cunho emergencial que desvela a participação democrática como o cenário ideal de reconstrução.

---

18. SARLET, Ingo Wolfgang; FIGUEIREDO, Mariana Filchtiner. *Reserva do possível, mínimo existencial e direito à saúde: algumas aproximações*. In: _____.; TIMM, Luciano Benetti (Org.). Direitos fundamentais: orçamento e "reserva do possível". 2. ed. rev. e ampl. Porto Alegre: Livraria do Advogado, 2010.

5. REFERÊNCIAS

BOBBIO, Norberto et al. *Dicionário de política*. 5.ed. Brasília: Editora Universidade de Brasília; São Paulo: Imprensa Oficial do Estado, 2000.

BRAGA, José Luiz. A comunicação e o senso comum. *Revista Paulus*. São Paulo, v. 3, n. 5, jan./jul. 2019.

DALLARI, Dalmo de Abreu. *O futuro do Estado*. São Paulo: Saraiva, 2001.

JUSTEN FILHO, Marçal. *Direito administrativo da emergência: um modelo jurídico*. Disponível em: [http://jbox.justen.com.br/s/Ngmno9amBAAAwAB#pdfviewer]. Acesso em: 12.07.2020.

MARINELA, Fernanda. *Direito administrativo*. 11.ed. São Paulo: Saraiva, 2017.

MEIRELLES, Hely Lopes. *Direito administrativo brasileiro*. 28.ed. São Paulo: Malheiros Editores, 2003, p. 38

MOÁS, Luciana da Costa. *Cidadania e poder local*. Rio de Janeiro: Lumen Juris, 2002.

MORAES, Alexandre de. *Direito constitucional*. 30.ed. São Paulo: Atlas, 2014.

NEVES, Antônio Castanheira. *O direito hoje e com que sentido?* O problema actual da autonomia do direito. Lisboa: Instituto Piaget, 2002.

NEVES, Marcelo. *A constitucionalização simbólica*. 3. ed. São Paulo: Editora WMF Martins Fontes, 2011.

OLIVEIRA, Rafael Carvalho Rezende. *Curso de direito administrativo*. Rio de Janeiro: Forense; São Paulo: Método, 2013.

PATY, Michel. *A ciência e as idas e voltas do senso comum*. Scientle Studia, v. 1, n. 1, 2003, p. 9-26.

RAMPIN Talita Tatiana Dias. *A tutela coletiva como pressuposto conformador do estado democrático de direito brasileiro*. Dissertação (Mestrado em Direito) – Faculdade de Ciências Humanas e Sociais, Universidade Estadual Paulista Júlio de Mesquita Filho, Franca-SP: 2011.

SARLET, Ingo Wolfgang; FIGUEIREDO, Mariana Filchtiner. Reserva do possível, mínimo existencial e direito à saúde: algumas aproximações. In: _____.; TIMM, Luciano Benetti (Org.). *Direitos fundamentais: orçamento e "reserva do possível"*. 2. ed. rev. e ampl. Porto Alegre: Livraria do Advogado, 2010.

SILVA, Júlio Cezar Bittencourt. *O viés cidadão do direito administrativo*. Tese (doutorado). Universidade Federal do Paraná. Curitiba: 2018.

STRECK, Lenio Luiz. *Hermenêutica jurídica e(m) crise*: uma exploração hermenêutica da construção do direito. Porto Alegre: Livraria do Advogado: 1999.

WARAT, Luís Alberto. Saber crítico e senso comum teórico dos juristas. *Revista Sequência*. v. 3, n. 05. UFSC. Florianópolis, 1982.

PANDEMIA DA COVID-19
E CASOS DE CORRUPÇÃO NA CONTRATAÇÃO DIRETA EMERGENCIAL NA SAÚDE NAS ADMINISTRAÇÕES PÚBLICAS ESTADUAIS E MUNICIPAIS DA REPÚBLICA FEDERATIVA DO BRASIL

Jerson Carneiro Gonçalves Junior

Pós-doutor pela UERJ. Doutor e Mestre em Direito do Estado pela PUC-SP. Pós-graduado pela UCLM – Universidade de Castilla-La Mancha – Espanha, em Tributação Internacional. Professor do Ibmec/RJ de Direito Administrativo e Constitucional. Professor de Direito Tributário do MBA da Fundação Getúlio Vargas. Advogado em Direito Administrativo e Infraestrutura no Rio de Janeiro. jersoncarneiro@hotmail.com.br

Sumário: 1. Pandemia da Covid-19 x contratação direta x corrupção nas administrações públicas da República Federativa do Brasil. 2. Os três modelos teóricos de Administração Pública: patrimonialista, burocrática, gerencial (gerencialismo ou pós-burocrático). 3. Contratação direta (Lei 8.666/1993) e a Lei 13.979/2020 ("Lei do Coronavírus") como meio de concretização de políticas públicas na área da saúde. 4. Casos de corrupção na contratação direta na área da saúde dos estados e municípios brasileiros em plena pandemia da Covid-19: Responsabilidade dos agentes ímprobos/ corruptos na seara administrativa, criminal e crimes de responsabilidade. 4.1 Decisões do STF sobre a competência constitucional comum no "cuidar da saúde" na pandemia de Covid-19. 4.2 Rio de Janeiro e a pandemia da Covid-19. 4.2 Pandemia da Covid-19 e casos de atos de corrupção na contratação direta por agentes públicos municipais. 5. Considerações finais.

1. PANDEMIA DA COVID-19 X CONTRATAÇÃO DIRETA X CORRUPÇÃO NAS ADMINISTRAÇÕES PÚBLICAS DA REPÚBLICA FEDERATIVA DO BRASIL[1-2]

A pandemia da Covid-19 produziu inúmeras inovações legislativas com impacto na administração pública, especialmente nas regras relativas a licitações e contratos administrativos. Em curso no mundo todo, é uma doença respiratória aguda causada pelo coronavírus da síndrome respiratória aguda grave. Foi identificada pela primeira vez em Wuhan, na província de Hubei, República Popular da China, em 1º de dezembro de 2019, mas o primeiro caso foi reportado em 31 de dezembro do mesmo ano.

---

1. Pesquisadora: Lorena Braz Oliveira, advogada em Minas Gerais-MG, pós-graduada em Direito Penal.
2. GONÇALVES JUNIOR, Jerson Carneiro (Coord.); CRUZ, Julia Ana Fatel; LOUREIRO, Maria do Socorro Moreira (colab). *Manual de metodologia da pesquisa jurídico-científica*. Rio de Janeiro: Lumen Juris, 2017.

Em 11 de março de 2020, a Organização Mundial da Saúde declarou o surto de uma pandemia. Até 18 de junho de 2020, milhares de casos da doença foram confirmados em mais de 188 países e territórios, com grandes surtos nos Estados Unidos, Rússia, Índia, Reino Unido, Espanha, Itália, Alemanha, França entre outros. Centenas de milhares de pessoas no mundo morreram e foram curadas.

É fato público e notório que a pandemia decorrente da Covid-19 trouxe uma série de mudanças legislativas que exigem respostas rápidas, nas possibilidades de contratações diretas durante o enfrentamento do coronavírus. Essa é a razão da edição da especial a Lei 13.979/20, que dispõe sobre "as medidas para enfrentamento da emergência de saúde pública de importância internacional decorrente do coronavírus responsável pelo surto de 2019", rege os processos de compras públicas nos casos de emergência na seara da saúde pública.

Nesse contexto, essa lei, como norma geral, estabelece regras jurídicas mais flexíveis para a contratação direta de bens, serviços e insumos destinados ao enfrentamento da pandemia causada pela Covid-19, aplicáveis às entidades da Administração Pública Direta e Indireta de todas as entidades federativas.

No entanto, a pandemia da Covid-19 não pode ser pretexto para burlar a legislação licitatória, para a prática de corrupção, de crimes, irregularidades nas contratações diretas emergenciais que violam a Constituição de 1988, a legislação de licitações de contratos administrativos por parte de facções ou grupos de interesse que envolvem agentes públicos, políticos, e empresários, principalmente que levem a morte de pessoas e a desordem moral, institucional e econômica das administrações públicas (administradores) e administrados na República federativa do Brasil.

"A corrupção dos Estados e a corrupção dos indivíduos andam lado a lado", diz J. Patrick Dobel.[3] Compreender nesse momento de pandemia da Covid-19 como a Lei 13.979/20 abriu a brecha discricionária para a corrupção, diversos crimes nas contratações diretas das administrações públicas aprofundaram crises sociais seculares no Brasil, fruto da desigualdade, é o que passamos a analisar.

2. OS TRÊS MODELOS TEÓRICOS DE ADMINISTRAÇÃO PÚBLICA: PATRIMONIALISTA, BUROCRÁTICA, GERENCIAL (GERENCIALISMO OU PÓS-BUROCRÁTICO)

Inicialmente a crise generalizada da Administração Pública (Estado) brasileira sempre foi e será tema de acadêmicos e gestores públicos (agentes públicos) e não é um tema que se completa nunca em nossa opinião, razão pela qual *deveria* haver um minis-

---

3. DOBEL John Patrick. Como e por que um estado se corrompe. The American Political Science Review. *O Estado de S. Paulo*, edições de 24.02.80 e 02.03.80.

tério[4-5-6-7-8] permanente na Administração Federal denominado "Ministério de Reforma da Administração Pública",[9] como uma forma de atualizá-lo enquanto *res publica* (coisa pública), da República Federativa do Brasil.

Partindo-se de uma análise histórica para explicar o problema de corrupção em plena Pandemia da Covid-19, verificamos que a administração pública no Brasil e no mundo ocidental evoluiu através de três modelos teóricos de administração pública: a patrimonialista, a burocrática[10] e a gerencial.[11] Essas três formas se sucedem no tempo, sem que, no entanto, qualquer uma delas seja inteiramente abandonada na República Federativa do Brasil.

---

4. O Poder Executivo federal da República Federativa Brasil é composto por vários ministérios (órgãos autônomos), secretarias da presidência da república com *status* de ministério. Cada órgão ministerial é responsável por um tema específico e é liderado por um ministro de Estado (CF/1988, art. 87). Os ministros são agentes públicos escolhidos *ad nutum* pelo Presidente da República a cada mandato. Os Ministérios elaboram normas administrativas, acompanham, avaliam os programas nacionais, federais, formulam e implementam as políticas públicas para os setores que representam. São encarregados, ainda, de estabelecer estratégias, diretrizes e prioridades na aplicação dos recursos públicos decorrentes da arrecadação de impostos pagos pelos milhões de cidadãos brasileiros.

   Em regra os ministérios são agrupados em quatro setores: econômico, político, social e a defesa (militar). O ministério *permanente* da reforma da administrativa que estamos propondo encontra-se no setor econômico. Os demais são divididos em: 1. O setor econômico de ministérios compreende os temas: a) Administração Federal e Reforma do Estado; b) Agricultura; c) Ciência; d) Comunicações; e) Fazenda; f) Indústria, Comércio e Turismo; g) Meio Ambiente; h) Minas e Energia; i) Planejamento e Orçamento; e j) Transportes. 2.O setor político de ministérios compreende os temas: a) Justiça; e b) Relações Exteriores. 3. O setor social de ministérios compreende os temas: a) Cultura; b) Educação e Desporto; c) Previdência e Assistência Social; d) Saúde; e e) Trabalho. 4. O setor militar eram três Ministérios em 1988: a) Aeronáutica; b) Exército; e c) Marinha. Hoje um ministério da defesa.

5. Atualmente a Lei 13.844/19 que converteu a Medida Provisória 870, de 2019, estabelece a organização básica dos órgãos da Presidência da República e dos Ministérios.

6. Disponível em: [http://www1.folha.uol.com.br/infograficos/2013/09/31612-mapa-das-verbas-na-esplanada-dos--ministerios.shtml]. Acesso em: 24.06.2020.

7. Disponível em: [http://dinheiropublico.blogfolha.uol.com.br/2015/03/21/veja-como-no-de-ministros-que-pmdb-quer-reduzir-a-20-saltou-de-12-para-39/]. Acesso em: 24.06.2020.

8. [http://www1.folha.uol.com.br/infograficos/2014/08/110862-o-crescimento-dos-ministerios-de-collor-a-dilma.shtml]. Acesso em: 24.06.2020.

9. Por que não chamado de Ministério da "Administração Federal e Reforma do Estado" como o art. 17 da Lei 9.649 de 27.05.1998 transformou "a Secretaria da Administração Federal em Ministério da Administração e Reforma do Estado"? Porque dependeria dos demais poderes constitucionais e seria missão impossível. Três classes, que são seculares são muito difíceis de reformar, os militares, a magistratura e papado (Vaticano). Veja um exemplo: Em ano de 2020, trágico para o país, nós não deveríamos gastar 2 bilhões em campanhas eleitorais! Deveríamos reduzir através de iniciativa popular de lei, a ser apresentado à Câmara dos deputados, a metade o valor do fundo eleitoral e o restante investido no combate à pandemia do coronavírus!

10. MARTINS, Luciano. *Estado capitalista e burocracia no Brasil pós-64*. São Paulo: Paz e Terra. p. 15-40.

11. ABRUCIO, Fernando. Em busca de um novo paradigma para a reforma do Estado no Brasil. *Revista do Serviço Público/ Fundação Escola Nacional de Administração Pública*, Brasília: ENAP, ano 48, n. 1, p. 149-155, jan.-abr. 1997.

Modelos teóricos de administração pública e suas características:			
Patrimonialista[12] Cultura do Patrimonialismo de 1500 até a década de 1930	Burocrática[13]	Gerencial (gerencialismo ou Pós-burocrático)	Modelos do ano de 2020 em diante
1. Cleptocracia, Pessoalidade (Racionalidade subjetiva – Alto índice de nepotismo e empreguismo, ou seja, o cargo é hereditário; 2. Descaso com o cidadão e as demandas sociais; 3. Clientelismo é o serviço público em troca de apoio político 4. Teoria da irresponsabilidade:[14] 5. Endeusamento do soberano; 6. Poder ilimitado do governante; 7. Falta de participação social dos cidadãos nos assuntos do Estado; 8. Prebendas: recebe sem trabalhar; 9. Pessoalidade (Racionalidade subjetiva- empreguismo); 10. Insegurança Jurídica. 11. Desorganização do estado e da administração; 12. Fisiologismo: troca de favores; 13. Ausência de controles internos formais	1. Combate à corrupção e ao nepotismo, 2. Impessoalidade, 3. Formalismo, 4. Hierarquia funcional 5. Profissionalização do servidor 6. Meritocracia 7. Racionalidade 8. Controle interno prévio de procedimentos 9. Legalidade 10. Criação do DASP 11. Obs.: Defeitos - Engessamento, pouca eficiência e controle excessivo.	1. Gestão por resultado 2. Foco no cidadão 3. Descentralização administrativa, 4. Obtenção de resultados 5. Descentralização política 6. Transferindo recursos e atribuições para os níveis políticos regionais e locais. 7. Maior participação cidadã: Participação popular / controle social; 8. Controle finalístico ou *a posteriori* 9. Valorização do trabalho técnico ao invés do político. 10. *Accountability*: 11. Transparência: 12. Menos hierarquia. 13. Flexibilização do direito administrativo.	**1. Consumerismo:** segundo passo; baseava-se em aumentar a qualidade dos serviços públicos para atender às demandas dos "clientes" ou "consumidores" dos serviços públicos. **2. Public Service Orientation (PSO):** este é o terceiro estágio. Surge a preocupação com a equidade (prestação justa dos serviços públicos) e com a *accountability* (prestação de contas, responsabilização e transparência).

A eficiência na *res publica* da administração pública – a necessidade de reduzir custos decorrentes da má-gestão e da corrupção e aumentar a qualidade dos serviços públicos, em especial de saúde à população como beneficiários, em relação ao que os milhões de

---

12. Administração Pública Patrimonialista – No patrimonialismo, os cargos são considerados prebendas. A *res publica* não é diferenciada das *res principis*. Em consequência, a corrupção e o nepotismo são inerentes a esse tipo de administração. Sobre o patrimonialismo recomenda-se ler: CAMPANTE, Rubens Goyatá. O patrimonialismo em Faoro e Weber e a sociologia brasileira. *Dados*, Rio de Janeiro, v. 46, n. 1, p. 153-193, 2003; FAORO, Raymundo. A aventura liberal numa ordem patrimonialista. *Revista USP*, n. 17, p. 14-29, 1993; FAORO, Raymundo. *Os donos do poder*. São Paulo: Globo, 2008; FERNANDES, Florestan. *A revolução burguesa no Brasil*. São Paulo: Globo, 2006; HOLANDA, Sérgio Buarque. *Raízes do Brasil*. São Paulo: Companhia das Letras, 2009; SILVEIRA, Daniel Barile da. Patrimonialismo e a formação do Estado Brasileiro: uma releitura do pensamento de Sergio Buarque de Holanda, Raymundo Faoro e Oliveira Vianna. *Conselho Nacional de Pós-Graduação em Direito*, v. 1, p. 203-223, 2006.

13. Administração Pública Burocrática – Surge na segunda metade do século XIX, na época do Estado liberal, como forma de combater a corrupção e o nepotismo patrimonialista. Constituem princípios orientadores do seu desenvolvimento a profissionalização, a ideia de carreira, a hierarquia funcional, a impessoalidade, o formalismo, em síntese, o poder racional-legal. Os controles administrativos visando evitar a corrupção e o nepotismo são sempre *a priori*. Parte-se de uma desconfiança prévia nos administradores públicos e nos cidadãos que a eles dirigem demandas. Seu defeito, a ineficiência, a autorreferência, a incapacidade de voltar-se para o serviço aos cidadãos vistos como clientes. Esse defeito, entretanto, não se revelou determinante na época do surgimento da administração pública burocrática porque os serviços do Estado eram muito reduzidos. O Estado limitava-se a manter a ordem e administrar a justiça, a garantir os contratos e a propriedade.

14. Patrimonialismo e irresponsabilidade. Segundo essa teoria da irresponsabilidade, o Estado não pode ser responsabilizado civilmente pelas ações e omissões danosas. A teoria da irresponsabilidade se revela um tanto quanto inadequada, especialmente considerando um Estado de Direito ou Estado democrático de Direito.

sujeitos passivos tributários pagam em tributos, em especial impostos[15] para manter os serviços públicos – provocou reformas administrativas nas administrações públicas federal, estaduais, distritais e municipais.

Especialmente a reforma do aparelho da administração pública feita no governo Fernando Henrique Cardoso[16] pela Emenda Constitucional 19/98[17] orientou predominantemente pelos valores da eficiência, transparência e qualidade na prestação de serviços públicos e pelo desenvolvimento de uma cultura gerencial[18] nos agentes públicos, nas entidades, órgãos públicos, em constante avaliação de desempenho e treinamento sistemático para a profissionalização da administração pública, em contraposição ao vício da cultura patrimonialista que ainda persiste e precisa ser extirpado da vida pública brasileira.

A Reforma do Aparelho do Estado foi necessária ante ao retrocesso da Constituição brasileira[19] em constitucionalizar o capítulo da administração pública que teve derrotas (devido à cultura patrimonialista), conquistas[20] gerenciais e novas figuras jurídicas introduzidas pela Reforma Administrativa gerencial,[21-22] como contrato de gestão,[23] no terceiro setor:[24] as entidades de serviços sociais autônomos, Organizações sociais,[25] Organizações da sociedade civil de interesse público (OSCIP), Agencias executivas e Agências reguladoras. Tudo isso na tentativa de melhorar a eficiência da prestação de serviço público, razão pela qual também centrou na valorização do servidor para a cidadania.

Também observou a atuação das empresas estatais que é caracterizada pelas atividades econômicas voltadas para o lucro que ainda permanecem no aparelho do Estado

---

15. Pelo 5º ano, o Brasil é último em *ranking* sobre retorno dos impostos. Austrália, Coreia do Sul e EUA lideram *ranking* do IBPT. Pesquisa avaliou as 30 nações com as maiores cargas tributárias. Disponível em: [http://g1.globo.com/economia/noticia/2015/06/pelo-5-ano-brasil-e-ultimo-em-ranking-sobre-retorno-dos-impostos.html]. Acesso em: 1º.06.2015.

16. Presidência da República. Câmara da Reforma do Estado. *Plano Diretor da Reforma do Aparelho do Estado*. Brasília, 1995. Disponível em: [http://www.biblioteca.presidencia.gov.br/publicacoes-oficiais/catalogo/fhc/plano-diretor-da-reforma-do-aparelho-do-estado-1995.pdf]. Acesso em: 24.06.2020.

17. MOTTA, Carlos Pinto Coelho. *Reforma administrativa:* texto base. Emenda Constitucional n.19, de 05/06/1998. Belo Horizonte: Del Rey, 1998. Presidência da República. Câmara da Reforma do Estado. Plano Diretor da Reforma do Aparelho do Estado. Brasília, 1995.

18. PRZEWORSKI, Adam. Sobre o desenho do Estado: uma perspectiva agente *x* principal. In: BRESSER PEREIRA, Luiz Carlos; SPINK, Peter. *Reforma do Estado e Administração Pública gerencial*. Rio de Janeiro: Fundação Getulio Vargas, 1998. p. 39-73.

19. BRESSER PEREIRA, Luiz Carlos. A reforma do aparelho do Estado e a Constituição brasileira. *Conferência ministrada nos seminários sobre a reforma constitucional realizados com os partidos políticos*. Brasília, janeiro de 1995.

20. BAPTISTA Patrícia; ACCIOLY, João Pedro. A administração pública na Constituição de 1988. Trinta anos depois: disputas, derrotas e conquistas. Disponível em: [http://bibliotecadigital.fgv.br/ojs/index.php/rda/article/view/76704]. Acesso em: 24.06.2020.

21. CARVALHO, Maria do Socorro Vieira de. Desenvolvimento gerencial no setor público: velhas questões e novos desafios. *Revista de Administração Pública*, Rio de Janeiro, 29 (4): 27-37, out.-dez. 1995.

22. BANDEIRA DE MELLO, Celso Antônio. Figuras jurídicas introduzidas pela Reforma Administrativa. *Curso de direito administrativo*. 11. ed. São Paulo: Malheiros, 1999. p. 142-161.

23. SILVA, Carlos Eduardo de Souza e. Reforma do Marco Legal do terceiro setor no Brasil. *Revista de Direito Administrativo*, Rio de Janeiro: Renovar, v. 214, p. 55-68. out.-dez. 1998.

24. MODESTO, Paulo Eduardo Garrido. Reforma administrativa e Marco Legal das organizações sociais no Brasil. *Revista do Serviço Público/Fundação Escola Nacional de Administração Pública*, Brasília: ENAP, ano 48, n. 2, p. 27-57, maio-ago. 1997.

25. SANTOS, Flávia Pessoa; PEDROSA, Maria de Lourdes Capanema. Aspectos jurídicos das organizações sociais. *Revista do Legislativo – "Organizações Sociais: a que fim se destinam?"*. Belo Horizonte: ALEMG, n. 22, p. 10-15, abr./jun. 1998.

como, por exemplo, as do setor de infraestrutura.[26-27] Estão no Estado, seja porque faltou capital ao setor privado para realizar o investimento, seja porque são atividades naturalmente monopolistas, nas quais o controle via mercado não é possível, tornando-se necessário no caso de privatização (desestatização)[28] a regulamentação rígida.

A administração pública gerencial inspira-se na administração de empresas privadas, mas não pode ser confundida com esta última. Enquanto a receita das empresas privadas depende dos pagamentos que os clientes fazem livremente na compra de seus produtos e serviços, a receita da administração Pública deriva de impostos, ou seja, de obrigações principais, sem contrapartida direta como taxas, ou contribuições de melhorias. Enquanto o mercado controla a administração das empresas privadas, a comunidade – por meio de políticos eleitos na democracia, que em muitas vezes o povo[29] escolhe muito mal – quem vai administrar a coisa pública nas áreas de saúde, educação e outros serviços.

Os resultados da ação da administração pública gerencial são considerados bons no século XXI, porque as necessidades do cidadão cliente pagador de impostos estão sendo atendidas. O modelo gerencial tornou-se realidade no mundo,[30] foi desenvolvido e se revelou mais capaz de promover o aumento da qualidade e da eficiência dos serviços públicos sociais oferecidos pelo setor público em oposição a certa parte do setor público e privado brasileiro que ainda mantém a cultura patrimonialista e corrupta do império de 1824[31] nesse momento de pandemia da Covid-19, que se contratam diretamente obras e serviços beneficiando grupo ou facções e dificultando a concretização de políticas públicas na área de saúde.

---

26. GONÇALVES JUNIOR, Jerson Carneiro; FORTES, Márcio Sette; SÁ, Marco Aurélio; AIETA, Vânia. *Infraestrutura e o futuro do Brasil no séc. XXI*: desafios e oportunidades para os empresários desenvolverem as estruturas econômicas junto com as Administrações Públicas e a inegável melhoria nas condições de vida do povo brasileiro. Rio de Janeiro: Lumen Juris, 2015.

27. Entrevista: GONÇALVES JUNIOR, Jerson Carneiro. *Canal futura. TV Futura. Jornal Futura*. Opção pela privatização para prestação de serviços. 15.01.2014. Disponível em: [https://www.youtube.com/watch?v=xfqF4ufKGxU]. Acesso em: 24.06.2020.

28. BURSZTYN, Marcel. Introdução à crítica da razão desestatizante. *Revista do Serviço Público/Fundação Escola Nacional de Administração Pública*, Brasília: ENAP, ano 49, n. 1, p. 141-163, jan.-mar. 1998.

29. MÜLLER, Friedrich. *Quem é o povo*: a questão fundamental da democracia. Trad. Peter Naumann. São Paulo: Max Limonad, 1998. p.83-105.

30. Ver referências bibliográficas sobre gerencialismo: ARELLANO, David G. Avanços desiguais e intenções indefinidas: a reforma do Estado no México e a estratégia de gerenciamento. *Revista do Serviço Público*, Brasília, ano 48, n. 3, dez. 1997.
BERRETTA, Nora. *Modernizacion administrativa y la gestion pública em Uruguay*. Estudio de caso. Universidade de Chile e Banco Interamericano de Desarrollo, nov. 2000.
BRESSER PEREIRA, Luiz Carlos. Reforma da nova gestão pública: agora na agenda da América Latina, no entanto .... *Revista do Serviço Público*, Brasília, ano 53, no 1, jan.-mar. 2002.
CABONELL, M., CONCHA CANTU, H., VALADES, D. Estrategias y propuestas para la reforma del Estado. Instituto de investigaciones jurídicas, serie g: estudios doctrinales, no 188, México: UNAM. CLAD. (1998), "Uma nova gestão pública para América Latina". Documento do CLAD, out. 2001.

31. GONÇALVES JR., Jerson Carneiro. A "missão constitucional" de D. Pedro I: os modelos constitucionais europeus que influenciaram a elaboração da Constituição Brasileira de 25 de março 1824. In: GARCIA, Maria e (coord.). *Estudos de direito constitucional comparado*. Rio de Janeiro: Campus, 2007. p. 509-531.

3. CONTRATAÇÃO DIRETA (LEI 8.666/1993) E A LEI 13.979/2020 ("LEI DO CORONAVÍRUS") COMO MEIO DE CONCRETIZAÇÃO DE POLÍTICAS PÚBLICAS NA ÁREA DA SAÚDE

As contratações públicas, em regra, observam o princípio do dever de licitar,[32] previsto no art. 37, inciso XXI[33] da CF/1988.[34] Porém, a lei infraconstitucional poderá estabelecer exceções à regra geral, com a expressão "ressalvados os casos especificados na legislação". Contratação direta é a realizada entre a Administração Pública e interessado sem o procedimento prévio licitatório.[35] Os casos de dispensa (art. 24 da Lei 8.666/93)[36] e inexigibilidade (art. 25[37] da Lei 8.666/93) de licitação[38] que culminam na contratação direta[39] são exceções e exigem justificativa fundamentada do gestor público.

As contratações diretas, decorrentes de dispensa ou inexigibilidade de licitação, além da demonstração dos requisitos das hipóteses que as autorizem, devem atender às regras de instrução dispostas nos incisos do parágrafo único do art. 26 da Lei 8.666/93. Faz-se necessário observar que os contratos administrativos acordados neste caso devem seguir todas as estipulações destinadas aos demais contratos realizados com a prévia licitação.

---

32. A licitação não é tema contemporâneo pois o Decreto federal 4.536 de 28 janeiro de 1922, nasceu da concepção de licitação, estipulando a concorrência daqueles que queriam contratar com a Administração Pública, e previa que deveria ser publicado no diário oficial ou em jornais oficiais, para que aqueles que desejassem contratar pudessem ingressar na concorrência. O Decreto-lei 200/67, trouxe claramente e explícito em sua redação dispositiva sobre o processo de licitação, e posteriormente em 1986 foi revogado pelo decreto-lei, o de n. 2.300.

33. CF/1988, art. 37, XXI: "ressalvados os casos especificados na legislação, as obras, serviços, compras e alienações serão contratados mediante processo de licitação pública que assegure igualdade de condições a todos os concorrentes, com cláusulas que estabeleçam obrigações de pagamento, mantidas as condições efetivas da proposta, nos termos da lei, o qual somente permitirá as exigências de qualificação técnica e econômica indispensáveis à garantia do cumprimento das obrigações".

34. Os marcos legislativos do regime jurídico de contratação pública no Brasil: Decreto 4.536, de 28/01/1922 (Código de Contabilidade da União); Decreto 15.783, de 08/11/1922 (Regulamento Geral de Contabilidade Pública); Decreto-lei 200, de 25.02.1967; Decreto-lei 2.300, de 21.11.1986.

35. Referências bibliográficas recomendadas: DALLARI, Adilson Abreu. *Aspectos jurídicos da licitação*. São Paulo: Saraiva, 2002; D' AVILA, Vera Lúcia Machado. *Temas polêmicos sobre licitação e contratos*. São Paulo: Malheiros, 1998; JUSTEN FILHO, Marçal. *Comentários a Lei de Licitações e contratos administrativos*. São Paulo: Dialética, 2000; RODRIGUES, Fernando Anselmo. *Licitações e contratos administrativos*: temas atuais e controvertidos. São Paulo: RT, 2002.

36. Entrevista: GONÇALVES JUNIOR, Jerson Carneiro. *TV Globo – Jornal Nacional*. "Este ano, 90% dos contratos da Petrobras foram feitos sem licitação – Decreto permite há 16 anos a dispensa de licitação. Mas há quem conteste a frequência com que isso tem sido feito nas condições atuais do mercado". 26.11.2014. Disponível em: [http://g1.globo.com/jornal-nacional/noticia/2014/11/este-ano-90-dos-contratos-da-petrobras-foram-feitos-sem-licitacao.html]. Acesso em: 24.06.2020.

37. Lei 8.666/93: "Art. 25. É inexigível a licitação quando houver inviabilidade de competição, em especial: I – para aquisição de materiais, equipamentos, ou gêneros que só possam ser fornecidos por produtor, empresa ou representante comercial exclusivo, vedada a preferência de marca, devendo a comprovação de exclusividade ser feita através de atestado fornecido pelo órgão de registro do comércio do local em que se realizaria a licitação ou a obra ou o serviço, pelo Sindicato, Federação ou Confederação Patronal, ou, ainda, pelas entidades equivalentes; II – para a contratação de serviços técnicos enumerados no art. 13 desta Lei, de natureza singular, com profissionais ou empresas de notória especialização, vedada a inexigibilidade para serviços de publicidade e divulgação; III – para contratação de profissional de qualquer setor artístico, diretamente ou através de empresário exclusivo, desde que consagrado pela crítica especializada ou pela opinião pública".

38. JUSTEN FILHO, Marçal. *Comentários a Lei de Licitações e contratos administrativos*. 16. ed. São Paulo: Ed. RT, 2014.

39. GONÇALVES JUNIOR, Jerson Carneiro. *Direito administrativo*. Florianópolis: Conceito, 2009. v. 1.

Diferenciação		
DISPENSADA (art. 17, I e II)	DISPENSÁVEL (art. 24[40])	INEXIGIBILIDADE (art. 25)
A própria lei declarou como tal. Vinculada. Ocorrerá nos casos estabelecidos por lei.	Competição viável, mas inoportuna e inconveniente . Ato administrativo Discricionário. Há 34 hipóteses taxativas, exaustivas (*numerus clausus*): é *facultada* à administração a licitação em determinadas circunstâncias.	Há impossibilidade de competição. Ato administrativo vinculados. Há três hipóteses exemplificativas (*numerus apertus*), em razão da singularidade relevante do sujeito ou do objeto a ser contratado.

Como já mencionado, no dia 11 de março de 2020 a Organização Mundial da Saúde – OMS decretou a pandemia da Covid-19, doença causada pelo novo coronavírus (Sars--Cov-2), em razão do aumento do número de casos e a disseminação global dele, gerando fortes impactos sociais, econômicos e políticos.

Diante desse cenário, as administrações públicas diretas federal, distrital, estaduais e municipais da República federativa do Brasil adotaram medidas urgentes para solução de problemas extraordinários de várias ordens de saúde. A urgência da situação clama pela flexibilização dos trâmites e exigências nos procedimentos administrativos. Nesse sentido, foi editada a Lei 13.979/2020, denominada de "Lei do Coronavírus", que prescreve a nova regra de hipótese de dispensa de licitação, é dizer contratação direta:

> Artigo 4º É dispensável a licitação para aquisição de bens, serviços, inclusive de engenharia, e insumos destinados ao enfrentamento da emergência de saúde pública de importância internacional decorrente do coronavírus de que trata esta Lei.

A Lei do Coronavírus não abre a possibilidade de dispensa de licitação para nenhuma outra necessidade pública, senão as inerentes ao combate da pandemia da Covid-19 (emergência de saúde pública), sob pena de burlar o dever constitucional e legal de licitar. Não obstante a autorização da *contratação direta, a autoridade pública deve observar os princípios e normas básicas que regem a Administração Pública*, de modo a atender a contratação direta mais vantajosa, como isonomia, transparência, publicidade, motivação, entre outros princípios.

O § 1º deste art. 4º prescreve que essa regra de hipótese de dispensa é uma lei temporária (art. 8º da Lei 13.979/20), pois aplica-se somente enquanto permanecer a emergência de saúde pública causada pela pandemia da Covid-19. Essa lei é uma norma geral (lei nacional), pois aplica-se à Administração Pública direta federal, distrital, estaduais e municipais, que poderão regulamentá-la, considerando suas respectivas competências constitucionais administrativas. Importante esclarecer que, embora as estatais sejam regidas atualmente pela Lei 13.303/2016, a regra de hipótese de dispensa da Lei do Coronavírus também se aplica a estas, pois o diploma abrange todo e qualquer contrato necessário ao enfrentamento da emergência de saúde pública.

Assim, as contratações diretas de objetos relacionados à solução da crise de enfrentamento de saúde nesse momento de pandemia da Covid-19 não dispensam a observância aos princípios expressos e implícitos que regem a Administração Pública, prescritos pela Constituição de 1988 e por leis infraconstitucionais, como a Lei 8.666/93.

---

40. Lei 8.666/93: "Art. 24. É dispensável a licitação [...]".

As hipóteses de contratação direta no ordenamento jurídico brasileiro, em regra, são dispostas na Lei 8.666/93. A Medida Provisória 926/2020 incluiu na Lei 13.979/2020 o art. 4º-B, que traz uma série de hipóteses com presunção absoluta de atendimento aos requisitos de contratação direta: a) ocorrência de situação de emergência; b) necessidade de pronto atendimento da situação de emergência; c) existência de risco à segurança de pessoas, obras, prestação de serviços, equipamentos e outros bens, públicos ou particulares; e d) limitação da contratação à parcela necessária ao atendimento da situação de emergência.

O art. 8º do Decreto Federal 10.024/2019 prevê, entre outras exigências, a apresentação de estudos preliminares nos processos que envolvem o pregão eletrônico. O art. 4º-C da MP 926/2020 dispensou a elaboração destes estudos preliminares, quando se tratar de "bens e serviços comuns". O conceito de bem ou serviço comum é trazido pela Lei 10.520/2002, que define como "aqueles cujos padrões de desempenho e qualidade possam ser objetivamente definidos pelo edital, por meio de especificações usuais de mercado".

O art. 4º-E da "Lei do Coronavírus" estabelece um procedimento simplificado para contratações, admitindo a apresentação do "termo de referência simplificado ou de projeto básico simplificado". Exigem-se, no entanto, algumas condições para o termo como: a) declaração do objeto; b) fundamentação simplificada da contratação; c) descrição resumida da solução apresentada; d) requisitos da contratação; e) critérios de medição e pagamento; f) estimativas dos preços obtidos; e g) adequação orçamentária.

Em relação à estimativa de preços, a Lei 13.979/20 impõe o atendimento a, no mínimo, um dos parâmetros estabelecidos pelas alíneas do inciso VI do § 1º do art. 4º-E, quais sejam: a) Portal de Compras do Governo Federal; b) pesquisa publicada em mídia especializada; c) sítios eletrônicos especializados ou de domínio amplo; d) contratações similares de outros entes públicos; ou e) pesquisa realizada com os potenciais fornecedores.

Não obstante, o § 2º do art. 4º-E prescreve a exceção da exigência do atendimento a tais parâmetros: "Excepcionalmente, mediante justificativa da autoridade competente, será dispensada a estimativa de preços de que trata o inciso VI do *caput*". Essa excepcionalidade se aplica apenas a situações excepcionais, que não permitem a pesquisa da estimativa quanto ao preço.

> Artigo 4º-E [...] § 3º Os preços obtidos a partir da estimativa de que trata o inciso VI do *caput* não impedem a contratação pelo Poder Público por valores superiores decorrentes de oscilações ocasionadas pela variação de preços, hipótese em que deverá haver justificativa nos autos. (Incluído pela Medida Provisória n. 926, de 2020)
>
> 4º-F Na hipótese de haver restrição de fornecedores ou prestadores de serviço, a autoridade competente, excepcionalmente e mediante justificativa, poderá dispensar a apresentação de documentação relativa à regularidade fiscal e trabalhista ou, ainda, o cumprimento de um ou mais requisitos de habilitação, ressalvados a exigência de apresentação de prova de regularidade relativa à Seguridade Social e o cumprimento do disposto no inciso XXXIII do *caput* do art. 7º da Constituição.

Essa regra jurídica é aplicável apenas quando não houver outro modo de atender à necessidade pública, senão contratando as empresas privadas sem a regularidade fiscal ou trabalhista ou mais de um requisito para habilitação prevista na Lei 8.666/93 (arts. 27 e 29). Por fim, o art. 4º-G da "Lei do Coronavírus" prevê disposições relativas à modalidade de licitação pregão:

> Artigo 4º-G Nos casos de licitação na modalidade pregão, eletrônico ou presencial, cujo objeto seja a aquisição de bens, serviços e insumos necessários ao enfrentamento da emergência de que trata esta Lei, os prazos dos procedimentos licitatórios serão reduzidos pela metade.
>
> § 1º Quando o prazo original de que trata o *caput* for número ímpar, este será arredondado para o número inteiro antecedente.
>
> § 2º Os recursos dos procedimentos licitatórios somente terão efeito devolutivo.

O art. 4º-G estabelece que nem sempre será necessário ao Administrador Público adotar a dispensa de licitação e pode se utilizar também do pregão simplificado. Para compatibilizar o possível problema gerado, entende-se que existe competência discricionária da Administração Pública, para escolher entre as duas alternativas, tendo em vista o caso concreto:

Casos mais urgente	Casos menos urgentes
Poderá se valer da contratação direta.	**Poderá** ser realizado o pregão, se não houver risco para o interesse público.

Cumpre ainda destacar que a "Lei do Coronavírus" não afasta por completo o art. 26 da Lei 8.666/93, que prevê formalidades legais a serem observadas na contratação direta e dispensa de licitação. Desse modo, a justificativa dos objetos do contrato, sujeito e preço, continua legalmente exigível, além da observância de todos os princípios expressos e implícitos regentes da Administração Pública para garantir a segurança jurídica. Por outro lado, os órgãos de controle dos atos da administração pública[41] deverão levar em consideração todos os obstáculos práticos enfrentados por ela, ao analisar as hipóteses de contratação direta, enquanto perdurar a crise do coronavírus.

Diante dessa necessidade de contratar diretamente, a nosso sentir, abriu brechas e foi pretexto por parte de certas administrações públicas para burlar a legislação licitatória, e praticar atos de corrupção, superfaturamento de contratos, de crimes licitatórios, irregularidades nas contratações diretas emergenciais e dificultar a concretização das políticas públicas de saúde, em especial para a população mais pobre.

A cultura do vício patrimonialista (descaso com o cidadão e as demandas sociais já citados, ausência de controle interno, desorganização do Estado e da administração, corrupção, falta de participação social dos cidadãos nos assuntos do Estado etc.) que ainda persiste no Brasil desde o império, tem sido tema recorrente de corrupção nas últimas décadas, mantém-se no aparelho da Administração Pública brasileira em sentido amplo, pois funciona como uma extensão do poder de certas autoridades, decorrente da cultura do modelo de administração pública patrimonialista que ainda persiste e alcança patamar de destaque na imprensa brasileira e no meio acadêmico, dos quais fazemos parte há dezoito anos tornando, consequentemente, o debate intelectual e a produção

---

41. GONÇALVES JUNIOR, Jerson Carneiro. "Vontade da Constituição" (K. Hesse) de 1988: o exercício ideal da democracia participativa no controle da Administração Pública na Constituição Federal. *Revista de Direito Constitucional e Internacional*, v. 17, n. 68, p. 111-179, jul.-set. 2009.

acadêmica de nossos orientandos, sobre ele mais profundos, buscando nas ciências jurídicas, na política, na administração, na contabilidade, na economia e na sociologia alguma explicação para o fenômeno na relação jurídica entre administração pública e administrados na República Federativa Brasil.

Neste ano de 2020, em que a pandemia Covid-19 mata milhares de centenas de pessoas, apresentam-se inúmeros casos de corrupção em muitas administrações públicas estaduais e municipais brasileiras. É o descaso com os cidadãos e as demandas sociais na seara da saúde (muitas vezes judicializadas para assegurar direitos sociais[42] das pessoas vítimas dessa pandemia) em que facções ou grupos que envolvem agentes públicos, políticos e empresários que usam a crise da pandemia da Covid-19 na saúde para saquear, fazer palanque, para enriquecer ilicitamente e desviar recursos públicos da saúde, repassados pela Administração Pública federal à administração pública distrital, estaduais e municipais e às organizações sociais e outras entidades privadas, razão pela qual medidas judiciais estão sendo requeridas por uma força-tarefa formada pelos órgãos da Polícia Federal, da Controladoria-Geral da União, do Tribunal de Contas da União, Ministério Público (Federal e Estadual) e para apurar crimes de fraude à licitação (crimes licitatórios[43]), peculato, corrupção passiva, organização criminosa, ocultação de bens e crime de responsabilidade pelos órgãos legislativos estaduais.

Tudo isso, repita-se, num momento em que a pandemia Covid-19 causa mortes de milhares de pessoas, demissões em massa de trabalhadores[44] (Advogados e MPT[45] atuam para proteger trabalhadores), falência, recuperação judicial[46] e prejuízos milionários ao poder público, afastando prefeitos, procuradores, secretários municipais de inúmeras cidades, bem como, mandados de busca e apreensão, de prisão temporária, além de medidas judiciais de sequestro de bens móveis e imóveis, bloqueio de valores depositados em contas dos investigados e de empresas ganhadoras da contratação direta, e afastamento cautelar de funções exercidas por agentes públicos e agentes políticos com suspeitas em contratações Diretas de: 1. Lavagem de dinheiro de pessoas físicas e jurídicas; 2. Pagamento de propina a políticos; 3. Caixa dois para financiar partidos nos anos de eleições municipais de 2020 para prefeitos e vereadores; 4. Corrupção de agentes públicos; e 5. Sonegação fiscal e elusão, evasão de divisas; 6. Desvios de recursos públicos; entre outras infrações.

---

42. GONÇALVES JUNIOR, Jerson Carneiro. *Poder Judiciário, direitos sociais e racionalidade Jurídica*. In: LIMA, Fernando Rister de Sousa; PORT, Otávio Henrique Martins; OLIVEIRA, Rafael Sérgio Lima de (Coord.). Rio de Janeiro: Campus. 2011.

43. GASPARINI, Diogenes. *Crimes na licitação*. São Paulo: NDJ, 1996.

44. Termômetro Covid-19: 20% das novas ações trabalhistas tratam de demissões por crise do coronavírus. Disponível em: [https://www.conjur.com.br/2020-mai-21/20-novas-acoes-trabalhistas-tratam-demissoes-coronavirus. Acesso em: 24 jun. 2020.

45. MPT recorre à Justiça para proteger trabalhadores da covid-19. Disponível em: [https://valor.globo.com/legislacao/noticia/2020/04/12/mpt-recorre-a-justica-para-proteger-trabalhadores-da-Covid-19.ghtml]. Acesso em: 24.06.2020.

46. Preservação da economia: cresce o número de decisões favoráveis a empresas em recuperação judicial. Disponível em: [https://www.conjur.com.br/2020-mai-30/cresce-numero-decisoes-favoraveis-empresas-recuperacao]. Acesso em: 24.06.2020.

4. CASOS DE CORRUPÇÃO NA CONTRATAÇÃO DIRETA NA ÁREA DA SAÚDE DOS ESTADOS E MUNICÍPIOS BRASILEIROS EM PLENA PANDEMIA DA COVID-19: RESPONSABILIDADE DOS AGENTES ÍMPROBOS/ CORRUPTOS NA SEARA ADMINISTRATIVA, CRIMINAL E CRIMES DE RESPONSABILIDADE

Os órgãos públicos de saúde (ministério da saúde, secretarias distrital, estaduais e municipais) sempre foram um dos principais alvos da corrupção de facções, grupos nas administrações públicas do Brasil. Desde o processo de redemocratização e a promulgação de 1988, temos sucessivos escândalos de corrupção na seara da saúde, como esta que se encontra na Pandemia da Covid-19, e outras que acometeram agentes do setor público e privado da República Federativa do Brasil. Não foram raros os especialistas, sociólogos,[47] cientistas políticos, autoridades e pesquisadores que apareceram falando sobre a "falência ou fracasso" do sistema político do país após o mensalão,[48] o petrolão,[49] a lava jato.[50-51] Os membros da elite pública e privada brasileira estavam sob suspeita e, algo pior, foram condenados por corrupção por muitos ilícitos de improbidades administrativas e crimes, o que levou o ministro do STF Luis Roberto Barroso a afirmar: "Quando o Direito Penal chegou ao andar de cima, todos ficaram garantistas".[52] Como já nos manifestamos é a revelação do fracasso do sistema político[53] e que precisamos discutir novamente o presidencialismo (coalizão e cooptação).

Um dos problemas é a nosso sentir moral (ético), da cultura patrimonialista já citada e não só do sistema legal licitatório que abre brechas à prática da corrupção. Se de um lado as leis licitatórias abrem brechas, de outro há inúmeras leis para combater a corrupção, por exemplo: A Lei Anticorrupção[54] (Lei 12.846/2013), a Lei de Licitações e a Lei de Defesa da Concorrência permitem impor, contra os condenados por prática de cartel licitatório e condutas semelhantes, as sanções de suspensão para participação em licitações, a inidoneidade para licitar e, em casos mais graves,

---

47. CARVALHO, Getúlio. Da contravenção à cleptocracia. In: LEITE, C. (Org.). *Sociologia da corrupção*. Rio de Janeiro: Jorge Zahar, 1987.
48. Matemática da AP 470: Julgamento do Mensalão terá 1.078 decisões no STF. Disponível em: [https://www.conjur. com.br/2012-jul-30/matematica-mensalao-julgamento-1078-decisoes-stf]. Acesso em: 24.06.2020.
49. "Petrolão", o mais importante caso criminal da história do Brasil. Disponível em: [https://www.conjur.com. br/2015-mar-08/segunda-leitura-petrolao-importante-criminal-historia-brasil]. Acesso em: 24.06.2020.
50. Entrevista: GONÇALVES JUNIOR, Jerson Carneiro. Jornal *O Globo*. "Alvo da Lava-Jato e sem crédito, OAS pede recuperação judicial. Empreiteira pretende vender participação em estádios da Copa e na Invepar". 31.03.2015. Repórter Bruno Rosa. Leia mais sobre esse assunto em: [http://oglobo.globo.com/economia/alvo-da-lava-jato--sem-credito-oas-pede-recuperacao-judicial-15744739].
51. Entrevista: GONÇALVES JUNIOR, Jerson Carneiro. *Jornal da Record*. "Empresas envolvidas na Lava Jato vão pagar multa e voltar a atuar em obras públicas". 06.02.2017. Disponível em: [http://noticias.r7.com/jornal-da-record/ videos/empresas-envolvidas-na-lava-jato-vao-pagar-multa-e-voltar-a-atuar-em-obras-publicas-06022017].
52. BARROSO, Luis Roberto. Quando o direito penal chegou ao andar de cima, todos ficaram garantistas. Disponível em: [https://www.conjur.com.br/2020-mar-14/entrevista-luis-roberto-barroso-ministro-stf].
53. Entrevista: GONÇALVES JUNIOR, Jerson Carneiro. *TV Globo – Globonews*. "Sistema político está fracassado", aponta professor de Direito Jerson Carneiro. Disponível em: [http://g1.globo.com/globo-news/jornal-globo-news/ videos/v/sistema-politico-esta-fracassado-aponta-professor-de-direito-jerson-carneiro/4963942/].
54. Entrevista: GONÇALVES JUNIOR, Jerson Carneiro. Jornal *Valor Econômico*. "A Lei Anticorrupção – para IBGC, texto é um avanço na governança do país". 27.08.2014. p. G2. Repórter: Carlos Vasconcelos. Tiragem: 60.005. Leia mais sobre esse assunto em: [http://www.valor.com.br/legislacao/3668708/para-ibgc-texto-e-um-avanco-na--governanca].

PANDEMIA DA COVID-19 E CASOS DE CORRUPÇÃO NA CONTRATAÇÃO DIRETA EMERGENCIAL

a extinção da própria pessoa jurídica além da sanções prescritas: 1. no Código Penal (crimes contra administração pública, engloba os arts. 312 a 359-H do Código Penal e são classificados em cinco grupos[55]). 2. Lei de ação civil pública (Lei 7347/1985); 3. Lei dos crimes econômicos (Lei 8.137/1990); 4. Lei de improbidade administrativa (Lei 8.429/1992); 5. Lei de lavagem de dinheiro (Lei 9.613/1998); 6. Lei das organizações criminosas (Lei 12.850/2013).

No entanto, como diz o ministro do STF, Luis Roberto Barroso, "a sociedade brasileira tem moral dupla e a Justiça brasileira é mansa com os ricos e dura com os pobres. É a característica essencial dela".[56]

No outro sentido, precisamos destacar as decisões do Supremo Tribunal Federal, com a sua intromissão (in)devida na seara política[57] (Há posições a favor e contra esta decisão), que acolheu o pedido formulado em ação de ADPF[58] promovida pela Ordem dos Advogados do Brasil (OAB), e proibiu o presidente da República de contrariar os 27 governadores e os 5.700 prefeitos a "adoção ou manutenção de medidas restritivas legalmente permitidas durante a pandemia, tais como, a imposição de distanciamento/ isolamento social, quarentena, suspensão de atividades de ensino, restrições de comércio, atividades culturais e à circulação de pessoas, entre outras".

Há outras decisões que passamos a destacar.

4.1 Decisões do STF sobre a competência constitucional comum no "cuidar da saúde" na pandemia de Covid-19

a. A pandemia da Covid-19 é de competência constitucional comum no "cuidar da saúde" e concorrente na "proteção e defesa da saúde" da União, estados e municípios.

São dois os motivos pelos quais não trataremos da administração pública federal neste trabalho sobre a Pandemia da Covid-19, contratação direta e corrupção.

1. Não há nenhuma acusação dos órgãos de controle sobre envolvimento em corrupção de ministros da saúde, ciência e outros da administração pública federal na construção de hospitais temporários, contratação de profissionais de saúde especializada, luvas, aparelhos, máscaras, álcool em gel, testes e ventiladores;

---

55. Arts. 312 a 359-H do Código Penal e a classificação em cinco grupos de crimes: Crimes praticados por funcionário público contra a administração em geral (arts. 312 a 327 do CP); Crimes praticados por particular contra a administração em geral (arts. 328 a 337-A do CP); Crimes contra a administração pública estrangeira (arts. 337-B a 337-D do CP); Crimes contra a administração da Justiça (arts. 338 a 359 do CP); Crimes contra as finanças públicas (arts. 359-A a 359-H do CP).
56. Sociedade brasileira tem moral dupla, diz ministro do STF. "A justiça brasileira é mansa com os ricos e dura com os pobres. É a característica essencial dela", resumiu o ministro do STF, Luis Roberto Barroso. Disponível em: [https://exame.com/brasil/sociedade-brasileira-tem-moral-dupla-diz-ministro-do-stf/]. Acesso em: 24.06.2020.
57. Ver LUNARDI, Fabrício Castagna. *O STF na política e a política no STF: poderes, pactos e impactos para a democracia*. São Paulo: Saraiva Jur, 2020.
58. SUPREMO TRIBUNAL FEDERAL. Ação de Descumprimento de Preceito Fundamental 672. Rel. Min. Alexandre de Moraes. Decisão Liminar. Julgado em 8 abr. 2020. Disponível em: http://www.stf.jus.br/arquivo/cms/noticia-NoticiaStf/anexo/ADPF672liminar.pdf. Acesso em: 24 jun. 2020.

2. A decisão do STF na Ação Direta de Inconstitucionalidade (ADI) 6341[59] sobre a competência concorrente de Estados, Distrito Federal e Municípios em ações para combater pandemia da Covid-19 e estabelecer que os governadores e prefeitos estejam livres para estabelecer medidas como o isolamento social e o fechamento do comércio.

b. Ações Diretas de Inconstitucionalidade (ADIs) para conferir essa interpretação à Medida Provisória (MP) 966/2020 que define Atos de agentes públicos durante a pandemia devem observar critérios técnicos e científicos.

Sete ações diretas de constitucionalidade apresentadas por partidos e entidades contra a Medida Provisória 966/2020, que restringe a possibilidade de responsabilização dos agentes públicos durante a pandemia do novo coronavírus que teve a intenção de proteger o gestor público, o STF[60] analisou a medida provisória e decidiu que responderão por "erro grosseiro", é dizer, atos que atentem contra a saúde, a vida e o meio ambiente se o agente público deixou de seguir critérios técnicos e científicos das autoridades reconhecidas nacionalmente e internacionalmente. E nada que não seja comprovadamente seguro pode ser legitimamente feito.

4.2 RIO DE JANEIRO E A PANDEMIA DA COVID-19

Casos de atos de corrupção na contratação direta envolvendo empresários, secretários de saúde estadual e governador: atos de improbidade, crimes comuns e *impeachment,* crime de responsabilidade.

O estado-membro fluminense[61] da federação brasileira é simbólico perante a crise de saúde que vivem outros estados e inúmeras cidades do país. Dos conflitos éticos aos econômicos, da insegurança à calamidade na saúde, das cifras astronômicas em licita-

---

59. A decisão do STF na Ação Direta de Inconstitucionalidade (ADI) 6341: O Partido Democrático Trabalhista (PDT), autor, argumentou que a redistribuição de poderes de polícia sanitária introduzida pela MP 926/2020 na Lei Federal 13.979/2020 interferiu no regime de cooperação entre os entes federativos, pois confiou à União as prerrogativas de isolamento, quarentena, interdição de locomoção, de serviços públicos e atividades essenciais e de circulação.O Plenário do Supremo Tribunal Federal (STF), por unanimidade, confirmou o entendimento de que as medidas adotadas pelo Governo Federal na Medida Provisória (MP) 926/2020 para o enfrentamento do novo coronavírus não afastam a competência constitucional comum (CF/1988 art. 23, II, *e*), concorrente (CF/1988, art. 24, XII) nem a tomada de providências normativas e administrativas pelos Estados, pelo Distrito Federal e pelos municípios. A maioria dos ministros aderiu à proposta do Ministro Edson Fachin sobre a necessidade de que o art. 3º da Lei 13.979/2020 também seja interpretado de acordo com a Constituição, a fim de deixar claro que a União pode legislar sobre o tema, mas que o exercício desta competência deve sempre resguardar a autonomia dos demais entes. No entendimento do STF, a possibilidade de o chefe do Executivo Federal definir por decreto a essencialidade dos serviços públicos, sem observância da autonomia dos entes locais, afrontaria o princípio da separação dos poderes. Disponível em: [http://www.stf.jus.br/portal/cms/verNoticiaDetalhe.asp?idConteudo=441447].

60. Atos de agentes públicos durante a pandemia devem observar critérios técnicos e científicos. Por maioria de votos, os ministros concederam parcialmente medida cautelar em sete Ações Diretas de Inconstitucionalidade (ADIs) para conferir essa interpretação à Medida Provisória (MP) 966/2020. Disponível em: [https://portal.stf.jus.br/noticias/verNoticiaDetalhe.asp?idConteudo=443888&ori=1].

61. Entrevista: GONÇALVES JUNIOR, Jerson Carneiro. The Washington Post. "The Americas Rio hoped for a post-Olympics boom. Instead it is still mired in crisis." By Dom Phillips December 9, 2016. Disponível em: [https://www.washingtonpost.com/world/the_americas/rio-hoped-for-a-post-olympics-boom-instead-it-is-still-mired-in-crisis/2016/12/08/3022d4e0-b1f9-11e6-bc2d-19b3d759cfe7_story.html?utm_term=.913056fb019f].

ções[62] com indícios de corrupção gastos com as Olimpíadas[63] de 2016 à falta de remédios, hospitais temporários, merenda nas escolas entre outros inúmeros problemas.

Os problemas neste ano de 2020 do estado do Rio de Janeiro[64] explicam certas tendências predominantes na política brasileira e sintetizam uma grande variedade de percepções e dados empíricos que resumem a deterioração das administrações públicas estaduais e municipais mergulhados em escândalos de corrupção decorrente de fraudes, superfaturamento e processos licitatórios entre outras áreas.

Denúncias de corrupção na saúde do estado Rio de Janeiro em plena pandemia da Covid-19 demonstram que a elite privada e parte da pública (já há precedentes de corrupção da elite pública como Governadores,[65] Deputados estaduais,[66] conselheiros[67] do tribunal de contas estadual, chefe do Ministério Público estadual,[68] chefe de polícia,[69] procurador estadual,[70] secretários estaduais[71] e inúmeros outros do escalão B, C,) perderam o juízo em se enriquecer ilicitamente e viraram as costas deixando à própria sorte a população fluminense, muitos respondendo por crime de responsabilidade e outros crimes comuns contra a administração pública, além dos atos de improbidade administrativa.

No caso dos governadores/chefes do poder executivo estadual, como o caso do Rio de Janeiro que praticarem crimes neste momento de pandemia da Covid-19, podem responder pelas seguintes infrações:

---

62. Entrevista: GONÇALVES JUNIOR, Jerson Carneiro. *Jornal Rádio Bandeirantes*. "Licitação no Estado do Rio de Janeiro." 1/11/2016.

63. Entrevista: GONÇALVES JUNIOR, Jerson Carneiro. Jornal *Folha de S. Paulo*. "TCM recomenda que prefeitura restitua R$ 66 mi aos cofres no Rio". p. 10. 20.02.2014. Repórter: Osni Alves. Caderno: Cotidiano. Leia mais sobre esse assunto em: [http://www1.folha.uol.com.br/cotidiano/2014.02.1414942-tcm-recomenda-que-prefeitura-restitua-r-66-mi-aos-cofres-no-rio.shtml].

64. Entrevista: GONÇALVES JUNIOR, Jerson Carneiro. Jornal *O Estado de S. Paulo* (Estadão). "Rio deveria ter agido antes dizem especialista". 14.11.2016. Disponível: [http://economia.estadao.com.br/noticias/geral,rio-deveria--ter-agido-antes-dizem-especialistas,10000088220].

65. Entrevista: GONÇALVES JUNIOR, Jerson Carneiro. Jornal *Rádio CBN/Globo*. "Desvios descobertos na Operação Calicute são apenas a ponta do iceberg. Para o professor Jerson Carneiro, depois de delações vamos descobrir que corrupção é muito maior. Entrevista com Jerson Carneiro." 17.11.2016. Disponível em: http://cbn.globoradio.globo.com/programas/cbn-noite-total/2016/11/17/DESVIOS-DESCOBERTOS-NA-OPERACAO-CALICUTE--SAO-APENAS-A-PONTA-DO-ICEBERG.htm.

66. Deputados do Rio presos: Disponível em: [https://agenciabrasil.ebc.com.br/politica/noticia/2019-01/dos-70-deputados-eleitos-do-rio-seis-estao-presos-e-devem-adiar-posse]. Acesso em: 24.06.2020.

67. Conselheiros do TCE-RJ. Disponível em: [https://noticias.uol.com.br/politica/ultimas-noticias/2017/03/29/pf-prende-5-dos-7-conselheiros-do-tce-rj-e-leva-presidente-da-alerj-para-depor.htm]. Acesso em: 24.06.2020.

68. Chefe do Ministério Público estadual preso: Disponível em: [https://politica.estadao.com.br/blogs/fausto-macedo/ex-procurador-geral-do-rio-pos-ministerio-publico-de-joelhos-perante-a-malta-de-corruptos-diz-acusacao/]. Acesso em: 24.06.2020.

69. Chefe de polícia do RJ é preso: Disponível em: [https://veja.abril.com.br/politica/chefe-de-policia-especializada--e-preso-no-rio-de-janeiro/]. Acesso em: 24.06.2020.

70. Procurador do Estado do Rio é preso para MPF colher depoimentos: Disponível em: [https://www.conjur.com.br/2019-jul-01/procurador-estado-rio-preso-mpf-colher-depoimentos]. Acesso em: 24.06.2020.

71. Em 2 anos, Lava Jato prendeu ao menos 15 membros do 1º escalão do governo do RJ: Disponível em: [https://piaui.folha.uol.com.br/lupa/2018/11/29/lava-jato-rj-pezao/]. Acesso em: 24.06.2020.

Crimes praticados por Governadores e as respectivas penas:	
– crime comum: STJ (art. 105, I, "a", CF[72])	– crime de responsabilidade: Tribunal Especial
Se o STJ receber a denúncia ou queixa-crime contra o Governador, ele não ficará automaticamente suspenso de suas funções. Cabe ao STJ dispor, fundamentadamente, sobre a aplicação de medidas cautelares penais, inclusive afastamento do cargo. **Obs:** Não há necessidade de prévia autorização da Assembleia Legislativa para que o STJ receba denúncia ou queixa e instaure ação penal contra Governador de Estado, por crime comum. Vale ressaltar que se a Constituição Estadual exigir autorização da Assembleia legislativa para que o Governador seja processado criminalmente, essa previsão é considerada inconstitucional. Assim, é vedado às unidades federativas instituir normas que condicionem a instauração de ação penal contra Governador por crime comum à prévia autorização da Casa Legislativa. Se o STJ receber a denúncia ou queixa-crime contra o Governador, ele não ficará automaticamente suspenso de suas funções. Cabe ao STJ dispor, fundamentadamente, sobre a aplicação de medidas cautelares penais, inclusive afastamento do cargo. STF. Plenário. ADI 5540/MG, Rel. Min. Edson Fachin, julgado em 3/5/2017 (Info 863). STF. Plenário. ADI 4764/AC, ADI 4797/MT e ADI 4798/PI, Rel. Min. Celso de Mello, red. p/ o ac. Min. Roberto Barroso, julgados em 4/5/2017 (Info 863).	Previsto no art. 78, § 3°, da Lei 1.079/50, recepcionado pela Constituição de 1988, formará um Tribunal Especial, composto por 5 membros do Legislativo, 5 Desembargadores, sob a presidência do presidente do TJ local. **Obs:** Muniz Falcão[73] foi o único governador (13.09.1957) na história brasileira a ter *impeachment* aprovado pela Assembleia Legislativa. Depois dele, apenas Fernando Collor de Mello teve processo semelhante concluído, mas para a Presidência. Este tema será melhor explanado no próximo parágrafo.

Esses dois crimes decorrem de fatos jurídicos de ilícitos de corrupção, superfaturamento de contratos, de crimes licitatórios, irregularidades nas contratações diretas emergenciais e a dificuldade de concretizar as políticas públicas de saúde na contratação *direta* de empresas na pandemia (área de saúde) contra administração pública.

Como salientamos, nos processos contra governadores de crime *comum* a competência será do STJ (art. 105, I, "a", CF/1988). Já para os processos de crime de *responsabilidade* de chefe do executivo estadual será criado um Tribunal Especial, seguirão o disposto no art. 78 da Lei 1.079/1950, recepcionado pela CF/1988, além do *Regimento Interno* das Assembleias Legislativas e dos TJs, e do Código de Processo Penal.

No caso de *impeachment* do governador do Rio de Janeiro, após a indicação dos partidos na Assembleia Estadual do governador do Rio de Janeiro, haverá uma Comissão Especial e terá mais 48 horas para se reunir e, em seguida, 10 dias para emitir um relatório favorável ou contrário à admissão da denúncia, encaminhando-o para votação ao plenário. Se a denúncia for admitida pelos deputados estaduais, será concedido prazo para que Governador, Secretário de saúde e outros apresentem suas defesas.

A Comissão Especial do Rio de Janeiro deverá analisar a argumentação da defesa e emitir um novo relatório, dessa vez se posicionando sobre a procedência ou improcedência da denúncia. Esse relatório também será apreciado pelo plenário. Se a denúncia for considerada procedente por *dois terços* dos *deputados estaduais*, será *formado* um *tribunal*

---

72. CF/1988: "Art. 105. Compete ao Superior Tribunal de Justiça: I – processar e julgar, originariamente: a) nos crimes comuns, os Governadores dos Estados e do Distrito Federal, e, nestes e nos de responsabilidade, os desembargadores dos Tribunais de Justiça dos Estados e do Distrito Federal, os membros dos Tribunais de Contas dos Estados e do Distrito Federal, os dos Tribunais Regionais Federais. Dos Tribunais Regionais Eleitorais e do Trabalho, os membros dos Conselhos ou Tribunais de Contas dos Municípios e os do Ministério Público da União que oficiem perante tribunais":

73. TENÓRIO, Douglas Apratto. *A tragédia do populismo* (o *impeachment* de Muniz Falcão). Maceió: Universidade Federal de Alagoas, 1995.

PANDEMIA DA COVID-19 E CASOS DE CORRUPÇÃO NA CONTRATAÇÃO DIRETA EMERGENCIAL **311**

especial misto do estado do Rio de Janeiro para o julgamento definitivo das alegações. Nesse caso, a Alerj deverá eleger *cinco deputados* que se juntarão a *cinco desembargadores, sorteados* entre os 180 no TJ/RJ. Eles se reunirão em sessão presidida pelo presidente do TJ/RJ, a quem caberia um eventual voto de desempate.

A definição dos crimes de responsabilidade e o estabelecimento das respectivas normas de processo e julgamento são de competência legislativa privativa da União (sobre direito material e processual penal – art. 22, I, da CRFB/88). O STF editou a Súmula 721e reiterou o entendimento na Súmula Vinculante 46, afastou qualquer intenção dos Estados, DF ou Municípios em legislar acerca da matéria, sob pena de se configurar inconstitucionalidade formal orgânica.

No caso de vários pedidos de *impeachment* do governador do RJ, foram definidas as seguintes regras:

1. Vinte e seis partidos com representação na Alerj têm 48 horas para indicar representantes para Comissão Especial que analisará se denúncia deve ser aceita;

2. O governador do Rio de Janeiro têm até 10 sessões para se defender;

3. Após indicações, Comissão Especial tem 48 horas para se reunir, escolhendo relator e presidente;

4. Comissão Especial emite parecer sobre admissibilidade da denúncia em até 5 sessões a partir do recebimento da defesa (se a defesa não se manifestar, o parecer deve ser emitido no prazo de 10 sessões);

5. Parecer da Comissão Especial é lido no plenário e incluído na votação da ordem do dia;

6. Deputados estaduais discutem e questionam o relator, que responde as perguntas. Discussão pode durar mais de um dia;

7. Encerrada a discussão, é aberta votação nominal Deputados estaduais do Rio de Janeiro votam se recebem a denúncia, por maioria absoluta (são necessários 36 votos);

8. Se aprovada, o Governador é afastado do cargo e o Tribunal de Justiça forma um tribunal misto (juízes e deputados) para decidir.

Nos processos de *impeachment* estadual, as assembleias legislativas, como a do Rio de Janeiro, limitam-se à condenação dos governadores como o caso do governador do Rio de Janeiro "à perda do cargo, com inabilitação, por cinco anos, conforme art. 78 da Lei 1.079/50, para o exercício de função pública, sem prejuízo das demais sanções judiciais cabíveis.

4.2 Pandemia da Covid-19 e casos de atos de corrupção na contratação direta por agentes públicos municipais

Os casos de crimes licitatórios, contra administração pública, de responsabilidade entre outros aqui citados se multiplicam nas prefeituras municipais do país.

Crimes praticados por Prefeitos e as respectivas penas:	
– crime comum: TJ local (art. 29, X, CF/1988)	– crime de responsabilidade: Câmara Municipal (art. 31, CF/1988)
	Decreto lei n. 200/67

Há casos gravíssimos nas administrações públicas municipais do Brasil. No entanto, os prefeitos têm influência na Câmara Municipal e mais força no Legislativo e, não fosse isso, haveria mais pedidos *impeachment* por crime de responsabilidade.

No entanto, muitos prefeitos, secretários e até procuradores municipais estão sendo processados por improbidades administrativas, crimes contra administração pública, crimes licitatórios entre outros e até são presos, afastados dos cargos por atos corrupção.

A imprensa noticia casos gravíssimos de corrupção nas prefeituras do Brasil, mas os prefeitos têm influência na Câmara Municipal e mais força no Legislativo e, não fosse assim, teríamos mais cassações e condenações pelo menos por crimes de responsabilidade. Nos demais crimes citados eles respondem judicialmente.

5. CONSIDERAÇÕES FINAIS

Muitos dos teóricos de nossas reflexões reconhecem a capacidade dos seres humanos e sua condição humana para o egoísmo, a maldade e nesse sentido a corrupção fazem parte da condição humana. A corrupção e suas raízes estão nos defeitos da natureza humana. A corrupção[74] das administrações públicas e a corrupção das pessoas andam lado a lado. Já nos referendamos ao parafrasear a República de Platão temos que:

> Tal homem, tal Estado (575); os governos variam como variam os caracteres dos homens; [...] os Estados se compõem de naturezas humanas que neles existem (544); o Estado é o que é porque os seus cidadãos são o que são. Portanto, não devemos ter melhores Estados enquanto não tivermos homens melhores; até então, todas as mudanças deixarão todos os pontos essenciais inalterados.[75]

A prática de contratação pública direta em tempos de concretização de políticas públicas de saúde diante da pandemia COVID-19, é dizer, sem licitação, exige estruturas melhores de controle interno e externo (legislativo, tribunais de contas e judiciário) dos atos das autoridades administrativas destinadas a limitar, desencorajar os vícios patrimonialista que precisam ser extirpados.

Pelos precedentes históricos de corrupção nos governos das administrações públicas, seja federal, estaduais ou municipais com falhas por vezes propositadas nos controles (interno e externos), tendem a agir com pessoas perigosas (Luis Roberto Barroso[76]), facções de interesse particular, e seus membros tentam afirmar sua prerrogativa de governar por longo tempo, não importa qual tenha sido a forma inicial de gestão pública.

---

74. MIRANDA, Luiz Fernando. *Pensando a corrupção na política: aspectos teóricos e empíricos*. Dissertação de Ciência Política. Rio de Janeiro: IUPERJ, 2007; MIRANDA, Luiz Fernando. Corrupção e percepção de corrupção. *Debate*, v. 2, n. 3, p. 25-30, 2010.

75. DURANT, Will. *História da filosofia*. Trad. Luiz Carlos do Nascimento Silva. Rio de Janeiro: Nova Cultura, 2000. p. 44.

76. O Ministro Luís Roberto Barroso ressaltou no Plenário do Supremo Tribunal Federal (STF) diante da análise da Ação Direta de Inconstitucionalidade (ADI) 5874, na qual a procuradora-geral da República questionou o decreto de indulto editado pelo presidente da República em dezembro de 2017: "A corrupção é um crime violento, praticado por gente perigosa. É um equívoco supor que não seja assim. Corrupção mata: mata na fila do SUS, na falta de leitos, na falta de medicamentos, nas estradas que não têm manutenção adequada. A corrupção mata vidas que não são educadas adequadamente em razão da ausência de escolas, em razão de deficiências de estruturas e equipamentos. O fato de o corrupto não olhar a vítima nos olhos não o torna menos perigoso". Disponível em: [https://portal.stf.jus.br/noticias/verNoticiaDetalhe.asp?idConteudo=397081].

De todo o exposto, é possível compendiar algumas proposições objetivas de *como controlar,*[77] conter o mal e a cultura *patrimonialista nas contratações diretas sem licitações*[78] para minorar (melhorar) um dos sérios problemas recorrentes das condutas dos agentes públicos, privados nas administrações públicas federal, distrital, estaduais e municipais no Brasil que é a corrupção e outros ilícitos. São eles:

1. *Educação política.*

A teia de corrupção, onde os agentes públicos e empresários por escolhas morais individuais, e que grupo de facções, administram dinheiro público dado para a concretização de políticas públicas de saúde para atender a população, utilizam do dinheiro público como se fosse de seu orçamento pessoal, sem nenhum respeito à Constituição de 1988, às leis licitatórias, aos interesses públicos. Trata-se de uma matilha faminta por dinheiro público ante a fragilidade da saúde das pessoas nesse momento de Pandemia Covid-19.

Pandemia Covid-19 expõe de forma escancarada as desigualdades sociais reais no Brasil, que é secular, e a falta de amparo da maioria das administrações Públicas podem fazer com que a Covid-19 intensifique assimetrias sociais no Brasil continental. Sob essa desigualdade, certos grupos de indivíduos sancionaram de fato, ou legalmente, a prioridade ao acesso à riqueza, ao poder e ao *status*.

É a qualidade moral da vida do cidadão, combinada com a desigualdade, gerando facções, guerra de classes e cooptação. As facções, grupos no poder, são centros *objetivos de riqueza, poder, polícia e política* que, por sua própria dinâmica, usurpam funções administrativas, políticas e governamentais de importância vital. A política facciosa acarreta a tentativa sistemática de corromper as administrações públicas, as instituições e a lei.

Ser membro de uma facção e praticar o facciosismo, seja de que ideologia for, muda o caráter moral das pessoas, solapa sua lealdade à sociedade e estimula o egoísmo radical ou uma lealdade limitada às próprias facções ideológicas. *A função pública, a lei e a justiça transformam-se em instrumentos das facções e das classes.* A população na maioria pobre ante a desigualdade econômica e de poder nas administrações públicas é destituída e as classes altas tornam-se cada vez mais polarizadas.

Num Estado desigual como a República Federativa do Brasil e em parte corrupto, a maioria da população não tem por que defender algo relativo à saúde que lhe dá tão pouco. As elites públicas e privadas preocupam-se muito consigo mesmas e possuem meios próprios de proteção. E todos os governos corruptos, sejam de que ideologia forem, caminham rumo ao poder hereditário.

O Estado de calamidade de saúde na Pandemia da Covid-19 e a edição da Lei 13.979/2020, que flexibiliza as contratações públicas diretas emergenciais na seara da saúde, abriu as amarras legais. De fato temos uma população insatisfeita com a classe política diante dos inúmeros casos de corrupção de governadores, prefeitos, empresários e outros, porém, há um contraponto: essa mesma população descontente, por vezes,

---

77. KLITGAARD, Robert. *A corrupção sob controle.* Rio de Janeiro: Jorge Zahar, 1994.
78. SANTOS, Franklin Brasil; SOUZA, Kleberson Roberto de. *Como combater a corrupção em licitações:* detecção e prevenção de fraudes. Belo Horizonte: Fórum, 2016; SOUZA, Kleberson Roberto de. *Detecção de fraudes em licitações.* Cuiabá: Publicontas, 2017.

que sai às ruas para se manifestar, elege em muitos casos mesmos atores políticos. Isso demonstra falta de conhecimento e amadurecimento político, o que nasce, justamente, dessa falta de educação geral, de uma alfabetização política democrática, de entender a situação em que estamos, como já destaquei na obra educação política[79] objeto da dissertação de mestrado na PUC-SP.

Isso porque a desigualdade domina as causas da corrupção sistemática, e a fonte da corrupção sistemática está em certos padrões de desigualdade.[80] A grande desigualdade de riqueza, poder e *status*, criada pela capacidade humana de egoísmo e orgulho, gera a corrupção do Estado. A educação e a socialização devem inculcar o compromisso disciplinado com os demais cidadãos e a lealdade ao bem comum. Os costumes, hábitos e princípios morais podem, às vezes, ter força suficiente para sustentar a integridade institucional e a lealdade entre os cidadãos, mesmo depois de existir grande desigualdade.

Para tornar-se viável, a comunidade deve concentrar-se na educação geral e em especial a educação política, a fim de inculcar lealdade nas relações dos cidadãos entre si e criar uma disposição inicial ao sacrifício do interesse próprio em nome do bem comum, é dizer colocar os indivíduos e o Estado na realização de tarefas públicas como o médico brasileiro Adib Domingos Jatene[81] (nascido em Xapuri-AC) que foi Ministro da saúde Jatene, secretário estado de São Paulo, que foi membro de 32 sociedades científicas em todo o mundo, recebeu 178 títulos e honrarias em mais de dez países. Autor ou coautor de mais de setecentos trabalhos publicados no Brasil e no exterior, Jatene tornou-se detentor de patentes sobre equipamentos da área de bioengenharia. Desenvolveu diversas técnicas na área de cirurgia cardiovascular, adotadas em vários países. Desde 1962 as equipes sob sua liderança realizaram mais de 80 mil cirurgias.

Jatene também foi responsável pelo mérito da aprovação da CPMF que se deu na preocupação do ministro da saúde Janete com a saúde dos brasileiros, visto como forma de resolver, em grande parte, o crônico problema da falta de recursos para a área da saúde e ele próprio, posteriormente, protestou contra o desvio de recursos da CPMF para reforçar o caixa do Tesouro Nacional optando pela macroeconomia e enterrando a saúde.

Sua preocupação era permanente em disciplinar e sanear o SUS e de ter elaborado o projeto de lei regulamentando a atuação das empresas administradoras de planos de saúde. Houve ampliação de número de agentes comunitários de saúde, do programa de distribuição de leite, de vacinação e de assistência a gestantes. Segundo projeções do Fundo das Nações Unidas para a Infância (Unicef), essas ações teriam contribuído para a diminuição do índice de mortalidade infantil no país. Durante sua gestão, ainda

---

79. GONÇALVES JUNIOR, Jerson Carneiro. *Educação política* – Instrumentos de democracia participativa – Plebiscitos, referendos, iniciativa popular de leis. Florianópolis: Conceito. 2009. (Dissertação de mestrado).
80. Deve ficar claro que nem toda corrupção ocorre necessariamente como resultado da desigualdade. Tampouco o fim de toda desigualdade sistemática resultará na eliminação de toda a corrupção. Contudo, a teoria jamais supõe que toda desigualdade seja injusta e corruptora.
81. Adib Domingues Jatene, Biografia: *Almanaque Abril* (1997); curric. Biog.; *Folha de S. Paulo* (8 e 5/11/96); *Globo* (31/7, 29/8, 20/9 e 23/10/96); *IstoÉ* (13/11/96); *Jornal do Brasil* (3/8, 6 e 7/11/96); *Veja* (1/2/95 e 13/11/96). Disponível em: [http://www.fgv.br/cpdoc/acervo/dicionarios/verbete-biografico/adib-domingues-jatene].

segundo a imprensa, foram intensificadas campanhas de esclarecimento sobre a Aids, o tabagismo e a hipertensão, entre outras.

Mas os grupos políticos desvirtuaram a ideia inicial do Ministro da Saúde Jatene, e infelizmente prejudicaram a concretização das políticas públicas de saúde no Brasil em prol da população brasileira.

2. *Imprensa livre:*

Corrupção se combate com respeito à liberdade e à imprensa, assim como a garantia ao contraditório, ampla defesa (caso Briola x Globo) aos acusados tão essenciais ao Estado Democrático de Direito. Não é possível combater a corrupção sem um ambiente que preze pelas liberdades individuais e com uma imprensa livre para investigar e noticiar à sociedade as informações necessárias para a tomada de decisões. Foi nesse ambiente democrático que a Operação Lava Jato surgiu, investigou, acusou, julgou e condenou agentes da elite pública e privada nunca antes visto no Brasil, demonstrando que a corrupção foi sistêmica e endêmica, com participação de praticamente todos os partidos políticos, empresários, políticos e agentes públicos prejudicando o país e traindo seu povo.

3. *Cidadão como agentes públicos, políticos na construção de Instituições fortes e as funções essenciais a Justiça:*

Os sistemas legal, judicial e as funções essenciais à Justiça como o Ministério Público, a defensoria pública, advocacia pública e privada, sem hierarquia entre si e cada um a seu modo podem contribuir e muito na substância à integridade moral e econômica dos cidadãos, exigindo dos que fazem e administram as leis que eles também devem ficar sujeitos a elas e podem assegurar um tratamento razoavelmente imparcial para todos, exigindo que as leis licitatórias sejam aplicadas na contratação direta de profissionais de saúde especializados, na compra de luvas, aparelhos, máscaras, álcool em gel, testes, entre outros matérias, e na construção de hospitais temporários para beneficiar igualmente a todos os cidadãos vítimas da Covid-19, e não a um grupo particular, uma facção que enriquece ilicitamente à custa de uma pandemia que afeta e mata milhares de centenas de pessoas.

No entanto, ainda bem que há exemplos cidadãos brasileiros com espírito público. Para ficar somente num exemplo entre vários, citamos o caso cidadão brasileiro Milton Luiz Pereira,[82] que foi Ministro do STJ e Prefeito Municipal de Campo Mourão, Estado do Paraná (quatriênio 1964/1967). A carreira iniciada com tal brilho alçou-o à condição de prefeito pela vontade popular. Em razão de sua atuação comprometida com o bem comum, ao final do mandato, o município foi escolhido como modelo do Paraná. Entre as muitas formas de demonstrar gratidão,[83] os munícipes/eleitores o homenageando como honesto[84] lhe deram de presente um fusca[85] e lhe conferiram o título de cidadão honorário.

---

82. Ministro Milton Luiz Pereira – Traços biográficos. Disponível no site do STJ em: [file:///C:/Users/user/Downloads/1792-6931-2-PB.pdf]. Acesso em: 24.06.2020.

83. Ministro Milton Luiz Pereira – Traços Biográficos. Disponível no site do STJ em: [https://ww2.stj.jus.br/publicacaoinstitucional/index.php/coletanea/article/viewFile/355/317]. Acesso em: 24.06.2020.

84. Prefeito Milton Luiz Pereira – Traços Biográficos. Disponível em: [http://g1.globo.com/jornal-nacional/noticia/2017/05/homenagem-em-cidade-do-parana-lembra-prefeito-honesto.html]. Acesso em: 24.06.2020.

85. Prefeito Milton Luiz Pereira – Traços Biográficos. Disponível em: [http://g1.globo.com/pr/parana/videos/v/conheca-a-historia-do-prefeito-que-ganhou-um-fusca-de-presente-dos-eleitores/5831598/]. Acesso em: 24.06.2020.

Ao final do mandato, pelas realizações administrativas e de desenvolvimento social e econômico experimentado, Campo Mourão foi escolhido como o "Município Modelo do Paraná" como exemplo de desenvolvimento social e econômico experimentado.

4. *Transparência e a convocação de cidadãos nos processos de contratação direta:*

O direito de acesso à informação tem raiz no Texto Constitucional (art. 5º, XXXIII) e a Lei ordinária 12.527/11 destina-se a regulamentar o direito de acesso à informação delineado no inc. XXXIII do art. 5º, no inc. II do § 3º do art. 37 e no § 2º do art. 216 da Constituição da República, e, nesses termos, garante direito autônomo de acesso à informação (e não apenas a documentos).

É municiando o cidadão para que ele possa efetivamente extrair dados que o possibilitem conhecer, por exemplo, as contratações diretas realizadas nesse momento de pandemia de Covid-19, compreendendo o percurso transcorrido até sua celebração, as razões para a escolha daquele contratado, as obrigações assumidas pelas partes e o valor da contratação.

Nos processos de contratação direta, a lei deve ser acrescida como norma obrigatória à convocação de cidadãos,[86] entidades de classe e outros órgão públicos citados aqui para que realizem a supervisão e o controle social dos processos de contratação direta, já no controle interno, convidando-os a que participem de todas as audiências públicas que se realizem durante o trâmite processual de contratação pública, buscando eficiência institucional e probidade na atuação administrativa

As contratações públicas diretas também têm de evoluir para que empresas nacionais e internacionais participem. Abrir o mercado brasileiro à entrada mais intensa de fornecedores estrangeiros. Para que isso ocorra temos de aderir ao Tratado da Organização Mundial de Comércio (OMC) sobre Contratações Públicas (Public Procurement Agreement (GPA) o que acarretará uma série de consequências jurídicas, sobretudo a adaptação do ordenamento jurídico positivo brasileiro e o corte de vários mecanismos discriminatórios às autoridades públicas que hoje se inserem na legislação de licitações, diminuindo em muito os casos de corrupção direta como a que ocorreu neste momento de pandemia Covid-19. Respeitando os princípios norteadores da Administração Pública, haverá o uso do dinheiro público de forma eficiente, evitando, com isso, o desperdício e a corrupção das administrações públicas e a corrupção das pessoas andam lado a lado.

A quantidade de pessoas que morreram e ainda vão morrer diante dessa pandemia Covid-19, o sofrimento de milhões que ficaram desempregadas, a quantidade de empresas que ou fecharam, ou pediram falência ou ainda recuperação judicial, deve trazer a reflexão de todos os governantes e governados, não importando se o leitor deste texto é conservador, liberal ou progressista, o que importa, o que deve ser um ponto comum de todos e uma obrigação moral é o enfrentamento da pobreza, da desigualdade fazer uma administração pública federal, distrital, estadual ou municipal transparente e proba para todos, como quer e deseja a vontade da Constituição de 1988.

---

86. MELO, Cristina Andrade. A participação popular nos contratos administrativos. In: BATISTA JÚNIOR, Onofre Alves; ARÊDES, Sirlene Nunes; MATOS, Federico Nunes de (Coord.). *Contratos administrativos:* estudos em homenagem ao Professor Florivaldo Dutra de Araújo. Belo Horizonte: Fórum, 2014.

No entanto, com a cultura patrimonialista secular, esta precisa ser extirpada pela cultura gerencial, sob pena de o "jeitinho" brasileiro de parte de administradores e administrados burlarem a Constituição, as leis e o interesse público.

Estamos na direção da evolução legal e cultura gerencial certa, porém, não na velocidade que gostaríamos.

A LEI NACIONAL DA QUARENTENA, AS ALTERAÇÕES DA LINDB E BOAS PRÁTICAS EM MATÉRIA DE DIREITOS FUNDAMENTAIS E ADMINISTRAÇÃO PÚBLICA

Simone Henrique

Doutoranda e Mestra em direitos humanos (FDUSP). Especialista em *compliance* (IBCCRIM e Universidade de Coimbra)

> **Sumário:** 1. Algumas linhas sobre o contrato social. 2. A teoria geral do estado brasileiro. 3. O pacto federativo. 4. O estado de exceção. 5. Lei de Introdução às normas do Direito Brasileiro. 6. A declaração mundial da pandemia e a lei geral da quarentena. 7. O artigo 20 da LINDB e a COVID-19 no âmbito do direito público. 8. Considerações finais. 9. Referências.

1. ALGUMAS LINHAS SOBRE O CONTRATO SOCIAL

Consoante Aristóteles, o ser humano é um animal político, melhor dizendo, precisa da convivência com seus semelhantes e exige o conjunto social para usufruir das condições elementares de sobrevivência e desenvolvimento das suas múltiplas potencialidades.

Assim sendo, a pessoa humana abre mão de seu estado natural de liberdade em troca da vida social ao lado de outros seres humanos que, de igualmente, desapegaram de parcela de sua independência para o exercício do convívio em uma liberdade de caráter civil, repassando parcela de sua autonomia nas mãos de uma autoridade central dotada de soberania. Importante salientar que nos Estados Democráticos de Direito, o titular da soberania é o povo.

2. A TEORIA GERAL DO ESTADO BRASILEIRO

Começando pelo conceito de Estado consideram-se três os elementos essenciais à sua configuração: povo, território e soberania. A última é compreendida enquanto o conjunto de instituições responsáveis pelo exercício do poder. Dessa maneira, a soberania compõe-se dos comandos políticos materializados pelos órgãos dos Poderes Legislativo, Executivo e Judiciário.

A disciplina Teoria do Estado Brasileiro deriva da Teoria Geral do Estado, a segunda fundada por Georg Jellinek e outros pensadores, e a primeira introduzida na Faculdade de Direito do Largo de São Francisco no século XIX e somente incorporada ao currículo acadêmico das demais escolas jurídicas no século passado, via Decreto-Lei n. 2639, de 27 de setembro de 1940. O objeto da Teoria Geral do Estado Brasileiro são os elementos de formação e desenvolvimento estatais com um olhar dedicado aos vínculos políticos e jurídicos. No pensar de Maria Paula Dallari Bucci e Rodrigo Pires da Cunha Boldrini, a Teoria Geral do Estado Brasileiro efetiva a aplicação das categorias da Teoria Geral do Estado ao cenário pátrio. Dessa maneira o conhecimento e a descrição sistemáticos das nossas instituições políticas e do nosso direito público, a compreensão dos nossos limites, atualizações e aperfeiçoamento são as possibilidades da disciplina no currículo do curso de graduação em Direito

3. O PACTO FEDERATIVO

O Estado Federal nasceu do experimento histórico estadunidense. As colônias da Inglaterra transmutaram-se em Estados soberanos. Inicialmente, houve a tentativa de uma Confederação, contudo, esse tratado internacional mostrou-se equivocado para as finalidades políticas, econômicas e sociais das antigas colônias, cedendo lugar à realização da Convenção de Filadélfia (1787) fincando as sementes do Estado federal. Na Convenção ficou estabelecido uma nova plataforma de relacionamento entre as unidades federadas, autorizando uma gestão unificada sem o eclipsar da autonomia de cada uma delas. O Estado na forma federal tem origem na integração das unidades autônomas, dotadas de parciais vontades, e o poder central.

A organização federativa de entes autônomos existe a partir de uma repartição constitucional de competências materiais e legislativas. A Constituição concede substância à soberania do Estado e permite o delineamento do exercício da autonomia de cada uma das unidades federadas.

Inúmeros debates versaram sobre quais seriam as competências de cada ordem de poder em matéria de Estado federal. Que poderes seriam da União (aqui compreendida como ordem central) e quais estariam delegados às ordens parciais (Estados-membros). O pacto federativo brasileiro voltou à cena em razão da decretação da pandemia do novo corona vírus, a COVID-19, pela Organização Mundial de Saúde bem como pela edição da Lei federal brasileira n. 13.979, de 6 de fevereiro de 2020.

4. O ESTADO DE EXCEÇÃO

O Estado Democrático de Direito delineado na Constituição Federal de 1988 é a baliza para as nossas regras de conduta e convivência. Na nossa forma de estado federativa encontramos os limites do exercício do poder por parte do Estado para o império do equilíbrio entre os direitos e deveres da cidadania.

Por sua vez, o Estado de Exceção é caracterizado pela tomada de medidas por parte dos poderes constituídos sem previsão legal alguma ou, mais grave, decisões oriundas do alvedrio dos agentes políticos, disfarçadas de um bem maior, coletivo e patriota.

A lei federal n. 13.979/20, também conhecida como "Lei da Quarentena", não contraria a Constituição Federal e nem constitui Estado de Exceção, uma vez que não há suspensão do nosso Estado Democrático de Direito.

A "Lei da Quarentena" apresenta circunstâncias no corpo do seu texto normativo em que a excepcionalidade jurídica (pandemia) suspende o próprio direito vigente, ou seja, figura no espectro da raridade de sua aplicação.

5. LEI DE INTRODUÇÃO ÀS NORMAS DO DIREITO BRASILEIRO

A Lei de Introdução às normas do Direito Brasileiro (Lei n. 12376, de 30 de dezembro de 2010), foi alterada pela Lei n.13.655 de 2018, para trazer conteúdo de segurança jurídica à atuação de agentes políticos e gestores públicos em circunstâncias críticas tais como as enfrentadas desde a decretação da emergência de saúde pública de importância internacional. A LINDB define a circunscrição dos atos administrativos e desempenha o papel de parâmetro avaliador da eventual responsabilização dos representantes da cidadania por eventuais atos violadores das liberdades fundamentais e dos valores democráticos.

Os aspectos positivos da Lei n. 13.655/18 apontados pela doutrina administrativista estão associados ao princípio da eficiência na administração pública e à segurança jurídica, mencionada anteriormente como elemento basilar do Estado Democrático de Direito. As inovações legislativas introduzidas na LINDB almejam a mitigação da ineficiência da máquina pública e ausência do controle dos atos administrativos por parte da sociedade civil contribuinte.

O artigo 22, em seu parágrafo 1º, da atual LINDB, por exemplo, promove uma espécie de relativização do princípio da legalidade estrita, típico do direito público, no que tange ao exame da validade dos atos administrativos. A redação do dispositivo em comento expandiu o alcance das decisões dos agentes políticos e gestores públicos, proporcionando a convalidação de atos por ventura irregulares e impedindo a alegação de descumprimento de normas genéricas por parte dos administradores da coisa pública sob a mera alegação de adversidades diante dos desafios da nossa era pós-moderna. O espírito da norma contida no artigo 22, consoante o magistério de Raquel Melo Urbano de Carvalho, convida à sua harmonização tanto no interior dos processos decisórios judiciais e administrativos quanto no planejamento, execução e controle de políticas públicas que, idealmente, não podem ser confundidas com condutas maculadas por incoerência e populismo que possam acarretar danos ao erário e o mais grave, violações aos direitos fundamentais e ao Estado Democrático de Direito.

Por seu turno, os artigos 23 e 24 trazem à lume, respectivamente, a obrigatoriedade de um regime de transição para a adaptação dos gestores públicos às novas demandas sociais, tendo como baliza o princípio da proporcionalidade e a avaliação prévia do período de edição da norma em homenagem ao bem comum e ao direito adquirido. Ou seja, os diplomas de direito público serão aprimorados e atualizados respeitando a segurança jurídica, o ato jurídico perfeito e o direito adquirido.

A novel disciplina trazida pelos artigos 26, 27 e 29 da LINDB atribuem à Administração Pública uma série de ferramentas de natureza democrática e participativa no seu relacionamento com a sociedade civil, tais como consultas, acordos e parcerias.

A hipótese de as autoridades públicas firmarem compromisso com a cidadã e o cidadão com o fito de extirpar irregularidades, incertezas em face do ordenamento jurídico ou conflito na aplicação das regras de direito público. Na leitura do artigo 27 vemos no parágrafo segundo a possibilidade de celebração de compromisso processual como forma de compensação por benefícios obtidos indevidamente pela Administração Pública e prejuízos exorbitantes sofridos pelos particulares. Por fim, as consultas públicas previstas nos artigos 29 abarcam a edição de atos normativos, estimulando a participação cidadã na produção de políticas públicas.

6. A DECLARAÇÃO MUNDIAL DA PANDEMIA E A LEI GERAL DA QUARENTENA

O cenário de emergência mundial deflagrado pela declaração da Organização Mundial de Saúde no dia 11 de março de 2020 por conta da doença provocado pelo "novo corona vírus", a COVID-19 exigiu do poder público brasileiro um esforço a mais, além das ferramentas excepcionais já existentes no nosso ordenamento jurídico para a prevenção e contenção de calamidades nos vínculos jurídicos entre o Poder Público e a cidadania e nas relações jurídicas entre particulares.

O princípio de direito público da legalidade estrita sofreu uma espécie de flexibilização para que as necessidades emergenciais dos administrados fossem menos impactadas.

O Sistema Único de Saúde, por exemplo, já previa em seu bojo ações de natureza epidemiológica, no entanto, o Estado brasileiro escolheu a edição de legislação específica para a definição de regras para o enfrentamento da crise provocada pela pandemia do novo coronavírus, a enfermidade COVID-19. A Lei n. 13.979/20 prescreve medidas preventivas e repressivas com vigência limitada ao estado de emergência de caráter internacional. Ao Ministério da Saúde restou a incumbência de editar atos normativos de cunho regulamentar e operacional. Consoante a popularmente conhecida "lei geral da quarentena", administradores e administrados receberam um novo rol de direitos e deveres, consubstanciados em liberdades individuais restringidas, obrigação de informar às autoridades públicas, contratações públicas dotadas de maior flexibilização e suavização das formalidades típicas do regime de direito público, bem como medidas que emprestam elasticidade à definição de ato discricionário dos gestores públicos diante da situação excepcionalíssima.

A "lei geral da quarentena" representa segurança jurídica, tanto à Administração Pública quanto para os particulares, na adoção de medidas restritivas de liberdades fundamentais com a previsão de limites às ações dos gestores públicos com o fito de coibir atos arbitrários, típicos do Estado de Exceção e em desarmonia com o Estado de Direito adotado em nosso país. Os atos administrativos adotados no período da pandemia podem e devem sofrer revisões periódicas com o escopo de verificação da sua necessidade e/ou manutenção, sempre à luz da vida cotidiana e das mudanças fáticas.

7. O ARTIGO 20 DA LINDB E A COVID-19 NO ÂMBITO DO DIREITO PÚBLICO

O Decreto-Lei n. 4657/1942 (LINDB) amplamente alterado em 2018, na forma da Lei n. 13.655 de 25 de abril daquele ano, como já visto nesse singelo estudo, reforçou o princípio da segurança jurídica bem como o princípio da eficiência na administração pública. A responsabilidade dos gestores públicos nos processos decisórios privilegia o exercício interpretativo dos agentes estatais quando diante dos desafios concretos.

Destacamos aqui o artigo 20 do citado Decreto-Lei que destina aos administradores públicos o poder-dever de analisar a realidade fática e as normas jurídicas informadas por conceitos jurídicos indeterminados, seus possíveis desdobramentos na vida prática das cidadãs e dos cidadãos.

Art. 20. Nas esferas administrativa, controladora e judicial, não se decidirá com base em valores jurídicos abstratos sem que sejam consideradas as consequências práticas da decisão.

Parágrafo único. A motivação demonstrará a necessidade e a adequação da medida imposta ou da invalidação de ato, contrato, ajuste, processo ou norma administrativa, inclusive em face das possíveis alternativas.

A LINDB e a "lei geral da quarentena" oferecem fundamentos jurídicos aos gestores públicos diante da inédita crise. No artigo 30 da LINDB o legislador pátrio reforça a racionalidade dos antecedentes e oferece a eficácia "pró-futuro". O diploma em testilha pode ser traduzido como um conjunto de normas de aplicação do Direito Público que positivou elementos de validade das decisões judiciais e administrativas acompanhados de seus devidos critérios. Desobedecer ou ignorar a Lei de Introdução às Normas do Direito Brasileiro, dolosa ou por equívoco, pode redundar em "erro grosseiro", na dicção do seu artigo 28.

Art. 28. O agente público responderá pessoalmente por suas decisões ou opiniões técnicas em caso de dolo ou erro grosseiro.

No magistério de Maria Helena Diniz, a LINDB comporta "(...) a responsabilidade decisória da autoridade, diante da incidência de norma cujo conteúdo comporta mais de uma solução, visto que deverá motivar sua deliberação, demonstrando a necessidade da medida imposta ou da nulidade decidida, por não haver outra alternativa jurídica".

Boas práticas da Administração Pública na promoção dos Direitos Fundamentais no período da "lei geral da quarentena".

Neste tópico compartilhamos duas boas práticas da Administração Pública na promoção dos Direitos Fundamentais no período da "lei geral da quarentena". A primeira está consubstanciada na lei federal n. 14.220/20 introduz medidas de promoção dos Direitos Fundamentais das mulheres, das crianças, dos adolescentes, idosos e pessoas com deficiência durante o período de pandemia. Consoante o espírito da lei, pessoas, por ventura, vulnerabilizadas, terão a faculdade do requerimento de toda e qualquer medidas protetiva de urgência à autoridade competente no sistema da Lei Maria da Penha, e por meio dos dispositivos de comunicação de atendimento remoto. Em todos as hipóteses, as autoridades do sistema de segurança pública deve garantir o atendimento com agilidade para todas as situações conflituosas apresentadas pela população e que representem ameaça ou lesão à integridade e à vida da mulher, do idoso, da criança e do adolescente, com centralidade da atuação estatal no princípio da proteção integral. No município de São Paulo encontramos a ferramenta "156 humanizado", atendimento telefônico e eletrônico da Prefeitura dotado de escuta qualificada para casos de violência doméstica e familiar contra mulheres.

A segunda boa prática resulta da parceria entre o Conselho Nacional de Justiça, a Ordem dos Advogados do Brasil, Seção São Paulo e a Associação dos Registradores de Pessoas Naturais de São Paulo. As entidades citadas firmaram convênio para a emissão da certidão de nascimento, gratuitamente, pela Internet, de qualquer região brasileira por meio de requerimento próprio realizado nos Centros de Referência de Assistência Social, órgão ligado à Secretaria de Estado de Desenvolvimento Social em parceria com o Conselho Municipal de Assistência Social. A participação do CNJ permitiu a adesão de outros entes da administração pública como o Instituto de Identificação da Polícia Civil do Estado de São Paulo, a Receita Federal do Brasil e a Polícia Federal.

8. CONSIDERAÇÕES FINAIS

Sabemos que não possuímos todas as respostas diante desta guerra multifatorial, contudo, aceitamos o desafio de resgatar os conceitos de Teoria Geral do Estado, de Estado de Exceção e da Lei de Introdução às Normas do Direito Brasileiro no plano da Administração Pública e os Direitos Fundamentais. Escolhemos adotar uma agenda de partilha propositiva e compartilhamos duas boas práticas de Direito Público em face da dignidade humana de pessoas historicamente vulnerabilizadas: pessoas em situação de rua, mulheres, crianças, adolescentes, idosos e deficientes, que podem representar novos paradigmas para a atuação do Estado Brasileiro em face de seus administrados, uma vez que o "antigo normal" associado à burocracia obsoleta e ao formalismo engessador inexiste.

9. REFERÊNCIAS

AUAD, Denise; de Oliveira, Bruno Batista da Costa. *Direitos humanos, democracia e justiça social*: Uma homenagem à Professora Eunice Prudente da militância à academia. São Paulo: Letras Jurídicas, f. 656, 2019. 656 p.

DINIZ, Maria Helena. Artigos 20 a 30 da LINDB como novos paradigmas hermenêuticos do Direito Público, voltados à segurança jurídica e à eficiência administrativa. *Revista Argumentum*, Marília, v. 21, n. 1, p. 17-38, 26 fevereiro 2020. Disponível em: [http://ojs.unimar.br/index.php/revistaargumentum/article/view/1273]. Acesso em: 08.08.2020.

LACERDA, Caroline Maria Vieira. *Os impactos da pandemia de covid-19 nas ações de improbidade administrativa à luz das alterações da lei de introdução às normas do direito brasileiro alterações da*. Migalhas. São Paulo, 2020. Disponível em: [www.migalhas.com.br]. Acesso em: 11.07.2020.

MIGALHAS. oab sp fecha parcerias para ajudar população a vulnerável a obter o auxílio emergencial. Disponível em: [www.migalhas.com.br]. Acesso em: 08.08.2020.

NOHARA, Irene Patrícia; Maximiano, Antonio Cesar Amaru. *Gestão Pública*. São Paulo: Grupo GEN, f. 456, 2018. 456 p.

PREFEITURA DE SÃO PAULO. Prefeitura lança pacote de medidas de combate à violência doméstica na pandemia. Disponível em: [www.capital.gov.br]. Acesso em: 08.08.2020.